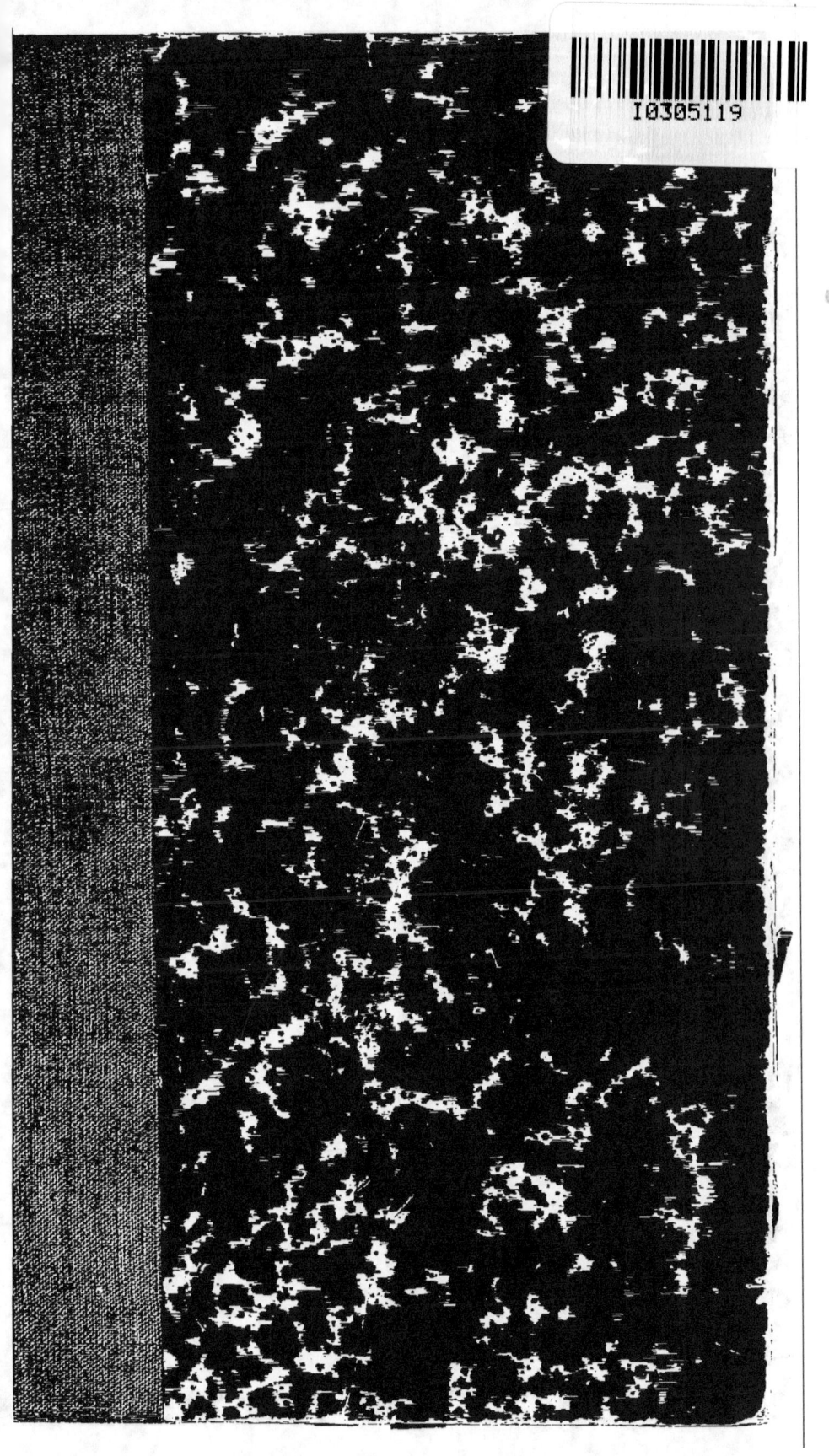

L'-Colonel J.-B. DUMAS
BREVETÉ D'ÉTAT-MAJOR

Neuf Mois de Campagnes
à la suite du Maréchal Soult

Quatre Manœuvres de Couverture en 1813 et 1814 :
I. Pampelune. — II. Saint-Sébastien. — III. Bayonne. — IV. Bordeaux : Orthez ; Toulouse

AVEC UNE CARTE AU 200.000° POUR LA NAVARRE

« On se fait une idée peu juste de la force d'âme nécessaire pour livrer, avec une pleine méditation de ses conséquences, une de ces batailles d'où vont dépendre le sort d'une armée, celui d'un pays... Aussi trouve-t-on rarement des généraux empressés à livrer bataille. Ils prennent bien leur position, s'établissent, méditent leurs combinaisons ; mais là commencent leurs indécisions. Rien de plus difficile, et pourtant de plus précieux que de savoir se décider. »

(NAPOLÉON.)

PARIS
Henri CHARLES-LAVAUZELLE
Éditeur militaire
10, Rue Danton, Boulevard Saint-Germain, 118.

(MÊME MAISON A LIMOGES)

Neuf Mois de Campagnes

à la suite du Maréchal Soult

DROITS DE REPRODUCTION ET DE TRADUCTION RÉSERVÉS

L¹-Colonel J.-B. DUMAS
BREVETÉ D'ÉTAT-MAJOR

Neuf Mois de Campagnes
à la suite du Maréchal Soult

Quatre Manœuvres de Couverture en 1813 et 1814 :

I. Pampelune. — II. Saint-Sébastien. — III. Bayonne. —
IV. Bordeaux : Orthez; Toulouse

AVEC UNE CARTE AU 200.000ᵉ POUR LA NAVARRE

« On se fait une idée peu juste de la force d'âme nécessaire pour livrer, avec une pleine méditation de ses conséquences, une de ces batailles d'où vont dépendre le sort d'une armée, celui d'un pays... Aussi trouve-t-on rarement des généraux empressés à livrer bataille. Ils prennent bien leur position, s'établissent, méditent leurs combinaisons ; mais là commencent leurs indécisions. Rien de plus difficile, et pourtant de plus précieux que de savoir se décider. »

(NAPOLÉON.)

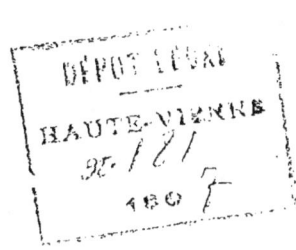

PARIS
Henri CHARLES-LAVAUZELLE
Éditeur militaire
10, Rue Danton, Boulevard Saint-Germain, 118

(MÊME MAISON A LIMOGES)

PRÉFACE

« Il faut s'attacher aux faits et non m'envoyer des tableaux, qui sont faits selon que celui qui les trace a digéré... Il faut des faits : ce sont les faits que je veux connaître... » (Napoléon au comte Molé ; Troyes, 25 février 1814.)

« ... Qu'on leur demande ce qu'ils savent, ce qu'ils ont vu... des faits, des détails simples et vrais... qu'on se garde d'en faire des tableaux. » (A. Montalivet, ministre de l'intérieur ; Troyes, 26 février 1814.)

Le premier volume de ce travail — Des Manoeuvres de couverture — a eu pour but de mettre en lumière les règles et les conceptions qui président à ces opérations, les faits historiques qui leur ont donné naissance. Une disposition, jugée nécessaire, nous a amené d'abord à exposer et à discuter la doctrine, avant de présenter les exemples ou les applications qui l'étayent et qui l'élargissent : celle-là n'est cependant que la résultante de ceux-ci. Aussi, après avoir tenté d'ébaucher cette théorie, l'avons-nous déjà complétée, dans ce premier volume, en développant les fondements mêmes qui avaient servi à son établissement : le récit, sur pièces justificatives, de dix manœuvres de couverture nous a permis de le faire ; elles constituent, à la fois, la base, les applications et le complément de la doctrine. L'expression précise de cette dernière a pu sembler nouvelle ; ses origines suffisent à montrer que les faits antérieurs la renfermaient déjà.

L'orientation actuelle de l'esprit public et de l'esprit militaire, qui en dérive ; la situation des nations armées et des forces en présence et aussi le choix des chefs appelés à commander celles-ci, affirment tous les jours, avec insistance, que la guerre de couverture marquera le début de tout grand conflit armé ; il importe de s'y préparer. La guerre de Mandchourie en a apporté de nouvelle preuves.

C'est en étudiant les situations et les faits de l'histoire, c'est en les discutant que nous continuerons à déduire les lois générales et les principes des opérations de couverture ; nos guides, dans ces travaux, nous conduiront encore sur la carte et sur le terrain. L'énoncé préalable de la doctrine retenue aidera sans doute à mieux saisir les leçons données par l'histoire, qui revêtent elles-mêmes la forme d'applications pratiques.

Les études, que nous avons groupées et présentées déjà en laissant parler les faits et les maîtres dans l'action ; les discussions de doctrines, qui ont précédé l'exposé des premiers, nous ont amené à une conclusion manifeste : c'est que la simple protection, sous quelque forme qu'on la choisisse ; c'est que la sûreté, les avant-postes, les cordons et autres haillons de pauvreté ne couvrent rien, ne protègent rien. Aucun dispositif de protection pure ne saurait suffire à rendre la couverture effective et efficace. Un système de défense n'a de valeur qu'à la condition d'être apte à l'offensive et d'en renfermer toujours la menace. Un système de couverture ne doit pas être confondu avec un dispositif d'avant-postes. Ce dernier type a été seul retenu par nos règlements : ils l'ont ainsi malheureusement mis trop en évidence. C'est un produit du temps de paix, qui porte à perdre la notion de la force, à oublier la puissance de sa menace et de son influence et toute la valeur effective et retardatrice de l' « inconnu » dans les situations de guerre. Ce n'est qu'un organisme bâtard, impuissant, désarmé, à peine susceptible d'*ob-*

servation sur place. Il n'assure aucunement la couverture, non plus d'ailleurs que la sûreté. Il n'a de valeur que s'il dispose d'une force toujours en éveil et armée, prête à être mise en action sans délais. Il ne vaut que par les forces actives en réserve ; il ne vaut que s'il est au service d'une *avant-garde*. Une force groupée en avant, observant pour son compte, couvrant par l'influence de sa masse, par le mouvement, par les relations de l'espace, et menaçant toujours de combattre : voilà la couverture. Elle n'est pas, dans un réseau d'observation, incapable d'action. La place de la réserve de couverture est en avant-garde. Une force, des yeux, du mouvement, de l'espace et des liaisons ; en dehors des combinaisons de ce système, il n'est pas de salut.

Les maîtres de la guerre nous ont montré cette solution, que leurs exemples enseignent d'adopter : elle consiste dans l'emploi, en station comme en marche, de l'*avant-garde*, du *corps d'avant-garde*, de l'*armée d'avant-garde offensive*, au but de la couverture. Les opérations que nous étudions ici rendent cette conclusion encore plus manifeste et plus évidente (1).

---

(1) Nous avons déjà souvent insisté sur cette conception; nous nous sommes constamment efforcé de mettre en lumière les graves dangers qui résultent du mépris ou de l'ignorance de son principe et nous avons tenté d'en étendre l'application pratique aux circonstances de l'action militaire, qui la réclament le plus impérieusement. Nous avons sans cesse mis en avant : le *principe de l'avant-garde*.
— *Les manœuvres de couverture*, qui précèdent ce volume et qui en constituent l'introduction doctrinale, exposent en détail cette théorie.
— *La division militaire du territoire, au point de vue des mouvements de concentration* (1879), combat le système de cordon de notre ancien 6ᵉ corps-frontière.
— *Unité de doctrine, Unité dans l'action militaire; les plans de guerre* (1895), montre les dangers du type linéaire pour les troupes de couverture et réclame une armée d'avant-garde.
— *Chiens d'aveugles et paralytiques* (1900), dans le domaine

Parmi les dix manœuvres déjà mentionnées, l'une, entre autres, mérite en effet une étude complète et spéciale en raison du nombre, de l'étendue et de la variété des situations, des combinaisons et des exemples qu'elle renferme. Elle n'a pas encore été traitée en détail avec pièces originales à l'appui : elle est mal connue ; et la richesse des documents que nous avons pu recueillir nous met à même d'en présenter à la fois l'histoire et la discussion militaires. C'est donc par elle que nous commencerons l'examen détaillé des opérations historiques de couverture, dont notre premier volume donne le programme et l'exposé général.

— La COUVERTURE DU SIÈGE DE PAMPELUNE et de la frontière espagnole par Wellington; les combinaisons préparées par la répartition de ses forces; l'étude de leurs relations, de leur soutien réciproque; la bonne organisation du service des renseignements; l'emploi rapide des informations et des voies de communication, si insuffisantes cependant de l'époque, pour la manœuvre des réserves ; les fautes commises par l'offensive française constituent, en premier lieu, une étude du plus puissant intérêt que les analogies de certaines situations actuelles rendent particulièrement instructive et frappante.

— La COUVERTURE DU SIÈGE DE SAINT-SÉBASTIEN au moyen de procédés complètement différents ; l'emploi, à ce but, de la défense d'une position centrale

---

de la tactique de détails, provoque la suppression de notre ancien réseau d'éclaireurs d'infanterie en cordon et leur remplacement par le jeu normal d'éléments d'avant-garde. Nos systèmes actuels d'*avant-postes* procèdent aussi de la même erreur de doctrine et d'application : ils sont également mauvais.

de couverture nous présentent des actes de guerre, dont les leçons s'étendent avec force à la période actuelle, quels que soient les progrès réalisés par l'armement. On y relève encore quelle peut être, d'une part, la puissance de la surprise ; de l'autre, celle du secret et d'un bon service de renseignements bien informé.

— La COUVERTURE DE BAYONNE par le maréchal Soult va nous ramener sur le territoire français. Elle débute par l'observation et par la protection de la frontière même et du pays au moyen d'un dispositif linéaire étendu, juxtaposé à celle-ci. Il a le sort de tous les cordons. La défense a recours alors à des lignes fortifiées sans profondeur ; la force de leurs ouvrages est aussi leur faiblesse : leur étendue les désarme et annihile l'action du haut commandement ainsi que celle des réserves vis-à-vis de l'offensive des alliés. L'appui de la place forte de Bayonne invite ensuite les masses françaises de couverture concentrées (1) à recourir à l'offensive contre l'adversaire, divisé par une rivière difficile ; celui-ci, au moyen de sa propre offensive, s'efforce d'éloigner l'armée de la place. Nos masses, encloses elles-mêmes par leurs dispositifs défensifs, ne parviennent pas à marcher à temps en forces suffisantes. Mais leur dernière attaque fournit au général Hill l'occasion d'exécuter une remarquable manœuvre offensive de couverture d'armée, une manœuvre d'avant-garde couvrant un débouché et un passage de rivière.

---

(1) « ... Il ne m'est plus possible d'occuper des positions aussi étendues que celles que j'avais et *que je gardais* POUR COUVRIR LE PAYS. — Aussi, je VAIS ME RÉUNIR et MANŒUVRER DÉSORMAIS EN ARMÉE, tenant les troupes rassemblées... » (Soult à Guerre, 10 novembre 1813.)

— La COUVERTURE DE BORDEAUX ouvre le champ à de larges combinaisons et à des manœuvres d'une grande variété et d'une grande souplesse. Il leur manque l'étincelle qui féconde l'acte de guerre, qui lui donne la vie profonde et durable, c'est-à-dire la décision opportune d'attaquer l'adversaire en prise, l'accomplissement de la manœuvre, cependant bien préparée déjà et bien combinée. Le maréchal recule de cours d'eau en cours d'eau, entraînant son adversaire à sa suite. Il l'attend sous Orthez, se prépare à frapper, engage ses premières lignes, mais emploie ses réserves à recueillir celles-ci pour se dérober encore sans les appuyer offensivement. Il dégage enfin la direction de Bordeaux ; sa couverture latérale, à Aire, empêche Wellington de marcher sur la ville.

Le maréchal imagine de nouveaux dispositifs de couverture échelonnée, appuyée aux cours d'eau qui l'encadrent. Il se fait suivre de l'ennemi ; il l'entraîne encore jusqu'à Tarbes, jusqu'à Toulouse, toujours prêt à de nouvelles batailles, toujours menaçant, toujours redoutable ; il n'a rien compromis des forces qui constituent le dernier rempart de la France sur ce théâtre, alors que la situation de son adversaire s'aggrave de jour en jour, malgré l'activité de celui-ci, malgré l'emploi remarquable qu'il sait faire des passages offensifs de rivière et des manœuvres débordantes à grand front.

Les enseignements de moindre envergure, à tirer des manœuvres de détails au cours de ces événements, sont nombreux et particulièrement intéressants ; la nature des localités met en vif relief les leçons qui en découlent pour notre instruction journalière. Les documents que nous avons recueillis nous ont mis à même de nous étendre plus longuement sur cette partie de la campagne de 1814, qui n'avait encore été l'objet d'aucun travail de cette nature.

Le choix que nous avons été amené à faire n'a pas été seulement guidé par l'intérêt qu'elle présente au point de vue des combinaisons et des opérations : il est loin encore d'être resté impersonnel ou indifférent. En effet, les hasards de la carrière nous ont mis à même de passer quelques années dans ces belles régions, théâtre des manœuvres de Soult et de Wellington en 1813 et en 1814. Nous avons constaté que l'histoire de la défense du pays y est mal connue ; l'enchaînement des faits, leur localisation précise, si intéressante cependant pour tous ceux qui sont appelés à parcourir fréquemment le terrain, sont le plus souvent ignorés ; la couleur locale de l'époque, la patine du temps sont altérées par des déformations toutes modernes, quoique moins d'un siècle nous sépare de ces événements.

Sans trop vouloir approfondir les causes de cette indifférence plus apparente que réelle (1), nous avons cependant reconnu nous-même, pour l'avoir éprouvé, le besoin de réunir les documents originaux relatifs à l'histoire de ces événements et d'exposer exactement ceux-ci.

Que dire, en effet, des erreurs graves qui rendent

---

(1) « ...Quand on est dans les emplois inférieurs et qu'on veut mettre au jour les connaissances qu'on a acquises avec bien du travail, on trouve, *parmi ses supérieurs, nombre de gens qui s'en offensent*. La modestie alors et les égards que l'on doit aux personnes de mérite d'ailleurs et élevées en dignité imposent silence ; *ceux qui voudraient le rompre ne s'en trouvent pas bien*. C'est ce que plusieurs ont éprouvé et ce qui dégoûte les autres de communiquer les lumières qui pourraient être utiles. Il en résulte que les anciens usages subsistent toujours et que rien ne se perfectionne... » (Maréchal de Puységur, *Art de la Guerre*; à Paris, chez Jombert, à l'Image Notre-Dame, 1749.)

incompréhensibles bien des récits et qui rebutent souvent définitivement trop de lecteurs ? Citer celles auxquelles beaucoup d'entre eux se sont heurtés et arrêtés nous entraînerait fort loin ; notre travail prétend d'ailleurs y remédier autant qu'il nous a été possible de le faire : nous souhaitons d'en avoir évité de semblables ; et si, malgré notre attentive recherche, il en subsiste encore, car nul n'y échappe, nous espérons du moins contribuer à les rendre plus rares ; l'histoire ne saurait jamais être achevée et définitive.

Cependant, nous avons vu confondre la vallée de Baïgorry avec le mont Baygoura (général Pierron) et les lignes de Soult affecter ainsi de prendre une extension désordonnée sans rapport avec la situation des localités. On a encore et constamment déplacé le puerto de Vera (Insola) pour le reporter au travers de la crête supérieure, sur la ligne de la frontière, à 2 kilomètres au nord de son emplacement réel sur un contrefort de la Rhune, et on a torturé le combat du 8 octobre 1813, pour le ramener en un point imaginaire, ce qui rend le récit des événements faux et les rapports des témoins oculaires incompréhensibles. Les monuments consacrés au souvenir ne sont pas moins fautifs : Foy ne fut pas blessé au point marqué par la colonne de la route d'Orthez qui vient affirmer au passant qu'il reçut là, en plein lieu du combat, sa quatorzième blessure. On s'écarte encore davantage de l'exactitude quand on fait livrer l'engagement d'Aire sur le ruisseau actuel de la Grave, à 8 kilomètres du terrain où il a eu lieu réellement, qui est en arrière de l'ancienne Grave, ou ruisseau du Brousseau de nos jours. Que dire enfin du combat de Saint-Pierre-d'Irube ? On a vu confondre le village actuel de Saint-Pierre avec le Haut-Saint-Pierre de 1814 (ou Marrichorry de notre époque), et livrer la bataille à Saint-Pierre-d'Irube, en arrière de nos propres lignes, à plusieurs kilomètres de distance du lieu réel de l'action.

C'est ainsi que, faute d'avoir étudié avec le soin nécessaire les déformations des dénominations locales et les vieilles appellations de lieux, on tiraille l'histoire sur le lit de Procuste pour faire cadrer les récits d'autrefois, si justes et si exacts cependant, avec des localisations imaginaires, basées sur des mots modernes et non sur les faits anciens.

N'avons-nous pas vu encore attribuer, en grande partie, la défaite d'Orthez à un violent orage, survenu pendant l'engagement ? Le terme d'orage figure, il est vrai, dans la traduction de Napier par Foltz, pour indiquer la préparation menaçante de l'attaque décisive de Picton : le petit nuage noir, qui se forme inaperçu à l'horizon, « a small black cloud », du texte anglais, n'a cependant aucun rapport avec l'accident météorologique qu'on fait intervenir faussement dans ce combat. Mais nous devons nous borner à ces indications; aussi bien avons-nous assez et peut-être trop dit sur ce sujet.

C'est au moyen des documents originaux étudiés, discutés et comparés sur le terrain même, que nous avons voulu rechercher l'exactitude et la vérité. Nous avons suivi les ordres de mouvements sur les cartes de l'époque, retrouvé, sur les lieux, l'aspect des terrains, si parfaitement décrits par les reconnaissances du moment, parcouru les itinéraires des colonnes et des détachements, stationné sur les emplacements des combattants, repéré leurs champs de tir. C'est alors seulement que nous avons cru pouvoir conclure et effectuer les rapprochements nécessaires avec nos cartes modernes pour faciliter maintenant l'intelligence des opérations. Les cartes anciennes étaient indispensables pour suivre la genèse des ordres et connaître les dénominations de lieux ; mais leur établissement incomplet ne permettait de donner, dans les ordres ou dans les rapports, aucune indication suffisante pour désigner les emplacements ; on ne peut donc rapprocher ces données de nos cartes modernes (seules susceptibles cependant d'assurer au récit la précision à laquelle nous avons droit aujourd'hui) sans passer par l'intermédiaire d'une reconnaissance très minutieuse des lieux et des terrains. Là, nous étions aidé par les descriptions des témoins anciens, toujours remarquables d'exactitude. C'est grâce à cette qualité que nous avons pu retrouver les vues qu'elles décrivaient, localiser les différents points où les narrateurs étaient eux-mêmes placés, retrouver leurs propres visions et suivre les traces mêmes de leurs itinéraires. C'est ainsi que nous avons pu rapprocher leurs indications, très claires sur le terrain, de nos cartes actuelles en y renvoyant exactement. L'automobile, le cheval, la marche, les voyages, les manœuvres et aussi parfois les tournées du conseil de révision nous ont mis à même de parcourir longuement tous les lieux. Ils nous ont permis de contrôler les documents des archives françaises et anglaises ; de recueillir de nouvelles pièces, des indices, des traditions locales, et de compléter la lettre imprimée ou la lettre moulée par la lecture, au jour le jour, d'un livre toujours vivant et éloquent, celui du sol, celui de l'homme, qui se continuent et qui se transmettent.

Depuis plusieurs années, les souvenirs, les documents, les lieux visités nous ont fait vivre par la pensée tantôt à l'état-major de Soult, tantôt à celui de Suchet, tantôt à côté de Wellington ; nous avons suivi le travail au cabinet du ministre et écouté Napoléon. Sur le terrain nous avons retrouvé les visions pittoresques et vraies des paysages de Lapène, de Larpent, de Napier, de Woodberry, de Gleig ; sans distinguer entre les nationalités, nous nous sommes vu un jour assis aux bivouacs des alliés, recueillant leurs récits ; le lendemain, nous galopions avec la cavalerie française, nous accompagnions Fée à son ambulance et Mathieu-Faviers nous exposait ses soucis pour approvisionner l'armée.

Quelque temps avant, sur la route de Bordeaux, « nous étions quatre aides de camp dans la grosse berline du maréchal Soult ; dans un village, nous ne pûmes partir qu'avec un attelage de huit vaches et l'Empereur, qui passa en ce moment, seul et courant la poste sur un franc bidet, se prit à rire en voyant notre équipage. Il était effectivement assez plaisant de voir cette belle voiture, avec les armes des maréchaux de France sur les panneaux, et remplie d'officiers richement habillés, attelée de huit vaches maigres et conduite par quatre paysans gascons, armés de longs bâtons ferrés... A Bordeaux, nous fîmes marché avec un voiturier pour qu'en cinq jours il nous conduisît à Bayonne (1)... »

Il y a peu de jours encore nous accompagnions une troupe de cavalerie espagnole; « ... elle venait de traverser un gué et elle cheminait le long d'un remblai escarpé. C'étaient des guérilleros habillés, armés et montés de la façon la plus disparate; quelques-uns étaient vêtus d'une jaquette verte et coiffés de grands feutres rabattus, ornés de longues plumes ; d'autres

---

(1) Saint-Chamans.

avaient des casaques bleues, comme nos conducteurs d'artillerie; un grand nombre portaient des cuirasses et des casques d'airain, dépouilles probables de cavaliers français égorgés. Malgré cette absence d'uniformité, l'aspect général de ces cavaliers était très imposant. Ils étaient bien montés et marchaient avec une sorte d'indépendance qui, si elle démontrait l'absence absolue de toute discipline dans leurs rangs, n'indiquait aucun manque de confiance individuelle en eux-mêmes. Le tout — ils n'étaient pas plus de soixante ou quatre-vingts — me faisait penser, malgré moi, à une troupe de bandits, ressemblance d'autant plus frappante qu'ils marchaient non au son de la trompette, mais à celui de leurs propres voix. Ils chantaient un air sauvage à une seule voix, repris par trois autres, auxquelles, de temps à autre, se joignait tout l'escadron dans un chœur animé et très musical (1)... »

En accompagnant Gleig, nous avons vu Wellington « habillé d'un vêtement gris uni, boutonné jusqu'au menton et portant un chapeau claque recouvert de toile cirée, des culottes grises, des jambières boutonnées sur le côté et un léger sabre de cavalerie ». Nous avons entendu ensemble les cris de « Douro », dont ses soldats le saluaient, et le général Foy, le général de Saint-Chamans, le général Thiébault nous ont fait entrevoir l'explication de ces acclamations.

Dans l'armée française nous n'avons guère entendu dénommer d'Erlon, que « le comte d'Erlon », et cet accord presque unanime pour éviter de le désigner par son grade militaire, le silence général fait autour de celui-ci nous ont révélé, si les opérations ne

---

(1) Gleig.

nous l'avaient déjà dit, la médiocrité de son commandement.

En proie aux mêmes inquiétudes que le maréchal, nous avons cherché Foy et sa division égarés le 30 juillet, après les combats de Sorauren ; il nous a exposé son erreur et l'enchaînement des circonstances, qui l'avaient séparé de l'armée (1). Après son action trop indépendante du Gorospile, il nous a avoué encore qu'il n'avait pas jugé devoir exécuter l'ordre que d'Erlon lui avait envoyé (2). Enfin, il nous a fait comprendre lui-même comment il avait été amené à détruire prématurément le pont de Cambo.

Après la déroute de l'armée française sous Pampelune, nous avons recueilli le témoignage des officiers de la cavalerie anglaise et entendu le lieutenant Woodberry, du 18ᵉ hussards, s'écrier : « Si les Français reviennent, comme on l'annonce, nous livrer bataille avant la reddition de Pampelune, c'est qu'ils seront diablement vifs à rallier et à lever leurs troupes. »

Nos causeries avec les avant-postes des armées opposées nous ont montré les rapports trop amicaux qui existaient entre les sentinelles, entre les postes, entre les officiers, et les communications incessantes, qui témoignaient d'une complète insouciance du secret des opérations.

Le sous-préfet d'Oloron (15 février ; par le duc de Rovigo, 25 février) nous a fait voir, sous des couleurs pittoresques, les forces réunies par Mina autour de Jaca ; nous avons fait connaissance avec Oro et Ora et avec ces bandes d'aventuriers français, allemands,

---

(1) Journal de Foy ; Cambo, 3 août 1813.
(2) *Ibid.* (Girod de l'Ain), p. 227, et pièce 77.

italiens, napolitains et polonais, employées par les Espagnols. Nous avons vu assiégés et assiégeants se visitant tous les jours et buvant ensemble. Enfin, Oro, abonné au *Journal des Hautes-Pyrénées*, nous a prêté sa gazette. Il la reçoit régulièrement, « mais pas par mon arrondissement », s'est hâté de déclarer le sous-préfet.

Nous étions chez le maire de la Chapelle-d'Hasparren, le 8 janvier 1814, quand il reçut, en présence de la cavalerie anglaise, une lettre du général Harispe le priant de faire préparer un bon dîner pour lui et son état-major — dix-huit personnes — à 5 heures. Cette heure était alors habituelle ; elle permettait de mieux régler le travail des états-majors en ménageant leur repos. Rentrés, en effet, dans leurs logements et couchés dès 6 h. 1/2, les officiers, suivant ainsi le régime de la troupe, étaient en mesure d'être réveillés, dispos et prêts au travail dès l'arrivée matinale des rapports, des renseignements et des reconnaissances de cavalerie. L'Empereur lui-même se conformait à cette règle pour la vie en campagne. Les usages du monde et du temps de paix nous l'ont malheureusement fait oublier, en imposant d'écrasantes et inutiles fatigues, en temps de guerre et en manœuvres, à nos états-majors et à nos officiers.

Nous avons encore pénétré plus avant dans la vie même du soldat ; chaque matin, levé avant le jour, il était sous les armes à la fin de la nuit et il attendait ainsi la rentrée des premières reconnaissances. A peine nourri, peu habillé, manquant trop souvent de souliers, il a maintes fois, sous nos yeux, pris pour vivre ce dont il avait besoin et encore pillé ce qui lui était inutile, rebutant les populations révoltées par la maraude, le vol, la violence et le gaspillage. Il a semé sa propre indiscipline ; l'armée a compté jusqu'à 12.000 traînards et l'ennemi bien nourri, solidement administré, n'a pu échapper à ce mal moral et matériel de l'époque : il l'a subi après chaque victoire, plus brièvement, il est vrai, mais d'une façon aussi grave.

A 7 heures du matin, dans les premiers mois de 1814, nous avons partagé la soupe du soldat ; à 8 h. 1/2, nous l'avons accompagné au rassemblement journalier ; à cette heure, l'artillerie était déjà attelée, les équipages toujours chargés ; les colonnes étaient prêtes à se mettre en marche.

En précédant les tirailleurs, nous avons constaté de grandes analogies entre cette tactique, innée et constante quels que soient les règlements, et la tactique ordonnée enfin aujourd'hui pour nos groupes de combat. On s'est toujours battu comme on l'a pu, quelles que fussent les lois, et on ne peut guère le faire autrement avec nos races. Nous avons relevé cependant les différences capitales, infligées à l'allure générale du combat par les faibles portées, la nullité du tir, la pénurie des munitions, l'insuffisance des armes, sur lesquelles on ne pouvait jamais compter. La portée utile des fusils ne dépassait guère 150 mètres et plus communément 100 mètres. On comptait environ un raté sur cinq à sept coups dans les meilleures conditions de temps. Au moindre brouillard mouillé, et surtout dès la première pluie, il devenait impossible de faire feu. On distribuait une pierre à fusil par vingt cartouches données (règlement d'armement du 13 vendémiaire, an XIII, art. 30) : mais une erreur dans la taille de celle-là, une enveloppe de plomb mal placée, le cambouisage de la batterie annulaient entièrement l'arme à feu.

Nous avons encore suivi l'artillerie de l'époque, à

trains dépendants, à tournant limité, à mise en batterie longue et pénible. Nous avons vu ses roues, munies de bandages interrompus et boulonnés, faire chapelet dans les grandes chaleurs, ses essieux en bois (1) chauffer, brûler, se briser et rendre toujours le tirage pénible ; ses caissons d'un poids tel qu'on ne pouvait songer à les amener au feu ; son tir à la prolonge, seul possible en retraite, ébranler tout le matériel et détruire les attelages. Nous avons vu ceux-ci remplacés partout par des attelages de bœufs et la guerre se faire le plus souvent sans artillerie, sans cavalerie, à coup d'infanterie toujours sur la brèche. Les tireurs d'élite des Anglais décimaient ses officiers ; les Français, au contraire, savaient à peine tirer un coup de fusil et bien peu viser, opération d'ailleurs en partie accessoire avec la balle de calibre trop réduit pour l'arme, mise alors en service.

A peine quittions-nous le soldat français pour rendre visite au soldat anglais, quand nous rencontrions, en route, l'émissaire basque de Labrouche, maire de Saint-Jean-de-Luz (2). Il nous disait que « le duc d'Angoulême manifestait le désir de *repren-*

---

(1) L'essieu, depuis la réorganisation de Gribeauval, était en fer ; mais on avait repris, en 1813 et en 1814, après le désastre de Vitoria, beaucoup de vieux matériel du type précédent et de matériel étranger, comportant encore l'essieu en bois.
(Voir l'introduction, à la suite de la préface, au sujet de l'organisation de l'infanterie et de l'artillerie, du matériel et du tir.)
(2) Pau, 5 février 1814. — Arrêté de la préfecture des Basses-Pyrénées, nommant M. Labrouche, membre du conseil d'arrondissement et maire de Saint-Jean-de-Luz, en qualité de sous-préfet par intérim en remplacement du sous-préfet, appelé auprès du préfet, M. de Vanssay, baron de l'Empire (archives particulières de M. Labrouche, petit-fils du maire de Saint-Jean-de-Luz, et que nous ne saurions assez remercier des communications de documents particuliers qu'il a bien voulu nous faire).

dre sa place »; il ne nous cachait pas que les alliés pousseraient volontiers le maréchal Soult à trahir, en le traitant de « grand homme ».

Quant aux colonnes anglaises, il ne nous les faisait ni voir, ni entendre : « elles passaient dans la nuit, sans qu'on en sût rien, en silence, et sans haro, comme des moutons (1). »

Le 11 décembre 1813, nous assistions à la fuite des premières lignes anglaises surprises par l'attaque française et nous reconnaissions que « les deux escadrons de cavalerie anglaise, chargés de ramener les fuyards, s'acquittaient en conscience de leur mission. Tous ceux qu'ils rencontraient, Anglais ou Portugais, étaient ramenés au feu à grands coups de plat de sabre sur les têtes et sur les épaules ».

Brotherton, Vivian, Hugues, Keane, Southwell nous ont montré sur le vif la cavalerie anglaise ; P. Soult, Berton, Vial, Leclerc, Desfossé, Dania, Florian même et beaucoup d'autres encore nous ont fait voir la cavalerie française. Sewell a chargé sous nos yeux, le 26 février, sans sabre, mais armé d'un échalas ; Brotherton, suivi de son seul ordonnance, a attaqué tout seul, devant nous, le pont d'Hasparren ; nous l'avons vu tomber blessé et capturer.

Nous avons assisté à bien des rencontres des deux cavaleries, débutant toujours par des échanges de balles de carabine ou de pistolet, sans résultats, et suivies parfois de charges, où chacun s'attribuait l'avantage.

Nous avons accompagné, avec le major Hugues, dans la nuit du 25 février 1814, le meunier conduisant

---

(1) Archives de la section historique du ministère de la guerre français, que nous indiquerons ci-après : *A. G.*

le 18ᵉ hussards anglais au gué du Gave, près du saligat (ou île à oseraies) de Cauneille.

Nous connaissons l'observatoire utilisé par Foy, Clausel, Reille, d'Erlon et par le maréchal Soult, la veille de la bataille d'Orthez, celui-là même auprès duquel Foy fut blessé d'une balle de shrapnell, à l'omoplate gauche, le jour du combat. Nous avons utilisé aussi celui du maréchal, près de Lafaurie ; celui de Wellington à Hilloou et sur La Motte. Nous savons les emplacements des tombes communes de ces combats et les croix qui les jalonnent encore aujourd'hui. Nous avons cherché en vain, sur le terrain et dans les plus anciennes traditions locales, le moulin cité par Woodberry : la répétition d'une illusion d'optique nous l'a fait retrouver, en nous plaçant au point même d'où il avait été vu en 1814 ; et nous avons reconnu que les formes, aperçues sur les hauteurs d'Américain, pouvaient n'y avoir pas été étrangères.

Les cris des sept cavaliers anglais subissant la punition du fouet, le matin du 27, nous ont fait entendre comment les Anglais se préparaient à la bataille.

Nous avons suivi Foy, blessé entre Lassoureille et Escauriet, et gagnant courageusement à pied la route de Salles-Pisse pour s'y faire panser sommairement. Nous l'avons aidé à monter à cheval, tout meurtri ; nous avons atteint avec lui Hagetmau, à près de 30 kilomètres, et nous avons vu ses grenadiers l'emporter sur un brancard à Barcelonne-du-Gers (35 kilomètres), d'où il devait être conduit en voiture à Toulouse, puis à Cahors.

Notre don d'ubiquité nous a fait encore marcher au travers du marais de Saint-Boès et prononcer l'assaut avec le 52ᵉ régiment anglais ; entendre les cris de détresse des braves de la division Taupin ; déchirer la cartouche avec le 12ᵉ léger ; charger avec le 21ᵉ chasseurs ; traverser les gués débordés avec Woodberry, que nous avons vu sauver un de ses cavaliers, manquer de se noyer et avaler plusieurs gallons d'eau, en compensation, sans doute, du bon vin français qu'il appréciait fort.

Nous avons vu sauter le pont d'Orthez et nous avons tiraillé sur sa tour. Nous avons, avec les troupes de Villatte, gravi péniblement les rampes escarpées de Moncade au milieu des vignes, pendant que les projectiles de l'artillerie anglaise nous talonnaient; et nous avons aidé nos canonniers à pointer sur Wellington, qui s'aventurait à reconnaître le pont de trop près. Nous avons mis en batterie l'artillerie française près de Luc, et nous avons réglé son tir. Nous nous sommes embourbé sur les hauteurs de Lasserre, près d'Aire-sur-l'Adour, avec notre artillerie, et nous avons dû recourir à des attelages de bœufs pour nous dégager. Nous étions plus tard avec le chef d'escadrons Dania, dans son expédition du 17 mars à Hagetmau, et nous l'avons suivie en détails. Du 16 au 20 du même mois, nous exécutions cependant des marches forcées de Bordeaux à Barcelonne-du-Gers, avec la brigade de cavalerie anglaise de Vivian et la division Cole, et nous en relevions les étapes.

Nous pénétrions encore les angoisses du maréchal, dont l'armée, constamment inférieure en nombre à celle de l'ennemi, était anémiée par la désertion, diminuée par les ordres de l'Empereur et les détachements dans l'est, désorganisée sans cesse par le manque d'argent, le défaut de vivres, la pénurie des approvisionnements, des transports, des arrivages de l'arrière, sans routes utilisables pour amener le matériel ou les denrées, réduite aux transports par la navigation de l'Adour alors sans cesse menacée, coupée, et enfin conquise par l'ennemi. Les difficultés du commandement, l'incurie des administrations, les dissentiments entre les chefs ressortent d'un grand nombre de faits dont les correspondances dépouillées nous apportaient les preuves répétées. Enfin, les blâmes si durs, et souvent peu motivés de l'Empereur, insuffisamment informé, ses ordres à distance venaient encore rendre plus pénible la lourde tâche du maréchal. Le major Balthazar, délégué du ministre à l'armée, nous disait aussi l'état moral de celle-ci, ses défaillances, son manque de confiance en elle-même et en ses chefs.

Sur tous les points, à tous les moments, les témoins oculaires, les généraux, les officiers, les fonctionnaires, les émissaires, consultés et entendus, nous ont apporté des faits, des heures, des renseignements. Le juge Fontan, l'inspecteur aux revues Garrau; les commissaires des guerres Dulac, Pellot (1);

---

(1) *Inspecteurs aux revues.* — Leurs fonctions, jusqu'en l'an VIII, étaient remplies par les *commissaires des guerres*. L'arrêté du 9 pluviose an VIII décide que les *inspecteurs aux revues* seront chargés de l'organisation, de la levée, de l'incorporation, du licenciement, de la solde, de la comptabilité des corps, de la tenue des contrôles, de la formation des revues. Ils passent les revues d'effectifs, vérifient les contrôles. Les *inspecteurs en chef aux revues* ont le grade de général de division; les inspecteurs ont le grade de général de brigade; les sous-inspecteurs ont le grade de colonel. Ce corps est immédiatement sous les ordres du ministre.

Commissaires des guerres. — Le même décret maintient à ce corps toutes les autres attributions dont il était chargé par la loi du 28 nivôse an III; c'est-à-dire : surveillance des approvisionnements aux armées et dans les places, armement, équipement, habillement, équipages, vivres, fourrages, artillerie, ambulances, hôpitaux, prisons, établissements, distribution des vivres, fourrages, chauffage, habillement, équipement;

le secrétaire de Portal, maître des requêtes ; le général Lhuillier, le général Thouvenot, le général Dumouriez lui-même, le général Reille, le colonel Michaux, le colonel Koch, Morel, Larpent, Labrouche, Clérisse (1), Dulamon (2), sans accords préalables, dans des milieux différents, en des points séparés, nous ont, grâce au temps, apporté peu à peu la plus riche moisson d'indices, de traces, de faits et de recoupements précieux d'exactitude et de vérité. A Dax, d'Arsonval nous a longuement guidé pour nous faire toucher du doigt l'état réel et lamentable de la place, la nullité des levées de l'époque dans les Landes, l'état d'esprit des populations et des gardes nationales du pays. Bien mieux encore que les rapports officiels de Soult, cependant très véridiques, n'avaient pu nous le faire soupçonner, il nous a éclairé sur l'absence complète des résultats qu'on avait espérés. Le général Harispe, le général de Coutard, le général Laffitte, le général Desbarreaux, le comte Caffarelli, le comte Cornudet, le préfet des Basses-Pyrénées et nombre de fonctionnaires, les commissaires de police, les émissaires, ont confirmé ces graves déclarations en d'autres lieux. Nous avons ouvert leur correspondance, leurs comptes rendus, vérifié les situations d'effectifs, et celles-ci ont appuyé leurs dires. Au 10 mars, avec le général Lhuillier, nous avons vu dans Bordeaux « circuler les guinées

---

vérification des dépenses, *excepté la solde* sauf par défaut de sous-inspecteur; levée des contributions en pays ennemi; police des étapes et convois.

Ils sont *commissaires ordonnateurs* et *commissaires ordinaires*. On les recrute parmi les officiers ayant trois ans de services dans les troupes, après examens.

(1) Maire d'Hastingues en 1814.

(2) Du village de Renung, et père du capitaine Dulamon, aide de camp du général Jacobi.

de l'Angleterre..., annoncer à l'avance le doux régime de l'Anglais et entendu déclarer que celui-ci payait comptant ».

Partout les faits rencontrés sont venus se grouper pour nous dire, avec plus d'autorité et d'éloquence que les affirmations personnelles ne sauraient le faire, l'immense effort réalisé par la volonté et par la direction du maréchal Soult, les difficultés et les résistances qu'il a rencontrées à tous les degrés dans le pays et même à l'armée (1), le manque d'organisation générale, les vices du système, la lassitude du régime, l'épuisement de l'esprit national dispersé en continuels sacrifices sur tous les points de l'Europe depuis de longues années, et amoindri par le mépris et l'oppression des patriotismes étrangers.

Cependant les résultats obtenus par la ténacité du maréchal, par son inlassable activité et grâce aux efforts de tant de bons Français, sont réels et indéniables. Sans remporter de victoire, mais sans compromettre ses forces de couverture, il a pu, quelles qu'elles fussent, les employer au but qu'il s'était proposé, dès l'origine (2), en pleine connaissance de cause. Il a masqué l'offensive de son adversaire, entravé sa marche, ralenti ses progrès : il l'a entraîné à sa suite et détourné de l'objectif que ce dernier se proposait. Pour mettre en œuvre et en pleine valeur, pour exécuter ses conceptions bien préparées, des

---

(1) Voir, à l'*Annexe VI*, le dossier que nous avons groupé pour présenter, sur pièces : les demandes et les projets de Soult, les *refus de coopération de Suchet*, les causes antérieures de leurs dissentiments. Voir aussi, à cette annexe, note 3, p. 584, notre enquête au sujet de la *communication entre Oloron et Jaca*, par le col d'Urdos, et de son état à cette époque.

(2) Voir : la lettre du maréchal au ministre (8 février), p. 339, note 1 ; celle du maréchal à Mathieu-Faviers (13 et 14 février), p. 340, note 2.

voies de communication, des *liaisons assurées*, comme on peut les établir de nos jours, et enfin une *armée instruite et manœuvrière*, dotée de *nos bons cadres* lui eussent été nécessaires.

Pénétrée du sentiment de solidarité nationale acquis actuellement, soutenue par la perfection de l'organisation que le concours unanime des énergies françaises assure maintenant à la défense du territoire de la République, cette armée, bien commandée par le maréchal Soult, eût délivré notre sol ; animée par l'esprit français, dégagée de ces troubles qui rendaient alors nos conscrits réfractaires et nos fonctionnaires trop souvent rebelles, traîtres ou inertes, appuyée enfin par l'armement, dont nous disposons aujourd'hui, elle eût détruit nos adversaires.

La France en armes nous dote aujourd'hui de cette force : sa possession, son entretien, son entraînement et son instruction nous éviteront le retour des envahisseurs. Il appartient à l'esprit public, aux pouvoirs nationaux et aux cadres de la maintenir toujours prête et toujours redoutable, en pleine confiance dans ses moyens, dans l'appui unanime de la nation et dans la fortune de la France unie.

INTRODUCTION

ARMÉE FRANÇAISE

Infanterie; artillerie; tactique; armement; munitions; tir et feux (1).

L'*infanterie* française du premier Empire comportait des régiments d'*infanterie légère* et des régiments d'*infanterie de ligne* (arrêté du 22 ventôse an XII). Dans chaque bataillon des régiments d'infanterie *légère*, il existait une compagnie de *voltigeurs ;* elle tenait toujours la gauche. La taille maxima des sous-officiers et des hommes était

---

(1) *Règlement concernant l'exercice et les manœuvres de l'infanterie du 1er août* 1791.
Mémorial de l'officier d'infanterie, dédié au roi d'Italie, par Bardin, 1813.
Manuel d'infanterie, dédié au roi de Westphalie (id., 1811).
Manœuvres de l'infanterie légère en campagne, par Guyard, colonel du ci-devant 1er régiment de *hussards à pied* (an XIII).
Essai historique sur l'infanterie légère, par le général Duhesme, écrit de 1803 à 1812.
Manuel de l'artilleur, par Th. Durtubie, général de brigade, an III et éditions suivantes. — Cotty, chef de bataillon d'artillerie, *Mémoire*, imprimé en 1806 par ordre du ministre.
Favé, *Nouveau système d'artillerie de campagne* (1851).
Rapport sur l'organisation de l'artillerie de campagne de la Grande Armée, par le général commandant en chef l'artillerie (1809).
Labiche, *Armes portatives* (1879).
De Grandchamp, *Essais* (1865).
Rouquerol, *Artillerie des guerres de la Révolution* (1898).
Militär-Litteratur-Blatt (1877).
Guibert, Decker, Gassendi, Scharnhorst, Louis Bonaparte, général Favé, général Susane, etc., etc.
Règlement du service de campagne du 5 avril 1792, modifié conformément à l'ordre du 11 octobre 1809, dit *Règlement de Schöenbrunn*.
Commentaires qui accompagnaient le projet d'ordonnance sur le *service des armées en campagne*, précédé d'un aperçu histo-

de 1^m,598 (4 pieds 11 pouces) ; celle des officiers : 1^m,625 (5 pieds). La compagnie était constamment entretenue au pied de guerre de : 1 capitaine, 1 lieutenant, 1 sous-lieutenant, 1 sergent-major, 4 sergents, 1 fourrier, 8 caporaux, 104 voltigeurs (puis 121 : décret du 18 février 1808), 2 cornets de voltigeurs (petits cors de chasse). Les voltigeurs étaient armés d'un fusil léger, modèle de dragon ; les officiers et les sous-officiers, d'une *carabine rayée*. Vêtus comme l'infanterie légère, ils portaient les marques distinctives de leurs corps respectifs et un collet de drap chamois. Les voltigeurs devaient, en principe, pouvoir être *transportés rapidement par les troupes à cheval* aux points jugés nécessaires : il était donc prescrit de les exercer à monter lestement en croupe d'un homme à cheval, à descendre de cheval avec légèreté et à suivre à pied un cavalier au trot. En fait, ces exercices, d'une application rare et difficile, n'étaient guère pratiqués. On devait encore instruire les voltigeurs à tirer rapidement et avec justesse.

Le décret du 2e complémentaire an XIII étendait cette formation aux régiments d'infanterie de ligne, dont les compagnies de voltigeurs étaient exactement constituées de même.

En résumé, d'après le décret du 18 février 1808, le régiment d'infanterie de ligne ou d'infanterie légère se composait, en principe, d'un état-major, de quatre bataillons de guerre et d'un bataillon de dépôt. Le bataillon de guerre comportait 6 compagnies d'égale force : une de *carabiniers* dans l'infanterie légère, de *grenadiers* dans la ligne, quatre de *fusiliers* et une de *voltigeurs*. En fait, le régiment, aux armées, ne comptait pas plus de deux ou trois bataillons réunis.

L'état-major du régiment complet comportait : 1 colonel, 1 major, 4 chefs de bataillon, 5 adjudants-majors, 1 quartier-maître-trésorier, 1 officier payeur, 1 porte-aigle,

---

rique sur les anciens règlements, par le général de Préval (1832).

« Il existait, dit le général Foy, pour le service des troupes en campagne, deux règlements, l'un du 12 avril 1788, relatif à la cavalerie, l'autre du 5 avril 1792, relatif à l'infanterie, dressés tous deux sur d'anciens errements et tous deux à peu près inconnus dans l'armée. Pendant la guerre d'Autriche, en 1809, l'Empereur sentit la nécessité d'un règlement de campagne. Il eût fallu, pour en faire un bon, du temps et du travail. On se contenta de réimprimer à la hâte le règlement du 5 avril 1792, avec quelques changements, dont le principal fut la substitution du mot *baraque* au mot *tente*. »

1 chirurgien-major, 4 aides-chirurgiens, 5 sous-aides, 10 adjudants sous-officiers, 2 sergents deuxième et troisième porte-aigles, 1 tambour-major, 1 caporal tambour, 8 *musiciens, dont 1 chef;* 4 maîtres-ouvriers. Total : 50.

Chaque compagnie avait un effectif de 140 hommes, dont 3 officiers (voir composition plus haut). La force constitutive du régiment était donc, en principe, de 3.970 hommes, dont 108 officiers et 3.862 sous-officiers et soldats.

Quand les six compagnies du bataillon étaient présentes, on manœuvrait par division de deux compagnies : quand grenadiers et voltigeurs étaient absents, on manœuvrait par peloton (compagnie).

Le décret du 9 juin 1809 attachait à chaque régiment d'infanterie de ligne ou d'infanterie légère : 2 *pièces d'artillerie* (1) de 3 ou de 4, 3 caissons, 1 forge de campagne, 1 caisson d'ambulance, 1 caisson d'archives et de comptabilité. Il était en outre affecté à chaque bataillon : 1 caisson de cartouches d'infanterie (12.000 à 16.000) et 1 caisson pour le transport du pain. Ces 16 voitures étaient attelées, servies et conduites par une compagnie de canonniers de régiment. Ces pièces de campagne furent retirées pour la seconde fois aux régiments d'infanterie par décret du 11 avril 1810. A l'armée d'Espagne et des Pyrénées, en 1813 et 1814, l'artillerie était répartie et affectée par les ordres d'opérations du maréchal : elle était le plus souvent divisionnaire, à la disposition des lieutenants-généraux ou des généraux de division. Parfois elle était divisée entre les brigades, suivant les besoins : le maréchal conservait la réserve d'artillerie sous ses ordres directs.

Voici quelles étaient ordinairement les formes du *mécanisme* de combat de l'infanterie à cette époque :

Les régiments d'infanterie légère et les compagnies de voltigeurs, et même de grenadiers, des bataillons d'infanterie de ligne engageaient le combat et préparaient l'attaque. L'exécution proprement dite était confiée aux colonnes. La différence et le progrès de cette tactique comparativement à celle des guerres de la Révolution consistaient en ce que les chaînes ou plutôt les groupes de tirailleurs (on disait souvent les postes) ne se composaient plus de bataillons et de demi-brigades complètement déployées; mais

---

(1) Les bouches à feu d'infanterie avaient été déjà supprimées en l'an III, une première fois; rendues à la Grande Armée en 1809, elles furent supprimées de nouveau en avril 1810.

que ces tirailleurs étaient pris en principe dans les bataillons placés derrière eux en première ligne (1).

La ligne de feux, ou *avant-garde*, et la première ligne de combat se composaient ainsi d'éléments appartenant aux mêmes unités et elles étaient placées sous le même commandement. Cet accolement de troupes, échelonnées en ordre profond, assurait la direction, l'appui et le soutien des différentes parties de la ligne de feux par les éléments de la première ligne appartenant aux mêmes unités. Grâce à cette disposition, on était en mesure, aussitôt le combat engagé, d'utiliser rapidement les avantages partiels obtenus.

La division d'infanterie disposait donc d'ordinaire sa première ligne au moyen de trois ou quatre bataillons encadrant son artillerie et précédée de sa ligne de feux, composée elle-même des compagnies de voltigeurs et de grenadiers de ces bataillons. Trois ou quatre bataillons en ligne, ou plus souvent en colonnes, constituaient la deuxième ligne. La troisième ligne, de trois ou quatre bataillons, toujours en colonnes, formait la réserve.

Le bataillon, comme nous l'avons vu, comptait six compagnies, dont une de voltigeurs, une de grenadiers ou de carabiniers et quatre de fusiliers. Les compagnies de grenadiers de chaque régiment étaient souvent réunies en un bataillon, comme force disponible de manœuvre. Les hommes étaient, depuis 1813, fréquemment placés sur deux rangs au lieu de trois ; les troupes anglaises se formaient toujours sur deux rangs.

Les feux employés étaient le *feu de tirailleurs*, le *feu de deux rangs à volonté* (ou anciennement de billebaude) par peloton (compagnie), demi-bataillon et bataillon, dans lequel l'arme, chargée par le troisième rang, servait au second ; on avait renoncé, en raison des accidents auquel il donnait lieu, au *feu de file*, dans lequel le troisième rang tirait comme les deux autres, le premier rang mettant alors genou à terre ; on se servait aussi du *feu en avançant*, alternativement exécuté de pied ferme par les bataillons pairs et impairs. On exécutait encore le *feu de chaque rang*, par bataillon, demi-bataillon ou peloton ; le troisième rang tirait le premier au commandement ; puis le second fai-

---

(1) *Soult au ministre* (Saint-Jean-de-Luz, 1ᵉʳ septembre 1813). — « ...Souvent on voit des divisions et des brigades entières se disperser en tirailleurs, sans se ménager aucune réserve, ni point d'appui, malgré les ordres réitérés qui sont donnés à ce sujet aux généraux... »

sait feu, et enfin le premier, avec charge à volonté. Les hommes du premier rang restaient debout pour ce feu ; mais il était impraticable sac au dos. On pouvait l'exécuter aussi, baïonnette au canon, contre une charge de cavalerie, en faisant tirer les trois rangs à la fois au commandement ; les hommes conservaient alors, *pour tirer, l'arme solidement appuyée à la hanche*, le troisième rang se penchait fortement en avant pour faire déborder les baïonnettes au delà du premier rang. On avait dû renoncer à ce feu, très dangereux pour ceux qui l'exécutaient (1). (Règlement de 1791 ; — manuel d'infanterie du roi de Westphalie, etc.) En résumé, on se servait du feu individuel, du feu à volonté, des feux de salve de peloton (compagnie) et parfois de demi-bataillon et de bataillon. Le feu individuel de tirailleurs ou de groupes, le feu à volonté pour les pelotons étaient, en définitive, de règle.

Les *armes à feu portatives* (2), qui ont servi aux campagnes de la Révolution et de l'Empire, leur tir, les effets de leur feu, l'emploi qu'on en faisait, les résultats qu'on en pouvait obtenir, méritent d'être examinés.

Quel que soit, en effet, le caractère peut-être un peu technique de ces questions, on ne saurait envisager avec justesse les conditions dans lesquelles les adversaires se heurtaient, sans entrer d'abord en possession des données essentielles de leur armement et de ses effets.

« Ce n'est qu'après cent ans d'essais, d'expériences et d'observations, après avoir fait des corrections en 1717, 1728, 1742, 1746, 1754, 1763, 1766, 1768, 1770, 1771, 1773, 1774, 1775, 1776 (toutes années de modèles successivement réglementaires), qu'on est parvenu à la *perfection* obtenue dans le modèle de 1777 (3) », écrit, en 1813, l'auteur du Manuel de l'officier d'infanterie.

---

(1) Le fusil, dans ces feux, la baïonnette croisée, devait être placé la platine fort en dessus et la pointe de la baïonnette moins haute qu'à l'ordinaire. Sans ces précautions, on avait à craindre l'explosion des gibernes, la brûlure des vêtements et un tir trop haut (*Mémorial de l'officier d'infanterie*, 1813).

(2) M. le colonel Journée a bien voulu nous guider pour l'établissement de cette étude sur les armes portatives du premier Empire et sur leur tir ; il l'a revue lui-même. C'est une précieuse garantie et une bonne fortune pour nos lecteurs ; nous ne saurions assez l'en remercier.

(3) Depuis l'adoption, en 1717, d'un fusil de modèle uniforme, jusqu'en 1777, il n'y a d'autre modification importante à signaler que le remplacement de la baguette en bois par la

Nous allons voir le produit de ces difficiles recherches.

En 1813 et en 1814, le principal armement portatif comportait :

Des *fusils du modèle* 1776 *numéroté* 1777 ; poids : 4 k. 375 sans baïonnette (1), 4 k. 705 avec baïonnette ; calibre : 17^{mm},48 ; longueur : 1^{m},53 sans baïonnette, 1^{m},935 avec baïonnette ;

Des *fusils du modèle* 1777, *corrigé en l'an IX* (1801), du même calibre. On avait corrigé les armes d'ancien modèle, en améliorant quelques détails ; mais la fabrication nouvelle ne commençait qu'en l'an XIII (1809) ;

Des *fusils de dragons modèle* 1777, longueur 1^{m},475, et *modèle de l'an IX*, longueur 1^{m},42 (embouchoir, capucine, pontet en cuivre). Même calibre : 17^{mm},48. Ce fusil, pourvu de la baïonnette, était employé par les dragons et par l'artillerie à pied. C'était l'arme des compagnies de *voltigeurs*.

Des *fusils d'artillerie modèle* 1777 ; longueur, 1^{m},312 ; même calibre ;

Des *mousquetons de cavalerie modèle* 1786 : longueur, 1^{m},10 (pas de baïonnette), et *modèle de l'an IX* : longueur, 1^{m},38, pourvus d'une baïonnette de 0^{m},49 ; garnitures en laiton ; calibre, 17^{mm},1.

Des *pistolets de cavalerie modèle* 1777, *modèle de l'an IX* et *modèle de l'an XIII*, du calibre de 17^{mm},1 ;

Des *carabines rayées d'infanterie modèle* 1793 (dites *de Versailles ;* canon à pans sur toute la longueur ; longueur, 1^{m},05 ; calibre, 13^{mm},5 ; sept rayures au pas de 0^{m},67 ; garnitures en laiton ; poids, 3 k. 45 ; balles forcées de 28 à la livre (14 gr. 43) ; charge de poudre, 4 gr. 60 ; chargement au moyen de la baguette de fer et du maillet avec emploi d'un calpin gras. Cette carabine constituait en principe (instruction de juin 1806) l'armement des officiers (2) et des sous-officiers de voltigeurs et de quelques tireurs spéciaux. Son chargement était long et difficile :

---

baguette en fer (1763), puis en acier (1766). La baguette métallique était en usage dans l'armée prussienne depuis 1698.

« Toutes les armes à feu portatives pouvant supporter, sans être détruites, le tir de 25.000 coups, nombre supérieur à celui qu'on peut leur faire tirer pendant *cinquante ans*, il ne sera remplacé annuellement que le 1/50e de l'effectif des armes à feu. » (Règlement sur les armes, 1er vendémiaire an XIII.)

(1) 4 k. 646 d'après le *Mémorial* de 1813.

(2) Les fusils d'officiers avaient succédé aux espontons. Ils furent supprimés en 1784.

elle s'encrassait vite. Elle était un peu plus précise que le fusil d'infanterie, mais sa portée n'était pas plus grande. On renonça très vite, vers 1807, à s'en servir (1). « C'était, dit Gassendi, une arme inconvenante pour le soldat français et qui ne convenait qu'à des assassins patients et flegmatiques. » La *carabine rayée de cavalerie, modèle* 1793 (longueur, 0^m,80), eut encore moins de succès.

Le *fusil d'infanterie modèle* 1777, du calibre 17^{mm},48 (2), tirait, jusqu'en 1792, la balle de 18 à la livre (de 489 gr. 5) ou 27 gr. 2, au diamètre de 16^{mm},54, avec un vent de 0^{mm},94 et une charge de 11 gr. 20 de poudre à canon (12 gr. 24 dont 1 gr. 02 pour l'amorçage) (3). Les premières guerres avaient montré que la balle de 18 à la livre entrait difficilement dans le canon, dès que le tir de quelques coups l'avait encrassé. Afin d'y remédier et en vue d'accélérer la vitesse de la charge, on avait, dès 1792, augmenté le vent en diminuant le calibre des balles et en adoptant celles de 20 à la livre (24 gr. 5), du diamètre de 15^{mm},98, avec charge de 12 gr. 24 de poudre à canon. Ces charges comprenaient la poudre nécessaire pour amorcer (1 gramme environ).

Les autres armes du calibre de 17^{mm},1, mousqueton de cavalerie, pistolet, tiraient la même balle que le fusil d'infanterie ; le vent étant ainsi plus faible, la balle était moins libre dans le canon et, par suite, moins exposée à couler et à tomber lorsque, en cours de route, le cavalier portait son arme chargée, la bouche du canon dirigée vers le sol. D'autre part, la réduction du vent présentait peu d'inconvénients, car la cavalerie avait rarement l'occasion de tirer assez longtemps pour encrasser beaucoup ses armes, ainsi que le fait se produisait pour l'infanterie. On

---

(1) Voir : général Duhesme, *Essai sur l'infanterie légère* (2e édition), pages 146 à 148, les inconvénients, reconnus déjà en 1792, dans l'usage des carabines à balles forcées de calibre spécial.

(2) Une balle de 17^{mm},48 de diamètre pèse 31 gr. 32. Le fusil de 17^{mm},48 correspond, en fait, au calibre de 16 à la livre (15,6).

(3) La *poudre à mousquet* ne fut adoptée qu'en 1828, après une série d'expériences qui, dès 1818, avaient commencé à aboutir. Avant cette époque et bien qu'on ne fit usage que d'une seule *poudre à canon* pour toutes les armes, on réservait les gros grains de 2^{mm},5 pour les pièces et les petits grains au-dessous de 1^{mm},4 pour les armes portatives (Berthelot).

D'autre part, il existe une ordonnance du 16 avril 1786 prescrivant qu'il n'y aurait plus à l'avenir qu'une seule espèce de poudre, celle du grain *à mousquet*.

avait espéré, enfin, en employant un calibre mieux approprié à la balle adoptée, obtenir un peu plus de précision dans leur tir.

Les cartouches d'infanterie servaient pour toutes les armes. Pour charger les types plus légers que le fusil, le tireur devait jeter une partie de la poudre afin que le recul ne fût pas trop violent. La charge de chacune de ces armes était une fraction simple de la cartouche d'infanterie : on pouvait ainsi saigner plus facilement cette dernière. Avec le fusil d'artillerie, on rejetait le quart; pour le pistolet et le mousqueton, la moitié de la poudre de la cartouche d'infanterie. On amorçait avec la cartouche ainsi réduite et on versait le reste dans le canon.

Toutefois, la charge de poudre de 12 gr. 24 du fusil d'infanterie employée intégralement (déduction faite de l'amorçage) imposait un recul si pénible aux tireurs qu'ils saignaient tous plus ou moins la cartouche : la charge était ainsi *constamment variable* en moins, ce qui accroissait encore la dispersion déjà très considérable du tir et réduisait l'effet meurtrier des balles.

Les ratés de ces différentes armes étaient extrêmement fréquents. Avec le modèle 1777, ils atteignaient, dans les meilleures conditions de temps sec, la proportion d'un raté sur cinq à sept coups; avec le modèle de l'an IX ils s'élevaient encore au moins à un raté sur dix à douze coups. En effet, la lumière s'encrassait très facilement. Percée obliquement en vue d'éviter les crachements, de forme cylindrique, elle n'offrait pas une entrée suffisante à la flamme de l'amorce du bassinet; la pierre avait une mauvaise position par rapport à la face de batterie; celle-ci se plombait fréquemment par suite d'une enveloppe de pierre mal disposée; elle se recouvrait de résidus de poudre qui empêchaient la pierre de produire des étincelles lorsqu'elle venait la frapper. Par la pluie, ou même simplement par temps de brouillard mouillé, il devenait impossible de faire feu (1). Les étincelles produites par le choc tombaient souvent au dehors du bassinet. La pierre elle-même ne supportait pas quarante coups sans être hors

---

(1) « Ces crasses étaient très hygrométriques et elles arrêtaient tout départ lorsqu'il pleuvait ou encore quand il y avait simplement du brouillard. Etant au Maroc, j'ai constaté, un jour de brouillard, que 150 soldats, armés de fusils à pierre et tirant tous à volonté, ne parvenaient pas, sur l'ensemble de la troupe, à faire partir plus de deux à trois coups par minute; tous les autres coups rataient. » (Colonel Journée.)

de service et les troupes avaient droit à une pierre à feu par vingt cartouches distribuées (1ᵉʳ vendémiaire an XIII, art. 30). Après avoir tiré 60 coups de fusil, l'encrassement était tel qu'il devenait impossible d'enfoncer la balle et qu'il était indispensable de laver le canon du fusil pour pouvoir continuer le tir. On devait, en tout cas, épingler très fréquemment la lumière pour la dégager et pour assurer la communication entre la charge et le bassinet et le départ du coup. Les soldats agrandissaient beaucoup la lumière de leurs fusils afin d'éviter qu'elle ne s'obstruât et surtout pour pouvoir tirer sans qu'il fût nécessaire d'amorcer le bassinet. Avec des fusils à lumière agrandie, après avoir versé la poudre dans le canon et laissé glisser une balle par dessus, on frappait fortement la crosse à terre en inclinant le bassinet vers le bas. La poudre et la balle arrivaient au fond du canon sans qu'il fût nécessaire de bourrer avec la baguette; une partie de la poudre entrait ainsi, par la lumière, dans le bassinet : il suffisait alors d'armer le chien pour être prêt à faire feu. Dans ces conditions de chargement, très usitées par les vieux soldats, on arrivait à tirer jusqu'à six coups par minute, si on n'avait pas de ratés dans la série. En exécutant la charge régulièrement, on tirait encore assez facilement trois coups par minute, et quatre, si on ne remettait pas la baguette dans son canal après chaque coup. Quand il s'agissait de tirer très vite, le soldat plaçait plusieurs balles dans sa bouche (1) et il les crachait successivement dans le canon après avoir versé la poudre pour chaque coup. On estimait, dans tous les cas, que la vitesse du tir individuel, exécuté dans les conditions réglementaires, atteignait facilement deux coups par minute avec des soldats moyennement exercés (2).

L'approvisionnement normal en munitions était de 50 à 60 cartouches sur l'homme, avec deux pierres à feu de rechange, en plus de celle montée sur le fusil; 30 cartouches dans les caisses de l'artillerie et au parc; 12 cartouches au grand parc; soit environ 100 cartouches par homme (3).

---

(1) La vieille formule des capitulations avec les honneurs de la guerre « tambours battant, mèche allumée et *balle en bouche* », rappelle cette particularité.

(2) Voir : général Duhesme, *Essai sur l'infanterie légère*, p. 295, 307.

(3) « Dans les guerres de 1792, on avait ordonné de porter 80 coups par homme; et, cela n'ayant pas suffi, on prépara pour l'armée d'Italie 200 coups par homme. Mais on sait que

Si l'on s'en rapporte aux chiffres qui nous sont donnés par les anciennes études sur le tir de ces armes, celui-ci paraît avoir été expérimenté et étudié dans des conditions peu précises, avec des instruments de mesure insuffisants ou défectueux (1).

Meyer, Durtubie, Decker, Cotty, Scharnhorst, Bardin reproduisent, à peu de chose près, les chiffres donnés par l'Aide-mémoire d'artillerie de Gassendi et par Guibert avant la Révolution.

« On s'est attaché à l'envi, écrit Guibert (1790), à perfectionner le chargement du fusil, à tirer une plus grande quantité de coups par minute, c'est-à-dire à augmenter le bruit et la fumée; mais on n'a travaillé ni... à augmenter l'adresse du soldat pour les feux, ni à faire connaître aux troupes la différence des portées et des tirs, ni enfin à leur enseigner jusqu'à quel point il fallait compter ou ne pas compter sur le feu...

» ... Dans le fait, une infinité de causes soit connues, soit

---

l'insurveillance et l'avidité étaient pour les 9/10 dans cette consommation. » (Gassendi.)

« Le nombre de caissons de cartouches d'infanterie devint ensuite indéterminé : l'approvisionnement de 200 coups par homme qu'on demandait, qu'on doublait, qu'on triplait quelquefois était si fort qu'on ne pouvait avoir assez de caissons. » (Gassendi.)

» ...2.492.000 coups de fusil à tirer qui marcheront avec l'armée indépendamment des 60 coups à tirer que le soldat doit avoir dans sa giberne; ...à Palmanova, un million de cartouches; à Pontebba, de même; à Cadore, 200.000. » (Bonaparte au général Lespinasse, 8 mai 1797.) En 1800, Bonaparte prescrit de préparer les approvisionnements sur le chiffre de 400 cartouches par homme pour 500.000 hommes. (Bonaparte à Berthier, 28 février 1800.) Il s'agit d'approvisionnement total, y compris celui des établissements à l'intérieur. En 1806, l'approvisionnement, par homme, en comptant les munitions sur roues et en dépôt au grand parc, était de 122 cartouches.

(1) Les premières expériences sur la vitesse des balles ont été faites en 1707 par Cassini fils avec un pendule-balistique assez rudimentaire.

L'Anglais Robin est le premier qui, en 1740, ait employé le pendule-balistique d'une façon scientifique et précise. Le pendule de Robin fut appliqué en France, en 1750, par le chevalier d'Arcy, à la mesure de la vitesse des balles de fusil et à expérimenter l'influence de la longueur des canons sur les vitesses. Le pendule-balistique ne devint toutefois un objet d'expérimentation officielle qu'en 1820. (*Mémorial de l'artillerie de marine*, 1re livraison de 1880.) On éprouvait les poudres au mortier-éprouvette.

cachées, contribuent à jeter de l'incertitude et de la bizarrerie dans les tirs de nos fusils... Ce qui malheureusement fait problème encore (soit qu'on n'ait pas fait à cet égard des expériences assez exactes, soit qu'une infinité de raisons étrangères, relatives aux effets de la poudre, à l'action de l'air, à la qualité des mobiles et à celles des moyens qui les chassent, les rendent extrêmement difficiles et incertaines) c'est la longueur des courbes que ces mobiles peuvent décrire, c'est la détermination exacte de la vitesse avec laquelle ils les parcourent et de leur déclinaison successive vers la terre.

» Il existe cependant quelques vérités approximatives, que je vais rassembler et qui doivent faire la base des exercices à feu de l'infanterie.

» ... Il est à peu près constant que la balle suivant sa trajectoire se trouvera [à 60 toises (117^m) environ], à un pied et demi (0^m,48) ou deux (0^m,65), d'élévation au-dessus de la ligne de mire et qu'ensuite.. elle recoupera cette ligne environ à 100 ou 120 toises (195^m, 224^m)... jusqu'à ce qu'elle rencontre la terre, ou quelque autre obstacle, qui anéantira la force qui la fait mouvoir.

» Ce que je dis est le résultat des épreuves qui ont été faites dans nos écoles d'artillerie, mais on en pourrait faire de beaucoup plus précises... La plupart des épreuves qui se font dans les écoles d'artillerie ne décident rien et *leur résultat est toujours conforme à l'opinion dominante...*

» ... A l'égard de la portée du fusil, toutes les expériences qu'on a faites pour en constater la longueur n'ont rien déterminé de précis. On a vu souvent des balles tirées par des fusils de même calibre, sous le même angle de projection, avec des charges égales, porter à des distances inégales soit en raison de la densité plus ou moins grande de l'air, soit aussi par rapport à la qualité de la poudre, à son degré de siccité, à sa disposition dans le cylindre, etc.

» Tout ce qu'on peut dire de certain, c'est que la portée des fusils de notre infanterie est, sous une direction à peu près horizontale, d'environ 180 toises (350 mètres); c'est pour cela que, dans la construction des places de guerre, on a déterminé entre 120 et 140 toises (234^m; 273^m), la ligne de défense, depuis le flanc jusqu'à l'angle flanqué.

» ... Je ne parle pas des portées sous des angles de projection trop élevés, parce qu'à la guerre on ne doit jamais tirer ainsi, et qu'elles sont aussi incalculables qu'incertaines : les balles frappent alors communément jusqu'à 500 ou 600 toises (974 à 1.170 mètres) et quelquefois à des distances bien plus éloignées...

» Quoique la portée horizontale du fusil puisse être estimée jusqu'à 180 toises (350 mètres) ce n'est guère qu'à 80 toises (156 mètres) que le feu de l'infanterie commence à avoir un grand effet... La première décharge des soldats a de la portée et de l'effet, parce que ce premier coup, chargé hors du combat, l'est avec exactitude; mais ensuite, dans le tumulte du combat, ils chargent à la hâte et sans bourrer. On leur a dit que la plus grande perfection de l'exercice était de tirer le plus grand nombre possible de coups à la minute. En conséquence, ils n'ajustent point... ils trouvent plus commode de ne pas se fatiguer et laissent tomber le fusil extrêmement bas; aussi le coup part sans que l'œil l'ait dirigé et la balle va mourir dans la poussière au quart de sa portée...

» Tirez vite! » dit-on aux soldats, comme si le bruit tuait. » Ajustez au milieu du corps! », comme si ce principe pouvait être général quelle que soient les distances... « Ajus- » tez bas! dit-on d'autres fois, le coup relèvera toujours » assez! » comme si les balles pouvaient s'élever au-dessus de la ligne de tir... Faut-il s'étonner, après cela si nos feux de mousqueterie sont si méprisables; si, dans une bataille, il y a 500.000 coups de fusil de tirés, sans qu'il reste 2.000 morts sur le terrain du combat.

» ... Soit un bataillon ennemi. On pourra recommander au soldat de viser 3 pieds ($0^m,98$) au-dessus du bataillon, s'il est à 300 toises (590^m); environ à 1 pied 1/2 ($0^m,48$), s'il est à 200 toises (390^m); aux chapeaux, s'il est à 100 (195^m); aux genoux ou un peu au-dessous, s'il est à 50 (98^m) ou 60 (117^m), mais jamais plus bas...

» C'est surtout aux *exercices très multipliés de la cible et des toiles* qu'on fera l'application de cette théorie. Là, comme il faut au soldat des démonstrations palpables et simples, au lieu d'avoir pour but une cible informe, élevée sur un piquet, *on peindra sur des planches découpées un homme de grandeur naturelle* et vêtu d'un uniforme de troupes étrangères. On aura la patience, quand le coup du soldat aura passé par-dessus ce but ou donné en terre, de lui montrer d'où cela est provenu...

» On lui fera tirer sur-le-champ un autre coup, afin de mettre l'exemple à côté du précepte. On changera souvent le but de distance et d'emplacement, l'établissant tantôt dans un terrain en pente, tantôt sur une élévation, tantôt sur un terrain horizontal...

» Les soldats étant habitués à tirer ainsi seuls, par file,

par division ou par compagnie, on les rassemblera en bataillon et on les fera *tirer sur des toiles peintes, représentant de même une troupe ennemie, soit à pied, soit à cheval*, ces toiles étant, de même, tour à tour tendues à différentes distances, sous différents points de vue et sur des terrains de niveau différent...

» ... Réunir le plus de feux possible sur le point qu'on veut attaquer ou défendre; occuper les saillants qui le flanquent ou l'enfilent; ... faire converger les feux afin de les rendre plus meurtriers; ... tout cela se peut en campagne et avec des bataillons, sans retranchements, comme derrière des remparts ou des tranchées; mais il faut, pour cet effet, que les officiers connaissent les différences des directions des feux, les effets qui en résultent, et que les soldats soient exercés en conséquence.

» ... Il ne faut tirer que quand on ne peut pas marcher. Soit qu'on attaque, soit qu'on se retire, soit qu'on suive un ennemi qui fuit, avancer est le premier objet et le seul qui puisse procurer quelque avantage... » (Guibert.)

Les œuvres de Guibert avaient été le livre de chevet de Bonaparte et de toute la génération militaire intelligente de la fin du XVIII siècle. On peut dire que l'esprit de sa manœuvre, que ses doctrines avaient précédé et pénétré la conception napoléonienne. Malgré son remarquable et judicieux plaidoyer spécial en faveur des feux, des méthodes d'enseignement du tir, de la pratique des tirs à la cible, des tirs de combat et des feux de guerre en terrain varié; malgré l'instruction de 1791 (1) au sujet du tir à

---

(1) *Instruction pour le tir à la cible* (1791): « L'importance, dont il est (*sic*) d'apprendre aux soldats à tirer avec justesse est généralement reconnue...

» On fera faire une ou plusieurs cibles par bataillon; la cible aura cinq pieds et demi de haut (1^m,79) et vingt et un pouces (0^m,57) de large; le milieu sera marqué par une bande de couleur tranchante de trois pouces (0^m,08) de large, tracée horizontalement; l'extrémité supérieure sera marquée par une bande semblable. Les soldats seront exercés à tirer à ce but d'abord à 50 toises (98^m), ensuite à 100 toises (195^m) et finalement à 150 toises (292^m).

» A 50 ainsi qu'à 100 toises les soldats viseront à la bande inférieure. A 150, ils viseront à la bande supérieure. On les fera tirer homme par homme, d'abord sans commandement, et ensuite au commandement lorsqu'ils auront appris à ajuster avec précision...

» Tous les caporaux, grenadiers et fusiliers passeront, chaque année, à cette école, et on y affectera la majeure partie des

la cible, on ne faisait cependant alors aucun exercice régulier de tir à la cible; aucune instruction sérieuse pour le tir n'était donnée dans l'armée française.

Jusqu'à la Révolution, les exercices à feu avaient eu lieu à blanc, ainsi que le décrit La Chesnay des Bois (vol. II, p. 209) : « Lorsque les recrues ont chargé tous (leurs armes) sur une seule ligne, on leur fait mettre le fusil sur le bras gauche. Après leur avoir commandé « à droite! », ils marchent jusqu'à ce que le premier soldat soit à dix pas de la *hallebarde* ou de quelque autre but qu'on aura mis à la droite de la ligne et autour duquel on aura attaché un morceau de papier blanc, ou autre signal, à hauteur de ceinture, pour servir de point de mire... Le soldat, qui vient de tirer, descend à la gauche de la ligne; celui qui le suivait prend sa place et tous les autres gagnent en même temps un pas vers la droite... » Depuis cette époque, malgré la circulaire de 1791, qui réglementait le tir à la cible, l'instruction donnée dans les corps se bornait à tirer à poudre et en l'air. Cependant, il était régulièrement distribué chaque année aux régiments 1 kilogramme de plomb et 2 kilogrammes de poudre par quatre hommes pour les exercices et les postes de garde en temps de paix. (Lettre ministérielle du 2 mai 1807 et règlement d'armement du 1er vendémiaire an XIII, art. 26.)

En 1813, à la suite, prétendit l'Empereur, des accidents répétés, survenus au combat même, dans les rangs des soldats mal instruits, dont le troisième rang tirait alors souvent sur les deux premiers (incident Larrey), Napoléon avait prescrit, pendant l'armistice, des exercices de tir à la cible à raison de deux cartouches par homme. Marmont déclare que ces exercices étaient, jusque-là, *presque inconnus*. Il était bien loin d'en être ainsi dans l'armée anglaise, dont les riflemen nous tuaient tous nos officiers (du 24 juillet 1813 au 31 août : 500 officiers et 8 généraux). Dans une lettre au ministre (1er septembre) (1), Soult at-

---

munitions destinées aux exercices. On notera dans chaque compagnie les meilleurs tireurs.

» Les recrues de chaque année seront instruits avec un soin particulier à tirer à la cible, après qu'ils auront été exercés à tirer en blanc et à poudre... »

(1) *Soult au ministre* (Saint-Jean-de-Luz, 1er septembre 1813). — « Les pertes en officiers supérieurs et particuliers, que l'armée a éprouvées depuis quelque temps, sont tellement hors de proportion avec les pertes en soldats, que j'ai dû considérer quelle cause pouvait y donner lieu... Il existe à l'armée an-

INTRODUCTION

tribue ces pertes aux tireurs d'élite de l'ennemi, riflemen, chasseurs, carabiniers; Carrion-Nisas avait aussi déjà fait remarquer ces pertes spéciales, à la bataille de Vimeiro : il en attribuait en grande partie la cause à la différence entre les uniformes des officiers et ceux des soldats.

En reprenant et en comparant entre elles, traduites en mètres, les différentes données fournies par les contemporains (1) sur le tir du fusil 1777, on relève les chiffres disparates, qui suivent :

Portée horizontale ou de but en blanc : 195 mètres, 234 mètres, 350 mètres.

Flèche, à 117 mètres, de la trajectoire de 350 mètres : $0^m,48$ à $0^m,65$.

Portée utile et feu réellement efficace : 136 mètres, 156 mètres; extrême limite utile : 234 mètres à 300 mètres.

Portée maxima : 974 mètres à 1.170 mètres, obtenue sous un angle de 43°,30.

Viser à $0^m,98$ plus haut pour atteindre un but à 585 mètres, à 500 mètres ou à 234 mètres.

---

glaise un bataillon du 60ᵉ composé de dix compagnies... Ce bataillon n'est jamais réuni : il fournit une compagnie à chaque division d'infanterie... Il est armé de carabines; les hommes sont choisis parmi les meilleurs tireurs; ils font le service d'éclaireurs et, dans les affaires, il leur est expressément recommandé de tirer de préférence sur les officiers et particulièrement sur les chefs et les généraux. Ainsi, il a été remarqué que, dans une affaire, quand un officier supérieur est dans le cas de se porter en tête soit pour observer, soit pour diriger sa troupe, ou même pour l'exciter au combat, il est ordinairement atteint...

» Les pertes en officiers, que nous éprouvons, sont si considérables que, dans deux affaires, ils sont ordinairement tous hors de combat. Hier, j'ai vu des bataillons qui ont eu des officiers hors de combat dans la proportion de 1 sur 8 hommes : j'ai vu aussi des bataillons qui étaient réduits à deux ou trois officiers, quoiqu'ils n'eussent pas le sixième de leurs hommes hors de combat... »

L'infanterie anglaise comportait une soixantaine de compagnies de riflemen. Les Portugais avaient onze bataillons de cazadores. Consulter : — *Rifle Brigade*. — *British Rifle man*, The Journals and Correspondence of major-général *Simmonds* during the Peninsular War, etc... with an introduction by lieutenant-colonel Willoughby Verner. (1899.)

(1) Aide-mémoire d'artillerie; Manuel d'infanterie dédié au roi de Westphalie; Mémorial de l'officier d'infanterie; Manuel de l'artilleur. (Guibert, Gassendi, Decker, etc., etc.)

INTRODUCTION

Viser à 0^m, 48 plus haut pour atteindre un but à 390 mètres.

Viser aux chapeaux pour atteindre un but à 292 mètres ou 195 mètres.

Viser à la ceinture pour atteindre un but à 195 mètres.

Viser aux genoux pour atteindre un but à 117 mètres ou 98 mètres.

On estimait que la balle, tombée vers 150 ou 230 mètres, ricochait deux ou trois fois et s'arrêtait à 350 mètres ou 400 mètres. Le tir, aux distances supérieures à 234 mètres, était tenu pour complétement incertain. La portée de 234 mètres elle-même était considérée comme très exagérée ; la distance de 195 mètres paraissait convenir au tir du fusil en usage : mais c'était à 136 mètres (70 toises) que le feu de l'infanterie était généralement compté comme étant le plus redoutable.

Les officiers devaient être habitués à estimer à l'œil les différentes distances.

La vitesse initiale de la balle était indiquée par Gassendi comme ne dépassant pas 320 mètres.

En résumé, les connaissances acquises sur les propriétés balistiques de l'arme étaient vagues, peu exactes et en désaccord : aucun officier n'était à même d'en tirer des conclusions utiles pour régler le feu et pour diriger le tir.

Notre propre indécision, en ce qui concerne le tir de ces armes, était presque égale à la leur et nous n'étions pas non plus en état de renseigner complètement nos lecteurs, quand M. le colonel Journée, dont les études et les savantes recherches sur les armes et le tir n'ont jamais laissé de côté aucun point méritant intérêt, a bien voulu nous venir en aide et nous éclairer des résultats de sa haute expérience et de ses travaux.

Les données précises, qui suivent, permettent de se rendre compte, avec une approximation très suffisante, des conditions réalisées par le tir des armes du premier Empire.

La vitesse initiale de la balle de 18 à la livre (27 gr. 2) ou de 20 à la livre (24 gr. 5), tirée dans le fusil à silex avec la charge de 12 gr. 24 de poudre à canon, diminuée de l'amorçage, était de 450 mètres environ (1).

La vitesse initiale, donnée par le fusil de dragon, attei-

---

(1) En 1863, l'emploi de balles allongées trop lourdes (36 gr.) pour la charge de poudre trop réduite (4 gr. 50) que les considérations de limitation du recul avaient fait adopter, avait réduit la vitesse initiale des fusils de l'infanterie à 324 mètres.

gnait 410 mètres; celle du mousqueton de cavalerie, 285 mètres; celle du pistolet de cavalerie, 180 mètres.

Le fusil lisse à percussion (modèle 1848) porté au calibre de 18^{mm}, mais tirant la balle sphérique de 18 à la livre (27 grammes; vent de 1^{mm},10, supérieur par suite au vent de 0^{mm},94 du fusil 1777) avec 9 grammes de poudre à mousquet (au lieu de 11 gr. 20 de poudre à canon) et la vitesse initiale de 445 mètres, exigeait qu'on visât au-dessus du but des quantités ci-après, suivant les distances indiquées (colonel Journée).

PORTÉES.	100^m	200^m	300^m	400^m	500^m	600^m	1000^m
Quantités dont il fallait viser au-dessus du but pour l'atteindre aux différentes distances, ou ordonnées du fusil ayant le tir réglé à 100 mètres...	0	1^m,40	5^m,00	12^m,00	23^m,00	39^m,00	
Angles de tir......		14'	38'	1°12	1°56	2°51	3°54	33°
Pénétration dans le sapin de la balle de 25 gr. 6........	0^m,12	0^m,07	0^m,04	0^m,02			

On remarquera, dans ce tableau, les différences avec les faibles élévations imaginaires attribuées au fusil 1777 par les données de l'époque du premier Empire : 39 mètres à 600 mètres au lieu de 0^m,98 à 585; 12 mètres au lieu de 0^{m}48, à 400 mètres; 1^m,40 au-dessus au lieu de « aux chapeaux » pour 200 mètres, etc.

Les conditions balistiques du tir de cette arme et du fusil 1777 sont à peu près analogues.

La lumière du fusil 1777, toujours plus ou moins agrandie, laissait, il est vrai, échapper une petite partie des gaz de la charge ainsi perdus pour la propulsion du projectile. Enfin, les tireurs, rudoyés par le fort recul de la charge pleine, avaient généralement tendance à saigner les cartouches; en outre, dans leur précipitation à charger, ils versaient souvent une partie de la poudre en dehors de la bouche du canon. Mais on remarquera que la charge du modèle 1848 est de 9 grammes pour 12 gr. 24 nominaux du modèle 1777. Le modèle 1848 emploie la poudre à mousquet, et le modèle 1777 la poudre à canon. Ces différentes causes doivent faire considérer les données du tir du fusil à percussion, modèle 1848, comme représentant des maxima pour le modèle 1877. On voit néanmoins que le tir du modèle 1848, avec vitesse initiale de 445 mètres, était bien loin de fournir la trajectoire tendue attribuée au modèle 1777 (avec vitesse initiale de 320 mètres) par ses contemporains.

En terrain plan, la balle sphérique du fusil lisse ricochait jusqu'à 600 mètres ; elle atteignait 600 mètres en plusieurs bonds, si elle ricochait en-deçà.

C'est sous l'angle de 32° que l'on obtenait la portée maxima, qui était de 1.000 mètres pour la balle de 18 à la livre et de 980 mètres pour la balle de 20 à la livre. La portée restait voisine du maximum quand l'angle de tir variait de 15° à 45°. Cette particularité des plus intéressantes, de la constance de la portée des armes tirées sous de grands angles (1), explique l'agglomération des balles et leur groupement relativement serré à la portée extrême, quand on élevait le bout du canon dans des limites assez larges en vue des tirs aux grandes distances souvent pratiqués par les soldats du premier Empire malgré les recommandations du commandement. (Voir, à ce sujet, l'épisode du combat de Bassussarry, p. 275, note 1.)

Dans des tirs d'expérience, exécutés en 1822 par de *très bons tireurs*, avec des fusils à silex modèle 1816, tirant la balle de 25 gr. 7 (19 à la livre) (vent $1^{mm},18$) avec la charge de 9 gr. 50 de poudre à canon (moins l'amorçage de 1 gr. 02) on a obtenu les écarts ci-après (colonel Journée) :

DISTANCES	200^m	300^m	400^m
Écarts probables	$1^m,80$	$5^m,00$	$13^m,00$
Pour cent sur panneau de $2^m \times 2^m$	15	1,4	0,3

Ces écarts peuvent être doublés pour les tireurs moyens du premier Empire employant les armes modèle 1777. Ils sont réductibles au contraire de moitié pour ces mêmes armes tirées dans les meilleures conditions d'expériences, avec des balles exactement de calibre, soit 16 à la livre et du poids de 31 gr. 32, mais non usitées.

---

(1) La portée des armes, tirées sous ces grands angles, resta à peu près constante dans une même séance sans suivre les variations des angles de tir. (Colonel Journée.)

Le pistolet de cavalerie modèle 1763, modèle 1777 et modèle de l'an IX, du calibre $17^{mm},1$ tirait la balle de 20 à la livre (24 gr. 50) à la charge de 4 gr. 25 environ, avec vitesse initiale de 180 mètres environ. Sa portée maxima devait être très voisine de 500 mètres; sa portée utile était d'environ 15 mètres.

Les troupes de cavalerie de la Restauration obtenaient, dans les tirs à pied, avec le pistolet à silex modèle 1822, à 10 et à 20 mètres, des écarts (28 centimètres à 10 mètres) légèrement supérieurs à ceux (21 centimètres) obtenus dans une expérience par 26 cuirassiers d'un dépôt avec le revolver modèle 1873. Des tireurs moyens exercés ont, avec nos revolvers 1873 et 1892, des écarts de 0,03, soit 7 fois moindres, à cette distance. (Colonel Journée.)

Le rendement réel du feu des armes, par rapport à la consommation des munitions, reste toujours des plus difficiles à relever avec exactitude. Les relations à déterminer doivent être établies, d'une part, entre la dépense globale ou le nombre des munitions délivrées et non rentrées; celui des fusils des tireurs combattants, celui des hommes tués ou touchés par les projectiles; d'autre part, entre les coups tirés et les coups ayant tué ou ayant touché. Les écarts, entre les diverses évaluations, enregistrées dans les différentes guerres, apportent la preuve qu'il est bien délicat de faire le départage entre les consommations de munitions effectuées pour le tir et celles absorbées par les pertes, le gaspillage ou les destructions; les relevés sont peu précis en ce qui les concerne et pour ce qui a trait aux pertes dans les effectifs, ou à leur nature réelle, tant sur l'ensemble que dans les détails.

Les uns ne tiennent compte que des tués, d'autres des hommes touchés, tués et blessés ou même simplement contusionnés. Il n'existe pas de commune mesure et il est difficile de déterminer des limites à la gravité des atteintes.

Dans tous ces calculs, on ne doit pas omettre non plus de faire entrer en compte l'énorme gaspillage des munitions en dehors du combat; celles-ci, quelle que soit la cause de la consommation, figurent d'ordinaire comme cartouches consommées au feu. (L'adoption de l'étui métallique a réduit ces *déchets* dans quelque mesure.) « Quoique l'armée soit dans l'inaction, il se fait une énorme consommation de cartouches d'infanterie, soit parce que le soldat néglige de soigner celles qu'il a dans sa giberne, n'étant pas surveillé par ses chefs, soit parce que grand nombre, lorsqu'ils marchent isolément, les brûlent par amusement, soit enfin parce que beaucoup d'officiers chassent et qu'il n'est pas présumable qu'ils achètent la poudre... » (Le général Eblé au général en chef Moreau, Bâle, 10 février 1800.) (1).

Nous avons vu Guibert déclarer que, sur 500.000 coups de fusil tirés, on n'obtenait pas un rendement de 2.000 morts sur le terrain du combat, c'est-à-dire 1 *tué* pour 250 coups tirés. Les relevés approximatifs qu'on trouvera plus loin pour la bataille de Vitoria (p. 106, note 1), nous ont fourni un rapport approché de 1 *touché* pour 800 coups tirés.

Decker, Meyer estiment qu'on n'obtenait que 1 touché pour 10.000 cartouches consommées. Gassendi et Piobert rapportent qu'il avait fallu, dans les campagnes de 1805 et 1806, consommer 3.000 cartouches pour toucher un homme et que, pendant les années 1813 et 1814, par suite de l'inexpérience de nos soldats, cette dépense s'était élevée à 10.000 cartouches pour le même résultat.

Carnot, dans une addition à son mémoire de la défense des places, composé sur ordre de l'Empereur et publié en 1810, propose de défendre les places par des feux verticaux à grande portée, et il calcule qu'on doit compter 1 touché par 180 coups tirés. Les chiffres relevés pour Bautzen (1813) donnent 700 coups de fusil tirés par les troupes françaises pour 1 touché; Leipzig, 400; Montebello (1859), par les Autrichiens, 300 à 400; Solférino, par les Autrichiens, 700.

On a évalué le nombre des munitions d'infanterie consommées par les tireurs, avec le fusil 1866, à 250, à 750, à 1.250 et celui des munitions, brûlées dans le fusil Dreyse en 1870, à 166, à 200 et à 300 pour 1 touché (2). Pendant la guerre russo-japonaise, on paraît avoir relevé le rapport approximatif de 1.000 pour 1; mais la bataille durait bien plus longtemps que jadis; les combattants commençaient

---

(1) Pendant la dernière expédition de Madagascar, le général Duchêne a dû interdire la chasse aux crocodiles, qui donnait lieu à des consommations considérables de cartouches.

(2) La consommation totale en munitions d'infanterie allemandes, pendant la guerre de 1870, a été de 30 millions de cartouches (G. E. M. A., vol. V, page 1387). Les pertes françaises, par le feu du fusil, ont été évaluées à 150.000 hommes, soit 200 coups pour 1 touché, au total.

A Gravelotte, les Français ont tiré 250 coups pour toucher une fois; ils commençaient leur tir de plus loin que les Allemands et leur instruction de tir était moins soignée que celle de ces derniers. Leur fusil était toutefois très supérieur au fusil allemand.

à tirer de beaucoup plus loin qu'autrefois; il est vrai qu'un grand nombre se dérobaient aussi au feu, par la fuite, à de bien plus grandes distances que jadis.

Plusieurs relevés de munitions consommées paraissent établir une confusion manifeste entre, d'une part, la dépense globale des munitions pour une guerre par rapport au rendement d'ensemble obtenu et, d'autre part, le chiffre des cartouches tirées au cours d'un combat par rapport au nombre des hommes touchés.

Voici, en effet, la discussion que le colonel Journée établit : « Admettons qu'il ait fallu 3.000 coups tirés pour toucher une fois. — 1.000 hommes, brûlant chacun leurs 60 cartouches, n'auraient touché que 20 adversaires ou $\frac{60.000}{3.000}$. En ajoutant à ce nombre 6 hommes tués par le canon (30 p. 100 du total), on n'aurait compté que 26 hommes tués après un combat aussi sérieux et un feu aussi vif. On obtenait certainement mieux.

» En effet, un corps de 1.000 hommes, ayant devant lui un adversaire d'effectif équivalent, déployait ordinairement le tiers de son effectif en première ligne, soit 333 hommes. Chacun d'eux, dans toute une bataille, brûlait au plus 30 cartouches (1), soit, au total, 10.000 cartouches.

» Les pertes dans un combat sérieux s'élevaient au 1/5 de l'effectif, soit 200 hommes, dont 30 p. 100, c'est-à-dire

---

(1) Nous avons déjà fait remarquer précédemment que la pierre ne résistait pas à 40 coups et comptait ordinairement pour 20. Le fusil ne supportait pas 60 coups sans être lavé, l'encrassement empêchant complètement de continuer le tir. La consommation moyenne probable ne dépassait pas 25 à 30 cartouches par tireur dans un combat long et sérieux, chiffre qui concorde avec celui calculé par le colonel Journée.
Il résulte d'un travail du général Berge (alors lieutenant-colonel, mai 1872) que la plus forte consommation connue fut celle relevée à la bataille de la Moskowa, où elle fut de 20 *cartouches par fusil.* — (Journées des 14, 16 et 18 août 1870 : consommation d'ensemble de 54 à 117 cartouches par fusil). — On estimait, néanmoins, sous le premier Empire, qu'en raison des pertes, gaspillages, inégalités de consommation, on devait prévoir un approvisionnement total de 100, 122, 150, 200 et jusqu'à 400 cartouches par homme (voir note 3, page 37). Aujourd'hui la dépense moyenne par combattant et par jour de bataille peut atteindre facilement au delà de 500 cartouches. L'approvisionnement global à prévoir ne saurait donc être inférieur à 2.500 cartouches par fusil de combattant, pour faire face aux besoins nouveaux.

60 hommes, étaient atteints par le canon et 140 hommes par les balles de fusil. Le pour cent du tir du fusil dans ces conditions était donc de $\frac{140}{10.000}$ ou 1,4, c'est-à-dire qu'il fallait 71 coups tirés réellement pour toucher un homme et non pas 3.000. » (Si on admet que les 2/3 de l'effectif, au lieu du 1/3 seulement, prenaient effectivement part au combat par le feu en brûlant le même maximum de 30 cartouches par homme, on trouve encore qu'il fallait à peu près 150 coups tirés pour toucher un homme. Les pertes, le gaspillage doublaient, triplaient ou quadruplaient aisément cette proportion.)

« Les résultats du tir de l'infanterie pour les combats ou les batailles des campagnes de 1864, 1866 et 1870 sont de 0,6 ; 1,2 ; 1,3 ; 1,4 ; 1,5 ; 1,7 ; 1,7 ; 2,5 ; 3,00 ; 3,20 ; 3,33 ; ce dernier chiffre pour la garde prussienne à Saint-Privat.

» L'uniformité de ces chiffres, dit le colonel Journée, doit être remarquée. Quand on se bat à la distance où l'on a l'intention de se faire du mal et en deçà de la distance où les balles ricochent, on doit obtenir environ 1,0 p. 100 par le seul fait des ricochets, si le terrain n'offre pas trop de couverts en forme de vrais talus. Ce résultat est indépendant de l'adresse des tireurs ; il est le produit d'une propriété matérielle des armes. Les balles sphériques ricochaient au moins aussi régulièrement que les balles actuelles, si ce n'est mieux. »

Le soldat du premier Empire portait un lourd chargement dont le poids excessif ne concourait pas à améliorer son tir. « Le poids énorme que nos soldats ont à porter, écrivait le général Foy, contribue à les rendre malades. Qu'on cesse de nous parler des charges monstrueuses avec lesquelles les soldats romains allaient en guerre. Les nôtres, plus jeunes, plus délicats, accoutumés chez eux à de moindres travaux, portent au moins 60 livres. J'ai fait peser le sac, le fourniment, la giberne et ses 50 cartouches, le fusil, le sabre, la capote, les dix jours de biscuit et les quatre jours de pain, et j'ai trouvé que, de trois soldats ainsi arrimés, l'un portait 58 livres 1/2 (28 k. 360), l'autre 62 livres, le troisième 63 (31 kilogrammes). Jamais on n'a tant abusé des hommes qu'on le fait en France dans le siècle actuel... » (Journal de Foy, 10 septembre 1810.)

L'artillerie de campagne à l'armée du maréchal Soult comportait des divisions (batteries) de 8 pièces, dont 2 obusiers pour l'artillerie à pied et de 6 pièces, dont 2 obusiers pour l'artillerie à cheval. Elles étaient ordinairement affectées aux divisions d'infanterie et de cavalerie et parfois placées directement sous les ordres des lieutenants-généraux commandant les groupes de deux ou trois divisions, dénommés ailes ou centre. On remarque cependant quelques emplois, sur le terrain, de batteries de quatre pièces ou de deux pièces, analogues à celles de l'artillerie régimentaire (1).

Le maréchal déterminait lui-même, dans ses ordres, l'affectation et l'emploi de l'artillerie. Celle-ci était servie par les compagnies d'artillerie et les auxiliaires d'infanterie. Elle était attelée par des compagnies du train d'artillerie ou des charretiers auxiliaires.

Les calibres des pièces correspondaient aux boulets de 12, de 8, de 6 et de 4 livres et en portaient le nom. L'artillerie de campagne comportait aussi des obusiers de 6 pouces (16 centimètres).

Le régime de ces pièces de différentes provenances était très irrégulier. Leur but en blanc, à boulet saboté de bois, était de 440 mètres pour le 4 et de 470 mètres pour le 12. Leur portée avec un angle de 6° atteignait 1.500 à 1.800 mètres. La limite extrême des portées pratiques ordinaires était de 500 mètres pour le 4, de 800 mètres pour le 8 et de 900 mètres pour le 12. Les pièces étaient munies d'une hausse. « Ce n'est guère que vers 600 mètres (Mémoires de Gribeauval) qu'on commence à canonner la ligne ennemie avec profit; ... on inquiète l'ennemi par des canonnades éloignées, mais on ne décide rien par là. C'est entre la baïonnette et 400 mètres que se décident les actions... »

La limite supérieure des bonnes portées du tir à mitraille (boîtes à balles) (2) était de 400 mètres pour le 4 et de 600 mètres pour le 12. En résumé, le tir à boulet

---

(1) Les canons d'infanterie, ou artillerie régimentaire, supprimés en l'an III, avaient été rendus à la Grande Armée de 1809 et supprimés de nouveau en 1810, le 11 avril.

(2) Les boîtes à balles étaient en fer-blanc et remplies de balles de fer battu. Les calibres de ces dernières variaient, avec les pièces et les portées requises, entre 22 et 38 millimètres. Le nombre des balles variait aussi, dans ces mêmes conditions, entre 63 et 112.

L'obusier tirait des obus creux et des boîtes à balles.

La charge de poudre était ordinairement du 1/3 du poids du projectile. Elle était enfermée dans des gargousses en étoffe de laine. Le boulet, avec son sabot de bois, était réuni à la gargousse pour former la *cartouche à boulet*. Les boîtes à balles avaient des gargousses séparées, sauf pour le 4.

n'augmentait guère, en moyenne, que de 200 mètres la portée efficace qu'on obtenait avec la boîte à balles; ce qui permet de concevoir le rôle très important joué par le tir à mitraille avec cette artillerie lisse.

Un boulet, tiré à ricochet de but en blanc ou sous les faibles inclinaisons de 3° à 4° alors seules admises, exécutait, au delà de son premier point de chute, plusieurs ricochets bas, dangereux sur tout le parcours de sa trajectoire. La portée totale, ainsi obtenue, était dite entière; c'était la *portée roulante* de Scharnhorst; on appelait ces coups des *coups roulants*. L'amplitude des bonds diminuait à mesure que le projectile approchait du terme de sa course; le terrain se trouvait donc, s'il s'y prêtait d'ailleurs, particulièrement bien balayé dans les zones éloignées. On remarquera cette tendance à s'affranchir dès lors de l'estimation des distances pour battre de grandes étendues de terrain par l'emploi du ricochet. « Avec le tir horizontal dans lequel le premier ricochet frappe à une distance de 300 à 400 pas, on atteindra dans cet espace tous les objets qui auront moins de 6 pieds d'élévation. Dans le tir de but en blanc, la trajectoire est si élevée qu'un objet de 6 à 9 pieds ne peut plus être atteint qu'au point de chute. » (Grewenitz) (1). Aussi, pour le tir à boulet comme pour le tir à mitraille, tirait-on rarement dans l'action à des portées dépassant 500 mètres, à moins de cas particuliers. Souvent, et surtout dans les terrains dont nous allons nous occuper, on n'utilisait sérieusement l'artillerie qu'en l'employant à de véritables feux de ligne, comparables en fait à des feux d'infanterie entre 300 et 500 mètres. Il résulte cependant des expériences de Scharnhorst (III, § 164) qu'avec un angle de 4° la pièce de 12, avec charge du tiers, atteignait 1.675 mètres comme portée et que le tiers des boulets allait jusqu'à 2.400 mètres en ricochant. Les distances, pour le 8, étaient, dans ces deux cas, de 1.502 mètres et 1.950 mètres; et, pour le 3, de 1.333 et 1.650. Ces expériences de polygone, d'ailleurs peu connues alors, ne donnaient lieu à aucune application dans la pratique. Les déviations latérales moyennes dépassaient déjà 2 mètres à 500 mètres de distance; à 800 mètres, elles atteignaient presque 10 mètres.

Les pièces et les voitures de l'artillerie étaient d'un poids fort élevé. Sauf la pièce de 12, traînée par 6 chevaux, elles n'étaient cependant attelées que de 4 chevaux. Chaque cheval traînait 350 kilogrammes pour la pièce de 12, 425 kilo-

---

(1) Voir aussi : commandant A. Thirion. *Souvenirs militaires*, 1805-1818, p. 42.

grammes pour le 8, 265 pour le 4, 450 pour les caissons. Ces poids, sauf le premier et le troisième, étaient très exagérés, surtout avec les routes de l'époque et en hiver. Il est vrai que les roues, montées par Gribeauval sur essieux de fer avec corps d'essieu en bois, avaient alors des *bandes de roulement plus larges et moins coupantes* que celles de notre artillerie moderne, qui sont peu propres à rouler dans les terrains profonds ou sur les voies défoncées. Cependant le maréchal dut souvent faire traîner son artillerie par des attelages de bœufs. Mais ces bandes de roulement *interrompues* offraient de graves inconvénients :

« Sous ce ciel brûlant et desséchant... il n'y a point de roue de notre artillerie qui n'ait éprouvé plus ou moins promptement du jeu dans ses assemblages; ainsi les rais, par le jeu des pattes et des broches, n'offraient bientôt plus d'appui aux jantes; les jantes s'écartaient les unes des autres au lieu de s'arc-bouter et les goujons ne les liaient plus; les clous des bandes tombaient en route; les bandes se détachaient et souvent se perdaient; enfin, les roues faisaient ce qu'on appelle « le chapelet ». Cette circonstance nous a fait apprécier la supériorité des roues de l'artillerie espagnole, qui sont cerclées, sur les nôtres, qui sont à bandes (interrompues), et nous a expliqué comment les Espagnols ont été amenés à adopter ce mode de construction plutôt que le nôtre, quand le système de leur artillerie semblait avoir été copié sur le système Gribeauval. Cette différence de construction, qui jusque-là avait été l'objet de la critique des officiers d'artillerie, leur parut, dès ce moment, justifiée par la nécessité la plus impérieuse. Pour diminuer les inconvénients que je viens de signaler, et qui se manifestaient à chaque instant, il fallait que des ouvriers fussent répartis le long de la colonne, munis de fiches en bois, dites clous de campagne, de clous de bandes et d'un marteau. Dès qu'ils s'apercevaient qu'un clou manquait, la voiture s'arrêtait; ils en remplissaient le trou par un clou de campagne en bois et appliquaient ensuite un clou en fer; et ainsi on arrivait péniblement à la halte de nuit, non sans avoir perdu quelques bandes et vu des roues se briser complètement. Pendant la nuit, les ouvriers ne perdaient pas un instant; ils châtraient et réparaient le plus de roues qu'ils pouvaient et c'était tous les jours à recommencer.

» L'approvisionnement en roues de rechange menaçant de bientôt s'épuiser, je ne négligeai aucune occasion de faire prendre des roues dans tous les villages où nous passions. Malheureusement, les voitures agricoles en Espagne nous offraient peu de ressources... Leurs roues sont fixées invariablement à l'essieu et, au lieu de tourner autour, c'est lui qui... en tournant dans ses encastrements, leur imprime un mouvement de rotation... (deux anneaux en fer dans lesquels passe un essieu en bois, fixé à deux grands disques, cerclés de fer, servant de roues... et dont les frottements donnent lieu à des sons perçants tenant du rugissement du lion et du sifflement des serpents... — Fée, *Souvenirs de la guerre d'Espagne*, p. 44.) ... On ne s'en servait que quand on ne pouvait faire autrement... Je ne dirai plus les embarras que les roues nous occasionnèrent, embarras d'une espèce nouvelle pour nous et auxquels notre longue expérience ne nous avait pas préparés. » (Mémoires du général d'artillerie Boulart, p. 195.)

Les deux trains de chaque voiture étaient dépendants l'un de l'autre ; ils étaient réunis par des dispositions compliquées qui rendaient les mises en batterie lentes et pénibles. En outre, la pièce devait être portée, pour faire feu, de l'encastrement de route à l'encastrement de tir ; aussi ne manœuvrait-on guère qu'à la prolonge, surtout dans les mouvements en retraite. Dans ce dernier cas, l'avant-train et l'affût étaient reliés par la *prolonge*, long câble de 8 mètres environ (1) et la pièce se trouvait naturellement en batterie dès que les chevaux étaient arrêtés. Dans les mouvements en avant, il fallait de plus, après l'arrêt de l'attelage, retourner la pièce à bras.

« Le changement d'encastrement une fois fait, l'avant-train est enlevé et éloigné de la crosse d'affût ; la prolonge se développe ; et pendant toute l'action, soit qu'il s'agisse de se porter en avant, de faire retraite, de gravir une côte, franchir un ravin même, enfin traverser toutes les inégalités du sol, la manœuvre se continue constamment à la prolonge et, dans le besoin, quelques légers coups de main des canonniers accélèrent le moyen de surmonter les obstacles que pourrait offrir le terrain. Cette manière de manœuvrer a encore l'avantage de tenir l'attelage assez éloigné pour éviter aux hommes qui font le service des pièces ou de l'obusier les accidents qui pourraient résulter de l'effroi ou de l'inquiétude des chevaux trop voisins de l'explosion de la poudre, et de la commotion qu'ils sont dans le cas d'éprouver... »

---

(1) La prolonge avait 13 mètres de long, afin de conserver une longueur de 8 mètres environ (diamètre du cable, $0^m,035$ à $0^m,04$).

En fait, l'usage de la prolonge exigeait un terrain plat, sans roches ni broussailles ; il ne permettait de tourner qu'à grand rayon : il fatiguait le matériel et éprouvait beaucoup les attelages par les contre-coups qu'il leur infligeait. Quand on ne pouvait employer la prolonge, on opérait les mouvements rapprochés sur le terrain en attelant les canonniers eux-mêmes aux pièces au moyen des *bricoles*.

Le coffret à munitions sur la flèche d'affût contenait 9 coups pour le 12, 15 pour le 8, 18 pour le 4. Ce faible approvisionnement forçait à conserver un ou plusieurs caissons dans le voisinage rapproché de la pièce. Cependant le caisson, très long, lourd et très visible, doublé en tôle et fermé d'un couvercle en forme de toit à deux pentes, était d'un modèle peu propre à être amené au feu. L'avant-train ne pouvait tourner sous le caisson ; la voiture était versante dans les tournants courts : sa grande capacité exposait trop de munitions à sauter à la fois, et ce danger était aggravé par ce fait que la voiture, dépourvue de ressorts et de tout mode de suspension, amenait rapidement la dégradation des munitions, des sachets, des gargousses dont la poudre se répandait en pulvérin dans le chargement (1). Le caisson contenait 68 coups pour le 12, 92 pour le 8 et 150 à 160 pour le 4, ou 12.000 à 16.000 cartouches pour le caisson de munitions d'infanterie. On comptait ordinairement 3 caissons par pièce de 12, 2 par pièce de 8, 1 par canon de 4 et 3 par obusier.

L'artillerie légère, dite *artillerie à cheval*, armée de pièces de 8 et d'obusiers de 6, avait été pourvue d'abord, au lieu et place des caissons ordinaires, de *wurst* ou caissons suspendus d'une forme spéciale. Ils étaient destinés à porter 8 canonniers, assis à cheval en file l'un derrière l'autre sur la longue sellette rembourrée de ces caissons. On évitait ainsi de pourvoir ces hommes de montures ; on espérait n'avoir pas à s'embarrasser de ces dernières, non plus que de l'instruction équestre des canonniers, pris simplement dans les batteries à pied. Lors de la création de l'artillerie volante, en 1792, on avait décidé de se servir uniquement des « wurst » de ce modèle emprunté aux Autrichiens. Grâce aux ressorts, les approvisionnements qu'ils renfer-

---

(1) Ce pulvérin filtrait partout et des dispositions spéciales de construction avaient dû être prises pour qu'il ne vînt pas au contact de la cheville-ouvrière, échauffée par le travail et qui y mettait le feu.

maient se conservaient intacts ; mais les wurst contenaient toutefois moins de coups que les caissons ordinaires : il eût fallu en avoir deux par pièce de 8 pour transporter les canonniers et les munitions (Durtubie), et on n'avait pu en donner que deux par division. Enfin, il était nécessaire de les atteler à 6 chevaux et parfois à 8. L'expérience et la pratique avaient rapidement conduit à renoncer à cet essai. On avait donc pourvu de montures les canonniers de l'artillerie à cheval et doté celle-ci des caissons ordinaires.

L'*approvisionnement* normal en 1re ligne des *coups par pièce*, fixé en principe à 310, ne dépassait pas ordinairement 250. Ce chiffre n'était pas souvent atteint à l'armée du maréchal Soult (1).

La division (batterie) d'artillerie de 4 de bataille, par exemple, comprenait 22 voitures : 8 pièces sur affûts avec coffret et armement; 1 affût de rechange avec coffret et armement; 1 chariot d'outils; 8 caissons de 160 coups chacun; 4 caissons de cartouches d'infanterie à raison de 12.000 cartouches chacun et 1.000 à 1.200 pierres à fusils; au total, avec les coffrets, 1.424 coups à la batterie, soit 178 par pièce à la batterie.

« L'usage mal entendu, l'abus de cette multiplication de petites pièces de bataille (canons d'infanterie) a convaincu combien leur emploi avait été contraire en général au but qu'on s'était proposé. Et, de fait, il n'est que trop prouvé que les munitions ne s'y consomment souvent qu'à pure perte et que tout l'effet se réduit seulement à *faire du bruit;* que les attirails se détruisent sans utilité; que cette prodigieuse quantité d'artillerie inutile absorbe des objets dont la rareté se fait sentir de plus en plus en occasionnant une dépense effrayante; enfin, que cette suppression tant en hommes qu'en chevaux, harnais, canons, munitions, voitures, etc., fournirait de grands moyens pour augmenter l'artillerie de position, la seule dont on puisse tirer un parti raisonnable, tant par la force de ses calibres que par ses agents qui ont appris la manière de l'employer le plus avantageusement possible. » (Durtubie, Manuel de l'artilleur, an III).

Les rapports du général de Sénarmont et quelques rares

---

(1) En 1806, l'approvisionnement total par pièce, y compris le grand parc (sur voitures et en dépôt), s'élevait à 495 coups par pièce. L'approvisionnement de 1re ligne était de 306 coups.

documents (1) nous donnent des indications très nettes sur ce qu'était le combat de l'artillerie avec les pièces de l'époque. Les changements, survenus depuis lors, nous ont fait perdre de vue ces conditions mêmes de la lutte; les écrits du temps n'en parlent guère pour la plupart : leurs auteurs ne paraissent pas avoir prévu que le matériel fût appelé à se perfectionner et que le lecteur futur, devenu ignorant des détails concernant le matériel et son emploi, risquait fort de mal interpréter leurs récits. Gens d'action dans l'action, ils écrivaient d'ailleurs pour le lecteur du moment bien plutôt que pour les lecteurs futurs. Nous sommes ces derniers; or, pour bien comprendre les faits, l'étude des conditions de l'emploi, l'examen du milieu matériel ne sont pas moins indispensables que ceux des circonstances morales ou sociales. Nous croyons donc utile et intéressant de donner quelques extraits fort typiques de ces documents :

Bataille de Friedland (14 juin 1807). — « Le général Victor, commandant le premier corps, laisse, pendant toute l'affaire, le général Sénarmont, commandant l'artillerie de ce corps, libre de diriger tous les mouvements de l'artillerie. Celui-ci forme deux batteries; celle de gauche comprend 10 pièces de 6, 2 de 4 et 3 obusiers, soit 15 pièces; celle de droite (deuxième en position), 10 pièces de 6 et 5 obusiers. Une réserve de 6 pièces était constituée.

» L'artillerie ainsi disposée se porte rapidement, pour première position, à 400 *mètres de l'ennemi* et, après cinq à six salves, s'en approcha à la prolonge, à 200 *mètres* et commença un feu *roulant* qui fut poussé avec la dernière vivacité...

» L'artillerie, arrivée à 300 mètres de l'ennemi, y fit deux ou trois décharges; après quoi les pièces, jusque vers la fin du combat, se tinrent constamment à 200 *mètres* et à 120 *mètres* et ne tirèrent plus qu'à *mitraille*...

» Le général d'artillerie, s'apercevant de l'effet terrible qu'elle produisait et voulant déterminer la retraite de l'ennemi, donna l'ordre de ne plus tirer sur les pièces en-

---

(1) Archives du ministère de la guerre. — Archives du dépôt central de l'artillerie. — Archives de l'Ecole d'artillerie du 7e corps. — Correspondance privée du général de Sénarmont et papiers de famille recueillis par le général d'artillerie Marion. — Mémorial de l'artillerie, n° VI. — Mémoire du capitaine Bach, etc., etc.

nemies égales en nombre aux nôtres et dont quelques-unes prenaient d'écharpe. Il fit avancer, jusqu'à 120 mètres du front russe, les deux batteries qui s'étaient rapprochées au point de n'en plus former qu'une seule et depuis ce moment on ne tira plus qu'à mitraille.

» ... Artillerie. — Tués : officiers, 1 ; canonniers, 10. — Blessés : officiers, 3 ; canonniers, 42. — Coups tirés : 2.516, dont 362 à balles... » (Rapport du général de Sénarmont, sur le champ de bataille de Friedland.)

Bataille de Médellin (28 mars 1809). — « ... La batterie du capitaine Baillot avait 2 pièces de 8, 2 pièces de 4 et 2 obusiers de 6 pouces... La batterie du capitaine Baudry était composée de 4 bouches à feu, 2 de 8, 1 de 4 et 1 obusier de 6 pouces...

» La cavalerie de l'ennemi, à l'exception de quelques escadrons placés à son centre avec les 4 pièces de canon, couvrait ses ailes. Le reste de son artillerie était *répandu, pièce par pièce, dans les intervalles de ses bataillons...*

» Artillerie : 1 tué, 11 blessés. — Coups tirés : 1.284. — Cartouches d'infanterie : 35.010. » (Rapport du général Sénarmont.)

A *Talavera* (28 juillet 1809), le général Sébastiani laisse prendre deux de ses pièces (division allemande) par l'ennemi et cherche à cacher cette perte à l'Empereur. Napoléon, après enquête, ordonne de retenir le prix des deux pièces sur les appointements du général Sébastiani (21 septembre 1809).

Les Anglais ont perdu 2 généraux et 800 hommes ; les Espagnols, 1.200 hommes. La consommation de notre artillerie est de 5.666 coups pour 36 pièces au 1er corps, 32 au 4e corps et 14 en réserve ; au total, 82 pièces. Les pertes de cette artillerie ne s'élèvent qu'à : tués, 2 officiers et 10 canonniers ; blessés, 9 officiers et 33 canonniers.

Bataille d'Ocana (19 novembre 1809). — « ... Prenant l'artillerie badoise, qui se présenta la première, le général d'artillerie disposa ses 6 bouches à feu (2 de 8, 2 de 4 et 2 obusiers de 5 pouces, 4 livres) de manière à ce qu'un des obusiers, tirant à mitraille, prolongeât autant que possible la crête du ravin que l'ennemi avait garni de tirailleurs et que les autres pièces, remplissant le même objet, portassent en outre leur feu dans les colonnes...

» L'artillerie française comptait 45 pièces; elle a tiré 1.831 coups.

» Artillerie. — Tués : officiers, 0 ; canonniers, 3. — Blessés : officiers, 3 ; canonniers, 27. » (Rapport de Sénarmont.)

Le colonel Brechtel, lieutenant d'artillerie à cheval (1er corps d'armée) en 1807, qui prit part aux batailles de Friedland, de Talavera, d'Almonacid, d'Ocaña et qui commandait le château de Versailles en 1845, rapportait ce qui suit : « ... Dans les batteries des différents régiments, mais même dans celles d'un même corps, les commandements et les moyens d'exécution différaient pour chaque batterie. Le général Sénarmont introduisit, pour l'artillerie du 1er corps, un règlement, reproduit de celui qu'il avait fait pour le 6e régiment et dont celui adopté plus tard pour l'artillerie de la garde a dû être une imitation. De cette utile et prévoyante préparation dans les cantonnements résulta, pour l'artillerie du 1er corps, cette unité de manœuvres parmi ses différents éléments, dont le général sut faire une si brillante application à Friedland... Ce mouvement parut si hardi au général Victor, commandant le 1er corps, qu'il envoya son aide de camp, le capitaine F. Duverger, faire des représentations au général Sénarmont. Celui-ci répondit à l'aide de camp :

» — Dites au général en chef de me permettre de faire mon métier, afin qu'il puisse bien faire le sien.

» Napoléon, craignant aussi que Sénarmont ne se compromît, envoya son aide de camp Mouton reconnaître pourquoi il s'avançait si loin.

» — Laissez-moi faire avec mes canonniers ; je réponds de tout, lui dit Sénarmont.

» Quand Mouton revint, Napoléon avait déjà jugé de l'effet produit par la batterie ; il s'écria en souriant :

» Ces artilleurs sont de mauvaises têtes. Laissons-les
» faire ! »

« On me laissa le maître absolu de placer et diriger mon artillerie », écrit Sénarmont à son frère, de Tilsit, le 26 juin 1807.

ARMÉE ANGLAISE

L'armée alliée, opposée au maréchal Soult, se composait de troupes anglo-portugaises et de troupes espagnoles. Les troupes anglaises comprenaient elles-mêmes quelques contingents allemands; les divisions d'infanterie anglo-portugaises étaient formées de deux, trois ou même quatre brigades, suivant le cas, dont une brigade portugaise ordinairement sous commandement anglais au titre étranger (1). Il existait en outre deux divisions d'infanterie portugaises. Les troupes espagnoles étaient distinctes.

Comme pour l'armée française, et sans s'y attarder ici,

---

(1) *La Guerre de la Péninsule sous son véritable point de vue*, parue en 1816 en Italie et traduite en français en 1819, donne quelques détails intéressants sur les FORCES PORTUGAISES.

L'armée portugaise fut réorganisée entièrement en 1808; on conserva alors les anciens noms des régiments, mais il n'existait plus aucun des corps que le prince régent avait laissés quand il passa au Brésil; en effet Junot avait licencié l'armée portugaise et l'avait réduite à 12.000 hommes qu'il avait envoyés à Napoléon. Plus de la moitié désertèrent et il n'arriva à Bayonne que 5.000 à 6.000 hommes. Ils furent employés par l'Empereur contre l'Autriche et la Prusse.

Au moment de l'occupation du Portugal par Junot, un grand nombre d'officiers et de soldats portugais se réfugièrent sur l'escadre anglaise et passèrent en Angleterre. A la nouvelle de l'insurrection du Portugal et de l'installation d'une Junte suprême à Porto, ces officiers, ayant à leur tête les colonels Moura et *Lecor* réclamèrent des armes et des secours pour aller combattre en Portugal. Le gouvernement anglais leur adjoignit des officiers anglais pour former le cadre d'une légion des trois armes destinée à être complétée à Porto; il pourvut à l'armement de ces troupes. Ce fut l'origine de la reconstitution des forces portugaises.

Après la bataille de Busaco, les Anglais commencèrent à se rendre exactement compte de la valeur et de la bravoure des éléments portugais. « Les troupes portugaises, manquant de pain depuis deux jours, marchent mieux que nous et combattent admirablement... »

... » Les troupes portugaises sont toujours ardentes à l'attaque et elles se conduisent constamment avec une bravoure enthousiaste... »

... » Les troupes portugaises nous donnent maintenant le plus ferme espoir de délivrer la Péninsule. » (Wellington, 30 septembre 1810.)

on trouvera, plus loin, dans le cours du récit, les particularités de formations, utiles à connaître pour l'intelligence des opérations.

Toutefois les règlements de l'armée anglaise, à cette époque, étaient remarquables, et ils méritent tout au moins un rapide examen (1) :

Le régiment d'infanterie comportait un bataillon, et exceptionnellement deux. Le bataillon comptait dix compa-

---

(1) Grâce à l'obligeance de M. Benjamin Burgalat, nous avons été mis à même d'utiliser la précieuse bibliothèque militaire qui lui a été laissée par son grand-père, le major général de l'armée anglaise Benjamin Forbes Gordon (1760-1844); et nous avons pu étudier, entre autres, les règlements et les ouvrages suivants, de l'époque qui nous occupe :

Rules and Regulations for the Formation, Field exercise and movements of his Majesty's Forces; 1^{rst} June 1792; ordinairement appelé *Davy*. (Editions de 1811 et 1813.)

Instructions and Regulations for the Formations and movements of the Cavalry; 17th June 1796. (Edition de 1807.)

Regulations for the Exercise of Riflemen and Light Infantry, and Instructions for their conduct in the field; 1^{rst} August 1798. (Edition de 1807.)

General Orders and Observations on the movements and field-exercise of the Infantry; (1^{rst} September 1804).

The manual and Platoon exercises; 1^{rst} November 1804.

Regulations for the Manual and Platoon exercises for the Light Cavalry; 1^{rst} October 1812.

General Regulations and Orders for the Army; 12th August 1811. (Edition mise à jour jusqu'au 1er janvier 1814.)

Treatise on military finance; pay and allowances; 1809.

The regimental companion etc by Charles James. 3 vol. 1811.

The Royal military Calendar; 3 vol. 1814, 1815, 1816.

United Service Journal; etc., etc., etc.

L'Histoire de la Guerre de la Péninsule sous Napoléon, précédée d'un tableau politique et militaire des puissances belligérantes, par le général Foy (4 vol.), comprend des aperçus un peu superficiels, mais intéressants et présentés dans une forme littéraire recherchée. On s'y reportera avec plaisir, tout en sachant faire la part de la personnalité brillante de l'écrivain, de son entraînante imagination et de l'état inachevé de son étude. Son œuvre, publiée après sa mort, se bornait à des notes jetées au courant de la plume et rédigées très hâtivement. Elle s'arrête aux événements, qui suivirent la capitulation de Baylen et la convention de Cintra.

Le premier volume est consacré à des considérations trop chargées, mais qui méritent d'être lues, sur l'état moral, social et militaire des forces opposées et spécialement de l'armée anglaise.

gnies, dont une de grenadiers, une de voltigeurs et huit de fusiliers. Les huit compagnies de fusiliers formaient quatre divisions. La compagnie était divisée en quatre sections. Les voltigeurs des bataillons et les compagnies de riflemen constituaient l'infanterie légère. Les grenadiers agissaient surtout comme gardes-flancs des unités.

Les troupes anglaises se formaient, en principe, sur trois rangs, distants de un pas, les hommes coude à coude; mais on les disposait aussi sur deux rangs pour tenir un front plus étendu, ou contre un ennemi « irrégulier, ne se servant que du feu ».

Le règlement indiquait la formation sur deux rangs et à files ouvertes pour les troupes légères, en vue de poursuivre un ennemi démoralisé; mais il ne pouvait admettre cependant que cette formation fût susceptible de faire impression sur une ligne régulière, marchant vigoureusement à l'assaut, non plus que pour attaquer à la baïonnette ou pour résister à une charge de cavalerie. Il recommandait donc, pour les troupes de ligne, les formations sur trois rangs, le troisième rang étant toujours utile pour les feux, pour la solidité de la troupe, et pour combler les vides. Sans lui, la troupe ne se composerait bientôt plus que d'un rang simple; le troisième rang enfin assurait l'avantage d'avoir une troupe plus nombreuse en un espace moindre sur un point donné.

En temps de paix et en garnison, toutes les troupes étaient cependant exercées *sur deux rangs* et cette forme était générale à l'armée alliée en 1813 et 1814.

Les compagnies d'infanterie légère, agissant comme telles, se disposaient sur deux rangs, les files séparées par des intervalles de 15 centimètres; mais elles étaient rarement appelées à opérer dans cet ordre serré. En ordre ouvert, les intervalles étaient de deux pas au moins entre les files. Ils pouvaient être augmentés suivant les besoins.

Les armes des deux hommes de la même file ne devaient jamais rester déchargées en même temps et ils alternaient leur feu. En principe, l'homme qui venait de tirer reculait derrière son camarade pour charger son arme; celui-ci le protégeait pendant cette opération; il ne devait lui-même tirer que lorsque son camarade de combat lui avait annoncé, par le mot : « ready », qu'il était de nouveau prêt à faire feu. Le règlement de 1798, modifiant cette prescription, spécifiait plus simplement que les hommes du second rang tiraient par les intervalles laissés libres entre les hommes du premier rang, en alternant le feu avec eux.

Les hommes d'une même file ne devaient pas se séparer.

Les signaux pour commencer et cesser le feu étaient donnés au moyen du cornet de voltigeur; les sous-officiers se servaient de sifflets. Il était prescrit aux hommes d'utiliser le terrain et de se couvrir au moyen des abris, murs, arbres, rochers, etc.

Le règlement déclarait que, quand le feu était ouvert contre l'infanterie, il ne pouvait être trop nourri ni trop rapide tant qu'il durait, c'est-à-dire tant que l'ennemi n'était pas repoussé.

Il reconnaissait que le feu de trois rangs ne pouvait être exécuté debout et sac au dos, avec la longueur des armes en service. En définitive, ce feu n'était possible qu'avec des précautions particulières, par exemple pour faire des salves à grande distance sur un ennemi en retraite.

L'infanterie, marchant en avant pour attaquer, exécutait des feux sur deux rangs debout. On tirait par peloton (demi-compagnie), de préférence, ou par compagnie. Derrière un parapet, une haie, des abatis, on tirait successivement par file de deux rangs, de la droite à la gauche ou réciproquement, les deux hommes de la même file exécutant ensemble leur feu. Si le couvert était peu élevé, on revenait au feu de peloton, car le feu de file faisait perdre toute discipline du feu et on n'en était plus maître. Pour défendre une hauteur ou un plateau incliné, le premier rang devait s'agenouiller afin que le second pût abaisser ses armes suffisamment pour raser la pente. L'infanterie légère était habituée à pratiquer le tir dans la position à genou sur deux rangs et dans la position couchée, les hommes chargeant dans ces positions.

Les soldats étaient *constamment* exercés au tir à la cible, sur des cibles de $1^m,50$, divisées en cercles concentriques, d'abord à 50 mètres de distance, puis progressivement jusqu'à 300 mètres. Le règlement insistait beaucoup et très judicieusement sur tous les détails de cette instruction, si inconnue alors dans l'armée française : il y attachait avec raison une grande importance. Nous en verrons les fruits. On habituait les voltigeurs et les riflemen à charger très rapidement au moyen de la mesure à poudre et des balles libres sans bourrage : ils n'avaient recours aux cartouches qu'en cas de nécessité ou de tir à loisir.

Chaque soldat recevait 60 cartouches (balle de 31 gr. 3; poudre : 10 gr. 62) et 3 pierres à feu. En outre, chacun d'eux avait droit, *pour l'exercice*, à *135 cartouches* (à *7 grammes de poudre*), et à 2 pierres à feu : ce chiffre dit éloquemment l'importance attachée à l'instruction du tir.

Le règlement admettait toutes les inversions entre les

files ou entre les rangs. Les mouvements s'exécutaient toujours de préférence par le front des subdivisions; mais on pouvait cependant y procéder par le flanc en prenant, entre les files, l'espace indispensable pour marcher sans être gêné.

La moitié (deux sections) d'une compagnie étant envoyée en tirailleurs, une section devait rester en soutien à 50 pas environ en arrière des premières et en deux groupes; la dernière section formait réserve à 60 pas en arrière des soutiens. On pouvait aussi déployer toute la compagnie en tirailleurs.

Les tirailleurs de la « chaîne », qui occupaient toujours les points les plus avantageux du terrain, se repliaient par les ailes, en dégageant le front d'action du corps principal, quand il y avait lieu de faire donner ce dernier par le feu ou par le choc, ou de résister à la cavalerie.

Tout corps important se formait sur deux lignes pour le combat : la deuxième ligne constituait la réserve; elle était disposée en groupes séparés, en colonnes prêtes à marcher. La distance entre les lignes était un peu supérieure à deux fois le front du bataillon.

Une compagnie, formant avant-garde, détachait deux sections, dont la seconde marchait à 500 pas en avant; celle-ci était couverte, à 200 pas, par une tête formée de la première section, qui portait elle-même en avant une pointe de six hommes, sous le commandement d'un sous-officier; les troisième et quatrième sections de la compagnie formaient échelons débordants à 300 mètres à droite et à gauche, et à 500 mètres en arrière de la seconde section.

Cette avant-garde, forcée de se replier, avait l'ordre formel de ne jamais venir encombrer le front de la troupe qu'elle couvrait, mais d'obliquer en dégageant ce dernier.

Il était prescrit à chaque fraction, quelle qu'elle fût, de se garder toujours, dans toutes les directions, avec le nombre d'éclaireurs jugés nécessaires et envoyés le plus loin possible. Le règlement examinait largement, mais dans une conception excellente et telle qu'on n'en trouve pas aujourd'hui de meilleure, tous les devoirs de l'avant-garde et de l'arrière-garde dans les différents cas qui peuvent se présenter : rencontre de l'ennemi, défilés, cours d'eau, bois, villages, service de nuit, etc.

Le chapitre consacré aux patrouilles est particulièrement bien étudié. Il leur était interdit de tirer, sauf dans le cas d'absolue nécessité et quand elles ne pouvaient prévenir par aucun autre moyen.

L'établissement des avant-postes et des piquets donne lieu à d'excellentes prescriptions. La force des postes est indiquée par le nombre des sentinelles qu'il est jugé nécessaire de fournir. L'éloignement de celles-ci du poste ne doit pas excéder la distance à laquelle on peut entendre distinctement la détonation de l'arme à feu, dans les circonstances locales. L'une des sentinelles est mobile ; chargée des liaisons, elle étend le rayon de l'observation dans les limites rapprochées. Les sentinelles ont ordre de cacher leurs armes quand le soleil brille, afin d'éviter les reflets révélateurs, visibles à grande distance. On se souviendra que l'armée anglaise a été la première à faire bronzer les canons de ses fusils (general order and instructions, 16 juin, 22 juillet, 1er septembre, 29, 30 décembre 1815).

L'infanterie légère anglaise, comme sa cavalerie, cantonnait en principe dans les villages. Elle n'avait pas de matériel de campement. Elle bivouaquait quand il était nécessaire.

L'infanterie anglaise faisait le pas de 0^m,76 aux vitesses de 75, 108 et exceptionnellement 120 pas à la minute ; sur routes ordinaires, le bataillon et les colonnes plus considérables parcouraient, au pas libre, un peu moins de 4.025 mètres à l'heure.

Le titre du règlement consacré aux marches était particulièrement étudié et dénotait des observations bien relevées, une grande expérience pratique et beaucoup de méthode. On marchait toujours en colonne par subdivisions de 6 files au moins et de 16 à 18 au plus quand on était sur trois rangs, de 4 files au moins quand on était sur deux rangs. La profondeur de la colonne ne devait pas, en principe, dépasser en longueur l'étendue du front de la troupe en ligne. On évitait la marche de flanc, qui occasionnait un allongement supérieur de moitié au front de la troupe : on n'y avait recours que pour passer d'une formation à l'autre, ou quand la traversée des bois, des enclos, des barrières, des passages resserrés y contraignait absolument ; c'était une cause de perte de temps considérable. Dans les files, le deuxième rang marchait à un pas ou un pas et demi de distance (1^m,50) du premier ; les files étaient formées à l'aise.

Parmi ces divers règlements, celui à l'usage de l'infanterie légère, réduit à 70 petites pages en gros caractères, est particulièrement remarquable. Il est, dit l'introduction, l'œuvre d'un officier allemand de grande expérience. Approuvé par le commandant en chef de l'armée anglaise, il a été rendu réglementaire. C'est un véritable et parfait manuel du service en campagne.

Au milieu des nombreuses forces alliées appelées à nous combattre sur le théâtre d'opérations du sud-ouest, les 35.000 Anglais de Wellington et les cadres anglais, servant au titre portugais; enfin l'argent anglais, les méthodes anglaises et le général anglais allaient constituer nos plus redoutables adversaires, l'ossature même et l'âme énergique de l'effort dirigé contre nous. En outre, « ... *le commerce étendu de l'Angleterre, pénétrant par mille ramifications connues ou secrètes dans tous les lieux habités* répandus à la surface du globe, *fournissait des sources d'information que rien ne pouvait égaler...* ».

Nota : En plus des nombreux documents nouveaux et des rapports, ordres, lettres, dépêches, etc., encore inédits, que nous publions *dans toutes leurs parties essentielles*, on trouvera les textes, *in extenso*, d'une grande quantité de pièces intéressantes à consulter, dans les ouvrages ci-après :

Commandant Clerc, *Campagne du maréchal Soult en 1813 et 1814*;

Général Pierron, *Défense des frontières de la France*;

Général W. Napier, *Guerre dans la Péninsule et dans le Midi de la France*;

Girod de l'Ain, *Vie militaire du général Foy*;

Choumara, *Considérations militaires sur les Mémoires du maréchal Suchet et sur la bataille de Toulouse*.

INTRODUCTION

EFFECTIFS ET ORGANISATION DES ARMÉES

EFFECTIFS ET ORGANISATION DES ARMÉES

« La guerre, de quelque manière qu'on s'y prenne, est une question de pression plus ou moins grande des masses. » (Général Lamiraux.)

ARMÉES FRANÇAISES

(États de situation générale fournis à l'Empereur.)

16 juillet 1813.

ARMÉES.	HOMMES.	CHEVAUX.	DÉTACHÉS. HOMMES.	DÉTACHÉS. CHEVAUX.	HOPITAUX.	TOTAUX. HOMMES.	TOTAUX. CHEVAUX.
D'Espagne......	97.983	12.676	2.110	392	14.074	114.167 (1)	13.028
D'Aragon......	32.362	4.919	3.621	551	3.201	39.184 (2)	5.470
De Catalogne...	25.910	1.869	168		1.379	27.457 (2)	1.744
	156.255	19.464	5.899	943	18.654	180.808	20.242

15 septembre 1813.

D'Espagne.........	81.351	11.459	4.004	1.438	22.488	107.843 (3)	11.272
D'Aragon..........	32.476	4.447	2.721	320	3.616	38.813	6.305
De Catalogne......	24.036	1.670	120		2.137	26.283	2.497
	137.863	17.276	6.845	1.758	28.241	172.939 (3)	20.074

(1) Sans les garnisons (7.167 présents). (Voir p. 71.)

(2) *Places et garnisons* (voir page 117, note 1). L'effectif employé à ces garnisons atteint successivement 9.500, 15.624, 23.477 hommes au moins.

(3) (Y compris la garnison de *Saint-Sébastien*, prisonnière.)

Une situation de Suchet en novembre 1813 compte l'effectif des présents aux armées à 18.497 pour *l'armée d'Aragon* et à 14.091 pour *l'armée de Catalogne*. Total : 32.588. Un autre état du 1ᵉʳ janvier 1814 porte ce total à 37.268 (garnisons au delà du Llobrégat *non comprises*). Suchet voit partir successivement Paris, Séveroli (division italienne), les troupes allemandes, gendarmerie, cadres, etc., environ 9.583 hommes au 26 décembre 1813 (non compris Paris).

Il envoie à l'armée de l'est 10.483 hommes en janvier et 9.661, le 9 mars, avec Beurmann. Suchet évalue l'effectif combattant présent à *l'armée* à 12.971 hommes le 4 février 1814 et à 11.337 hommes le 5 avril (voir plus loin, page 559). Nos relevés sur les situations officielles de l'armée de Catalogne (A. G.) nous donnent 16.000 hommes présents sous les armes, non compris les garnisons, le 14 avril. (Voir p. 98.)

ARMÉE D'ESPAGNE ou des Pyrénées.

	SOUS les ARMES.	HOPITAUX	EFFECTIFS	
16 juillet 1813.........	97.983		114.167	Garnisons *non* comprises (7.167 P. — 7.881 E.)
15 septembre 1813.........	81.351		107.843	Id.
1er octobre 1813.........	79.822	19.683	107.658	Garnisons comprises.
1er novembre 1813.........	86.957	17.727	109.232	Id.
16 novembre 1813.........	74.152	18.230	100.211	Id.
1er décembre 1813.........	87.789	17.989	111.382	Id.
1er janvier 1814.........	77.034			Id.
16 janvier 1814.........	72.608	17.987	96.852	Id.
10 mars 1814.........	54.497			Id.
1er avril 1814.........	52.550		75.700	(En comptant 16.200 hommes environ pour les garnisons à cette date.)

INTRODUCTION

			SOUS LES ARMES.	EFFECTIFS	
Bayonne............	Général Thouvenot..	Août 1813............	2.184	»	
		1er octobre 1813.....	»	4.633	
		1er novembre 1813...	»	7.706	
		1er décembre 1813...	14 bons	»	
		16 janvier 1814......	9.206	»	
		24 février 1814......	8.801	»	
		1er mars 1814........	11.183 20 bons	»	
		10 mars 1814........	14.061 21 bons	13.667	
			12.832	»	
Saint-Jean-P. de P...	Général Blondeau...	1er octobre 1813.....	1.717	»	(1) 34 officiers et 1.565 hommes formant les 2e et 5e bataillons du 25e léger rejoignirent la division Harispe, au moment où la place fut bloquée par Mina. L'effectif de la garnison fut ainsi ramené à 2.340 ou 2.500 hommes. Une autre situation, à la date du 16 janvier, donne 4.053 hommes, repartis entre :
		1er novembre 1813...	2.407	»	
		16 janvier 1814......	2.407 7	»	
		21 février 1814......	2.300	4.160 (1)	
		24 février 1814......	2.360	»	
		10 mars 1814........	1.562	4.000 (1)	
Navarrenx..........	Colonel Gouju......	1er octobre 1813.....	450	»	
		1er novembre 1813...	1.239	»	
Colonel Régnault...		24 février 1814......	991	»	
		1er mars 1814........	1.100	»	
		10 mars 1814........	1.400	»	
Lourdes............		1er octobre 1813.....	56	»	1 bat. du 31e léger ;
		1er novembre 1813...	111	»	2 bat. du 25e léger ;
		24 février 1814......	64	»	4 bat. de gardes nationales des Basses-Pyrénées.
		10 mars 1814........	104	»	
Saint-Sébastien.....	Général Em. Rey....	1er juillet 1813.......	2.731	3.086	
Pampelune..........	Général Cassan.....	1er juillet 1813.......	2.951	3.124	
		1er octobre 1813.....	2.370	»	
Santoña............	Général de Lametii..	1er juillet 1813.......	1.465	1.674	
		1er octobre 1813.....	1.990	»	
		24 février 1814......	1.981	»	
		10 mars 1814........	1.944	»	
Jaca...............	Commt Desmorties...	15 février 1814......	800	»	

ARMÉE D'ESPAGNE

(Le 16 juillet, au moment où le maréchal SOULT prend le commandement.)

	SOUS les ARMES.	EFFECTIFS.	
AILE DROITE. — *Lieutenant-général comte REILLE.*			
1re division. — Général FOY, 9 bataillons..	5.922	6.784	
7e division.— Général MAUCUNE, 7 bataillons.	4.186	5.676	(1) BOYER succède à LAMARTINIÈRE, blessé mortellement le 1er septembre sur la Bidassoa.
9e division. — Général LAMARTINIÈRE (1), 11 bataillons............	7.127	8.096	
(Une batterie de 8 pièces par division.)			
	17.235	20.556	
CENTRE. — *Lieutenant-général comte d'ERLON.*			
2e division. — Général D'ARMAGNAC, 8 bataillons...............	6.961	8.580	
3e division. — Général ABBÉ, 9 bataillons.	8.030	8.728	
6e division. — Général MARANSIN (DARRICAU) (2), 8 bataillons........	5.966	6.627	(2) DARRICAU, blessé à Vitoria, ne revient que fin septembre. Jusque-là, la 6e division est commandée par MARANSIN.
(Une batterie de 8 pièces par division.)			
	20.957	23.935	
AILE GAUCHE. — *Lieutenant-général baron CLAUSEL.*			
4e division. — Général CONROUX, 9 bataillons...............	7.056	7.477	
5e division.— Général VAN DER MAESSEN (3), 7 bataillons..........	4.181	5.201	(3) MARANSIN succède à la tête de la 5e division à van der Maessen, tué à Vera (1er sept.).
8e division. — Général TAUPIN, 10 bataillons.	5.981	7.587	
(Une batterie de 8 pièces par division.)			
	17.218	20.265	
RÉSERVE. — Général VILLATTE (20 pièces); Français........................	14.959	17.899	
Plus 4 bataillons du Rhin (colonel KRAUSE); 4 bataillons italiens (général SAINT-PAUL); 4 bataillons espagnols (général CASABIANCA).			
CAVALERIE.			
1re division. — Général Pierre SOULT, 22 escadrons.................	4.723	5.098	
2e division. — Général TREILHARD, 21 escadrons................	2.358	2.523	
	7.081	7.621	
TOTAUX...........	77.450	91.086	(Non compris les troupes étrangères.)
Troupes non comprises dans l'organisation.	14.938	16.946	
Troupes de réserve (recrues)...........	5.595	6.135	
TOTAUX...........	97.983	114.167	Hommes.
	12.676	13.028	Chevaux.
(Sans les garnisons et sans les troupes étrangères.)	125 pièces attelées.		

ARMÉE D'ESPAGNE ou des Pyrénées.

			1er octobre 1813.		1er nov. 1813.	
			SOUS les ARMES.	EFFEC- TIF.	SOUS les ARMES.	EFFEC- TIF.
AILE GAUCHE. — *Lieutenant-général D'ERLON.*						
2e division : D'ARMAGNAC	Brigade CHASSÉ	16e léger, 8e, 28e (deux)	4.447	6.834	4.705	6.934
	GRUARDET	31e, 34e, 75e (deux)				
3e division : ABBÉ	— BOIVIN (1)	27e léger, 63e, 64e (deux)	6.051	7.655	6.326	7.617
	— MAUCOMBLE	5e léger, 94e (deux), 95e				
6e division : DARRICAU	— SAINT-POL	21e léger, 24e, 96e	4.092	6.280	5.782	7.052
(ex-Maransin)	— MOCQUERY	28e léger, 100e, 103e				
Artillerie. — Commandant LUNEL			(20 p.)	»	(20 p.)	»
CENTRE. — *Lieutenant-général CLAUSEL.*						
4e division : CONROUX	Brigade REY	12e léger (deux), 32e (deux), 43e (deux)	4.962	7.672	5.399	8.049
(tué le 10 novembre)	BAURUT	45e, 55e, 58e				
5e division : MARANSIN	— BARBOT	4e léger, 34e, 40e (deux), 50e	5.375	7.188	5.579	7.107
(ex-van der Maessen)	ROUGET	27e, 59e, 130e (deux)				
8e division : TAUPIN	— BÉCHAUD (2)	9e léger (deux), 26e, 47e (deux)	4.778	8.593	4.889	8.579
	DEIN (3)	31e léger (trois), 70e, 88e				
Artillerie. — Commandant LAMBERT, capitaine LAPENE			(18 p.)	»	(18 p.)	»
AILE DROITE. — *Lieutenant-général REILLE.*						
1re division : FOY (4)	Brigade FRIRION	6e léger, 69e (deux), 76e	4.654	5.924	5.136	6.061
	BERLIER	36e (deux), 39e, 65e (deux)				
7e division : MAUCUNE	— PINOTEAU	17e léger, 3e, 15e	3.996	5.934	4.539	5.821
(Leval)	MONTFORT	10e léger (deux), 101e, 102e (deux), 105e (deux)				
9e division : BOYER	— BOYER	2e léger (deux), 118e (trois), 119e (deux)	6.515	10.284	6.569	9.200
(ex-Lamartinière)	GAUTHIER	120e (trois), 122e (deux)				

INTRODUCTION

	ital. SAINT-PAUL... all. KRAUSE........	fusiliers (deux), royal étranger (deux) 2ᵉ léger, 4ᵉ, 6ᵉ............... 2ᵉ léger Nassau, 4ᵉ Bade, bataillon de Francfort................	8.018	10.518	8.319	10.672
Cavalerie.						
1ʳᵉ division : P. SOULT.........	Brigade BERTON............	2ᵉ huss., 13ᵉ, 21ᵉ chas. (huss. de Guadalaxara, 1ᵉʳ et 2ᵉ chas. espagnols.				
	VINOT...........	5ᵉ, 10ᵉ, 15ᵉ, 22ᵉ chas............	3.901	4.980	4.464	4.723
	SPARRE.........	5ᵉ, 12ᵉ drag. (chas. de Nassau, chev. lég. et huss., gend. de la garde royale esp.)......				
2ᵉ division : TREILHARD........	ISMERT...........	4ᵉ, 21ᵉ, 26ᵉ drag................	2.312	2.518	2.324	2.447
	ORMANCEY........	14ᵉ, 16ᵉ, 17ᵉ, 27ᵉ drag............				
Artillerie. — Commandant GROSJEAN........			(12 p.)	»	(12 p.)	»
Troupes hors de ligne (artillerie, génie, ouvriers, trains, etc)			8.550	12.765	9.961	14.142
Réserve d'artillerie. — Colonel FONTENAY........			(32 p.)	«	(32 p.)	»
Parc d'artillerie. — Colonel BRUYER................			(21 p.)			

N.-B. — **Le nombre en toutes lettres entre parenthèses, après le numéro du régiment, indique le nombre de ses bataillons quand il en a plus d'un.**

Aux hôpitaux régimentaires et autres, l'armée compta 19.683 hommes en octobre et 17.627 en novembre, soit jusqu'à 3.220 pour la division Boyer par exemple.

Voir les tableaux précédents pour les garnisons à ces dates.

(1) Général Boivin, admis à la retraite en novembre et remplacé par le colonel Beuret.
(2) Le colonel Dauture, du 9ᵉ léger, remplace le 7 octobre le général Bréhaud, blessé à la Rhune.
(3) Le colonel Dein, du 47ᵉ, a remplacé le général Locamus, blessé à Sorauren.
(4) La division Foy a été fréquemment détachée ou reliée au lieutenant-général d'Erlon.
(5) Dauture a aussi commandé la brigade française et Jamin, la brigade espagnole vers le 1ᵉʳ décembre.

ARMÉE DES PYRÉNÉES
Au 1ᵉʳ janvier 1814.

Maréchal Soult, duc de Dalmatie, commandant en chef.
Lieutenant-général comte de Gazan de la Peyrière, chef de l'état-major général de l'armée.
Adjudant-commandant Jeannet, sous-chef d'état-major général.
Aides de camp du maréchal : chef d'escadron Choiseul, major Tholosé, chef de bataillon Baudus ; capitaines de Bonneval, Bacler d'Albe, Marie, de Bourjolly, Galabert, Galinier, Content.
Inspecteur aux revues Bunot (faisant fonctions d'inspecteur en chef).
Ordonnateur en chef Mathieu-Faviers.
Général de division Tirlet, commandant l'artillerie.
Général de brigade Berge, chef d'état-major de l'artillerie.
Général de division Lévy, commandant le génie.
Major Vainsot, chef d'état-major du génie.
Général de brigade Garbé, adjoint au général commandant le génie.
Colonel Michaud, id.
Général de brigade baron Buquet, commandant la gendarmerie, grand prévôt.
Chirurgien en chef Rapatel.
Chef de bataillon du génie Calmet-Beauvoisin, directeur du bureau topographique.

Centre. — Lieutenant-général baron Clausel.

Adjudant-commandant Lurat, chef d'état-major.
Chef de bataillon de Morlaincourt, adjoint au commandant de l'artillerie.
Chef de bataillon Plazanet, commandant le génie.

			Bᵒⁿˢ	Sous les armes.
4ᵉ division........... (ex-Conroux).	Général Taupin........	Brigade Rey........... 12ᵉ léger........... 32ᵉ de ligne.........	2 2	919 1.117
		Brigade Béchaud....... 43ᵉ — .... 45ᵉ — .... 47ᵉ — .... 55ᵉ — .... 58ᵉ —	2 1 1 1 1	928 756 839 561 688

Brigade ROUGET............	50ᵉ		1	668
	27ᵉ		1	555
	59ᵉ		1	614
	130ᵉ		2	1.027
			9	5.008
Brigade DAUTURE (1)........	9ᵉ léger........		2	876
	34ᵉ............		2	780
Brigade PARIS............	10ᵉ de ligne........		2	854
(ex-division Paris).	81ᵉ............		2	780
	114ᵉ — (2 comp.)		1/3	309
	8ᵉ batail. napolit...		1	341
Brigade BAUROT (1)........	25ᵉ léger........		2	1.566
	115ᵉ de ligne........		2	995
	117ᵉ de ligne (4 comp.)		2/3	511
			14	7.042(2)
TOTAUX......			33	17.828

8ᵉ *division*............ Général HAUSPE..........
(Formée à la fin de décembre).

Artillerie. — Commandant LAMBERT : 19 pièces.

(1) Le colonel Dauture, du 9ᵉ léger, et l'adjudant-commandant Baurot, commandant ces brigades, ont été nommés généraux par décret du 15 novembre, arrivé à l'armée le 27 décembre seulement.

(2) Il y a lieu d'ajouter les groupes francs de chasseurs basques et béarnais du colonel Lalanne et les gardes nationales locales : 3.300 hommes environ vers le 10 février 1814 ; 500 hommes seulement vers le 19 février.

AILE DROITE. — Lieutenant-général comte REILLE.

Adjudant-commandant DE LACHASSE DE VÉRIGNY, chef d'état-major.
Chef d'escadron BLANZAT, commandant l'artillerie.
Colonel JUCHEREAU DE SAINT-DENIS, commandant le génie.

			B^{ons}	Sous les armes.
1re division............	Général FOY.........	Brigade FRIRION....... 6e léger........	1	606
		69e de ligne...	2	1.112
		Brigade BERLIER....... 76e —	1	520
		36e —	2	949
		39e —	1	598
		65e —	2	999
			9	4.784
7e division............ (ex-Maucune du 2 novembre) La 7e division part le 22 janvier pour l'armée de l'Est.	Général LEVAL........	Brigade PINOTEAU...... 10e léger........	1	877
		3e de ligne...	1	636
		45e —	1	630
		Brigade MONTFORT..... 17e léger........	1	575
		101e de ligne...	1	699
		105e —	2	1.011
			7	4.428
9e division............ (La 9e division part le 22 janvier pour l'armée de l'Est.)	Général BOYER........	Brigade MENNE........ 2e léger........	2	799
		24e de ligne...	1	701
		Brigade GAUTHIER..... 118e —	3	1.355
		120e —	3	1.466
		122e —	2	1.149
			11	5.470
		TOTAUX............	27	14.682

Artillerie : Commandant BLANZAT, 24 pièces.

AILE GAUCHE. — Lieutenant-général comte D'ERLON.

Major MONNERET, faisant fonctions de chef d'état-major.
Chef de bataillon LUNEL, commandant l'artillerie.
Chef de bataillon GUILLARD, commandant le génie.

			B⁰ⁿˢ	Sous les armes.
2ᵉ *division*	Général D'ARMAGNAC	Brigade CHASSÉ		
		16ᵉ léger	1	553
		8ᵉ de ligne	1	548
		28ᵉ —	2	1.213
		54ᵉ —	1	678
	Brigade GRUARDET	31ᵉ léger	2	1.093
		51ᵉ de ligne	1	652
		75ᵉ —	2	935
			10	5.672
3ᵉ *division*	Général ABBÉ	Brigade BEURET (1)		
		27ᵉ léger	1	655
		63ᵉ de ligne	1	719
		64ᵉ —	2	1.134
	Brigade MAUCOMBLE	5ᵉ léger	1	665
		94ᵉ de ligne	2	1.127
		95ᵉ —	1	847
			8	5.147
6ᵉ *division*	Général DARRICAU (Villatte)	Brigade SAINT-POL		
		21ᵉ léger	1	842
		100ᵉ de ligne	1	997
		119ᵉ —	2	927
	Brigade LAMORANDIÈRE (1) (Mocquery)	28ᵉ léger	1	554
		96ᵉ de ligne	1	723
		103ᵉ —	1	835
			7	4.878
		TOTAUX	23	15.697

Artillerie : commandant LUNEL, 16 pièces (22 au 1ᵉʳ décembre).

(1) Le colonel Beuret du 27ᵉ léger et le colonel Lamorandière du 103ᵉ de ligne ont été nommés généraux par décret du 15 novembre, arrivé à l'armée le 27 décembre.

CAVALERIE. — Général de division Pierre SOULT ; adjudant commandant GOUJAT, chef d'état-major.

			Esc.	Sous les armes.
1re *division*...... général P. SOULT.	Brigade BERTON......	2e hussards......	2	476
		13e chasseurs.....	3	620
		21e —	2	401
			7	1.497
	Brigade VIAL...... (Vinot).	5e —	2	379
		10e —	2 1/2	416
		15e —	3	389
		22e —	3	285
			10 1/2	1.469
	Brigade SPARRE.....	5e dragons......	2	265
		12e —	2 1/2	289
			4 1/2	554
2e *division*...... général TREILHARD. (part le 16 janvier pour l'armée de l'Est).	Brigade ISMERT......	4e —	4	532
		21e —	4	460
		26e —	4	627
	Brigade ORMANCEY.....	14e —	2	341
		16e —	3	182
		17e —	2	325
		27e —	2	399
			21	2.866
TOTAUX.................			43	6.386(1)

ARTILLERIE. — Commandant GROSJEAN, 6 pièces (12 au 1er décembre)
Réserve d'artillerie, 12 pièces (22 au 1er décembre). Parc d'artillerie, 8 pièces.

RÉCAPITULATION

Centre............	33 bataillons......	17.828
Aile gauche.......	23 —	15.697
Aile droite........	27 —	14.682
Cavalerie..........	43 escadrons......	6.386
Artillerie, génie, troupes hors de ligne (2)....		4.559
TOTAUX : 83 bataillons, 43 escadrons.......		59.152 combattants, 85 pièces.

(1) Le nombre des présents sous les armes pour la cavalerie est de 8.559 au 1er décembre et de 3.000 environ après le départ de la division Treilhard et de la brigade Sparre le 16 janvier pour l'armée de l'Est.

(2) *Troupes hors de ligne* :
Au 1er décembre 10.077 présents.
13.769 à l'effectif
Au 16 janvier. 7.366 présents.
10.936 à l'effectif

			Effectifs.	Pièces.
7ᵉ division............	Général LEVAL......	Brigade PINOTEAU...... 10ᵉ léger, 3ᵉ et 15ᵉ de ligne..	3.143	
		Brigade MONTFORT...... 17ᵉ léger, 101ᵉ, 105ᵉ de ligne.	2.285	8
9ᵉ division............	Général BOYER......	Brigade CHASSÉ (1)...... 16ᵉ léger, 8ᵉ, 28ᵉ de ligne...	2.992	
		Brigade GAUTHIER...... 120ᵉ, 122ᵉ, de ligne.......	2.596	8
2ᵉ division de cavalerie	Général TREILHARD...	Brigade ISMERT....... 4ᵉ, 21ᵉ, 26ᵉ dragons.......	1.619	
		Brigade ORMANCEY.... 14ᵉ, 16ᵉ, 17ᵉ, 27ᵉ dragons..	1.247	12
(Division P. SOULT)...		Brigade SPARRE...... 5ᵉ, 12ᵉ dragons........	554	12
TOTAUX : 17 bataillons, 18 escadrons.....			14.335	40

(1) La brigade Chassé vient de la division d'Armagnac. Elle y est remplacée par la brigade Monne de la division Boyer.

OBSERVATION GÉNÉRALE

La répartition et le groupement des divisions sont fréquemment modifiés au cours des événements et suivant les besoins :

A la fin de 1813, le lieutenant-général REILLE dispose à Bayonne des : 3ᵉ division (ABBÉ) ; 4ᵉ division (TAUPIN) ; 5ᵉ division (MARANSIN) ; 7ᵉ division (LEVAL).

Le 3 janvier, CLAUSEL a sous ses ordres la 4ᵉ division (TAUPIN), la 6ᵉ division (DARRICAU-VILLATTE), la 8ᵉ division (HARISPE) et la division de cavalerie P. SOULT.

D'ERLON dispose des divisions FOY (1ʳᵉ) et d'ARMAGNAC (2ᵉ) et le 15 janvier de la division Maransin (ROUGET) (5ᵉ). La division BOYER est réserve générale du maréchal.

Le 26 février, REILLE a sous ses ordres TAUPIN (4ᵉ) ; ROUGET (5ᵉ) ; PARIS (9ᵉ bis).

D'ERLON — FOY (1ʳᵉ) ; D'ARMAGNAC (2ᵉ).
CLAUSEL — VILLATTE (6ᵉ) ; HARISPE (8ᵉ).

ARMÉE DES PYRÉNÉES

Le 10 mars 1814 (réorganisation). — *État-major général* (même composition).

AILE GAUCHE. — Lieutenant-général CLAUSEL.

Adjudant-commandant LURAT, chef d'état-major.
Chef de bataillon DE MORLAINCOURT, commandant l'artillerie.
Chef de bataillon PLAZANET, commandant le génie.

				B^{ons}	Comb^{ts}
6e division............ Adjudant-commandant : Poupart, chef d'état-major.	Général VILLATTE....... (ex Darricau).	Brigade SAINT-POL.......	21e léger....... 86e de ligne... 96e — 100e —	1 1 1 1	740 628 600 666
		Brigade LAMORANDIÈRE....	28e léger....... 103e de ligne... 119e —	1 1 2	763 705 727
8e division............ Adjudant-commandant : Peridou, chef d'état-major.	Général HARISPE.......	Brigade DAUTURE........	9e léger....... 34e — 45e —	2 2 1	778 524 679
		Brigade BAUROT........	25e léger....... 115e de ligne... 116e — 117e —	2 1 1 1	887 465 450 277
			Totaux.......	18	8.889

CENTRE. — Lieutenant-général DROUET D'ERLON.

Major MONNERET, faisant fonctions de chef d'état-major,
Chef de bataillon LUNEL, commandant l'artillerie.
Chef de bataillon GUILLARD, commandant le génie.

			B^ons	Comb^ts
1re *division*............ Colonel : Hugo, chef d'état-major.	Général PARIS.......... (ex-Foy) puis Général DARRICAU.	Brigade FRIRION...... 6e léger......	1	514
		69e de ligne......	2	964
		76e —	1	491
	Brigade BERLIER...... 36e —	2	745
		39e —	1	555
		65e —	2	851
2e *division*............ Adjudant-commandant Brenot, chef d'état-major.	Général D'ARMAGNAC.....	Brigade LESEUR, adj^t-com^t. (ex-Gruardet). 31e léger......	2	973
		51e de ligne......	1	656
		75e —	1	816
	Brigade MENNE........ 118e —	3	1.377
		120e —	3	1.399
		TOTAUX............	19	9.341

AILE DROITE. — Lieutenant-général REILLE.

Adjudant-commandant DE LA CHASSE DE VÉRIGNY, chef d'état-major.
Chef de bataillon BLANZAT, commandant l'artillerie.
Colonel JUCHEREAU DE SAINT-DENIS, commandant le génie.

				B^{ons}	Comb^{ts}
4e division............ Adjudant - commandant : Coulon, chef d'état-major.	Général TAUPIN.........	Brigade REY.............	12e léger.......	2	1.129
			32e de ligne....	2	1.334
		Brigade GASQUET, Adj^t-com^t (ex-Racant; ex-Béchaud).	43e —	2	671
			47e —	2	798
			55e —	1	527
			58e —	1	634
5e division............ Adjudant - commandant : Viviaud, chef d'état-major.	Général MARANSIN...... (ex-Rouget jusqu'au 13).	Brigade BARBOT.........	4e léger.......	1	551
			34e de ligne....	1	585
			40e —	2	1.074
		Brigade ROUGET............	50e —	1	493
			27e —	1	489
			59e —	1	575
			10e —	2	538
			81e —	1	516
		TOTAUX.........		20	9.914

Cavalerie. — Général P. SOULT.

			1ers	Combts
Adjudant-commandant GOUGET, chef d'état-major	Brigade BERTON	2e hussards	2	447
		13e chasseurs	3	630
		21e	3	236
	Brigade VIAL	5e	2	314
		10e	3	540
		15e	3	324
		22e	3	300
		TOTAUX	19	2.791

Artillerie.

1 batterie de 6 pièces par division.   1 batterie de montagne avec l'aile gauche.
2 pièces de 4 au parc (colonel Bruyer).   1 batterie de montagne avec l'aile droite.

Hors de ligne (détail).

Artillerie à pied	791
Ouvriers d'artillerie	278
Train d'artillerie	2.272
Ouvriers du train	69
Pontonniers	134
Armuriers	109
A reporter	3.653

Report	3.653
Mineurs	146
Sapeurs	296
Train du Génie	154
Gendarmerie	206
Equipages militaires (2 bataillons)	1.244
TOTAL	5.699

RÉCAPITULATION

Aile gauche		8.889
Centre		9.341
Aile droite		9.914
Cavalerie		2.792
A reporter		30.936

	Report	30.936
Hors de ligne		5.699
	TOTAL	36.635
Garnisons		17.862
	TOTAL GÉNÉRAL	54.497

NOTA. — Les 5es bataillons des 9e et 12e légers, des 32e et 47e de ligne et le 6e bataillon du 64e de ligne, de 750 hommes chaque, ont été envoyés, de Toulouse, sur Tarbes, du 16 au 19 février. Le 6 mars, le général Travot part de Toulouse pour Tarbes avec les recrues réunies. (Voir page 469, notes 1 et 2).

ARMÉE D'ESPAGNE OU DES PYRÉNÉES

Le 1ᵉʳ avril 1814.

Le maréchal SOULT, duc de Dalmatie, *commandant en chef*.

Aides de camp : colonel THOLOSÉ ; major BORY DE SAINT-VINCENT ; chefs d'escadrons CHOISEUL, BAUDUS ; capitaines MARIE, DE BOURJOLLY, BONNEVAL, BACLER D'ALBE.

Chef d'état-major général : général de division comte GAZAN DE LA PEYRIÈRE.
Aide de camp : capitaine FABREGUETTE.
Adjudant-commandant JEANNET, sous-chef de l'état-major général.
Général de division PARIS (jusqu'au 8 avril), colonel DE LA ROQUE, major SAINT-JULIEN ; chefs de bataillon SAINT-ÉLME, NAGONNE ; chefs d'escadrons SAINT-PRIEST, DOMBIDAU ; à la suite de l'état-major.
Capitaines adjoints : DESESSARTS, GALABERT, LABROUSSE, DESCHAMPS, DÉPORT.
A la suite de l'état-major : capitaines FERREIRA, ingénieur-géographe ; BOCCHINI, INGALDO, CIABURRI, PERQUÉS, FAVECHAMPS ; lieutenant DUPONCHEL.

Commandant l'artillerie : général de division baron TIRLET.
Aides de camp : capitaine PLIVARD, lieutenant GUÉRIN.
Colonel FONTENAY, chef d'état-major de l'artillerie ; major ABEILLE ; chef de bataillon GROSJEAN ; chef de bataillon DAUVERGNE, inspecteur-général du train ; chef de bataillon BRION ; capitaines LE THIERNY, VILLANDY ; sous-lieutenant FOUCAULT ; sous-lieutenant PETIT, artiste-vétérinaire.

Commandant en second le génie : Colonel MICHAUD (général GARBÉ, commandant le génie, à Bayonne, p. m.)
Major VAINSOT, chef d'état-major du génie : chef de bataillon CALMET-BEAUVOISIN, directeur du bureau topographique ; chefs de bataillon MANENT, directeur du parc du génie, BUREL ; capitaine MILLION.

Commandant la gendarmerie et grand prévôt de l'armée : général de brigade baron BUQUET.

Inspecteur aux revues BUHOT, faisant fonctions d'inspecteur en chef ; sous-inspecteurs aux revues BERTRAND, MARTIN-CHAUSSEROUGE ; adjoints aux sous-inspecteurs BRUN, HARDY.

Ordonnateur en chef MATHIEU-FAVIERS ; commissaires-ordonnateurs BAZIRE, LENOBLE, PERROUX.

Commissaires des guerres DECHETS, MURE, ROMAR ; adjoints CHALLAYE, PELLOT, PLANARD, PERRODON, VERLAC, REY, ABADIE.

AILE DROITE. — Lieutenant-général comte REILLE.

Aides de camp : chefs d'escadrons REILLE (en congé), MOLIN DE SAINT-YON ; capitaine DESRIVAUX.
Chef d'état-major : adjudant-commandant DE LA CHASSE DE VÉRIGNY ; capitaine adjoint HIERTZ.
Commandant l'artillerie : chef de bataillon BLANZAT.
Commandant le génie : colonel JUCHEREAU DE SAINT-DENIS.

4ᵉ division. — Général TAUPIN.

Aide de camp, capitaine FRAIN.
Chef d'état-major, adjudant-commandant COULON ; capitaine-adjoint FLORINCOURT.
Commandant le génie, capitaine LAGRANGE-CHANCEL.
Sous-inspecteur aux revues COUSTIER ; commissaire des guerres, GRAEL.

				PRÉSENTS.		Absents.	Effectif.
				Offi-ciers.	Hom-mes.		
Brigade REY	12ᵉ léger	Colonel MOUTTET	1ᵉʳ bataillon, Lamorlette	12	580	263	1.684
Aide de camp : capitaine NICOL.			2ᵉ — de La Fude	8	516	305	
	32ᵉ de ligne	Colonel BRANGER	1ᵉʳ bataillon, Thomas	16	555	535	2.155
			2ᵉ — Didier	10	586	453	
	43ᵉ de ligne	Colonel WELLER	1ᵉʳ bataillon, Roussel	16	371	263	1.287
			2ᵉ — Chancelet	8	361	268	
Brigade GASQUET	47ᵉ de ligne	Colonel A...	1ᵉʳ bataillon, Bajen	17	641	242	1.758
Adjudant-commandant.			2ᵉ — Chastagnac	11	598	249	
	55ᵉ de ligne		1ᵉʳ bataillon, Henry	21	511	341	873
	58ᵉ de ligne		1ᵉʳ bataillon, Vallat	13	604	314	931
TOTAL			10 bataillons	132	5.323	3.233	8.688

5e *division.* — Général MARANSIN.

Aides de camp, capitaines CHARCELLAY, LE TERTRE.
Chef d'état-major, adjudant-commandant VIVIAUD ; capitaine adjoint, AMETH.
Commandant le génie, capitaine SLUYS ; commissaire des guerres, NIVIÈRE.

			Officiers.	PRÉSENTS. Hommes.	Absents.	Hôpitaux.	Effectifs.
Brigade BARBOT........	4e léger........	1er bataillon, Bréard....	20	531		117	668
Aide de camp, capitaine LANGLOIS.	40e de ligne.....	1er bataillon, Clamon....	17	513		166	»
		2e — Siffermann...	12	480		166	1.354
Brigade ROUGET.......	50e de ligne.....	1er bataillon, Lalande....	12	460		144	616
	27e de ligne.....	1er bataillon, Mallet.....	13	414		317	744
	34e de ligne.....	1er bataillon, Jacob......	19	665		190	874
	59e de ligne.....	1er bataillon, Courvol....	15	549		208	772
		TOTAL........ 7 bataillons.	108	3.612		1.308	5.028

CENTRE. — Lieutenant-général comte D'ERLON.

Aide de camp, capitaine CASSOLET.
Chef d'état-major, major SALAIGNAC ; lieutenant BURONNE, adjoint.
Chef de bataillon LUNEL, commandant l'artillerie ; chef de bataillon GUILLARD, commandant le génie ; commissaire des guerres, GÉANT.

INTRODUCTION

1ʳᵉ *division*. – Général DARRICAU.

Aides de camp, chef de bataillon PRESSAT, capitaine TINTUOIN.

Chef d'état-major, colonel HUGO ; chef de bataillon DUPRAT, sous-lieutenant DUPRAT, adjoints.

Sous-inspecteur aux revues, CROSSE ; commissaire des guerres, PRUNIER.

			PRÉSENTS.		Absents. Hôpitaux.	Effectifs.
			Officiers.	Hommes.		
Brigade FRIRION........ Aide de camp, capitaine LUBHIAT.	6ᵉ léger.......... 69ᵉ de ligne..... —	1ᵉʳ bataillon, Sérizial....... 1ᵉʳ bataillon, Guingret...... 2ᵉ — Bataillard, capitaine.	19 21 12	446 449 402	242 231 250	727 » 1.365
	76ᵉ de ligne.....	1ᵉʳ bataillon, Artigaud......	18	472	181	671
Brigade BENLIER........ Aide de camp, capitaine BOURQUIN.	36ᵉ de ligne..... 39ᵉ de ligne..... 63ᵉ de ligne.....	(Colonel MÉTROT (ou MAITROT)..... 1ᵉʳ bataillon, Mongin...... 2ᵉ Folliet....... 1ᵉʳ bataillon, Grainet...... 2ᵉ Baudin.......	20 9 18 19 15	372 298 496 377 375	215 226 270 204 194	1.444 764 » 1.184
TOTAL............	9 bataillons.		151	3.711	1.993	5.855

2ᵉ *division*. — Général D'ARMAGNAC.
Aides de camp, capitaines DE RICHEMONT, GABALDA.
Chef d'état-major : BRENOT, adjudant-commandant ; capitaine-adjoint DELPY.
Commandant le génie, capitaine HUBERT ; commissaire des guerres GUIROYE.

				PRÉSENTS.		Absents.	Hôpitaux.	Effectifs.
				Officiers.	Hommes.			
Brigade LESEUR........ Adjudant-commandant.	31ᵉ léger........	Major BOURBAKI...	1ᵉʳ bataillon, Clairambaut..	26	460	332		
			2ᵉ — Deprat, capit.	13	469	215		1.515
	51ᵉ de ligne.....	....	1ᵉʳ bataillon, Sognot.......	18	606	307		
	75ᵉ de ligne.....	....	1ᵉʳ bataillon, Nollano......	24	402	181		931
			4ᵉ — Sagnol........	13	356	243		1.219
Brigade MENNE........ Aide de camp, capitaine GEOFFROY.	118ᵉ de ligne....	....	1ᵉʳ bataillon, Dey, capitaine.	21	468	248		
			2ᵉ — Martin.....	9	400	302		
			3ᵉ — Saint-Aubin...	10	434	266		2.158
	120ᵉ de ligne....	....	1ᵉʳ bataillon, Dambly......	25	434	352		
			2ᵉ — Joannes.....	12	399	337		
			4ᵉ — Cabal.......	15	408	280		2.262
			TOTAL...... 11 bataillons.	186	4.836	3.063		8.085

AILE GAUCHE. — Lieutenant-général baron CLAUSEL.

Aides de camp, chef de bataillon CASTEL; capitaine ARNAUD.
Chef d'état-major, adjudant commandant LURAT; lieutenant PORCHIER, adjoint.
Commandant l'artillerie, chef de bataillon DE MORLAINCOURT; commandant le génie, chef de bataillon PLAZANET; commissaire des guerres, WARÉ.

6e division. — Général VILLATTE.
Aides de camp, chef de bataillon VILLATTE; capitaine VERDILHAC.
Chef d'état-major, adjudant-commandant POUPART.
Commandant le génie, capitaine CHAMBEAU; sous-inspecteur aux revues, POILBLANC; commissaire des guerres, SALIGNY.

				PRÉSENTS.		Absents-Hôpitaux	Effectifs
				Officiers.	Hommes.		
Brigade BAILLE, baron de SAINT-PAUL.	21e léger	Colonel PÉLECIER	1er bataillon, Goureau	16	743	211	970
	86e de ligne		1er bataillon, Eys	12	490	264	766
Aide de camp, lieutenant ALÈGRE.	96e de ligne		1er bataillon, Doat	18	564	296	851
	100e de ligne		1er bataillon, Albert	15	798	227	1,040
Brigade LAMORANDIÈRE.	28e léger	Colonel GÉNIN	2e bataillon, Saint-Denis	18	572	281	871
	103e de ligne		1er bataillon, Dufaud	14	662	126	802
Aide de camp, capitaine SAUVAGEOT.	1er de ligne		1er bataillon, Lebon	19	341	325	
	119e de ligne	Major BESSON	4e bataillon, François	13	312	357	1,367
			TOTAL......... 8 bataillons.	125	4,482	2,060	6,667

8ᵉ *division*. — Général comte HARISPE.

Aides de camp, capitaines BOIREL, ETCHATS, CASTERAS DE LA RIVIÈRE. Chef d'état-major, adjudant-commandant PERIDON; colonel DUHART, chef d'escadron DOMENGET; capitaines CONTY, RICOY, adjoints. Commandant le génie, major GRINDA; sous-inspecteur aux revues, BUSCA; commissaire des guerres, LAFORGUE.

				PRÉSENTS.		Absents.	Hôpitaux.	Effectifs.
				Officiers.	Hommes.			
Brigade DAUTURE	9ᵉ léger	Colonel DESLONG	1ᵉʳ bataillon, Fouquet	21	428	229		
Aide de camp, capitaine GOBIN.			2ᵉ — Caillot	17	387	214		1.296
	25ᵉ léger	Colonel CRESTÉ	2ᵉ bataillon, Moussart	22	460	198		
			7ᵉ — Marmy	10	326	168		1.184
	34ᵉ léger	Colonel COCHERANO	1ᵉʳ bataillon, Rateau	20	296	90		
			2ᵉ — Davelay	17	201	113		737
Brigade BAUROT	10ᵉ de ligne	Colonel DUBALLEN	1ᵉʳ bataillon, Decos	18	254	72		662
			2ᵉ — Husson	10	256	52		
	45ᵉ de ligne		1ᵉʳ bataillon, Guerrier	13	628	298		939
	81ᵉ de ligne	Colonel TERRIER	1ᵉʳ bataillon, Huard	21	480	135		636
	115ᵉ de ligne		3ᵉ bataillon, Fayet	16	470	462		948
	116ᵉ de ligne		4ᵉ bataillon, Gros	17	429	78		524
	117ᵉ de ligne		7ᵉ bataillon, Guistapache	12	262	252		437
TOTAL			13 bataillons.	214	4.877	2.272		7.363

RÉSERVE. — Général TRAVOT.

Brigade POURAILLY et *brigade* VOUILLEMONT (1ʳᵉ et 2ᵉ divisions de réserve), formées des 6ᵉ et 7ᵉ bataillons de la plupart des régiments précités.................. 7.267 conscrits.

Division de cavalerie. — Général baron P. SOULT.

Aides de camp, capitaines LEMONNIER-DELAFOSSE, DE BREUIL.
Chef d'état-major, GOUGET, adjudant-commandant ; capitaines CANTWEL, DANTEST, adjoints.
Sous-inspecteur aux revues, BERTHET ; commissaire des guerres, PRÉSERVILLE.

					PRÉSENTS.			EFFECTIFS.	
				Offi-ciers.	Hom-mes.	Che-vaux.		Hom-mes.	Che-vaux.
Brigade BERTON...... Aide de camp, lieutenant espagnol GONZALÈS.	2ᵉ hussards......	Colonel SÉGANVILLE.	1ᵉʳ escadron, Bastoul......	15	202	238			
	13ᵉ chasseurs.....	Colonel POIRÉ......	1ᵉʳ escadron, Redot......	5	205	217	540	604	
			2ᵉ — Pibout......	13	184	217			
			3ᵉ —	8	149	163			
	21ᵉ chasseurs.....	Colonel DUCHATEL..	1ᵉʳ escadron, Piola......	5	138	150	706	769	
			2ᵉ —	14	200	236			
			3ᵉ —	7	116	131			
Brigade VIAL....... Aides de camp, capitaines VIAL, SCHUNRINGER.	5ᵉ chasseurs......	Colonel BAILLOT..... (en congé).	1ᵉʳ escadron, Dembarrère..	4	74	81	526	586	
			2ᵉ —	12	148	152			
	10ᵉ chasseurs.....	Colonel HOUSSAIN DE SAINT-LAURENT.	1ᵉʳ escadron, Boilieux......	7	135	152	410	444	
			2ᵉ —	11	149	189			
			3ᵉ —	6	132	146			
	15ᵉ chasseurs	Colonel FAVEROT....	1ᵉʳ escadron, Gerbault.....	6	129	145	637	674	
			2ᵉ — Dupré.......	11	112	140			
			3ᵉ —	6	110	128			
	22ᵉ chasseurs	Colonel DESFOSSÉ...	1ᵉʳ escadron, André......	6	96	112	445	475	
			2ᵉ —	14	123	167			
			3ᵉ —	7	92	108	371	435	
				3	46	49			
TOTAL........	19 escadrons.			160	2.540	2.931	3.635	3.987	

Gendarmerie. — Colonel THOUVENOT; chefs d'escadron MENDIRY, MOTTET.

	PRÉSENTS.		RÉPARTITION.
	Officiers.	Hommes.	Chevaux.	
	16	190	223	Quartier général et divisions.

Artillerie. — Colonel BRUYER, directeur du parc.
Commandant l'artillerie, chefs de bataillon SINÉ, sous-directeur ; et GAILLARD, adjoint.
Commissaire des guerres, capitaine JOSEPH.

		PRÉSENTS.			Effectif.	RÉPARTITION.
		Officiers.	Hommes.	Chevaux.	Hommes.	
1er régiment à pied	9e batterie	Commandant Perrin	2	95	...	108	5e division.
	9e —	Martin	1	27	...	...	8e division.
3e régiment à pied	15e —	Knaap	3	120	...	...	Parc.
	19e —	Boramet	2	125	...	...	2e division.
	20e —	Metbial	2	106	...	412	1re division.
6e régiment à pied	12e —	(Détachement)	.	39	...	...	8e division.
	13e —	Jacquinot de Presle	2	106	...	156	6e division.
7e régiment à pied	13e —	Lapèle	2	93	...	112	4e division.
Ouvriers d'artillerie	1re compagnie		.	12	...	...	1re, 2e, 6e divisions.
	4e —	Barthélemy	4	65	...	...	Parc.
	8e —	Bouloy	2	79	...	...	2e, 6e, 8e divisions.
	9e —	Caux	2	62	...	228	Parc.

INTRODUCTION

			PRÉSENTS.			Effectif Hommes.	RÉPARTITION.
			Officiers.	Hommes.	Chevaux.		
Pontonniers, 1er bataillon	4e compagnie	Dufeutrel	1	67	....	....	Parc.
	10e —		3	66	....	149	Parc.
Armuriers	2e —	Adam	..	32	....	118	Parc.
	4e —	Vassal	1	81	....	383	Parc.
Train, 2e bataillon (Capelle)	1re, 2e, 3e, 5e compagnies	Brédif	..	..	432	658	
2e bataillon bis (Pié-de-Cocq)	1re, 2e, 3e, 4e, 5e, 6e compagnies		..	..	800		
4e bataillon bis			..	..	472	417	
5e bataillon			..	..	527	537	
6e bataillon bis			..	..	135	111	
10e et 12e bataillons			..	..	245	240	
Ouvriers du train			..	..	..	68	
Génie, 2e bataillon de mineurs	3e compagnie	Commandant Lebesclou	3	116	..	..	
2e bataillon de sapeurs	5e	Costes	3	145	..	..	
4e bataillon de sapeurs	3e	Marcelot	3	117	..	..	
Train du génie	3e	Ferragut	3	142	158	..	

Équipages militaires. — Commandant, major Beaudesson ; chef de bataillon Lamblet, inspecteur ; capitaine-adjoint Lahire-Fontaine ; Lievain, lieutenant.

	PRÉSENTS.			Effectif Hommes.
	Officiers.	Hommes.	Chevaux.	
1er bataillon	Commandant François	8	552	947	....
3e bataillon	— Benoist	11	787	628	....
Ouvriers	1re compagnie Capitaine Laprune	..	192	73	....
			2.167		2.796

RÉCAPITULATION D'ENSEMBLE.

		PRÉSENTS.			EFFECTIFS.	
	OFFI-CIERS.	HOMMES.	CHE-VAUX.		HOM-MES.	CHE-VAUX.
Aile droite....... 4ᵉ division......	132	5.323	(?)		8.688	(?)
5ᵉ division......	108	3.612	»		5.028	»
Centre........... 1ʳᵉ division......	151	3.711	»		5.855	»
2ᵉ division......	186	4.836	»		8.085	»
Aile gauche...... 6ᵉ division......	125	4.482	»		6.667	»
8ᵉ division......	214	4.877	»		7.363	»
Réserve..........	(?)	»	»		7.267	»
Cavalerie........	160	2.540	2.931		3.635	3.987
Gendarmerie.....	16	190	223		(?)	(?)
Artillerie, ouvriers pontonniers, train..	27	3.575	2.611		3.687	2.611
Génie............	12	520	158		(?)	158
Equipages.......	19	1.531	2.167		2.796	2.167
Totaux approximatifs d'ensemble (états-majors et garnisons non compris).	1.150	35.200 +7.267 conscrits.	8.100		59.500	8.900

ARMÉE DE CATALOGNE

Au 14 avril 1814.

Maréchal SUCHET, duc d'ALBUFÉRA.
Général baron SAINT-CYR NUGUES, chef d'état-major général.
Adjudant-commandant DESCHALLARD, sous-chef d'état-major.
Général de division comte VALÉE, commandant l'artillerie.
Chef de bataillon DESCLAIBES, chef d'état-major de l'artillerie.
Chef de bataillon RÉVILLE, commandant le génie.
Inspecteur aux revues, PRISYE.
Commissaire ordonnateur, BONDURAND.

1re Division. — Général baron LAMARQUE.

Adjudant-commandant, MONISTROL, chef d'état-major; chef de bataillon BONAFOUX, commandant l'artillerie.
Commissaire des guerres, MONNIER.

			PRÉSENTS.		EFFEC-TIF.	(Voir p. 69 et 117, note 1.)
			OFFI-CIERS.	HOM-MES.		
Brigade NOGUEZ............	3e léger...................	2e bataillon......	25	726	831	
	5e de ligne (col. ROUSSILLET)..	1er et 2e bataillons	44	1.790	1.972	
	14e de ligne (major BUGEAUD)..	1er et 2e bataillons	48	1.559	1.794	
Brigade baron MILET.......	60e de ligne (colonel LENUD)..	1er, 2e, 3e bataillons	65	1.871	2.154	
	Artillerie régimentaire........	»	2	44	»	25 chevaux.
	121e de ligne (col. RENOUVIER)..	1er, 2e, 7e bataillons	64	2.299	2.601	
	TOTAL............	11 bataillons....	248	8.289	9.352	

INTRODUCTION

Chef de bataillon HURIAUX, commandant l'artillerie; commissaire des guerres, RÉCAMIER.

	11e de ligne (colonel AUBRÉE)..	1er, 2e, 3e bataillons	25	817	1.007
	114e de ligne (colonel DURAND)..	»	63	1.996	2.359
	143e de ligne..................	Bataillon d'élite..	19	705	824
	86e de ligne...................	4e bataillon......	11	354	377
	TOTAL.........................	5 bataillons.....	118	3.882	4.567

Cavalerie. — Général de brigade baron MEYER.

	29e chasseurs (colonel DORNIER).	1er, 2e, 3e escadrons	26	533	653	674 chevaux.
	24e dragons (colonel DUBESSY)..	1er, 2e, 3e escadrons	34	665	728	742 chevaux.
Gendarmerie.............	(Chef d'escadron CORSO).......	»	9	182	191	106 chevaux.
	TOTAL.........................	6 escadrons.....	69	1.380	1.572	1.522 chevaux.

Artillerie. — Colonel FABRE, directeur.

	1er régiment à pied				
	3e régiment à pied				
	4e régiment à pied				
	Ouvriers				
	1er bataillon de pontonniers ...	»	29	1.412	1.554	901 chevaux.

Génie...................

3e bataillon du train............	
4e bataillon bis du train........	
2e bataillon de mineurs..........	
2e bataillon de sapeurs..........	
Train du génie...................	»

Equipages militaires........

5e bataillon, 11e bataillon.......				
9e bataillon de mulets de bât....				
5e compagnie d'infirmiers........	»	13	726	(750)

TOTAL GÉNÉRAL	»	477	15.689	17.795

ARMÉES ALLIÉES

	ANGLO-PORTUGAIS.							ESPAGNOLS.		OBSERVATIONS.
	INFANTERIE ET CAVALERIE.				ARTIL-LERIE.	TOTAUX.		(SITUATIONS BUDGÉTAIRES.)		
	Anglaises et allemandes.		Portugaises.		Conducteurs. Sapeurs. Train.					
	Sous les armes.	Effectifs.	Sous les armes.	Effectifs.		Sous les armes.	Effectifs.	Sous les armes.	Effectifs.	
1813.										Non compris les forces opposées au maréchal Suchet.
24 juillet.........	41.331	»	24.951	»	(Environ) 4.000	70.282	»	»	»	
8 août..........	35.815	35.716	22.297	33.946	4.000	62.112	89.762	»	»	
8 septembre.....	41.388	35.714	23.822	32.911	4.000	69.210	88.625	»	»	
15 octobre.......	43.109	»	25.527	»	4.000	72.636	»	36.990 (46.000)	51.087 (62.000)	
22 octobre........	43.703	61.389	24.304	36.454	4.000	72.007	97.843	»	»	La différence provient des divisions Londre, Mina Mendizabal. (Voir p. 103.)
5 novembre.....	45.073	61.885	24.888	32.345	4.000	73.961	94.230	»	»	
9 novembre.....	45.043	»	25.227	»	4.000	74.270	»	»	»	
14 décembre.....	44.967	63.001	24.092	31.706	4.000	73.059	94.707	»	»	
1814.										
1ᵉʳ janvier........	42.700	60.687	23.029	29.242	4.800	73.250	90.293	80.896	112.499	
17 février........	44.562	62.953	21.403	23.975	4.821	69.929	89.929	»	»	
10 avril.......... (Situations des corps.)	»	»	»	»	»	70.786	*91.749	»	»	*(Y compris Hope et Dalhousie).
10 avril.......... (Relevés originaux).	43.744	»	20.793	»	4.821	69.358	»	»	»	

Armée alliée sous les armes le 10 avril 1814, à Toulouse.

Infanterie et cavalerie anglo-portugaise	37.917	(sur lesquels 34.000 ont été engagés.)
Espagnols (Freyre et Morillo)	14.000	
Artillerie	1.500	7.500
	53.417	dont 6.954 cavaliers.

Armée anglo-sicilienne de John Murray le 17 juin 1813, au Col de Balaguer.

	SOUS LES ARMES.	EFFECTIFS
Infanterie anglaise et allemande	7.226	8.693
Infanterie de Wittingham	4.370	5.189
Infanterie sicilienne	985	1.378
Cavalerie anglaise et allemande	739	757
Artillerie anglaise, portugaise et sicilienne	783	990
Génie anglais et état-major	78	119
	14.181	17.126
Corps de Clinton à Tarragone le 25 septembre 1813	10.784	13.594	Non compris officiers, sous-officiers, tambours, etc.

ARMÉES ESPAGNOLES

		SOUS les ARMES.	EFFEC-TIF.		DATES.
1re Armée. (Copons y Nava)	3 divisions, 1 brigade légère, un bataillon d'élite, une brigade de cavalerie (d'E-roles, Manso, de Craft, Calvo, Gomez, Tortosa, San Clémente).	18.368 hs.	»	(33 pièces)	1er janvier 1814.
2e Armée. (Xavier Elio)	5 divisions, 1 brigade de cavalerie (Villa-Campa Prieto, Sarsfield, Roche, Juan Martin, Duran, Empecinado, Albentos, Tesorio, del Rio).	26.835 28.498	37.470 »	» (62 pièces)	19 septembre 1813. 1er janvier 1814.
3e Armée. (del Parque)		18.468 14.526	» 19.630	» »	Décembre. 1er janvier 1814.
4e Armée. (Freyre)	Divisions Morillo, Don Carlos, del Barco, la Barcena, Porlier, Longa, Mendizabal, Espos y Mina, Giron.	14.100 23.404	» 33.236	» »	31 août 1813. (Au San Martial pour les 3e, 4e, 5e et 7e divisions). 1er octobre 1813. Non compris les divisions Longa, Mendizabal et Mina (9.000 hommes environ).
		11.430	»	»	7 octobre. (3 divisions, Bidassoa).
		19.527	»	(32 bataillons)	10 novembre. (Aimhoué).
		17.075	»	(26 bataillons)	10 novembre. (Le Rhune).

INTRODUCTION

Réserve d'Andalousie. (O'Donnell (2); Giron).	(Divisions Viruès et la Torre)	12.159 8.436 6.991 7.322	15.583 » » »	(13 bataillons) » (10 bataillons) (12 bataillons)	la division provisoire ; Morillo est à Navarrenx, don Carlos à Bayonne, Longa en Espagne, Mendizabal à Santona, Mina à Saint-Jean-P.-P.). 1ᵉʳ octobre 1813. 7 et 8 octobre 1813. (Bidassoa - La - Rhune.) 13 octobre 1813. 10 novembre 1813. (La Rhune.)
Réserve de Galice.	»	10.868 9.226 1.427 3.953	» 13.165 2.268 5.840	(dont 1.158 cavaliers) » » »	Décembre 1813. 1ᵉʳ janvier 1814. 1ᵉʳ octobre 1813. 1ᵉʳ janvier 1814.
Totaux pour les 3ᵉ et 4ᵉ armées et réserves d'Andalousie et de Galice.		46.000	62.000	»	1ᵉʳ octobre 1813. (Y compris Longa, Mendizabal et Mina.) 1ᵉʳ janvier 1814.
		80.596	112.499		

La section d'histoire militaire du ministère de la guerre espagnol nous donne les renseignements suivants (1) : Les armées espagnoles prirent, dans le principe, le nom des provinces où elles furent organisées ; mais la Junte centrale, dès sa réunion, leur donna des dénominations en rapport avec les parties de la frontière affectées à leurs opérations. Cette organisation dura jusqu'en décembre 1810. Partagées en 7 armées ou corps, à cette époque, leur nombre fut ramené à six en décembre 1812.

La 1ʳᵉ *armée* (ex-*armée de droite*, formée des corps de Catalogne, des Baléares, etc.), opéra constamment en Catalogne.
La 2ᵉ *armée* (troupes de Valence et d'Aragon) resta toujours dans le royaume de Valence.
La 3ᵉ *armée*, commandée par del Parque, puis par le prince d'Anglona (ex-*armée du Centre*, troupes de Castille, d'Estramadure, d'Andalousie ; ex-4ᵉ *armée*) passa d'Andalousie dans le royaume de Valence pour remplacer l'armée anglo-hispano-sicilienne en mai 1813. Au mois de juillet, elle se rendit en Catalogne, d'où elle se dirigea vers la France (novembre 1813) pour se réunir à l'armée de Wellington.
La 4ᵉ *armée* (ex-5ᵉ, 6ᵉ et 7ᵉ *armées*, ex-*armée d'Estramadure*), commandée par M. Freyre, et qui comprend les divisions Morillo, don Carlos, del Barco, La Barcena, Porlier, Longa, Mendizabal, Espoz y Mina, faisant agir isolément quelques-unes de ses divisions, gagna la France et se joignit à l'armée de Wellington.
La *réserve d'Andalousie*, formée sous une partie de la 4ᵉ armée de 1810 et des cadres divers (O'Donnell), puis P. Giron), quitta cette province en juin 1813, et se rendit en Navarre (divisions Viruès et La Torre), pour se réunir à l'armée de Wellington.
La *réserve de Galice* ne quitta pas cette province.

(1) Voir aussi : Mémoires de *Suchet* (vol. I, note 1, page 1) ; *Clerc*, pages 33 à 36 ; *Toreno* ; *Koch*, tableau XXIV : Rapport de Lopez Aranjo, ministre des finances aux Cortès, en octobre 1813 ; Etats de l'organisation des forces espagnoles de 1808 à 1814, publiés en 1822 par la section historique du ministère de la guerre espagnol, etc.
(2) Comte de La Bisbal, nom sous lequel il est souvent désigné.

ARMÉE ANGLO-PORTUGAISE au 1ᵉʳ janvier 1814.

DIVISIONS.	BRIGADES.	CORPS.	SOUS les ARMES.	EFFECTIFS.
1ʳᵉ division : Général Howard..... (Général Hay.) (Général Graham.)	Brigade Stopford..... — Hinuber.....	Gardes, 2 compⁱᵉˢ de rifles..... Légion germanique.....	5.983	7.401
(Brigade) :	Brigade Aylmer.....	62ᵉ, 76ᵉ, 77ᵉ, 85ᵉ.	1.573	2.349
2ᵉ division : Général Stewart.....	Brigade Barnes..... — Byng..... — Pringle..... — Harding (Ashworth)	51ᵉ, 71ᵉ, 92ᵉ, 2 compⁱᵉˢ de rifles..... 3ᵉ, 57ᵉ, 1ᵉʳ prov., 2 compⁱᵉˢ de rifles 28ᵉ, 34ᵉ, 39ᵉ, 2 compⁱᵉˢ de rifles..... 6ᵉ, 18ᵉ port., 6ᵉ cazadores	7.959	10.629
3ᵉ division : Général Picton..... (Général Colville.)	Brigade Brisbane..... — Kean..... — Power	45ᵉ, 74ᵉ, 88ᵉ, 4 compⁱᵉˢ de rifles..... 5ᵉ, 83ᵉ, 87ᵉ, 94ᵉ..... 9ᵉ, 21ᵉ port., 11ᵉ cazadores	6.057	7.797
4ᵉ division : Général Cole.....	Brigade Anson..... — Ross..... — Vasconcellos.....	27ᵉ, 40ᵉ, 48ᵉ, 2ᵉ prov., 2 compⁱᵉˢ de rifles..... 7ᵉ, 20ᵉ, 23ᵉ, 1 compⁱᵉ Brunswick 11ᵉ, 23ᵉ port., 7ᵉ cazadores	6.420	8.434
5ᵉ division : Général Colville..... (Général Hay.) (Général Oswald.) (Général Hamilton.)	Brigade Hay..... — Robinson..... — Regoa	1ᵉʳ, 9ᵉ, 38ᵉ, 47ᵉ, 1 compⁱᵉ Brunswick 4ᵉ, 59ᵉ, 84ᵉ, 1 compⁱᵉ de rifles..... 3ᵉ, 15ᵉ port., 8ᵉ cazadores	4.688	7.515
6ᵉ division : Général Clinton..... (Général Colville.) (Général Pack.) (Général Packenham.)	Brigade Pack..... — Lambert..... — Douglas..... (G. A. Madden.)	42ᵉ, 79ᵉ, 91ᵉ, 2 compⁱᵉˢ de rifles..... 11ᵉ, 32ᵉ, 36ᵉ, 61ᵉ..... 8ᵉ, 12ᵉ port., 9ᵉ cazadores	6.097	7.687
7ᵉ division : Général Walker.....	Brigade X.....	6ᵉ, 3ᵉ prov., 2 compⁱᵉˢ Brunswick		

INTRODUCTION

—	Barnard.......... (Colborne.)	52e, 95e...............		4.683	5.827
	— X	17er port., 1er, 3e cazadores.....			
Division portugaise : Le Cor (*)...	Brigade Da Costa... Buchan...........	2e, 14e port......... 4e, 10e port., 10e cazadores.....		4.168	5.019
Division portugaise : Sylveira (*). (Hamilton.)	Brigade Bradford... Campbell.........	13e, 24e port., 5e cazadores...... 1er, 16e port., 4e cazadores......		3.631	4.690

Cavalerie : Général Stappelton-Cotton.

Brigade O'Loghlin...	1er, 2e, Life Guards royal horse blue.	754		
— Ponsonby.....	3e, 4e, 5e Dragoons Guards........	1.080		
— Vandeleur....	12e, 16e dragons légers...........	802		
— Fane.........	13e, 14e dragons légers...........	765		
— Vivian........	1er German Hussards, 18e hussards	853	8.522	
— A	1er, 2e Dragoons Guards	674		
— B.............	3e Dragoons Guards, 1rst royal....	709		
— Somerset.....	7e, 10e, 15e hussards.............	1.438		
— Barbacena....	1er, 6e, 11e, 12e de caval. port....	894		
— Campbell......	4e de caval. port.................	254		

Royal Staff Corps		154	6.500
13e bataillon de vétérans		871	(environ)
Artillerie, génie..		4.800	
Environ..........		73.000	90.000

(*) Ces deux divisions portugaises n'en avaient d'abord formé qu'une, comprenant 4 brigades : Campbell, Gomersal, Buchan, O'Neil.

OBSERVATION

Les groupements de divisions, formés temporairement pour les opérations sous Hill, Graham, Picton, Beresford, Dalhousie, Hope, etc., sont indiqués au cours du récit.

Neuf Mois de Campagnes à la suite du Maréchal Soult

I

La situation sur la frontière des Pyrénées après la bataille de Vitoria.
(21 juin 1813.)

Le maréchal Soult est nommé au commandement de *l'armée d'Espagne* (1ᵉʳ juillet). — Les quatre armées constitutives de l'armée d'Espagne : *armées du Midi, du Centre, de Portugal, du Nord*. Leur situation après la défaite; garnison de Pampelune; retraite vers la frontière française; siège de Pampelune par les alliés.

Opérations du général Foy, détaché de l'armée de Portugal en Biscaye; la division Maucune et les convois de Vitoria; combats de Mondrago (22 juin); ralliement des garnisons et détachements de Biscaye; combats de Villafranca (24 juin) et de Tolosa (25 juin); garnisons de Saint-Sébastien et de Santoña; passage de la Bidassoa; réunion à l'armée de Portugal. Investissement de Saint-Sébastien par le général Graham. Blocus de Santoña par les Espagnols.

Opérations du général Clausel, détaché en Aragon avec l'armée du Nord et deux divisions de l'armée de Portugal. Marche sur Salvatierra. Poursuite par la masse principale des forces alliées; leur retour sous Pampelune. Clausel laisse son artillerie à Saragosse sous la protection de la brigade Pâris. Il se retire sur Jaca. Attaque du château de Saragosse par Mina (8 juillet). Retraite de Pâris sur Huesca; il perd son artillerie dans les défilés d'Alcubière; il atteint Jaca (14 juillet); Clausel rentre en France et rejoint l'armée à Saint-Jean-Pied-de-Port.

L'armée d'Aragon et le maréchal Suchet. Armée de Valence. Forces espagnoles de del Parque et d'Elio; leurs échecs. La flotte anglaise; désastre de l'armée anglo-sicilienne de Murray à Tarragone (3 au 13 juin). Corps espagnol de Co-

---

Cartes à consulter : Espagne de l'Atlas de Stieler. Feuille 13 de la France (et Espagne), au 1/400.000ᵉ, du Touring-Club français (Barrère, éd.).

pons. Evacuation de Valence (5 juillet). Conservation des places fortes. Retraite sur Barcelone. Débarquement de l'armée anglo-sicilienne (Bentinck) à Alicante; ses retards. Forces espagnoles. *Armée de Catalogne* (général Decaen); investissement de Tarragone par les Anglo-Siciliens (30 juillet). Offensive du maréchal Suchet (11 août); retraite des alliés au col de Balaguer. Suchet détruit les remparts de Tarragone, rallie sa garnison et se replie derrière le Llobrégat. — Entrée des alliés à Villafranca (5 septembre); succès du col d'Ordal et de Villafranca (12 et 13 septembre). Suchet poursuit les alliés jusqu'à Arbos; il regagne les lignes du Llobrégat sans coopérer avec le maréchal Soult.

Le maréchal Soult prend le commandement de l'armée d'Espagne (12 juillet); état de l'armée et des places. Etat des armées alliées commandées par Wellington; situation politique et militaire; période d'attente; établissement d'une base appuyée à la mer. — *Siège de Saint-Sébastien* (9 juillet); *blocus de Pampelune*.

Après la défaite de Vitoria (1), le 21 juin 1813, Napoléon, profondément mécontent du roi Joseph, son frère, auquel il n'avait confié qu'une autorité discutée; irrité contre le maréchal Jourdan, chef d'état-major général de celui-ci, avait, le 1ᵉʳ juillet, à Dresde, nommé le maréchal Soult lieutenant-général de l'Empereur (2)

---

(1) Les relevés établis par Richard Hennegan, directeur du train de l'armée de Wellington, font ressortir que la dépense de munitions des alliés, à la bataille de Vitoria, s'éleva à 3.675.000 coups de fusil (et 6.570 coups de canon). Si l'on rapproche ce premier nombre de l'effectif des tués et blessés français par le feu du fusil, 4.500 sur 6.000, on trouve qu'il avait fallu à peu près 800 balles anglaises de 32 grammes (31 gr. 3), pour mettre un homme hors de combat, soit à peu près trois fois et demi l'équivalent de son poids en plomb.

Les uniformes, confectionnés, au fur et à mesure des besoins, au moyen de draps de rencontre très souvent de couleur brune, se confondaient à ce point, sous la poussière d'Espagne, dans les armées opposées, que, pour se reconnaître, les Espagnols alliés portaient à Vitoria, par ordre de Wellington, un brassard *blanc* au bras gauche. (Lawrence, *Mémoires d'un Grenadier anglais.*) Cette observation mérite toute l'attention, au moment où l'opinion publique, incomplètement informée, réclame des uniformes de teintes neutres, mais trop semblables pour toutes les armées.

(2) *Soult* (Nicolas-Jean-de-Dieu), né le 29 mars 1769, à Saint-Amans-la-Bastide (Tarn), mort le 26 novembre 1851. Général de

en lui confiant le commandement *des armées* d'Espagne. Il lui avait donné mission de réorganiser celles-ci et de rejeter les 100.000 Anglo-Portugais et Espagnols, commandés par Wellington, au delà de l'Ebre (1).

---

brigade, 1794; général de division, 1799; maréchal de France, 1804; duc de Dalmatie, 1807; ministre de la guerre, 3 décembre 1814; destitué, 11 mars 1815; major général de l'armée à Waterloo. — Banni le 12 janvier 1816; rappelé, mai 1819; pair de France, 1827; ministre de la guerre, 17 novembre 1830; président du conseil, 11 octobre 1832; ambassadeur extraordinaire au sacre de la reine Victoria, 1838; ministre des affaires étrangères et président du conseil, 1839; ministre de la guerre et président du conseil, 1840; maréchal-général, 1847.

(1) *Napoléon au maréchal Soult, duc de Dalmatie, lieutenant de l'Empereur, commandant en chef des armées en Espagne, à Dresde.*

« Dresde, 1ᵉʳ juillet 1813.

» Mon Cousin, vous partirez aujourd'hui avant dix heures du soir. Vous voyagerez incognito en prenant le nom d'un de vos aides de camp. Vous arriverez le 4 à Paris, où vous descendrez chez le ministre de la guerre...; vous ne resterez pas plus de douze heures à Paris; de là, vous continuerez votre route, pour aller prendre le commandement *de mes armées* en Espagne. Vous m'écrirez de Paris. Pour éviter toutes les difficultés, je vous ai nommé mon lieutenant-général, commandant *mes armées en Espagne et sur les Pyrénées*. Mon intention n'en est pas moins que vous receviez les ordres de la Régence et que vous écriviez et rendiez compte au ministre de la guerre de tout ce qui concerne votre commandement...

» ... La Garde et toutes les troupes espagnoles seront sous vos ordres.

» Vous prendrez toutes les mesures pour *rétablir mes affaires en Espagne*, pour *conserver Pampelune, Saint-Sébastien* et Pancorbo, enfin toutes mesures que les circonstances demanderont... »

Napoléon au général Lacuée, comte de Cessac, ministre directeur de l'administration de la guerre à Paris.

« Dresde, 5 juillet 1813.

» ... J'ai donné au duc de Dalmatie *toute l'autorité nécessaire* pour réorganiser l'armée. *J'ai défendu au roi d'Espagne de se mêler de mes affaires.* Je suppose que le duc de Dalmatie renverra *aussi* le maréchal Jourdan. A moins que les pertes ne soient plus considérables que je ne le sais en ce moment, j'espère que 100.000 hommes vont se trouver réunis sur la Bidassoa et *aux débouchés de Jaca*, et que, aussitôt que vous aurez pu lui

Nos forces, sur ce théâtre de la guerre, formaient alors quatre armées : celle du MIDI ou d'Andalousie (quatre divisions d'infanterie et trois divisions de cavalerie), commandée par le général Gazan ; celle du CENTRE (deux divisions d'infanterie et une division de cavalerie), sous le général d'Erlon ; celle de PORTUGAL (six divisions d'infanterie et deux de cavalerie), sous le commandement du général Reille ; et celle du NORD (deux divisions d'infanterie), sous les ordres du général Clausel.

Huit divisions d'infanterie seulement (50.000 combattants, dont 9.000 cavaliers), sur les quatorze (85.000 hommes) qu'elles comportaient (1), avaient pris part à la bataille de Vitoria. Elles avaient perdu près de 7.000 hommes et abandonné toute leur artillerie, tous leurs bagages et un matériel immense.

Joseph, mollement suivi par l'ennemi, avait, en bat-

---

réunir quelque artillerie et quelques transports, le duc de Dalmatie se portera en avant *pour délivrer Pampelune et rejeter les Anglais au delà de l'Ebre*. Cependant, je suis encore dans l'obscur des événements et je ne sais pas encore bien ce qui s'est passé. »

Napoléon au général Clarke, duc de Feltre, ministre de la guerre à Paris.

« Dresde, 6 juillet 1813.

» ... Dans ce moment, je vois surtout deux objets importants : 1° prendre position de manière à couvrir Saint-Sébastion, et 2° manœuvrer, avant que les vivres de Pampelune ne soient consommés, pour délivrer cette place... ».

D'après le baron de Barante (*Souvenirs*, 1782-1866), M. de Cessac, directeur général de la conscription, classait comme il suit ses préfets : 1° efforts et succès; 2° succès sans efforts; 3° efforts sans succès; 4° ni efforts ni succès.

(1) Clausel, avec les deux divisions de l'armée du Nord et deux divisions de l'armée de Portugal, était près de Logrono, en marche sur Vitoria. La division Foy, de l'armée de Portugal, était en Biscaye; la division Maucune était à Irun, escortant un convoi de munitions et d'artillerie; soit, au total, six divisions détachées sur quatorze.

tant en retraite sur Pampelune par la seule route restée libre, laissé une garnison dans cette place (24 juin) ; puis, recueillant ses forces sur la frontière pour la couvrir et pour les réorganiser, il avait envoyé (27 juin) l'armée du Midi (Gazan), partie dans la vallée de Saint-Jean-Pied-de-Port, partie autour de Sare, Saint-Pée et Ascain ; celle du Centre (d'Erlon), dans la vallée de Baztan et de la haute Nivelle (Elizondo, Maya, Urdax, Ainhoué), et celle de Portugal (Reille) dans la vallée inférieure de la Bidassoa (Echalar, Véra, Béhobie, Hendaye).

Le général Hill, avec la division Stewart, assiégeait aussitôt Pampelune, défendue par le général Cassan (3.000 hommes). Les Espagnols d'O'Donnell ne tardaient pas à le remplacer devant cette ville. Hill poussait donc ses deux divisions anglo-portugaises dans le Baztan ; et, les 4, 5, 6 et 7 juillet, il rejetait l'armée du Centre dans la haute vallée de la Nivelle.

Le général Foy (1) détaché depuis plusieurs mois de *l'armée de Portugal*, dans la Biscaye, avait eu pour mission de détruire les partis espagnols qui tenaient cette province et qui inquiétaient nos communications. Il avait été rappelé trop tardivement de Bilbao vers Vitoria pour pouvoir se réunir à l'armée française (2).

---

(1) *Foy* (Maximilien-Sébastien), né à Ham en 1775, mort en 1825. Colonel d'artillerie (5ᵉ régiment), en 1801; général de brigade en 1808; baron en 1808; général de division en 1810; inspecteur général d'infanterie en 1819. Député en 1819.
(2) Le général Foy n'avait reçu aucun ordre ferme ou direct à ce sujet. Tout au contraire, le maréchal Jourdan lui avait prescrit, le 17 (réponse de Foy, 19 juin, de Bergara), de marcher au secours de Bilbao. Mais Jourdan avait écrit, le 18 juin 1813, au général Thouvenot, alors gouverneur de Vitoria : « Si la division du général Foy est dans vos environs, faites-lui dire de ne pas se diriger sur Bilbao et de se rapprocher de Vitoria, si la présence des troupes de la division n'est pas nécessaire sur

La division Maucune, de la même armée, était également détachée, le matin même de la bataille, pour couvrir deux grands convois d'artillerie, de munitions et de bagages provenant de Vitoria et dirigés à ce moment seulement sur Irun (1). Le général Foy contenait à Mondrago (22 juin) les Espagnols de Longa et de Giron, qui poursuivaient ces convois, et il parvenait à rallier les troupes françaises dispersées en Bis-

---

le point où elle se trouve... » Foy avait reçu communication de cette lettre par Thouvenot. (Lettre de Foy, à Jourdan, 20 juin.) Un ordre de Jourdan, en date du 22 juin, lui donnait comme instructions de se retirer sur Tolosa, avec toutes les garnisons recueillies, la division italienne, tous les détachements alors en escorte ou en colonnes mobiles, la division Maucune, et de se maintenir à Tolosa aussi longtemps que possible sans se compromettre. Cet ordre ne lui parvint pas.

(1) « Le 11 juin », écrit Foy, « est arrivé à Mondrago la 5ᵉ division de l'armée de Portugal escortant un énorme convoi de 700 voitures d'artillerie, d'effets de la cour d'Espagne et de réfugiés de toutes classes. J'ai su par le général Maucune que tout va au plus mal à l'armée. Personne ne commande. Le roi est dans un état d'indécision continuelle... On ne veut ni combattre, ni se retirer; on n'a aucun projet assis... Les troupes sont belles, mais ont peu de moral, parce qu'elles sont mal commandées. Nous sommes menacés d'une grande catastrophe...

» Le 22, à la pointe du jour, le monstrueux convoi du général Maucune filait sur la France; la queue était à moitié chemin de Mondrago à Bergara : une terreur panique se répand sur la route... Le bruit de l'arrivée de l'ennemi s'est répandu. Des hommes sont venus criant que l'armée du roi avait été défaite devant Vitoria...

» Les garnisons des forts d'Arlaban, de Salinas et de Mondrago, effrayées par ces clameurs, ont abandonné lâchement et follement les postes qui leur étaient confiés, sans combattre, après avoir encloué l'artillerie et détruit les munitions... La présence des garnisons fugitives à la queue du convoi y a semé l'épouvante. Ma division a 2.600 baïonnettes; celle du général Maucune n'est pas plus forte. Les troupes de Bilbao, si elles me rejoignent, me donneront une augmentation de 3.000 baïonnettes...

» ... Le 26, les renforts successifs avaient porté mon corps de troupes à 16.000 baïonnettes, 400 sabres et 10 pièces... »

(Journal du général Foy, et correspondance avec le maréchal Jourdan et avec le ministre. — Rapport au ministre sur les opérations du 21 au 28 juin 1813.)

caye. A la tête de 16.000 baïonnettes, 400 sabres et 10 pièces provenant de sa division, de la brigade italienne de Saint-Pol, de la division Maucune, de la garnison de Bilbao, de celles des postes fortifiés d'Arlaban, de Mondrago, de Salinas, qui commandaient les passages du Guipuscoa et qui furent abandonnés, il arrêtait quelque temps à Villafranca, puis à Tolosa (24 et 25 juin), et par des actions de détails nombreuses, l'aile gauche anglo-portugaise commandée par le général Graham (20.000 hommes) et appuyée par les Espagnols (6.000 hommes). Laissant alors des garnisons dans Saint-Sébastien (général Em. Rey (1), 2.750

---

(1) *Rey* (Louis-Emmanuel), né à Grenoble le 13 septembre 1769, mort le 18 juin 1846, général de brigade de l'an IV, commandant le 5ᵉ gouvernement en Espagne (14 août 1811) et gouverneur de Burgos, juin 1812 (voir Thiébault, IV, p. 558 et 559); beau-frère du général de division Curial, commandant une division de la vieille Garde; commandant la place de Saint-Sébastien en 1813. Nommé général de division pour sa belle défense, le 6 novembre 1813. Emmené prisonnier en Angleterre; rentre en France en mai 1814. Il avait, comme second et chef d'état-major, à Saint-Sébastien, l'adjudant-commandant Songeon, qui fut nommé général de brigade dans les mêmes conditions.

Emmanuel Rey ne doit pas être confondu avec *Jean-Pierre-Antoine Rey*, qui commandait la 1ʳᵉ brigade de la division Conroux de Pépinville, du corps de Clausel et qui prit, par intérim, le commandement de la division, quand Conroux fut tué le 11 novembre 1813. *Jean-Pierre-Antoine Rey*, né à Puylaurens (Tarn), le 21 septembre 1767, mort le 12 janvier 1842, était général de brigade du 18 février 1808, baron du 28 mai 1809.

Il existait encore un général de division Rey, beaucoup plus connu que les précédents : *Antoine-Gabriel-Venance Rey*, né à Milhau en 1768, mort en 1836, qui s'était distingué à l'armée d'Italie en 1796, illustré plus tard par la prise de Gaëte et qui avait commandé un corps d'armée à l'armée de Naples. Disgracié au 18 Brumaire, ce dernier était passé aux Etats-Unis, où il était consul de France. Il avait été retraité une première fois le 27 août 1803, une troisième fois le 12 novembre 1826 et une quatrième fois le 11 juin 1832. Il avait, en Italie, son frère auprès de lui comme aide de camp. (Thiébault, II, 285).

On a généralement confondu tous ces personnages entre eux. Enfin, on connaît encore *Rey (Philippe)*, 1793-1860, qui prit part à la bataille de Waterloo comme chef de bataillon et à la

hommes) et dans Santoña (1) (général de Lameth (2), 1.500 hommes) bloquée par les Espagnols, il gagnait Irun et traversait, le 1ᵉʳ juillet, la Bidassoa. Il détruisait le pont et le blockhaus de Béhobie, sous le feu de l'avant-garde de Giron. Il se réunissait là à l'armée de Portugal, postée de Vera à Béhobie sous le commandement de Reille, et qui déjà avait reçu de Bayonne de l'artillerie et des munitions. Le général Graham investissait Saint-Sébastien.

Le général Clausel (3), à la tête de l'*armée du Nord* (deux divisions) et de deux divisions détachées de l'armée de Portugal, n'avait pu prendre part à la bataille. Envoyé en Aragon pour réduire les bandes espagnoles,

---

campagne d'Espagne de 1823. Général en 1848, il fut mis au cadre de réserve au coup d'Etat du 2 Décembre.

(1) La place de Santoña ne se rendit qu'après la cessation des hostilités et la conclusion de la paix.

« Le 24 mai 1814, la garnison de Santoña, forte de 2.000 hommes, a débarqué à Blaye et sera dirigée sur La Rochelle; elle s'est glorieusement défendue. » (Suchet au ministre de la guerre, général Dupont; Toulouse, 11 juin 1814.) (Voir aussi notes pages 131 et 310.)

(2) *Lameth* (Charles-Malo-François, comte de), 1757-1832, le troisième des quatre frères Lameth. Il avait servi en Amérique sous Rochambeau. Député de la noblesse d'Artois aux Etats généraux; commandant un corps de cavalerie à l'armée du Nord en 1791, sous Rochambeau, puis sous Lafayette. Arrêté, après le 10 août, en Normandie, il est relâché grâce à son frère Théodore, membre de l'Assemblée; il se retire à Hambourg et y monte une maison de commerce avec son frère Alexandre. Il rentre en France après le 18 Brumaire, est employé en Allemagne en 1809 et nommé gouverneur de Santoña en 1812.

C'est son frère Alexandre qui émigra avec Lafayette et partagea trois ans la captivité de ce dernier à Namur, Coblentz et Magdebourg.

(3) *Clausel* (Bertrand, comte), né à Mirepoix (Ardèche), en 1772; mort en 1842. Général de brigade en 1799; général de division en 1802; remplace Marmont blessé aux Arapyles (1812); commandant l'armée du Nord en 1813; condamné à mort en 1816; amnistié en 1820; député, 1827-1830; commandant l'armée d'Afrique en 1830; maréchal de France en 1831; gouverneur de l'Algérie, 1835; échoue devant Constantine, novembre 1836.

couvrir les communications arrière et relier les armées d'Espagne à l'armée d'Aragon du maréchal Suchet, il s'était déjà avancé de Logrono jusqu'à Salvatierra, près de Vitoria, quand il apprenait la déroute des forces françaises. Suivi par Wellington à la tête de deux brigades de cavalerie et de quatre divisions d'infanterie (Picton, Cole, Walcker et Alten), menacé d'être débordé par la grosse cavalerie anglaise, les divisions Colville et Cole et les Portugais d'Urban, tourné par les forces espagnoles de Mina et la cavalerie de Sanchez, il était cependant parvenu à gagner, le 1er juillet, Saragosse, avec une quinzaine de mille hommes sans être inquiété réellement. Wellington, qui s'était avancé seulement jusqu'à Caseda, sur l'Aragon, à 50 kilomètres sud-est de Pampelune, et à 85 kilomètres de Jaca, arrêtait là sa poursuite dans la crainte de pousser Clausel à rejoindre Suchet (1), et il ramenait ses troupes autour de Pampelune.

Arrivé à Saragosse, Clausel avait en effet remonté le Gallego dans la direction de Jaca pour rentrer en France ; mais, dans l'impossibilité de faire passer son canon par cette route, il avait laissé son artillerie à Saragosse sous la protection du château fortifié et de la brigade du général Pâris (2). Celui-ci, attaqué par les Espagnols de Mina, le 8 juillet, avait évacué Saragosse dans la nuit du 9, laissant le château à ses propres forces (500 hommes). Dans les défilés de la Sierra d'Alcubière, il avait perdu son artillerie et ses bagages et il

---

(1) Wellington à Bathurst, 3 juillet.
(2) Le *général Pâris*, « excellent homme, d'un caractère un peu faible, mais qui néanmoins manœuvra avec tant d'intelligence et d'activité — à la tête d'un petit corps, composé de deux régiments d'infanterie, deux escadrons, une batterie légère, et destiné, pendant trois mois, à couvrir le siège de Tarragone par Suchet en 1811 — que l'ennemi n'empiéta pas d'un pouce sur notre terrain. » (*Souvenirs* du colonel de Gonneville.)

avait battu en retraite sur la place forte de Huesca, après avoir subi de fortes pertes. Il en ralliait la garnison et il gagnait Jaca le 14, au moment où Clausel venait d'y arriver, abandonnant l'Aragon.

Clausel rentrait alors en France, et, par Oloron, il rejoignait les forces françaises sur la frontière, vers Saint-Jean-Pied-de-Port.

A la nouvelle du désastre de Vitoria, le maréchal Suchet (1), qui commandait *l'armée d'Aragon (armées d'Aragon et de Valence* : 32.000 hommes; *armée de Catalogne*, général Decaen, 26.000 hommes), avait, de son côté, décidé d'évacuer immédiatement Valence. Il avait en face de lui au sud du Zucar, et sur son flanc ouest, les 30.000 Espagnols du duc del Parque et du général Xavier Elio ; et ses divisions d'avant-garde venaient de leur infliger une série d'échecs ; mais ses communications avec l'Aragon étaient menacées ; celles avec la Catalogne, suivant le littoral, étaient exposées aux attaques de la flotte anglaise et de l'armée anglo-sicilienne (instructions de Wellington). Cette dernière (18.000 hommes), commandée par lord Murray et débarquée sous Tarragone, venait d'y subir un retentissant échec (3 au 13 juin), malgré l'aide des 10.000 Espagnols du général Copons y Nava. Elle avait abandonné son artillerie, encloué ses pièces, brûlé ses affûts.

---

(1) *Suchet* (Louis-Gabriel), *duc d'Albuféra*, 1770-1826. Général de brigade en 1798; général de division en 1799; comte en 1808; commandant le 5ᵉ corps en Espagne, 1808; général en chef en Aragon en 1809; maréchal de France en 1811; duc d'Albuféra, 1812; pair de France, 4 juin 1814; rayé en 1815; réintégré en 1819.

« Le général Joubert, écrit Thiébault (III, 43)... avait, de fait, deux chefs d'état-major : un *de bureau*, et c'était le général Suchet; un *de bataille*, et c'était l'adjudant général Préval... » (Voir aussi vol. III des Mémoires de Thiébault, p. 115, 116, 117.)

et ses voitures, abattu ses chevaux, et s'était réembarquée précipitamment en présence des simples menaces de concentration de quelques-uns des corps des armées d'Aragon et de Catalogne et malgré le grand éloignement de l'armée du maréchal Suchet.

Le maréchal Suchet savait que Clausel était alors à Saragosse avec 15.000 hommes. Il aurait pu se réunir à lui avec plus de 30.000 hommes, menacer sérieusement le flanc droit de Wellington à la tête d'une force imposante, et modifier profondément le cours des événements. Mais il ne se décidait pas à abandonner toute action ultérieure sur l'Espagne et sur Valence en évacuant les places fortes. Il avait donc laissé 9.500 hommes environ dans Denia, Sagonte, Peñiscola, Morella, Tortose, Méquinenza, Lérida, bien approvisionnées pour plusieurs mois. Il avait quitté Valence le 5 juillet, et suivi la route qui longe le bord de la mer pour se rendre à Tortose. Là, il avait appris la retraite de Clausel et de Pâris sur Jaca devant les seules forces espagnoles de Mina, le mouvement offensif de Wellington ayant été suspendu à Caseda (50 kilomètres de Pampelune). Cet abandon de l'Aragon le décidait à battre en retraite sur Barcelone pour tenir la Catalogne et la route de Perpignan ; il conservait la possibilité de reprendre éventuellement l'offensive en s'appuyant sur les nombreuses places qui échelonnaient la route de Valence, et où il jugeait utile de laisser des garnisons d'un effectif très considérable (1). Il disposait de 20.000 hommes environ en dehors de celles-ci.

---

(1) *Garnisons formées par l'armée d'Aragon* (voir maréchal Suchet, 323, 458, 536, 557, 558, etc.); — Denia, 110 hommes; Sagonte (Murviedro), 1.258 hommes; Peñiscola, 500 hommes; Morella, 120 hommes; Méquinenza, 433 hommes; château de Saragosse, 400 hommes; Jaca, 800 hommes; Venasque, 300 hommes; Monzon, 100 hommes; Tortose, 4.891 hommes; Lérida, 2.089 hommes; Tarragone, 1.895 hommes (évacuée en août 1813); Barce-

118   NEUF MOIS DE CAMPAGNES

L'armée anglo-sicilienne, placée alors sous les ordres de lord Bentinck, était en ce moment transportée à Alicante, où elle débarquait dans les derniers jours de juin

---

lone, 7.853 hommes; Figuères, 2.397 hommes; Hostalrich, 331 hommes. — *Total :* 23.477 *hommes;* auxquels il faut ajouter : La Bisbal, 334 hommes; Olot, 972 hommes; Pamalas, Bascara, Besala, etc., etc., etc. (non comprises les garnisons prévues de Gerone : 2.615 hommes; Perpignan, 3.600 hommes; Collioure, 2.000 hommes; fort Saint-Elne, 150 hommes; Fort-les-Bains, 300 hommes; Prats-de-Mollo, 1.000 hommes; Villefranche, 600 hommes; château de Villefranche, 200 hommes; Montlouis, 2.500 hommes; Bellegarde, 1.000 hommes; Lourdes, 300 hommes); et pour les communications : 2.103 hommes, soit en sus pour les prévisions ministérielles : 16.368 *hommes.* (Suchet, page 583, tome II, des Mémoires, réduit ces prévisions à 7.200.) Voir plus haut, pages 69 et 98, les états de situation généraux et la note page 559.

Napoléon au ministre.
Paris, 25 novembre 1813.

« ... Nous avons 1.100 Français à Sagonte (Murviedro), 400 à Peñiscola et 5.000 à Tortose ; je crois qu'il serait convenable de *rappeler ces garnisons en faisant sauter les places.* Donnez des instructions au maréchal Suchet à ce sujet. Demandez-lui un rapport sur Mequinenza, où nous avons 1.500 hommes, et sur Lerida, où nous en avons 2.000 : peut-il faire une opération pour communiquer avec ces places, *en retirer les garnisons,* en détruire l'artillerie et en employer les poudres à *faire sauter les fortifications?* Les armées d'Aragon et de Catalogne ne tiennent pas en échec des armées proportionnées à leurs forces : il faudrait que le maréchal Suchet avançât un gros corps à Lerida pour menacer Saragosse et pour rappeler de ce côté une partie des forces que le duc de Dalmatie a devant lui. »

Ministre à Suchet.
27 novembre 1813.

« ... L'Empereur a jeté les yeux sur la situation des places de Sagonte, de Peñiscola et de Tortose, ainsi que sur la force des garnisons qui les défendent. Sa Majesté a jugé qu'il serait convenable de rappeler ces garnisons, en faisant sauter les places... (Même observation pour Mequinenza (1.500 hommes) et Lerida (2.000 hommes).... Sa Majesté trouve en outre que *les armées de Catalogne et d'Aragon ne tiennent pas en échec des armées proportionnées à leur force personnelle.* Sa Majesté pense qu'il faudrait que *Votre Excellence poussât un gros corps sur Lerida pour menacer Saragosse* et rappeler de ce côté une partie des forces que le duc de Dalmatie a devant lui. Cet ordre... vous indique la direction à donner, en ce moment, à vos opérations... »

et se réorganisait. Elle n'était en mesure de se mettre en mouvement vers le nord, par Alcoy, qu'au commencement de juillet, ayant complètement perdu tout contact avec Suchet, qui la précédait de plusieurs journées de marche. Elle comptait alors une dizaine de mille hommes et n'était suivie qu'à plusieurs marches en arrière par les 13.000 hommes de l'armée espagnole du duc del Parque ; les forces de Villa-Campa, de Copons, de Whittingam, d'Elio et des corps de Catalogne devaient permettre, plus tard, d'élever son effectif total à 50.000 hommes environ sans consistance. Suchet, toutefois, ne songeait encore à aucune reprise de l'offensive, avant d'avoir été renforcé par l'armée de Catalogne, commandée par le général Decaen. Ce dernier était lui-même menacé par la flotte anglaise à Rosas et à Palamos et il était inquiété et harcelé par plusieurs corps espagnols.

Lord Bentinck jugeait donc qu'il pouvait tenter de s'emparer de Tarragone ; et il commençait à investir la place (30 juillet) ; mais ses forces n'étaient pas encore réunies et son artillerie n'était pas encore débarquée quand Suchet, renforcé par 8.000 hommes de Decaen, marchait déjà contre lui avec une trentaine de mille hommes (11 août). Lord Bentinck ne l'attendait pas et il se repliait, par les montagnes, sur le col de Balaguer, où il se retranchait, pendant que del Parque tentait infructueusement d'investir Tortose.

Le maréchal Suchet faisait aussitôt sauter les remparts de Tarragone ; il en détruisait les ouvrages ; il ralliait sa garnison de 2.000 hommes ; puis il regagnait les lignes du Llobrégat et renvoyait Decaen dans la Haute-Catalogne.

L'armée anglo-sicilienne entrait, le 5 septembre, dans Villafranca et, le 12, son avant-garde tenait les hauteurs et le col d'Ordal. Les informations recueillies avaient fait croire à lord Bentinck que Suchet s'était mis en marche avec 12.000 hommes pour rejoindre l'armée d'Espagne. Or toute opération de ce côté, sur le flanc de l'armée anglo-portugaise opérant en Navarre, pouvait entraîner de graves conséquences pour cette dernière.

Wellington redoutait que Suchet ne l'entreprît et les instructions qu'il avait données spécifiait de détacher, dans ce cas, l'armée de del Parque à marches forcées sur Tudela. Elle y était donc envoyée sans délais (1). Suchet reprenait aussitôt l'offensive pour dégager son front, en profitant de sa supériorité momentanée. Il repoussait l'ennemi par les combats livrés les 12 et 13 septembre au col d'Ordal et à Villafranca, et il poursuivait vivement l'armée anglo-sicilienne jusqu'à Arbos (30 kilomètres d'Ordal). L'armée du maréchal Suchet regagnait alors ses lignes du Llobrégat, couvrant Barcelone et la Haute-Catalogne, mais sans coopérer aux importantes opérations de l'armée d'Espagne du maréchal Soult, aux prises avec les forces anglo-portugaises et espagnoles sous le commandement direct de Wellington (2).

Telle était la situation générale sur la frontière des Pyrénées au moment où le maréchal Soult, arrivant à Bayonne, le 12 juillet, prenait possession du commandement de l'armée d'Espagne formée avec les éléments des quatre armées du Midi, du Centre, du Portugal et

---

(1) Les divisions Cole et Picton occupaient aussi le revers des montagnes, comme gardes-flanc, pour surveiller la direction de l'Aragon et celle de Clausel.

(2) Voir l'*Annexe VI*, p. 563, qui est consacrée : 1° à l'examen des demandes et des projets de Soult en vue de la coopération de Suchet aux opérations de l'armée d'Espagne; 2° aux refus de Suchet; 3° à la situation particulière des relations existantes entre ces deux maréchaux.

du Nord. Les places assiégées de Pampelune et de Saint-Sébastien, celles de Bayonne et de Saint-Jean-Pied-de-Port étaient alors en mauvais état. L'argent faisait défaut et l'arriéré de solde était considérable ; les cadres manquaient. L'armée était brave, aguerrie et remarquablement entraînée ; mais son moral avait été très éprouvé par les conditions particulières, les irrégularités, les égarements de la guerre d'Espagne ; mal conduite, divisée, éprouvée par les revers, elle avait perdu la confiance dans ses chefs. Vivant dans la misère, mal administrée, rarement nourrie (1), elle avait puisé, dans ces fautes du commandement, l'habitude du pillage, de la maraude, de l'indiscipline, du mépris des populations qu'elle opprimait sous la pression du besoin. Elle venait de traverser une grande épreuve au cours de laquelle elle avait perdu son artillerie et tous ses bagages. La solidité, le sang-froid, l'expérience des vieux soldats d'Espagne, mais aussi la prudence réfléchie de l'adversaire, le temps qu'il avait perdu à piller les bagages, les dépouilles et les richesses abandonnées (2),

---

(1) « ... Les Français étaient sans pain depuis dix jours lors de la bataille de Vitoria... L'armée ne manquait pas de viande... » (Général Hugo, aide-major général des armées d'Espagne, III, 157.)

(2) « ... La victoire a totalement détruit l'ordre et la discipline. Au lieu de manger et de se reposer pour se trouver en état de poursuivre le lendemain, les soldats ont passé la nuit à piller. Ils ont enlevé près de 25 millions d'argent... Aussi, ont-ils été incapables de marcher et complètement exténués. La pluie est survenue, elle a augmenté leur fatigue... Nous avons 12.500 hommes de moins sous les armes que la veille de la bataille... Ils se cachent dans les montagnes... » (Wellington à Bathurst, 2 et 9 juillet.)

Ces 12.500 hommes en maraude, presque tous Anglais, constituaient près de la moitié de l'effectif anglais.

« La défaite rend les Français sobres et réglés ; et, dans le malheur, leurs efforts et leur activité individuelle sont surprenants... Les nôtres boivent immodérément et deviennent chal'avaient soustraite à la dispersion et à l'anéantissement. Le maréchal s'occupait aussitôt de reformer l'armée et de la réorganiser.

Elle disposait alors de 77.000 hommes environ présents sous les armes, non comprises les garnisons de Santoña, Saint-Sébastien, Pampelune, Saint-Jean-Pied-de-Port, Socoa, Bayonne, Navarrenx, Lourdes, Jaca, dont l'effectif s'élevait approximativement à 17.000 ou 18.000 hommes de valeurs inégales.

Les quatorze divisions des quatre armées formèrent dix divisions de 6.000 hommes environ et de six régiments (à un ou deux bataillons) chacune (1), et elles constituèrent l'armée d'Espagne, dont le lieutenant-général Gazan fut nommé chef d'état-major général (2) et Mathieu-Faviers, ordonnateur en chef. Les

---

que jour plus incapables de marcher... » (*Private journal*, Larpent.)

« ...La cavalerie anglaise... s'empara d'un parc de 150 pièces de canon, de plus de 2.000 voitures, y compris les caissons et les carrosses. De tout ce qui roulait sur un essieu, on ne sauva qu'une pièce de canon... Les soldats du train coupèrent les traits de leurs chevaux, abandonnèrent l'artillerie et les caissons pour se sauver. Beaucoup de ces caissons étaient remplis d'or et d'argent. Les Français les ouvrirent et s'occupaient à les vider quand les Anglais arrivèrent. On se battit autour de ces trésors, et, comme il y avait assez d'argent pour contenter les deux partis, et que les soldats trouvaient plus de profit à prendre les rouleaux qu'à se donner réciproquement des coups de sabre, *on vit Anglais et Français puiser en même temps au même tas d'or et remplir convulsivement leurs poches, sans faire attention les uns aux autres...* » (Sébastien Blaze, *Mémoires d'un aide-major, 1808-1814.*)

« ...Les fourgons du trésor furent vidés par des pillards français, anglais, espagnols et portugais, qui, quoique ennemis, semblèrent oublier un instant leur inimitié pour s'emparer de l'argent que le hasard de la guerre mettait si soudainement à leur disposition... » (Général Hugo, aide-major général des armées en Espagne, III, 139; édition 1823.)

(1) Napoléon au ministre; Dresde, 6 juillet.

(2) *Gazan de la Peyrière* (Honoré-Théophile-Maxime, comte de), 1765-1844. Général de division de 1799; comte en 1808; commandant l'armée du Midi.

généraux Reille (1), Clausel (2), et d'Erlon (3), lieutenants-généraux du maréchal, prirent le commandement : Reille, de l'aile droite (18.000 hommes), divisions Foy, Maucune (4) et Lamartinière ; d'Erlon, du Centre (21.000 hommes), divisions d'Armagnac, Abbé, Maransin ; et Clausel, de l'aile gauche (18.000 hommes), divisions Conroux de Pépinville, Van der Maësen, Taupin.

La division Villatte, constituant la réserve (15.000 Français), était formée de quatre brigades de troupes françaises et étrangères, espagnoles, italiennes et allemandes (5).

---

(1) *Reille* (Honoré-Charles-Michel-Joseph, comte), né à Antibes, 1775 ; mort en 1860. Général de brigade en 1803 ; général de division en 1807 ; commandant l'armée de Portugal en 1812 ; gendre de Masséna ; commandant du 2e corps en 1815 ; maréchal de France en 1847.

(2) *Clausel* (Bertrand). Voir page 114, note 3.

(3) *Drouet* (Jean-Baptiste), *comte d'Erlon*, né à Reims, 1765 ; mort en 1844 ; général de brigade en 1799 ; général de division en 1803. — Iéna, Friedland. — Comte, 1807 ; commandant le 9e corps en Portugal en 1810, 1811 ; commandant l'armée du Centre, 1812-13 ; commandant le 1er corps en 1815 ; proscrit en 1815 ; condamné à mort, 1816 ; amnistié en 1825. Gouverneur de l'Algérie, 1834. Maréchal de France, 1843.

(4) Le général Maucune, « dont l'ardeur avait engagé la bataille des Arapiles de façon inopportune », allait partir le 2 novembre pour l'Italie. Il fut alors remplacé par le général Leval.

(5) « Si le maréchal Soult eût eu quelque bienveillance pour moi, il m'aurait donné cette réserve. Bien que je ne sois pas le plus ancien, les événements auraient assez justifié son choix. Presque toutes les divisions d'infanterie ont de 6.000 à 7.000 baïonnettes, la mienne n'en aura que 4.500...

» L'organisation permanente en *lieutenances* fait de nous des généraux de brigade. Comme je ne me soucie pas de commander, en troisième, 4.500 hommes, j'ai demandé au ministre à passer en Allemagne ou en Italie.

» ... J'ai, en ce moment, le droit de montrer un peu d'humeur... Le général Fririon, officier peu actif, mais bon à la tête des troupes, commande ma 1re brigade. Le général Berlier, excellent officier, commande la seconde... Si ma division est peu nombreuse, les troupes qui la composent sont excellentes... » (Journal du général Foy.)

Le général Fririon, dont il est ici question comme comman-

La cavalerie se composait de la division de dragons du général Treilhard (7 régiments en 2 brigades, 2.500 chevaux) et de la division mixte du général Pierre Soult (1) (1 régiment de hussards espagnols, 2 régiments de chasseurs espagnols, 4 régiments de chasseurs français, 2 régiments de dragons provenant de la garde royale d'Espagne : 5.000 chevaux en trois brigades).

Il restait encore 6.000 hommes non instruits, formant une seconde réserve (2).

Le général de divison Tirlet, commandant l'artillerie (général Berge, chef d'état-major), parvenait, en peu de jours, à reconstituer cette arme avec les 60 pièces ramenées de Vitoria, en convoi, par la division Maucune, avec les ressources des arsenaux de Bayonne, de Toulouse et de La Rochelle mis à contribution, les attelages que l'armée avait presque tous conservés, et une somme de un million envoyée par l'Empereur : il mettait en ligne 125 pièces attelées et pourvues de munitions. Chaque division était ainsi dotée d'une batterie de 8 pièces. La division de réserve du général Villatte disposait de 20 pièces.

Le général Garbé, commandant le génie de l'armée, reformait les compagnies de sapeurs et de mineurs et les répartissait entre les trois subdivisions de l'armée

---

dant la 1re brigade de la division Foy, est Joseph-François, né à Pont-à-Mousson en 1771, mort en 1849 ; nommé général de brigade en 1811 en Espagne. Il était frère du général de division Fririon (François-Nicolas), 1766-1840, chef d'état-major de Masséna en 1810, qui est beaucoup plus connu. Tous deux étaient neveux de Fririon (Joseph-Mathias), 1752-1821, général également, puis inspecteur aux revues, appelé dans l'armée « l'*Homme-Dieu* ». (Voir Mémoires du général Hugo, I, 69.)

(1) *Soult* (Pierre-Benoît), frère du maréchal ; 1770-1843. Général de brigade en 1807, général de division en 1813. Il avait comme aide de camp le lieutenant-colonel Lemonnier-Delafosse, qui a écrit des Mémoires intéressants.

(2) Voir l'état de situation de l'armée, page 73.

et le grand quartier général. Il affectait un officier de cette arme à l'état-major de chaque division.

Les magasins, les ateliers et les dépôts de Bayonne subvenaient aux besoins en armes, en effets et en vivres (1). La ligne de l'Adour, organisée, assurait les réapprovisionnements. Des places de dépôt étaient créées à Captieux, à Mont-de-Marsan et à Dax ; mais la pénurie des fourrages obligeait à renvoyer la majeure partie de la cavalerie à l'arrière de l'armée, dans les plaines de Dax et de Tarbes (2). Un grand nombre d'hôpitaux étaient ouverts en différentes villes. La discipline était fermement rétablie.

Le maréchal ne négligeait pas d'organiser et d'assurer la défense de la place de Bayonne, confiée au général Thouvenot (3). Il faisait construire des ouvrages

---

(1) La solde, due antérieurement au 1er juillet 1813 (vingt mois), fut jetée dans une catégorie particulière, sous le nom d'*arriéré d'Espagne*, et fit, dès ce moment, partie de la dette publique.

Le commerce de Bayonne fit l'avance de fonds nécessaires à la caisse de l'armée, épuisée, pour subvenir aux besoins les plus urgents. (Caisse patriotique de Bayonne, sous la présidence de M. Bastarèche.) (Lapène.)

(2) Il n'est plus délivré que les rations de fourrages réglementaires et cette mesure force les *officiers d'infanterie, la plupart montés dans les guerres d'Espagne*, à faire leur service à pied. (Lapène.)

(3) Les Mémoires de Dumouriez (Baudouin frères, 1822-1823, 4 volumes) font connaître qu'il existait deux frères Thouvenot à son armée en 1792-1793 (voir aussi : baron Poisson, *L'Armée et la Garde nationale*; les Mémoires du général Thiébault et *La Trahison de Dumouriez*, par A. Chuquet). — L'aîné des Thouvenot, Jacques, avait été, le 14 novembre 1792, après la bataille de Jemmapes et l'entrée à Bruxelles, nommé maréchal de camp et chef de l'état-major de l'armée (Dumouriez, III, p. 66, 67, 179, 195), en remplacement du général Moreton, promu lieutenant-général (III, p. 297, 301). Le colonel Pierre Thouvenot était mis alors à la tête de la fonderie et de l'arsenal de Malines (III, p. 236). En 1793, l'aîné des Thouvenot, Jacques, était toujours chef d'état-maojr ; le cadet, Pierre, était colonel adjudant-général à l'état-major de Dumouriez.

Le colonel Pierre Thouvenot, avec le duc de Chartres (Egalité)

détachés et il préparait l'installation de deux camps retranchés sous la place, « afin d'en porter la défense

---

(Louis-Philippe Ier), le colonel adjudant-général Montjeye, le lieutenant-colonel Barrois, commandant de l'artillerie à cheval; le baron de Schomberg, neveu de Dumouriez; Quantin, son secrétaire; les demoiselles Fernig, faisant fonctions d'officiers d'ordonnance, accompagnaient Dumouriez, le 4 avril 1793, quand il quitta une première fois l'armée pour aller, à Bury et à Condé, trouver le prince de Cobourg et le colonel Mack. Dans cette fuite, Thouvenot cadet eut deux chevaux tués sous lui par les balles du 3e bataillon de l'Yonne. (Mémoires de Dumouriez, vol. IV, p. 24, 25, 26, 56, 73 et 167-169; baron Poisson, vol. 1, p. 507; vol. II, p. 244, 258, 271, 272, 274.) — Le général Jacques Thouvenot avait été laissé, ce jour, à Saint-Amand « pour préparer le mouvement projeté et maintenir l'esprit public ». Lors du second et dernier départ de Dumouriez, quittant définitivement l'armée après être revenu au camp de Maulde, le 5 avril les deux frères Thouvenot désertèrent avec Dumouriez pour se rendre à Tournay, à l'état-major de Clerfayt. (Dumouriez, vol. IV, p. 175 et 185.) Avec eux émigrèrent ou désertèrent les lieutenants-généraux Valence, Marassé, duc de Chartres; les maréchaux de camp Vouillers, Damas de Saint-Marcel, Ruault, de Bannes, Berneron, Neuilly, Segond; les commissaires des guerres Soliva, Beauvallon; le médecin en chef Menuret, les demoiselles Fernig, 700 cavaliers et 800 fantassins. Dumouriez rapporte que le colonel Thouvenot cadet le suivit à Mons et qu'il lui a été de la plus grande utilité depuis qu'ils ont quitté l'armée.

Les deux Thouvenot, d'après Chuquet, se retirèrent à Neuwied, où sous le nom de Micque ils établirent une fabrique de papiers peints; puis ils furent forcés de se réfugier dans le Brunswick.

A. Chuquet rapporte encore que le sort de Jacques Thouvenot, le général chef d'état-major et principal confident de Dumouriez, reste inconnu; mais que Pierre Thouvenot, le colonel adjudant-général, reprit du service, devint général de division et baron de l'Empire.

Le général Thiébault (I, p. 336) dit que « le digne et honorable général Thouvenot », qui s'était trouvé deux fois sous ses ordres comme gouverneur de la Biscaye et de Vitoria, était le frère du chef d'état-major de Dumouriez. Larousse déclare aussi, et A. Chuquet également, que ce fut le colonel (Pierre) qui revint en France au commencement de l'Empire; qu'il fut nommé général de brigade en 1806 et général de division en 1813. Pierre Thouvenot, revenu en France, fut successivement employé en Allemagne, puis en Espagne, comme commandant de la province de Guipuscoa à Saint-Sébastien, comme gouverneur de Vitoria, et, en France, comme gouverneur de Bayonne.

Notre petite enquête sur les conditions de son « émigration » permet de comprendre les soupçons, d'ailleurs non justifiés de

à l'extérieur et de donner appui à un corps destiné à tenir la campagne, qui serait trop fort pour s'enfermer dans la ville » (1).

L'armée alliée, opposée au maréchal Soult, comptait en ce moment 70.000 combattants de troupes anglo-portugaises (dont 40.000 Anglais), et 35.000 hommes à peu près de forces espagnoles, soit au total environ 115.000 combattants (2). Wellington, qui la commandait en personne, était, en outre, généralissime de toutes les troupes espagnoles (3). L'armée comprenait huit divisions anglo-portugaises, comptant chacune de 5.000 à 8.000 hommes suivant le nombre de ses brigades, deux divisions portugaises, dix brigades de cavalerie anglaise et portugaise et environ six « divisions » espagnoles. (V. p. 100 à 105.)

Soult et les propositions du maréchal en vue d'attribuer le commandement supérieur de Bayonne au général Reille. (Voir plus loin, page 301, note 2, l'*affaire Reille.*) Ajoutons que Dumouriez était en correspondance régulière et intime avec Wellington et qu'il lui envoya plusieurs plans d'opérations pendant la campagne contre Soult dans le Midi de la France.

(1) Soult au ministre, 16 juillet.

(2) L'effectif des Anglo-portugais au 8 août est de 89.762 hommes, dont 62.112 présents (36.000 Anglais). Au 8 septembre, le chiffre des présents s'élève à 69.210 ; au 5 novembre, à 73.961 ; 97.850 à l'effectif, au 22 octobre. Voir p. 100.

(3) *Wellington* (Arthur-Wellesley), 1769-1852. Elève à l'Ecole militaire d'Angers (France). Colonel en 1796. Commandant le corps d'armée du Nizam en 1799 ; major général contre les Mahrattes en 1802 ; remporte les victoires d'Assaye (1802) et d'Argoum (1803) ; commande une division pendant l'expédition danoise (1807). Lieutenant-général en Portugal, sous Dalrymple, contre Junot. Vimeiro. Convention de Cintra. Commandant en chef le corps expéditionnaire de Portugal (1809). Oporto, Talaveyra. Baron de Douro, et vicomte de Talaveyra ; Torrès-Védra, Almeida, 1811 ; Badajoz ; Ciudad-Rodrigo, 1812 ; Salamanque ; Arapyles ; la Tormès ; Vitoria (21 juin 1813). Marquis de Douro. Duc de Wellington. Waterloo. Président du cabinet ; ministre des affaires étrangères ; commandant en chef de l'armée anglaise, 1842.

La victoire que Wellington venait de remporter à Vitoria avait pour lui une portée imprévue et inespérée. Elle était due aux fautes et à la division du haut commandement français bien plus encore qu'à la valeur même des propres combinaisons de Wellington et à l'action de ses troupes sur le champ de bataille ; elle l'avait surpris et trouvé mal préparé encore à profiter de ce grand succès. En outre, malgré l'énergie de son commandement et la ferme discipline qu'il avait toujours su maintenir, la moitié de l'effectif anglais s'était éparpillée en maraude pour piller (1) ; quinze jours après la bataille, il manquait encore plus de 12.000 hommes pour cette cause. Le reste s'était livré à de tels excès qu'il était incapable de soutenir aucune marche pénible (2).

Mais Wellington ne s'attendait pas à pouvoir entrer en France aussi soudainement. Il s'était préparé à assiéger Burgos, alors qu'il s'agissait maintenant d'enlever Bayonne. Son caractère le portait d'ailleurs bien plutôt à combiner des opérations prudentes et méthodiques qu'à risquer une audacieuse aventure : une invasion immédiate en France, quoiqu'elle fût tentante et peut-être facile au début, était en ce moment une entreprise qui lui paraissait trop aléatoire. C'était se lancer dans l'inconnu avant informations suffisantes. Il avait vivement redouté tout d'abord de voir le maréchal Suchet, avec ses forces intactes à ce moment et

---

(1) « The worse men are the fittest for soldiers. — Keep the better at home. » Pires sont les hommes, mieux ils conviennent pour faire des soldats. Gardez les honnêtes gens au pays. (Lord Melville; séance du Parlement, 18 mars 1817.)

(2) Point limite de la victoire, de l'effort ou de la tension, épuisement des forces et usure propre de l'énergie et de l'organisme militaire, qui empêchent d'exploiter cette victoire en poursuivant les opérations et qui suspendent forcément celles-ci jusqu'à ce que l'énergie ait été reconstituée par une période de repos. Cette règle est générale en plus ou en moins.

l'appoint important de celles de Clausel, tomber sur son flanc pendant cette période critique. Son premier acte, après Vitoria, comme nous l'avons exposé plus haut, avait donc été de marcher dans sa direction avec la plus grosse partie de ses forces, afin de se dégager de toute inquiétude de ce côté. Clausel rentrait en France précipitamment ; Suchet continuait à faire face à l'armée anglo-sicilienne alors désorganisée, ainsi qu'aux bandes espagnoles sans consistance ; et bien qu'il eût atteint l'Ebre avec dix jours d'avance sur les forces alliées qui lui étaient opposées, il n'en profitait aucunement pour coopérer à l'action commune, aider l'armée d'Espagne et couvrir la frontière la plus véritablement menacée, en se portant sur le flanc ou sur les derrières de Wellington, pendant que Soult reprenait précisément lui-même l'offensive. Mais nos places de Santoña, Saint-Sébastien, Pampelune (1), gênaient les communications de terre et de mer de Wellington, et ce général jugeait utile de profiter de la période d'attente, de reconstitution et d'information qu'il traversait, pour les enlever. Au cas, enfin, où les affaires d'Allemagne se fussent terminées par un armistice ou même une paix, excluant l'Angleterre et ses alliés portugais et espagnols, il pouvait, en s'appuyant sur ces places et sur la mer, « organiser défensivement et offensivement une région *aussi forte que celle qu'il avait eue en Portugal et infiniment supérieure à toutes celles qu'il pourrait alors trouver en arrière de l'Ebre* (2) ».

---

(1) Le fort de Pancorbo, occupé par nos troupes, s'était rendu le 1er juillet aux Espagnols d'O'Donnell.
(2) W. Napier (1785-1860), aide de camp de Wellington.
Le colonel Napier avait été aide de camp de Wellington pendant toute la guerre dans la Péninsule et dans le Midi de la France. Il a consacré vingt années à en écrire l'histoire. Il a eu à sa disposition les archives du gouvernement anglais, celles de Wellington et les nombreux mémoires, rapports particuliers,

Cette base d'opérations pouvait aussi bien servir contre la France qu'être utile pour maintenir l'influence anglaise en Portugal, le cas échéant, ou se dégager d'Espagne, si besoin en était.

---

journaux, lettres, notes des officiers anglais, ses chefs ou ses camarades. Après la conclusion de la paix, il séjourna longtemps en Espagne et en France, reconnut encore les lieux, consulta les archives de la guerre, celles du maréchal Soult qui les lui communiqua entièrement, celles de nombreux généraux et officiers français et beaucoup de documents locaux. Son livre en six volumes est une œuvre de premier ordre, malheureusement diffuse parfois et insuffisamment reliée dans ses différentes parties. Son prix élevé en rend l'acquisition peu abordable, sauf par quelques rares bibliothèques. La traduction française (13 volumes), laissée inachevée par le général Mathieu-Dumas, a été terminée (3 volumes) par le commandant Foltz, aide de camp du maréchal Soult : dans cette dernière partie surtout, elle présente de graves contre-sens, des omissions nombreuses, et elle dénote beaucoup de négligence matérielle, une imparfaite connaissance de la langue anglaise et souvent l'inintelligence des opérations rapportées et des localités. On ne doit s'en servir qu'avec grande circonspection, après avoir suivi le texte anglais et rectifié la traduction dans un très grand nombre de passages importants. Quant à l'œuvre de Napier en elle-même, elle mérite notre respect pour sa conscience et une attentive étude pour sa valeur propre. On reconnaît, preuves en mains, qu'il a étudié longuement tous les documents qui ont trait à ce qu'il expose et qu'il les a examinés avec un jugement droit, un grand bon sens, une réelle compétence militaire et politique. Son opinion est utile à connaître. Il est toujours remarquablement informé et il a eu connaissance de bien des documents, encore inédits même aujourd'hui.

« J'ai été le témoin oculaire du plus grand nombre des faits que je rapporte; mes relations militaires m'ont mis à même de recueillir les souvenirs personnels des officiers les plus distingués de France et d'Angleterre...

» Je dois la plupart des documents originaux français à la libéralité du maréchal Soult, qui... a bien voulu les mettre à ma disposition, sans imposer la moindre gêne à la liberté de ma plume... » (W. Napier.)

Après 1815, W. Napier et son frère, le lieutenant-colonel Charles Napier (1782-1853), le futur conquérant du Scinde, qui avait aussi fait les campagnes de la Péninsule sous Wellington et reçu de graves blessures à la Corogne et à Busaco, entrèrent au collège militaire de Farnham pour étendre leur instruction et ils y restèrent deux ans. Voici ce qu'écrivait, en 1845, à un jeune officier, le général Ch. Napier devenu gouverneur du Scinde : « Sans instruction il ne peut y avoir de talent dura-

La fortune de Napoléon avait tant de fois surpris ses adversaires et dérouté leurs combinaisons, qu'on devait toujours rester armé contre les suites d'une victoire de l'Empereur ; ses résultats immédiats seraient l'isolement de l'Angleterre avec de redoutables conséquences pour 35.000 Anglais engagés déjà en France au milieu de populations habituées aux armes et soulevées autour d'eux. L'influence propre de Napoléon, malgré la distance, exerçait une action telle que Wellington n'osait pas encore s'aventurer à franchir la frontière, sans s'être assuré une base maritime sûre.

Dans cet ordre d'idées, il était essentiel de s'emparer d'abord de Saint-Sébastien et de son fort et de s'en rendre maître, s'il se pouvait, avant la conclusion des négociations entamées en Allemagne.

Les ports de Bilbao, de Santander et de la Corogne étaient choisis pour y constituer les grands dépôts de l'armée au moyen d'approvisionnements transportés de Portugal ; mais notre occupation de Santoña (1),

---

ble... Un homme ne connaîtra son art que s'il se prépare à occuper les grades élevés en étudiant... Quand on arrive à une position élevée, à un commandement, on sent de suite la nécessité du savoir et l'on voudrait acquérir ; mais il n'est plus temps, c'est le moment d'agir ; et si la tête est vide, on fait triste figure. C'est ainsi qu'on voit tant de gens échouer. Ils disent qu'ils n'ont pas eu de chance... Ils n'ont pas su profiter de l'occasion, parce qu'*ils auraient vécu dans la paresse d'esprit*... »

(1) « Le port de Santoña..., écrit L. de Marcillac en 1807 (voir la note 1, page 133, au sujet du port de Passages), est sans contredit le meilleur port de la côte de Cantabre. Assez profond pour recevoir les vaisseaux de ligne de toute grandeur, il a le grand avantage qu'à son entrée les vaisseaux... peuvent s'abriter des bourrasques du nord-ouest si fréquentes et si dangereuses dans ces parages pendant l'hiver. L'entrée du port de Santoña est facile et assez large pour y louvoyer... Le gouvernement espagnol... semble donner la préférence au port de Passages et abandonne totalement celui de Santoña... qui est inconnu du commerce... destiné par sa localité à être un centre de richesses... En parcourant ce bassin, qui semble creusé pour recevoir les trésors de l'Amérique et pour être le dépôt de la

nos croiseurs et nos corsaires, qui y prenaient point d'appui, après être sortis des ports de Bayonne et de Bordeaux, inquiétaient et interceptaient les communications anglaises le long de la côte d'Espagne (1), pendant que les corsaires américains agissaient de même entre Lisbonne et la Corogne. Enfin les communications françaises entre Saint-Sébastien et la France étaient peu entravées, faute d'une force navale anglaise suffisante sur la côte de Biscaye.

L'occupation de Pampelune était donc moins urgente que celles de Saint-Sébastien et de Santoña. Cette première place était d'ailleurs sérieusement fortifiée ; son siège régulier eût exigé plusieurs mois et une vingtaine de mille hommes, pris parmi les meilleures troupes ; un simple blocus, exercé sur une population de 18.000 âmes (dont 3.000 soldats), n'exigeait que des troupes de qualité moindre ; enfin, sa proximité plus grande de l'armée de Suchet ne permettrait-elle pas, à un moment donné, à ce maréchal d'inquiéter le corps de siège ou de faire lever celui-ci ? On ne devait pas d'ailleurs diviser ses moyens entre deux places aussi

---

puissance maritime d'un grand empire, on... n'aperçoit que des barques de pêcheurs misérables... Santander profite de l'abandon de Santoña et attire à lui toutes les richesses... »

(Voir les notes p. 114-310.)

Le général de Lameth, gouverneur de Santoña, avec le concours du général d'Abadie, chargé des travaux du génie, avait réussi à organiser une flottille armée, qui lui servait à faire de fréquentes sorties, dès que le vent poussait l'escadre anglaise au large.

(1) L'armée anglaise, après Vitoria, fut obligée de se servir de munitions françaises de trop faible calibre pour ses fusils, les bâtiments de transport n'ayant pu mettre à la voile, faute de navires pour les escorter de Lisbonne à Santander. Un renfort de 5.000 hommes fut retenu à Gibraltar et à Lisbonne pour la même cause.

L'évacuation des blessés ne pouvait s'effectuer ; cinq navires anglais, chargés de munitions et de vivres, un navire-transport de troupes et d'effets furent pris par les croiseurs de Santoña.

importantes que Pampelune et Saint-Sébastien. Wellington avait donc ordonné le blocus de Pampelune au moyen de l'armée de réserve d'Andalousie commandée par O'Donnell, prochainement renforcée par la division espagnole de don Carlos d'España (au total 10.000 à 12.000 hommes). Santoña, défendue par le général de Lameth avec 1.500 hommes, était bloquée par les forces espagnoles.

Quant à Saint-Sébastien, le siège en était aussitôt décidé. La place était en partie désarmée; ses défenses avaient été laissées à l'abandon depuis longtemps. Le général Emmanuel Rey venait d'en prendre le commandement le 22 juin et de constituer le premier noyau de la garnison avec l'escorte du convoi sorti de Vitoria, la veille de la bataille. Le général Foy, en opérant sa retraite, y avait laissé un renfort, et la garnison ne s'élevait au total qu'à 3.000 hommes.

Le 28, les Espagnols de Mendizabal attaquaient la ville et, le 9 juillet, le général Graham en commençait le siège avec 12.000 hommes environ de troupes anglo-portugaises et 40 pièces de siège. Le port de Passages (1) servait de dépôt aux assiégeants (2).

---

(1) « Le port de Passages, écrit L. de Marcillac (*Aperçus sur la Biscaye, les Asturies et la Galice*, etc., 1807), ... a une baie très vaste parfaitement abritée de tous les vents, avantage à considérer dans une latitude où les bourrasques sont fréquentes; mais, à l'exception d'un canal très étroit qui la traverse, elle est entièrement à sec à marée basse... Le défrichement des montagnes, qui la dominent de toutes parts, a facilité l'écoulement des terres, qui sont entraînées par les pluies... Ces éboulements ont insensiblement comblé la baie que les vieillards ont vue assez profonde pour mouiller des vaisseaux de 74 dans des endroits où, à basse mer, on est à sec présentement. Dans l'état actuel de ce port... les navires marchands même ne peuvent mouiller que dans le canal qui joint la passe à la baie... Situé au fond du golfe de Gascogne, très redouté des marins à cause des coups de vent qui y règnent toute l'année, l'atterrage de ce

(2) Voir la note 2 à la page 134.

port serait très dangereux pour des escadres qui ne pourraient y entrer ni en sortir que vaisseau par vaisseau ; de plus, on y est bloqué par les vents du sud-ouest et d'ouest qui soufflent dans le golfe une grande partie de l'année... Il me semble que le port de Santoña... offre plus d'avantages... »

(Voir la note 1, page 131, au sujet de Santoña.)

(2) Le 1ᵉʳ août, le général E. Rey avait déjà infligé des pertes de près de 2.000 hommes aux alliés. Il avait repoussé un assaut (25 juillet), et Wellington se voyait contraint de transformer le siège en blocus. Le 19 et le 23 août, l'artillerie de siège, arrivée d'Angleterre, permettait de mettre 117 pièces de gros calibre en batterie contre la place ; mais elles n'étaient approvisionnées que pour une seule journée. Le 31 août, la ville était prise d'assaut, après une résistance désespérée, livrée au pillage et incendiée. La citadelle du château résistait encore jusqu'au 9 septembre, jour où, ruinée sous les feux d'artillerie, elle s'écroulait sur sa garnison, qui, réduite au tiers, en sortait avec les honneurs de la guerre, après soixante-trois jours de tranchée ouverte.

II

La couverture du siège de Pampelune.

Le maréchal est en mesure, le 16 juillet, de reprendre l'offensive ; emplacements de ses forces. — Dispositions des forces alliées. La couverture des sièges de Pampelune et de Saint-Sébastien par les alliés. Ses combinaisons ; forces et distances. — Offensive française contre Pampelune ; mouvements préalables ; dispositions ; Clausel, Reille, d'Erlon, Villatte ; combat du Lindux, succès à l'Altobiscar (25 juillet) ; Roncevaux, Viscarret, succès de Maya (25 juillet) ; Saint-Sébastien repousse l'assaut (25 juillet) ; les alliés embarquent l'artillerie de siège et rappellent le corps de siège ; Wellington croit sa gauche menacée. Combat de Viscarret (26 juillet) ; le maréchal ajourne l'attaque. Wellington reconnaît que l'offensive menace sa droite et qu'elle vise Pampelune ; dispositions pour la réunion des forces (27 juillet) ; couverture de Saint-Sébastien. Arrêt de d'Erlon à Elizondo (27 juillet). Marche en avant du maréchal sur Pampelune et sortie de la garnison de Pampelune (27 juillet). Picton accepte le combat devant Pampelune ; succès de Sorauren (27 juillet) ; concentration des forces alliées autour de Pampelune ; échec de Soult aux combats d'Oricain (28 juillet). — Le maréchal renvoie son artillerie en France par Roncevaux ; arrêt du 29 juillet. — Retraite de l'armée française ; succès de Beunza et désastre de Sorauren (30 juillet) ; retraite indépendante de Foy ; situation critique de l'armée ; manque de vivres ; poursuite par l'armée alliée et erreur de Wellington. — Engagements d'arrière-garde aux défilés de Loyondi (31 juillet) ; Santesteban ; la déroute de la Bidassoa ; recueil de l'armée, près d'Echalar, par la division Villatte (2 août) ; engagements d'arrière-garde au défilé d'Echalar et sur l'Ibantelly (2 août) ; emplacements des troupes françaises ; leur situation et leur état. — Dispositions des alliés ; leurs forces ; leur état ; Wellington se décide à suspendre son offensive ; il arrête la poursuite et continue le siège des places.

Dès le 16 juillet, le maréchal Soult était en mesure de reprendre l'offensive :

Cartes à consulter :

Feuilles 18 et 22 de la carte du N.-E. de l'Espagne au 1/345.600 par Capitaine (dépôt de la guerre, 1824). Cette carte, parfaitement gravée, est établie au moyen des levés à vue datant du premier Empire ; elle est incomplète et fort inexacte à tous

Reille, à la tête de l'aile droite, venait de voir ses postes de couverture refoulés des défilés de Véra et d'Echalar. Il occupait les hauteurs de la Rhune, et

---

points de vue. On en trouvera un extrait dans la *Vie du général Foy* par Girod de l'Ain : il suffira de le voir à titre de renseignement général.

Feuille 29 (Bayonne du 1/320.000). — Elle descend jusqu'à l'Ebre, mais ne donne pas le nivellement en Espagne : on y trouve quelques *grandes* routes. L'extrait planimétrique, qui figure dans la *Campagne du maréchal Soult*, par le commandant Clerc, et où sont indiqués les chemins importants, les noms des cols et ceux des montagnes, est très utile à étudier.

Feuille 13 de la France au 1/400.000 du Touring-Club. La partie espagnole s'étend au delà de Santander, Burgos et Jaca. Elle comporte la représentation géographique du nivellement, un grand nombre de routes et de chemins. Malgré son échelle réduite, elle est précieuse à consulter (nom de la Joyeuse déplacé, à rectifier).

Feuilles 226 (Bayonne); 228 (Saint-Jean-Pied-de-Port) du 1/80.000 (et du 1/50.000). La partie espagnole est encore sans nivellement; néanmoins on y trouve l'indication de beaucoup de voies de communications. Ces cartes sont indispensables. Il en est de même des :

Feuilles 69 (Bayonne) et 70 (Tarbes), du 1/200.000 du Service géographique de l'armée. Cette carte s'arrête à la frontière pour le nivellement; elle s'étend en Espagne, pour quelques détails de planimétrie, jusqu'à Olagüe (20 kilom. nord de Pampelune);

Feuilles VIII-35 (Saint-Jean-de-Luz), IX-35 (Bayonne), IX-36 (Saint-Jean-Pied-de-Port), du 1/100.000 du service vicinal (ministère de l'intérieur), *qui donne le figuré du terrain, au delà de la frontière, d'après les travaux du colonel Coëllo*, pour l'Espagne, jusqu'à Lesaca, Vélate, Roncevaux;

Navarra, au 1/200.000, por el Coronel, teniente-Coronel de Ingenieros, Don Francisco Coëllo (Madrid, 1861), avec cartons pour Pampelune au 1/10.000 et environs de Pampelune au 1/100.000. Estella et Tudela au 1/10.000. Cette carte comprend le pays entre Biriatou, le pic d'Anie, Logrono, Tudela. On ne doit pas se laisser rebuter par son aspect général un peu grisâtre : elle est très complète en détails. On y trouve presque toutes les voies de communications, les ponts, les écarts; le modelé du terrain est figuré, avec une exactitude très suffisante pour l'échelle, au moyen de fractions de courbes irrégulières. Elle exige l'emploi de la loupe pour bien se rendre compte de tout ce qu'on y trouve.

Cette carte permet de suivre les opérations avec quelques détails.

A défaut d'elle, la feuille 13 de la carte au 1/400.000 du Touring-Club est recommandable.

(On consultera utilement le *croquis* au 1/200.000 des *commu-*

il avait, par ordre du maréchal, établi deux ponts sur la Bidassoa à Biriatou. A sa droite, la Réserve, sous les ordres de Villatte, tenait les deux rives de la Bidassoa depuis Irun jusqu'à la mer.

D'Erlon, au centre, avait une avant-garde au nord d'Urdax, et il réunissait ses forces sur les hauteurs à l'est de la haute Nivelle, au-dessus d'Ainhoué et d'Espelette.

Clausel, avec l'aile gauche, gardait Saint-Jean-Pied-de-Port. Enfin le général Paris était encore détaché à Jaca.

Au nord et à l'est de Pampelune, investi par O'Donnell et sous peu par don Carlos (11.000 hommes, dont 4.000 employés au blocus) et de Saint-Sébastien, assiégé par Graham (12.000 à 13.000 hommes), comme nous l'avons vu, le dispositif de couverture, adopté par l'armée alliée, était le suivant :

---

nications dans la région comprise entre *Pampelune, Saint-Sébastien, Saint-Jean-Pied-de-Port* et *Bayonne*, qui est placé à la fin du volume et que nous avons établi en raison de la grande difficulté qu'on éprouve à se procurer des cartes du territoire espagnol).

Le meilleur ouvrage sur l'Espagne, à cette époque, est le *Voyage pittoresque et historique en Espagne* (1807-1818), 4 vol. in-folio avec atlas; et son complément : l'*Itinéraire descriptif de l'Espagne* (1809), 5 vol. in-8°, avec atlas in-4°, par le comte Alexandre de Laborde. Leur prix élevé, surtout pour le premier (3.000 francs), les a rendus rares. Il existe une bonne traduction anglaise (1809, chez Dulau, Soho-Square) de la 1re édition de l'*Itinéraire*.
Livre des postes d'Espagne et de Portugal, par Picquet, géographe-graveur du cabinet topographique de l'Empereur (1810).
Notice descriptive et statistique du département des Basses-Pyrénées, par le capitaine Luya, du 18e régiment (1880).
Tableaux des communications entre la France et l'Espagne et sur le versant méridional des Pyrénées, par le capitaine du génie Bonel, l'ingénieur Vaussenat, le comte de Saint-Saud, etc.
Reconnaissances faites par les officiers du génie.
Des extraits de ces trois derniers travaux ont été publiés, pour la région qui nous intéresse, par le général Pierron, dans *La Défense des frontières de la France*.

Sur le flanc droit, dans les environs de Saragosse et de Jaca, les bandes espagnoles de Mina, Sanchez, Daran, l'Empecinado (1), Goyan, s'interposaient dans la direction de Suchet ; et les forces de del Parque n'allaient pas tarder à venir à Tudela ;

A Viscarret, Espinal et Burguete (route de Saint-Jean-Pied-de-Port à Pampelune), la division Cole (6.000 hommes); à Olagüe (route de Bayonne à Pampelune), la division Picton (réserve générale, 4.500 hommes) ; à Santesteban (route de Béhobie à Pampelune), la division Pack (6.000 hommes) formaient trois fortes réserves.

En avant des deux premières, les trois vallées : du Val-Carlos (au nord de Roncevaux et du col d'Ibaneta); des Aldudes (au sud de Saint-Etienne-de-Baïgorry); et de Baztan (haute Bidassoa) étaient tenues : celle du Val-Carlos, par la brigade Byng, de la division Stewart et les Espagnols de Morillo (5.600 hommes) ; celle des Aldudes, par une brigade (Campbell, 2.000 hommes) de la division portugaise Sylveira ; celle de Baztan, par le général Hill, à la tête de deux autres brigades de la division Stewart, à Maya, et d'une brigade de la division portugaise Sylveira, à Errazu (au total, 9.000 hommes).

A la gauche de ces forces de couverture, une masse offensive de manœuvre, était constituée par les divisions Dalhousie (4.700 hommes) et Alten (4.000 hom-

---

(1) Don Juan Martin, surnommé *El Empecinado*, ou l'*Implacable*, d'après de Rocca (Mémoires), l'*Empoissé*, d'après le général Hugo (II, 48, 174, 265). On trouvera d'intéressants détails sur El Empecinado, Mina, El Abuelo (l'Aïeul), El Pastor, El Medico, El Manco (le Manchot), El Frayle (le Moine), etc., dans ces mémoires et dans la note XIX, p. 375, des *Mémoires sur la guerre des Français en Espagne*, par de Rocca, officier de hussards-Chamboran (Genève, 1887). Ces mémoires, dictés par de Rocca, ont été écrits par Mme de Staël, qu'il avait épousée.

mes), portées sur la rive droite de la Bidassoa, entre Vera et Echalar et communiquant avec le Baztan par l'Achiola ou par la grande route de Santesteban.

Les divisions espagnoles de Longa à Lesaca, et de Giron, à San-Marcial, Irun, Fontarabie, de la quatrième armée espagnole (général Freyre), s'étendaient entre cette masse et la mer, sur la rive gauche de la Bidassoa et elles couvraient directement le siège de Saint-Sébastien. La division Howard et la brigade Aylmer constituaient leur réserve à Oyarzun. Le front des forces alliées, du Val-Carlos à l'embouchure de la Bidassoa, dépassait 65 kilomètres, dans un terrain montagneux et difficile, sans communications directes.

L'aile gauche et le centre des alliés, Dalhousie et Alten à Vera et Echalar, Pack à Santesteban (34 kilomètres d'Irun), Picton, à Olagüe (65 kilomètres d'Irun), Longa, Giron, Mendizabal et le corps de siège de Graham, pouvaient, en deux jours à peu près, réunir environ 35.000 à 45.000 hommes pour couvrir Saint-Sébastien.

A la droite, Hill, qui tenait, par le Batzan, la route de Bayonne à Pampelune (Maya-Velate), ne pouvait dégarnir ses positions pour coopérer avec les forces voisines qu'après avoir acquis l'assurance qu'il ne serait pas menacé lui-même directement. Sa mission et sa situation devaient donc l'immobiliser longtemps sur son terrain d'action. Il en était de même pour les forces de couverture qui occupaient, d'une part la vallée des Aldudes, de l'autre le Val-Carlos et les débouchés de Saint-Jean-Pied-de-Port sur Roncevaux. Les communications entre ces trois vallées étaient en outre difficiles et précaires, ou très longues par la grande route qui passe près de Pampelune (Huarte-Villaba). Les dispositions prises permettaient, à un moment donné, de réunir rapidement de 20.000 à 30.000 hommes dans la vallée de Baztan (1), ou de grouper 15.000 hommes au débouché des Aldudes ou à celui de Roncevaux. Mais

---

(1) *Cas d'une concentration dans le Batzan.* — Hill, 9.000 hommes; Pack, 6.000 hommes, en quatre heures de marche de Santesteban à Elizondo. — Dalhousie, 4.700 hommes, en cinq heures de marche par le chemin de l'Achiola. — Alten, 4.000 hommes, en sept heures, de Vera à Elizondo. — Picton, 4.500 hommes, en huit ou neuf heures, d'Olagüe. Il faut ajouter à ces durées moitié au moins en plus pour les communications et la mise en route. On pourrait, à peu près, tabler sur : 15.000 hommes réunis à la septième heure; près de 20.000 vers la huitième heure; 25.000 à la douzième heure et 30.000 à la quinzième heure; (nuit en plus, suivant les cas).

Cas d'une concentration relative de forces en avant de Roncevaux. — Byng et Morillo, 5.000 hommes; Cole, 6.000 hommes; de Viscarret, Espinal, en trois heures de marche; soit 11.000 hommes en cinq heures environ. Mais le col du Lindux permet de tourner Roncevaux, et le débouché d'Orbaïceta, de tourner Burguete. En *se concentrant à Zubiri*, on détruit l'effet de ces mouvements et on se ménage l'appoint des 2.000 hommes de Campbell venant de la vallée des Aldudes par Eugui. Si on veut encore disposer de la réserve de Picton, 4.500 hommes venant d'Olagüe et réunir 17.000 à 18.000 hommes (Byng, Morillo, Cole, Campbell et Picton), tout en comptant encore sur le soutien de 7.000 hommes prélevés sur les 11.000 du corps de siège, on ne peut arriver à le faire qu'à peu de distance de Pampelune, vers *Zabaldica;* Picton à Olagüe est à sept heures de marche de Zabaldica et l'ennemi, à Ibañeta, à dix heures de marche seulement de Zabaldica. On doit estimer que Picton mettrait douze ou treize heures au moins pour être prévenu, partir et s'y rendre et que les forces de couverture et la nuit gagneraient tout au moins la différence de temps nécessaire. En ce point rapproché de Pampelune, la concentration recueille donc encore le gain de 7.000 hommes disponibles du corps de blocus : soit, au total, près de 25.000 *hommes réunis auprès de Pampelune contre les 35.000 hommes de Soult.* Si on veut encore y concentrer les troupes du Batzan (Hill), on doit considérer qu'elles sont aux prises avec d'Erlon et qu'il doit les talonner pour arriver en même temps qu'elles. Maya est à seize ou dix-huit heures de marche de Pampelune alors qu'Ibañeta n'en est qu'à onze ou douze; enfin Hill ne peut gagner Pampelune que s'il sait, de façon certaine, que l'offensive principale avance par Roncevaux, ce qui impose à Hill un retard de vingt-quatre heures au moins. Hill, comme d'Erlon (et ce dernier en a reçu l'ordre du maréchal), peut chercher à couper au court sur Zubiri pour gagner directement la route de Roncevaux à Pampelune et se réunir le plus rapidement possible aux gros. Le devoir absolu et urs'il s'agissait de couvrir Pampelune contre une offensive décidée, on devait compter au moins trois jours et plutôt quatre pour réunir les forces de la gauche à celles du centre et de la droite.

Le maréchal Soult, reprenant l'un des projets déjà

---

gent de Hill, quitte à se faire écraser, est de s'accrocher, coûte que coûte, à d'Erlon pour l'empêcher d'amener ses 21.000 hommes à Soult. Mais d'Erlon ne sait que rester vingt heures immobile et inactif à Maya, après avoir réussi à enlever le col. Renforcé de Pack (6.000 hommes) en quatre heures, de Dalhousie (4.700 hommes) en cinq heures, et d'Alten (4.000 hommes) en sept heures, Hill, avec les 9.000 hommes qu'il a déjà, et le rappel de la cavalerie légère, disposerait, en fait, de 25.000 hommes contre les 21.000 de d'Erlon. La défensive, qu'il doit conserver pour immobiliser d'Erlon, grâce au terrain, n'exige pas cette supériorité d'effectif ; et, d'autre part, on voit que Picton ne peut compter que sur 25.000 hommes à opposer aux 35.000 de Soult et qu'il va peut-être être forcé de prélever des troupes de renfort sur les forces nécessaires au blocus et, en réalité, de le faire lever, ce qui est précisément le but de Soult. Or, 3.500 hommes de ce corps de blocus sont encore tenus prêts à se joindre à Picton s'il est indispensable d'avoir recours à eux. Il faut donc faire marcher Pack, qui est le plus rapproché, au secours de Picton ; ce qui donne à ce dernier 29.000 hommes contre 35.000, Hill restant alors avec 18.000 hommes contre 21.000. On conçoit que, si la garnison de Pampelune fait une sortie contre le corps du blocus et le met en situation de réclamer des renforts, alors surtout qu'il vient de détacher 7.000 hommes auprès de Picton, la situation de ce corps de blocus et celle de Picton pourraient devenir graves. L'appoint de la division Dalhousie (4.700 hommes) qui, bien qu'éloignée, est encore à portée de pouvoir arriver à temps sur le champ de bataille, peut assurer à Picton près de 34.000 hommes contre 35.000. Mais d'Erlon restant immobile à Elizondo, malgré les ordres qu'il a reçus et malgré les exigences bien claires de la manœuvre, Hill va encore pouvoir amener 10.000 hommes et les mettre en liaison avec les forces de Picton, portées ainsi, *par les fautes de d'Erlon*, à 44.000 hommes contre 35.000 (et, en comptant toutes les forces employées au blocus, et la cavalerie de Cotton rappelée aussi, à 53.000 hommes immédiatement autour de Pampelune). D'Erlon étant arrivé après la bataille, le maréchal se trouvait alors à la tête de 45.000 hommes environ, diminués des fortes pertes subies. La division d'Alten (4.000 hommes) et la division espagnole Longa (3.000 hommes environ) s'égarent ou se conforment mal aux ordres de Wellington et ne coopèrent pas en temps utile aux opérations de Picton et de Hill.

étudiés le 5 juillet dans un rapport présenté par le maréchal Jourdan (1) au roi Joseph, se décidait à prendre l'offensive pour obéir aux instructions de l'Empereur et à la prononcer sur Pampelune par la voie la plus directe, celle de Saint-Jean-Pied-de-Port, en ne laissant qu'un corps d'observation sur la Bidassoa (2). Il renonçait, pour le moment, à marcher sur Saint-Sébastien, en raison de la situation offensive de la masse de manœuvre et de couverture des alliés sur la rive droite de la Bidassoa ; en effet, renforcée des réserves du centre et de la gauche, elle eût constitué une grave menace sur le flanc de sa ligne d'opérations, dirigée contre Saint-Sébastien, surtout en cas d'échec sur son front. Il n'avait d'ailleurs aucune nouvelle de Pampelune et il savait que Saint-Sébastien opposait une vigoureuse défense à l'ennemi.

Le 20 juillet, les troupes de Villatte relevaient, à l'insu des alliés, les forces de Reille, établies sur les hauteurs entre Vera et Sare ; Reille avait ordre de marcher par Cambo sur Saint-Jean-Pied-de-Port, afin d'y être rendu le 22, en même temps que les deux divisions de cavalerie et le parc d'artillerie. Il venait de faire des démonstrations sur la Bidassoa en jetant deux ponts à Biriatou. D'Erlon devait masquer ce mouvement en conservant ses positions à Espelette, Ainhoué et Urdax. A Saint-Jean-Pied-de-Port, il était prescrit à Clausel de réparer les routes en avant de son front, de pousser ses têtes de colonne jusqu'aux défilés de Roncevaux (3),

---

(1) Commandant Clerc, *Campagne du maréchal Soult*. L'œuvre, profondément consciencieuse, du commandant Clerc est bien connue de tous ceux que ces événements intéressent et qui en ont abordé l'étude. Sa riche documentation la rend des plus précieuses, indépendamment de sa valeur propre.
(2) Saint-Jean-Pied-de-Port à Pampelune, 70 kilomètres.
(3) En 1813, la grande route d'Arnéguy, qui remonte la haute

de lancer un détachement sur son flanc droit à travers la vallée de Baïgorry contre Hill, et d'en envoyer un autre contre la brigade portugaise de la vallée des Aldudes.

L'état des chemins, par suite des pluies continuelles, forçait Reille à remonter jusqu'à Bayonne au lieu de passer directement par Cambo. Il n'arrivait à Saint-Jean-Pied-de-Port que le 23 au lieu du 22. L'amélioration des débouchés en avant de Clausel par le Bentarte et le Lindux, les difficultés rencontrées pour élever l'artillerie sur les hauteurs avec des attelages de bœufs, faisaient perdre encore un jour. Le mouvement en avant ne commençait que le 25, à 4 heures du matin.

L'ordre du maréchal (1) prescrivait à REILLE (divisions Foy, Maucune, Lamartinière : 17.000 hommes) de marcher, par la route du pic d'Adarca, sur le Lindux avec huit pièces de montagne et une réserve de 60.000 cartouches portées à dos de mulet. Aussitôt ar-

---

vallée de la Petite-Nive, ou d'Arnéguy, pour aboutir à Roncevaux, n'existait pas. On se rendait de Saint-Jean-Pied-de-Port à Roncevaux, soit par le « chemin de l'artillerie », qui passe au col de Bentarte et au col d'Ibañeta, soit par le chemin muletier qui suit les hauteurs à l'ouest du val Carlos, près du pic d'Adarca, et qui passe par le col de Lindux (Clerc). De Saint-Jean-Pied-de-Port à Bayonne, la route passait par Irissarry, près d'Hélette, de Mendionde, d'Urcuray, d'où elle joignait Bayonne. La route de la Nive n'existait pas : on ne trouvait dans la vallée que des tronçons de mauvais chemins le plus souvent impraticables. (Voir la carte au 1/320.000, qui porte encore ces routes non rectifiées.)

« Le général Tirlet commencera, dans la journée du 24, à faire monter l'artillerie sur le plateau en avant de la Venta d'Orizon, où il mettra quelques pièces en batterie et fera parquer le surplus. Il emploiera à cet effet les *attelages de bœufs* qui ont été mis à sa disposition ; mais il aura soin que les *chevaux* suivent et qu'à chaque voiture il y ait des canonniers armés d'outils et de bricoles pour aider au besoin à réparer les mauvais passages... » (Ordre de mouvement du maréchal ; Olhonce, en avant de Saint-Jean-Pied-de-Port, 23 juillet.)

(1) Daté d'Olhonce, 23 juillet.

rivé au Lindux, il s'y établirait solidement et il enverrait des avant-gardes dans les directions d'Ibañeta, Roncevaux et Espinal, ainsi que sur sa droite, afin de s'emparer successivement des débouchés venant des Aldudes et du Baztan et de menacer jusqu'au col de Velate (1). Sa flanc-garde de droite serait formée par les gardes nationales des vallées de Baïgorry et des Aldudes, encadrées de quelques troupes régulières qui avaient reçu mission : d'être rendues le 26, avant 5 heures du matin, sur le pic de Hausa (ouest de Banca), au sud du col d'Ispéguy, afin d'y allumer de grands feux pour tromper l'ennemi sur leur nombre ; de faire des mouvements sur la crête jusqu'au col de Berdaritz (10 kilomètres sud du col d'Ispéguy), et de tenir ce dernier col. C'est ce détachement qui devait, en suivant les crêtes, pousser jusqu'au col de Velate, si l'ennemi le laissait faire, afin d'en ouvrir la porte à d'Erlon venant de Maya et d'établir les communications avec lui.

CLAUSEL (divisions Conroux, van der Maëssen, Taupin ; 17.000 hommes), prenant le « chemin de l'artillerie », devait, par la Chapelle (et Cabaret) d'Orizon, et le col de Bentarte, se diriger, sans perte de temps, sur l'Altobiscar : sa flanc-garde de gauche, formée en grande partie des gardes nationales des vallées de la Béhérobie et du Lauhibar qui convergent du sud-est sur Saint-Jean-Pied-de-Port, avait ordre de remonter la Béhérobie, en précédant le mouvement général, afin d'être rendu le 25, à la pointe du jour, près du pic d'Arleppa, sur le plateau d'Iropil : elle y allumerait de grands feux et ferait des démonstrations pour tromper l'ennemi sur sa force. Son objectif était Orbaïceta, par

---

(1) Du col du Lindux au col de Vélate, on compte 25 kilomètres à vol d'oiseau ; d'Ibañeta à ce dernier col, 27 kilomètres à vol d'oiseau.

le col d'Orgambide, dans le but de faire tomber la résistance de l'ennemi en le débordant.

La flanc-garde de droite de Clausel devait suivre le fond du Val-Carlos, en repousser l'ennemi et marcher sur le col d'Ibañeta.

Une fois maître de l'Altobiscar, Clausel avait ordre d'aller, par Ibañeta et Roncevaux s'établir à Burguete ; posté en ce point, il enverrait de fortes avant-gardes dans toutes les directions et il se relierait de suite avec Reille.

L'artillerie suivrait le mouvement. Les régiments de cavalerie légère étaient mis à la disposition des lieutenants généraux. Quant aux divisions de cavalerie P. Soult et Treilhard, elles se réuniraient, le 25 au matin, en arrière de Saint-Jean-Pied-de-Port, prêtes à marcher. Pierre Soult devait, aussitôt arrivé à Saint-Jean, se mettre en communication avec d'Erlon par le col d'Ispéguy et rendre compte sans délai au maréchal dès que les troupes de d'Erlon déboucheraient.

D'Erlon (divisions d'Armagnac, Abbé, Maransin, 21.000 hommes), partant d'Urdax, avait ordre de s'emparer, le 25, du col de Maya, *de poursuivre l'ennemi lorsqu'il se mettrait en mouvement* et de chercher à se réunir le plus tôt possible, dans la direction de Zubiri, au gros de l'armée.

Villatte recevait mission de rester en observation sur la Bidassoa avec la réserve (15.000 à 18.000 hommes de corps français et étrangers) pour couvrir Bayonne. S'il était forcé par une attaque de l'ennemi, il devait retarder celui-ci en le combattant d'abord sur les positions de Bordagain (nord de Ciboure et ouest de Saint-Jean-de-Luz) ; puis, sur celles de Bidart, au sud de Bayonne, avant de rentrer dans le camp retranché de Bayonne. Si, au contraire, l'ennemi s'affaiblissait devant lui, il devait marcher en avant et menacer le corps de siège de Saint-Sébastien.

« Le but de ces mouvements », écrivait le maréchal dans son ordre, « est : de forcer la droite de la ligne ennemie, de s'emparer de la position d'Altobiscar, et de se rendre maître des principaux passages qui viennent à Pampelune, ainsi que des débouchés par où les troupes ennemies, qui sont dans le Baztan, pourraient se retirer dans cette direction.

» Lorsque ce résultat sera obtenu, les divisions de l'aile droite et de l'aile gauche manœuvreront dans la direction de Zubiri (sur la route de Pampelune). »

Le maréchal estimait que les troupes alliées, postées dans le Baztan, dans la vallée des Aldudes, au col de Maya, auraient hâte de se retirer aussitôt débordées à leur droite par les mouvements de Reille et de Clausel, et par cette offensive sur Roncevaux et Zubiri. D'Erlon devait saisir ce moment pour pousser l'ennemi devant lui l'épée dans les reins, s'emparer de Maya et marcher par Elizondo, sur le col de Velate (sur la route de Pampelune), ou sur celui d'Urtiagu (débouché des Aldudes) par Berdaritz, suivant le cas. Il avait ordre, en tout cas, de *chercher à se réunir le plus tôt possible avec l'armée et à entrer en liaison avec Reille*. Il lui était prescrit d'envoyer, par les cols d'Ispéguy et de Berdaritz, à travers le Baïgorry, de fréquents rapports au maréchal, qui marcherait avec les troupes de Clausel.

Cependant Reille perdait du temps à incorporer deux bataillons de recrues, qui venaient de lui arriver; il retardait encore son départ pour terminer des distributions aux troupes; il n'atteignait l'Adarca (quatre à cinq heures de distance de Saint-Jean-Pied-de-Port) qu'à 5 heures du soir; en arrivant au Lindux, il le trouvait occupé par la tête d'une des brigades de Cole;

ce dernier, prévenu à temps grâce à ce retard, l'y avait aussitôt portée d'Espinal par le Mendichuri. Clausel parvenait à enlever le col à la nuit seulement.

Les Espagnols de Morillo, près de Val-Carlos et à Orbaïceta, étaient soutenus par des détachements de la brigade anglo-portugaise de Byng : le gros de ces forces était posté au Bentarté et sur l'Altobiscar ; et Cole venait de les renforcer ; mais l'attaque de front de Clausel, dès 6 heures du matin, son mouvement débordant sur Orbaïceta et aussi la nouvelle de la marche de Reille sur l'Adarca menaçant le Lindux, amenaient toutes ces troupes à se replier d'abord, vers 3 heures du soir (1), sur Ibañeta, et, à 8 heures du soir, sur Viscarret, une fois Reille arrivé en face du col du Lindux. Leur retraite entrainait celle de la brigade du Lindux, qui faisait encore tête aux troupes de Reille ; elle forçait la brigade Campbell à quitter également la vallée des Aldudes. Un brouillard épais, qui tombait à 5 heures du soir, l'arrivée de la nuit, enfin les inquiétudes que lui causait le retard de Reille, empêchaient Soult de poursuivre ces premiers avantages plus loin que Roncevaux et Espinal. Cole mettait à profit l'obscurité pour se dérober et gagner Viscarret (2) ; Campbell marchait

---

(1) Les deux régiments espagnol et anglais, postés à la fonderie d'Orbaïceta, ne se retiraient qu'à 8 heures du soir, par le col de Navala, sur Burguète. (Rapport de Byng à Cole, 26 juillet, - Clerc.)

(2) La veille, 24 juillet, de Lesaca, Wellington lui avait fait précisément écrire par le général Murray, son chef d'état-major.

« Depuis que je vous ai écrit hier, lord Wellington a voulu que je vous fisse connaître combien il regarde comme essentiel *de défendre les passages au nord de Roncevaux jusqu'à la dernière extrémité.* Il insiste donc pour que vous fassiez tous les arrangements nécessaires pour repousser une attaque directe de l'ennemi de ce côté. Vous établirez une liaison solide entre la gauche des postes du général Byng et la droite de ceux du général Campbell et vous prendrez les précautions nécessaires pour empêcher que la droite du général Byng ne soit tournée du côté d'Orbaïceta... »

sur Eugui, où il allait arriver le 26, dans la journée. Morillo et Byng, parvenus à Espinal, prenaient la direction de Viscarret. Pendant ce temps, Reille, atteint aussi par la nuit au col du Lindux, s'y arrêtait sans pouvoir remplir sa mission au delà et sur sa droite.

En résumé, le maréchal se trouvait, après cette première journée du 25, à vingt kilomètres environ de son point de départ (transversale : Orizon, Arnéguy, Adarca), malgré les retards de Reille, les difficultés de la montagne et l'action des troupes de couverture. Celles-ci ne s'attendaient pas à cette offensive : elles y firent face aussi bien qu'il leur était possible et se replièrent dans de bonnes conditions étant donné qu'elles comptaient en définitive 11.000 hommes (plus 2.000 hommes de Campbell non employés) contre 35.000 hommes. La durée du retard que leur défense imposa à l'attaque peut être évaluée à six heures environ. Les pertes françaises ne dépassaient pas 500 à 600 hommes tués ou blessés.

Le 26 au matin, un brouillard intense empêchait encore Reille, à 10 heures, de trouver aucun guide capable de le conduire aux débouchés des Aldudes et du Baztan, qu'il avait mission d'enlever pour faciliter le mouvement de d'Erlon. Il n'était d'ailleurs plus temps pour ceux des Aldudes, puisque Campbell avait réussi à se retirer, dès la veille, sur Eugui : l'occasion de couper la retraite aux troupes de Byng et de Morillo, comme aussi d'empêcher Cole de leur venir en aide, était également passée. Mais Reille pouvait encore (et le maréchal venait de lui en renouveler l'ordre), en se portant vers l'ouest dans la direction de la vallée de Lanz, menacer très utilement les derrières de la division Picton, placée à Olagüe ; il l'eût empêchée de se porter au secours de Cole. Il se fût encore opposé à ce que Hill apportât son concours aux deux premiers ; il eût agi, en un mot, comme corps de couverture, vers le nord, contre le centre et la gauche des forces anglaises, et il les eût empêchés de se joindre à la droite (Cole, 13.000 hommes) aux prises avec les 17.000 hommes de Clausel, et rejetés sur le corps de blocus de Pampelune. C'est alors que l'action des 21.000 hommes de d'Erlon pouvait être efficace si, comprenant son rôle et ses ordres, ce dernier avait marché en temps utile, par sa gauche, pour se joindre à Clausel autour de Pampelune. Réunis, leurs 35.000 ou 38.000 hommes n'avaient alors affaire qu'aux 22.000 hommes de Cole et du corps de blocus, ce dernier ayant sur ses derrières les 3.000 hommes de la garnison de Pampelune. C'étaient la réussite de l'opération et le succès de l'audacieuse manœuvre de Soult, qui, partant d'Espinal, où il avait concentré les forces de Clausel, avait, ce matin même, commencé à poursuivre les troupes de Cole et à les repousser dans la direction de Viscarret et de Linzoain. Mais d'Erlon ne marchait pas; et Reille, manquant de guides, égaré dans le brouillard, renonçait à sa mission ; il se contentait de rejoindre directement et tardivement, par le Mendichuri, la queue de la colonne de Clausel vers Espinal, le 26. Cette concentration prématurée, en longue colonne, dans une étroite vallée, allait faire avorter toute la manœuvre ; elle devait s'opposer à ce qu'on pût déboucher sous Pampelune en faisant emploi des forces accumulées et en les mettant en œuvre. Le défaut de coopération de la droite sous d'Erlon allait encore accentuer la lourdeur du mouvement : celui-ci était tout entier retenu par la pesanteur même et la grandeur de cette masse, que les circonstances locales devaient priver de tout écoulement facile et rapide vers l'avant. On peut donc être trop fort, et il est des cas où une forme, un encadrement rigide, le moule du terrain, réduisent les forces à l'impuissance relative par leur excès même, par leur concentration déplacée, prématurée (1).

Pendant que la gauche de l'armée française, refoulant les troupes anglaises de couverture, pénétrait ainsi jusqu'auprès d'Espinal, la droite sous d'Erlon avait, malgré des succès locaux, témoigné de beaucoup de lenteur, d'irrésolution au point de vue des opérations et manqué, en fait, à sa mission dans la manœuvre.

L'ennemi, surpris par son offensive, la lui avait cependant grandement facilitée. En effet, le 25 au matin, d'Erlon avait d'abord employé les gardes nationales locales à faire des démonstrations vers l'est, aux cols qui dominent la vallée de Baïgorry (Arieta, Ispéguy) ; il avait attiré ainsi l'attention du général Stewart (corps de Hill) sur sa droite, suffisamment gardée, estimait celui-ci, par la division portugaise Sylveira (corps de Hill) à Errazu. La division Stewart, réduite à ses deux brigades anglaises (2), était, en ce moment, répartie entre les trois défilés, situés au nord de Maya, qui permettent de déboucher sur Elizondo : elle était dispersée ; ses réserves communiquaient difficilement avec les postes avancés ; ceux-ci, à l'est de Maya, mal placés, n'avaient que des vues insuffisantes et le général Stewart était encore, de sa personne, à Elizondo, quand le combat commençait, vers midi.

D'Erlon engageait la division d'Armagnac (3), ar-

---

(1) Orthez nous en fournira plus loin un autre exemple sous un autre type.

(2) La brigade Byng, de la division Stewart, était détachée, comme nous l'avons vu, en couverture, près de Roncevaux.

(3) « La 2⁰ division, commandée par M. le général d'Armagnac, a montré, en cette circonstance, une ardeur extraordinaire... » (Soult au ministre; Linzoain, 26 juillet 1813, 11 heures du soir.)

rivant d'Espelette et suivie de la division Abbé, contre la droite anglaise, à l'est du col de Maya. Il dirigeait la division Maransin, venant d'Ainhoué, contre le col de Maya, pendant qu'un détachement de cette dernière cherchait à déborder ce passage par le chemin du mont Achiola (ouest du col de Maya) et du mont Alcorrunz.

Les grand'gardes anglaises étaient bousculées par d'Armagnac et les renforts (1) arrivant successivement par compagnie, au pas de course, en grand désordre, subissaient le même sort. Quatre régiments anglais, malgré leurs efforts, étaient ainsi mis en déroute et l'un d'eux (92e), dans le désarroi, dirigeait ses feux contre ses propres troupes. Le général Stewart, accouru à ce moment d'Elizondo, constatait que les deux défilés, à l'est de celui de Maya, étaient au pouvoir des troupes françaises. Les deux divisions Abbé et Maransin atteignaient alors le col de Maya, d'une part, et le chemin de l'Achiola, de l'autre. Stewart repliait en conséquence ses troupes à l'ouest de la route d'Elizondo, sur les rochers qui la dominent (contrefort du mont Alcorrunz), quand Maransin, renonçant à continuer son mouvement vers le mont Achiola, se rapprochait d'Abbé, marchait sur la nouvelle position de Stewart et le forçait à reculer encore (2).

Abbé, de son côté, appuyait le mouvement de d'Armagnac sur la route de Maya. A ce moment, la brigade Barnes, de la division Dalhousie, arrivait d'Echalar et elle repoussait la tête de la colonne de d'Armagnac du plateau de Maya. D'Erlon, inquiété par l'arrivée de

---

(1) Occupés à faire la soupe au moment de l'attaque par ordre même du général Stewart.

(2) « Les Anglais, mal postés et surpris, manquaient encore de munitions. Mais leurs positions étaient si fortes qu'ils réussirent à se défendre un certain temps rien qu'en faisant rouler des rochers sur leurs agresseurs. » (Historique du 82e régiment anglais.)

ce renfort, arrêtait alors ses troupes au col de Maya, vers 6 h. 1/2 du soir. Il avait pris quatre pièces et infligé 1.500 hommes de pertes aux Anglais (1); il avait perdu 1.200 à 1.500 hommes. Stewart restait en possession des hauteurs de l'Achiola; et Sylveira, dont la retraite pouvait être si facilement coupée par d'Erlon en poussant simplement sur Arizcun, se retirait d'Errazu, vers l'ouest, sans être inquiété. D'Erlon ne marchait pas; il ne cherchait pas à remplir le but urgent de ses instructions en se reliant rapidement avec Reille, ou en cherchant à progresser dans la direction du gros des forces françaises. Il restait inactif vingt heures au col de Maya.

Hill, apprenant, par la communication des Aldudes, la nouvelle du mouvement rétrograde de la droite anglaise sur Viscarret, repliait ses troupes pendant la nuit (25 au 26); et il les établissait sur les hauteurs au sud d'Irurita (sud-ouest d'Elizondo), en laissant une brigade portugaise au nord d'Elizondo. Il protégeait ainsi le col de Vélate; il gardait la route de Santesteban, sur sa gauche, et il surveillait la route du col de Berdaritz aux Aldudes, sur sa droite.

Ce même jour du 25 juillet, dans la matinée, la garnison de Saint-Sébastien repoussait vigoureusement un furieux assaut de l'armée de siège, en lui infligeant de lourdes pertes. Wellington s'était aussitôt rendu sur ce point : à son retour à Lesaca, il apprenait l'échec des alliés à Maya et le premier recul des troupes de couverture de sa droite devant l'offensive française. Mais les nouvelles recueillies ne lui permettaient pas

---

(1) « J'ai été si vigoureusement attaqué sur ces hauteurs qu'il m'a été impossible d'emmener mes pièces. Je les ai enclouées et jetées dans les précipices. » (Hill à Murray, 29 juillet.)
« Le combat de Maya fut sans doute un désastre. » (Napier.)

encore de discerner bien clairement le but de son adversaire.

Celui-ci paraissait avoir arrêté son offensive au col de Maya. D'autre part, la force de la réserve commandée par Villatte et estimée à 18.000 hommes, constituait une grave menace et les deux ponts, jetés sur la Bidassoa à Biriatou, ne manquaient pas d'inquiéter Wellington. Il savait en outre que Pampelune était en état de bien résister, mais que la situation de Saint-Sébastien, quelque courageuse qu'en fût la défense, était moins bonne. Il concluait donc, de l'examen de ces faits, que l'attaque contre sa droite était une feinte et que l'offensive véritable allait se prononcer contre sa gauche, pour secourir Saint-Sébastien.

Il envoyait aussitôt l'ordre à Graham de convertir le siège de Saint-Sébastien en blocus; d'embarquer son artillerie et ses vivres sur les vaisseaux (1) et de rejoindre les troupes espagnoles sur la Bidassoa pour les soutenir et les appuyer sans délais. Cotton, avec la cavalerie, devait marcher sur Pampelune; O'Donnell, se mettre en mesure de quitter le blocus de cette place avec la majeure partie de ses forces, pour marcher contre Soult. Wellington, de sa personne, se rendait le 26 au matin à Irurita, par Santesteban. Préoccupé des tentatives que la réserve de Villatte ou les forces de d'Erlon pourraient faire contre Saint-Sébastien par Vera et Echalar, il recommandait, en passant à Sant-

---

(1) *Le capitaine de frégate Depoge à M. Labrouche, maire de Saint-Jean-de-Luz.*

« Saint-Jean-de-Luz, 28 juillet 1813.

» ... D'après le rapport des prisonniers, il y a 150 bâtiments de transport à Santander pour recevoir l'armée, au cas où elle viendrait à éprouver quelques revers.. .» (Archives de M. Labrouche.)

esteban, au général Pack de bien garder les passages de la Bidassoa. Mais, en arrivant à Irurita, Wellington se rendait compte de la gravité de l'échec subi par les troupes de Hill : il apprenait également que Picton quittait Olagüe pour marcher au secours de Cole.

Ce matin même du 26, au point du jour, en effet, Clausel avait atteint l'arrière-garde de Cole, près de Viscarret, et l'avait vivement poussée. Vers 10 heures, Reille descendait du Lindux et, renonçant à sa mission dans la direction de Vélate, il rejoignait la queue de la colonne de Clausel. Cole de son côté, protégé par son arrière-garde, gagnait Linzoain (1), où il prenait position vers 2 heures. Il y rencontrait le général Picton, qui lui apprenait que sa division (4.300 hommes), venant directement d'Olagüe, se dirigeait sur Zubiri (10 kilomètres de Linzoain). A 4 heures, les troupes de Clausel avaient engagé le combat et elles menaçaient de tourner la gauche de Cole, malgré l'approche de Campbell arrivant d'Eugui sur leur flanc droit, mais encore éloigné. Cole rompait le combat et prenait position à 1.500 mètres environ plus à l'ouest, entre la vallée d'Erro et celle de l'Arga et de Zubiri. Il était pour la seconde fois depuis deux jours relativement isolé, avec 11.000 hommes en face des 35.000

---

(1) Almandoz, 26 juillet 1813 ; ordre de Wellington :

« ... Le général Byng et le lieutenant-général Cole, s'ils sont forcés d'évacuer les passages de Roncevaux, iront occuper une position derrière Linzoain. Le général Picton se portera, avec sa division, d'Olagüe sur Eugui et Cilveti pour soutenir la gauche de Cole, ainsi que Campbell, sur la route des Aldudes. Quand Campbell se verra forcé d'abandonner la vallée des Aldudes, il cherchera à se maintenir en possession du col ou passage au nord de la fonderie d'Eugui (Urtiagu) et disputera le terrain pied à pied aussi longtemps qu'il le pourra. S'il est obligé de rétrograder, il se retirera sur Eugui, où il sera soutenu par Picton...

» Signé : Murray, chef d'état-major. »

hommes de Soult. La division Picton (4.300 hommes) était encore à 10 kilomètres en arrière (Zubiri, vers 4 heures) (1) ; la brigade de Campbell (2.000 hommes) n'avait pas encore rejoint. Il était loin de tout appui ou de tout secours de la part du corps de blocus de Pampelune (25 kilomètres). On disposait encore de plus de quatre heures de jour ; Soult avait le temps voulu pour livrer combat dans des conditions exceptionnelles, pour pousser en avant vers Pampelune et pour se rapprocher tout au moins du but poursuivi en jetant le désarroi dans la concentration des forces anglaises. Le maréchal, qui avait appris l'arrêt inopportun de d'Erlon après son premier succès, lui renouvelait l'ordre de se porter en avant par sa gauche sans se laisser entraver par l'ennemi ; mais il ajournait lui-même son attaque au lendemain, alors que la rapidité de celle-ci en ce moment même, sans différer et en profitant des circonstances, pouvait tout réparer. Loin de modifier son plan primitif pour le faire s'accorder avec les événements survenus, en marchant avec décision à son but, le maréchal semblait tenir à ne pas s'écarter de ce plan et à vouloir réaliser, fût-ce plus lentement qu'il ne se l'était proposé, les actes devenus tardifs de son exécution. Les arrêts de ses lieutenants Reille et d'Erlon avaient détruit en partie l'économie de sa manœuvre ; mais il en restait une plus directe, à faire sans délai ; elle eût été fructueuse : elle exigeait une décision.

Prétendre modeler la succession des événements à son gré suivant un plan voulu, ou d'après des ordres, malgré l'imprévu résultant des hommes, des localités, du temps et de l'adversaire, écarte souvent du succès,

---

(1) Elle n'arrivait à rejoindre Cole qu'à la nuit (rapport de Cole à Wellington, 27 juillet), et Picton prenait alors le commandement des troupes.

par manque d'adaptation, de souplesse et aussi de décision opportune. Le succès résulte plutôt de l'utilisation rapide des événements survenus, de leur exploitation dans le sens du but à atteindre ; il réside dans l'exécution (1).

Wellington, en arrivant à Irurita le 26 (2), avait appris l'échec de Stewart à Maya et compris que l'offensive française se préparait non pas dans la direction de sa gauche et de Saint-Sébastien, mais plutôt contre sa droite et dans la direction de Pampelune. Il changeait aussitôt ses dispositions et ses ordres et il dirigeait sur Pampelune toutes les forces disponibles. Mais, sachant que la division Picton avait quitté Olagüe pour Zubiri afin de soutenir Cole, et n'ayant encore aucune nouvelle précise de Picton et de Cole depuis Viscarret, il estimait que leurs forces leur permettraient de prendre position vers Linzoain et d'entraver l'ennemi le temps nécessaire pour que des renforts pussent leur être envoyés de Pampelune.

Picton était donc prévenu qu'il devait, à la tête de ses forces réunies à celles de Cole, de Byng, de Campbell

---

(1) « ... Vous rappelez-vous ce que l'Empereur disait à Fabvier (général Fabvier, alors aide de camp de Marmont) de son patron, la veille de la bataille de la Moskowa :

» *Votre maréchal a trop d'esprit pour ne pas être battu. Pour vaincre, il faut être bête comme moi !* »

» Ces messieurs considéraient le simple bon sens comme bêtise ; aussi, nous savons à nos dépens ce qui en est advenu... » (Lettre du général Guilleminot au général Trézel ; Paris, 1er mai 1833 ; archives particulières de l'auteur.)

(2) D'après le journal de Larpent, le quartier général de Wellington avait quitté Lesaca dans la nuit du 25, gagné Yanci, Elgorriaga et Almandoz (au sud-ouest de Berroeta, quartier général de Hill), le 26 au soir ; il était à Lanz à midi le 27, « où on trouva le chef d'état-major Murray et l'état-major très sérieux et fort tristes ». De là il allait, par Arraiz, s'établir, le 27 au soir, à Lisaso encombré des blessés des alliés qu'on évacuait sur Irurzun.

et de Morillo, résister à l'ennemi et arrêter ses progrès : des renforts importants allaient lui être envoyés à Żubiri par le corps de siège de Pampelune ; d'autres allaient encore être tenus prêts à Olagüe (Murray à Picton ; Almandoz, 26 juillet.)

La division Dalhousie (Echalar) était rappelée dans la nuit (itinéraire par Dona Maria, le 27); la division Pack quittait Santesteban, le 27 au matin, pour Olagüe. Hill réunissait ses troupes avec la brigade Barnes de la division Dalhousie, le 27 au soir, à Irurita ; tous marchaient sur la vallée de Lanz (nord de Pampelune).

Enfin, la division Alten recevait ordre de s'établir sur les hauteurs de Santa-Cruz au nord-ouest de Santesteban, formant repli et communication dans la direction de Saint-Sébastien, et constituant couverture du corps de siège de cette place, face au sud-est, à la droite des troupes espagnoles de Longa. Le quartier général se portait à Lisaso (1). Ces différents mouvements ne s'exécutaient pas sans répandre l'alarme dans l'armée anglaise et dans le pays qu'elle occupait : le trouble y était alors profond (2).

---

(1) Ordre général de concentration (expédié par Murray; Almandoz, 26 juillet. — Instructions pour le général Longa (expédiées par Murray ; Lesaca, 26 juillet) ; — 1d. au général Pack et au lieutenant-général Dalhousie (Almandoz, 26 juillet) ; — Id. au lieutenant-général Picton (Almandoz, 26 juillet) ; — Id. au général Hill (Lanz, 27 juillet). — Instructions générales (Lanz, 27 juillet, 9 heures du matin) : dépêches publiées en partie par le général Pierron et extraites certainement du *Mémoire de Murray*, chef d'état-major de Wellington. Ce mémoire, annexé à *l'atlas publié par Wyld* (Londres, 1841), contient tous les ordres d'opérations de Wellington de 1808 à 1814. Voir aussi : *Recueil des dépêches et ordres de Wellington*, par le colonel Gurwood.

(2) D'après Larpent, juge président de la cour martiale de l'armée anglaise au quartier général de Wellington (*Private Journal*) et le curieux journal du colonel Georges Allen Madden, au service du Portugal, et commandant la brigade portugaise de la 6e division (Pack), publié dans le volume III (juin 1816), pa-

Le 27, d'Erlon, mis en demeure de marcher par les ordres de Soult, s'était avancé jusqu'à Elizondo (8 à 9 kilomètres du col de Maya). Mais, croyant Pack à

---

ges 110 à 178, du *Royal military Calendar* (John Philippart). Nous donnons ci-dessous un extrait de ce second document :

La 6° division, qui comprenait une brigade d'infanterie portugaise commandée par le colonel G. A. Madden, général au titre portugais, était à Medina, détachée pour observer les forces de Clausel au moment de la bataille de Vitoria. L'ordre de rejoindre pour la bataille lui parvint dans la nuit du 20 au 21, alors qu'elle était encore à 10 lieues de Vitoria ; elle ne put arriver à temps et atteignit Anda, à 2 lieues du champ de bataille, le 21 au soir. La brigade Madden fut installée dans la ville le 22 au matin, et chargée de s'occuper des blessés, des prisonniers, etc. Le 24, elle fut employée à l'investissement de Pampelune. Les Espagnols étant venus relever la 6° division sous Pampelune, celle-ci fut dirigée sur Santesteban.

« ... De grand matin, le 26 juillet, la famille de la maison où j'étais logé, se précipita dans ma chambre, avec des figures affolées et criant :

» Vienen los Francéses! » Les Français arrivent.

» J'avais déjà entendu passer plusieurs estafettes à travers la ville, pendant la nuit ; mais, ne commandant pas la division, j'ignorais la cause de ces courses. Je me levai et, allant à la fenêtre, j'aperçus un officier de l'état-major du duc de Wellington passer au galop ; quelque temps après, apparut une grande partie des états-majors des quartiers généraux, d'abord celui de Beresford, puis celui de Wellington. En m'adressant au premier, j'appris qu'on savait seulement par un rapport que les Français avaient forcé la veille le col de Maya, et, après un engagement, avaient contraint la droite de l'armée alliée à reculer. Nous étions dans une grande indécision et fort inquiets quand un aide de camp de Hill, arrivant, nous confirma ce bruit. La brigade Madden reçut ordre d'aller se poster au pont sur la Bidassoa. Wellington, Beresford et leurs états-majors y passèrent en se rendant à la droite. Ils restèrent tout le jour dans une grande inquiétude. Il est impossible de décrire la peur et la détresse des habitants de Santesteban, ni le trouble comique de leurs serviteurs, rattrapant et attelant leurs mules, réunissant et emballant leurs effets les plus inutiles, se sauvant dans toutes les directions et obstruant les routes ; enfin, un corps de troupe, arrivant au même endroit, les en chassa, en les jetant par-dessus les haies dans les fossés, renversant hommes, femmes, bagages, animaux, etc.

» Pendant la nuit, la 6° division reçut ordre de faire retraite, le 27, par un chemin de traverse, dans les montagnes, vers la route de Pampelune. Elle partit à la pointe du jour et atteignit Olagüe à 1 heure. Nous y rencontrâmes des aides de camp galo-

Santesteban, et Dalhousie à Echalar, inquiet pour sa droite et ses derrières, il s'était encore arrêté vingt-quatre heures (1). Il ne se décidait à franchir le col

pant pour porter des ordres, tandis que les bagages, les provisions s'engageaient dans toutes les directions sans ordres. Il était maintenant certain que l'armée française, sous le commandement de Soult, avait attaqué la droite de la ligne, le 25, et pénétré en Espagne, jusqu'à Ostiz, par la route directe de Pampelune, en chassant devant elle les 3e et 4e divisions alliées. Ce mouvement de Soult coupait la route et empêchait complètement le convoi de continuer sa marche. Ignorant donc ce qu'on devait faire, celui-ci s'arrêta en attendant et les chevaux, les mules, les voitures, l'artillerie, la cavalerie, l'infanterie, les approvisionnements, les bagages, etc., etc. de toute provenance, s'y accumulèrent et s'y pressèrent. En même temps on entendait un feu violent à peu de distance; le bruit des détonations paraissait s'éloigner de nous comme si la partie de l'armée alliée engagée avec l'ennemi lâchait pied. Comme il est naturel en de telles occasions, une foule de mauvaises nouvelles circulaient. Remplie d'anxiété, manquant d'ordres, la 6e division demeura quelque temps dans un bois : elle en profita pour abattre du bétail et en distribuer la viande aux troupes. A 4 heures de l'après-midi, des ordres arrivèrent de faire un détour sur la droite de la route de Pampelune et de gagner Lisaso. Pendant toute la marche, on entendit encore des feux ,plus violents et les pires nouvelles circulaient. On disait que les divisions alliées engagées avaient été battues et que l'ennemi avait atteint Pampelune; c'est dans cet état d'esprit angoissant que la brigade Madden bivouaqua cette nuit en pleins bois sous un orage épouvantable et une pluie diluvienne, avec la mission de surveiller les routes menant à la position ennemie. Le 28 juillet au matin, la brigade se remit en route, par Berrio-Plano, dans la direction de l'ennemi...

» ... Attaquées et pressées par Soult avec des forces supérieures, et forcées de reculer, les divisions alliées avaient courageusement défendu le terrain et elles avaient arrêté Soult en tenant une position qui couvrait Pampelune. Il est douteux cependant qu'elle eût pu être conservée devant l'attaque désespérée que Soult allait faire; mais, précisément au moment où ses grosses colonnes d'infanterie marchaient en avant pour l'attaque, la 6e division (Pack), par le plus grand des hasards et la plus heureuse fortune, atteignait le point critique : la transformation de la situation fut en quelque sorte magique... Enveloppés ainsi de trois côtés, les Français... etc... » (voir page 167 plus loin).

La brigade de Madden passa un peu plus tard sous les ordres du général Douglas, Madden n'étant général qu'au titre portugais.

(1) « ... Je n'ai pas cru devoir me mettre en marche *tant que*

de Vélate, les passages et les défilés d'Arraiz et de Loyondi (Dona Maria) (1), le 28 au matin, que douze heures après le départ de Hill pour Pampelune (27 au soir), et alors que Pack et Dalhousie étaient déjà partis dans cette direction depuis vingt-quatre heures.

Le 27, avant le jour, Picton, qui, le 26 au soir, avait pris le commandement des troupes de Cole, de Byng, de Campbell et de Morillo réunies en avant de Zubiri, jugeait qu'il n'était pas en mesure de résister aux forces de Clausel et de Reille. Il battait en retraite sur Huarte (2), dans la direction de Pampelune, suivi par le maréchal. Celui-ci, peu satisfait des lenteurs et des mécomptes rencontrés par Reille dans les deux journées précédentes, l'avait dès le 26 au soir, retiré de l'aile marchante et, dans la nuit du 26 au 27, fait passer avec ses divisions sur sa gauche (rive gauche de l'Arga) ; Clausel, avec ses troupes, remplaçait Reille à la droite (rive droite de l'Arga). Le cavalerie et l'artillerie suivaient leurs colonnes. Ces changements et la pluie tombée pendant la nuit, alors qu'ils s'exécutaient, jetaient du trouble et quelque confusion parmi les

---

je serais en présence de l'ennemi... » (D'Erlon à Soult, 26 juillet.)

« ... Je lui avais ordonné de manœuvrer de manière à se rapprocher de moi, *quelque force que l'ennemi lui présentât;* je viens de lui réitérer cet ordre... » (Soult au ministre, 28 juillet.)

(1) Le passage de partie des troupes d'Erlon par les défilés de Dona Maria, à la suite de la division Dalhousie, ressort clairement de la dépêche de Murray à Hill, en date du 28 juillet, des hauteurs de Villaba, près Pampelune. « ... Il est nécessaire de prendre des précautions sérieuses contre une marche de l'ennemi sur Irurzun (route de Tolosa à Saint-Sébastien). *Il pourrait le faire avec les troupes qui ont suivi la division Dalhousie, par les passages, menant de Dona Maria au sud (cols d'Eradi, Sospiturieta, Loyondi, Laveaga, Odalaga et Arraiz)...* »

(2) Wellington n'eut connaissance de ce très important mouvement que le 27, à Ostiz, en arrivant du Baztan, par le général de cavalerie Long, chargé des postes de correspondance et de communications dans la montagne. Aucun message de Picton ne lui était parvenu. (Napier, XI, 173-229.)

troupes : elles s'en ressentaient encore le lendemain. (Lapène). L'encombrement causé par ces masses compactes, sur le front étroit qu'offrait la vallée de l'Arga, était extrême. La poursuite n'avançait que lentement et péniblement. Instruite de l'approche de Soult, par les bruits du combat, la garnison de Pampelune effectuait ce même jour une vigoureuse sortie. Les troupes d'O'Donnell, mises en grand désordre, enclouaient leurs pièces, détruisaient leurs magasins et se préparaient à se replier, quand la division espagnole don Carlos, venant se joindre au corps de siège, le mettait à même de maintenir la garnison et d'appuyer Picton. Celui-ci arrivait à quelques kilomètres de Pampelune ; en situation alors d'être renforcé en temps utile, il se décidait à livrer bataille pour couvrir le siège. Dans l'angle formé par la rive droite de l'Arga et la rive gauche de l'Ulzama, il disposait les troupes de Cole sur un massif montagneux, escarpé et d'accès très difficile, des hauteurs d'Oricain à l'ouest à Arleta à l'est. L'extrême gauche de Cole s'étendait au delà de l'Ulzama (rive droite) sur des hauteurs qui enveloppaient Sorauren et l'extrême droite française. En avant de la droite de Cole, un échelon offensif tenait un éperon près de Zabaldica. Les troupes de Morillo, formant une seconde ligne, soutenaient le centre à 2.000 mètres environ en arrière.

À droite et en retrait du front de son centre, à hauteur de Morillo, Picton plaçait sa propre division en échelon défensif avec la cavalerie de Cotton sur la rive gauche de l'Arga, à l'est de Huarte. Enfin les troupes d'O'Donnell étaient établies sur les rives droites de l'Arga et de l'Ulzama, au nord de Pampelune : elles en continuaient le blocus avec l'aide de la division don Carlos, mais avec la mission de servir de réserve éventuelle aux troupes précédentes.

Plus de 28.000 alliés étaient alors réunis et échelonnés sur les hauteurs pour faire tête à l'offensive de Soult, encore resserré dans l'étroite vallée de l'Arga. Soult se hâtait d'étendre son débouché en raison de ses masses : prenant pied sur les hauteurs en face de l'armée anglaise, entre Sorauren et Zabaldica, il envoyait Clausel, sur sa droite, s'emparer de Sorauren (1), afin de pouvoir descendre l'Ulzama sur les deux rives, en face de la gauche de Cole ; il lançait à sa gauche la division Foy, du corps de Reille, avec une partie de la cavalerie pour envelopper le flanc droit de la division Picton et tenter d'entrer en communication avec la garnison de Pampelune. Les divisions Maucune et Lamartinière, du corps de Reille, formant le centre, se développaient à l'ouest de Zabaldica, dont elles prenaient possession, en face de la droite de Cole ; mais la vigoureuse défense de deux régiments espagnols et d'un régiment anglais, sur l'éperon qui dominait Zabaldica et enfilait la route de Huarte, les empêchait complètement de progresser de ce côté.

Wellington arrivait de Santesteban et d'Ostiz, à Sorauren, au moment où les premières troupes de Clausel, venant de Zabaldica, atteignaient l'extrémité opposée du village de Sorauren, se disposaient à y entrer et menaçaient de couper ainsi la vallée de Lanz, en s'interposant, sur cette communication directe, entre Picton et le centre des forces anglaises, en mouvement (Hill, Pack, Dalhousie et Alten). Il expédiait immédiatement de nouveaux ordres (2) aux corps anglais, déjà engagés

---

(1) La rapidité avec laquelle Soult s'était emparé de Sorauren retarda de dix-huit heures l'arrivée des divisions Pack et Dalhousie, forcées alors de faire le grand détour de Lisaso.

(2) Il les écrivit sur le parapet du pont de Sorauren (400 mètres environ au nord du village) et s'échappa du village au moment même où nos cavaliers y entraient, à l'extrémité opposée de la localité.

dans cette vallée, afin de leur faire prendre la route de Lisaso sur Marcalain et Oricain (1). Son premier soin était ensuite de faire connaître sa présence aux deux armées en se montrant sur un point élevé bien en vue; les hourrahs des premières troupes portugaises qui l'apercevaient se propageaient bien vite parmi les alliés et ces cris étaient entendus aussi de notre côté (2).

(1) Ce mouvement, dont la prudence peut nous étonner, était conforme aux principes de la stratégie napoléonienne: « ... Vous êtes dans une fausse route militaire... Vous pensez que deux colonnes, qui en mettent une et demie au milieu d'elles, ont l'avantage; mais cela ne réussit pas à la guerre, parce que les deux colonnes n'agissent pas ensemble et que l'ennemi les bat l'une après l'autre. *Il faut sans doute tourner l'ennemi, mais d'abord se réunir...* » (Napoléon à Jérôme; Finkenstein, 18 mai 1807.) — Il s'agissait d'ailleurs pour Wellington, en présence d'une situation encore aussi peu claire, de *prendre d'abord du recul* vers le sud-ouest pour se dégager des menaces du corps de d'Erlon et pour reconstituer, avec les forces, que celui-ci laissait en fait disponibles, une masse de manœuvre contre Soult. (Voir aussi p. 165, note 2.)

(2) Wellington était alors à très peu de distance du maréchal Soult et il le reconnaissait très distinctement donnant aussi ses ordres et paraissant chercher à connaître le motif de ces cris. Le général anglais émettait alors l'opinion que ces acclamations feraient peut-être un peu différer notre attaque et qu'elles donneraient aux divisions Pack et Dalhousie (11.000 hommes) le temps d'arriver sur le champ de bataille, élevant ainsi le nombre des combattants alliés à près de 40.000. L'arrivée des troupes de Hill allait ajouter 10.000 hommes à ce chiffre.

« ... En arrivant sur le sommet d'une hauteur gazonnée, nous fûmes rejoints par quatre officiers à cheval, dont l'un tenait la tête du groupe, les autres le suivant sur une même ligne. Celui qui marchait en avant, maigre, bien proportionné et de taille moyenne, paraissait à peine entrer dans l'âge mûr (44 ans). Il était habillé d'un vêtement gris uni, boutonné jusqu'au menton; il portait un chapeau claque, recouvert de toile cirée, des culottes grises, des jambières bouclées sur le côté et un léger sabre de cavalerie. Bien qu'il me fût inconnu, il y avait un éclair dans son regard qui dénotait une personnalité plus élevée que celle d'un simple officier d'état-major ou d'un général quelconque. Je n'eus pas longtemps à chercher; nous avions dans nos rangs beaucoup de vétérans qui avaient servi en Espagne dans la dernière campagne; ils reconnurent aussitôt leur ancien général et se mirent à crier : « *Douro! Douro!* », nom familier donné par les soldats au duc de Wellington. Ce cri fut suivi de hourrahs répétés et il répondit en ôtant son chapeau et en saluant...

» Je voyais le grand capitaine pour la première fois et je le

Pendant toute la journée du 27 les combats s'engageaient et se continuaient sur tout le front, que tâtaient les troupes de Soult, en vue d'effectuer, de vive force, la reconnaissance de bataille des forces ennemies. La nuit et un violent orage mettaient fin à ces préliminaires.

Mais, ce jour même, vers 1 heure du soir, la division Pack (6.000 hommes), venant de Santesteban par les défilés de Dona Maria, avait déjà atteint Olagüe, quand l'ordre, que Wellington lui avait envoyé de Sorauren, de passer par Marcalain et de se diriger sur Oricain, lui parvenait ; elle repartait d'Olagüe pour Lisaso dans ce but à 4 heures du soir et elle y arrivait dans la nuit, après avoir été retardée par l'orage et l'état des chemins. Le 28, dès l'aube, elle continuait sa route pour Oricain, où elle entrait le 28, vers 11 heures. Les troupes de Hill (division Stewart, division Sylveira, brigade Barnes, cavalerie légère de Long, artillerie), laissées libres par l'inaction complète de d'Erlon à Elizondo, avaient, de leur côté, quitté le Baztan le

---

regardai avec l'admiration et le respect d'un soldat de 17 ans, passionné pour sa profession, qui contemple le plus glorieux chef... En le regardant, je fus naturellement convaincu qu'une armée sous ses ordres ne pouvait être vaincue. Par la suite, j'eus fréquemment l'occasion de voir combien ces sentiments sont propres à préserver de la défaite. *Inspirez aux troupes une entière confiance dans celui qui les commande : sa simple vue, au moment décisif, vaudra plus qu'une brigade fraîche...* » (Lieutenant Gleig, *The Subaltern*, 1813-1814.)

A titre de curiosité, voici probablement l'explication des spirituels *douro* des soldats anglais :

« Le maréchal Soult, attaqué à Opporto dans son quartier général par Wellington, apprenait, pendant qu'il déjeunait, que l'armée anglo-portugaise qu'il croyait tout entière de l'autre côté du Douro, avait passé tout entière la rivière... » (Mémoires du général Thiébault, vol. IV, p. 414.) Voir aussi : *Vie du général Foy*, p. 80 et 81, par Girod de l'Ain. Wellington avait été créé baron, puis marquis de Douro. Lire les détails de la *surprise du Douro* dans le curieux récit qu'en donne Saint-Chamans dans ses *Mémoires*, p. 143.

27 au soir : elles arrivaient à Lanz le 28 au matin, et elles se dirigeaient aussi sur Lisaso. Enfin, la division Dalhousie atteignait également ce point en même temps.

Dans la soirée du 28, Hill s'établissait au nord-ouest de Pampelune, entre Lisaso et Arostegui (1), au nord de la route de Pampelune à Tolosa et la couvrant. La division Dalhousie, à Marcalain, à sa droite, était en relation avec la division Pack (2). Près de 21.000 hommes et quatre divisions opéraient ainsi leur jonction avec les forces de Picton, élevant l'effectif de la concentration anglaise, aux environs rapprochés de Pampelune, à plus de 53.000 hommes, y compris la totalité du corps de siège.

La situation était donc des plus graves pour le maréchal, au moment où l'ennemi, si supérieur en nombre, lui offrait ainsi la bataille sur des positions escarpées,

---

(1) *Arostegui*, au sud-est de Ciganda ; ne pas confondre avec *Aristrégui* à l'ouest de Marcalain.

(2) L'importante dépêche suivante mérite la plus sérieuse attention :

Murray à Hill.

Lanz, 27 juillet.

« ... Si les affaires ne vont pas bien du côté de Pampelune, nous devrons peut-être, dans ce cas, faire exécuter à l'armée un changement de front en arrière, en pivotant sur sa gauche et en repliant sur Irurzun nos troupes, qui sont actuellement près de Pampelune. Notre centre s'établirait entre Irurzun et Tolosa : la gauche, sous Graham, resterait à peu près où elle est (Saint-Sébastien et basse Bidassoa). *Il existe une route propre à l'artillerie d'Olagüe à Irurzun* (25 à 28 kilomètres) et il s'en détache un embranchement qui mène à Lecumberri. Ces routes donneront les moyens de porter la division Pack (Olagüe), le 14e dragons, les troupes qui sont avec vous et aux environs, la division Dalhousie, le 1er hussards, les malades, les blessés vers la ligne indiquée plus haut, si les nouvelles reçues le rendent nécessaire ou préférable. La division Alten peut se rendre de Zubieta sur la même ligne (route de Pampelune à Tolosa), qui rendra faciles nos communications... »

qu'il avait eu le temps de fortifier, et où la disposition des lieux infligeait de tels désavantages à l'attaque qu'elle ne pouvait se déployer, ni mettre en œuvre son artillerie. L'artillerie française n'aurait pu sortir de la vallée de l'Arga qu'en suivant la grande route d'Huarte au delà des positions occupées précisément par l'ennemi. Sur la gauche, des hauteurs abruptes s'opposaient à tout mouvement. Vers la droite, en débouchant de Sorauren dans la vallée de l'Ulzama, le maréchal pouvait aborder, par le nord, la gauche des hauteurs occupées par les alliés. D'Erlon continuait à ne pas rejoindre l'armée ; mais en opérant plutôt dans sa direction, vers le nord, on avait des chances de faciliter la jonction avec ces forces nombreuses, dont la présence eût été si nécessaire et qu'il retenait ainsi, loin de l'armée, par sa prudence hors de propos. Enfin, l'attaque de ce côté, en profitant de la vallée plus large de l'Ulzama, pouvait permettre d'envelopper la gauche des alliés et de s'interposer entre eux et les renforts qu'ils attendaient, en occupant les routes de Lisaso et de Marcalain sur leurs derrières. Le maréchal décidait donc de s'emparer des hauteurs d'Oricain, afin de parvenir à déboucher, d'utiliser son artillerie et de manœuvrer dans la direction des renforts qu'il attendait.

Reille recevait mission de maintenir le front de l'ennemi en combattant sur les deux rives de l'Arga ; Clausel devait envelopper l'extrême gauche de Cole avec une de ses divisions, pendant que les deux autres, partant de Sorauren, l'attaqueraient de front sur la montagne d'Oricain. Le maréchal prescrivait d'exécuter ces différents mouvements avec ensemble et en même temps. Vers midi, nos tirailleurs engageaient l'action en avant des colonnes sur tout le front. A 1 heure, Clausel, dans la vallée de l'Ulzama, devançant les colonnes de Reille avec une de ses divisions, abordait les hauteurs de la rive droite et tournait la gauche de Cole. La division Pack, arrivée à 11 heures (1) en arrière d'Oricain, entrait alors subitement en ligne, devant lui, sur son flanc droit et sur ses derrières (2) ; en même temps, deux brigades de la division Cole débordaient la gauche de la division française que son offensive vigoureuse et un peu prématurée plaçait en pointe isolée sans échelons de soutien. Les deux autres divisions de Clausel entraient aussitôt en action, sur la rive gauche de l'Ulzama, sur les hauteurs de San-Salvador et d'Oricain au fur et à mesure de leur arrivée, pour l'aider à se dégager. Successivement les troupes de Reille en faisaient autant sur tout le front.

Mais le mouvement enveloppant de Clausel, enveloppé lui-même de trois côtés, en butte à des feux croisés de front, de flanc et même de revers, était repoussé après de lourdes pertes. Les attaques de Reille échouaient également (3). Les troupes françaises avaient perdu 1.800 hommes ; les alliés, 2.600 hommes.

Le soir même, le maréchal renvoyait en France, par Roncevaux, son artillerie et une partie de sa cavalerie (4), avec ordre de rejoindre Villatte ; il évacuait

---

(1) « 11 heures », d'après Murray, chef d'état-major de l'armée. Wellington écrit : « le matin » ; Napier dit : « 7 heures du matin ». Nous concordons, par nos relevés, avec Murray.

(2) Voir note 2, page 157, l'extrait du Mémoire du général G. A. Madden.

(3) Selon leur usage, les Anglais prenaient position un peu en arrière des crêtes. La fusillade et le repli de leurs tirailleurs les avertissaient des approches de nos colonnes d'attaque. Leurs feux accueillaient celles-ci au moment où elles paraissaient. Après ce feu ajusté à courte portée contre des assaillants épuisés et rompus par une montée difficile, ils chargeaient ces derniers à la baïonnette et les refoulaient. Leurs tirailleurs poursuivaient seuls et les lignes reprenaient leur position. (Lapène.)

(4) « Aucune de ces armes, artillerie et cavalerie, de part et d'autre, n'a pu être d'un grand usage. » (Wellington à Bathurst ; Santesteban, 1ᵉʳ avril 1813.)

ses blessés par la même voie ; il se voyait forcé de renoncer à son entreprise et il décidait de chercher à gagner le col de Velate, le Baztan, la route de Maya, afin de rejoindre d'Erlon en s'appuyant sur lui, et de rentrer en France, en se repliant sur les troupes de Villatte. L'épuisement des vivres et des munitions (1) exigeait qu'on se rapprochât sans délais de la frontière et des approvisionnements.

Le 29, les deux adversaires, également éprouvés par les rudes combats du 28, s'occupaient à réparer leurs forces, à rétablir l'ordre dans leurs troupes, sans les engager dans une action. Le même jour, à midi, d'Erlon arrivait à Ostiz (8 kilomètres nord de Sorauren) : il faisait connaître au maréchal qu'on assurait que Villatte avait pris l'offensive, passé la Bidassoa et repoussé les troupes de Graham. Le maréchal, trop empressé à ajouter foi à ses bruits sans confirmation qui répondaient à ses projets, estimait que l'ennemi avait sans doute entièrement dégarni sa gauche pour faire face à son offensive sur Pampelune ; Graham avait levé le siège de Saint-Sébastien ; la plus grande partie de ses forces marchait sans doute vers Pampelune ; sinon les 15.000 hommes de troupes sans consistance de Villatte n'auraient pu effectuer ce mouvement en présence des 26.000 hommes de Graham, de Giron, de Longa et d'Alten. Il fallait profiter du succès de Villatte,

---

(1) « Je suis à mon *dernier jour de subsistances* et j'envoie l'ordonnateur à Bayonne pour presser les arrivages... » (Soult au ministre; Zabaldica, 29 juillet.)

« ... La raison des vivres nous fait la loi de nous mouvoir. Demain, nos soldats n'auront plus de pain : il n'y a *rien à prendre* dans le pays où nous sommes...

» Une bataille, gagnée par nous, débloquerait Pampelune, où nous ne pourrions pas rester, et que nous ne saurions comment ravitailler, car les blés ne sont pas encore mûrs... » (Journal du général Foy.)

réunir toutes ses forces dans cette direction, en se rapprochant de la frontière (1) et faire, si l'occasion s'en présentait, encore un effort pour délivrer Saint-Sébastien, en utilisant ces nouveaux événements. Mais ils étaient imaginaires : couper au court dans cette direction, n'était-ce pas prolonger la retraite en faisant longuement défiler l'armée sur le front des forces alliées ? Il eût paru plus simple de se replier par les vallées des Aldudes et de Baïgorry et par celle de Roncevaux ; or, les premières étaient très pauvres et sans ressources (2) ; l'autre, déjà épuisée par un premier passage. Trouver à y vivre était bien difficile. Dans les circonstances présentes, alors qu'on se voyait forcé de renoncer à débloquer Pampelune et de se retirer après un insuccès, il importait beaucoup de revenir rapidement *se ravitailler* et *couvrir Bayonne* (3) ; la

---

(1) *Soult au ministre* (Zabaldica, 29 juillet : « ... Je vais manœuvrer par ma droite dans le but de me rapprocher de la frontière pour prendre des subsistances et donner la main à Villatte... »

(2) Trois quarts des terres incultes.

(3) La dépêche du 29 juillet au ministre et l'envoi direct de l'artillerie — (renvoyée le 28 sur Roncevaux pour rentrer en France) — sur les positions de *Bidart* (sud de Biarritz et de Bayonne) nous paraissent révéler cette pensée très simple du maréchal, masquée, *dans ses rapports*, par l'exposé de combinaisons de manœuvres, qui semblent théoriques dans sa situation (délivrance de Saint-Sébastien, etc.). Il a su donner à sa retraite l'apparence d'un habile mouvement offensif et combiner toutes ses chances après un très rude échec. Il ne s'est jamais abandonné et, dans les circonstances les plus difficiles, il a montré un esprit plein de ressources, un caractère doué du plus ferme ressort ; une ténacité et une énergie actives, dignes de l'adversaire redoutable qu'il avait devant lui et du pays qu'il défendait. L'Empereur tenait à ce que les projets d'opérations fussent prévoyants : il voulait qu'on eût examiné toutes les attaques et préparé toutes les ripostes, afin de n'être ni surpris, ni désemparé par l'imprévu ; il voulait de la souplesse d'esprit dans la préparation ; sa correspondance en fait foi. Mais, avec des esprits moins maîtres de leur direction, moins nets que le sien, avec des caractères moins décidés, moins fermes et moins simples dans l'exécution, il aboutissait trop souvent (les rapports le prouvent) à la

place était encore tout à fait hors d'état de se défendre ; simplement protégée par la division Villatte, qui manquait de cohésion, elle était à la merci d'une offensive devenue maintenant trop facile à l'ennemi. Il paraissait urgent de rejoindre Villatte et de revenir promptement devant Bayonne par la voie la plus directe. Et cependant, après l'échec subi, en présence des forces élevées réunies par la concentration des alliés sous Pampelune, l'entreprise eût exigé plutôt qu'on prît rapidement le recul nécessaire pour se dérober au désastre en ne multipliant pas l'épreuve des actions de détails, alors surtout que le moral des troupes était fortement affecté, alors aussi qu'une préparation complètement insuffisante, le manque absolu de vivres (1), l'impossibilité de s'en procurer, le défaut de munitions, le renvoi forcé de l'artillerie, donnaient à l'offensive engagée le caractère d'une véritable aventure (2). En présence

---

dispersion des facultés sur trop de points d'intérêts secondaires et au manque de résolution quant au sujet principal. Qui pense à tout ne fait rien. La plupart des rapports de Soult montrent qu'il a, dans chaque cas, comme le voulait Napoléon, étudié un grand nombre de *combinaisons;* le ministre de la guerre résumait ces rapports en un bulletin fort court et très net pour l'Empereur. En fait, le maréchal agissait plus simplement qu'il n'écrivait. Ses ordres de mouvements, rédigés par le général Gazan, sont longs, et, malgré leur apparente méthode, peu ordonnés et difficiles à saisir pour ses subordonnés, faute d'une mise en lumière nette des missions assignées et du but à atteindre bien dégagé des accessoires. Le défaut d'instruction de l'époque exigeait d'ailleurs des ordres entrant dans trop de détails d'exécution entièrement du ressort des sous-ordres : le vocabulaire militaire était mal établi; les cartes manquaient : elles n'indiquaient d'ailleurs aucune côte, peu de noms, à peine quelques grandes routes, mais aucun chemin. On ne pouvait désigner clairement aucun point du terrain, par la carte, sans une longue phrase.

(1) On n'avait emporté que *quatre jours de vivres.*

(2) « ... Je me déterminai à entrer en opérations dans l'espoir qu'*il se présenterait peut-être une chance favorable*... Ce n'est pas que je comptasse sur de grands succès, car je sentais bien que, *ne pouvant faire vivre l'armée dans le pays où j'allais*

de son insuccès et de ses conséquences, l'histoire reste impuissante à en reconnaître le côté génial.

Dans la nuit du 29, la division de cavalerie Pierre Soult, venant de Zubiri, rejoignait d'Erlon à Ostiz ; la division de cavalerie Treilhard et la division Lamartinière (Reille), venant de notre gauche à Elcano, recevaient ordre de gagner Eugui avec le même but. D'Erlon avait mission de marcher, le 30 au matin, sur Lisaso, pour y couvrir les mouvements de l'armée.

Après avoir fait partir la division Lamartinière sur Eugui, Reille devait quitter les hauteurs de Zabaldica, avec les divisions Maucune et Foy, et gagner Sorauren par les crêtes. Clausel abandonnerait alors Sorauren pour marcher sur Ostiz et Olagüe ; Reille, couvrant son mouvement, le suivrait ensuite.

A 6 heures du matin, Clausel avait déjà réuni deux de ses divisions (Taupin, van der Maësen), au sud d'Ostiz : la division Conroux se disposait à les rejoindre ; la division Maucune (Reille) entrait dans Sorauren pour l'occuper ; la division Foy était en marche sur les crêtes, arrivant de Zabaldica, et la division Lamartinière venait de se retirer de la vallée de l'Arga, quand Wellington faisait attaquer, sur tout le front, Sorauren et les hauteurs suivies par Foy ; Soult donnait ordre aux deux divisions Conroux (Clausel), et Maucune (Reille) de soutenir le combat comme arrière-gardes pour permettre à sa gauche (Foy, Lamartinière) de se dégager sous leur couvert. Celle-ci, allant prendre position sur les hauteurs entre l'Arga et la vallée de Lanz, dans la direction d'Eugui, aiderait ensuite

---

porter l'armée et n'ayant rien en magasins, ni même la possibilité de faire transporter à ma suite des subsistances, je serais forcé de revenir, quelque avantage d'ailleurs que je pusse obtenir... » (Soult au ministre, 26 octobre.)

ces divisions à se replier à leur tour. Il se portait lui-même au galop vers le nord pour rejoindre d'Erlon et pour contribuer au dégagement de ses arrière-gardes en attaquant avec son gros (trois divisions de d'Erlon et deux divisions de cavalerie), la gauche de l'ennemi (corps Hill), en position de Beunza, par Ciganda, vers Arostégui. Soult, en arrivant, trouvait le combat déjà engagé dans de bonnes conditions : Hill disposait d'une douzaine de mille hommes, d'Erlon en avait plus de 20.000. A notre gauche, d'Armagnac, se heurtant d'abord aux fortes positions de la droite anglaise vers Ciganda, avait, il est vrai, échoué ; mais notre droite (divisions Abbé et Maransin), reliée à d'Armagnac par les deux divisions de cavalerie débouchant de Lisaso, avait un terrain plus facile : elle tournait la gauche anglaise et Hill était rejeté sur Marcalain, découvrant ainsi la grande route de Tolosa, par Lecumberri et le faisceau des communications (Arraiz, Loyondi, Eradi), par Dona Maria et Santesteban, avec Villatte.

Pendant ce temps les arrière-gardes et les corps de Clausel et de Reille subissaient un véritable désastre. Leur mouvement de déboîtement vers la droite, sur la « cuve » de Sorauren et sur Ostiz, était en effet en voie d'exécution ; van der Maësen et Taupin étaient sur la route d'Ostiz ; Foy était en marche venant de l'extrême gauche (Alzuza, nord-est d'Huarte) ; Lamartinière avait déjà dégarni notre gauche et quitté la vallée de l'Arga, quand Wellington lançait : les divisions Cole et Pack, la brigade Byng et les Espagnols d'O'Donnell sur le front de Zabaldica à Sorauren ; Picton, dans la vallée de Zubiri (Arga), sur notre gauche que le repli de Lamartinière et de Foy venait de dégarnir et d'ouvrir ; Dalhousie, au delà de la vallée de l'Ulzama, sur notre droite (nord de Sorauren). Hill, de son côté, se préparait à marcher sur Olagüe et Ostiz, en se reliant à Dalhousie au moyen des troupes de Campbell et de Morillo, quand l'attaque de d'Erlon l'en avait empêché en le rejetant sur Marcalain. La division Conroux (Clausel) (1) venait de sortir de Sorauren, organisé la veille en point d'appui fortifié ; elle n'était protégée que par deux faibles régiments en flancs-gardes trop rapprochées ; elle était mise en déroute avant que Maucune (Reille), qui entrait dans Sorauren, fût en mesure de lui venir en aide. Les alliés enlevaient le village de Sorauren, en nous faisant 1.400 prisonniers, et ils rejetaient les divisions Conroux et Maucune, en désordre vers le nord, sur Ostiz et Olagüe, et vers l'ouest. La division Foy, encore éloignée sur les crêtes entre Zabaldica et Sorauren et peu engagée, ralliait un grand nombre de fuyards ; débordée par Picton, elle gagnait, sans grandes pertes, les hauteurs boisées entre les deux vallées, Eugui et les Aldudes, par Urtiagu, coupée du reste de l'armée et sans avoir pu faire connaître son sort au maréchal (2). Clausel et Reille

---

(1) Cette division devait prendre position *avant le jour* sur la hauteur et couvrir la route qu'allaient suivre les autres divisions. Elle n'exécutait cet ordre *qu'au jour et en présence de l'ennemi déjà en bataille*. Celui-ci, voyant la division se mouvoir, vint l'attaquer en force. (Lapène.) Cette attaque décisive, rapide et bien menée, était conduite par le général Inglis à la tête de sa brigade.

(2) « Voilà d'étranges événements et ma position est encore une fois singulière », écrit le général Foy dans son journal (Cambo, 3 août), « je pensais, le 29, que nous nous retirerions pendant la nuit et *que l'armée prendrait le chemin de Saint-Jean-Pied-de-Port*. Le maréchal... a voulu faire un mouvement par sa droite, avec le prétexte de secourir Saint-Sébastien, et je crois avec le motif de donner à sa retraite l'apparence d'une marche-manœuvre.

» ... J'étais à la gauche extrême : je me suis mis en route d'Alzuza (nord-est d'Huarte) à minuit. J'étais à Yroz, le 30 au matin, poussant la division Maucune, qui allait relever la division Conroux à Sorauren. Je me suis massé sur le travers et au milieu de la montagne... Nous, *nous ne voulions pas com-*

ralliaient leurs troupes au delà d'Ostiz, près d'Olagüe, sur les divisions van der Maësen et Taupin ; la divi-

---

battre et *nous étions massés sous le feu du canon de l'ennemi : nous étions obligés de gravir des montagnes pour nous retirer, quand le moment serait venu et nous nous voyions d'avance débordés par les deux vallées,* qui appuyaient notre droite et notre gauche...

» *Le général Reille a commencé par dégarnir le front de la division Lamartinière, c'est-à-dire la partie la plus accessible de la position :* il n'a pas retiré le général Maucune de la « cuve » de Sorauren. ., d'où on ne pouvait sortir qu'avec de grandes difficultés ; il n'a fait monter sur les crêtes une partie de ma division que quand mes masses avaient été canonnées par un ennemi qui exécute l'artillerie avec la plus grande justesse... Le corps de Clausel et la division Maucune ont été mis en déroute ; une de mes brigades et une partie de la division Lamartinière ont été presque coupées ; j'ai couru le danger personnel d'être pris. Nous nous sommes retirés en hâte, toujours poursuivis de crête en crête... Vers 1 heure de l'après-midi... nous nous sommes ralliés une demi-heure au-dessus du village d'Esain. Nous formions, en tout, un corps de 10.000 à 12.000 hommes, ramassés confusément du corps de Reille et d'une partie du corps de Clausel ; la moitié des soldats égarés et marchant pour leur compte ; beaucoup de blessés. Il faisait très chaud ; les hommes exténués de fatigue, démoralisés, effrayés... Il fallait prendre rapidement un parti... *Le général Reille décida d'aller à Lanz afin de rejoindre le maréchal...* Je mis en marche ma division, qui était à la gauche de la ligne ; elle était précédée par une masse énorme d'équipages et de traînards. Au lieu de descendre dans la vallée, j'ai suivi un sentier qui ne m'a pas fait abandonner les crêtes. Comme le terrain était très boisé, *je ne me suis aperçu de mon erreur que...* quand je commençais à descendre dans le bassin de l'Arga. Retourner sur ses pas était impossible à cause du très étroit et mauvais sentier... Je tremblais de trouver l'ennemi au débouché de celui que j'étais forcé de continuer à suivre... Ma division était précédée, accompagnée ou suivie de 7 à 8.000 soldats isolés : *quelques-uns voulurent rejoindre le général Reille, qui s'était rendu à Lanz avec les deux autres divisions. Je me suis bien gardé de prendre ce parti :* il me fallait toute la nuit pour aller à Lanz ; j'y aurais immanquablement rencontré l'ennemi... Je me mis en marche à 8 heures du soir... J'ai passé la matinée du 31 sur le col d'Ourtiague (Urtiagu), pour rallier les traînards... »

Le 1ᵉʳ août, Foy renonce à déboucher sur le col de Maya : il descend, par la vallée des Aldudes, sur Saint-Etienne-de-Baïgorry et Cambo, où il arrive le 2 août et attend des ordres. Le 3, il reçoit mission de se rendre à Saint-Jean-Pied-de-Port, de mettre la place en état de défense et de prendre le commandement de cette région.

sion Lamartinière parvenait à les rejoindre et ils prenaient position le soir, barrant les routes de Lisaso et de Lanz. Wellington, informé de l'échec subi par Hill, arrêtait la poursuite au nord d'Ostiz. Il avait perdu 1.900 hommes : de notre côté, deux divisions étaient désorganisées ; elles avaient eu 2.000 hommes tués ou blessés ; plus de 3.000 hommes étaient prisonniers; 2.000 avaient disparu. La division Foy, rejointe par plusieurs milliers de fuyards dispersés, était coupée et rentrait en France sur Cambo.

L'armée française était diminuée de plus de 15.000 hommes ; en tenant compte de ses pertes antérieures, du déchet des effectifs, du renvoi en France de l'artillerie et d'une partie de la cavalerie, du départ de Foy, les forces du maréchal, comprenant les restes des corps de Reille et de Clausel et les troupes de d'Erlon, ne s'élevaient plus qu'à 30.000 hommes environ. La situation était critique.

Deux voies de retraite paraissaient seules susceptibles d'être adoptées par Soult : d'une part, la plus courte et la meilleure, celle de Velate et de Maya ; de l'autre, celle de Roncevaux, où l'on croyait Foy déjà en retraite avec deux divisions. Wellington se décidait donc à baser ses opérations sur cette conception assurément logique, mais inexacte, qu'aucun fait d'ailleurs n'avait encore confirmée, et il donnait ses ordres de poursuite en conséquence. L'armée française allait ainsi échapper à l'enveloppement qui la menaçait et à un désastre encore plus complet dans les conditions morales et matérielles où elle était alors, en partie, réduite.

Le maréchal, en effet, estimait que « d'Erlon était trop engagé sur la droite (vers l'ouest) pour qu'il fût possible de le ramener à la gauche (vers l'est), pour venir passer le col de Velate… », et il se décidait à diriger l'armée sur Santesteban, par les défilés de Dona Maria. Quant à Foy, il n'avait emmené que sa seule division, renforcée de 2.000 ou 3.000 fuyards des divisions Maucune et Conroux, et il gagnait les Aldudes, mais non Roncevaux.

Wellington, au contraire, distribuait toutes ses combinaisons de poursuite sur les directions de Velate et de Roncevaux, sans disposer aucune troupe pour intercepter la retraite par les défilés de Dona Maria. En effet, Picton, par ordre en date du 30, recevait mission de marcher sur Roncevaux. Une forte colonne, composée de la division Pack, de la brigade Byng, d'une partie du corps d'O'Donnell, devait remonter à Olagüe ; là, Pack gagnerait Eugui pour rejoindre Picton à Linzoain, pendant que Cole le relierait à la colonne. La division Dalhousie devait former liaison entre cette colonne et le corps de Hill et marcher ensuite en échelon en arrière et à gauche (ouest) de celui-ci, dès qu'elle aurait été dépassée et croisée par lui. Ce dernier, renforcé de Morillo et de Campbell, avait ordre de marcher sur le Baztan (1), par le col de Velate, et de détacher la brigade Campbell dans les Aldudes. Dalhousie devait, par suite, s'avancer vers Santesteban par les défilés de Dona Maria (Eradi, Loyondi).

Pendant ce temps, le maréchal avait fait rejoindre les troupes de Clausel (vers Arostégui, par Ostiz) ; il avait confié l'arrière-garde à la division Maransin, du corps de d'Erlon, renforcée d'une brigade de dragons, et ces dernières, après avoir chassé un parti de cavalerie de Beunza, allaient prendre d'avance position « en éche-

---

(1) Murray à Hill, 30 juillet; Murray à Alten (*id.*).

lons de recueil préalablement placés (1) », sur les versants au sud des défilés des puertos d'Eradi, de Sospiturieta et de Loyondi, au nord de la Venta de Larrainsar (2), point de réunion des chemins.

Dans la nuit du 30 au 31, un peu après minuit, l'armée prenait la direction des défilés de Doña Maria pour atteindre Santesteban. Le 31 au matin, seulement, Wellington, arrêté à Lanz, avait connaissance de la direction prise par Soult : Hill (3), dirigé par les ordres antérieurs sur Olagüe et sur Lanz, pour gagner le col de Velate, avait déjà dépassé Lisaso ; avisé aussitôt, il parvenait, vers 10 heures, à atteindre notre arrière-garde, en position à la lisière des bois, au nord de la Venta de Larrainsar et sur le versant sud des puertos de Sospiturieta et de Loyondi, que l'armée française achevait de franchir. La division Dalhousie arrivait d'Olagüe à la droite de l'avant-garde de Hill et menaçait déjà notre flanc, sur les hauteurs.

Une canonnade et une fusillade assez vives précipitaient le passage des défilés en retraite ; l'arrière-garde se dégageait par une contre-attaque (24ᵉ de ligne), et un épais brouillard arrêtait toute poursuite.

La division Dalhousie s'établissait alors sur les hauteurs que nous venions de franchir. Hill retournait d'abord vers Lisaso, pour aller reprendre la transversale qui rejoint le chemin du col d'Arraiz ; puis, conformément à ses instructions, il gagnait directement Almandoz, par ce défilé difficile, afin de rejoindre Wellington à Elizondo. Celui-ci venait d'y arriver par la grande route de Velate avec la colonne de Byng, Pack et O'Donnell. Byng avait atteint Elizondo ; il s'était

---

(1) Général Hervé.
(2) Lapène.
(3) Parti à 8 heures du matin seulement. (Napier, p. 233.)

emparé d'un fort convoi de vivres et de munitions, que d'Erlon y avait laissé sous la garde d'un bataillon ; puis, il avait occupé Maya, pendant que Wellington s'établissait à Elizondo, où Hill allait bientôt arriver.

Soult, avec l'armée française, avait atteint Santesteban, et son arrière-garde l'y avait rejoint à 10 heures du soir. La retraite directe sur Maya ou sur Urdax, par l'Aracor et l'étroit chemin de montagne, ou par la bonne route d'Elizondo sur Maya, lui était désormais interdite (1), et il n'entrait pas d'ailleurs dans ses projets de les utiliser. Il lui restait un chemin, celui qui descendait la vallée de la Bidassoa ; mais ce n'était qu'une voie très étroite dans un long défilé, si resserré, aux environs de Sumbilla et du pont d'Yanci qu'à peine pouvait-elle donner passage à quelques hommes de front.

Wellington avait donc envoyé l'ordre à Longa d'avancer sur le défilé, où débouche le pont d'Yanci, pour en interdire le passage. Graham devait se tenir prêt à l'appuyer et à marcher sur Vera et Echalar. Enfin, la division d'Alten devait encore entrer en ligne pour envelopper définitivement les forces françaises. Appelé, le 27, de Vera sur les hauteurs de Santa-Cruz (nord-ouest d'Elgorriaga), cette division avait reçu ordre, le 28 au soir, de gagner Lecumberri, sur la route de Tolosa. Elle s'était disloquée dans la montagne, égarée pendant la nuit et n'était arrivée que le 30 au matin à Lecumberri (à dix heures de marche) (2). La croyant à Zubieta,

---

(1) « ... Une reconnaissance, que j'avais envoyée sur Elizondo, rapporte qu'elle y avait trouvé une forte colonne ennemie et qu'au moment où elle se présenta, celle-ci était engagée avec un bataillon, que d'Erlon avait laissé sur ce point pour lui garder des munitions et des vivres... » (Soult au ministre; bivouac d'Echalar, 31 juillet.)

(2) « La brigade de tête parvenait à Leyza par le col de Zubietta au prix de grandes difficultés dans sa marche ; la brigade de queue, qui la suivait à distance, et les autres troupes de la

Wellington, le 31, lui avait envoyé l'ordre de marcher vers Sumbilla pour nous couper la retraite au point où elle pourrait le faire dans cette direction : elle atteignait Elgoriaga, le 1er août, vers midi.

Toutes les dispositions étaient ainsi prises du côté des alliés, prêts à enfermer l'armée française dans la profonde vallée de Santesteban, dont Wellington espérait couronner les hauteurs et clore toutes les issues, quand, à 3 heures du matin, le 1er août, le maréchal se mettait en route dans la direction d'Echalar, par le chemin de Sumbilla, sur la rive droite de la Bidassoa. Ralentie par ses blessés, encombrée de bagages, la colonne française avançait péniblement par une chaleur étouffante, en s'allongeant beaucoup dans l'étroit défilé. Les tirailleurs de la division Cole et d'O'Donnell la harcelaient sur son flanc droit, du versant des hauteurs (1) ; le désordre était si grand qu'à peine Soult pouvait-il l'empêcher de dégénérer en déroute.

---

division, surprises par la nuit, s'égarèrent dans ces lieux sauvages et déserts, au milieu des bois et des précipices. Des soldats allumèrent alors des branches de pins pour retrouver leur chemin ; ces torches aidaient sans doute leurs porteurs, mais elles contribuaient à faire égarer ceux qui les apercevaient de loin et qui croyaient se guider sur des signaux. Les hauteurs et les ravins ne tardèrent pas à se couvrir de ces feux ; partout retentissaient les cris d'appel des soldats égarés Ceux-ci continuèrent ainsi toute la nuit à errer et à crier, en grand désordre ; le jour enfin, à son lever, révéla le spectacle d'une foule d'hommes et d'animaux exténués, qui n'étaient pas à une lieue de leur point de départ. Il fallut plusieurs heures pour remettre de l'ordre parmi les troupes, reconstituer la brigade et rejoindre enfin la 1re brigade à Leyza... » La division Alten avait été ainsi isolée de l'armée pendant trois jours par suite de ces erreurs, de ces désordres et de ses contremarches.

(1) Le rapport de Soult au ministre (bivouac des hauteurs d'Echalar, 31 juillet) fait connaître qu'une flanc-garde française avait mission de suivre ces hauteurs de la rive droite de la Bidassoa pour couvrir la colonne ; mais, *soit qu'elle ait été prévenue trop tard, soit qu'elle n'ait pas été assez forte...*, elle n'a pas empêché beaucoup de tirailleurs de déboucher d'Elizondo, de venir se poster sur ces hauteurs et d'infliger des pertes aux divisions françaises en retraite.

La tête de la colonne se heurtait à un bataillon espagnol, détaché de Véra, pour défendre le pont du Sari (ruisseau d'Echalar). Grâce aux difficultés du passage resserré par les rochers, il l'arrêtait longtemps et y jetait le désordre. D'Erlon le repoussait, et, tournant vers l'est, au nord du pont de Yanci, se dirigeait sur Echalar sans que les troupes de Longa fussent encore en mesure d'intervenir, ou osassent le faire. C'est à ce moment, vers le soir, que la division d'Alten, arrivant de Lecumberri et d'Elgorriaga, atteignait, épuisée, les hauteurs qui dominent la Bidassoa au pont d'Yanci, après une marche de dix-neuf heures dans la montagne. Elle attaquait aussitôt la queue des divisions de Reille qui, resserrées entre les rochers de la rive droite et la rivière, défilaient sous ses pieds à portée de pistolet. Ses feux y jetaient le plus grand désordre et leur causaient de lourdes pertes. Elle s'emparait des convois et faisait quelques prisonniers.

L'absence de Longa, les retards de la division d'Alten, qui s'était dirigée sur Elgorriaga au lieu de marcher directement sur le pont d'Yanci pour traverser la Bidassoa et barrer la route suivie par l'armée française, les retards de Hill, avaient probablement préservé cette dernière d'un désastre irréparable.

Dans la nuit, le maréchal ralliait ses troupes auprès d'Echalar. Le 2 au matin, il était recueilli par la division Villatte, en position sur la Rhune; son artillerie, venant de Roncevaux, l'avait rejoint (1), et il s'établissait à la gauche de Villatte, au défilé d'Echalar au nord-est de cette localité, sa droite au pic d'Ibantelly, sa gauche à Zugarramurdi. Les trois divisions de Clausel

---

(1) Elle était placée sur les hauteurs de Serres (Saint-Jean-de-Luz) et de Bidart devant Bayonne.

réduites à 6.000 hommes (1) restaient en arrière-garde entre Echalar et le défilé de ce nom.

En ce moment, Wellington n'avait avec lui que les divisions Cole, Dalhousie et Alten. Picton était à Roncevaux ; Pack, dans la vallée des Aldudes ; Hill, à Maya; Byng, à Urdax. L'enveloppement, qu'il avait projeté, aboutissait, en fait, à reprendre, en grande partie, la dispersion primitive de couverture, en face des différents cols donnant entrée en Espagne. Les divisions alliées, perdant le contact ou lancées à la suite de faibles colonnes de fuyards, avaient laissé échapper l'armée française sur la voie imprévue qu'elle avait suivie en dépit des difficultés locales de toutes sortes que sa marche y rencontrait, faute de forces assez rapides jetées à sa poursuite (cavalerie et artillerie), ou suffisantes pour l'arrêter.

Les circonstances commandaient à Wellington d'attaquer sans laisser de répit à son adversaire : la position isolée et aventurée de l'arrière-garde de Clausel entre la ville et le défilé d'Echalar lui en fournissait une occasion immédiate ; il envoyait la division Alten, par Lesaca, contre la droite de Clausel, en même temps que la division Cole attaquait de front et que la division Dalhousie, partant de Sumbilla, marchait contre la gauche.

L'avant-garde de la division Dalhousie (brigade Bar-

---

(1) La division Maucune (du corps de Reille), qui comptait, au 16 juillet, 4.186 présents, sur un effectif de 5.676, n'avait plus que 1.000 hommes. Le 6, il lui manquait encore 1.000 traînards, outre les blessés et les tués. La division Lamartinière, du même corps, était à peu près dans la même situation, ainsi que la division Conroux, du corps de Clausel. C'étaient les plus éprouvées. Foy (Reille) restait détaché, avec 8.000 hommes environ.

En résumé, le maréchal avait alors sous la main 38.000 combattants démoralisés (Reille, 2.000; d'Erlon, 12.000; Clausel, 6.000; Villatte, 14.000; cavalerie, 4.000). On comptait au delà de 15.000 traînards ou déserteurs.

nes), arrivée la première, attaquait isolément sans attendre. Déprimées par les échecs subis, par les fatigues morales et physiques de la retraite les troupes de Clausel, manquant d'ailleurs de munitions et très inférieures en nombre au total, battaient en retraite, au moment où le gros de la division Cole entrait en ligne contre elles ; elles se repliaient vers la montagne d'Ibantelly, que nous occupions fortement. L'ennemi s'en emparait aussi : la nuit et un violent orage arrêtaient la poursuite, qui avait perdu environ 400 hommes (1). Wellington se préparait à pousser en avant Graham les jours suivants ; mais il abandonnait ce projet pour les mêmes raisons, qui déjà l'avaient fait renoncer précédemment à entrer encore en France et que nous avons exposées plus haut.

Le 3 août, d'Erlon occupait les hauteurs d'Ainhoué, en arrière de la Nivelle, sur la route d'Urdax ; Clausel tenait les hauteurs de Sare. Reille établissait ses deux divisions à Saint-Jean-de-Luz en arrière de Villatte. Enfin Foy, qui avait atteint Cambo, était envoyé à Saint-Jean-Pied-de-Port. L'armée venait de perdre plus de 9.000 hommes tués ou blessés et 4.000 prisonniers, au cours de ces opérations. Les pertes des alliés s'élevaient à 8.000 hommes environ, tués, blessés ou prisonniers, sans compter les nombreux maraudeurs et déserteurs restés en route des deux côtés (2).

Le maréchal n'avait pas, en ce moment, plus de 38.000 combattants réunis.

La répartition des forces de l'armée anglaise, l'état de fatigue et d'épuisement de cette dernière, enfin la

---

(1) Wellington, en reconnaissance à Echalar avec une demi-compagnie d'infanterie, avait manqué d'être pris pendant qu'il consultait ses cartes. Il avait réussi à s'échapper malgré le feu dirigé sur lui par le détachement français qui l'avait surpris.

(2) Plusieurs milliers pour l'armée française.

volonté de son chef, arrêté par les considérations que nous avons déjà fait valoir, l'empêchaient de compléter ses succès.

Wellington avait en ce moment avec lui les divisions Cole, Dalhousie et Alten (12.000 à 13.000 hommes); Hill, au delà de Maya, disposait de 9.000 à 10.000 hommes environ, soit au total 26.000 hommes, avec la cavalerie disponible. Il eût donc été nécessaire de faire marcher de suite 10.000 hommes au moins pris à Graham, avec les 6.000 à 8.000 Espagnols, à peu près inutilisables en campagne, de Longa et de Giron, c'est-à-dire se résoudre à lever le siège et même le simple blocus actuel de Saint-Sébastien, *après l'avoir entrepris et poussé fort loin*, et courir la chance d'une bataille contre un adversaire battu et démoralisé, il est vrai, mais avec une armée épuisée et dans un pays dont on pouvait encore tout redouter.

La mesure réfléchie était la marque dominante du caractère de Wellington : il avait charge entière des gros intérêts engagés ; en fait, l'ossature de son armée se bornait à 35.000 Anglais. Il n'avait le droit de rien aventurer à la légère. Il prenait donc le parti le plus sûr : achever ce qu'il avait commencé, c'est-à-dire les sièges des places attaquées et spécialement celui de Saint-Sébastien, qui lui avait paru nécessaire à sa base d'opérations. Sans les erreurs, peut-être inévitables, des dispositions prises pour la poursuite, il aurait eu immédiatement sous la main les forces de Picton et de Pack, en désignant Morillo pour couvrir Pampelune, aux Aldudes et à Roncevaux, et en laissant intactes les forces de don Carlos au blocus de Pampelune et celles de Graham sous Saint-Sébastien ; il eût pu alors mettre en ligne plus de 36.000 combattants, sans compter l'appoint des 6.000 Espagnols de Longa et de Giron et des

7.000 d'O'Donnell et poursuivre sans arrière-pensée son adversaire avec la vigueur que la situation militaire réclamait. Mais l'occasion immédiate était déjà passée, il n'était plus temps de les engager ; les considérations relatives aux circonstances et à la politique amenaient d'ailleurs le généralissime des armées alliées à se borner, pour le moment, aux résultats qu'il croyait acquis, en comptant sur une désorganisation prolongée des forces françaises (1).

---

(1) « Ibeisua, près Pampelune, dimanche 1ᵉʳ août.

» ... Toutes les nouvelles venant de l'armée sont d'accord sur l'immensité des pertes de l'ennemi. Cette déroute n'a d'égale que la célèbre retraite de Moscou. La plus grande partie des prisonniers n'a que quelques mois de service ; ce sont de tout jeunes gens... ; les derniers rapports disent que les Français sont dans un état de confusion indescriptible ; les soldats jettent leurs armes...

» Certains prétendent que l'ennemi viendra encore livrer une autre bataille avant la reddition de Pampelune; si c'est vrai, *il faut que les Français soient diablement vifs à rallier et à lever leurs troupes...* » (Lieutenant Woodberry, Journal.)

III

La couverture du siège de Saint-Sébastien.

Rétablissement des forces françaises; l'Empereur prescrit de prendre l'offensive. — Situations et emplacements des armées. — Bayonne; Saint-Jean-Pied-de-Port; Socoa; Navarrenx; Lourdes; Bordeaux. — Siège de Saint-Sébastien. — Dispositions de couverture des deux adversaires. Lignes fortifiées; situation de la défense à Saint-Sébastien à la fin d'août. Le maréchal décide de prendre l'offensive. Concentration des forces françaises (29 août-31 août); Reille, Clausel, d'Erlon, Villatte. — Groupement préparatoire des forces alliées: dispositions défensives et couverture de Saint-Sébastien. — Offensive française (30 août; franchissement de la Bidassoa; échecs de Reille et de Villatte au San Martial; combats de Clausel aux gués de Vera et sur la Peña-de-Haya, San Antonio. — Engagements de d'Erlon au camp d'Urdax; rappel de Reille et de Clausel; la Bidassoa, grossie par l'orage, coupe les troupes de van der Maësen sur la rive gauche; retraite disputée par le pont de Vera (1er septembre). — Reddition de Saint-Sébastien (8 septembre).

Quel que fût l'état de l'armée française après de telles épreuves, elle ne devait pas tarder à être réorganisée, approvisionnée, habillée et pourvue à nouveau d'hommes, de cadres, d'effets, de vivres, de munitions et d'équipages, grâce à l'énergique direction du maréchal, à l'activité de ses lieutenants-généraux, de ses divisionnaires, de ses chefs de service et aux efforts de tous.

Poussé en avant, pressé encore de prendre l'offensive par les ordres impératifs de l'Empereur et les instructions du ministre, comme il l'avait déjà été pour l'opération tentée sur Pampelune, le maréchal sentait d'ailleurs vivement lui-même la nécessité de réagir

---

Cartes à consulter : feuilles au 1/100.000, au 1/80.000, au 1/50.000 et au 1/200.000, indiquées en tête du chapitre précédent, p. 136 (en note).

contre les défaillances de l'esprit public que la déroute de Pampelune avait découragé et gravement déprimé. Il allait donc, après un délai très court, engager une nouvelle manœuvre ayant pour but la délivrance urgente de Saint-Sébastien. Les espérances se fixaient sur la belle défense de cette place : marcher à son secours, fût-ce sans grand espoir de succès, mais en comptant toutefois sur quelque action heureuse, constituait déjà un moyen énergique de remonter les courages, de relever l'opinion de l'armée et du pays, d'affermir la confiance de tous, en leur fixant un but à atteindre, un effort à réaliser, un acte de solidarité à accomplir.

Un mois ne s'était pas encore écoulé depuis la retraite d'Echalar, et déjà, dès la fin du mois d'août, le maréchal se préparait à attaquer de nouveau.

La situation des forces, des deux côtés de la frontière, était alors la suivante :

A la droite, les deux divisions de Reille (Lamartinière et Maucune), reconstituées, occupaient les hauteurs de la rive droite de la basse Bidassoa (Hendaye, Croix-des-Bouquets et Mont de Louis XIV à l'est de Béhobie, Biriatou).

Les trois divisions de Clausel (Taupin, van der Maëssen, Conroux) tenaient les hauteurs de la Rhune et celles au nord de Sare et au sud de ce village (Sainte-Barbe).

A la gauche, d'Erlon gardait, avec la division Abbé, les hauteurs d'Amots et celles situées au nord et à l'est d'Ainhoué, jusqu'au Mondarrain et à la Nive. Deux de ses divisions (d'Armagnac et Maransin) étaient en réserve au camp de Souraïde, près d'Espelette.

La réserve générale de Villatte était au camp d'Urtubie, près d'Urrugne. Le quartier général était à Saint-Jean-de-Luz.

Le front de l'armée, bien défendu par de nombreux travaux (1), s'étendait ainsi sur 40 kilomètres environ. A son extrême gauche, la division Foy occupait Saint-Jean-Pied-de-Port avec le concours des gardes nationales locales. Le général Pâris venait de rentrer en France, laissant une garnison (800 hommes) à Jaca assiégé par Mina : ses troupes étaient à Oloron. La cavalerie, faute de fourrages dans le pays, avait dû être renvoyée entre la Nive et la Nivelle et dans les environs de Dax. 8.000 traînards avaient rejoint leurs corps ; enfin, on annonçait l'arrivée prochaine de 30.000 conscrits, et une partie de l'artillerie avait rejoint les divisions. Les places fortes recevaient des gouverneurs ; le général Thouvenot était désigné pour Bayonne et le général Lhuillier regagnait le siège de sa division, à Bordeaux, pour y diriger l'organisation des forces de réserve. Le général Blondeau était nommé à Saint-Jean-Pied-de-Port. Les commandants de place de Socoa, Navarrenx, Lourdes recevaient également des pouvoirs réguliers.

Du côté des alliés, Hill à l'extrême droite, en face de Foy, gardait les défilés de Roncevaux et des Aldudes avec deux divisions (Stewart, Morillo). A la droite, dans le Baztan et à Maya, étaient postées les divisions Picton et Pack. La division Dalhousie et les Espagnols d'O'Donnell s'étendaient entre Zugarramurdi et Echalar, ayant à leur gauche la division Alten, sur les hauteurs de Santa-Barbara, entre l'Ibantelly et Vera. Longa et l'armée espagnole de Freyre tenaient la basse Bidassoa, de Vera jusqu'à la mer (Fontarabie, le Jaizquibel). En réserve, la division Cole était postée à Lesaca, et la division Howard a Oyarzun.

Graham avait repris le siège de Saint-Sébastien avec

---

(1) On remettait en état beaucoup de travaux datant de 1794.

ses divisions (1), et l'aide des Espagnols. Don Carlos continuait le blocus de Pampelune. Les lignes alliées étaient partout fortifiées et renforcées par des travaux, comme l'étaient les nôtres. « ... Notre premier but doit être d'assurer actuellement la tranquillité de l'armée », écrivait le chef d'état-major de Wellington, Murray, « jusqu'à ce que nous ayons pris Saint-Sébastien... »

Les dispositions de couverture adoptées de part et d'autre se résument en deux lignes fortifiées, établies sur les hauteurs se faisant face ; elles s'étendent sur 40 kilomètres environ ; elles sont au contact presque absolu, n'étant distantes l'une de l'autre que de la faible largeur de la Bidassoa en quelques points (2), ail-

---

(1) V^e division (général Oswald), détachements de la Ire division, deux brigades portugaises détachées (Bradford, Wilson) et troupes spéciales.

(2) « ... Les armées du maréchal Soult et de lord Wellington occupaient chacune une des rives de cette petite rivière (la Bidassoa). Nos piquets étaient placés dans le bas des collines espagnoles ; ceux des Français, sur le flanc de leurs propres hauteurs, faisant face à l'Espagne, et les sentinelles avancées n'étaient séparées les unes des autres que par la rivière, qui ne mesurait pas en certains endroits plus de 30 mètres de largeur... La plus parfaite entente régnait entre les Français et nous ; non seulement les sentinelles n'étaient exposées à aucun danger, mais les piquets eux-mêmes se trouvaient à l'abri d'une surprise inutile ; *car personne ne se serait permis d'attaquer un avant-poste à moins que cette attaque ne dût être le prélude d'un engagement général...* » (Lieutenant Gleig, du 85e régiment d'infanterie légère anglaise. *The Subaltern*.)

« ... Je ne peux m'empêcher de nouveau de remarquer l'excellent accord qui régnait entre les soldats ennemis et la véritable magnanimité dont ils usaient les uns envers les autres. Plus d'une fois je m'avançai dans la Bidassoa jusqu'au milieu de cette petite rivière, les piquets de l'ennemi étant sur le bord opposé. Les soldats français descendaient en foule pour assister à mes exploits et me désignaient les endroits où je pourrais espérer la meilleure pêche. Dans ces occasions, la seule précaution dont j'usais était de me mettre une jaquette rouge, et je pouvais alors approcher sans aucun risque à quelques yards de leurs sentinelles... » (Gleig.)

« ... Notre feu fut allumé et nos sentinelles placées sur la pente descendant à un ravin, *à une trentaine de pas des sentinelles françaises*, dont les avant-postes se trouvaient sur le

leurs de 1.500 mètres à peine, ou de 3.000 mètres au plus. Ces dispositions purement linéaires sont juxtaposées en face l'une de l'autre, sans atmosphère et sans jeu possible. Elles sont déjà aux prises réciproques par les vues, les informations, les indices, les bruits, le défaut d'espace, de distance et de recul (1) et par les forces elles-mêmes. Les réserves en arrière trop rapprochées

---

sommet du versant nous faisant face. Chaque homme était ainsi à la merci de l'autre; mais les Anglais et les Français étaient *trop bien dressés à l'école de cette guerre pour songer à porter atteinte au privilège consacré, qui protège si heureusement les sentinelles...* » (Gleig.)

« ... Un officier d'état-major en faisant sa ronde, une nuit, constata la *disparition de tout un piquet* commandé par un sergent. Il en fut à la fois alarmé et surpris; mais son alarme fit place à la plus grande stupéfaction quand, s'étant avancé pour s'assurer qu'il n'y avait pas quelque mouvement dans les lignes ennemies, il aperçut, par la fenêtre d'une maisonnette d'où sortaient de joyeux bruits, tout le poste assis de la façon la plus cordiale au milieu d'un détachement français et causant gaiement. Dès qu'il se montra, ses hommes, souhaitant une bonne nuit à leurs compagnons, retournèrent, sans se troubler le moins du monde, à leur poste. Les sentinelles avaient d'ailleurs gardé les leurs fidèlement et il n'existait de part ou d'autre aucune intention de déserter. En fait, c'était une sorte d'usage, les postes français et anglais se visitant à tour de rôle... » (Gleig.)

Il n'était pas de *secret d'opérations* possible pour des armées françaises, et surtout *méridionales*, avec des usages de ce genre. La note ci-après montre encore à quel point on se préservait mal contre l'information ennemie :

(1) « ... Du sommet des hauteurs de San Martial, j'eus une vue assez distincte du camp des Français sur une belle étendue à droite et à gauche... Les avant-postes français se tenaient dans le vallon et leurs sentinelles au bord de la rivière; les nôtres, c'est-à-dire les piquets espagnols, *étaient stationnés à mi-côte de la colline et n'envoyaient pas leurs redettes plus loin que sa base... Je cherchai en vain les tentes blanches des Anglais : elles étaient dressées dans des plis de terrain boisés pour les dérober à la vue de l'ennemi;* ... mais, en revanche, les baraques des *Français étaient visibles sur beaucoup de points...* Le camp de chaque brigade française ressemblait plutôt à un village définitif qu'à l'abri momentané de troupes en campagne. Armé de ma longue-vue, je distinguais les soldats, les uns faisant l'exercice, les autres jouant... » (Gleig.)

Voir notes 2, p. 218; 1, p. 330; 1, p. 335; 4, p. 361; 4, p. 490.

de ces cordons, sont également hors d'état de dissimuler leur manœuvre, faute de la profondeur nécessaire à tout dispositif ayant la prétention de vivre, c'est-à-dire de sortir de l'immobilité passive pour saisir l'arme de guerre par excellence, l'arme active, celle du mouvement. La réserve générale française, en arrière de la droite, est à moins de 5 kilomètres de celle-ci ; la réserve partielle du corps de d'Erlon est à peine à 3 kilomètres en arrière de la gauche. Les réserves anglaises sont à 4 et à 7 kilomètres environ de leurs lignes.

La situation de Saint-Sébastien réclamait qu'un prompt secours leur fût apporté. Depuis le 5 août, les alliés avaient repris le siège et débarqué les canons, que l'alerte de Pampelune avait forcé d'embarquer pour rendre disponible le corps de siège. Le 19 août, l'artillerie de siège était arrivée d'Angleterre ; elle avait été mise en batterie le 22. Le 23, une nouvelle batterie de siège avait encore été débarquée. A partir du 24, l'attaque avait déployé une énergie croissante, sous l'impulsion personnelle de Wellington, et la défense s'était montrée très active dans ses sorties. Le 25, déjà, la brèche était ouverte.

Le 29, le maréchal commençait à opérer la concentration de ses forces pour marcher directement en avant et forcer les passages de la basse Bidassoa (1), par les

---

(1) Voici ce qu'en dit le lieutenant Gleig (*The Subaltern*) :

« ... La Bidassoa est parfaitement guéable dans tout son parcours à partir de 15 kilomètres de son embouchure (environs de Vera); devant Fontarabie, il existe même un endroit où on peut traverser à marée basse, l'eau montant seulement jusqu'à la poitrine. A 2.500 mètres en amont d'Irun, qui est lui-même situé à 3 kilomètres à peu près de Fontarabie, se trouve un autre gué sur l'emplacement d'un pont détruit (Béhobie). Il y avait là deux gués, conduisant au défilé d'Irun... »

« En aval du pont ruiné de Béhobie, à partir d'Irun jusqu'à

seuls points qui paraissaient praticables pour une armée : les gués de Biriatou et de Béhobie d'une part, et les ponts et les gués de Véra et de Lesaca de l'autre. Son objectif était d'atteindre Oyarzun, au delà d'Irun ; ce point tombé en son pouvoir, il maîtrisait la base même du siège et celle de l'armée anglaise : le port de Passages.

Foy était donc dirigé de Saint-Jean-Pied-de-Port sur Espelette, dès le 29, avec sa division. Dans la nuit du 29 au 30, il gagnait Saint-Jean-de-Luz ; la division d'Armagnac, du corps de d'Erlon, quittait le camp de Souraïde, près d'Espelette, pour se rendre à Urrugne ; la division Maransin, du même corps, se portait à Ascain.

Les dispositions, qui devaient être terminées le 30 au matin, subissaient cependant un grave retard ; et c'était le 31 au matin seulement que deux fortes colonnes achevaient de se former et marchaient sur la Bidassoa :

---

la mer, écrit Napier, la Bidassoa est fort large et la marée s'y fait sentir ; elle n'offrait aucune facilité pour effectuer un passage. Entre les gués de Biriatou et le pont de Vera, sur une distance de 5 kilomètres environ, il n'y a que le seul passage d'Enderlaza, à peu près à 4 kilomètres en dessous des passages de Vera. Dans cet intervalle, les rives de la Bidassoa, bordées de montagnes abruptes et sans voies d'accès, s'opposaient à toute espèce de grande opération ; les points d'attaque se trouvaient donc bornés aux passages de Vera et aux gués de Biriatou jusqu'au pont détruit de Béhobie. »

Les gués actuels de la basse Bidassoa ont une profondeur qui varie de 0^m,20 à 0^m,60. Celui de Jherpeta à Hendaye est praticable aux voitures, en toutes saisons, à marée basse. En amont et en aval de Béhobie, il y a quatre gués excellents, dont l'un est bon pour les voitures. A Biriatou et en amont, huit gués, dont trois pour voitures.

En résumé, de Vera à la mer, on compte treize gués qui furent tous utilisés ultérieurement par les alliés pour leur passage du 7 octobre. La rivière est sujette à des crues rapides, qui interdisent alors complètement tout passage en dehors des ponts, dont il n'existait en 1813 qu'un seul à Vera, celui de Béhobie ayant été détruit **par Foy.**

L'une, sous les ordres de Reille, comprenant les divisions Lamartinière et Maucune et la réserve de Villatte, soutenues par la division Foy avec deux régiments de cavalerie (25.000 hommes environ), se concentrait en arrière des hauteurs de la Croix-des-Bouquets et de Mandela, à l'est de Biriatou.

L'autre, commandée par Clausel, était constituée avec les divisions Taupin et van der Maësen, Maransin et d'Armagnac (20.000 hommes environ) réunies en arrière des montagnes de la Baïonnette, au nord de Vera, avec vingt pièces.

Une réserve d'artillerie de trente-six pièces et deux équipages de ponts avaient été amenés à Urrugne.

D'Erlon, à la tête des divisions Conroux et Abbé et de vingt pièces, restait en couverture sur les hauteurs de la Rhune, de Sainte-Barbe et au sud d'Ainhoué, en face d'Urdax, de Zugarramurdi et de l'Ibantelly. Il avait mission d'entretenir activement le combat d'usure sur son front pour y *retenir* (1) *les forces ennemies,* sans compromettre ses troupes dans une offensive d'ensemble et sans compter sur des renforts. Au cas où les alliés menaceraient sérieusement de tourner sa gauche par une attaque en forces descendant de ce côté la vallée de la Nive, il avait ordre de faire un changement de front en arrière à gauche, et de barrer la direction de Bayonne, en prenant position sur les hauteurs, depuis la Rhune jusqu'à Saint-Pée. Si l'offensive des colonnes

---

(1) « *Contenir* » eût été défensive passive ; « *maintenir* » eût pu être confondu avec « contenir » ; « *retenir* » fixe son rôle actif et défensif, qui consiste à combattre et à menacer sans cesse, pour empêcher l'adversaire de le masquer avec un minimum de forces et de porter ailleurs, là où il en serait besoin, la partie des troupes devenue ainsi disponible et prête à se joindre, sur d'autres points, à l'effort adverse.

de Reille et de Clausel réussissait, il coopérait au mouvement en avant, soit par Vera, soit par Lesaca.

Les opérations, fixées aux colonnes d'attaque, consistaient, pour Clausel, à forcer les passages de Lesaca et de Vera, en traversant la Bidassoa, après avoir repoussé la division Alten des hauteurs de Santa-Barbara ; puis, à marcher sur Oyarzun par la Peña-de-Haya (col d'Arichulegui, à l'ouest de la montagne) (1).

Les échelons de d'Erlon lui serviraient d'appui sur son flanc gauche pendant ce mouvement.

Quant à Reille, il avait ordre de traverser la rivière auprès de Biriatou et de pousser directement sur Oyarzun en suivant l'axe de la grande route d'Espagne, après s'être emparé des hauteurs de San Martial qui la dominent au sud.

Ce même jour du 31, la mine rendait praticable la brèche de Saint-Sébastien ; dans la journée, la ville était prise d'assaut par les Anglais, livrée au pillage et brûlée. La garnison, commandée par le général Em. Rey, luttait encore dans la citadelle.

Dès le 29 au soir, Wellington avait connaissance des mouvements en cours d'exécution dans l'armée française et des projets du maréchal. Malgré les précautions que celui-ci avait cru prendre pour conserver le secret, le defaut de recul, les facilités multiples données à l'adversaire pour se renseigner et même pour voir (2),

---

(1) La *Peña-de-Haya* ou *montagne des Quatre-Couronnes* (*montagne Couronnée*, de Cassini) occupe toute la région entre Vera, Lesaca, Irun, Oyarzun. Elle est contournée à l'est et à l'ouest par de mauvais chemins, qui conduisent de Vera sur Irun et de Lesaca sur Oyarzun ; l'un d'eux permettait, à la grande rigueur, de faire passer de l'artillerie.

(2) Se reporter aux documents cités dans la note 1 de la page 188, et dans la note 2 de la page 218 ; puis, voir 1, 330 ; 1, 335 ; 4, 361.

l'emploi que l'ennemi savait judicieusement faire d'espions bien payés, enfin les retards subis dans la préparation d'une manœuvre, ayant cependant la surprise comme moyen principal, toutes ces causes se réunissaient pour révéler d'avance les coups qu'on voulait frapper et pour assurer à l'ennemi le temps et les moyens de les parer, en ripostant avec avantage.

Wellington avait eu connaissance des mouvements de concentration opérés dans la nuit du 29 ; il avait *vu*, dès le 30 au matin, les rassemblements qui s'effectuaient ; il avait *vu* aussi l'artillerie française et nos équipages de pont sur la route, auprès d'Urrugne. Il venait enfin de recevoir un renfort de 5.000 hommes (brigade des gardes à pied et brigade Aylmer arrivant de Portugal et d'Angleterre).

A son extrême gauche, le Jaizquibel et les remparts de Fontarabie étaient gardés par un détachement espagnol, et reliés avec la grande route d'Espagne par une ligne de huit grosses redoutes. Irun, défendu par un ouvrage et fortement occupé par les Espagnols, barrait la route d'Espagne.

La position principale de la défense était constituée par les hauteurs escarpées de San Martial, dont la grande route longe le pied, au nord, entre Béhobie et Irun ; cette position fortifiée barrait tous les débouchés au travers de la Bidassoa depuis Irun jusqu'au sud de Biriatou ; 6.000 Espagnols (1) de la quatrième armée (général Freyre) l'occupaient et s'y étaient retranchés. Ils étaient soutenus, sur leur gauche, en arrière d'Irun, par la division Howard et la brigade Aylmer ; Wellington rappelait la division espagnole de Longa du versant

---

(1) Formant trois « *divisions* » espagnoles avec les défenseurs d'Irun, d'après le rapport de Wellington à Bathurst, en date du 2 septembre (de Lesaca).

de la Peña-de-Haya, qui fait face à Vera, pour la porter sur les pentes qui font face à Biriatou, afin de flanquer en arrière la droite de Freyre et de l'empêcher d'être tournée par les gués en amont de Biriatou.

Le 30 et le 31, Wellintgon avait encore fait renforcer cette défense par deux brigades de la division Cole, envoyées en réserve sur la Peña-de-Haya ; la brigade portugaise de cette division restait entre Lesaca et San-Antonio (sud-ouest d'Enderlaza, sur le chemin de Lesaca à Oyarzun) ; elle devait barrer les chemins, qui débouchent du pont et des gués de Vera, dans les directions d'Irun ou d'Oyarzun avec l'aide d'une brigade (Inglis) de la division Dalhousie ; une brigade de la division Alten, les deux brigades restantes de la division Dalhousie et trois brigades espagnoles d'O'Donnell étaient prêtes à quitter Lesaca et Echalar pour venir les appuyer.

L'ensemble de ces positions fortifiées pouvait compter ainsi sur plus de 35.000 défenseurs. A leur droite, Alten, O'Donnell (1), Picton, Pack (2), depuis les hauteurs de Santa Barbara jusqu'à Urdax, disposaient de plus de 23.000 hommes. Ils recevaient ordre d'attaquer les avant-postes français en face d'eux.

Dès le 30 au soir, d'Erlon et l'aile droite anglaise s'engageaient dans des escarmouches et, pendant la nuit, Soult établissait son artillerie : d'une part, sur les hauteurs à l'est de Béhobie, et au nord et à l'est de Biriatou ; d'autre part, sur les éminences qui permettent de battre Vera et ses débouchés.

Le 31 août, à l'aube, Reille jetait une avant-garde sur la rive gauche de la Bidassoa, en amont de Béhobie : elle prenait facilement possession de l'éperon bas qui descend des hauteurs de San Martial et qui force la

---

(1) Giron remplaçait O'Donnell malade.
(2) La division Pack était alors commandée par Colville.

rivière à s'infléchir pour former le rentrant de Béhobie. Cet éperon était immédiatement mis en état de défense et fortifié. Sous la protection de cette occupation et du feu des batteries, de la rive droite, les divisions Maucune et Lamartinière, accompagnées de deux pièces (1), passaient sans difficulté les gués de Biriatou. Un pont de chevalets et un pont de bateaux étaient jetés, l'un en aval de Biriatou, au gué de Telleria; l'autre, à 1.200 mètres en amont du pont détruit de Béhobie. Les divisions étaient formées sur l'éperon et Reille disposait ses colonnes pour l'attaque ; la division Maucune, gardant une de ses brigades en réserve, assaillait la gauche des Espagnols en suivant le contrefort, sur lequel on avait pris pied.

A notre gauche, la division Lamartinière attaquait leur droite. Mais les difficultés de ces rampes abruptes, couvertes de broussailles et presque impraticables, semaient le plus grand désordre dans les troupes. Les Espagnols, saisissant l'occasion favorable, sortaient de leurs retranchements en colonnes serrées et les chargeaient à la baïonnette : cette contre-attaque les rejetait sur l'éperon où elles s'étaient d'abord rassemblées et qu'elles venaient de quitter, et au bas des pentes sur la Bidassoa.

Vers midi, la réserve de Villatte, fort en retard, franchissait à son tour la Bidassoa, par les ponts précédemment jetés et par le gué de Béhobie. Le combat était repris et la brigade Guy de la réserve de Villatte (2)

---

(1) Celles-ci passaient par le gué de voitures d'Allonda, au village même de Biriatou.

(2) Composée de la garde royale d'Espagne, de la gendarmerie à pied et d'un bataillon de Royal-Etranger. Ce fut celui-ci, commandé par le chef de bataillon Bossut, qui s'empara de l'hermitage San Martial; les autres troupes de la brigade n'ayant pu se maintenir, il se retira à leur suite.

parvenait à enfoncer la gauche des Espagnols et à s'emparer de l'hermitage San Martial. Un nouveau retour offensif, ordonné par Wellington en personne, rejetait encore toutes ces troupes dans la vallée, dans la rivière et sur l'éperon fortifié qu'elles conservaient. Les troupes de Reille et de Villatte, remises lentement et péniblement en ordre, se maintenaient cependant ainsi sur la rive gauche, malgré les tentatives répétées des Espagnols pour les en chasser ; elles n'étaient aucunement parvenues à déboucher, en franchissant le rempart que leur opposait l'occupation, par l'ennemi, des hauteurs de San Martial, contre lesquelles elles étaient venues se heurter.

Le maréchal venait cependant d'appeler la division Foy vers Béhobie pour renouveler l'attaque avec tous ses moyens quand les nouvelles reçues de Clausel et de d'Erlon à sa gauche le contraignaient à renoncer à l'offensive entreprise. En effet, pendant que Reille échouait ainsi au San Martial, l'attaque de Clausel, à sa gauche, d'abord couronnée de succès, avait dû aussi être suspendue et arrêtée.

Dès l'aube également, comme l'avait fait Reille, Clausel, favorisé par un épais brouillard, avait franchi les crêtes de la Baïonnette et d'Ibardin avec les trois divisions Taupin, van der Maësen, d'Armagnac, marchant sur les gués de Vera, distants de 9 kilomètres environ, en ligne droite, des points de passage de l'attaque de Reille au travers de la Bidassoa. Il laissait la division Maransin en échelon de recueil et de soutien, avec son artillerie, sur les versants au nord de Vera.

A 8 heures, ses colonnes abordaient les gués de Salain de Vera et de Salain de Lesaca, en aval de Vera (1)

(1) Les premiers obus de sa propre artillerie tombaient au milieu de son infanterie aux applaudissements ironiques et joyeux des soldats anglais postés sur la rive gauche.

et leur seul bataillon d'avant-garde (sans sacs) repoussait la brigade portugaise de la division Cole sur les hauteurs de la rive gauche. La brigade Inglis, de la division Dalhousie, aussitôt engagée contre les têtes de colonnes françaises, était rejetée, comme elle, avec de grosses pertes (1) sur le chemin d'Oyarzun, vers les forges de San Antonio, et les colonnes françaises prenaient pied sur le contrefort de la Peña-de-Haya, qui descend près des Salains.

Vers 2 heures, les troupes de Clausel allaient atteindre San Antonio, où la brigade Inglis (Dalhousie), la brigade portugaise et les deux autres brigades de la division Cole étaient alors réunies, pendant que les Espagnols de Longa, à leur gauche, les reliaient aux troupes de Freyre sur les hauteurs de San Martial. Mais les alliés profitaient encore de l'immobilité passive de la division Maransin, laisssée comme soutien et comme repli, par Clausel, sur les versants de la rive droite, au nord de Vera et en face des hauteurs de Santa-Barbara ; ce corps se bornait en effet à un simple rôle d'observation. On pouvait donc rappeler, sans inquiétudes, les réserves alliées de Lésaca et d'Echalar (deux brigades de la division Alten, trois bataillons espagnols d'O'Donnell (Giron), une brigade de la division Dalhousie) (2) et les diriger sur Lesaca pour gagner San Antonio. Leurs premières colonnes, mal conduites (43ᵉ régiment de la division Alten, et Espagnols), venaient se heurter involontairement au flanc gauche et aux derrières des divisions françaises, qui les refoulaient en désordre. Une violente tempête survenue brusquement les sauvait

---

(1) 270 hommes et 22 officiers. (Brigade Inglis.)

(2) La troisième brigade de la division Dalhousie était employée aux démonstrations contre d'Erlon jusqu'au milieu du jour. Elle était alors dirigée sur Lesaca et rejoignait sa division le 1ᵉʳ septembre au matin.

seule de la destruction (1). Mais ces mouvements inspiraient des craintes à Clausel pour ses derrières et pour ses communications avec la rive droite : les forces alliées paraissaient encore occuper en nombre les hauteurs de Santa Barbara, où elles n'avaient cependant laissé qu'un masque (brigade Skerret, d'Alten) et les hauteurs d'Echalar (une brigade de Dalhousie et O'Donnell). Clausel redoutait, s'il s'engageait plus loin, de les voir passer les ponts de Vera (couvent fortifié) et de Lesaca, dont il avait négligé de prendre possession et qui étaient tenus par leurs postes, et couper ses communications. L'insuccès de Reille à l'attaque de San Martial pouvait le laisser en pointe, isolé, dans une situation critique, ayant à dos l'ennemi et la Bidassoa gardée par les troupes de celui-ci. Il informait le maréchal de sa situation telle qu'il la voyait ; il suspendait son offensive et il se préparait à repasser sur la rive droite.

A la gauche de Clausel, d'Erlon s'était laissé complètement tromper par les démonstrations des alliés. Dès le 30 au soir, ses avant-postes avaient déjà été en butte aux escarmouches de l'ennemi. Le 31 août, à 3 heures du matin, la brigade Rémond, de la division Abbé, était attaquée dans son camp, au nord d'Urdax, sur les deux rives de la Nivelle. Vers midi elle se repliait sur les hauteurs au nord des forges d'Urdax, occupées par les troupes de la deuxième brigade de sa division ; et à 1 heure l'ennemi, prenant possession du camp abandonné, mettait le feu à ses baraques. Abbé, dont les troupes garnissaient les hauteurs depuis Sare jusqu'au Mondarrain, réunissait alors ses forces et repoussait vigoureusement les alliés. Sur sa droite, le général Con-

---

(1) Napier.

roux était également attaqué, mais sans grande vigueur, par des troupes qui débouchaient de Zugarramurdi et du puerto d'Echalar : il se maintenait sans peine sur les hauteurs de Sainte-Barbe et de la Rhune.

Le poste d'observation du Mondarrain signalait alors, vers 1 heure, au général d'Erlon la marche d'une forte colonne ennemie venant de Maya vers le Mondarrain et qui *paraissait* vouloir menacer sa gauche. D'Erlon en concevait aussitôt une vive inquiétude, peu fondée (1); avec les forces dont il disposait, il ne pouvait arrêter l'offensive ennemie ; le point menacé était faiblement défendu ; un succès de l'adversaire dans cette direction annulait tout ce que le maréchal pouvait faire sur la Bidassoa. Il estimait qu'un grand mouvement offensif se préparait contre les derrières de l'armée, pour s'interposer entre elle et Bayonne. Et il s'empressait de communiquer ses craintes au maréchal Soult. En réalité celles-ci étaient bien vaines ; en effet, Conroux n'avait eu affaire qu'aux Espagnols d'O'Donnell (Giron), au débouché du puerto d'Echalar et sur la hauteur de Sainte-Barbe; et Abbé n'avait été attaqué que par deux brigades portugaises des divisions Dalhousie et Pack (2). La première de celles-ci, rappelée par Wellington pour rejoindre sa division à Lesaca, allait même abandonner ce secteur dans la soirée. Wellington, décidé pour le moment à ne pas entrer en France et à maintenir son

---

(1) « Les mouvements de cette colonne scrupuleusement observés, nos conjectures s'accordent à penser que l'ennemi ne feint de menacer cette partie de notre ligne que pour forcer le maréchal d'abandonner ses projets sur Saint-Sébastien et de repasser la Bidassoa ; la colonne ennemie resté en effet stationnée en face, mais à quelque distance du Mondarrain, sans rien entreprendre de sérieux contre les défenseurs de ce poste. » (Lapène.)

(2) Cette dernière division (VIe) était alors commandée par Colville.

armée sur la défensive, n'avait aucunement préparé un débouché offensif de ses forces sur la gauche du maréchal ; ses opérations de ce côté étaient de simples démonstrations, telles que celles que d'Erlon avait eu pour mission d'exécuter précisément lui-même.

Son avertissement alarmé parvenait au maréchal au moment où celui-ci, après l'échec de sa droite, se préparait à faire soutenir une nouvelle offensive de Reille et de Villatte, contre les positions de San Martial, par la division Foy, appelée en avant dans ce but. Peu après, l'exposé inquiet que Clausel lui faisait de sa situation lui était apporté (1). Il avait aussitôt prescrit à Reille et à Villatte de revenir prendre leurs positions sur la rive droite et à Urrugne, rappelé Clausel du même côté de la rivière, et dirigé Foy au nord d'Ascain et de la Nivelle, sur les hauteurs de Serres, avec l'ordre de soutenir d'Erlon ; il le faisait éclairer en avant par la brigade de dragons Ismert à Saint-Pée (rive droite de la Nivelle). Clausel devait laisser la division Maransin sur les hauteurs de la Baïonnette (au nord de Vera) et avec ses trois autres divisions se joindre à Foy sur la position de Serres. Le maréchal se préparait ainsi à marcher, avec toutes les troupes qui n'étaient pas rigoureusement nécessaires pour garder notre ligne, « *contre le corps ennemi qui avait paru vouloir forcer notre gauche* ». (Soult au ministre, de Saint-Jean-de-Luz, 1ᵉʳ septembre, 5 heures du matin.)

Vers 4 heures du soir, un orage d'une violence extrême avait arrêté forcément le combat sur tous les points. Deux heures avant la nuit, et alors que la marée et les pluies n'avaient pas encore gonflé les eaux de la

---

(1) Le maréchal se tint sur la hauteur de Louis XIV et sur la hauteur à l'est de Biriatou. Wellington était auprès de l'hermitage San Martial.

Bidassoa, et rendu tout passage impossible, les troupes de Reille et de Villatte regnagnaient la rive droite. Peu après leur passage, la force du courant emportait le pont de chevalets. Mais Clausel, rappelé tardivement, n'avait encore eu que le temps de faire passer deux de ses brigades par les gués des Salains quand la tempête, se déchaînant, coupait la retraite aux dernières troupes de ses trois divisions et les obligeait à passer la nuit sur la rive gauche.

Dès 3 heures du matin, le 1er septembre, la force du courant et l'élévation des eaux continuant à rendre les gués impraticables (1), le général van der Maësen, qui commandait ces troupes, se décidait à enlever le passage par le pont de Vera (1.500 mètres à l'est des gués et à 3 kilomètres environ en amont). Profitant de la nuit, masqué ensuite par les hauteurs et défilé des vues ennemies, il gagnait, sans être inquiété, les abords du pont ; mais, par suite d'une négligence coupable, on avait omis la veille, en franchissant la rivière, de chasser l'ennemi qui occupait ce pont, de prendre possession d'abord de ce passage essentiel et de s'y installer solidement en l'organisant en point d'appui bien gardé et bien défendu. Une simple compagnie, établie dans un couvent fortifié sur la rive gauche à l'entrée du pont, résistait jusqu'au jour, et pendant plus d'une heure, à tous les efforts de l'avant-garde française pour s'emparer du débouché ; renforcée alors par une seconde compagnie et quelques Portugais, elle obligeait les troupes françaises à mettre en action l'artillerie de la rive droite, concurremment avec des tirailleurs envoyés

---

(1) « Clausel ordonne de tendre des cordages, fixés à des avant-trains d'artillerie, et d'établir ainsi une communication d'une rive à l'autre ; mais les cordages rompent et cet expédient ne sert qu'à engloutir les hommes et les chevaux employés à cette inutile tentative... » (Lapène.)

de ce côté par les brigades qui avaient franchi la rivière la veille. Le passage était enfin conquis au prix de trop grandes pertes. Le général van der Maësen était tué et plus de 200 hommes tués ou blessés. Les divisions traversaient la rivière sans être inquiétées par les troupes que Wellington avait réunies sur les deux rives de la Bidassoa aux abords immédiats de Vera et de Lesaca et qui négligeaient d'entrer en ligne à un moment très favorable pour nous infliger de lourdes pertes.

Nous avions perdu 3.157 hommes (1) dans ces différents engagements. Les généraux Mignot de Lamartinière et van der Maësen (2) avaient été tués ; trois autres — Mène, Remond et Guy — étaient blessés. Les pertes des alliés s'élevaient à 2.600 hommes.

L'assaut de Saint-Sébastien, le même jour, leur coûtait 2.400 hommes. Les hauteurs du château et de sa citadelle résistaient encore, et Wellington arrivait lui-même le 1er septembre au corps de siège pour achever sa conquête. Le 8 septembre, les défenses s'écroulaient sous le feu de 59 pièces de gros calibre, et, le 9, le général E. Rey, à la tête de la garnison réduite au tiers (3), sortait de la place avec les honneurs de la guerre, après soixante-trois jours de tranchée ouverte contre celle-ci.

---

(1) Lapène. D'après Napier : 3.600.
(2) Il fut enterré au sommet du mont de la Baïonnette; Lamartinière, à Saint-Jean-de-Luz. Thomas Mignot de Lamartinière, né le 28 février 1768, mort le 5 septembre 1813, avait été nommé général de brigade en février 1807, baron en 1808, chef d'état-major de l'armée du Portugal en septembre 1811, général de division le 11 février 1813.
(3) 1.135 hommes, dont 570 blessés. Ils furent embarqués pour l'Angleterre et échangés au début de 1814.

IV

La couverture de Bayonne.

Situation militaire et politique des alliés après la prise de Saint-Sébastien. — Offensive limitée de Wellington. — Son but.
Situation de l'armée française. — Conceptions du maréchal Soult.
Surprise des troupes françaises, le 7 octobre; combats de la Bidassoa et de la Croix-des-Bouquets; combats du puerto d'Insola et de la Baïonnette. — Combats de la grande Rhune (8 octobre). Reprise de la redoute de Sainte-Barbe (12 au 13 octobre).
Organisation de nouvelles lignes de défense par le maréchal. — Etat moral des Français.
Capitulation de Pampelune (31 octobre). Offensive des alliés (10 novembre) : secteur menacé. Dispositions des alliés. — Combats de la petite Rhune et de Sare. — Combats d'Anhoué et du Mondarrain. — Combats de Saint-Jean-de-Luz. — Combats d'Ascain et de Saint-Pée. — Engagement du Gorospile. — Discussion des opérations effectuées.
Nouvelle ligne de défense du maréchal Soult. — Son abandon. Recul sous Bayonne (12 novembre). — Suspension de l'offensive des alliés. — Renvoi des Espagnols vers l'arrière. — Affaire de Cambo (15, 16 novembre).
Situation de l'armée française. Organisation de Bayonne. Reprise de l'offensive par les alliés (9 décembre); franchissement de la Nive; combats de Cambo, Larressorre, Ustarits, Villefranque. — Combats d'Anglet et du château d'Urdains.
Offensive du maréchal sur la rive gauche de la Nive (10 dé-

Cartes à consulter :

— 1/100.000 du service vicinal (ministère de l'intérieur) : feuilles VIII, 35 (Saint-Jean-de-Luz) et IX, 35 (Bayonne), essentielles pour le figuré du terrain en Espagne;
— 1/80.000 : quarts S.-O. et S.-E. de Bayonne (226); — quarts N.-O. et N.-E. de Saint-Jean-Pied-de-Port (238).
On consultera utilement le 1/50.000 pour Bayonne (226, S.-E.);
Et le 1/200.000 pour l'ensemble, 69 (Bayonne).

On remarque quelques différences d'orthographe dans les noms de localités. Exemples :
— 1/80.000° : Ustaritz, Ainhoué, Zugaramurdi, Larressorre, Itxassou, Guétbary;
— 1/200.000° : Ustarits, Ainhoué, Zugarramurdi, Larressor, Itsatsou, Guétary;
— 1/100.000° : Ustarits, Ainhoa, Zugarramurdi, Larressore, Itxassou, Guéthary, etc., etc.

cembre); surprise des alliés; combats de Bassussarry et d'Arcangues; combat d'Anglet; combats du Barrouillet; concentration des troupes alliées; discussion des opérations. — Départ des troupes allemandes.

Reconnaissances du 11 décembre; engagements de Pitcho, de Barrouillet, d'Arcangues. — Reconnaissances du 12 décembre.

Offensive du maréchal sur la rive droite de la Nive (13 décembre); combats de Marrichorry (Haut-Saint-Pierre); combats de Vieux-Mouguerre; combats de Château-Larralde. — Recul des forces françaises à Saint-Pierre-d'Irube. — Discussion des opérations.

La chute de Saint-Sébastien ouvrait un nouveau port de ravitaillement aux armées alliées. Elle rendait disponibles les forces importantes du corps de siège de Graham ; elle donnait toute liberté de manœuvres aux troupes consacrées à la couverture du siège. D'un autre côté, la situation politique et militaire en Allemagne n'était plus un obstacle à une marche en avant des alliés sur le territoire français. Le moment n'était-il pas arrivé de se décider à ces opérations ?

S'engager dans une guerre d'invasion avant d'avoir réduit Pampelune (1) paraissait encore difficile à Wellington ; en effet, si on continuait à opérer par les Pyrénées occidentales, il faudrait encore faire le siège ou tout au moins le blocus de Bayonne et sans doute aussi celui de Saint-Jean-Pied-de-Port, qui barrait les routes et les vallées ouvrant les communications de l'Espagne avec la France par la Nive et au delà; la mauvaise saison allait rendre difficiles ces nouvelles entreprises. Il n'était d'ailleurs pas possible d'opérer en forces, non plus qu'avec indépendance, une fois diminué de trois détachements de cette importance. On

---

(1) « ... D'après une lettre interceptée du gouverneur de Pampelune, celui-ci croit pouvoir tenir jusqu'au 25 : d'ici là, nous ne pourrons mettre la droite en mouvement... » (Wellington à Graham, octobre.)

pouvait encore peser s'il n'était pas préférable d'entrer décidément en France par les Pyrénées orientales ; les nombreuses places que nous tenions dans cette région (1) étaient, il est vrai, un grave obstacle ; mais l'entretien des troupes y était plus facile que dans le pays basque, en Basse-Navarre, ou même en Chalosse, régions au delà desquelles les Landes venaient offrir un obstacle infranchissable aux armées. C'était toutefois contribuer à faciliter la jonction de l'armée de Soult avec celle de Suchet, alors qu'en continuant à opérer dans le sud-ouest la réunion inverse n'était nullement certaine ; les occasions, déjà négligées par Suchet, en apportaient presque la certitude. D'ailleurs, pour pouvoir manœuvrer par l'est de la chaîne, la prise de Pampelune était encore indispensable.

Tout en réservant la décision définitive et le choix de la ligne ultérieure d'opérations, il était donc sage, tant que Pampelune ne serait pas conquise, de borner la première offensive en France à mieux asseoir sa base, à prendre de nouveaux ports et à menacer directement Bayonne. Cette tâche était entièrement suffisante pour le moment, alors surtout que l'agitation politique en Portugal menaçait l'alliance militaire de cette nation avec l'Angleterre et tout au moins l'organisation des forces portugaises à l'armée ; les relations de ce pays avec l'Espagne étaient en outre très tendues ; les rapports de l'Espagne avec l'Angleterre paraissaient à la veille d'amener une rupture entre ces puissances. Le commandement de Wellington y était discuté ; il l'était même en Angleterre, malgré ses succès répétés. Enfin, on avait déjà eu connaissance, après

---

(1) Jaca, Vénasque, Monzon, Fraga, Lerida, Mequinenza, Figuères, Gerone, Ostalrich, Barcelone, Tortose, Morella, Péñiscola, Sagonte, Denia. (Voir note de la page 117.)

la bataille de Vitoria, des projets de Napoléon au sujet de la restauration de Ferdinand VII comme roi d'Espagne (1) ; la menace était grave ; elle exigeait

---

(1) Le *traité de Valençay* (11 décembre 1813) fut apporté en décembre à Madrid par le duc de San Carlos. Il reconnaissait Ferdinand VII comme roi d'Espagne et lui assurait l'intégrité de son royaume. En retour, *Ferdinand s'engageait à faire évacuer l'Espagne par les Anglais*. C'était permettre à Napoléon de rappeler à lui les armées d'Espagne et d'Aragon et toutes les garnisons des places occupées par nous. L'Empereur avait décidé que Ferdinand rentrerait en Espagne dès le commencement de *novembre*. C'eût été détruire l'influence anglaise, car, en ce moment, les luttes politiques étaient des plus vives dans les Cortès ; les Régences d'Espagne et de Portugal se montraient très hostiles à Wellington et à la domination anglaise, et les généraux espagnols semblaient à la veille de lui faire défection. Talleyrand et Fouché veillaient ; ils retardaient l'acceptation de Ferdinand et ils livraient le secret aux Bourbons. C'était informer l'Angleterre et Wellington. La Régence espagnole, appuyée *alors* par Wellington, discutait longuement, puis repoussait d'abord le traité. Enfin, malgré l'urgence et les ordres de Napoléon, Ferdinand, retenu et retardé en France, n'entrait lui-même en Espagne que le 3 *mars, alors qu'il n'était plus temps pour nos intérêts.*

On trouvera le texte de ce traité au volume III des Mémoires du général Hugo, aide-major général des armées en Espagne (note IV, p. 214, édition 1823).

Voici quel était, dès le 15 janvier, l'avis de Suchet, chargé de ces négociations ; il permettra de juger de leur importance. Suchet estimait et écrivait au ministre qu'il y avait urgence à renvoyer Ferdinand en Espagne et à s'en rapporter à sa loyauté pour l'exécution de l'article 7 du traité qui portait qu'une convention serait faite entre la France et l'Espagne pour régler l'évacuation simultanée des provinces encore occupées par les Français et par les Anglais : « Alors », disait Suchet, « je pourrais céder Barcelone sans danger, faire rentrer les garnisons des autres places et AMENER 25.000 VIEUX SOLDATS A L'EMPEREUR. *L'armée espagnole du général Copons arrêterait la marche du corps anglo-sicilien*, qui me serre de plus près et le besoin, qu'a le peuple espagnol de la paix, l'emporterait, pour quelque temps, sur les intrigues des Anglais... »

L'une des preuves les plus frappantes de *l'intérêt national* de ces combinaisons est la dépêche de Napoléon au ministre en date du 14 janvier, qui est passée trop inaperçue au point de vue de ses conséquences sur *l'état d'esprit du maréchal Soult* :

« ... Vous ordonnerez également au maréchal Soult *de se mettre lui-même en marche avec toute son armée*, en ne laissant que ce qui sera nécessaire pour former rideau, et DE SE PORTER

qu'on prît des garanties pour l'entraver, avant de pousser délibérément en avant.

Wellington se décidait, en conséquence, à prendre l'offensive et à entrer en France, comme la situation militaire l'indiquait ; mais il entendait se borner, pour le moment, comme la situation politique l'exigeait, à affermir sa base, à l'assurer en portant sa gauche en avant pour s'appuyer plus largement à la mer par la conquête de deux nouveaux ports, et à menacer Bayonne (1). Il devait y gagner, tout d'abord, la possession du port de Fontarabie, qui, bien que médiocre, offrait plus d'avantages que celui de Passages, et il visait à s'emparer de celui de Saint-Jean-de-Luz. Ces bases, une fois prises, et Pampelune conquise, il serait en mesure de pousser fermement ses opérations contre Bayonne et contre les forces françaises. Pour y arriver, la conquête du massif

---

SUR LA LOIRE, aussitôt que *les premiers bruits*, qui nous sont parvenus, de la *ratification du traité de Valençay* par les Espagnols, seraient pleinement confirmés... »

On conçoit immédiatement comment le maréchal a été *poussé*, pour ainsi dire, *à dérober son armée aux chocs et à défendre à peine le terrain depuis Bayonne jusqu'à Orthez*, point où il a livré bataille d'accord avec les nouveaux ordres de l'Empereur. Il réservait ses forces en vue de leur nouvelle destination. On peut en dire autant de Suchet.

Note de Napoléon sur la situation actuelle de la France.
Paris, 12 janvier 1814.

« ... Si les affaires d'Espagne prenaient une tournure définitive d'ici à ce temps (mi-février), nous aurions *un poids immense dans la balance*, qui ferait changer entièrement les affaires de face... »

(1) « ... Mon intention est de porter ma gauche en avant dans trois ou quatre jours. Je me bornerai là jusqu'à la chute de Pampelune... » (Wellington à Bathurst, 2 octobre.)

« ... Les hauteurs de la rive droite de la Bidassoa ont sur nous de telles vues qu'il nous les faut et que le plus tôt sera le meilleur... » (Wellington à Graham, 2 octobre.)

de la grande Rhune, celle de la basse Bidassoa, s'imposaient en premier lieu. En s'emparant de la grande Rhune on saisissait une position offensive, avancée jusqu'au centre des lignes de défense française ; et les débouchés qu'elle assurait permettaient de couper celles-ci, de les tourner ou de les déborder, sans laisser le temps à leurs défenseurs, trop rapprochés, de réunir leurs propres forces. C'était déjà amener tout leur front à reculer sur de nouvelles lignes plus éloignées. Sa possession devait encore assurer aux alliés une communication courte, directe, de Vera à la mer, le long de la Bidassoa.

L'armée du maréchal Soult avait, en effet, occupé de nouveau, et sans grandes modifications, les positions qu'elle tenait déjà avant son mouvement offensif pour délivrer Saint-Sébastien : elle les organisait défensivement et elle était employée, sur tous les points de ses lignes, à des travaux de terrassement, avec l'aide des ouvriers civils qu'on avait pu requérir.

A la droite, Reille était chargé de surveiller et de garder la Bidassoa, depuis la mer jusqu'aux gués en amont de Biriatou ; il tenait les hauteurs de la Croix-des-Bouquets, du Mandela. La division Maucune était employée à cette mission démesurément étendue. En arrière, Reille, avec la division Boyer (ancienne Lamartinière) (1), occupait encore les camps d'Urrugne et de Bordagain (ouest de Saint-Jean-de-Luz), et il pré-

---

(1). *Reille* : divisions Maucune et Boyer ; *Clausel* : divisions Taupin, Conroux, Maransin (ex-van der Maësen) ; *d'Erlon* : divisions d'Armagnac, Abbé, Darricau (ex-Maransin).

Darricau, blessé à Vitoria, était revenu à la fin de septembre, et il avait pris le commandement de l'ex-division Maransin. Maransin avait pris le commandement de l'ex-division du général van der Maësen tué à Vera.

paraît une seconde ligne, appuyée à droite à ces camps, et s'étendant à l'est jusqu'à Ascain, sur la rive gauche de la Nivelle, où elle se reliait avec les camps de Clausel.

Le centre de Clausel (1), porté très en avant, organisait les contreforts avancés du massif de la Rhune, qui forment deux remparts échelonnés dans la direction de Vera. Sa droite occupait les hauteurs de la Baïonnette, qu'elle fortifiait. Il barrait à sa gauche les débouchés venant de Vera et d'Echalar, sur Sare ; ses réserves se couvraient sur les hauteurs de Sare et de Sainte-Barbe, et ses forces, massées au camp de Sare, contribuaient encore à l'organisation des camps d'Ascain et de Serres jusqu'à Saint-Pée et Habancen, sur les deux rives de la Nivelle. Villatte, avec trois brigades en réserve, organisait aussi les mêmes camps d'Ascain et de Serres. Sa dernière brigade était employée à la tête de pont de Cambo, dont nous parlerons tout à l'heure.

A la gauche de Clausel, d'Erlon (1) préparait la défense des hauteurs au nord d'Urdax, des monts d'Amots, et du Mondarrain. Sa position principale de résistance était basée sur le long plateau qui s'étend au nord d'Ainhoué, de 279 au-dessus de Finodetta à l'est, jusqu'à 141, au-dessus du pont d'Amots à l'ouest, en passant par les cotes 233 et 201.

La dispersion des forces dépassait toutes les limites de leur emploi ou de l'exercice du commandement.

« ...Je reconnus », écrivait le maréchal au ministre de la guerre, « que je ne pouvais faire prendre à l'armée une bonne ligne de défense qu'en appuyant la droite à Saint-Jean-de-Luz et en prolongeant la ligne par les

---

(1) Voir la note précédente.

contreforts de la Rhune, les hauteurs en arrière et en avant de Sare et d'Ainhoué (Ascain, Amots), celles du rocher de Mondarrain et le cours de la Nive vers Bidarray jusqu'à Saint-Jean-Pied-de-Port. Je fis retrancher cette position et, dès ce moment, je ne regardai celle de la Bidassoa que comme une position d'avant-garde... (1). »

L'établissement d'un camp retranché en avant de Saint-Jean-Pied-de-Port, sous la direction du général Foy, qui y avait réuni près de 15.000 hommes, était poussé avec la plus grande activité par le maréchal, sur les lieux mêmes, au commencement d'octobre; car la place, telle qu'elle existait, ne pouvait empêcher l'ennemi de faire passer ses colonnes hors de portée du canon de la citadelle : 3.000 hommes étaient nécessaires pour la défense ; mais le maréchal voulait y laisser une division entière aussi longtemps que les opérations le lui permettraient ; les ouvrages étaient si bien placés qu'ils assuraient tout le temps voulu pour arriver au secours des troupes, le cas échéant, et quelles que fussent les forces employées par l'ennemi pour réduire la défense (2).

Enfin, dans sa pensée, Saint-Jean-Pied-de-Port, ainsi renforcé, constituait *un point d'appui offensif de valeur*, en raison des troupes disponibles, prêtes à manœuvrer, que la place abriterait jusqu'au moment de leur mise en action (3). Quant à la défense de toutes les hautes vallées, elle était confiée aux gardes natio-

---

(1) C'est-à-dire d'*arrière-garde*, car le maréchal ajoute : « ... N'étant pas assez fort pour y tenir les troupes nécessaires à sa défense, et *ne pouvant même, en cas d'attaque, y faire arriver à temps des secours*... » Cette lettre (26 octobre) est postérieure au passage de la Bidassoa par les alliés, qu'il n'a pas prévu, prévenu ou contenu.
(2) Soult à Guerre, 2 octobre.
(3) *Ibid.*

nales locales (1) et la brigade Pâris, mise à la disposition du général Foy et quittant Oloron, se préparait à se rendre entre Saint-Palais et Saint-Jean-Pied-de-Port (13 octobre) pour couvrir les débouchés sur Saint-Palais et Mauléon (2).

---

(1) Par un ordre donné à Saint-Jean-de-Luz, le 19 octobre 1813, le maréchal Soult, « *lieutenant-général de l'Empereur, commandant les armées de Sa Majesté en Espagne et aux Pyrénées* », organisait la défense des passages conduisant d'Espagne dans les hautes vallées des Pyrénées : *vallée d'Azun*, sur Arrens ; *vallée de Cauterets* ; *vallée d'Ossouc*, sur Gavarnie ; *vallées de Héas et d'Estaubé*, sur Gèdre ; *vallée de Lavedan et de Gavarnie* ; *vallées d'Aure et de Louron*, sur Arreau ; *vallées de Luchon et d'Aran*. La défense était confiée aux gardes nationales des vallées, aux soins et aux frais des habitants intéressés. Un officier du génie et un officier d'artillerie étaient désignés pour surveiller et diriger les travaux. On trouvera le texte *in extenso* de cet ordre intéressant dans *la Défense des frontières*, par le général Pierron.

(2) Le détachement du général Pâris et de ses troupes de l'*armée d'Aragon* a donné lieu à l'échange d'une correspondance parfois un peu tendue entre Suchet et Soult. Il est utile d'en présenter les parties essentielles, qui mettent à même de suivre ces régiments :

— *Soult à Suchet* (Sare, 6 août 1813). — « ... Le général Pâris est arrivé à Jaca le 14 du mois avec 4.000 à 5.000 hommes de l'*armée d'Aragon*. Je lui ai donné des instructions et je lui ai recommandé de ne rien négliger pour se mettre en communication avec vous... »

Soult à Suchet (Ascain, 16 août 1813). — « ... Le général Pâris m'a écrit d'Urdos, le 12 août, qu'ayant été attaqué par des forces supérieures en avant de Jaca, il a dû repasser la montagne. Je lui ai envoyé des ordres sur ce qu'il doit faire dans sa nouvelle position. Il m'a rendu compte qu'il a laissé une bonne garnison à Jaca, laquelle a des subsistances pour très longtemps. »

Suchet à Soult (Barcelone, 23 août 1813). — « ... Si..., dès votre arrivée à l'armée, vous m'eussiez fait part de vos projets offensifs, je pouvais alors découvrir momentanément la Catalogne ; le château de Saragosse n'était pas pris, le général Pâris n'avait pas repassé les Pyrénées et me donnait 5.000 hommes de plus ... »

Soult à Guerre (Saint-Jean-de-Luz, 27 septembre 1813). — « ... Je consens à renvoyer au maréchal Suchet le général Pâris avec toutes les *troupes de l'armée d'Aragon* qui sont avec lui aussitôt que Votre Excellence m'aura fait connaître, sur ce mou-

Le 6 octobre, une double tête de pont (ordre du 2 septembre, et dépêche au Ministre, 2 octobre) était en voie (1) de construction à Cambo. Elle devait être armée de 20 pièces pour pouvoir résister à une attaque

---

vement (offensive combinée avec Suchet par Jaca) les intentions de Sa Majesté... Ainsi le général Pâris emmènera avec lui les 10e et 81e régiments de ligne; les détachements des 114e, 115e et 117e régiments; le 8e de ligne napolitain et le 12e régiment de hussards; il laissera en position le 2e bataillon des chasseurs de montagne et sa gendarmerie à pied... »

Soult à Suchet (Bayonne, 4 octobre 1813). — « ... Le 12e de hussards est parti hier d'Oloron pour se rendre à Puycerda... Je vais envoyer au général Pâris le 4e bataillon et deux compagnies du 5e bataillon du 115e régiment, forts de près de 800 hommes, afin que, lors de son mouvement, il emmène cette troupe à laquelle je ferai joindre tout ce qu'il y aura de disponible dans les dépôts des régiments qui font partie des armées d'Aragon et de Catalogne, qui se trouvent dans les 10e et 11e divisions militaires... »

Soult à Suchet (Saint-Jean-de-Luz, 19 octobre 1813). — « ... J'ai dû faire porter le général Pâris, avec une partie des troupes sous son commandement, sur Saint-Jean-Pied-de-Port; il est cependant prévenu qu'il doit se tenir prêt à se mettre en route pour vous joindre et mon intention est de le faire partir aussitôt que tout ceci sera un peu éclairci... »

Suchet à Soult (Barcelone, 28 octobre 1813). — « ... J'attends la réunion de la brigade Pâris ainsi que des autres troupes qui appartiennent aux armées d'Aragon et de Catalogne... »

Soult au ministre (Sauveterre, 10 février 1814). — « ... Le général Pâris est en mouvement pour aller ravitailler Jaca. Je crains cependant que la grande quantité de neige, qu'il a fait, ne l'empêche de passer; du moins il m'a écrit d'Oloron que toutes les routes étaient interceptées... »

[Jaca capitule le 17 février.]

Soult à Suchet (Toulouse, 7 avril 1814). — « ... Je donne ordre au général de division Pâris de partir demain en poste pour se rendre à Perpignan, où vous en disposerez. Je pense qu'il vous conviendra mieux que le général Travot... »

Les bataillons des 10e de ligne, 81e, 115e, 116e et 117e, provenant de *l'armée d'Aragon*, et détachés à l'armée de Soult, donnaient un effectif total de 2.000 hommes environ. On les retrouve encore à la 8e division Harispe, brigade Baurot, à la bataille de Toulouse. Deux compagnies du 114e (230 hommes) étaient restées à Navarrenx; le reste avait formé la garnison de Jaca.

(1) 6 octobre, Soult au ministre; d'Espelette.

de vive force et être appuyée par trois forts ouvrages détachés, construits sur le mont Ursouia. Ce poste avait pour but de faciliter les opérations sur les deux rives de la Nive et de relier la défense de Saint-Jean-Pied-de-Port avec celle de la ligne, jusqu'à la mer.

Le même jour, les ouvrages élevés sur la ligne depuis le rocher du Mondarrain jusqu'au pont d'Amots, en suivant le contrefort en arrière d'Ainhoué, et en avant de ce village, étaient déjà susceptibles d'une certaine résistance. « ...Dans quinze jours », écrit le maréchal (6 octobre), « ils seront terminés... »

A Bayonne même, conformément aux ordres donnés dès le 16 juillet, on travaillait à établir sous la place deux camp retranchés (Mousserolles et route d'Espagne). Cent vingt pièces étaient déjà montées ; la place était en état de siège ; la construction des ouvrages était vivement pressée et, de toutes parts, on faisait affluer les terrassiers requis aux environs ; mais la défense n'était aucunement prête à résister à une attaque sérieuse.

Le maréchal s'attendait à être attaqué d'un jour à l'autre ; il estimait que sa gauche ou son centre étaient les plus menacés ; il paraissait naturel en effet que les alliés cherchassent à faire tomber toutes les lignes de défense des cours d'eau en les tournant par leurs sources. Une offensive heureuse par Saint-Jean-Pied-de-Port, ou même par Bidarray, débordait les lignes de la Bidassoa, de la Nivelle et même de la Nive ; si le général anglais se décidait à marcher en avant, il était plausible de croire que c'était pour entrer décidément en France ; par suite, il avait avantage à tourner tout d'abord ces défenses et à contraindre ainsi l'armée soit à reculer largement d'un seul coup son dispositif défensif jusqu'à l'Adour peut-être, soit à livrer bataille et à tenter de résoudre la question en une fois.

Nous avons vu que Wellington ne raisonnait pas ainsi : il n'était pas disposé à risquer toutes ses chances en une seule bataille. La nature de la contrée ne permettait pas de compter sur une victoire décisive ; dans un sol coupé et mouvementé, comme celui du pays basque, du Béarn ou de la Chalosse, la portée même d'un grand succès ne peut jamais être entièrement définitive, car il est aussi difficile de poursuivre à fond et rapidement l'adversaire qu'il est aisé, pour celui-ci, de se dérober à l'étreinte de l'ennemi et de se ressaisir, avec l'aide du terrain. La guerre de chicane, propre à ces régions, ouvre aussi peu le champ aux grands succès qu'aux grands revers : elles sont éminemment propres à la défensive avec des moyens insuffisants ; les échecs y sont partiels et jamais définitifs.

Wellington n'envisageait pas non plus la question dans le sens stratégique où le maréchal la comprenait. Sa conception était plus simple, moins étendue et peut-être plus immédiatement pratique. Il entendait avancer pas à pas, sûrement, de point en point, et limiter chaque fois ses opérations au but rapproché indispensable à atteindre tout d'abord, en concentrant tous ses moyens sur ce premier objectif. Il ne voulait entrer en France qu'après avoir affermi son premier pas et les suivants par la prise de possession d'une base de ravitaillements, ainsi que nous l'avons exposé.

Le maréchal apprenait successivement : qu'une partie des troupes de del Parque étaient venues de Tudela renforcer le corps de siège de Pampelune ; que les troupes de Mina se réunissaient dans la vallée d'Orbaïceta et aux environs de Roncevaux ; que Wellington était en ce point le 1er octobre ; que le général Campbell, posté dans la vallée des Aldudes, avait enlevé un détachement français, près de la fonderie de Baïgorry, et pris 2.000 moutons. Il recevait encore l'avis inexact que la division Cole était arrivée à Roncevaux ; il apprenait que la cavalerie légère anglaise venait de se rendre dans le Baztan. Ces faits appuyaient son idée première et la confirmaient. Il était donc amené à croire de plus en plus qu'une attaque se préparait, soit contre son centre, soit contre sa gauche. Il savait bien, il est vrai, d'autre part, que les Anglais tenaient prêts, à Oyarzun, des équipages de ponts ; ses émissaires lui avaient annoncé que les officiers anglais parlaient entre eux d'une attaque prochaine, et les déserteurs anglais affirmaient même que la Rhune constituait l'objectif, dont la conquête était visée par l'offensive des alliés. Ces derniers faits, qui ne concordaient pas avec la conception du maréchal, s'amoindrissaient dans sa pensée, tandis que les précédents, qui s'accordaient avec elle, prenaient, dans son esprit, une importance plus grande et venaient facilement se grouper autour d'elle pour l'étayer.

La persistance du mauvais temps amenait encore le maréchal à juger que ces bruits d'offensive n'avaient pas encore de fondements sérieux et que l'attaque des alliés ne se prononcerait pas avant quelque temps. Ses émissaires lui avaient affirmé que rien, au quartier général, ne faisait présumer qu'on se préparât à attaquer. Néanmoins son idée se confirmait que s'il devait être attaqué, il le serait certainement par sa gauche ou par son centre, et c'est dans ces deux secteurs qu'il commençait à visiter les travaux, tout en recommandant la vigilance et l'activité aux secteurs de droite. Après avoir inspecté Saint-Jean-Pied-de-Port, il passait ainsi en revue, le 6, les divisions de d'Erlon à Ainhoué; il couchait à Espelette, estimant qu'il était au centre même du secteur le plus menacé, au point de rencontre des directions les plus dangereuses, au lieu d'où il pouvait le mieux diriger la défense, et la manœuvre des réserves, en cas d'attaque de l'ennemi (1).

L'attaque des alliés se prononçait le 7 au matin et la surprise des troupes françaises était complète (2) :

---

(1) « ... J'avais plusieurs raisons de croire que l'attaque principale aurait lieu sur Ainhoué et je m'y trouvais le 7 au matin lorsque l'engagement commença... » (Soult au ministre, 18 octobre.)

(2) A l'appui des faits que nous avons cités (note 1 de la page 188; voir aussi notes 1, p. 330; 1, p. 335; 4, p. 361; 3, p. 348; 4, p. 490) au sujet des *relations déplacées et contraires à l'esprit de la guerre*, qu'on remarquait alors entre les avant-postes des deux armées, on peut encore relever les suivants :

Le 43ᵉ régiment anglais était réuni en colonnes, sur un terrain découvert, à 20 mètres des sentinelles françaises. Durant plus d'une heure, celles-ci continuèrent à aller et à venir comme si elles ne s'apercevaient de rien et avec une sécurité si complète que l'une d'elles déposa son sac à terre. Lorsque les Anglais reçurent l'ordre de marcher, un soldat anglais, quittant son rang, vint engager cette dernière à se retirer et l'aida à remettre son sac au moment où le feu commençait.

Le jour suivant, les Français usèrent du même procédé à l'égard d'une sentinelle du 43ᵉ.

Voici encore un autre exemple : Wellington voulait s'établir sur une éminence occupée par un de nos postes. Les tirailleurs de son escorte s'avancèrent pour déloger les Français. Ils gravissaient les pentes sans tirer quand Wellington, s'apercevant qu'ils étaient très près de l'ennemi, ordonna de faire feu. « Ne tirez pas! » commanda, à son tour, un de ses vieux soldats; et, tournant la crosse de son fusil du côté des Français, il la frappa d'une manière particulière. Ce signal voulait sans doute dire : « Il nous faut la colline pour quelques instants », et il était bien connu; car les Français se retirèrent paisiblement, alors qu'ils auraient certainement résisté et combattu, si on les avait abordés en tirant. « Jamais pareil avertissement n'eût été donné si le poste avait été susceptible de quelque défense. C'est ainsi que ces vieux soldats comprenaient la guerre... » (Napier.)

Nous n'en doutons nullement; il eût été encore beaucoup moins fatigant pour eux de rentrer dans leurs foyers; et, après avoir renoncé à se garder, de renoncer complètement aussi à faire la

Wellington lançait, au même moment, 20.000 hommes contre la Rhune et 24.000 hommes pour forcer la ligne de la Bidassoa, sans dégarnir sa droite qui, entre Roncevaux et Echalar, couvrait Pampelune contre toutes les tentatives débouchant de Saint-Jean-Pied-de-Port.

---

guerre. C'est ainsi que les postes se font surprendre, que les corps ne sont pas gardés, ni avertis, et qu'on se fait battre, parce qu'on a laissé les intérêts individuels de conservation ou de moindre fatigue dominer l'intérêt général et collectif des opérations. Tolérer que les individus ou les postes se fassent juges de conclure, en quelque sorte, des suspensions d'armes particulières, c'est devenir, comme eux, les auxiliaires du commandement ennemi en facilitant les surprises qu'il prépare. La faute était générale; l'exemple venait de trop haut et la légéreté aimable du caractère français, devenue naïveté, l'insouciance, la paresse locale, y trouvaient trop leur compte. Enfin l'argent anglais bien employé faisait encore son œuvre très largement et à bien des degrés : — « ... Indépendamment des espions ordinaires et des moyens qu'on emploie toujours pour obtenir des renseignements, Wellington avait encore des émissaires secrets parmi les courtisans du roi Joseph, et même parmi les employés supérieurs français de l'armée... Les projets étaient connus de l'entourage des maréchaux Soult et Suchet, et on ne se défiait probablement en aucune façon de ceux qui faisaient passer des avis au général anglais... » (Napier.)

Les événements du 8 octobre donnèrent lieu à bien des commentaires dans l'armée et dans la région. Les régiments chargés de la défense de la Bidassoa avaient démonté leurs armes et se préparaient à passer une revue; leurs réserves étaient dispersées dans les chantiers des travaux en voie de construction. Les gués d'Hendaye n'étaient observés que par un poste de 40 hommes et l'alarme ne fut donnée que quand l'ennemi était déjà sur la rive droite. Le maréchal, se basant sur des rapports d'émissaires incomplets et sur ses propres conceptions imaginaires, prévoyait une attaque sur un point éloigné de 5 lieues du théâtre réel de l'attaque, et il y passait une revue. On fut très vivement frappé de la « manière surnaturelle », c'est-à-dire très simple et pratique, dont Wellington avait été renseigné. Au lieu de chercher en soi-même, et dans ses propres fautes, les causes principales des échecs rencontrés, on aime à accuser la chance, et au besoin la trahison d'avoir aidé l'adversaire. En dépit des succès de celui-ci, qui sont justifiés par des services plus exacts à tous les degrés, et mérités par le sens pratique de ses chefs, on cherche à se reconnaître encore supérieur à eux, malgré la défaite. On n'a été vaincu, prétend-on, que par les « dieux adverses » qui ont aidé l'ennemi, alors qu'*on a surtout été vaincu par soi-même.*

A sa gauche, entre Biriatou et la mer, Wellington (1) avait disposé les divisions Graham (Ire) et Hamilton (V^e), les brigades Wilson et Aylmer, soit environ 15.000 hommes. Leurs colonnes s'étaient rapprochées de la rive gauche de la Bidassoa, pendant la nuit du 6 au 7 et à la faveur d'un violent orage : elles attendaient le moment d'agir, bien masquées par les mouvements de terrain, les fossés de Fontarabie et les rues de la ville. Elles avaient ordre de franchir la rivière, dès que la mer le permettrait, par trois gués sous Hendaye, praticables seulement à marée basse, c'est-à-dire vers 7 heures du matin, et par les gués d'Irun et de Béhobie. A leur droite, les Espagnols de Freyre se massaient en face des gués de Biriatou. L'objectif de cette attaque était d'enlever, par la droite et par la gauche, les hauteurs de la rive droite, depuis le nord d'Hendaye jusqu'au Mandela.

Pour s'emparer de la Rhune, les dispositions suivantes étaient prises :

Longa avait reçu mission de passer la Bidassoa au Salain de Lesaca et à Vera ; avec l'aide de la division Alten, il devait enlever le mont Baïonnette et les contreforts avancés de la Rhune sur Vera. La division Cole, sur les hauteurs de Santa-Barbara, était chargée de les appuyer. Giron, pendant ce temps, partant de l'Ibantelly, déborderait, en passant par le puerto de Vera (route de Vera à Sare), les positions organisées en avant de la Rhune et échelonnées dans la direction de Vera. Il serait soutenu, au besoin, par la division Dalhousie qui avait été portée au puerto d'Echalar. Ils devaient couvrir le flanc droit de Longa et d'Alten

---

(1) Ordre de mouvement de Wellington, Lesaca, 5 octobre (reproduit en partie par Clerc, p. 100).
Voir, p. 102 et 103, plus haut, les effectifs espagnols pour le 7 octobre; p. 104, les forces anglo-portugaises.

contre toute offensive de notre part venant de Sare et de Sainte-Barbe.

A l'extrême droite de cette double attaque, la division Picton, réunie au-dessus de Zugarramurdi, la brigade Campbell, portée à Maya, et la division Colville (Pack), à Urdax, avaient pour mission de faire d'actives démonstrations contre les camps d'Ainhoué, afin d'y retenir nos forces (1).

Les colonnes lancées au delà de la Bidassoa avaient déjà passé la rivière et étaient sur la rive droite, quand l'alarme était donnée aux troupes françaises. Pas un coup de fusil n'avait été tiré devant Hendaye. « ... Nous surveillions... les lignes françaises, au milieu desquelles régnait une tranquillité inexplicable... Une panique générale semblait s'être emparée des ennemis... Il n'y eut pas un semblant de résistance jusqu'à ce que tous leurs travaux et une bonne partie de leur artillerie fussent tombés dans nos mains (2). Ce fut

---

(1) « ... Conserver ses positions au col de Maya et faire des démonstrations afin de laisser l'ennemi dans l'incertitude et de l'empêcher d'affaiblir ses forces en arrière d'Ainhoué... » (Ordre de Wellington.)

(2) « ... Les Français faisaient feu de leurs pièces et fuyaient sans s'arrêter pour les recharger... » (Gleig, lieutenant au 85ᵉ régiment anglais, brigade Aylmer.)
Les voitures de l'artillerie de l'époque, du système Gribeauval, présentaient de graves défauts, outre l'exagération de leur poids. Elles étaient formées de deux trains dépendant l'un de l'autre et reliés par des dispositions assez compliquées qui rendaient la mise en batterie des bouches à feu lente et pénible pour les canonniers dans certains terrains. *Aussi ne manœuvrait-on guère qu'à la prolonge, surtout dans les mouvements de retraite.* Dans ce dernier cas, l'avant-train et l'affût étant réunis par un long câble, la pièce se trouvait naturellement en batterie dès que les chevaux s'arrêtaient. Dans les mouvements en avant, il fallait de plus, après l'arrêt de l'attelage, retourner la pièce à bras. Dans tous les cas, l'usage de la prolonge exigeait un terrain plat, sans roches ni broussailles, et il ne permettait de tourner que dans une circonférence de grand rayon ; il soumettait la pièce à des fouettements nuisibles et les chevaux à des contre-coups fatigants. (Général Susane.) L'approvisionnement moyen des coups par pièce était en général de 250. (Rapport du général com-

une des plus parfaites et extraordinaires surprises que j'aie vues... » (Gleig.)

La division Maucune (4.600 hommes) avait occupé, comme elle l'avait pu, les ouvrages et les hauteurs qu'elle était chargée de défendre, quand l'artillerie anglaise, en batterie sur le San Martial, entrait en action. Le Mandela était enlevé à la gauche de Maucune, en même temps qu'Hendaye tombait et était tourné à sa droite par les colonnes anglaises, dont la gauche se portait en avant en échelons débordants. La Croix-des-Bouquets était assaillie par ses deux flancs. Déjà Reille, informé, à 7 h. 30, des mouvements signalés dans les camps de l'ennemi, avait fait partir d'Urrugne ce qu'il avait pu réunir de la division Boyer et porté son artillerie à la Croix-des-Bouquets. Les troupes de Boyer étaient mises en marche successivement, au fur et à mesure qu'elles étaient formées et sans attendre leurs travailleurs, encore dispersés dans les chantiers. La Croix-des-Bouquets était enlevée, alors que ses premiers éléments, arrivant l'un après l'autre, n'étaient pas encore en mesure d'appuyer les troupes de Maucune, enfoncées et débordées. Reille, poursuivi, dépassait déjà Urrugne, quand il parvenait à rallier son monde sur la seconde brigade de Boyer établie en échelon de recueil au Bordagain (1), où le maréchal arrivait lui-même, en hâte (2), avec une brigade de la réserve de

---

mandant l'artillerie de la Grande Armée en 1809.) Il était loin d'atteindre ce chiffre à l'armée du maréchal Soult. L'affût ne pouvait guère être accompagné sur la position de batterie que d'un petit coffre (de flèche) à munitions garni de peu de coups, une vingtaine environ. Le caisson était trop lourd et trop grand pour être exposé au feu avec les pièces ou dans leur voisinage immédiat.

(1) D'Hendaye au Bordagain, 8 kilomètres environ.
(2) « ... Je me suis porté rapidement à la droite, où j'arrivai lorsque tout était fini... » (Soult au ministre, 18 octobre.)

Villatte (1) et quelques pièces. Il avait perdu 8 pièces et 400 hommes.

L'attaque des alliés, dirigée en même temps contre les hauteurs du massif de la Rhune et de la Baïonnette, était également couronnée de succès.

Le corps de Clausel était chargé de les défendre et ses divisions étaient réparties comme il suit :

La division Taupin, formant deux groupes fort isolés, occupait d'une part, avec trois bataillons, les crêtes fortifiées de la Baïonnette et du Commissari et la redoute étoilée de San Benito, en avant de la Baïonnette ; d'autre part, avec sept bataillons, les ouvrages construits sur les deux contreforts parallèles et échelonnés du puerto d'Insola et d'Alzate-Larre, qui s'étagent, en dessous de la grande crête, dans la direction d'Alzate. A 4 kilomètres environ, en ligne droite, de l'extrême gauche de Taupin, la division Conroux couvrait le camp de Sare. Elle tenait les ouvrages organisés sur les contreforts de la grande Rhune, en travers des débouchés du puerto de Vera et du puerto d'Echalar, sur Sare (Fagadia, Chapelle d'Olhain, Monho, Sainte-Barbe). La division Maransin était en réserve au camp de Sare. Huit pièces seulement étaient affectées à la défense des ouvrages. Dix étaient encore restées à Habancen.

Les avis parvenus au général Clausel depuis plusieurs jours lui annonçaient une prochaine attaque de l'ennemi : il avait jugé que Taupin était mal relié avec lui, que la gauche de celui-ci était trop aventurée et que l'ennemi pourrait fort bien passer entre la Rhune et sa division. Il avait, en conséquence, ordonné au général

---

(1) Villatte avait deux brigades à Serres, une à Ascain, et une à Cambo. La brigade d'Ascain avait 6 à 7 kilomètres à parcourir pour gagner les positions du Bordagain.

Conroux « de multiplier ses postes au puerto de Vera (chemin de Vera à Sare) ; de se bien lier avec Taupin et de poster le 12ᵉ léger sur le flanc de la Rhune, au-dessus du port d'Insola, ayant derrière lui le rocher de l'Ermitage de la Rhune, le 32ᵉ au rocher de Fagadia pour renforcer le 12ᵉ léger, et de faire monter le général Rey pour diriger ses deux régiments. Les quatre autres régiments de Conroux restaient dans leur camp pour couvrir Sare... » (Rapport du général Clausel.)

Vers 4 heures du matin, Clausel recevait, de Sare, avis de Conroux que les Espagnols de Giron avaient quitté leur camp un peu après 7 heures ; il entendait le canon du San Martial, une vive fusillade du côté d'Urdax, et il apprenait, par Taupin, que l'on apercevait de gros rassemblements ennemis près de Vera dans la vallée. Il envoyait aussitôt l'ordre au général Maransin de porter deux de ses régiments du camp de Sare sur la grande Rhune, et de les faire soutenir par deux autres régiments.

Dès la pointe du jour, en effet, les alliés avaient pris leurs dispositions pour l'attaque : Giron, partant de l'Ibantelly, se portait sur le puerto de Vera (route de Vera à Sare) ; Alten et Longa venaient se rassembler à l'est et à l'ouest de Vera dans la vallée. Cole, avec sa division, garnissait les hauteurs de Santa-Barbara.

La longue croupe transversale d'Alzate-Larre (ou Real) (1), défendue par quatre compagnies de la division Taupin, comme avant-ligne fortifiée, barrait (en avant et au sud des ouvrages d'Insola) la partie inférieure du grand ravin, qui descend du col d'Ibardin (2)

---

(1) Baptisée « Dos de Cochon » par les Anglais.
(2) Voir la carte au 1/100.000ᵉ du ministère de l'intérieur (service vicinal).

sur Alzate et Vera, ainsi que le chemin du col d'Ibardin et la route du col d'Insola. Située entre les deux rassemblements des alliés, cette éminence était enlevée sans délais par des détachements d'Alten et de Giron, prenant de flanc sa défense aux deux extrémités, et l'attaque générale commençait aussitôt.

Une partie des troupes d'Alten entrait aussitôt dans le ravin boisé d'Alzate, marchant contre le puerto d'Insola avec les Espagnols de Longa, pendant que le reste de la division Alten, plus à l'ouest, attaquait la redoute de San Benito (1), soutenu à distance par la seconde brigade de Longa.

---

(1) Au-dessous du mont Baïonnette se trouve un plateau d'un tiers moins élevé, d'où se détachent trois contreforts sur les Salains et sur Vera. Chacun était gardé par un poste; sur le plateau était construite la redoute étoilée de San Benito. A mi-hauteur de la pente reliant cette terrasse au mont Baïonnette, un second retranchement était établi, protégé par des abatis. La redoute de la Baïonnette, encore inachevée, était en arrière sur la crête supérieure entièrement fortifiée. Le grand ravin d'Alzate au col d'Ibardin, suivi sur son versant ouest par la route *actuelle* qui mène à ce col, longe ce massif à l'est; et la longue croupe d'Alzate-Larre (Dos de Cochon) barre le ravin lui-même dans sa partie inférieure, près de Vera.

Au nord de cette croupe, un ravin s'embranche sur le premier et s'en détache vers l'est; au delà se dresse, de l'est à l'ouest, venant de la grande Rhune, puis montant du sud au nord, le contrefort recourbé, hérissé alors de petits travaux défensifs, que traverse, au *puerto d'Insola* (ancien *puerto de Vera*), la route qui conduit d'Alzate à la trouée d'Olhette. La gauche de Taupin était sur ce contrefort, à près de 3 kilomètres de sa droite (hauteurs de la Baïonnette). Ce contrefort vient, au nord, se souder à la crête supérieure, au camp des Emigrés, entre le col d'Ibardin et le ravin de la vallée d'Olhette ou du ruisseau de Berra, dénommé par erreur « col d'Insola » sur la carte au 1/100.000^e, du service vicinal.

Le *puerto de Vera* des rapports anglais et français de l'époque ne doit pas être confondu avec le *puerto de Vera de la route de Vera à Sare*. Il s'agit, pour eux, du puerto d'Insola, au sud de la trouée de la Berra d'Olhette. Ce puerto d'Insola ne s'ouvre donc pas sur la crête suivie par la ligne-frontière, au travers de laquelle passe le ravin du ruisseau de Berra (vallée d'Olhette); il en est à plus de 2 kilomètres de distance au sud, sur le contrefort courbe, venant de la Rhune au camp des

Une contre-attaque repoussait d'abord leurs premiers détachements ; mais ils enlevaient la redoute. Le second retranchement tombait encore sous l'attaque de leur gauche et celle-ci arrivait en face de la redoute de la Baïonnette et des hauteurs fortifiées de la crête supérieure, pendant que leur droite enlevait successivement tous les ouvrages qui défendaient les abords du puerto d'Insola, atteignait celui-ci et commençait à tourner la gauche de Taupin.

La droite de ce dernier était en même temps débordée par le mouvement en avant des Espagnols de Freyre. Celui-ci après avoir passé la Bidassoa aux gués de Biriatou, et enlevé le Mandela sur la gauche de Reille, avait continué à marcher vers le col des Poiriers et atteint les derrières de la Baïonnette, au chemin qui descend sur Jolimont. En même temps les Espagnols de Giron, arrivant de l'Ibantelly, avaient bousculé les détachements avancés de Conroux sur la droite des alliés, et ils atteignaient eux-mêmes le puerto d'Insola après avoir établi un fort détachement sur le versant sud du massif de la grande Rhune pour garantir leur droite et leurs derrières. Les deux ailes marchantes de l'ennemi étaient au moment de se réunir derrière les troupes de Taupin. La droite de Taupin abandonnait la Baïonnette et les hauteurs fortifiées des crêtes ; défilant en partie sous le feu des alliés, elle gagnait en désordre la route venant du col d'Insola à Olhette par la vallée de Berra, et le chemin d'Ascain ; elle perdait en route 300 hom-

---

Emigrés, et presque à la naissance du ruisseau de Berra, qui va se jeter dans la Nivelle.

Le chemin du col d'Insola (ex-puerto de Vera) et de la trouée d'Olhette constituait, à la fin du premier Empire, la principale communication, dans cette partie des Pyrénées, entre la France et l'Espagne. Il était en partie pavé : aucun véhicule ne peut plus y passer de nos jours. La belle route actuelle du col Ibardin, qui lui est parallèle, et qui l'a remplacé, ne date que de 1893.

mes et une batterie de montagne. Taupin ralliait ses troupes en avant d'Ascain sur les hauteurs. Les bataillons de cette division qui défendaient le contrefort du puerto d'Insola, bousculés à leur tour par les Espagnols de Giron venant de l'Ibantelly, réussissaient à rejoindre les six régiments que Clausel avait déjà réunis sur les hauteurs de la grande Rhune et de la petite Rhune, à l'Ermitage, et sur les contreforts qui descendent vers Ascain et vers Sare (1). A 4 heures, Giron les attaquait sans succès et la nuit mettait fin au combat.

Nous avions perdu deux généraux, 400 hommes tués ou blessés et 500 prisonniers. Les pertes des alliés dépassaient un millier d'hommes ; mais leur tâche restait incomplète et leur situation pouvait devenir précaire aussi longtemps qu'ils n'auraient pas pris possession de la Rhune. La position était inabordable de front. Le 8 octobre, à 3 heures du soir, Wellington prononçait un mouvement offensif au sud, en faisant attaquer les ouvrages de la Chapelle-d'Olhain et de Monho par les Espagnols de Giron. En même temps, les troupes de la division Dalhousie, venant du puerto d'Echalar, marchaient sur les ouvrages de Sainte-Barbe, qui couvraient le camp de Sare vers le sud. La division Colville (Pack) lançait également une démonstration sur les derrières de Clausel, au nord de Zugarramurdi, dans la direction du pont d'Amots et d'Ainhoué. Elle était facilement repoussée par d'Erlon. Mais ces manœuvres déterminaient les troupes de Clausel à abandonner la

---

(1) Un régiment, à l'Ermitage, ayant des postes à la gauche sur l'arête principale descendant vers Sainte-Barbe. Un régiment à la Chapelle-d'Olhain et au nord dans la direction des plateaux de la Rhune. Deux régiments, au nord-ouest de l'Ermitage et sous l'Ermitage, défendaient les chemins venant de Vera, d'Ibantelly, du puerto d'Insola, du puerto de Vera. Deux régiments, au nord de la Rhune, sur les pitons qui dominent Ascain. Deux régiments sur la petite Rhune. (Rapport de Clausel.)

défense de tous ces ouvrages et amenaient Clausel à concentrer ses forces en arrière de Sare, en refusant sa gauche ; il conservait sa droite (deux régiments) à l'ermitage de la grande Rhune. Le 8 au soir, ces deux régiments, croyant leur ligne de retraite menacée, se repliaient sur la petite Rhune et Clausel, par suite d'un malentendu, omettait de leur ordonner de reprendre leur première position. La grande Rhune et tous les ouvrages abandonnés étaient aussitôt occupés par les alliés et retournés contre nous. Dans ces différents combats et pendant ces trois journées les pertes françaises s'élevaient à 1.400 hommes environ et celles des alliés à 1.600.

Depuis la mer, près d'Hendaye, jusqu'au coude de la Nive en dessous de Mondarrain, la ligne d'observation inactive du maréchal Soult atteignait un développement de 37 kilomètres environ ; son dispositif de *couverture*, presque partout sans aucune profondeur et linéaire, se confondait pour ainsi dire avec sa ligne d'*observation*, en l'annulant. Sa ligne de résistance principale était, en fait (et malgré ses explications, postérieures à l'action), sa ligne même de couverture.

Du Bordagain et d'Urrugne à Souraïde, en passant par Ascain et Serres, ses réserves, qui n'ont pas donné et qui ont joué un simple rôle d'éléments de recueil, étaient réparties, sur une étendue de 20 kilomètres environ, par groupes distants entre eux de 5 à 9 kilomètres d'intervalle. Leur éloignement des positions de résistance de la couverture était le plus souvent supérieur à 8 kilomètres, en ligne droite (1).

Les attaques des alliés sur la Bidassoa, d'une part, et sur le saillant prononcé du centre au puerto d'Insola,

---

(1) Correspondant, dans plusieurs cas, à cinq et six heures de marche en raison des communications dans la montagne.

d'autre part, se sont développées sur une étendue de 18 kilomètres environ. Elles ont engagé 44.000 hommes, à peu près, contre les positions et contre les forces des troupes de couverture, dont l'effectif ne dépassait pas 9.000 hommes. Elles ont enlevé la ligne et les positions que le maréchal avait occupées et fortifiées sans doute avec l'idée d'y tenir (1), mais qu'il n'a pas défendues avec ses *forces*, les groupes de couverture ayant été abandonnés à eux-mêmes.

Ceux-ci, complètement surpris à la droite, faute d'avoir eu, en avant de leur front, une zone d'information proportionnée à l'étendue de celui-ci et à la distance des réserves, faute encore de vigilance de leur part, ont été mis en déroute avant d'avoir pu être soutenus. Ils se sont repliés sur les positions principales de résistance d'Urrugne et du Bordagain, talonnés par l'adversaire. De nouveau, ils ont été investis de près, privés encore de toute zone d'information, et par suite de toute atmosphère de sûreté réelle en avant de leur front. La ligne des hauteurs, les débouchés faciles au delà de la rivière, les points de surveillance et d'observation sont au pouvoir de l'ennemi et celui-ci s'est emparé du port de Fontarabie, qui lui est utile.

En face du saillant qu'il attaque, à notre gauche, l'ennemi prépare à loisir ses dispositions offensives pour l'envelopper, le tourner et faire tomber sa défense. Les réserves, ou les forces inoccupées qui menacent cependant le flanc droit de son attaque, restent à peu

---

(1) Voir ci-après (note 1, p. 231) les dépêches du maréchal au ministre en date du 11 et du 18 octobre. S'il jugeait ses positions mauvaises et trop étendues *avant l'événement, comme il l'a fait après*, il n'eût pas dû attendre, pour les quitter, qu'il y fût forcé par l'ennemi; il devait aller en prendre de meilleures ou plutôt *manœuvrer avec ses réserves*, c'est-à-dire laisser à sa couverture le simple rôle qui convenait à sa fonction, et ne pas lui faire remplir *celui même de la bataille*.

près passives (Conroux) ou inemployées (Maransin, Darricau), ou suspendues sous l'arrêt de quelques démonstrations sans valeur (d'Erlon). Malgré l'importance de l'affaire, malgré l'honorable résistance de la couverture à la Baïonnette et à la Rhune, la réserve générale (Villatte) ne marche pas non plus : 16.000 à 20.000 hommes, sur plus de 48.000, restent complètement inactifs (1).

Partout on ne s'occupe que de recueillir les défenseurs et la défaite ; nulle part on ne s'emploie à la repousser en agissant, soit, au pis aller, en allant combattre avec les troupes de couverture, soit plutôt en manœuvrant les réserves sous leur couvert ; nulle part on n'a quitté les positions ; nulle part on n'a agi, on n'a attaqué ; nulle part un acte du commandant directeur n'est venu grouper les forces pour une action d'ensemble. Anéanti par l'espace, le maréchal est éloigné de l'action contre sa droite, quand il en est informé ; il s'y hâte ; il arrive alors que tout est terminé ; il apprend l'attaque contre son centre, quand elle a réussi et qu'il n'est plus temps. Divisés par l'éloignement dans le sens du front et par le manque de profondeur, pour les éléments d'information (découverte, observa-

---

(1) *Engagés* : 1° Maucune, 3.996 ; Taupin, 4.778 ; total, 8.774 ;
— 2° Conroux, 4.962 ; total, 13.736.

Recueils : Boyer, 6.515 ; une brigade de Villatte, 2.000 ; total, 8.515.

Non employés, en réserve, ou retenus par les démonstrations ennemies : Maransin, 5.575 ; d'Armagnac, 4.447 ; Abbé, 6.051 ; Darricau, 4.092 ; Villatte (trois brigades), 6.000 ; au total, 26.165, dont 16.000 à 20.000 pouvaient être employés.

Total général : 48.400 hommes sur lesquels le maréchal aurait pu mettre en ligne 42.000 hommes, appuyés sur des positions formidables, contre les 44.000 hommes des attaques des alliés. La surprise et l'imprévu d'une part ; l'extension du front, le défaut de profondeur de la couverture, de l'autre, ont donc été causes d'un déchet de 20.000 hommes sur 42.000 hommes dans l'emploi des forces au but de la guerre.

tion, couverture), les commandements locaux se bornent aux actes de préservation personnelle et s'individualisent dans les groupes qu'ils commandent, ou dans les positions qu'ils gardent sans songer à coopérer à une action d'ensemble. Le commandement supérieur a disparu, annulé par la distension du front et par le manque de recul (1).

Resté maître de la redoute de Sainte-Barbe, à 1.500 mètres au sud de Sare, l'ennemi tenait ainsi, en avant de son front, un poste très offensif, qui lui permettait de déboucher de Vera, qui menaçait de près les communications de Sare avec Ainhoué, Saint-Pée, ou Ascain, le village de Sare lui-même dont l'importance était extrême comme point de concentration offensif éventuel de nos forces, et aussi les derrières de la petite Rhune que les troupes de Clausel occupaient. Cette dernière position, au dire du maréchal, « ...nous était aussi utile que si nous avions continué à occuper le sommet de la grande Rhune... ». Elle ne lui était, à aucun titre, comparable en importance au point de vue des opérations générales. Il donnait donc l'ordre à Clau-

---

(1) « L'événement du 7 de ce mois ne peut avoir aucune influence sur la sûreté de la frontière...; il aura produit... un effet avantageux, en me mettant à même de tenir l'armée plus concentrée qu'elle ne l'était auparavant et la rapprochant de la seconde ligne de défense établie sur la Nivelle, que depuis longtemps je fais retrancher... J'avouerai que j'ai craint plusieurs fois, pendant que j'occupais la ligne de la Bidassoa *qui présentait un développement immense*, que l'ennemi, en la forçant, ne profitât d'un premier succès pour me pousser au delà de la Nive et de l'Adour... » (Soult au ministre, 11 octobre.)

« ... J'ai toujours considéré ma position du 7 comme trop étendue en raison de l'impossibilité, où je me trouvais, de faire arriver à temps du secours *sur tous les points d'attaque* et que je ne pourrais empêcher l'ennemi de forcer quelques-uns de ces points...

» Militairement parlant, *je regarde l'événement du 7 comme avantageux* parce que l'armée se trouve plus concentrée et qu'elle a sa droite beaucoup mieux appuyée qu'auparavant... » (Soult au ministre, 18 octobre.)

sel de reprendre la redoute de Sainte-Barbe, évacuée si légèrement avant tout combat, le 8, devant les démonstrations de Colville. Dans la nuit du 12 au 13 octobre, vers 1 heure du matin, trois bataillons de la division Conroux s'en emparaient par surprise : ils faisaient prisonniers 15 officiers et 225 hommes (1). Les tentatives de l'ennemi, le lendemain, pour reprendre la redoute, avec cinq bataillons, restaient infructueuses. Le combat, fort rude, coûtait 500 hommes aux Espagnols et nous y perdions 200 hommes.

De tels retours offensifs rentraient dans l'esprit nécessaire à tout système de couverture bien compris, qui exige que le front soit dégagé ; qu'il reste ouvert et offensif ; qui réclame qu'on force l'adversaire au recul sur tous les points indispensables à la reprise de l'offensive ; qui commande qu'on le tienne à distance pour rester maître chez soi, en mettant à profit le temps obtenu par un actif service d'informations bien dirigé.

Mais sur tous les points de la nouvelle ligne, où il avait été refoulé par les événements du 7 et du 8, l'inquiétude du maréchal restait grande. Il devait s'attendre à ce que l'ennemi reprît sa poussée offensive en avant sans aucun délai ; il fallait parvenir à l'arrêter, pendant qu'on pressait l'organisation de Bayonne et des points d'appui de sa défense éloignée en mettant en œuvre la totalité des moyens et des activités.

Le maréchal n'épargnait donc nulle part aucune peine pour accomplir cette double tâche urgente : elle exigeait de grands efforts et de nombreux travaux sur la nouvelle ligne inachevée, aussi bien qu'à Bayonne où

---

(1) Rapport du commandant du génie Burel (Clerc), qui marchait en tête de l'attaque avec 35 sapeurs munis d'outils et de planches. — Les Espagnols, dans la redoute, ne se gardaient pas et faisaient la soupe, désarmés, à 20 mètres des sentinelles françaises. (*Larpent's private Journal.*)

la défense était encore à peine ébauchée. On se hâtait de compléter les ouvrages des positions d'Urrugne, d'Urtubie, de Bordagain, du Socoa et de Saint-Jean-de-Luz, formant deux groupes successifs confiés au général Reille, ayant sous ses ordres les divisions Maucune et Boyer et la réserve de Villatte.

Au centre, Clausel occupait, en avant, la petite Rhune, les redoutes de Sainte-Barbe, Grenada. Il travaillait aux camps d'Ascain, d'Amots et de Sare. L'une de ses divisions organisait celui de Serres ; et d'Erlon détachait auprès de lui une de ses divisions (Darricau) au camp de Serres.

D'Erlon (Abbé et d'Armagnac) conservait ses anciennes positions qu'il améliorait (est d'Amots, Ainhoué, Mondarrain, Souraïde). Les hauteurs fortifiées de la rive droite de la Nivelle, depuis Serres jusqu'à Saint-Pée et Souraïde, formaient en arrière un deuxième alignement organisé, qui rejoignait la tête de pont de Cambo sur la Nive, confiée à deux bataillons de gardes nationales des Landes (colonel Lalanne). Il se prolongeait par les hauteurs mal fortifiées du mont Ursouia sur la route de Saint-Jean-Pied-de-Port.

Enfin, on commençait à organiser une troisième ligne ayant sa droite à Bidart, son centre à Habancen, sa gauche à Ustarits (1).

Pâris défendait Saint-Jean-Pied-de-Port ; et Foy, posté à Bidarray, sur la Nive, surveillait les débouchés de la vallée de Baïgorry et du Baztan, prêt à marcher sur Cambo pour venir renforcer les lignes, ou à occu-

---

(1) L'organisation détaillée de tous ces travaux, leur détermination sur le terrain ont fait l'objet d'une remarquable et instructive étude du commandant Clerc. Celle-ci est du plus haut intérêt : elle est le fruit de longues et difficiles recherches et témoigne une fois de plus de la science, de l'exactitude et de la sagacité qu'on retrouve toujours dans les œuvres de cet historien.

per le mont Ursouia défensivement. La première division de cavalerie (Pierre Soult) arrivait sur la rive droite de la Nive près de Cambo. Partie de la division Treilhard venait à Saint-Palais. La Nive, navigable jusqu'à Cambo, était utilisée pour amener de Bayonne les bateaux de fourrages venant de Peyrehorade et de Dax. Sur tous les points on ouvrait des communications, des routes et des chemins.

Le maréchal faisait armer la totalité des conscrits et on les employait aussi aux travaux; partout les ouvriers, les terrassiers, les habitants de professions diverses eux-mêmes étaient requis et utilisés comme auxiliaires dans l'établissement des ouvrages et des accessoires. Mais l'esprit public avait été vivement frappé de tous ces échecs et de ces reculs successifs; le moral était atteint. «... L'armée ne saurait avoir moins de confiance en elle-même. C'est une chose désespérante de voir tout le monde persuadé que nous devons être battus... (1) »

La confiance du maréchal lui-même n'était pas moins ébranlée : « ...Il est bien plus pressant, écrivait-il au ministre le 26 octobre, étant inférieur en forces, de se mettre en défense que de prendre l'offensive (2)... *Par un mouvement inconsidéré, je puis perdre une partie de l'armée et rendre inévitable l'invasion des départements méridionaux : le mal serait extrême. Je dois donc manœuvrer de façon à éviter des conséquences*

---

(1) Major Balthazar, aide de camp du ministre, envoyé en mission à l'armée du maréchal.

(2) « ... Sans doute l'offensive nous convient mieux que la défensive; mais, pour prendre l'offensive, il faut être au moins à parité de forces avec l'ennemi... Le commandement ne m'a jamais paru plus difficile que dans les circonstances où je me trouve; et je désire vivement que l'Empereur daigne confier celui dont je suis revêtu à des mains plus habiles que les miennes... » (Soult au ministre, 18 octobre.)

aussi fâcheuses et me tenir toujours en mesure de livrer bataille à l'ennemi *sans rien compromettre...* »
Ce sera désormais la règle même de conduite qu'il adoptera, et sans doute aussi la meilleure explication de toutes ses manœuvres, qu'il évitera toujours de rendre décisives et sans recours. Les ordres que le maréchal donnait alors aux troupes pour la défense passive des retranchements témoignaient encore des grandes défiances que la surprise éprouvée et l'abandon irréfléchi des ouvrages avaient fait naître dans son esprit. Les troupes, en cas d'attaque (ordre du 15 octobre. A. G.) devaient se tenir constamment dans les travaux qui leur étaient spécialement assignés; leurs commandants ne pouvaient, sous aucun prétexte, en faire sortir que quelques éclaireurs portés en avant dans les chemins creux ou dans les couverts pour retarder la marche de l'ennemi. Le nombre de ces éclaireurs ne dépasserait pas le tiers de l'effectif des défenseurs : et on devait toujours être prêt à les faire rentrer rapidement. Les commandants des ouvrages avaient ordre eux-mêmes d'y rester constamment. En dehors des corvées, personne ne devait s'écarter des retranchements et le service y était ordonné comme dans une place de guerre. Chaque commandant d'ouvrage, chaque fraction, désignés et affectés, étaient responsables des travaux qu'ils avaient spécialement à garder. Il était exigé que tous les ordres, toutes les instructions fussent donnés par écrit.

Les succès remportés par les alliés dans ces opérations leur avaient fait prendre pied sur des positions offensives qui facilitaient les débouchés ultérieurs. Wellington s'était donc hâté de distribuer les commandements supérieurs de ses forces en vue de cette marche en avant.

L'armée était formée en trois corps. Celui de droite,

sous le commandement de Hill, occupait le secteur compris entre Roncevaux et le Baztan. Les Espagnols de Mina et de Morillo lui étaient rattachés. Le maréchal Beresford était à la tête du corps du centre dans le Baztan, sur la Rhune et sur les monts de la Baïonnette. Hope commandait le corps de gauche, établi du Mandela à la mer par la Croix-des-Bouquets.

On apprenait alors la défaite des armées impériales à Leipsig (16, 18, 19 octobre) : en même temps, et dès le 20 octobre (1), on pouvait prévoir que la belle résistance du général Cassan à Pampelune touchait à sa fin et que la place était réduite à la dernière extrémité. Le 26, Cassan offrait de rendre la ville, à condition de ramener sa garnison en France. Ses propositions étaient rejetées et, le 31 octobre (2), vaincu par la famine, le scorbut, les pertes subies, il rendait la place, qu'il avait défendue quatre mois en attaquant sans relâche ses adversaires (3). Le corps de blocus devenait disponible pour les opérations.

Il était clair, d'autre part, que le maréchal Suchet, retiré dans ses lignes du Llobrégat, ne songeait aucunement à coopérer aux opérations entreprises par le maréchal Soult.

Le 10 novembre, Wellington, après plus de dix jours de retards causés par le mauvais temps qui interceptait les communications, et par la pénurie des troupes espa-

---

(1) Le 20 octobre, les Anglais interceptaient une lettre chiffrée du général Cassan. Lord Somerset parvenait à la traduire. Elle annonçait que la place ne pouvait tenir plus d'une semaine.

(2) 1.000 malades, 800 blessés, 400 tués ou morts de maladie, 120 déserteurs.

(3) La nouvelle officielle de cette perte ne fut connue du maréchal Soult que plusieurs jours après, l'officier français chargé de l'apporter ayant été retenu dix jours au quartier général des Anglais, afin de nous cacher que le corps de blocus devenait disponible pour les opérations. (Lapène. — Voir aussi : Soult à Guerre, de Bayonne, 14 novembre.)

gnoles, prenait l'offensive avec 94.000 combattants, dont plus de 74.000 Anglo-Portugais, et 95 pièces, contre les 75.000 hommes (1) que l'armée française pouvait alors lui opposer.

Ne laissant que Mina, soutenu par don Carlos (troupes du blocus de Pampelune) sur l'Altobiscar et dans les Aldudes, il avait déjà porté dans le Baztan les troupes de Hill — divisions Stewart (IIe), Clinton (VIe), division portugaise d'Hamilton, division espagnole de Morillo, quatre bataillons de Mina, une brigade de cavalerie légère — dont l'effectif s'élevait à 26.000 combattants. Il réunissait encore les divisions Colville (IIIe), Cole (IVe) et Dalhousie (VIIe, Le Cor) et les Espagnols de Giron, près de Zugarramurdi, au puerto d'Echalar et au sud de la grande Rhune, ainsi que la division Alten, une brigade de cavalerie et les Espagnols de Longa, au nord de la grande Rhune, constituant un total de 36.000 combattants et de 24 pièces sous les ordres de Beresford.

Les 9.000 Espagnols de Freyre (trois divisions) étaient placés près de la Baïonnette, avec mission d'exécuter des démonstrations offensives. A la gauche, Hope, avec deux divisions (Ire et V^e, Howard et Hay), trois brigades d'infanterie, une brigade de dragons et la grosse cavalerie allemande, formant un total de 19.000 combattants avec 54 pièces, était chargé de masquer la droite française, jugée trop forte pour être attaquée dans ses positions, où elle était couverte par des inondations.

L'escadre anglaise, à la gauche, appuyait les opérations de Hope.

---

(1) 109.200 hommes à l'effectif, moins 13.200 dans les places fortes, 2.300 avec Treilhard, 18.000 aux hôpitaux (situation du 1er novembre). Il faut encore déduire les 5.100 hommes de la division Foy. (A. G.)

Le secteur visé par l'offensive anglaise était celui compris entre la Rhune (1) et la Nivelle ; il paraissait être le plus faible. En outre, la Nivelle, étant guéable dans toute sa partie supérieure, en amont d'Amots, n'était pas un obstacle qui pût empêcher de pousser en avant pour percer les lignes, séparer d'Erlon, déborder ses troupes par leur droite, ainsi que celles de Clausel par leur gauche et faire tomber toute la défense du maréchal en marchant au plus court, avec les deux masses principales des forces alliées (40.000 hommes), par la manœuvre la plus simple.

« ...Depuis huit jours », écrivait, le 10 novembre, le colonel Michaux (2), « les dispositions de l'ennemi avaient fait connaître que son intention était d'attaquer le centre de l'armée française sur Sare, et de faire de simples démonstrations sur les autres points (3).

» L'armée ennemie avait disposé :

» 2 divisions devant notre aile droite ;

» 8 divisions devant notre centre ;

» 5 divisions devant notre gauche.

---

(1) Un observatoire de manœuvre était organisé par Wellington au sommet de la grande Rhune, qui donne des vues étendues sur la plus grande partie des terrains de l'action et spécialement sur la partie la plus importante à surveiller de loin : Ascain, Serres, Saint-Jean-de-Luz, direction d'arrivée éventuelle des réserves. Des relais communiquaient les observations à Wellington. Cette organisation est intéressante. Napoléon en avait donné de fréquents exemples. (Voir *Des manœuvres de couverture*, p. 161.)

(2) Document cité par Clerc.

(3) *Journal du général Foy*. — Olhonce, 5 novembre : « ... L'été de la Saint-Martin a commencé hier : la neige qui couvrait les montagnes a disparu en grande partie. Je ne crois pas que la principale attaque ait lieu contre moi, ni contre la droite extrême. *Ce sera plutôt de la Rhune au Mondarrain, du général Clausel au comte d'Erlon...* »

La division Foy arrivait à Bidarray le 8 novembre.

» Pendant les préparatifs d'attaque de la part de l'ennemi, *aucun changement n'a eu lieu dans l'emplacement des troupes françaises*...

« ... Notre droite était très forte, parfaitement retranchée sur un petit espace et défendue par des troupes nombreuses. *La Nivelle, en outre, n'est pas guéable depuis Ascain jusqu'à la mer*, ce qui faisait croire que l'ennemi ne porterait pas ses efforts de ce côté... puisque *la rivière lui offrait encore un nouvel obstacle*...

» ... Les travaux du centre n'étaient pas terminés ; et, cette position enlevée, *l'ennemi faisait naturellement tomber, sans les attaquer, tous les ouvrages..., jusqu'à Saint-Jean-de-Luz*, et se portait, sans autre obstacle, sur Ustarits ou sur Bayonne...

» *Tout faisait donc présumer qu'il marcherait sur Amots*...

» Le 10 novembre,... le centre, commandé par le général Clausel, fut attaqué sur la Rhune et sur Sare par huit divisions..., cherchant à s'emparer d'Amots, à couper la gauche du centre et à se porter sur Saint-Pée par la route de Bayonne.

» L'ennemi attaqua en même temps les positions du général d'Erlon entre Sare et le Mondarrain. *Il fit seulement une fausse attaque sur la droite* aux ordres du général Reille...

» *Le centre et la gauche*, vivement pressés et *ne recevant pas de renforts* des réserves placées à Serrès, furent forcés...

» Comme on l'avait prévu, le passage d'Amots forcé, les positions de Sare et d'Espelette prises, on s'est vu obligé d'abandonner tous les ouvrages sur la rive gauche de la Nivelle et de se retirer sur Bayonne...

» On a toujours pensé que la droite était trop forte

en troupes ; et que *l'emplacement des réserves eût dû être Saint-Pée et Amots...* »

Dans la nuit du 9 novembre (pleine lune) (1), Hill laissait quatre bataillons espagnols de Mina, et peut-être quelques bataillons de Morillo, sur le Gorospile (2), à l'est d'Urdax, en face du Mondarrain occupé par d'Erlon (division Abbé), et comme garde-flanc contre Foy à Bidarray ; il mettait en marche : les Espagnols de Morillo, à l'est de la Nivelle, contre les positions du centre de d'Erlon ; la division Stewart (IIe), sur Ainhoué et Urdax, contre la droite de celui-ci. Les divisions Clinton (VIe) et Hamilton (portugaise) suivaient cette dernière, ayant comme objectif le pont d'Amots par la rive droite et la rive gauche de la Nivelle, en arrière de la droite d'Erlon (3).

A la gauche de Hill, Beresford dirigeait : la division Colville (IIIe), de Zugarramurdi sur le pont d'Amots ; la division Dalhousie (VIIe), d'Echalar, par Grenada, sur Sare contre Clausel ; la division Cole (IVe) au sud de la grande Rhune (par Sainte-Barbe), contre Sare

---

(1) Mémoires de Picton.
(2) Foy, dans son rapport du 10 novembre, daté du Gorospile, au maréchal Soult, déclare avoir eu affaire, au Gorospile, à trois bataillons de Mina et à six bataillons de Morillo. Il évalue cette force à 5.000 hommes. (Pièce n° 77, Girod de l'Ain.)
Napier, John Jones, ne parlent que des quatre bataillons de Mina.
L'ordre de mouvement de Wellington fait connaître que la division Morillo était partie du col de Maya contre la gauche de d'Erlon.
(3) On trouvera dans *la Défense des frontières de la France*, par le général Pierron, outre les *textes* de nombreux rapports, lettres, ordres anglais et français relatifs à cette campagne, un croquis évidemment extrait de l'atlas de Wyld pour 1813-1814, et réduit, qui donne le théâtre d'action, les emplacements et les itinéraires pour la journée du 10. Il est peu exact d'ailleurs ; mais, tel quel, il aide à représenter l'ensemble du mouvement et il est utile de connaître son existence.

également. Les Espagnols de Giron, formant échelon débordant en arrière à gauche, les soutenaient en réserve; partant des pentes sud de la grande Rhune, ils marchaient vers la petite Rhune pour la contourner : 40.000 hommes étaient ainsi lancés entre d'Erlon et Clausel, vers le pont d'Amots, dont les défenses étaient inachevées.

Les 8.000 hommes de la division Alten et de la division espagnole de Longa appuyaient la gauche de Giron au nord de la Rhune. Les trois divisions espagnoles de Freyre, dont l'une devait être conservée en réserve à Olhette, partaient du Mandela et, formant masque de manœuvre, avançaient en deux colonnes, l'une vers Ascain, l'autre, par Jolimont, sur Saint-Jean-de-Luz (1), pour s'opposer à l'arrivée des renforts qui pouvaient être envoyés des camps de Serres (2) ou d'Urtubie au secours des lignes attaquées.

La petite Rhune barrait tout accès aux plateaux qui permettent de déboucher avec avantage sur Ascain. Elle était inaccessible sur son front. Il importait enfin d'y attirer d'abord, et d'y fixer toutes les forces disponibles de Clausel, afin de faire tomber sa résistance en marchant alors directement en nombre sur Sare.

Maransin avait une brigade à Sare; l'autre, échelonnée en avant, gardait la petite Rhune, hérissée de défenses en pierres sèches comme poste détaché et fortifié, mais impossible à secourir en raison des difficultés de terrain. Taupin, à sa droite, occupait les hauteurs en arrière de la petite Rhune, dont il était séparé par des gorges presque infranchissables.

A la gauche de Maransin, Conroux tenait, avec une

---

(1) Direction donnée : ferme de Choucouton, sur la route d'Olhette à Saint-Jean-de-Luz.
(2) Division Darricau au camp de Serres.

de ses brigades, les postes détachés et fortifiés qui s'étendaient de la petite Rhune à Sainte-Barbe et à Grenada. Sa seconde brigade occupait Sare et gardait en arrière le pont d'Amots avec un bataillon. Il n'avait été constitué aucune réserve générale en arrière de lui.

Le 9 au soir, Alten avait retiré ses troupes de la grande Rhune, du Commissari, de la Baïonnette, du puerto d'Insola. A minuit, elles étaient réunies sur les versants nord de la grande Rhune. Le 10, vers 6 heures du matin, elles enlevaient la petite Rhune (1) et s'établissaient sur les plateaux au delà, à 8 heures du matin. En même temps la division de Longa poussait en avant sur Ascain et les troupes de Freyre arrivaient à leur gauche.

A la droite d'Alten, et sous le commandement de Beresford, les divisions Cole et Dalhousie prenaient possession des redoutes de Sainte-Barbe et de Grenada, abandonnées par leurs défenseurs, enlevaient Sare et marchaient en avant, entraînées à leur droite par la division Colville, qui s'avançait rapidement vers le pont d'Amots. Celle-ci, malgré la résistance des troupes de Conroux (2) tué dans le combat, s'emparait des ouvrages qui défendaient les abords du pont (9 h. 30), sur la rive gauche de la Nivelle.

Les divisions Taupin et Maransin et partie de la division Conroux, ralliées par Clausel, tenaient encore (3) les redoutes inachevées construites sur les hauteurs

---

(1) « ... Elles avaient été très rudement traitées par le 34ᵉ régiment français. Conservant le poste qu'il tenait sur la pente, il couvrait la retraite de la foule en désordre qui, derrière lui, se précipitait vers la langue de terre conduisant à la position en arrière... » (Napier.)
L'attaque coûta 11 officiers aux alliés ; le général Kempt fut blessé.
(2) Conroux de Pépinville (Nicolas, baron), né à Douai en 1778. Baron, 1807. Général de division, 1809.
(3) Rapport de Clausel (Arcangues, 11 novembre).

au nord de Sare (Louis XIV, 232 ; des Signaux, 302 ; Saint-Ignace, 263) (1).

A droite des divisions de Beresford, Hill, avec les avant-gardes des divisions Stewart, Hamilton et Clinton, qui partaient avant le jour de Landibar et d'Urdax, repoussait la première brigade de d'Armagnac de ses postes fortifiés à la forge d'Urdax, à Ponçogaray et des autres points mis en état de défense sur la rive gauche de la Nivelle ainsi qu'à Ainhoué sur la rive droite. Ces colonnes traversaient alors la Nivelle ; elles s'avançaient, en échelons, l'aile gauche en avant, la division Clinton tenant la tête et la division Stewart marchant la dernière, dans la direction du pont d'Amots par la rive droite de la Nivelle (2). Pendant ce temps, la division Morillo (3) et les Espagnols de Mina masquaient la division Abbé postée en échelon avancé sur les hauteurs fortifiées du Mondarrain et de l'Eréby.

Toutes les troupes mises en mouvement par Hill arrivaient, vers 9 heures (4), en face des positions de droite de d'Erlon, au nord d'Ainhoué. D'Armagnac les occupait, et elles étaient fortifiées par une ligne de redoutes et de tranchées, que protégeaient d'épaisses broussailles et un ravin en avant de leur front (279, 271, 233, 201, barre d'Amots). La division Clinton les

---

(1) La redoute Louis XIV ne figure pas sur la carte au 1/80.000. Elle était à la cote 232, à 1.700 mètres nord-est de Sare. Le redoute des Signaux, qui domine tout le terrain, est celle inscrite : *Souhamendy* (302) au nord-ouest de Sare. Les redoutes de Saint-Ignace figurent sur la carte, à la cote 263, au nord-ouest de Sare.
(2) Clinton à Hill (Saint-Pée, 11 novembre); Hamilton à Hill (camp devant Anhoué, 11 novembre); Stewart à Hill (hauteurs au-dessus d'Espelette, 11 novembre).
(3) Avec une brigade détachée de Stewart.
(4) Tous les rapports français indiquent : 9 heures ou 9 h. 30; les documents anglais disent : 11 heures. L'heure française (défense) correspond à l'engagement des têtes d'avant-gardes ennemies; l'heure anglaise (celle des généraux de l'attaque), à l'engagement de leurs gros.

enveloppait par leur droite au pont d'Amots, et elle enlevait la redoute qui le défendait sur la rive droite de la Nivelle. La division portugaise s'emparait directement des baraquements fortifiés construits à l'est de cet ouvrage, et la division Stewart, des deux redoutes suivantes.

D'Armagnac se repliait alors sur Saint-Pée et sur les hauteurs fortifiées d'Habancen, au delà de Saint-Pée, suivi par la division Clinton. Abbé, tourné et débordé ainsi par sa droite, abandonnait ses positions sans que sa brigade de gauche au Mondarrain « ait eu occasion de brûler une seule amorce » (Lapène) ; et il se retirait, par Espelette, sur la tête de pont de Cambo.

Pendant que le centre avancé (Colville et Clinton) des alliés parvenait ainsi jusqu'au pont d'Amots, Clausel avait en vain tenté de prolonger la résistance en se maintenant sur les hauteurs qu'il occupait encore au sud-ouest de ce pont avec les divisions Taupin et Maransin. Les divisions Cole, Dalhousie et Colville entraient en ligne : la redoute Louis XIV, à la gauche de Clausel, soutenue par huit pièces de campagne, était enlevée avec l'aide de la seule batterie à cheval anglaise qui fût parvenue à déboucher malgré les difficultés du terrain ; la division Maransin était repoussée en désordre et son chef était fait prisonnier (1). A 11 heures, la redoute des Signaux, au centre, défendue par la division Taupin, était encore intacte ; mais ses troupes avaient abandonné, sur sa droite, les redoutes de Saint-Ignace (2).

La division Alten était alors entrée en ligne ; Lon-

---

(1) Il parvenait à s'échapper aussitôt.
(2) Rapport de Clausel (11 novembre).

ga s'approchait d'Ascain avec une partie des troupes de Freyre et ils attaquaient les ouvrages qui couvraient le pont d'Ascain (1). L'ennemi avait débordé la défense de toutes parts, et il pressait déjà vivement la petite réserve (deux bataillons du 31ᵉ léger) que Clausel avait placée au sud d'Harosteguia (2 kilomètres ouest de Saint-Pée sur la Nivelle), dans les ouvrages, pour couvrir sa seule ligne de retraite sur Saint-Pée. Tournées de tous côtés, les troupes de Taupin opéraient vivement leur retraite par les gués d'Helbarron (entre Saint-Pée et Ascain), laissant encore un bataillon aux Signaux, dans la redoute, sans que Clausel pût parvenir à leur faire reprendre l'offensive pour le dégager. Les bataillons postés dans les retranchements d'Harosteguia (deux bataillons) et d'Ascain (deux bataillons) tenaient encore. La redoute des Signaux parvenait à repousser deux assauts ; puis sa garnison (un bataillon du 88ᵉ, commandant Gilles) se rendait ; les ouvrages qui couvraient les ponts étaient enlevés à leur tour.

A 2 heures, les dernières troupes de Clausel avaient franchi la Nivelle; Conroux, puis Maransin, à Saint-Pée ; Taupin, enfin, au pont d'Harosteguia à Ibarron et aux gués d'Helbarron, les ponts de Saint-Pée étant

---

(1) Trois petites redoutes d'infanterie couvraient les ponts d'Harosteguia et les gués d'Helbarron. Taupin s'était porté de sa personne auprès de ces ouvrages, près du pont d'Ascain.
À leur droite et à l'est d'Ascain, deux redoutes, échelonnées vers Saint-Ignace et à peine commencées, étaient occupées par les troupes de la division Darricau, dont une brigade tenait les ouvrages du camp d'Ascain, à l'est et à l'ouest d'Ascain (rive gauche de la Nivelle). La deuxième brigade de cette division était au camp de Serres, comme réserve, avec la brigade italienne (Saint-Pol) de Villatte. On avait jeté un pont de bateaux de Serres à Dorria.
Les hauteurs de la rive gauche, autour d'Ascain, étaient fortifiées par une série de redoutes, de retranchements et un village mis en état de défense, qui les reliaient aux camps d'Urtubie et d'Urrugne.

déjà occupés par les tirailleurs portugais. Elles se ralliaient, avec la division d'Armagnac (d'Erlon), sur les hauteurs d'Habancen et immédiatement au-dessus de Saint-Pée.

Clinton, qui avait suivi le mouvement rétrograde de d'Armagnac sur Habancen, arrivait alors près de Saint-Pée, en même temps que les divisions Colville et Dalhousie commençaient à traverser la Nivelle aux ponts de cette ville.

Le maréchal, resté de sa personne sur les hauteurs près de Saint-Jean-de-Luz, à la droite et à 13 ou 14 kilomètres de Saint-Pée (1), centre de sa ligne et centre

---

(1) D'après Lapène, alors capitaine d'artillerie, le maréchal avait porté son quartier général, depuis le commencement de l'action, à l'*extrémité* du camp de Serres, afin de voir, de là, les points les plus importants de la ligne de bataille.

L'œuvre de Lapène, publiée en 1823, a une valeur certaine. Sa bonne foi et sa conscience, sa documentation sont évidentes. C'est le premier récit complet et détaillé qui ait paru sur ces événements; et chacun, depuis, a puisé dans son livre. Mais, Lapène n'a été promu chef d'escadron qu'en 1830; il fut général en 1849; et on doit remarquer que bien des passages de son travail ont été écrits sous la dictée et sous l'influence du maréchal Soult, qui tenait la plus grande place dans ces événements. Celui-ci venait d'être restauré dans la dignité de maréchal par le roi Louis XVIII (1820), et appelé à siéger à la Chambre des Pairs. Or, le maréchal sentait bien lui-même ce que tout le monde avait trop vu, c'est-à-dire qu'il avait été entièrement abusé dans la journée du 10 novembre, et qu'il avait été dans la plus complète erreur relativement à la manœuvre de l'ennemi : il était resté à la droite avec de grosses forces et ses réserves, alors qu'il aurait dû être lui-même au *centre de manœuvre*, vers Saint-Pée, avec celles-ci, et les faire coopérer à la bataille réelle, celle que livraient son centre et sa gauche. Les documents concordent pour dire que le maréchal n'est venu à Serres qu'à la fin de la journée, vers 4 heures, et qu'il était resté jusque-là auprès de Saint-Jean-de-Luz, sinon à Saint-Jean-de-Luz même.

Pellot, témoin oculaire, est très explicite sur ce point dans son Mémoire publié en 1818.

Enfin, Soult lui-même, dans sa lettre au ministre en date du 19 novembre, reconnaît le fait : « ... Les divisions Maucune et Boyer, ainsi que la division Villatte, qui étaient *à la droite, où je me trouvais*, la division Darricau, qui était sur les haude manœuvre, arrivait seulement en ce moment au camp de Serres, suivi de loin par sa réserve d'artillerie et les troupes disponibles (division espagnole Casa-Palaccio) de Villatte (1). Celles-ci y remplaçaient la division Darricau. Pendant l'action, Darricau avait gardé, avec une de ses brigades, les ouvrages, à peine commencés, des hauteurs à l'est et à l'ouest d'Ascain. Sa seconde brigade, avec la brigade italienne de Saint-Pol (Villatte), s'était tenue en réserve sur la rive droite, au camp de Serres. Débordé par le mouvement offensif des alliés à Saint-Pée, il s'était replié sur la lisière des bois de la forêt de Saint-Pée, d'où il gagnait Ahetze. Freyre et Longa prenaient possession d'Ascain (2).

---

teurs de Serres et d'Ascain, ont parfaitement défendu leurs positions... » Il n'était donc pas sur les hauteurs de Serres.

(1) « ... A la fin, Soult parut comprendre qu'il avait peu à craindre pour sa droite. Vers 3 heures, nous remarquâmes qu'une colonne profonde de 10.000 à 12.000 hommes se dirigeait vers la gauche ; et, au même moment, les tirailleurs ennemis s'avancèrent sur nous comme pour couvrir le mouvement... » (Gleig, lieutenant au 85e régiment anglais.)

(2) D'après le rapport de Wellington à Bathurst (Saint-Pée, 13 novembre), on pourrait comprendre à tort que l'abandon d'Ascain et l'entrée des Espagnols dans ce village n'auraient eu lieu que *dans l'après-midi du 11*.

La lettre de Wellington au général Wimpfen, chef d'état-major de l'armée espagnole (Saint-Pée, 12 novembre), déclare que les Espagnols de Longa ont pillé Ascain dans *la nuit du 10*. Wellington lui ordonne les arrêts pour le commandant d'Ascain et tous ses officiers, et il annonce qu'ils vont être traduits en cour martiale. Il a déjà fait pendre un pillard et il fera pendre tous ceux qu'on attrapera. Prenant en outre une décision énergique, mais grave, puisqu'il se privait d'une partie de ses forces en entrant en France, Wellington *renvoyait la division Longa en Espagne*.

Le 14, de Saint-Pée, Wellington écrit au général Freyre que des désordres ont eu lieu dans la nuit du 11 et la journée du 12 et que des soldats de toutes les nations y ont participé : « ... Je ne viens pas en France pour la piller ; je n'ai pas fait tuer et blesser des milliers d'hommes pour que les survivants puissent piller les Français. Il est de notre devoir à tous d'empêcher le pillage, *surtout si nous voulons faire vivre nos armées*

Wellington postait aussitôt les divisions Cole, Alten et les Espagnols de Giron sur les hauteurs de la rive gauche de la Nivelle, en face d'Ascain et d'Harosteguia. Il pressait le mouvement de la division Clinton et, vers 4 heures, il lançait en avant les divisions Colville et Dalhousie sur les ponts d'Harosteguia, d'Urgury et de Saint-Pée. Maransin était chassé des hauteurs qui dominent immédiatement Saint-Pée et rejeté sur Habancen. A la nuit (1), après un rude combat, Wellington avait dégagé, sur ce dernier point, son front et son débouché au delà de la Nivelle en y établissant trois divisions.

A notre extrême droite, Hope avait, dès le matin, enlevé sans difficulté les ouvrages détachés en avant des camps d'Urrugne et de Bordagain et le village d'Urrugne. Appuyé à sa gauche par le canon de la flotte anglaise, et à sa droite par Freyre entre Jolimont, Olhette et Ascain, il avait poussé des démonstrations très vives (2) sur tout le front et le flanc est

---

aux dépens du pays... Le seul moyen efficace d'empêcher le pillage, surtout dans les armées composées de différentes nations, est de *faire mettre la troupe sous les armes.* La punition individuelle ne fait rien; les soldats savent bien que, pour cent qui pillent, un seul est pris et puni: en tenant la troupe rassemblée, tout le monde est intéressé à l'empêcher. » (Punition collective. Répression mutuelle.)

(1) *Wellington à Hope* (Saint-Pée, 11 novembre, 6 h. 30 soir): « ... Si nous avions pu pousser de l'avant, hier de bonne heure, Soult ne se serait pas retiré aisément de Saint-Jean-de-Luz... »

(2) « ... L'ennemi... abandonna les défenses et s'enfuit. Nous le poursuivîmes jusqu'à l'extrémité du village d'Urrugne, où nous dûmes nous arrêter, ayant des instructions de ne pas aller plus loin. Il se retira sur les hauteurs avoisinantes.

» ... Wellington a dit lui-même qu'il n'avait jamais vu position aussi formidable. Elle s'étendait sur une longueur d'environ 3 kilomètres sur des hauteurs dont le flanc était couvert en grande partie par des bois épais et coupé par des fossés profonds. Le maréchal Soult avait ajouté à ces défenses naturelles en y établissant des redoutes et des parapets; il avait passé tout un mois à les achever et à les renforcer. Vers notre gauche,

des camps de Bordagain et d'Urtubie, occupés par Boyer et Maucune, du camp sud de Saint-Jean-de-Luz, que gardait Villatte, et sur le front du camp d'Ascain, défendu par Darricau. Masquant ainsi ces troupes nombreuses, il les avait immobilisées dans leurs retranchements sous la menace d'une attaque en force. Il avait réussi à tromper complètement le maréchal, et celui-ci avait laissé la bataille véritable écraser et enfoncer son centre et sa gauche sans qu'il leur portât secours ; l'extension démesurée de ses lignes s'opposait d'ailleurs elle-même à ce qu'il fût jamais en mesure de le faire en temps opportun sur aucun point.

Au cours de ces événements, la division Foy, postée à Bidarray à notre extrême gauche, n'avait pas rendu les services qu'on espérait d'elle. Arrivé à Bidarray le 8 au soir, Foy avait ordre du maréchal « de manœuvrer sur le *flanc droit* de l'ennemi et de le compromettre si celui-ci dirigeait son attaque sur les divisions de d'Erlon;... » ou bien de venir se joindre à d'Erlon sur les hauteurs entre Espelette et Ainhoué, si l'attaque de l'ennemi prenait une autre direction. « J'ai autorisé, ajoutait le maréchal, le *général d'Erlon à donner*

---

c'est-à-dire en face du village d'Urrugne que nous venions d'enlever, les travaux avaient un aspect si imposant que notre chef jugea imprudent de faire aucune tentative contre eux. Nous reçûmes donc l'ordre de garder Urrugne et de *faire simplement, de temps en temps, une démonstration en avant, afin de détourner Soult d'envoyer des troupes pour appuyer sa gauche, objectif de Wellington...*

» Dès que nous eûmes chassé les défenseurs, nous songeâmes à nous fortifier nous-mêmes... Il était 11 heures et l'ennemi ne nous avait pas attaqués...

» Il était évident, d'après les corps de troupes nombreux et solides qui restaient en position en face de nous, qu'aucune force n'avait été envoyée au secours de l'armée de Soult. Le bruit incessant de la mousqueterie et du canon dans cette direction prouvait que le combat de ce côté *était plus sérieux que celui dans lequel nous étions engagés...* » (Gleig, lieutenant au 85ᵉ régiment anglais.)

des ordres au général Foy, suivant ce qui surviendra devant lui (1)... » Le 10, le maréchal faisait connaître au ministre qu'il n'avait pas de nouvelles de la division Foy : « Je l'avais mise à la disposition de d'Erlon ; elle devait venir le rejoindre en avant d'Espelette pour manœuvrer *sur le flanc droit de l'ennemi;* cet après-midi, d'Erlon n'en avait encore aucune nouvelle; j'espère cependant qu'il aura opéré son mouvement sur Cambo, ainsi que ses ordres le portaient en cas de retraite. »

Le 10, à 7 heures du matin, Foy recevait un ordre de d'Erlon, daté d'Espelette minuit (2), lui prescrivant de lui envoyer une de ses brigades. « Jugeant qu'en raison de la distance à parcourir *l'exécution d'un tel ordre ne pouvait qu'être nuisible*, que c'était s'affaiblir sans profit en exposant une partie de ses forces à ne servir nulle part... » (3), Foy, toujours indépendant, conservait sa division réunie. Il l'employait *isolément* à attaquer le mont Gorospile, occupé par quatre bataillons de Mina et peut-être quelques bataillons de Morillo, qui formaient flanc-garde à la droite de Hill. Il culbutait ces troupes qu'il rejetait dans la vallée de Baztan et il s'emparait, à Maya, des équipages de plusieurs régiments anglais. Il allait pousser encore jusqu'à Errazu, où se trouvaient les bagages de Hill, quand la nouvelle de la défaite de notre gauche (4) arrêtait cette entreprise di-

---

(1) Soult au ministre, 9 novembre.
(2) Le maréchal Soult a cru que Foy n'avait pas reçu cet ordre : « Le 10 au matin, le général Foy, *n'ayant pas encore reçu l'ordre* de se rendre avec sa division à Espelette, se porta sur le Gorospile en vertu de ses premières instructions... » (Soult au ministre, 11 novembre.)
(3) Journal de Foy (Girod de l'Ain).
(4) Foy à Soult; Mont Gorospile, 10 novembre; pièce 77, citée par Girod de l'Ain. Pertes accusées par Foy : moins de 180 hommes tués *ou blessés* et 1 colonel.

vergente et inutile. Foy ramenait alors sa division à Bidarray pour prendre ses sacs qu'il y avait fait laisser. Il arrivait à Cambo dans la nuit du 10 au 11. La flanc-garde espagnole avait rempli son rôle dans la mesure de ses forces. Foy, en l'attaquant avec toutes les siennes, au lieu de la masquer avec partie d'entre elles, et d'aller concourir à l'action commune, s'était laissé détourner de sa mission. Enfin la direction même qu'il avait prise pouvait à peine menacer *un ennemi qui fût resté immobile* : elle ne s'appliquait plus à un adversaire *doué de mouvement* et *marchant offensivement en avant*.

Nos pertes, dans ces divers combats, s'élevaient à 174 officiers, dont un général et 4.270 hommes, dont 27 officiers et 1.231 soldats prisonniers ; la division Maransin avait perdu plus de 1.000 hommes, dont 53 officiers (1). 51 pièces, les canons de marine des défenses de Saint-Jean-de-Luz, le fort de Socoa, les magasins de Saint-Jean-de-Luz et d'Espelette allaient rester au pouvoir des alliés. Les Anglo-Portugais perdaient, ce même jour, 174 officiers et 2.520 hommes. Au cours de cette bataille, l'artillerie anglaise faisait usage des shrapnells (obus à balles), pour la première fois dans une action générale. L'effet moral et matériel en fut considérable (2).

Pendant tous ces combats passifs, disséminés sur une ligne de bataille d'une étendue démesurée, nulle part et à aucun moment les défenses du maréchal n'avaient rempli le rôle qu'il eût voulu leur faire jouer.

Les travaux accumulés à sa droite avaient absorbé

---

(1) Clerc.
(2) Mémoires de Picton. — Ces obus à balles, de l'invention du colonel anglais Shrapnel, avaient déjà été expérimentés par les Anglais, en Espagne, dans quelques rencontres avec nos troupes.

des effectifs considérables et toutes ses troupes disponibles. Ils avaient contribué, plus encore que les démonstrations de l'ennemi contre eux, à immobiliser nos réserves et à empêcher toute manœuvre.

Les défenseurs des longues lignes retranchées du centre et de la gauche, indécis entre leurs avant-lignes trop fortifiées et leurs positions principales mal définies, n'avaient pas su concentrer leur résistance sur celles-ci ou manœuvrer avec leur appui. Ils étaient attachés aux défenses locales, divisés par elles, disséminés par les nécessités particulières de leurs sites ; le commandement restait impuissant, incapable d'établir aucun lien commun entre eux, de les grouper, de les diriger et de les opposer aux offensives de l'ennemi en manœuvrant. Chacune des conquêtes de celui-ci ne pouvait manquer de jeter le doute et le découragement dans les rangs des défenseurs ; tournés sur des points qu'ils croyaient également fortifiés et bien défendus, débordés sur d'autres où ils s'estimaient en sûreté, rivés à leurs retranchements qu'ils ne pouvaient quitter, ils ne voyaient aucune réserve venir à leur aide sur les points qu'ils ne pouvaient cependant couvrir et dont la perte entraînait la leur. Aucune troupe de recueil ou de repli ne les encourageait à résister longuement en leur assurant l'appui de ses forces, au moment critique où leurs efforts seraient épuisés. La ligne sans profondeur, une fois percée en un point, tombait tout entière, entraînée dans la chute d'une seule de ses parties.

Le maréchal avait eu une confiance aveugle dans la force passive de ses retranchements. Son armée, inférieure en nombre au total, s'était trouvée plus insuffisante encore sur tous les points réellement attaqués, alors qu'elle restait supérieure en effectifs et en forces à l'ennemi sur ceux qui ne l'étaient pas. Bien loin de lui assurer une bonne économie des forces en vue de leur emploi à la manœuvre, au mouvement, à la guerre, l'abus des lignes fortifiées l'avait condamnée à la division et à l'immobilité. L'armement de l'époque, au lieu de remédier à ces vices, les aggravait encore : il ne donnait ni portée, ni rapidité, ni vigueur aux feux. Le mouvement et le nombre seuls eussent pu y suppléer.

Sur la gauche, la division du général Foy tout entière était dispersée dans une opération divergente, inutile au but commun. En outre, la division Abbé, deux brigades de la division Darricau, la réserve de Villatte entière, la réserve d'artillerie, restaient inemployées jusqu'au moment où la bataille était perdue déjà. Le maréchal lui-même, mal renseigné, était absent du centre de manœuvre et hors de portée pour pouvoir diriger ses forces.

L'ennemi avait su grouper une part importante de ses troupes, les diriger sur un point et attaquer. Inapte cependant à profiter de ses succès et à poursuivre, il nous infligeait une défaite, une première invasion, un recul de dix kilomètres et un repli sous la place forte de Bayonne.

Le 10 novembre, à la nuit, les troupes françaises, divisées en deux groupes séparés par l'offensive des alliés à Saint-Pée, étaient arrêtées sur les emplacements suivants :

D'une part :

Reille conservait les camps du Bordagain et de Saint-Jean-de-Luz ; Villatte avait été porté au camp de Serres ; en arrière, au nord des bois de la forêt de Saint-Pée, Darricau était à Ahetze.

D'autre part :

Clausel occupait les hauteurs d'Habancen, au nord de Saint-Pée ; d'Erlon avait laissé la division Abbé à

Cambo et envoyé la division d'Armagnac à Ustarrits pour couvrir la route de Bayonne ; Foy arrivait à Bidarray, revenant sur Cambo.

Le maréchal, débordé au centre au delà de la Nivelle, abandonnait donc à leur tour, le 10 au soir et le 11 au matin, tous les travaux accumulés à sa droite, les camps d'Urrugne, du Bordagain, de Saint-Jean-de-Luz, et enfin celui de Serres ; puis, les hauteurs d'Habancen et les bois de Saint-Pée. Il repliait sa droite sur les hauteurs fortifiées de Bidart par une marche de nuit le 10 au soir. Le 11 au matin, ses arrière-gardes détruisaient tous les ponts de la basse Nivelle (10 heures du matin) et se retiraient au moment où les têtes de colonnes ennemies apparaissaient sur la rive gauche. Le 11 au soir, la nouvelle ligne de défense provisoire s'appuyait : la droite (Reille), à Bidart et au sud d'Arbonne (Darricau) ; au centre (Clausel), à Arcangues et à la hauteur fortifiée de Sainte-Barbe ; la gauche (d'Erlon), à Arraunts, où elle atteignait la Nive, et à Ustarrits, en avant de la gauche. Nous tenions encore au sud la tête de pont de Cambo sur la Nive. Mais tous ces travaux étaient à peine ébauchés.

Les troupes alliées passaient la nuit du 10 à Urrugne, à Ascain, à Saint-Pée, aux environs de Souraïde et d'Espelette, à Sare et à Ainhoué. Le corps de Hill, avec une partie de celui de Beresford, avait franchi la Nivelle. Le 10 au soir, Wellington prescrivait de continuer, le 11 au matin, le mouvement en avant (1). Hill avait ordre de s'établir en observation à hauteur de Souraïde et d'Espelette, face à Cambo, la droite sur le mont Eréby (ouest du Mondarrain), où Morillo se trouvait déjà, et de tâter les forces signalées à Cambo et à Ustarrits.

---

(1) Ordre de Wellington, 10 novembre.

Beresford, avec les divisions Colville, Dalhousie et Cole, devait marcher, par Amots et Saint-Pée, à cheval sur la route de Saint-Pée à Bayonne, pour faire tomber les dernières résistances de notre droite en les débordant par le mouvement ; Giron, à sa gauche, avancer sur les bois de Saint-Pée ; Alten et Longa, soutenus par Freyre, former un corps d'observation devant Serres, qu'on croyait encore occupé par nous, et talonner nos corps dans leur retraite. Hope enfin recevait pour mission d'occuper les hauteurs au-dessus de Ciboure, dès que nous les évacuerions, de porter alors rapidement son artillerie sur les points permettant de battre les ponts de Saint-Jean-de-Luz afin d'en empêcher la destruction et d'attaquer Saint-Jean-de-Luz avec toutes ses forces.

Malgré les efforts de Wellington, qui faisait commencer les mouvements dès la pointe du jour, l'état des troupes après les combats de la veille, celui des chemins défoncés par une grosse pluie (1) imprimaient beaucoup de lenteur aux marches (2) ; c'était à 1 heure seulement que les troupes, sur la rive droite de la Nivelle, parvenaient à s'ébranler pour les opérations ordonnées et il était déjà 5 heures quand elles arrivaient à hauteur de Saint-Pée.

Hope, de son côté, avait atteint Ciboure et la rive gauche de la Nivelle à 10 heures, au moment où les arrière-gardes du maréchal sortaient de Saint-Jean-de-Luz après avoir coupé les ponts. Ceux-ci ne pouvaient être rétablis entièrement pour l'artillerie que le 13. Les gués n'étaient praticables que pendant deux heures à marée basse (3). La poursuite, qui s'était bornée à un

---

(1) Wellington à Bathurst ; Saint-Pée, 13 novembre.
(2) *Ibid.*, 11 novembre, 6 h. 30 soir.
(3) Hope à Wellington ; Guethary, 12 novembre.

léger engagement, vers 2 heures, entre les avant-gardes détachées de Beresford et les avant-postes de Clausel (Darricau) au sud d'Arbonne et à Sainte-Barbe, était suspendue. Le maréchal en profitait pour faire détruire les ponts d'Ustarits et en retirer ses troupes. Le 11 au soir, jugeant encore sa ligne trop étendue (11 à 12 kilomètres) (1), il renonçait à tenir sur cette position. « ...L'ennemi a une telle supériorité de forces qu'il ne m'est plus possible d'occuper des positions aussi étendues que *celles que j'avais* et *que je gardais* POUR COUVRIR LE PAYS. Aussi JE VAIS ME RÉUNIR et MANŒUVRER DÉSORMAIS EN ARMÉE, TENANT LES TROUPES RASSEMBLÉES et CONSTAMMENT SOUS MES YEUX... » 10 novembre.)

« ... Si je restais en position, je ne doute pas qu'il y aurait demain un second engagement général. Quoique je sois disposé à le donner, il ne me paraît pas que ce champ de bataille me soit aussi favorable que celui que je puis prendre : il est encore trop étendu comparativement aux forces que l'ennemi me présente... » (11 novembre.)

Le maréchal donnait donc l'ordre de replier, pendant la nuit, l'armée sous Bayonne même, sur les hauteurs au sud de Biarritz et d'Anglet, la gauche appuyée à la place; la réserve, renforcée de la division Darricau, sur le plateau de Beyris; (front de 6 à 7 kilomètres environ). Les derniers échelons ne devaient se replier que le 12 au point du jour (2).

Le 12 au matin, un brouillard très épais (3) dissuadait encore les alliés de se mettre en mouvement de

---

(1) Soult au ministre, 11 novembre; — Id., 10 novembre.
(2) Ordre du maréchal; Arcangues, 11 novembre.
(3) Toreno (Clerc); Napier; Hope à Wellington, de Guethary, 12 novembre, 8 h. 30 matin.

bonne heure : les pluies abondantes, tombées le 11 dans la montagne, gonflaient les rivières et coupaient les gués, en particulier ceux de la Nive jusqu'en amont de Cambo et d'Itsatsou (1) ; les chemins étaient devenus impraticables (2). Enfin, la concentration des forces du maréchal, l'ignorance où l'on était des motifs de ces reculs successifs et des ressources qu'il avait peut-être trouvées à Bayonne, la crainte d'être attirés en avant en vue d'une manœuvre imprévue qui pouvait être redoutable de sa part, la pluie persistante ; toutes ces considérations, jointes aux retards subis par l'aile gauche des alliés aux passages des cours d'eau, imprimaient une prudente lenteur à leur marche en avant. D'autre part, les Espagnols étaient réduits à une grande détresse par les vices de leur organisation. Ils pressuraient si dangereusement les populations que Wellington, qui d'ailleurs ne voulait pas les nourrir et qui tenait à faciliter l'alimentation de ses propres troupes, jugeait opportun d'alléger la charge du pays en les renvoyant cantonner au delà de la frontière (3), à l'exception de la division Morillo. C'était une diminution momentanée de forces assez considérable ; mais l'hiver, l'état des communications, la situation militaire étaient certainement à la veille de suspendre pen-

---

(1) *Itsatsou*, sur le 200.000ᵉ, le 400.000ᵉ et le 320.000ᵉ ; *Itxassou*, sur le 80.000ᵉ et le 100.000ᵉ.

(2) Lapène et Napier : « ... La pluie a commencé le 11 ; elle a continué sans interruption jusqu'au 19 et laissé les chemins dans un tel état que tout mouvement est impossible... » (Wellington à Bathurst, 22 novembre.)
Dans ce sol argileux il n'y avait alors de praticable que la route d'Espagne sur la côte et la route de Saint-Jean-Pied-de-Port, toutes deux encore en notre pouvoir. « Dans tous les autres chemins l'infanterie enfonçait jusqu'à mi-jambes, la cavalerie parfois jusqu'aux sangles. Nulle part l'artillerie ne pouvait se mouvoir. » (Napier.)

(3) Wellington à Bathurst, 22 novembre.

dant quelque temps les grandes opérations ; l'objectif que s'était fixé le général anglais était d'ailleurs atteint : il avait pris possession de la base et des deux ports qui lui étaient nécessaires. Ne voulant pas nourrir l'armée espagnole, non plus que l'administrer, il était sage de l'envoyer vivre dans son pays ; mais il était bon également d'attribuer surtout à des motifs de discipline cette réduction temporaire et administrative d'effectifs et de déclarer que le brigandage et la maraude des Espagnols étaient seuls causes de leur renvoi à l'arrière. On pouvait espérer qu'une telle leçon serait utile à toute l'armée, car l'habitude du pillage, en révoltant les populations, risquait de compromettre son existence même, avec le succès des opérations. C'était encore une pression exercée sur le gouvernement espagnol ainsi mis en demeure effective d'entretenir décidément ses propres troupes, alors qu'il ne le faisait plus. Il fallait que la situation fût tranchée et elle le fut (1).

---

(1) « ... Nos succès dépendent de notre modération, de notre justice, de la bonne conduite et de la discipline de nos troupes. Elles se conduisent bien, mais je désespère des Espagnols. Ils sont dans un état si misérable que vraiment on ne saurait attendre d'eux qu'ils s'abstiennent de piller un beau pays où ils entrent en conquérants, surtout si on se reporte aux misères que le leur a souffert de ses envahisseurs. *Je ne puis m'aventurer à les amener en France sans les nourrir et les payer; l'état de nos finances ne le permet pas... Nos relations avec l'Espagne sont si tendues* que je crois devoir appeler sérieusement votre attention sur ce sujet... nous sommes odieux au gouvernement...

» Quelle serait la conséquence de cet état de choses en cas de revers ? J'éprouverais une grande difficulté à me retirer à travers l'Espagne et le Portugal (35.000 Anglais), vu l'hostilité de la population et la nature particulière de notre matériel. Il me faudrait donc embarquer l'armée à Passages, en présence des armées française et espagnole réunies... » (Wellington à Bathurst, 22 et 27 novembre.)

« ... Le manque d'argent paralyse l'armée. Depuis janvier 1813, l'arriéré de solde s'est accru d'un autre de quatre à six mois. La dette est immense et les engagements de l'Angleterre avec les

Wellington se contentait donc, pour le moment, de faire occuper les hauteurs de Bidart et de Barrouillet par Hope et d'établir Beresford à Ahetze, à Arbonne et sur les hauteurs de Sainte-Barbe (1), au sud-est d'Arcangues, tenu par un de nos détachements.

Sur le flanc droit des alliés, et à plus de 12 kilomètres en arrière de leur droite, nous occupions encore la tête de pont de Cambo. La division Foy y était arrivée dans la nuit du 10 au 11. Il était urgent pour les alliés de s'emparer de ce point et de nous en chasser; « sinon, écrivait Wellington, nous n'aurons aucun repos pendant l'hiver » (2). Dès le 11, Hill avait eu pour mission de tâter les forces qui s'y trouvaient; le 12, vers midi, ses reconnaissances étaient signalées en amont, au gué d'Itsatsou; il faisait passer quelques troupes en aval (3), au gué de Larressore et à Ustarits, où il tentait sans succès de rétablir les ponts que nous avions détruits. En même temps il canonnait de loin la tête

---

gouvernements anglais et portugais ne sont pas remplis... Nous devons partout en Espagne et c'est ainsi que nous entrons en France...

» ... Le prix des denrées s'accroît en raison des retards des paiements... du défaut de crédit...

» ... J'ai dû... reprendre 50.000 dollars sur les 200.000 expédiés de Lisbonne comme subside du gouvernement portugais, *afin d'entretenir les Espagnols;*... mais, pour empêcher la cavalerie anglaise de périr, il a fallu, sur cette somme, lui affecter 10.000 dollars.

» ... L'argent de Cadix pour l'armée espagnole n'est pas arrivé... *Aussi ai-je dû renvoyer 15.000 Espagnols en cantonnements sur les derrières.*

» Je suis prêt sous tous les rapports, sauf celui de l'argent, à refouler l'ennemi sur la Garonne cet hiver... mais il m'est absolument impossible de marcher... Il n'y a pas un schelling en caisse pour payer quoi que ce soit que le pays puisse fournir... *Notre crédit est mort...* un grand et immédiat envoi d'argent d'Angleterre s'impose... » (Wellington à Bathurst; Saint-Jean-de-Luz, 8 janvier 1814.)

(1) A 1.100 mètres ouest de l'église d'Arraunts.
(2) Wellington à Hope, 14 novembre.
(3) Soult au ministre, 12 novembre.

de pont de Cambo et il cherchait à passer la Nive au gué des Bains de Cambo. Foy, repoussait ces tentatives et il portait aussitôt la brigade Fririon à Halsou pour s'opposer au passage sur ce dernier point, où sa communication avec Bayonne était menacée (1). En même temps, le maréchal Soult envoyait, par Bayonne, d'Erlon sur la rive droite de la Nive, sur les hauteurs de Villefranque, avec les divisions Darricau, d'Armagnac, Abbé. La première était poussée à Jatxou et jusqu'aux hauteurs de la rive droite en face de Cambo (2). La division Foy était mise sous les ordres de d'Erlon. La division de cavalerie P. Soult avançait sur Hasparren et Urcuray. Pâris gardait les débouchés de la vallée de Baïgorry à Saint-Martin-d'Arossa. Les pluies venaient d'ailleurs grossir les eaux, et la Nive n'était plus guéable le 12 au soir.

Le maréchal estimait que d'Erlon serait ainsi « assez fort pour empêcher l'ennemi de faire aucun passage et même pour obtenir des succès sur ce dernier s'il se livrait à quelque entreprise ;... car il voulait employer le reste de ses troupes à terminer les ouvrages des camps retranchés de Bayonne....

»... Puisque les événements de la campagne m'ont obligé à m'appuyer sur cette place, je dois la considérer comme la place d'armes de l'armée et y prendre effectivement mon appui, me tenant en mesure d'attaquer le flanc de l'ennemi, s'il entreprend de passer la Nive... »

Le 15 novembre, après avoir fait la reconnaissance de la rive droite de la Nive jusqu'à Cambo, le maréchal jugeait qu'il serait très difficile d'empêcher les alliés de passer cette rivière, car elle restait encore guéable sur quelques points, et, en plusieurs endroits, la rive

---

(1) Journal de Foy.
(2) Soult au ministre, 12 novembre.

gauche a un grand commandement sur la rive droite. A Cambo, il avait ordonné de ne laisser que 700 à 800 hommes dans la tête de pont et de l'évacuer dès que l'ennemi l'attaquerait en forces supérieures : les travaux incomplets n'en permettaient pas la défense. On devait encore *préparer* la destruction du pont (1) et se retirer sur la rive droite pour s'y établir après l'abandon de la rive gauche. D'Erlon, qui accompagnait le maréchal dans sa visite, donnait ordre au général Foy de ne pas compromettre un seul homme pour cette tête de pont et de faire sauter le pont quand l'ouvrage aurait été évacué.

A 10 heures du soir, le 15, on enlevait les pièces ; on retirait la poudre, les munitions, les outils ; on préparait la mine et la mise de feu au pont de bois. De minuit à 2 heures du matin, le 16, les troupes se retiraient, à l'exception des 800 hommes désignés. Mais, dès 11 heures, un coup de canon tiré par maladresse en enclouant une pièce qu'on ne pouvait emmener avait fait prendre les armes à l'ennemi.

A la pointe du jour, ses dispositions pour l'attaque paraissaient terminées et celle-ci était imminente. Foy se retirait sur la rive droite et il mettait le feu à la mine et au pont, estimant que, s'il ne le détruisait pas alors, il ne le pourrait plus ultérieurement (2).

---

(1) Foy à d'Erlon; Cambo, 17 novembre (pièce n° 78; Girod de l'Ain).

(2) La lettre de justification du général Foy au général d'Erlon (Cambo, 17 novembre 1813), citée par Girod de l'Ain, dans la *Vie militaire du général Foy* (pièce 76), et la déclaration de Pellot prouvent qu'il y a eu, en cette affaire, un malentendu évident. Foy l'attribue aux ordres verbaux que d'Erlon lui avait donnés *en présence même du maréchal* et à l'ordre *écrit* qui lui avait été adressé le soir même. Le maréchal ne parle pas de cet accident ; mais Pellot écrit : « L'ordre fut donné de faire sauter, *si l'attaque devenait générale*, mais de conserver, *si l'attaque n'était que partielle*. » Et il ajoute : « ... Cette me-

Cette fâcheuse mesure, résultat d'ordres peu nets, donnait désormais toute sécurité aux alliés sur leur flanc droit; elle leur procurait entière liberté de cantonner (1) leurs troupes, de les reposer et d'attendre que le temps permît de reprendre les marches et le mouvement. La droite des alliés pouvait donc alors se relier, à Araunts et en face d'Ustarits, à leur centre, et s'établir à Cambo, à Espelette et à Itsatsou. Les troupes cantonnaient encore à Souraïde, à Ainhoué, à Saint-Pée, à Sare et à Ascain. La cavalerie de Vandeleur était à la gauche; le reste vivait autour d'Hendaye, d'Urrugne et de Saint-Pée. La grosse cavalerie était encore en Espagne.

La situation matérielle et morale de l'armée française pendant cette même période était des plus difficiles. Son organisation administrative défectueuse, les désor-

---

sure anticipée et irréfléchie prouva encore une fois que c'était précisément dans les opérations importantes qu'on saisissait mal l'esprit des ordres du général en chef, quoiqu'ils fussent tous marqués au coin de la plus grande clarté et qu'ils ne pussent recevoir deux interprétations... »

Il semble précisément que l'ordre donné rentre dans le cas de double interprétation; car il ne fut compris ni de d'Erlon, ni de Foy, et il était bien délicat de déterminer ce que le maréchal entendait au juste par une *attaque générale*. L'attaque est toujours générale, au point menacé, pour celui qui la subit. Celle-ci, par le brouillard, envahissait déjà tout le village de Cambo; et rien ne l'empêchait de faire irruption dans la tête de pont inachevée et mal placée. Le pont, découvert ainsi, était aussitôt atteint. Pour le conserver, il eût fallu *défendre de le détruire* et prescrire, ainsi que le terrain s'y prête bien, d'en *interdire l'usage en le battant de la rive droite*, puisqu'on se voyait forcé de renoncer à le couvrir en tenant la rive gauche. Mais il ne fallait pas faire *préparer sa destruction*, et laisser l'initiative de le détruire, sous telles conditions, difficiles à juger dans la localité. La destruction était ici du seul *ressort du commandement supérieur*, et il a eu tort d'en faire délégation.

(1) « ... Ils ont fait sauter le pont de Cambo, ce qui m'a permis, dès le lendemain, d'établir les troupes en cantonnements serrés... » (Wellington à Bathurst, 22 novembre.)

dres de l'époque, le concours médiocre des populations et des autorités civiles ; l'absence, dans la région, d'une pensée nationale commune, fruit des dissensions politiques, des bouleversements de régimes entrevus et des agitations royalistes ; la lassitude générale après tant d'efforts dévoués suivis de trop de revers ; la démoralisation, le manque de confiance et les discussions qui accompagnent l'insuccès, avaient frappé les esprits et déprimé trop d'énergies insuffisantes.

L'armée, mal nourrie, mal pourvue, mal approvisionnée, énervée par les fâcheuses habitudes d'une mauvaise administration et d'une discipline trop tolérante dans les pays jadis conquis, rapportait sur son propre sol partie des maux qu'elle avait fait subir aux autres et elle en souffrait elle-même. Le soldat, dépourvu de distributions régulières et de solde, maraudait et pillait malgré la fermeté du maréchal, parce qu'il lui fallait vivre et que, pour vivre, il se voyait trop souvent forcé de prendre : il en arrivait ainsi à prendre, par habitude, et sans qu'il y fût contraint pour vivre.

Les désertions se multipliaient ; du 1er octobre au 16 décembre, leur chiffre s'élevait à 4.000 hommes. L'argent manquait ; les vivres, les fourrages faisaient défaut ; l'armée ne touchait souvent que la demi-ration de pain ; les transports n'étaient aucunement assurés. Le 17 novembre, le maréchal se voyait forcé de renvoyer à l'arrière le grand parc d'artillerie, la moitié de l'artillerie de campagne et la plus grande partie de sa cavalerie. Les divisions ne conservaient qu'une demi-batterie. Les routes dégradées ne permettaient plus, à ce moment, l'arrivée d'aucun convoi. Le chiffre des entrées aux hôpitaux augmentait tous les jours. Le maréchal déployait une inlassable activité ; par ses efforts, par ses mesures, il parvenait à soutenir la vie de ses troupes et à les maintenir en état de faire face aux dures fatigues et aux longs travaux que cette pénible campagne allait encore leur imposer.

L'organisation défensive de la place de Bayonne était une cause de graves soucis et d'inquiétudes pour le maréchal. Les grands travaux des camps retranchés, des ouvrages détachés, de l'enceinte et de la citadelle, qu'il avait prescrit de commencer dès son arrivée à la tête de l'armée (16 juillet), avaient subi des retards, et ils n'étaient aucunement en état de résister à une attaque ; les travaux d'extrême urgence du camp retranché du front d'Espagne, en particulier la défense de la route, et l'établissement des inondations de protection exigeaient des efforts immédiats (17 novembre) (1), qu'il se hâtait d'activer personnellement. Il faisait jeter un pont de bateaux sur la Nive, près de l'enceinte, entre Marrac et Mousserolles (24 novembre), pour joindre plus directement les deux camps et pour se relier à d'Erlon sur la rive droite. Mais, à la fin de décembre, les pluies avaient tellement entravé les travaux de défense qu'aucun d'eux n'était encore terminé et prêt.

Un mois achevait de s'écouler depuis la dernière bataille ; Wellington se décidait à reprendre les opérations actives. La prise de Bayonne lui paraissait indispensable ; mais il était encore plus essentiel de ne

---

(1) « Aucun ouvrage n'est encore tracé même pour couvrir la route d'Espagne, qui servira de digue à l'inondation supérieure, qui couvre partie du camp d'Espagne. Cette route, étant supposée déjà élevée à la hauteur nécessaire pour constituer digue et barrage, l'ennemi pourra facilement la couper, puisqu'elle n'est pas protégée et défendue, et pénétrer entre le camp et la ville en faisant tomber notre gauche. Toute la force du camp d'Espagne consiste dans les inondations ; leur conservation est la chose la plus importante pour la défense. » (Général Thouvenot, gouverneur, au général Garbé, directeur du génie, 17 novembre.)

pas permettre à l'armée française de rendre offensive la défense de la place, en y restant et en s'y appuyant. Bayonne même ne pouvait utilement être assiégée qu'après en avoir éloigné l'armée du maréchal. Il était impossible de s'aventurer à faire un seul pas en avant dans l'intérieur du pays avant d'avoir réduit la ville à son rôle purement défensif, c'est-à-dire avant d'en avoir écarté l'armée active de couverture et d'opérations. Pour attaquer celle-ci, Wellington jugeait d'ailleurs qu'il n'y avait que des inconvénients à marcher contre elle, alors qu'elle s'appuyait sur la forteresse, inachevée sans doute, mais déjà puissante comme point d'appui matériel et moral ; ses défenses, bien qu'incomplètes, constituaient cependant des obstacles qui engageaient à ne pas les choisir pour y diriger une action offensive. Il était préférable de manœuvrer pour forcer le maréchal à s'éloigner de sa position et de Bayonne. En franchissant la Nive, on bénéficiait encore d'une plus grande liberté pour les opérations et pour l'entretien des troupes, alors resserrées dans de simples quartiers d'hiver. On y gagnerait aussi d'interdire la navigation sur l'Adour et de prendre possession de la communication fluviale essentielle des Français avec les ressources de l'intérieur du pays (1) ; c'était atteindre à la fois la place et l'armée qu'on forçait ainsi à s'éloigner pour vivre.

Le 9 décembre, le temps redevenu beau depuis plusieurs jours avait rendu les routes plus praticables et les rivières guéables ; Wellington mettait ses forces en mouvement.

A sa gauche, Hope avec les divisions Howard (1re), Hay (V^e), Alten (légère), deux brigades d'infanterie détachées, la cavalerie de Vandeleur, s'élevant au

---

(1) Wellington à Bathurst, 8 décembre, 14 décembre.

total à 24.000 hommes et 12 pièces, était chargé d'attaquer nos avant-postes entre la mer et la Nive et de faire des démonstrations sur tout le front pour masquer les mouvements de Hill et de Beresford. Il avait pour instructions de reconnaître offensivement, mais sans s'engager à fond, nos positions et les travaux qui couvraient Bayonne; il devait repousser nos avant-postes au delà d'Anglet, afin de déterminer exactement la nature et l'emplacement de nos défenses vers l'embouchure de l'Adour, « *en prévision de l'établissement d'un pont qu'on y jetterait plus tard* ». (Murray à Hope, 8 décembre.) La division Cole (IVe) et la division Walcker (ex-Dalhousie, VIIe), la première à Habancen (1), la seconde sur la hauteur de Sainte-Barbe (2) soutenaient les troupes de Hope.

Hill, à la tête des divisions Stewart (IIe), Le Cor (ex-Hamilton : portugais), des brigades de cavalerie Vivian et V. Alten et de 14 pièces d'artillerie à cheval, avait ordre de passer la Nive, au point du jour, aux gués de Cambo (Bains) et de Larressore; puis de rétablir le pont de Cambo et de marcher sur Bayonne par la grande route, afin de prendre pied sur les hauteurs de Villefranque et du Petit-Mouguerre (3). Il devait envoyer des détachements vers Hasparren et Louhossoa et faire tenir Urcuray, afin de couvrir le pont de Cambo et de soutenir la cavalerie opérant dans la direction de Saint-Jean-Pied-de-Port. A sa droite, la division Morillo, laissée par lui à Itsatsou, devait traverser la Nive et garder son flanc et ses derrières dans la vallée.

Plus au nord, et à la gauche de Hill, Beresford avait

---

(1) 2.500 mètres au nord-est de Saint-Pée.
(2) 1.100 mètres à l'ouest de l'église d'Arraunts.
(3) Ordre général de mouvement de Wellington.

mission d'établir des ponts de bateaux sur la Nive, à Ustarits et, avec les divisions Colville (IIIe) et Clinton (VIe), une batterie et un escadron, de coopérer aux opérations de Hill sur la rive droite de la rivière.

L'attaque des alliés, dirigée avec quatre divisions et 26.000 combattants environ, sur deux points distants d'environ 6 kilomètres, avait en face d'elle une rivière, guéable, il est vrai, en plusieurs points, mais dont l'obstacle, soit pour se porter en avant, soit pour se retirer en cas d'insuccès, n'était pas négligeable ; les pentes des hauteurs opposées étaient rapides. La division Foy les occupait depuis Bas-Cambo jusqu'à Halsou ; trois bataillons de la division d'Armagnac gardaient les hauteurs en face d'Ustarits, et cette dernière était postée sur les hauteurs de Villefranque. Les autres troupes du corps de d'Erlon occupaient Vieux-Mouguerre (division Abbé) et le camp de Mousserolles, sous Bayonne (division Darricau, gardant la rive droite de la Nive jusqu'à Villefranque). L'effectif de ces quatre divisions dépassait 24.000 hommes. Bien qu'un peu inférieur à celui de l'ennemi, il pouvait facilement permettre de s'opposer au passage des alliés par une contre-offensive, qui les aurait saisis au cours d'une opération très difficile ; mais, étendues en partie sur un front qui dépassait 15 kilomètres, ces divisions n'avaient d'autres communications avec la place, située à l'extrémité de leur flanc droit, que parallèlement à ce même front et à très faible distance de lui : elles n'avaient pas d'autre ligne de retraite sur Bayonne et sur l'armée, qu'elles ne pouvaient rejoindre que par cette dangereuse marche de flanc. Le gros de leurs forces était lui-même détourné de sa mission de couverture offensive par la proximité de la place, dont il gardait l'un des camps, celui de Mousserolles ; cette seconde mission, primant la première, avait encore fait placer à l'extrême droite ces réserves, qui auraient dû rester disponibles, et qui se trouvaient ainsi hors de portée pour pouvoir secourir en temps utile l'aile gauche attaquée. L'ennemi n'ignorait pas ces dispositions et leur vice diminuait dans une notable mesure les dangers de l'opération qu'il entreprenait. L'offensive ennemie, venant prendre pied à la droite des éléments de notre extrême gauche, sur leur front, coupait donc très rapidement leur communication unique et bien aventurée avec la place et avec l'armée. En fait, le maréchal avait renoncé à interdire le passage de la Nive ; mais il y conservait des forces trop considérables pour qu'elles pussent facilement se dérober, et trop faibles pour être en état de tenir sur une ligne aussi étendue. Faute de profondeur, cette couverture linéaire retirait même leur valeur propre à un grand nombre des unités sans emploi qui la constituaient. En l'état des choses, des éléments d'observation bien reliés au centre de manœuvre, et l'action de faibles groupes de résistance auraient suffi à répondre aux besoins de la situation, en donnant aux troupes disponibles l'occasion de marcher, si l'on eût décidé de les employer. La faute dans laquelle l'ennemi tombait en divisant ses forces et en passant la rivière devant un adversaire appuyé à une place forte, concentré, et qui, placé à cheval sur la rivière, en tenait les deux rives, était si grave et pouvait lui coûter si cher qu'on devait l'encourager et l'aider à la commettre. Il suffisait de se mettre en mesure d'*en être informé à temps et d'agir*.

Le signal de l'attaque était transmis aux trois groupes des alliés, le 9 décembre au point du jour, au moyen d'un grand feu allumé sur les hauteurs de la rive gauche au-dessus de Cambo. Les troupes françaises, également averties par ces lueurs, couraient aux armes ;

l'ennemi passait déjà la Nive aux gués des Bains de Cambo et de Larressore-Halsou. En même temps, protégé par son artillerie, il commençait à rétablir le pont de Cambo, et, déjà en possession de l'île d'Ustarits, qu'il avait reliée à la rive gauche par un pont, il jetait un pont de bateaux pour communiquer de l'île avec la rive droite. Au sud, la division Morillo franchissait la Nive à Itsatsou, devant Pâris, qui reculait de Louhossoa jusqu'à Hélette.

Malgré la profondeur des gués et l'obstacle de la rivière, doublée au gué de Larressore par une large dérivation de moulin, la résistance de nos postes était très faible. La division Clinton repoussait sans difficulté les trois bataillons de la division d'Armagnac, postés en face d'Ustarits et commandés par le général Gruardet. Elle avançait péniblement, mais sans être inquiétée, au travers des marais de la rive droite et de ceux du ruisseau de Haitze, pour prendre pied sur les hauteurs. Les bataillons français rejoignaient leur division sur les collines de Villefranque.

En face de Cambo, la brigade Berlier, de la division Foy, opposait quelque résistance ; Foy faisait avancer la brigade Fririon sur Halsou pour y entraver le passage. Mais, débordé sur sa droite par le mouvement de la division Clinton à Ustarits, il n'avait que le temps de rappeler Fririon sur les hauteurs des bois de Faldaracon, à la ferme de Lourbintoua, au point de réunion des routes de Villefranque, de Bayonne et de Petit-Mouguerre. La brigade Berlier, isolée et abandonnée, voyant sa ligne de retraite parallèle coupée à Cambo et à Ustarits, n'avait d'autre ressource que de se jeter à l'est dans les landes d'Hasparren. Elle ne parvenait à rejoindre sa division que dans la soirée.

D'Erlon venait d'appeler la division Abbé, de Mouguerre sur Lourbintoua, pour soutenir les troupes de Foy, et il avait porté la division Darricau à l'appui de la division d'Armagnac, sur les hauteurs de Villefranque.

La division Clinton (Beresford) rejoignait les troupes du général Hill au moment où celles-ci atteignaient Lourbintoua, à 1 heure du soir. La division Colville, pendant ce temps, couvrait les ponts d'Ustarits.

La présence des divisions Abbé et Foy, qui barraient la grande route à Lourbintoua (153, 173, 100, 90), arrêtait les progrès de Hill, dont les colonnes avaient d'ailleurs vu leur mouvement entravé par l'état des chemins. Vers 3 heures, une partie de la division Clinton (brigade portugaise Douglas) et une brigade de la division Stewart étaient détachées sur la gauche des alliés ; elles descendaient la vallée et allaient attaquer le village de Villefranque occupé par une brigade de d'Armagnac. Elles étaient d'abord repoussées ; mais elles parvenaient à s'emparer du village. D'Erlon réunissait alors ses divisions, face à l'ouest, sur les hauteurs entre Petit-Mouguerre et Villefranque (ferme Mentachoury, 111, 105, 121, Lourbintoua), parallèlement à la grande route. Le maréchal, arrivé pendant le combat, avait approuvé les dispositions prises. La nuit et la brume suspendaient l'action sur ce point. Là encore nos forces, engagées successivement pendant cette journée, n'avaient pu que se défendre en détail et parvenir péniblement à se rallier devant une offensive peu vigoureuse. Elles n'avaient pas même pu profiter de la confusion et des difficultés, que la traversée d'une rivière, de marais et de terrains défoncés avait infligées à leurs adversaires (1).

---

(1) « La pluie, tombée toute la nuit, avait tellement défoncé les chemins que la journée était presque écoulée avant que la

A notre droite, sous Bayonne, les démonstrations de l'ennemi avaient réussi, pendant tout ce temps, à immobiliser nos forces principales, qui couvraient la place.

Hope (divisions Howard et Hay, et une brigade), venant de Saint-Jean-de-Luz, arrivait, par une marche de nuit, à 8 heures du matin à Barrouillet. Il poussait sa gauche (Hay) en avant vers Biarritz, son centre (Howard) sur Anglet par la grande route, et sa droite (Halket) au travers des marais de la vallée à l'est de Barrouillet, vers la Négresse. Il refoulait devant lui les divisions Leval (1) et Boyer (Reille) des hauteurs au sud de Biarritz et d'Anglet, où elles étaient postées. Il enlevait Anglet, nous rejetait sur les ouvrages de Beyris, et il atteignait le bas Adour, qu'il faisait aussitôt reconnaître en détail par les officiers de son état-major (2). A sa droite, la division légère Alten, avec une brigade détachée, s'était avancée au delà d'Arcangues. Alten avait alors suspendu son mouvement jusqu'à ce que la marche en avant de Hope lui eût permis de progresser à son tour; puis, il avait enlevé la maison Garat fortifiée (château d'Urdains) que les postes de Clausel (Taupin et Maransin) tenaient sur la grande route de Bayonne. Il s'était porté au delà de Bassussarry, sur les hauteurs, et il avait effectué la reconnaissance de nos retranchements.

---

totalité du corps de Hill fût arrivée. *En conséquence, j'étais bien heureux de me maintenir sur le terrain où nous avions pris pied...* » (Wellington à Bathurst, 14 décembre.)

(1) Division Leval, ancienne division Maucune, le général Maucune étant parti pour l'Italie. Le 12 novembre, les troupes de la division Taupin avaient été réparties entre la garnison de Bayonne, la réserve de Villatte et la division d'Armagnac. Taupin prit le commandement de la division Conroux, tué au combat du 10. La garnison de Bayonne compte alors 7.600 hommes.

(2) Hope à Wellington; Guéthary, 10 décembre.

A la nuit, sous une pluie torrentielle, les troupes de Hope et d'Alten reprenaient leurs précédentes positions, tout en conservant Anglet et les hauteurs de Barouillet, de Bassussarry et d'Arcangues. A leur droite, la division Walker (VIIe) tenait le pont d'Urdains, la maison Garat et la hauteur de Sainte-Barbe. De part et d'autre les pertes, dans cette journée, atteignaient environ 800 hommes.

Le 9 décembre au soir, la situation critique, dans laquelle l'armée alliée s'était placée en se divisant sur les deux rives de la Nive, apparaissait clairement, mais un peu tardivement, au maréchal, et il se décidait à attaquer son adversaire dans la fausse position que celui-ci avait prise. Son projet était de tomber sur la partie de l'ennemi restée sur la rive gauche de la Nive, de pousser en avant jusqu'au plateau d'Arcangues pour dégager son front, reconquérir les débouchés nécessaires et manœuvrer ensuite en continuant à mettre à profit la division des alliés.

D'Erlon (1) recevait donc l'ordre de partir, à minuit, avec ses quatre divisions (Foy, d'Armagnac, Abbé, Darricau) et deux batteries, de passer la Nive au pont de bateaux sur la rivière (Mousserolles - Marrac). Il devait se former en masse par divisions en avant du camp de Marrac, prêt à suivre les divisions de Clausel, à la tête du long et étroit contrefort, qui se prolonge vers le sud-ouest par les hauteurs de Bassussarry (2) et

---

(1) Ordre du maréchal; Bayonne, 9 décembre.
(2) Cet isthme très étroit (300 mètres de large environ), qui s'allonge de Marrac à Laussuc et Bassussarry, est resserré, — sur une longueur de 2 kilomètres environ, — à l'est par la Nive et le ruisseau d'Urdains, à l'ouest par l'Aritzagüe marécageuse. Son débouché utilisable, en face des hauteurs de Bassussarry, n'excède pas 1 kilomètre environ (avant-garde de Clausel).

par le plateau d'Arcangues. Clausel formerait les divisions Taupin et Maransin (une batterie) sur le plateau au nord-est de Bassussarry, où était son avant-garde ; il attaquerait à la pointe du jour, dès que d'Erlon serait en mesure de l'appuyer.

Reille avait ordre de disposer ses divisions (Leval et Boyer) en avant des ouvrages de Beyris, de marcher en avant quand l'attaque de Clausel serait engagée et de se porter sur les hauteurs de Parme ; puis, appuyant Clausel, de marcher sur Bidart contre la gauche des alliés, entre la grande route et la mer.

Villatte, avec la cavalerie du général Sparre, devait constituer réserve, afin d'appuyer soit l'attaque principale de Clausel et d'Erlon, soit le mouvement de Reille.

Tous les conscrits non instruits de ces neuf divisions et les équipages restaient dans les ouvrages des camps retranchés. La garnison de Bayonne (9.000 hommes) devait faire occuper le camp de Mousserolles par quatre bataillons et porter des grand'gardes en avant de Saint-Pierre-d'Irube. Six chaloupes canonnières faisaient la police sur l'Adour et en surveillaient les rives ; deux autres étaient placées sur la Nive, près du pont de bateaux. Toutes les embarcations étaient renvoyées à la rive droite.

L'armée des alliés, après ses attaques de la veille, ne s'attendait pas à un mouvement offensif de notre part. Hope avait rejoint ses cantonnements de Saint-Jean-de-Luz, de Ciboure et de Guéthary en laissant simplement une brigade (Portugais de Campbell sur les hauteurs de Barrouillet et à Anglet. Ses troupes, à la suite des marches prolongées du 9 dans un sol boueux complètement défoncé, étaient harassées de fatigue. La division d'Alten, qui était restée sur les hauteurs de

Bassussarry, était en train de se replier vers Arbonne; la brigade Kempt, formant échelons d'arrière-garde très dispersés, venait de s'arrêter sur les hauteurs situées à l'ouest, au nord-est et au sud-est de Bassussarry, à la nouvelle que des mouvements étaient en voie d'exécution dans nos camps. A sa droite, la division Walcker tenait encore le château d'Urdains et les hauteurs de Sainte-Barbe. La division Cole (Beresford) était à plusieurs kilomètres en arrière d'Alten, vers Habancen; la division Colville, à Ustarits et la division Clinton, à Villefranque, sur la rive droite de la Nive avec le corps de Hill.

Les mouvements du maréchal avaient été alourdis et très entravés par la pluie tombée toute la nuit, l'état des chemins défoncés, les difficultés et l'insuffisance des communications pour l'écoulement des divisions qu'il avait mises en marche. A 9 heures du matin, le 10, il ne pouvait présenter à l'ennemi que les têtes de ses colonnes; ce n'était pas avant midi que ses troupes pouvaient entrer en ligne : elles n'allaient être effectivement formées qu'à la fin de la journée (1).

L'action commençait néanmoins au lever du jour (2); Clausel, avec la division Taupin, débouchait du contrefort au sud de Marrac vers Bassussarry. Sur les hauteurs au nord, à l'est et à l'ouest du village, il bousculait les postes de la division Alten ; poussant en avant ses deux ailes, il perçait leur ligne sur sa droite et il les débordait par sa gauche ; cette dernière s'emparait du pont d'Urdains et prenait pied sur la hauteur

---

(1) Soult au ministre; Bassussarry, 10 décembre.
(2) « Toute la nuit, il était tombé une pluie abondante; vers le matin, cependant, le temps s'éclaircit... » (Napier.)
« ... Il gelait; la journée était belle, claire et ensoleillée... » (Gleig.)

de Bassussarry en coupant la retraite aux postes de la droite d'Alten. L'ennemi, sans chercher à soutenir ces grand'gardes trop compromises, avait judicieusement rallié, comme il l'avait pu, ses troupes sur la position principale d'Arcangues, où il avait porté rapidement ses réserves disponibles ; il occupait des retranchements à l'est du village, l'église fortifiée, le cimetière, la mairie et la crête au nord (1). La division Maransin

---

(1) Clausel plaça au débouché des hauteurs de Bassussarry à Arcangues, et sur le contrefort à 500 mètres environ au sud de la cote 76, douze pièces pour canonner le cimetière d'Arcangues, organisé par l'ennemi ; il poussa en avant 400 ou 500 hommes pour couvrir cette artillerie ; mais le feu des défenseurs du cimetière et des carabiniers postés un peu en avant sur la pente qui était alors couverte de broussailles et de taillis très épais contraignit nos tirailleurs à reculer jusqu'à leur artillerie ; ce feu atteignit alors celle-ci, malgré la distance de plus de 550 mètres qui la séparait du cimetière ; il força les canonniers français à reculer leurs pièces en arrière de la crête et leur tir devint alors trop courbe pour pouvoir agir efficacement contre le cimetière. Le général Kempt, arrivant sur les lieux à ce moment, fut d'avis que la distance à laquelle ses fusiliers tiraient était trop grande et que leur tir devait être sans effet ; il le fit cesser ; mais aussitôt les artilleurs français avancèrent de nouveau leurs pièces, et leurs projectiles tuèrent en un instant huit hommes aux alliés. Ceux-ci reprirent donc leur feu de mousqueterie et forcèrent de nouveau les pièces à reculer hors de portée utile contre le cimetière.

La distance, à laquelle les fusils des Anglais furent ainsi employés, peut être évaluée à plus de 550 mètres. Ce genre de tir à grande distance, en utilisant même parfois la portée maxima (900 à 1.000 mètres) de l'arme inclinée à 35°, était bien connu des vieux soldats de l'époque du premier Empire, et il fut souvent pratiqué par eux, malgré les défenses constantes de leurs chefs.

« Quand la balle du fusil d'infanterie, écrit Decker (*Die Artillerie für allen Waffen*, Berlin, 1816), est tirée de manière à décrire une courbe, elle peut porter à plus de mille pas, même avec la charge de poudre ordinaire. Les Français sont passés maîtres dans ce genre de tir, et c'est pour cela qu'il arriva souvent qu'ils nous blessèrent des hommes, alors qu'il nous était impossible de découvrir même l'endroit d'où le coup était parti. »

Ces usages furent complètement oubliés et réformés d'ailleurs par l'instruction du temps de paix, pendant la période qui suivit nos grandes guerres, et on fut fort surpris, en 1830, de

appuyait le mouvement de la division Taupin : toutes deux s'établissaient sur les hauteurs de Bassussarry et elles rejetaient les alliés dans Arcangues. La division d'Armagnac, en position sur le contrefort (sud de Marrac), près de Monréjau, tenait le pont d'Urdains.

Pendant ce temps, Reille, à notre droite, avec la division Leval appuyée par la division Boyer, chassait d'Anglet les Portugais de la brigade détachée Campbell et les faisait sabrer par la cavalerie de Sparre. Il atteignait, vers 9 heures, le défilé resserré alors par les marais et les inondations du Mouriscot et de Brindos, où passe la grande route qui mène à Barrouillet. Il ne pouvait y engager que deux brigades (Leval) ; les pluies avaient tellement défoncé les chemins qu'il était midi avant que ses autres troupes fussent en mesure d'entrer en ligne à l'est de la grande route et à l'ouest de celle-ci au sud de Biarritz. L'attaque, isolée et décousue, dirigée contre les bois et les hauteurs de Barrouillet, ne parvenait pas à déboucher au delà des bois devant la division Hay (V^e), qui avait le temps de mettre successivement en ligne deux de ses brigades (Robinson, Gréville), appelées rapidement au combat, ainsi que la brigade portugaise détachée Bradford. Vers 11 heures, la brigade Aylmer, rappelée de Bidart, atteignait le terrain de l'action. Une partie de la division Howard (Ire), venant de Saint-Jean-de-Luz, allait encore appuyer ces troupes (1).

Voyant ses deux attaques de droite et de gauche

---

voir les Arabes infliger souvent des pertes à nos rassemblements à des portées de près de 900 mètres.

Cette particularité, peu connue du tir des fusils lisses à balle ronde, sous le premier Empire, nous a été signalée par M. le colonel Journée, dont les travaux sur le tir ont fait école.

(1) Le régiment des gardes ne quittait Saint-Jean-de-Luz qu'à midi et n'arrivait qu'à 3 heures.

ainsi arrêtées, l'une à Barrouillet, l'autre en face d'Arcangues, et dans l'impossibilité de déboucher au delà des étroits défilés où les circonstances locales les resserraient, le maréchal envoyait, un peu avant 2 heures, la division Foy tenter, au centre, dans la direction d'Arbonne, une nouvelle attaque, entre les précédentes, en même temps qu'il faisait reprendre les autres. Foy passait l'Aritzagüe et le marais près du moulin de Brindos, et il atteignait le plateau à l'ouest de Bassussarry : il enlevait le détachement ennemi posté sur la crête et qui reliait Hope à Alten ; il lui faisait 300 prisonniers, et il menaçait déjà le flanc droit de Hope, sur les hauteurs de Barrouillet ; mais il se heurtait à la division Cole, appelée à la hâte d'Habancen (12 kilomètres), et ses troupes étaient culbutées.

À notre droite, la nouvelle tentative de Reille n'était pas plus heureuse. Le terrain, extrêmement mouvementé et coupé de haies, de boqueteaux, de clôtures de toutes sortes, imprimait à l'action un caractère de confusion extraordinaire et rendait, de part et d'autre, toute action d'ensemble et toute surveillance générale impossibles. Les troupes des adversaires en présence se pénétraient les unes les autres sur nombre de points : un régiment anglais, entre autres, complètement débordé et coupé, devait se faire jour sur ses derrières, au travers de nos groupes, pour ne pas être fait prisonnier ; mais Reille ne parvenait pas à déboucher pour marcher sur Bidart (1). Vers 3 heures, la réserve de Villatte, arrivée en soutien, entrait en action à son tour

---

(1) Le général Hope, profitant d'un retour offensif de ses troupes, était monté aux étages supérieurs du château de Barrouillet (villa du maire) pour observer. Une de nos contre-attaques l'y avait surpris. Sautant à cheval, il lui avait fallu se frayer un passage lui-même pour ne pas être fait prisonnier. Il reçut trois balles dans son chapeau et son cheval fut tué. (Gleig, lieutenant au 85e régiment anglais, brigade Aylmer.)

à la droite de Foy, dont elle ralliait les troupes en pleine retraite. Le général Villatte était blessé, et la division Boyer, jusque-là peu engagée, se débandait à sa droite et abandonnait le terrain.

A notre gauche, le maréchal avait fait soutenir l'attaque de Clausel contre Arcangues par la division Darricau (d'Erlon). Il lui avait encore envoyé la division Abbé (d'Erlon) afin d'occuper, en soutien sur ses derrières, les hauteurs de Bassussarry, ne laissant que la division d'Armagnac sur les hauteurs (Etcheberry), pour surveiller la route et le pont d'Urdains. Clausel, avec les divisions Taupin et Maransin, était parvenu à pénétrer dans le village d'Arcangues ; mais il avait été arrêté par la défense retranchée dans l'église (1) et le château fortifiés et dans les ouvrages (cote 75). A ce moment, l'arrivée d'une forte colonne ennemie, qui paraissait venir de la rive droite de la Nive et qui se formait sur les hauteurs d'Urdains, lui était signalée. Il en informait aussitôt le maréchal et suspendait son mouvement. Celui-ci renonçait à poursuivre ses tentatives à la droite et au centre ; et la nuit mettait fin au combat, alors que le maréchal se préparait à faire renforcer la division d'Armagnac pour parer à cette nouvelle menace (2).

Les troupes alliées signalées n'étaient autres que les divisions Colville (IIIe) et Clinton (VIe), arrivant de la rive droite par Ustarits. Le 9 au matin, en effet, Wellington était encore sur la rive droite de la Nive avec les troupes de Hill, quand le combat s'engageait sur la rive gauche. Complètement surpris par notre attaque imprévue, il s'était aussitôt porté de ce côté, et il y avait immédiatement rappelé les divisions Colville et

---

(1) Voir l'intéressant « Manuscrit de Bayonne » reproduit en partie par Clerc, p. 249.
(2) Soult au ministre; Bassussarry, 10 décembre.

Clinton. La gravité de l'engagement l'avait amené à faire encore rejoindre les divisions Cole (IV°) et Walcker (VII°), laissées jusque-là à Habancen et à Ustarits. Au fur et à mesure de leur arrivée, Wellington avait dirigé : la division Cole sur le plateau d'Arcangues, d'où elle était partie pour repousser les attaques de Foy et de Villatte sur Arbonne ; la division Colville, sur les hauteurs d'Urdains, et la division Walcker dans la direction d'Arcangues, à l'appui de la division Alten (1), pendant que la division Clinton allait arriver, venant d'Ustarits.

Dans cette journée, l'offensive du maréchal avait complètement surpris son adversaire désemparé et dispersé dans une situation des plus critiques (2) ; mais ses troupes, arrivées successivement, épuisées en détail par des engagements hâtifs, renfermées elles-mêmes par les localités et sans autres débouchés possibles que deux défilés resserrés, n'avaient été en mesure d'agir pour une action d'ensemble (neuf divisions) qu'aux dernières heures du jour : à ce moment l'ennemi, profitant de ce précieux répit, avait réuni ses forces et il pouvait leur opposer la valeur de plus de huit divisions

---

(1) D'après la dépêche de Wellington à Beresford, 10 décembre, 9 h. 40 soir, la division Walcker était, à cette heure de la nuit, à la *Croix-d'Alots*, qui se trouvait (*d'après la carte de Cassini*) à 5 kilomètres au sud d'Arcangues, sur la lisière du bois d'Othecarra, près du point où la route de Saint-Pée bifurque sur Arbonne et sur Arcangues, à hauteur même d'Ustarits. Les ordres et les indications étaient donnés, à cette époque, d'après la carte de Cassini. La Croix-d'Alots ne figure pas sur le 1/80.000. Par contre il s'y trouve un *Alotz* à 3 kilomètres nord du précédent ; mais ce n'est nullement le point dont il est question dans la dépêche de Wellington.

(2) « L'extrême difficulté de parcourir le pays, même à cheval ; les nombreuses clôtures que l'on rencontrait à chaque pas ; les aspérités du terrain, qui masquaient constamment les vues ; la facilité avec laquelle on avait réussi à passer la Nive ; enfin la confiance qui naît d'une série de victoires, avaient fait négliger à Wellington les soins de sa propre sûreté. » (Napier.)

[Howard, Ire; Hay, V^e; trois brigades détachées; Alten (division légère) ; Colville, IIIe ; Cole, IVe ; Walcker, VIIe ; Clinton, VIe], alors qu'il n'avait pas deux divisions en ligne au début de l'action.

La prise de possession des hauteurs de Bidart, Arbonne, Arcangues, Bassussarry et Urdains était nécessaire à l'armée française pour qu'elle pût déboucher et agir offensivement. Le maréchal avait eu la faiblesse de les abandonner pour enfermer lui-même ses troupes dans des positions où elles étaient à ce point prisonnières qu'un ennemi, surpris et dispersé, parvenait à les y maintenir en clôturant simplement les issues.

Les pertes dans ces différents combats s'élevaient à 1.500 hommes environ pour les alliés et à 2.000 hommes pour nos troupes.

Dans la soirée, nos divisions se reformaient sur les hauteurs au sud de Biarritz et d'Anglet et sur celles de Bassussary. Les alliés campaient sur leurs positions.

Sur la rive droite de la Nive, le général Hill avait occupé, dès le matin, les hauteurs de Villefranque et de Mouguerre, que nous avions quittées ; il avait poussé des reconnaissances sous la place de Bayonne et sur l'Adour jusqu'à Urt. Sa cavalerie avait atteint Hasparren et envoyé des partis à Labastide-Clairence en face de la cavalerie de Pierre Soult, alors sur la Bidouze.

Le soir même, après le combat, la brigade allemande (1.500 hommes), de la réserve de Villatte, quittait nos drapeaux : elle se rendait à Passages, où elle s'embarquait pour rentrer en Allemagne, refusant d'ailleurs de prendre du service contre nous dans les rangs de l'armée de Wellington. Dès le 25 novembre, l'Empereur avait prescrit de désarmer les troupes étrangères et de renvoyer les hommes à l'intérieur comme prisonniers de guerre ; mais l'exécution de cet ordre avait été différée par les nécessités mêmes de la situation. La brigade allemande ne faisait que s'y dérober. Les troupes espagnoles d'infanterie et de cavalerie étaient aussitôt désarmées ; déjà, la brigade italienne avait été renvoyée en Italie. Nous perdions ainsi plus de 7.000 vieux soldats ; la division Villatte, réduite à sa seule brigade française, était dissoute le 16, et ses éléments français étaient répartis entre la division Pâris, la garnison de Bayonne et l'armée de réserve en formation à Bordeaux.

Le 10 au soir, de Bassussarry, le maréchal faisait connaître au ministre comment le mauvais temps et les difficultés rencontrées dans les marches avaient entravé les mouvements exécutés dans la journée ; il lui signalait que l'ennemi avait fait passer sur la rive gauche de la Nive la plupart des corps qu'il avait envoyés la veille sur la rive droite et il ajoutait : « ... Ainsi mon premier objet est accompli ; demain soir, je saurai à quoi m'en tenir... »

Le 10 au soir, Wellington, de son côté, s'attendait à être attaqué très prochainement sur la rive droite qu'il venait de dégarnir en grande partie. Il ordonnait en conséquence à Beresford (1) de tenir les divisions Walcker alors à la Croix-d'Alots, Clinton à Ustarits, et Cole, près d'Arcangues, prêtes à marcher, à simple avertissement, au secours de Hill, par Ustarits et par Villefranque, où il ferait jeter un pont à la première heure le 11.

Le 11 au matin, un épais brouillard masquait complètement les vues. Wellington ordonnait de tâter nos positions à sa gauche en y envoyant quelques reconnaissances pour s'assurer de notre présence. Un régiment anglais était en conséquence dirigé, vers 10 heu-

---

(1) Wellington à Beresford, 10 décembre, 9 h. 40 du soir.

res, au delà des marais de Brindos, vers les hauteurs de Pitcho. Il engageait assez vivement le combat et tentait de s'emparer de Pitcho; mais, le brouillard s'étant dissipé, la faible force de ce détachement nous engageait à l'attaquer à notre tour. Le régiment se repliait avec difficulté, soutenu par les échelons qu'on envoyait pour le recueillir; mais les troupes avancées de la division Hay chassaient nos avant-postes du plateau à l'est de Barrouillet. A 2 heures, le maréchal se décidait à tâter à son tour les alliés avec des éléments plus importants. Il dirigeait la division Boyer par la grande route sur Barrouillet et la division Darricau, par le moulin de Brindos et la ligne de crêtes, vers le même point, en s'appuyant sur les troupes de Clausel, qui tenaient Bassussarry ainsi qu'une partie du plateau à l'ouest, dans la direction de Barrouillet. Ces dernières avaient elles-mêmes engagé quelques escarmouches avec les défenseurs d'Arcangues (1).

Les troupes de Hope venaient précisément, après avoir refoulé nos avant-postes, de se disperser en grande partie pour ramasser du bois et préparer leur repas sur l'indication même de Wellington, qui les quittait pour retourner vers la droite (2). La division Darricau pro-

---

(1) Partie des défenseurs de l'église étaient en train de nettoyer leurs fusils démontés au moment de l'attaque française. (Gleig, 149.)

(2) Journal de Gleig, page 146 :

« ... Wellington donna l'ordre de profiter de cette trêve momentanée pour faire cuire notre dîner... L'ennemi paraissait s'être retiré, il est vrai, et l'on n'apercevait aucune colonne sur la route, ni aucune masse dans les bois; mais *je remarquai des soldats traversant la grande route sur notre droite par groupes de deux ou trois à la fois*, comme s'ils opéraient quelque formation qu'ils désirassent dérober à nos regards. Le mouvement n'échappa pas à mes camarades. « Ils vont nous attaquer », dit un vieux sergent qui se trouvait près de moi, et la prédiction ne fut pas plus tôt faite qu'elle s'accomplit. Comme si elles sortaient de

fitait de ce désordre et elle rejetait l'ennemi dans les bois de Barrouillet. La gauche de Hope (brigade Aylmer), pendant ce temps, avait cru pouvoir s'avancer jusqu'au lac de Mouriscot ; elle était refoulée en désordre et nous prenions possession du bois et du château de Barrouillet. Un retour offensif de l'ennemi, sous l'impulsion personnelle de Wellington, nous ramenait, à la nuit, sur nos premières positions.

Reille occupait en ce moment le plateau entre Barrouillet et Arcangues avec les divisions Darricau et Boyer. Les deux divisions Leval et Foy tenaient en arrière les hauteurs de Pitcho et de Parme.

Clausel conservait les deux divisions Taupin et Maransin face aux défenses d'Arcangues, et il faisait construire, pendant la nuit, sur le contrefort de Saquera, à 550 mètres au nord d'Arcangues, un redan pour trente pièces destinées à battre l'église et le château. D'Erlon, avec les divisions Abbé et d'Armagnac, occupait le ravin au nord-est de Bassussarry et les hauteurs qui commandent le pont d'Urdains au nord.

La brigade de cavalerie Sparre avait été envoyée, dans la journée, en avant de Saint-Pierre-d'Irube pour reconnaître les forces de Hill.

Les engagements de ce jour avaient coûté 800 hommes

---

dessous terre, deux masses puissantes d'infanterie, appuyées par douze canons, s'élancèrent en avant...

» ... Un corps portugais fut rompu et lâcha pied ; un régiment anglais, placé de façon à le soutenir, imita son exemple... Tout était tumulte sur nos derrières... Nos gens, jetant au feu leur dîner à moitié cuit, remettaient leurs fournimens et formaient les rangs...

» Deux escadrons de cavalerie reçurent l'ordre d'avancer, tant pour ramener les fuyards que pour arrêter un corps ennemi qui apparaissait sur la grande route : je dois dire que *nos cavaliers s'acquittèrent bien de leur mission. Tous ceux qu'ils rencontrèrent, Anglais ou Portugais, furent ramenés à grands coups de plat de sabres sur la tête et sur les épaules...* »

environ de part et d'autre. Le 11 au soir, le maréchal écrivait au ministre qu'il jugeait à propos de différer encore ses mouvements pour mieux s'assurer des dispositions de l'ennemi : il lui faisait connaître qu'une des divisions alliées de la rive droite était encore passée sur la rive gauche, et il était porté à croire que l'ennemi ferait passer d'autres troupes le lendemain. On annonçait aussi que les divisions espagnoles, qui étaient à l'arrière, devaient le lendemain se porter en ligne (1).

Le 11 également, Beresford, sur l'ordre de Wellington, avait fait jeter un pont sur la Nive au sud de Villefranque, à hauteur d'Arraunts, pour assurer plus rapidement les communications entre les forces séparées par la rivière.

Le 12, à 9 heures du matin, les avant-postes, restés en contact depuis la veille, avaient conservé leurs positions en gardant strictement la défensive. A ce moment, les mouvements, exécutés dans les lignes des alliés, par l'arrivée des corps venant de l'arrière, en face des divisions Darricau et Boyer, amenaient le maréchal à croire qu'une attaque se préparait contre lui. Il renforçait son front ; une batterie anglaise ouvrait aussitôt le feu ; l'artillerie française lui répondait et les deux lignes d'avant-postes, prenant les armes, engageaient l'action. Le feu continuait des deux côtés jusqu'à 1 heure.

Le maréchal estimait que les renforts, qu'il avait vus arriver à la gauche de l'ennemi, ainsi que les mouvements exécutés les jours précédents, annonçaient que celui-ci se préparait à l'attaquer de ce côté de la Nive. Il prenait la résolution de n'y laisser qu'un masque de

---

(1) Soult avait eu connaissance de cette disposition par les déserteurs alliés avant que l'ordre relatif à cette mesure eût encore été donné. (Napier.)

trois divisions solidement appuyées sur la place et de porter ses forces principales, pendant la nuit, sur la rive droite pour y écraser le corps de Hill alors isolé.

Le 12, à 5 h. 1/2 du soir, ordre était donné à d'Erlon de mettre aussitôt en marche les divisions Abbé, d'Armagnac et Darricau. La division Foy devait suivre leur mouvement, et toutes quatre, passant par le pont de bateaux de Marrac, sur la Nive, elles allaient se former sur le plateau de Saint-Pierre-d'Irube. Reille était avisé d'avoir à renvoyer la division Boyer sur Beyris, où elle se tiendrait prête à passer également la Nive, si le maréchal jugeait ce mouvement nécessaire. Avec la division Leval, Reille occupait une ligne d'avant-postes en avant de Beyris. Il lui était laissé toute latitude de conserver encore les hauteurs de Parme et d'Anglet, tant que l'ennemi n'avancerait pas en forces supérieures.

Clausel occupait de nouveau le front du camp de Marrac; la division Taupin, en avant, était portée sur les hauteurs qui commandent les débouchés vers Ustarits et vers Bassussarry; la division Maransin, dans le camp de Marrac, était tenue prête à passer la Nive sur nouvel ordre, et Clausel était désigné, dans ce cas, pour prendre le commandement supérieur de la défense sur les fronts de Marrac, de Beyris et en avant. Une petite réserve de trois régiments environ était constituée, en plus de la garnison, sous les ordres du général Thouvenot, dans les ouvrages de Marrac et du front d'Espagne.

Ces mouvements, attendus et prévus par Wellington dès le 10 au soir, n'échappaient pas à la surveillance de l'ennemi. Un peu avant le coucher du soleil, Hill avait aperçu la tête de nos divisions franchissant la Nive sur le pont de bateaux; il avait aussitôt rappelé la brigade anglaise qu'il avait détachée ce matin même à Urcuray en soutien de Morillo et de la cavalerie de Vivian, bousculée par Pierre Soult et Pâris, auprès d'Hasparren (1). Le 12 au soir, nos feux de bivouac s'allumaient en avant de Mousserolles, tandis que ceux des environs de Bas-

---

(1) Les incidents d'Hasparren, les 12 et 13 décembre, ont donné lieu à une longue correspondance échangée entre le colonel Napier, le général Vivian, le colonel Brotherton, le colonel Hugues, le major Southwell et le colonel Keane, en mai 1840. Elle a été publiée en août 1840 dans l'*United Service Journal*.

Voici d'abord les témoignages français :

Soult à Guerre (Bayonne, 13 décembre). — « ... Le général P. Soult était hier à Hasparren avec une partie de sa cavalerie et il en a chassé l'ennemi; mais il a été arrêté devant *Mont Chouhi*, que l'ennemi occupait avec la division Morillo et plusieurs escadrons anglais. Il y a eu quelques charges avec cette cavalerie; on lui a blessé du monde et fait quelques prisonniers. Il a pris hier soir position à Bonloc; mais il l'a trouvée désavantageuse et se proposait d'occuper aujourd'hui celle de Saint-Esteben et Hélette... »

La hauteur de *Chouhi*, d'après la carte de Cassini, correspond à la hauteur 322 du 1/80.000, à 3 kilomètres environ sud-ouest d'Hasparren.

« Dans la matinée du 12 décembre, écrit le général Vivian (*United Service Journal*, 18 mai 1840), nos postes avancés à Hasparren furent repoussés au travers du village (après un engagement assez chaud dans les rues, écrit Brotherton) et on rendit compte au général Vivian que l'ennemi marchait rapidement et en forces contre ses cantonnements. Il donna aussitôt l'ordre de rassembler le 14e dragons (le 13e dragons, l'autre moitié de sa brigade, était alors sous Bayonne)... Le 13, les éclaireurs de l'ennemi reculèrent assez loin devant les nôtres; mais ils arrêtèrent ceux-ci à un pont (étroit, à l'entrée du village, d'après Brotherton) derrière lequel on pouvait apercevoir un corps de cavalerie française (le 13e chasseurs, d'après Brotherton)... »

En résumé, Brotherton, le 13, avait voulu nous reprendre le pont très étroit (de la largeur de deux cavaliers) en chargeant à cheval, avec son lieutenant et avec son ordonnance, suivi de quelque cavaliers de pointe d'avant-garde, sans attendre l'infanterie espagnole, ni le reste de la brigade. Une décharge des pistolets de la cavalerie française (13e chasseurs) avait tué le cheval du lieutenant avant qu'il pût atteindre le pont, et blessé quelques hommes. Brotherton avait chargé seul au delà du pont avec son ordonnance : il avait été blessé et fait prisonnier, ainsi que le lieutenant Southwell et l'ordonnance. La brigade et les Espagnols, arrivant ensuite, avaient facilement repoussé le petit poste français jusqu'à ses réserves, qui avaient arrêté la poursuite. L'affaire n'était qu'une simple escarmouche; mais le lieu-

sussarry s'éteignaient : l'ennemi ne négligeait pas cet indice ; mais les affaires du 11 et du 12 avaient amené les alliés à rapprocher d'Arbonne les divisions Cole (IV°) et Walcker (VII°) ; la division Picton (III° ex-Colville) était encore sur les hauteurs d'Urdains ; la division Clinton était, il est vrai, déjà près d'Arraunts, sur la rive gauche, prête à venir appuyer les troupes de Hill, sur la rive droite, alors que, dans la nuit du 12, la Nive, grossie par les pluies, enlevait le nouveau pont jeté au sud de Villefranque à hauteur d'Arraunts, et qui était précisément le plus nécessaire à ces divisions pour se rendre directement au secours de Hill. Toute la matinée du 13, avant que la communication par Villefranque pût être rétablie, Hill allait rester isolé sur la rive droite (1).

---

tenant Southwell, devenu major en 1840, en tire, dans sa lettre, une petite leçon pratique qu'on peut faire connaître : « ... Nous aurions dû attendre que le signal, convenu entre le général et moi fût sonné *de l'arrière* pour m'annoncer que mes soutiens arrivaient... L'ennemi aurait abandonné le défilé... » Le major Brotherton avait au contraire, et sans grand bon sens, fait sonner lui-même le signal convenu, sans s'inquiéter de savoir si les soutiens étaient même à portée de l'entendre et, à plus forte raison, d'y obéir.

« L'ennemi nous voyant en forces, écrit Vivian, se retira *poursuivi au galop dans et au travers d'Hasparren*. La poursuite s'arrêta en présence d'un corps considérable d'infanterie et de cavalerie formé sur les hauteurs au delà de la ville... »

D'après ces documents, et après examen du terrain, on conclura que Brotherton a chargé sur la vieille route d'Urcuray, à l'ouest d'Hasparren, au pont du ruisseau des moulins. La poursuite a été arrêtée à l'est d'Hasparren aux hauteurs au delà du ruisseau d'Hasparren, que la vieille route de Bonloc traverse sur un second pont. (Voir encore : Woodberry, 6 février 1814, p. 157.)

(1) Les documents anglais qui nous sont connus ne disent pas de façon *précise* si la division Clinton est passée par Ustarits ou par le pont de Villefranque. Nous penchons à croire qu'elle est passée par Ustarits malgré la longueur du détour (11 kilomètres). En effet, le pont de Villefranque a été rompu dans la nuit du 12 ; il n'a été rétabli qu'assez tard dans la matinée du 13. Or Wellington écrit à Bathurst, le 14 décembre : « ... J'avais ordonné à Beresford de renforcer Hill de la divi-

Hill, à la tête des divisions Steward (8.800 hommes) et Le Cor (4.700 hommes), disposait alors de 14.000 combattants (1) environ. Il avait pris position sur les hauteurs, étendues en amphithéâtre circulaire, qui commandent le débouché de Saint-Pierre-d'Irube, resserré à une largeur de 800 mètres environ par les ruisseaux marécageux de la Clef et d'Ibarbide. Il nous fallait dégager nos flancs en nous emparant des hauteurs avant de pouvoir déboucher par la grande route. Le front y était rétréci et battu par le canon de l'ennemi, qui

---

sion Clinton, *qui passa la Nive au point du jour...* » Elle ne l'a donc pas franchie au pont de Villefranque. D'autre part, Clinton n'a débouché, rejoignant Hill, qu'alors que celui-ci « ... *avait déjà défait et repoussé l'ennemi...* » (même dépêche), et Napier nous fait connaître que cette division était en marche *depuis le point du jour*. Il devait être approximativement midi et demi quand elle atteignit le champ de bataille, ayant probablement fait quelques marche et contre-marche aux abords du pont rompu avant de se diriger sur celui d'Ustarits. Mise en route vers 7 heures, elle avait perdu une ou deux heures et atteignait Hill après trois à quatre heures de marche. La division Cole (IVᵉ) et deux brigades de la division Picton (IIIᵉ) commençaient à déboucher, seulement quelque temps après elle, vers 1 h. 1/2, ayant passé par le pont de Villefranque, rétabli vers 11 h. 1/2 ou midi, et n'ayant eu, depuis ce point, que 5 ou 6 kilomètres à parcourir. Elles arrivaient: la première, des hauteurs de Barrouillet (9 kilomètres) avec Wellington en personne; les secondes (brigades de Picton), d'Urdains. Wellington paraît insister, dans sa dépêche précitée, sur ce que « ... *l'arrivée attendue de Clinton donna toutes facilités à Hill pour exécuter ses mouvements...* ». Il faut lire: pour mettre en ligne toutes ses troupes en consommant jusqu'à sa dernière réserve. Mais Clinton, attendu, n'est arrivé en définitive qu'après l'action décisive. Bien que les eaux (rupture du pont) fussent en partie cause de ces difficultés et du retard, on conçoit que Wellington et ses historiens ne fussent pas très empressés de faire ressortir que le généralissime, dont le rôle était précisément de manœuvrer les forces disponibles pour les amener en temps voulu au point nécessaire, avait laissé Hill isolé en face de notre attaque générale pendant toute la matinée, par suite d'accidents ou de dispositions défectueuses de sa part. Il reconnaît que Hill a sauvé la situation; mais il n'avoue pas que c'est lui qui l'a mis dans le cas de la sauver.

(1) État de situation du 13 décembre : 13.451 combattants sous les armes, non compris l'artillerie.

couronnait toutes les hauteurs autour de la seule issue existante que nous allions tenter de forcer.

A la gauche de l'ennemi, la brigade Pringle, de la division Stewart, occupait les hauteurs du château Larralde, en arrière du ruisseau marécageux et débordé de la Clef, qui la séparait du centre ; elle couvrait le pont de bateaux, jeté sur la Nive à 2.000 mètres environ en arrière d'elle au sud. Le centre (division Stewart : brigade portugaise Ashworth en première ligne ; brigade Barnes en deuxième ligne), était placé face au nord, sa droite à cheval sur la route, en avant et en arrière des maisons du hameau de *Marrichorry (Haut-Saint-Pierre* (1) et cote 112) et sa gauche au nord de Gélos ; les hauteurs, en forme de croissant, qu'il occupait, étaient coupées de haies épaisses et de boqueteaux à droite, de broussailles et de rochers à gauche ; 12 pièces commandaient la route.

La droite (brigade Byng de la division Stewart), tenait avec un régiment les hauteurs fortifiées d'Aguerria, d'Aguerrecoa (2), de Vieux-Mouguerre et des cotes 113, 63 dans la direction de l'Adour, protégées par

---

(1) Il est essentiel de noter que le « SAINT-PIERRE » des documents anglais et de plusieurs documents français de l'époque *n'est pas* le *Saint-Pierre-d'Irube* de nos cartes ; mais bien : *Haut-Saint-Pierre* d'autrefois qui correspondait comme situation aux maisons autour de MARRICHORRY actuel, *cote 112 ;* sinon les récits anciens restent incompréhensibles malgré leurs parfaites descriptions du terrain. Un important travail, publié récemment, a encore commis cette grave confusion.

LOSTERENEA, de la carte de Cassini et du rapport de Soult au ministre en date du 11 décembre, correspond aux hauteurs d'*Horlopo*, cotées 118.

Soult à Guerre (Bayonne, 11 décembre). — « ... Deux divisions anglaises, de celles qui ont passé la Nive, ont pris position sur le rideau de *Lostercnea*, d'où elles occupent Saint-Jean-le-Vieux-Mouguerre (Mouguerre actuel). Nos avant-postes sont, sur ce front, en avant de Saint-Pierre-d'Irube (bas Saint-Pierre d'autrefois et Saint-Pierre-d'Irube de nos cartes)... »

(2) *Portouhiria*, de la carte de Cassini, du rapport du maréchal en date du 13 décembre, et des rapports anglais.

le cours marécageux de l'Ibarbide. Le reste de la brigade était formé un peu au nord de la route actuelle d'Oloron sur les pentes qui dominent le petit lac de retenue du moulin d'Escouteplouya, dans la partie supérieure de la vallée de l'Ibarbide.

Le dévelopement du front de la division Stewart s'étendait ainsi sur une étendue de près de 7 kilomètres de hauteurs favorables à une bonne défense. La division portugaise Le Cor, avec deux pièces, formait réserve à 500 ou 600 mètres en arrière du centre sur les hauteurs d'Horlopo (118), où le général Hill s'était placé en observation.

Au lever du jour, un épais brouillard favorisait nos premiers mouvements. La division Abbé, au centre, recevait ordre d'attaquer de front la position (brigades Barnes et Ashworth, de Stewart) en suivant la grande route. Sur sa droite, la division Darricau, précédée de ses troupes légères, se portait contre la gauche de l'ennemi (brigade Pringle, de Stewart) en prenant le contrefort de Larralde à sa naissance sur la rive droite de la Nive, en même temps qu'une partie de ses forces, à sa gauche, remontait le contrefort de Gélos (44 ; 77) sur la rive droite de la Clef.

La brigade Chassé, détachée de la division d'Armagnac et soutenue à distance par la division Foy (1), avançait sur la droite de l'ennemi (brigade Byng, de la division Stewart), vers les hauteurs d'Aguerria (63 ; 113) (2) et par les bois d'Aguerrecoa pour marcher

---

(1) Le rapport du maréchal dit : la division *d'Armagnac*. Tous les autres documents français et anglais disent la division *Foy*. Le rapport du maréchal, d'ailleurs complètement écourté, n'est nullement en rapport avec l'importance de la bataille qu'il avait perdue. Il n'insiste pas.

(2) Croix de Mouguerre actuelle ; table d'orientation du Touring-Club ; redan des Anglais.

sur Vieux-Mouguerre. D'Erlon, outre ces quatre divisions, avait sous ses ordres 22 pièces et la brigade de cavalerie Sparre. Mais la nature particulière du terrain de l'action ne devait pas permettre d'employer la cavalerie. Enfin la division Maransin, dans le camp de Marrac, se tenait prête à appuyer d'Erlon.

A 8 h. 30, au moment où le brouillard se dissipait et où le soleil commençait à paraître, la division Abbé repoussait les postes avancés du centre ennemi, qui couvraient Marrichorry, sur les escarpements au nord-ouest du hameau; une batterie de 16 pièces appuyait son mouvement. Elle avançait rapidement sur les pentes dans la direction de Gelos (44), menaçant de couper du centre la brigade Pringle, établie sur les hauteurs du Château-Laralde, en arrière des marécages de la Clef.

A notre gauche, la brigade Chassé, détachée de la division d'Armagnac et suivie de loin par la division Foy, avec une batterie à cheval, avait repoussé le régiment anglais (3e), qui tenait la hauteur fortifiée 63, 113, au nord-ouest des bois d'Aguerrecoa.

La division Abbé atteignait déjà le hameau de Marrichorry, en refoulant devant elle les deux ailes de la brigade portugaise Asworth. Stewart envoyait aussitôt une partie de la brigade Barnes, de sa deuxième ligne, avec deux pièces pour soutenir la droite et pour appuyer la gauche. Elle parvenait à dégager les flancs des Portugais ; mais notre centre avançait toujours à l'ouest du hameau, maintenant grandement dégarni, et au sud de la grande route. Une vigoureuse contre-attaque du 92e régiment anglais (réserve de Barnes) parvenait à nous arrêter ; il ne tardait pas lui-même à être abordé à son tour par les réserves de la division Abbé et rejeté au delà du hameau où nous entrions.

Nous avancions encore dans la direction de Gelos. Le général Barnes, presque tous les officiers de son état-major et de celui du général Stewart étaient blessés. Le 71e régiment anglais, à la gauche de Barnes, venait de se replier, abandonnant les Portugais débordés (1). L'artillerie portugaise battait en retraite. Notre offensive paraissait au moment de réussir, si l'attaque d'Abbé était appuyée ; l'action avait été chaude, son effort était épuisé ; ses deux aides de camp avaient été tués ; le général Maucomble était blessé. Tardivement, vers midi, la division Maransin arrivant à son soutien, d'Erlon se décidait enfin à appuyer l'attaque d'Abbé au moyen de sa réserve, la seconde brigade (Gruardet) de la division d'Armagnac, qu'il faisait déployer au sud de la grande route ; mais ces troupes, ébranlées par la retraite des nombreux blessés qui venaient traverser leurs rangs, se refusaient à marcher en avant, malgré les efforts de d'Erlon et du général Gruardet (2).

Hill, prenant alors une énergique résolution, sauvait la situation des alliés ; des hauteurs d'Horlopo, il faisait marcher toutes ses réserves sans en conserver aucune. La brigade da Costa, de la division Le Cor, « arrivait en temps opportun » (rapport de Stewart) au secours du centre, à l'ouest de Marrichorry ;

---

(1) Les colonels des 71e et 3e régiments anglais furent ultérieurement mis en demeure de prendre leur retraite et de quitter l'armée.

(2) « ... A 1 heure, on vit les chefs ennemis s'efforcer d'amener des colonnes fraîches à l'attaque du centre, et ces colonnes refuser de marcher... » (Stewart à Hill, 16 décembre.)

« ... Les blessés, qui se détachent en grand nombre de la division Abbé et traversent les rangs, entravent les évolutions commandées par le général Gruardet : sa brigade éprouve presque aussitôt un mouvement de fluctuation et de désordre, dont elle-même ignore la cause; malgré les efforts du lieutenant-général d'Erlon et du général Gruardet pour donner à cette troupe une *meilleure attitude, l'ordre ne peut y être rétabli...* » (Lapène, 194.)

elle ralliait le 71ᵉ régiment, et ils poussaient en avant sous le commandement même de Hill et de Stewart. En même temps, Hill lançait la brigade Buchan (division Le Cor) au secours de la brigade Byng, débordée sur les hauteurs à sa droite par l'attaque de la brigade Chassé suivie de la division Foy. Déjà ces dernières avaient bousculé le 3ᵉ régiment et enlevé Vieux-Mouguerre, et elles menaçaient les derrières de Stewart. Buchan remontait les pentes du Vieux-Mouguerre sous le canon de Foy ; il ralliait le 3ᵉ régiment vers midi ; il reprenait pied, avec lui, sur le plateau, et il nous enlevait Vieux-Mouguerre, en même temps que la brigade Byng repoussait l'attaque sur son front et qu'elle venait encore, avec près de deux régiments, au secours du centre de Stewart, toujours vivement pressé par les troupes d'Abbé au nord de Marrichorry.

A ce moment, la division Clinton (VIᵉ) arrivait elle-même sur les hauteurs d'Horlopo, que Hill venait de faire quitter à sa dernière réserve. Pringle, à la gauche de Stewart, sur les hauteurs de Larralde, reprenait aussitôt l'offensive à son tour ; il repoussait les troupes de Darricau ; il lançait en avant sa brigade jusqu'à Duboscoa, sur les parties basses du contrefort, presque à portée de fusil de la place de Bayonne, et il menaçait la retraite de nos troupes du centre. Le maréchal les faisait recueillir par la division Maransin, rappelée de Marrac, en même temps qu'il prononçait au centre une contre-attaque pour les dégager. Vers 2 heures, Wellington, arrivé lui-même depuis environ une heure sur le terrain de l'action, portait la ligne en avant ; la division Cole (IVᵉ) avait rejoint et l'on signalait l'approche de deux brigades de la division Picton (IIIᵉ) et de deux brigades de la division Walcker (VIIᵉ) ; il nous faisait suivre par ses tirailleurs jusqu'aux collines de Saint-Pierre-d'Irube, où le maréchal rassemblait ses troupes au bivouac, un peu avant le coucher du soleil, sous la protection de leurs avant-postes de combat, qui continuaient la fusillade jusqu'à la nuit.

Nos pertes, dans cette journée, pouvaient être évaluées à 3.000 hommes et celles des alliés à un chiffre un peu inférieur. Du 9 au 13 décembre, nous avions perdu : tués, 31 officiers, 482 hommes ; blessés, 222 officiers, 4.613 hommes ; prisonniers, 11 officiers, 279 hommes ; disparus, 276 hommes. Soit, au total, 5.914 hommes (rapport du maréchal et situation du 19 décembre, datée de Biaudos) (A. G.).

Les pertes des alliés s'élevaient, pendant ces cinq jours, à 5.343 hommes, dont 282 officiers et 500 prisonniers ; 7 généraux français (1) et 5 généraux alliés étaient blessés.

Le 11, le maréchal faisait revenir la division Maransin au camp de Marrac ; et il envoyait la division Foy sur la rive droite de l'Adour pour garder le fleuve, depuis Bayonne jusqu'au confluent du gave de Pau.

Pendant ces combats détachés, qui auraient pu être une bataille, et une bataille heureuse pour nous, le maréchal avait dispersé d'abord quatre divisions (Abbé, d'Armagnac, Foy, Darricau) sur trois directions d'attaque excentriques, et tenté, à la fois, deux diversions, à raison d'une sur chaque aile de l'ennemi, en même temps qu'il attaquait son centre. L'offensive (division Foy et une brigade de d'Armagnac), dirigée sur l'aile droite des alliés pour la déborder et menacer leurs der-

---

(1) Villatte, Maucomble, Mocquery, blessés ; d'Erlon, Darricau, Maransin, Saint-Pol, contusionnés. (Soult au ministre, 13 décembre.)

rières au delà de Vieux-Mouguerre, avait eu d'abord un plein succès ; mais une manœuvre isolée sur ce point, eût-elle réussi, ne pouvait dispenser de vaincre au point essentiel, où l'action principale était véritablement engagée, c'est-à-dire au centre. Une marche en avant des réserves de l'adversaire, disposées pour faire face à de telles aventures, suffisait à repousser cette offensive locale et déviée, et à nous priver, pour toute la bataille, de l'appoint nécessaire de ces éléments.

L'attaque de la division Darricau, sur la gauche de l'ennemi, visait également une direction excentrique et un but qui restait secondaire tant que l'objectif principal n'aurait pas été atteint, c'est-à-dire : vaincre au point où l'action principale était engagée, achever l'acte avant de s'occuper des objets accessoires. L'objectif stratégique, ainsi visé, était, il est vrai, tentant ; s'emparer des ponts de communication de l'ennemi avec la rive gauche de la Nive et couper celui-ci de tout secours et de tout renfort. Mais l'offensive isolée se heurtait, là encore, à un échelon de flanc-garde et de couverture, la brigade Pringle, bien postée. Celle-ci, remplissant sa fonction, entravait la manœuvre ; et lorsque notre centre, épuisé, renonçait à la lutte, notre attaque de droite, entraînée dans sa chute, était repoussée à son tour, sans nous avoir apporté le concours de ses forces pour le but essentiel.

L'attaque principale, lancée au centre par le maréchal, ne comportait, en définitive, d'autres troupes qu'une division, celle d'Abbé, et une brigade de la division d'Armagnac. Appuyée en temps utile par la division Maransin, elle pouvait aboutir ; soutenue encore par la division Darricau, portée simplement à sa droite, sur le contrefort de Gelos, elle devait réussir, enfoncer le centre des alliés dispersés, marcher alors sur la brigade de couverture de Pringle et vers le pont de communication, réalisant ainsi sa tâche par la bataille immédiate et directe avec la majeure partie des forces et détruisant en définitive le corps de Hill, qu'elle coupait de la rive gauche.

Le resserrement des premières issues disponibles ne s'opposait pas à cet acte de la puissance et du nombre qui prenaient eux-mêmes possession de la largeur nécessaire à leurs débouchés, en la conquérant sur des adversaires alors trop faibles. Un masque sans importance suffisait, pendant ce temps, à immobiliser la brigade Pringle retenue à sa tâche, à sa mission de couverture, attachée et liée, pour ainsi dire, au pont qu'elle gardait.

La dispersion des troupes de Hill, qui attendait des renforts importants, n'établissait qu'un cadre de bataille, une couverture, préparés pour recevoir ceux-ci et les mettre en œuvre : elle répondait à leurs besoins futurs ; c'était un dispositif insuffisant pour faire face à une attaque immédiate et puissante.

Calquant sa dispersion sur celle de Hill (1), le maréchal ajoute au nombre de ses adversaires les distances qu'il doit faire parcourir à ses détachements, le temps que ces derniers emploient à ces opérations, les écarts qu'il leur impose et qui le privent de leurs services au point principal. Poursuivant trois buts à la fois, il n'en atteint aucun, reste faible au combat, malgré les succès relatifs de ces manœuvres détachées, et il voit ses troupes, recueillies par la division qui devait les appuyer, rejetées sous la place.

---

(1) *Napoléon au ministre* (Châtres, 23 février). — « ... Ecrivez (au duc de Castiglione) que je ne suis pas satisfait de ses dispositions : il a divisé ses troupes au lieu de les réunir; *il va chercher tous les points où l'ennemi a des forces, au lieu de frapper au cœur...* »

La meilleure manœuvre consiste à employer les forces au combat principal.

En ce qui concerne la mission de Hill et la manière dont il a jugé devoir la remplir, le rôle des troupes de couverture ne consiste pas à les faire écraser en livrant bataille isolément, à moins que les opérations générales, ou la nécessité de préserver, coûte que coûte, un objectif menacé, ne rendent indispensable une telle détermination.

Les troupes de Hill n'avaient pas pour devoir de bloquer la place, non plus que d'empêcher l'armée française de s'en éloigner assez pour perdre le bénéfice de l'appui qu'elle leur offrait. Couvrir le pont de communication avec la rive gauche et avec les masses alliées, réunir ses forces dans ce but sur les hauteurs de Villefranque; abandonner, en conséquence, l'Aguerrecoa, Vieux-Mouguerre et peut-être même Horlopo, telles paraissent être les dispositions qui convenaient le mieux à leur mission propre. Mais, sachant d'ailleurs que le renforcement de ses troupes était imminent, servi par les circonstances qu'il a bien aidées, secondé par les fautes de son adversaire disséminé et par les arrivées opportunes des secours de la gauche, Hill a su voir en outre plus haut et plus loin : il a su représenter le haut commandement lui-même, concevoir comme par une émanation de la propre pensée de Wellington, et, par ses actes, concourir de la façon la plus énergique à l'exécution du plan général d'opérations. Wellington tenait à déboucher sur la rive droite avec toutes ses forces : il tenait à menacer l'Adour pour nous contraindre à abandonner la place. Hill a su coopérer à l'action commune, en n'agissant pas simplement dans la mesure de ses ressources ; il a gardé le champ nécessaire au général en chef pour le déploiement ultérieur de son armée sur son théâtre d'action, bien défendu et désormais conquis. Il n'a pas craint d'agir au delà de ses moyens et de mettre en œuvre jusqu'à sa dernière réserve en vue du but général poursuivi. Ces moyens se sont trouvés suffire à la tâche ; c'est la consécration même de la résolution qu'il a osé prendre. Elle a conduit le maréchal à s'éloigner de Bayonne, comme Wellington le voulait.

V

La couverture de Bordeaux. — Les manœuvres d'Orthez, Saint-Sever, Aire, Vic-de-Bigorre, Tarbes, Toulouse.

Situation de l'armée d'Espagne et des Pyrénées à la fin de 1813 et au commencement de 1814. Bayonne et l'Adour; la Joyeuse; Dax; Tarbes; Bordeaux; Navarrenx; Saint-Jean-Pied-de-Port. — Détachements envoyés à l'armée de l'Empereur. — Le général Reille et le gouvernement de Bayonne.

Situation des armées alliées. — Base maritime. — Projets de Wellington.

Escarmouches sur la ligne de l'Adour (16 décembre, 20 décembre, 1er janvier). — Engagements d'Anhaux (16 décembre); de Mendionde (18 décembre). — Pillages par les troupes espagnoles. — Avant-garde formée par Clausel à la Costa (3 janvier). — Reconnaissance offensive des alliés et engagement de la Costa (5 janvier). Engagements sur la Joyeuse (8 et 9 janvier). — Escarmouches dans la vallée d'Ossès (8 janvier; à Macaye (10 janvier); à Ossès (20 janvier), avec les bandes espagnoles de Mina; à Mendionde (26 janvier) avec Morillo. — Offensive des alliés (14 février). — Combat d'Hélette (14 février). — Investissement de Saint-Jean-Pied-de-Port par Mina (14 février). — Combat de Garris (15 février). — Harispe évacue Saint-Palais. — Clausel recule sur la Bidouze.

Le maréchal porte la défense derrière le Saison et le gave d'Oloron, et continue à occuper l'Adour. — Engagement de Rivareyte (17 février); sortie des défenseurs de Sauveterre (nuit du 17 au 18); escarmouche de Sauveterre (18 février). — Suspension de l'offensive des alliés (19 au 23 février); retour de Wellington à Saint-Jean-de-Luz (19 au 21). — Démonstrations de Beresford à Urt et sur la rive droite de la Bidouze. — Escarmouches d'Hastingues, d'Œyregave, de Peyrehorade (23 février). — Reprise de l'offensive des alliés (24 février). — Démonstrations sur les gués du gave d'Oloron. — Combats de Sauveterre (24 et 25 février). — Passage en forces des alliés au gué de Viellenave-près-Navarrenx (24 février). — Engagement de Navarrenx.

Le maréchal replie l'armée sur Orthez (24 et 25 février); escarmouche de Départ, sous Orthez (25 février); situation des armées les 25 et 26; projets des deux adversaires; escarmouches de Puyoo, de Ramous et de Baigts (26 février). — Bataille d'Orthez (27 février). — Pertes. — Discussion des manœuvres.

Evénements sous Bayonne. — Hope s'empare de l'embouchure de l'Adour (24 février). Il complète l'investissement de la place. Il jette un pont sur l'Adour (26 février).

Examen des opérations.

300   NEUF MOIS DE CAMPAGNES

L'armée française à Saint-Sever. — Discussion de la situation. — Retraite sur Grenade (28 février). — Situation de Dax. — Retraite sur Cazères et Barcelone (1ᵉʳ mars). — L'armée alliée entre à Saint-Sever (1ᵉʳ mars). — Beresford marche sur Mont-de-Marsan. — Escarmouches de Saint-Maurice et de Bordères (1ᵉʳ mars). — Hill à Montgaillard, Saint-Gilles et Saint-Savin. — Situation des alliés.

Combats de Cazères et d'Aire (2 mars). — Retraite sur Saint-Germé et Viella; sur Plaisance, Maubourguet, Vic-de-Bigorre et Rabastens (3 et 4 mars). — Ordres de l'Empereur. — Situation de l'armée et du pays; conceptions du maréchal. — Réorganisation des forces françaises et dispositions pour la retraite par Tarbes sur Toulouse (7 mars). — Blâmes de l'Empereur. Le maréchal se prépare à reprendre l'offensive (8, 12 mars).

Situation militaire et politique des alliés. — Bordeaux. — Les menées royalistes. — Reconnaissance de Beresford sur Bordeaux (8, 12 mars). — Entrée des Anglais à Bordeaux (12 mars). — Rappel des Espagnols à l'armée alliée. — Rappel de Beresford (16 mars).

Situation des forces opposées le 12 mars. — Le maréchal porte l'armée en avant sur Conchez (13 mars). — Escarmouches de Viella et de Mascaraas. — Engagements d'avant-postes sur le gros Léès (14 mars). — Escarmouches de Claracq et du Tourniquet (15 mars). — Le maréchal fait replier l'armée vers Simacourbe et Lembeye (16 mars). — Raid du chef d'escadrons Dania sur Hagetmau. — L'armée recule sur Lamayou et le bois de Labatut (18 au 19). — Offensive des alliés (18 mars). — Engagement d'Escures (18 mars). — Engagement de Maubourguet (19 mars). — Combat de Vic-de-Bigorre (19 mars). — Discussion des manœuvres. — Retraite sur Tarbes.

Combats de Tarbes (20 mars); retraite sur Tournay, Trie et Galan (20 mars); Montréjeau et Saint-Gaudens (21 et 22 mars), Martres (22 mars), Noé (23 mars), Toulouse (24 mars). Les alliés atteignent l'Aussonnette le 26 mars.

Toulouse. — Résultats des opérations. — Emploi des forces. — Le maréchal Suchet.

Conclusions.

A la fin de 1813 et au commencement de 1814, l'armée du maréchal Soult venait de se replier sous Bayonne qu'elle défendait : elle tenait la ligne de

---

Cartes à consulter. — 1/200.000 : feuilles 69 (Bayonne), 70 (Tarbes), 63 (Mont-de-Marsan), 64 (Montauban), 71 (Toulouse).
— 1/320.000 : feuilles 29 (Bayonne), 30 (Toulouse).
— 1/80.000 et 1/50.000 : feuilles 226 (Bayonne), 227 (Orthez), 215 (Mont-de-Marsan), 228 (Castelnau), 239 (Mauléon), 240 (Tarbes), 229 (Auch), 241 (Saint-Gaudens), 230 (Toulouse).
— 1/400.000 du Touring-Club (Barrère, éditeur) : feuilles 10 (Bordeaux), 11 (Clermont), 13 (Bayonne), 14 Toulouse.

l'Adour jusqu'aux gaves et elle observait la ligne de la Joyeuse.

L'état des communications par terre avec l'intérieur ; les routes partout défoncées par les charrois lourds et nombreux des derniers mois, par la mauvaise saison et par l'insuffisance de l'entretien ; la pénurie complète des fourrages, l'épuisement des attelages ou leur défaut, ne permettaient plus d'employer d'autre voie que la navigation de l'Adour, de la Midouze et des gaves pour le ravitaillement. Le maréchal établissait ses magasins, ses entrepôts de réserve et ses hôpitaux à Mont-de-Marsan, à Tartas, à Dax, à Peyrehorade, à Port-de-Lanne. Il allait prochainement transporter son quartier général à Peyrehorade.

Les quatre divisions Abbé (6.500 hommes), Leval (4.700 hommes), Maransin (1) (5.200 hommes) et Taupin (6.100 hommes), provisoirement placées sous les ordres du lieutenant-général Reille (2) en plus de la

---

(1) Ultérieurement commandée par le général Rouget.

(2) Le 16 janvier, le maréchal faisait connaître au ministre qu'il avait désigné le lieutenant-général Reille pour rester à Bayonne et y exercer le commandement supérieur, après le départ des divisions Leval et Boyer, appelées à Paris par l'Empereur. Le général Reille aurait ainsi sous ses ordres, en plus de la garnison (9.500 hommes) et de la place, commandées par le général Thouvenot, la division Abbé (5.300 hommes) laissée dans la ville pour renforcer la garnison. L'effectif total de cette dernière s'élèverait alors à près de 15.000 hommes, disposant d'approvisionnements au complet et des camps retranchés en bon état de défense. Le 17, Soult rendait compte au ministre que la garnison de Bayonne, étant ainsi trop forte pour en laisser le commandement supérieur à un général de division, il avait donné ordre au lieutenant-général Reille de prendre le commandement et même de s'enfermer dans la place, au cas où elle serait investie ; mais le général Reille lui avait représenté que le général Thouvenot, ayant reçu des lettres patentes de l'Empereur qui le nommaient commandant supérieur (gouverneur) à Bayonne, ce général se considérait comme seul responsable : il pourrait donc, en cas de siège, méconnaître l'autorité de Reille et n'avoir égard aux ordres de celui-ci qu'autant qu'ils auraient rapport à la police des troupes, placées directement sous son propre commandement. Le maréchal faisait ressortir

garnison de la place (9.500 hommes), commandée par le général Thouvenot, gardaient Bayonne et les camps retranchés, qui s'y appuyaient (*).

que, croyant devoir laisser 14.000 à 15.000 hommes à Bayonne pour défendre la place et les camps retranchés qui en dépendaient, il lui paraissait utile au service qu'un des lieutenants-généraux de l'armée y prît le commandement supérieur de l'ensemble des forces formées par la place et sa garnison sous les ordres du général de division Thouvenot et par la division Abbé qu'il lui adjoignait. (Voir à ce sujet les renseignements donnés relatifs à Thouvenot : désertion de Dumouriez, p. 125, note 3.)

La désignation du général Reille par le maréchal pour prendre le commandement supérieur des forces qu'il laissait autour de Bayonne, ainsi que de celles réunies dans cette place, soulevait une question de principe intéressante. On a toujours déclaré jusqu'ici que Reille avait désobéi au maréchal, dont on ne discutait pas le droit, et on a donné tort au général. La question est moins simple : elle ne se borne pas à une affaire de discipline, et les documents, que nous publions aujourd'hui ci-après, apportent la preuve que le ministre, en s'appuyant alors aussi bien sur la loi existante que sur les ordres de l'Empereur, avait désapprouvé le maréchal :

Le général Reille au général Thouvenot, gouverneur de Bayonne (Bayonne, 18 février 1814). — « ... M. le maréchal, tout en désirant que je reste à Bayonne pour y commander en chef, persiste à ne point vouloir donner des ordres pour que je sois reconnu en cette qualité par toutes les personnes qui devront m'y être subordonnées et pour qu'il me soit remis les plans et instructions que je devrais avoir. Comme je ne puis, d'après tous les décrets et règlements, commander dans une place qu'après avoir été reconnu et qu'après avoir reçu toutes ces pièces, je vais partir pour rejoindre l'armée à Dax, ne pouvant rester plus longtemps à Bayonne, qui est dans le cas d'être bloquée... »

Le ministre de la guerre au maréchal Soult (19 février). — « ... J'aurais désiré que l'Empereur, à qui j'ai soumis vos observations, m'eût fait connaître ses intentions. Sa Majesté ayant gardé le silence à cet égard, ce silence ne me paraît nullement pouvoir être interprété dans un sens favorable à la nouvelle disposition que vous avez ordonnée. Je pense d'autant moins pouvoir prendre sur moi de l'approuver qu'elle est contraire aux premiers ordres de Sa Majesté qui ont confié le commandement supérieur de Bayonne au général Thouvenot. Je dois ajouter que c'est d'après votre propre vœu que le général Thouvenot a été investi de ce commandement et que les lettres patentes lui ont été expédiées... Un commandant de place, muni de lettres patentes de l'Empereur, et seul responsable de la conservation de la place qu'il commande, ne peut être dépossédé de ses

(*) Voir la note * à la page 305.

Le lieutenant-général d'Erlon (quartier général à Biaudos), avec la division Foy (9 bataillons : 4.600 hommes) autour de Saint-Martin-de-Seignans, et avec

---

droits et dégagé de ses devoirs que par la même volonté qui lui a conféré les uns et imposé les autres... »

Du même au même (23 février). — « ... Votre Excellence a cru lever la difficulté en déclarant que, par le nouveau commandement qu'elle a conféré au général Reille, il n'est dérogé en rien à celui qui a été confié au général Thouvenot par les lettres patentes de Sa Majesté. Il est bien difficile d'accorder des dispositions aussi peu compatibles entre elles. Tout gouverneur commandant supérieur et commandant d'armes de place, muni de lettres patentes de l'Empereur, est personnellement et directement responsable, vis-à-vis de Sa Majesté, de la conservation de la place qu'il commande. Ce principe est un des points les plus inviolables de la législation militaire... Il y aurait ainsi dans la place deux commandants supérieurs, dont l'un, qui ne serait pas responsable, serait cependant investi de la réalité du commandement, et dont l'autre, responsable de droit, puisqu'il est muni de lettres patentes, ne le serait pas dans le fait et ne serait commandant supérieur que de nom, puisqu'il serait sous les ordres du premier.

» Un ordre, qui tend à annuler des lettres patentes d'un commandant de place, porte atteinte à un acte de souveraineté de Sa Majesté. Je prie Votre Excellence de se rappeler que ce n'est que par une mesure d'indulgence que le commandant du fort de Socoa n'a pas été recherché pour avoir évacué le fort sur un ordre de vous. Dans le fait, par la disposition que vous avez ordonnée, le général Reille et le général Thouvenot se trouvent tous les deux déplacés de la situation dans laquelle la volonté de Sa Majesté les a affectés, l'un se trouvant dépossédé du commandement de l'aile droite de l'armée d'Espagne et l'autre du commandement supérieur de la place et de la citadelle de Bayonne... Je ne puis désapprouver la conduite du général Thouvenot, qui est réellement conforme aux lois et règlements militaires... »

Par lettres du même jour au général Thouvenot et au général Reille, le ministre ne les désapprouvait pas : il leur ordonnait de prendre les mesures nécessaires pour que le service de la place et les égards dus à l'autorité du maréchal n'eussent pas à souffrir de ces difficultés. Il leur annonçait qu'il allait prendre les ordres de l'Empereur...

Il paraît inutile de citer ou même de résumer ici les pièces de la volumineuse correspondance à laquelle cette affaire a donné lieu. Les minutes raturées, biffées, rectifiées et parfois partiellement recommencées, qui sont déposées aux Archives du ministère de la guerre, disent les hésitations du ministre : la question était aussi épineuse que délicate; le maréchal l'avait mal engagée en la plaçant sur le terrain du commandement de

la division d'Armagnac (10 bataillons, 5.500 hommes) en réserve autour de Biarotte, gardait l'Adour et en tenait les îles organisées défensivement depuis Bayonne

la place et de la garnison, et le ministre paraissait peu saisir la pensée et la conception de Soult; mais il concluait pratiquement en s'étonnant que le maréchal se fût engagé, sans utilité manifeste, dans d'aussi grosses difficultés.

La conclusion réelle de l'affaire, dont les pièces citées plus haut suffisent à rétablir la physionomie véritable, fut apportée par le départ de Reille pour Dax, d'où il revint prendre sa place à l'armée, en raison de l'éloignement de celle-ci de Bayonne investie.

Notre réglementation actuelle (S. P., art. 7, 178, 184, 186) a tranché clairement ces importantes questions de commandement : « ... Le commandant en chef d'une armée peut changer, dans les circonstances graves, le gouverneur d'une place, mais seulement quand toute relation avec le ministre est interrompue. Le gouverneur (Thouvenot) d'une place, située dans la zone d'opérations d'un corps d'armée opérant isolément est sous les ordres du commandant de ce corps d'armée (Reille). »

Les dispositions prises ou proposées par le maréchal, sur ces questions de commandement, avaient, en outre, dans sa pensée, un autre but : sa lettre du 17 janvier au ministre permet de le concevoir. Il estimait qu'en fait les détachements importants, prélevés par l'Empereur sur son armée, le mettaient hors d'état de remplir sa tâche; il avait donc tout d'abord augmenté de *lui-même* le nombre des troupes qu'il avait ainsi envoyées; puis, il avait accru beaucoup la garnison de Bayonne et désigné l'un de ses lieutenants-généraux pour la commander. L'armée ainsi réduite, il suffisait d'un lieutenant-général à sa tête; Clausel était tout indiqué et l'état-major général serait alors supprimé. Quant au maréchal, « sa présence n'étant plus, dès ce moment, nécessaire à l'armée et pouvant être utile ailleurs pour le service de l'Empereur... », il demandait à être rappelé auprès de Sa Majesté. Personne n'ignorait alors que les services y comptaient comme plus importants; l'on sentait bien enfin que les événements réellement décisifs, dont le sort de la France allait dépendre, auraient l'Est pour théâtre. Il eût importé de réunir tous les moyens dans cette région sous le seul commandement de l'Empereur.

« Je regrette », écrit le général Foy, « que l'Empereur n'ait pas appelé à lui la totalité de notre armée. Nos cadres vigoureux, grossis des divisions de Toulouse et de Bordeaux et de la conscription de l'année, auraient donné 50.000 à 60.000 hommes d'infanterie. Que l'on juge de l'influence qu'une pareille masse, arrivant au commencement de février à Lyon ou à Troyes, aurait eue sur les événements futurs! Après tout, il ne s'agit plus de manœuvres à faire, de terrain à conserver, de places à défendre; le sort de la France, de la monarchie, de Napoléon, de la génération actuelle dépend d'une lutte inégale dont le théâ-

A LA SUITE DU MARÉCHAL SOULT

(moulin de Bachforest) jusqu'à Port-de-Lanne (7 kilomètres nord-ouest de Peyrehorade, au nord du confluent des gaves et de l'Adour). Foy couvrait le front avec le 6ᵉ léger dans les îles de Mirepech, de Bérens, de Brocq et de Rolle, et il détachait trois compagnies à Urt, que le maréchal voulait organiser en tête de pont (1). La protection de la navigation sur l'Adour,

---

tre est aux portes de Paris. Il aurait fallu laisser, aux Pyrénées, Harispe avec la garde nationale et quelque cavalerie, détruire tous les bateaux de l'Adour, ne réserver sur la Garonne que ceux nécessaires pour les opérations courantes et qu'un ou deux bataillons peuvent garder. Il aurait fallu faire une opération semblable aux Pyrénées orientales afin de rendre disponible l'armée du maréchal Suchet. Eh bien! que serait-il arrivé? Lord Wellington n'aurait pas passé l'Adour quatre jours plus tôt; il n'aurait pas pris le chemin des gaves, parce que ce chemin l'éloigne de la mer et par conséquent de ses vivres et de ses opérations courantes. L'armée aurait gagné quinze jours sur lui et n'en aurait plus entendu parler. A prendre les choses au pire, les Anglais auraient été à Bordeaux. C'eût été un grand malheur; mais ce malheur, pouvons-nous espérer de l'éviter, même de le retarder? Et qu'est-il en comparaison du sort qui nous menace? Si l'on bat l'ennemi aux portes de Paris, Bordeaux et le reste seront faciles à reprendre. Bayonne, Perpignan, Rochefort sont en état de défense. Les Anglais et les Espagnols sont peu entendus dans l'art des sièges. Le moment est venu d'abandonner les extrémités de l'Empire pour sauver le cœur et la tête... » (Journal du général Foy). Voir aussi : Soult à Guerre, 17 janvier; Rapport à l'Empereur, 19 janvier; Soult à Guerre, 9 février. (Napier, vol. 13, trad. App. I et II.)

(*) [p. 302] Après le départ des divisions Leval, Rouget et Taupin, Bayonne allait compter, pour sa défense, la division Abbé (5.100 hommes), en plus de sa garnison de 9.500 hommes, soit environ 14.600 hommes. Une situation détaillée, en date du 24 février, et signée du général Thouvenot, donne les chiffres ci-après :

Infanterie : 20 bataillons, 12.208 hommes; — artillerie : 980 (y compris ouvriers d'artillerie, pontonniers, armuriers, train); — sapeurs et pionniers : 450; — gendarmerie : 14; — détachement de chasseurs à cheval : 15, soit : 13.667, dont 1.334 dans les ambulances régimentaires et 1.140 dans les hôpitaux. — Restent : 11.183, disponibles pour le service.

A la même date, les situations des autres places donnent : à Saint-Jean-Pied-de-Port, 2.360 hommes de garnison, plus deux bataillons détachés; au total : 4.000 hommes; à Navarrenx, 991; à Santoña, 1.981; à Lourdes, 61 hommes. (A. G.)

(1) *Soult au ministre* (14 décembre 1813). — « ... Le lit de la

des ravitaillements et des transports par eau était tentée par l'emploi de 24 canonnières, armées de 52 pièces et montées par 600 marins venus de Rochefort. On se préparait à rompre les digues de retenue de l'Adour sur la rive gauche (1) pour étendre la protection de l'inondation (16 décembre).

Formant équerre avec cette ligne, celle des hauteurs entre la Bidouze et la Joyeuse était tenue par les avant-postes du lieutenant-général Clausel établi à Bardos : la division Darricau (2) [Villatte] (7 bataillons, 5.500 hommes) à Hastingues, Bidache, Came (3), poussait ses postes vers la Joyeuse, depuis l'Adour, par Bardos, jusqu'à Labastide-Clairence et Ayherre ; la division Taupin (9 bataillons, 5.600 hommes), venant de Bayonne, se joignait à elle le 2 janvier. La division de cavalerie Treilhard les appuyait. La division Rouget [Maransin] (9 bataillons, 5.200 hommes) allait aussi quitter Bayonne au commencement de février pour se rendre à l'armée sur l'Adour. Réunie à la di-

---

rivière est très resserré sur ce point (Urt), et, si l'ennemi s'y établissait, il nous incommoderait beaucoup... »

(1) Chroniques de Morel (Clerc). Lettres de Soult au ministre (16 décembre) et de Thouvenot au ministre (18 décembre).

(2) La brigade légère Dauture y était jointe. Elle provenait de l'ancienne division Villatte, à trois brigades, française, espagnole et allemande, disloquée par le renvoi des Espagnols et la défection des Allemands.

(3) « ... Le général Darricau s'établira avec le restant de sa division à Bidache et il occupera Came. Je fais établir un pont à ce dernier endroit, où on élèvera quelques ouvrages. J'avais pensé que l'on pourrait aussi fortifier Bidache ; mais ce poste n'est bon que pour l'infanterie. J'ai ordonné que le bourg de Hastingues fût retranché comme tête de pont : la position est avantageuse... » (Soult au ministre; Bidache, 21 décembre). (A. G.)

« ... Depuis le commencement de janvier, on avait transformé le bourg de Hastingues, juché sur une hauteur escarpée au-dessus du gave, en une véritable citadelle armée de 13 pièces et commandant un pont formé de 7 barques... » (Journal de Clérisse, maire d'Hastingues.) (Clerc.)

vision Taupin, elle formerait plus tard le corps de Reille.

Prolongeant cette ligne plus au sud, la division Harispe (9 bataillons, 5.500 hommes), rattachée au corps de Clausel, allait, avec quelques corps francs et le 21e chasseurs à cheval, occuper Ayherre, Hélette et Irissarry. Elle avait laissé deux bataillons dans la place de Saint-Jean-Pied-de-Port (4.050 hommes) (1).

La brigade Pâris (6 bataillons, 3.700 hommes), rattachée à cette division, mais alors en marche pour aller secourir Jaca, n'était rappelée qu'en février, et placée en échelon de recueil vers Saint-Palais (2); elle y remplaçait la division de dragons de réserve Treilhard (3.200 chevaux), envoyée d'abord vers l'arrière à cause de la pénurie des fourrages, puis à l'armée de l'Est en janvier par ordre de l'Empereur.

Reliant les divisions Darricau et Harispe, et en avant d'elles, la division de cavalerie légère du général Pierre Soult (3) (2 brigades, 6 régiments, 4.000 chevaux) occupait les hauteurs de Mendionde et Bonloc.

La division Boyer (7 bataillons, 6.400 hommes), placée directement, comme réserve générale, sous les or-

---

(1) Au 16 janvier, il y avait 4.053 hommes à Saint-Jean-Pied-de-Port, dont trois bataillons d'infanterie légère (un du 31e, deux du 25e), et quatre bataillons de gardes nationales des Basses-Pyrénées. (A. G.)

Soult au ministre (Orthez, 23 février). — « ... J'ai reçu un rapport du général Blondeau, daté de Saint-Jean-Pied-de-Port, du 21 au soir... La garnison est de 2.300 hommes; la place et les ouvrages détachés sont en parfait état... » (A. G.) (Voir : Places et Garnisons, p. 71.)

(2) *Soult au ministre* (d'Orègue, 14 février). — « ... Le général Pâris était en mouvement pour aller secourir Jaca, où probablement il ne serait pas parvenu (à cause des neiges dans la montagne); je l'ai fait revenir sur-le-champ. (Attaque d'Harispe par Hill à Hélette). Ce soir, il prend position à Garris et à Saint-Palais pour soutenir Harispe... » (A. G.)

(3) Frère du maréchal; voir p. 124, note 1.

dres du maréchal, était établie autour d'Orthevielle, dans l'angle formé par l'Adour et le gave de Pau (1).

Le général Tirlet, commandant l'artillerie de l'armée, établissait un pont de bateaux à Port-de-Lanne. La réserve d'artillerie et les parcs avaient dû être retirés jusqu'à Dax, en raison de la pénurie des fourrages (2). Des têtes de pont fortifiées avaient été organisées à Peyrehorade, quartier général du maréchal (21 décembre), Hastingues, Œyregave, à Saint-Jean, à Bidache et à Came, pour ménager des débouchés offensifs à l'armée.

A Dax, fortifiée anciennement, et dont on renforçait les défenses par des ouvrages en terre, allait être envoyé le général Darricau, originaire de Tartas (Landes), dans le but de soulever les paysans. Il laissait le commandement de sa division au général Villatte. Dans les Hautes-Pyrénées, c'était le général Maransin (3), de Lourdes, qui recevait la même mission. Il cédait le commandement de ses troupes au général Rouget. Déjà le général Harispe (4), dans les Basses-Pyrénées, son pays natal, avait su se ménager quelque faible concours des habitants des hautes vallées, exaspérés cependant par les brigandages et par les pillages des bandes espagnoles. Mais, partout ailleurs, on n'obtenait aucun succès

---

(1) « ... Le duc de Dalmatie formera *autant de divisions qu'il aura de fois 6.000 hommes... Il ne doit pas y avoir de corps d'armée...* Le général en chef mettra le nombre de divisions qu'il jugera convenable sous les ordres de ses lieutenants... » (Napoléon au duc de Feltre; Dresde, 6 juillet.)

(2) « Le manque absolu de fourrages m'oblige à faire partir pour Dax le grand parc d'artillerie et la moitié de l'artillerie de campagne... » (Soult au ministre; Bayonne, 17 novembre.)

(3) Dépêches du 28 et du 30 janvier, du maréchal au ministre, pour demander ces désignations en vue de provoquer la levée en masse dans ces départements. (A. G.)

(4) *Harispe* (Jean-Isidore, comte), né à Saint-Etienne-de-Baïgorry en 1768, mort en 1855. Général de brigade en 1807, de division en 1810, comte en 1813, maréchal de France en 1851. Chef d'état-major de Suchet en Espagne jusqu'en 1810.

et c'est en vain qu'on tentait d'entraîner les populations et de former des partisans (1).

A Bordeaux, une petite réserve, commandée par le général Lhuilier, était en formation. Soult y envoyait des canonniers de Bayonne. Il ordonnait de mettre en bon état de défense fort Médoc, fort Paté et les ouvrages de la Garonne. On devait organiser deux flottilles de chaloupes-canonnières en aval et en amont de la ville pour entretenir les communications avec Toulouse. Mais ces ordres étaient mal ou non exécutés, tant l'indifférence et l'opposition étaient générales.

On améliorait aussi les ouvrages de Navarrenx (1.100 hommes) bien fortifié, et l'on commençait un camp retranché en avant de cette place (2); le château

---

(1) *Le préfet des Basses-Pyrénées de Vanssay au maréchal Soult* (Pau, 26 février 1814, 6 heures du matin). — « ... J'étais parvenu avec bien de la peine à réunir ici quelques milliers de gardes nationaux; au premier faux bruit, qui s'est répandu, ces misérables se sont lâchement enfuis, quelques efforts que M. le général Coutard ait faits pour les retenir... Cette malheureuse désertion m'a fort affligé.

» Les habitants n'obéissent plus; j'éprouve des difficultés désespérantes pour les évacuations. J'ai inutilement requis plus de 800 voitures; il en est à peine arrivé quelques-unes. Je fais partir dans ce moment des détachements de gendarmes avec ordre de parcourir les campagnes; j'espère qu'ils en ramasseront assez pour charger au moins ce qu'il importe d'éloigner... » (A. G.)

Le général Laffitte, commandant la levée en masse, au maréchal Soult (Foix, 23 et 26 février). — « ... *L'esprit des départements méridionaux flotte entre le mécontentement et la désobéissance; avec de la prudence, des ménagements, on peut obtenir quelques sacrifices; mais si l'on en voulait trop, le fil par lequel ils tiennent au gouvernement serait bientôt rompu et leur résistance tout à fait déclarée...* » (A. G.)

Général Harispe au maréchal Soult (Orthez, 26 février). — Transmet : lettre du *général de Coutard, commandant la subdivision des Basses-Pyrénées au général Harispe* (Pau, 26 février, 10 h. 30 matin). — « ... Nous n'avons plus besoin de munitions pour nos gardes nationales : une terreur panique s'est emparée d'elles; chacun s'est retiré chez soi, abandonnant ou emportant son arme... »

(2) *Soult à Guerre* (10 février, de Sauveterre). — « ... Je suis

de Lourdes (100 hommes) était mis en état de défense ; celui de Pau était fortifié, et le maréchal, par ces différentes mesures, assurait les points d'appui éventuels des retraites qu'il prévoyait et préparait (1).

En avant de la gauche, Saint-Jean-Pied-de-Port (4.000 hommes) avait été organisé et mis en état de défense, comme *point d'appui offensif éventuel*, dès le mois d'octobre, par le maréchal lui-même, aidé du général Foy, qui y avait établi un camp retranché en avant de la place (2).

Le 29 décembre, le maréchal écrivait au ministre que, dans un délai de huit jours (3), les travaux de défense de Bayonne seraient assez avancés pour qu'il *pût livrer la place à elle-même, sans continuer à employer une partie de l'armée à la couvrir*. Il pourrait donc en retirer trois divisions pour les joindre à Clausel.

Le 2 janvier, le maréchal Soult écrivait, de Bardos, au ministre de la guerre :

« ... J'ai pris des dispositions pour défendre de vive force le passage de l'Adour, si l'ennemi l'entreprend. Dans le cas où le passage serait forcé, je laisserai à Bayonne une garnison de 12.000 hommes et je porterai le théâtre de la guerre entre la Nive et l'Adour, ap-

---

allé aujourd'hui à Navarrenx ; la place est en bon état ; les ouvrages de défense sont à peu près terminés, ainsi que l'armement et l'approvisionnement... » (A. G.)

(1) On doit mentionner encore que Santoña, seule place nous restant sur l'Océan (à 30 kilomètres est de Santander), ne fut abandonnée qu'après la cessation des hostilités, lors de la remise des places qui ne faisaient plus partie du territoire de l'ancienne France. [Rapport du général Ch. de Lameth sur l'attaque et la défense de Santoña et du fort de Brusco, 15 mai 1814. (A. G.)] voir les notes des pages 114, 131.

(2) Soult au ministre, 2 octobre.

(3) Confirme la lettre du 21 décembre, où il demandait encore quinze jours.

puyant ma droite à Dax, que j'ai fait mettre en état de défense, et ma gauche aux montagnes de Baygoura (1), afin de me préparer à passer la Nive pour attaquer les ennemis sur leurs derrières, aussitôt que j'en aurai le moyen... »

Le ministre, répondant à Soult, lui faisait connaître très tardivement comment l'Empereur concevait plus simplement l'emploi de ses forces dans le rayon de Bayonne; mais cette lettre ne devait malheureusement parvenir au maréchal que dans les premiers jours de mars (2).

---

(1) Le massif du mont Baygoura (897 mètres), au nord-est de Bidarray et à l'ouest de Hélette, barre l'espace compris entre la haute Joyeuse, ou Gambouri, et la Nive. Il permet de prendre possession des passages de la Nive, comme le maréchal l'explique. — Plusieurs reproductions imprimées de cette lettre portent, au lieu de *Baygoura*, « Baïgorry », étendant ainsi par erreur la ligne de 15 kilomètres plus au sud et déjà, sur la rive gauche de la Nive, à 8 kilomètres de cette rivière. Le pays de Baïgorry est la vallée de ce nom.

Baïgorry : *Ibaï*, rivière; *gorry*, rouge. Certaines terres rougeâtres de la vallée de la Nive colorent la rivière en rouge à la suite des inondations.

Baygoura : *Ibaï*, rivière; *gora*, haute, en raison de la source située très haut sur le versant nord de la montagne, près du sommet. Toutes les eaux du versant nord du Baygoura se réunissent en un seul ruisseau qui se jette dans la Nive, près d'un gué, situé à Harnavalt. (Capitaine Dibar.)

(2) Le maréchal accuse réception de cette dépêche le 4 *mars*, de *Rabastens*; il lui attribue sa date du 28 *février*, tandis que le ministre, dans sa lettre du 1er mars au maréchal, au sujet de Navarrenx, lui donne la date du 27 *février*.

Il eût fallu que le maréchal eût connaissance des ordres et des instructions de l'Empereur relatifs à Bayonne, dès qu'il avait été refoulé sous cette place, après avoir fait abandon du territoire-frontière, ou tout au moins avant de quitter Bayonne, c'est-à-dire au plus tard au milieu de décembre et non pas le 4 mars.

Voir la très intéressante réponse du maréchal, plus loin, à la date du 4 mars, p. 466.

Dépêche de Napoléon au ministre de la guerre, général Clarke, duc de Feltre. (Troyes, 25 février 1814). — « ...Ecrivez au duc de Dalmatie *qu'il faut laisser le moins de monde possible à Bayonne;* que les places fortes ne sont rien quand on a la mer, c'est-à-dire des boulets, des bombes, de la poudre autant qu'on en veut; *qu'il ne faut donc pas s'en séparer;* que je lui ordonne de reprendre sur-le-champ l'offensive en tombant sur une des ailes de l'ennemi; que, *n'eût-il que 20.000 hommes,* en saisissant le moment avec hardiesse, il doit prendre l'avantage sur l'armée anglaise; qu'il a suffisamment de talent pour entendre ce que je veux dire. » (D'après la minute.)

Dépêche du ministre au maréchal Soult, 28 février :

. . . .

« Les places fortes ne sont rien par elles-mêmes, quand l'ennemi est maître de la mer et qu'il peut réunir autant de bombes, de boulets et de bouches à feu qu'il lui plaît pour les écraser. *Laissez donc seulement quelques troupes à Bayonne.* Le moyen d'en empêcher le siège est de *tenir l'armée réunie près de cette place.* Reprenez l'offensive, tombez sur l'une ou l'autre aile de l'ennemi et, *quoique vous n'ayez que 20.000 hommes,* si vous saisissez le moment propice et que vous attaquiez hardiment, vous ne pouvez manquer d'obtenir quelques avantages. Vous avez assez de talent pour me bien comprendre. »

Dès le 16 et le 22 janvier, en effet, le maréchal avait dû envoyer les deux divisions Leval et Boyer (17 bataillons), la division de dragons Treilhard, la brigade de cavalerie légère Sparre (18 escadrons), 40 pièces (1) et 2.000 hommes d'élite, — au total plus de 15.000 hom-

---

(1) Voir page 81.

A LA SUITE DU MARÉCHAL SOULT

mes — renforcer l'armée de l'Empereur, dans l'est de la France (1). Il avait déjà perdu au delà de 16.000 hommes à la fin de 1813, par le départ de la brigade italienne, la dissolution des troupes espagnoles, la défection des troupes allemandes, l'envoi de la gendarmerie

(1) L'ordre du ministre relatif à la division Treilhard (2e) est du 10 janvier. Il fut reçu le 14 par Soult et transmis, deux heures après sa réception, à la 2e division, alors cantonnée, à cause des fourrages, aux environs de Mugron, Saint-Sever, Aire, Plaisance, Marciac. Celle-ci comprenait la brigade Ismert (4e, 21e, 26e dragons) et la brigade Ormancey (14e, 16e, 17e, 27e dragons), donnant un total de 2.900 hommes montés. Le 16 janvier, de Bayonne, Soult faisait connaître que cette 2e division avait dû partir ce jour, emmenant 2 compagnies d'artillerie à cheval (12 pièces).

Par dépêche de Peyrehorade, le 30 janvier, Soult annonçait au ministre que les 7e et 9e divisions d'infanterie étaient parties, le 22, de Peyrehorade pour Paris; la 7e division (Leval, 5.400 hommes) par Saint-Sever, Mont-de-Marsan, Bazas, Bordeaux, Périgueux, Limoges, Châteauroux, Orléans; la 9e division (Boyer, 5.600 hommes) par Orthez, Pau, Tarbes, Auch, Bergerac, Périgueux, Limoges, Châteauroux, Orléans. Chaque division emmenait une batterie de 8 pièces. A partir de Pau, d'une part, et de Mont-de-Marsan, de l'autre, les hommes devaient être transportés en poste par voitures « *pour faire triple étape par jour* ». (A. G.)

Les deux divisions arrivaient à Nogent les 7 et 9 février. (Dépêche de Napoléon à Berthier; de Troyes, 5 février.)

« ... Notre division partit d'Orthez sur des charrettes *traînées par des bœufs*. Il semble d'abord que cette manière de voyager ne convenait guère à des troupes que l'on voulait faire arriver en poste. Mais les soldats allaient nuit et jour, n'éprouvaient aucune fatigue, et la continuité de la marche faisait qu'ils avançaient avec une certaine rapidité. Les non-combattants reçurent des feuilles de route pour aller à destination à petites journées... » (Sébastien Blaze, 1808-1814, *Mémoires d'un aide-major*.)

La brigade de dragons Sparre (5e et 12e dragons, 554 chevaux) de la division P. Soult, avec 2 batteries à cheval (12 pièces), partait de Tarbes, sur Orléans, par Auch, Toulouse, Montauban, Cahors, Limoges, Châteauroux.

Le 19 janvier, le maréchal écrivait de Peyrehorade au ministre : « ... Je ne fais pas prendre à ces divisions la route des Landes, sur Bordeaux, *parce que les Landes sont couvertes d'eau et que les communications sont presque interceptées*. Il m'a même été rendu compte que les débordements de la Garonne ont interrompu le passage entre Langon et Bordeaux; il serait très possible que cette eau les empêchât de passer par Agen. C'est la direction que je me propose de leur donner, à moins

à pied et de 20 cadres de bataillons (1) pour former les divisions de l'armée de réserve à Bordeaux et à Toulouse (2). Wellington, au contraire, recevait au même moment 6.000 hommes de renfort et 1.400 chevaux.

En définitive, l'armée de campagne ne comptait plus que 37.000 fusils, 3.840 chevaux et 43 pièces, déduction faite des troupes de campagne ou de garnison laissées dans les places de Bayonne, de Saint-Jean-Pied-de-Port, de Navarrenx, du château de Jaca, de Santoña, de Lourdes, de Bordeaux et autres détachements.

De son côté, Wellington avait établi sa base de ravitaillement et son grand quartier général à Saint-Jean-de-Luz. Son armée y recevait par mer tous les approvisionnements nécessaires, y compris les fourrages qui

qu'elles ne soient obligées de passer par Toulouse... » (A. G.).
Le 9 janvier, le maréchal écrivait au ministre : « ... Le pont de Tartas a été enlevé par les eaux, lors de l'inondation qui a eu lieu il y a quinze jours. Les ingénieurs des ponts et chaussées ont construit un pont provisoire pour hommes à pied et chevaux seulement; les voitures sont transportées en bac. Ce pont provisoire ne peut durer plus de trois mois; il y a urgence à le reconstruire... » (A. G.)
Ces divers renseignements sont intéressants à noter au point de vue des conditions des transports et des communications locales à l'époque qui nous occupe; ils nous ramènent dans un milieu antérieur très différent du nôtre; ils nous mettent en présence de faits et de difficultés que notre atmosphère actuelle nous porterait trop à oublier, ou même à ignorer, et dont il est essentiel de tenir grand compte dans une étude de ce genre.
Napoléon au ministre (Paris, 24 janvier). — « ... Je désire que le duc de Dalmatie *attire à lui la division de Toulouse pour remplacer les 12.000 hommes qu'il a fait partir...* »
(1) Soult au ministre, 16 novembre, 21 novembre.
(2) « ... Il faudra annoncer avec éclat la réunion de *cette armée de réserve des Pyrénées...* » (Napoléon au duc de Feltre, 16 novembre.)
Le 21 décembre, Wellington ne manquait pas de faire valoir cette menace auprès de Bathurst : « Je lis dans les journaux français que des ordres ont été donnés pour *la formation à Bordeaux d'une armée de réserve de 100.000 hommes...* Les armées, qui nous sont opposées, ne doivent pas être moindres de 100.000 hommes et sûrement davantage si on compte les garnisons... »

manquaient entièrement dans ces pays. L'armée anglaise avait pris possession de la base d'opérations, appuyée sur la mer, qui avait été le but de ses mouvements jusqu'alors et qu'il lui était indispensable de tenir avant de pouvoir pousser plus avant dans l'intérieur du pays. Elle se trouvait maintenant en présence de la place forte de Bayonne, renforcée encore par toute l'armée du maréchal. Bayonne importait peu par lui-même à Wellington ; mais l'armée, qui s'y appuyait, constituait au contraire l'objectif qu'il devait s'efforcer de détruire.

Pour y arriver plus facilement, il fallait séparer l'armée de la place. Cette dernière, cependant, ne serait jamais négligeable, étant données sa situation et les menaces du corps mobile qu'elle continuerait sans doute à abriter. Il serait toujours nécessaire de la masquer par un détachement important, qui réduirait d'autant les forces actives, consacrées aux opérations de campagne proprement dites ; il faudrait même en faire le siège et l'investir pour annuler son influence sur les communications de l'armée anglaise. Mais on ne pouvait pousser activement les opérations contre le maréchal, et subsidiairement contre la place, qu'en séparant ces deux forces, qu'en éloignant la force mobile, la force principale, la plus dangereuse dans le plus grand rayon, l'armée. On ne pouvait étendre, jusqu'au territoire lui-même, l'influence des opérations entreprises contre cette dernière qu'en l'obligeant à reculer dans l'intérieur du pays, pour y décider la question par une action générale, aussi rapidement qu'il serait possible.

La première mesure que l'examen de ces combinaisons élémentaires imposait au général anglais devait l'amener à passer la Nive dès qu'il le pourrait, et à attaquer l'armée du maréchal, en dirigeant ses efforts sur le point le plus éloigné de la place. Le terrain cependant, dans cette direction, se prêtait mal à une offensive énergique et rapide : le sol était argileux, sans communications; les cours d'eau y formaient une série de barrières successives favorables à la défense; l'hiver, enfin, ne permettait pas encore d'y opérer, et il fallait attendre que le retour de la belle saison ou la gelée eussent rendu les chemins praticables et les cours d'eau guéables ou franchissables.

Dès que les opérations pourraient reprendre activement, il était indiqué de faire tomber les défenses, soit en débordant ces lignes successives par le sud, à l'origine des eaux et dans leurs parties les plus faibles, soit en les perçant aux points les plus faciles ou les moins gardés de leur trop large front. Amener ainsi, par la pression de ces manœuvres, le maréchal à réunir ses forces et profiter alors de la supériorité numérique, matérielle et morale de l'assaillant pour livrer bataille et tenter de trancher décidément la question, tel paraissait le plan général qu'il convenait d'adopter pour les opérations à entreprendre. Toutefois, en raison même de la nature du sol, du défaut de communications entretenues et en bon état et des incertitudes de la saison, il était évident que l'Adour constituerait pour de longs mois la seule bonne ligne de communications dès qu'on s'éloignerait de la mer : il fallait donc se rapprocher du fleuve aussitôt qu'on le pourrait, s'en emparer, le garder et le protéger ensuite, mais surtout le faire entrer en liaison avec la mer qu'on tenait, avec les ports qu'on possédait, au moyen de relations assurées et bien préservées contre les entreprises de l'ennemi. Bayonne était aux mains des Français et il était douteux qu'on pût arriver promptement à s'en saisir ; il ne fallait pas d'ailleurs diviser ses efforts et ses moyens, non plus qu'entraver sa marche en avant en s'attardant à cette conquête soumise aux menaces de l'armée du maréchal.

Il s'agissait donc de relier, au moyen de brefs transports par voie de terre, l'Adour, pris en amont de Bayonne, à partir du point où on en serait maître, à la mer, au lieu où l'on établirait un port de débarquement. L'armée une fois éloignée, la défense mobile réduite, la garnison enfermée dans le périmètre de la place investie, l'embouchure du fleuve, malgré la barre difficile à franchir, paraissait convenir à ce projet. Il ne resterait plus qu'à rattacher ce port à l'Adour au-dessus de Bayonne, par des transports sur roues et on ne pouvait le faire que *par la rive droite*. L'établissement d'un pont en aval de la place s'imposait donc dans un délai plus ou moins rapproché, afin de couvrir le port de débarquement et la voie de liaison entre la mer et le fleuve, au nord de la place, contre les entreprises de cette dernière. Les opérations allaient se conformer à ce plan général.

La situation de l'armée alliée était alors la suivante : ses lignes fortifiées enveloppaient tout le périmètre des camps retranchés de Bayonne, sur la rive gauche de l'Adour. Le général Hope, avec les divisions Howard (Ire, 6.000 hommes), Colville (V^e, 5.000 hommes), Clinton (VIe, 6.000 hommes), Alten (division légère, 5.000 hommes), la division espagnole de don Carlos (5.000 hommes), trois brigades anglo-portugaises (5.000 hommes), la brigade de cavalerie Vandeleur (800 hommes), assiégeait la place, dont il commençait l'investissement (1) sur les deux rives de la Nive.

---

(1) Après le départ de la division légère Alten et de la division Clinton (VIe), et l'arrivée des renforts espagnols, l'effectif du corps de siège était de 28.000 combattants.

Corps de siège des alliés devant Bayonne : divisions Howard (Ire) et Colville (V^e); brigade anglaise Aylmer; brigades portugaises Bradford et Wilson; 1re et 5e divisions de la 4e armée

Le maréchal Beresford, avec les divisions Cole (IVe, 6.000 hommes), Walcker (VIIe, 6.000 hommes), occupait, en arrière de Hope, les localités aux environs d'Ustarits ;

Le général Hill, avec les divisions Picton (IIIe, 6.000 hommes) et Stewart (IIe, 8.000 hommes), la division portugaise Le Cor (5.000 hommes) et cinq régiments de cavalerie légère, tout en participant à l'investissement autour du camp de Mousserolles, constituait couverture sur la droite, vers l'est et vers le nord, entre Urcuray, Briscous et Mouguerre, sur la rive droite de la Nive (1) et la rive gauche de l'Adour ; ses postes détachés étaient devant Hasparren et Briscous, et face à l'Adour depuis le camp de Mousserolles jusqu'à Urt. La cavalerie légère était sur la Joyeuse, en face des avant-postes français de Clausel et d'Harispe.

La cavalerie du général Stappelton Cotton, répartie par brigade ou par régiment entre les corps de l'armée, comptait 10.000 chevaux.

La division espagnole Morillo (5.000 hommes) se réunissait aux environs d'Itsatsou. Gardant la haute Nive, elle surveillait les hauteurs du mont Ursouia, et la division Harispe au delà.

La division espagnole de Mina (3.000 hommes) occupait le Baztan.

---

espagnole (don Carlos). Les 3e et 4e divisions espagnoles de la 4e armée (Freyre), à Irun, rejoignent le 24 février ; brigade de cavalerie Vandeleur ; soit environ : 28.000 hommes, dont 18.000 Anglo-Portugais et à peu près 10.000 Espagnols. Hope écrit, le 24 février, au sujet de ces derniers : « Je n'ai jamais pu savoir leur effectif. » Ils ne le savaient pas eux-mêmes.

Les divisions Alten et Clinton rejoignaient l'armée d'opérations de Wellington le 19 février.

(1) On établit sur la rive droite de la Nive une ligne de télégraphie optique passant par la hauteur de Sainte-Barbe pour communiquer avec Saint-Jean-de-Luz.

En outre, la quatrième armée espagnole de Freyre (deux divisions, 12.000 hommes), aux environs de Saint-Pée et à Irun; la troisième armée espagnole de del Parque (15.000 hommes); le corps de Giron (ex-O'Donnell; deux divisions, 12.000 hommes), dit réserve d'Andalousie, sur la frontière, donnaient environ 40.000 combattants espagnols disponibles (1).

Soit : 70.000 Anglo-Portugais, dont 10.000 cavaliers; environ 50.000 Espagnols; et au total : 120.000 hommes et 100 pièces de campagne.

---

(1) Ce chiffre s'accorde avec celui d'une situation perdue à Passages par un aide de camp de Hill, et dont il est question dans une lettre de Thouvenot au ministre en date du 23 décembre.

W. Napier évalue l'effectif espagnol à 30.000 hommes, comme il suit: Freyre, 12.000; Morillo, 4.000; Giron, 6.000; del Parque, 8.000.

Clerc l'estime à plus de 80.000 hommes, d'après des situations *budgétaires espagnoles*. (Voir pages 100 à 103 plus haut.)

Ces troupes étaient bien, il est vrai, sous les ordres immédiats de Wellington et elles entrèrent en partie en France; mais, elles étaient d'un emploi impolitique et difficile en opérations, à cause de leurs habitudes de pillage et de violence. Elles servirent donc surtout aux sièges de Santoña, Saint-Sébastien, Pampelune, Jaca, Saint-Jean-Pied-de-Port, Bayonne, Navarrenx; l'effectif espagnol, qui prit part active, en France, aux mouvements de la campagne avec les forces anglo-portugaises, ne dépassa pas le chiffre maximum de 40.000 à 45.000 combattants. En fait, trois divisions espagnoles seulement coopérèrent à la bataille de Toulouse. « ... Si je pouvais amener 20.000 Espagnols *payés* et *nourris*, écrivait Wellington à Bathurst le 22 novembre 1813, j'aurais Bayonne. Si je pouvais en amener 40.000, je ne sais où j'irais.

» Je les ai, ces 20.000 Espagnols, ces 40.000 Espagnols : ils sont là, sous mes ordres, sur cette frontière même; mais je n'ai aucun moyen de les entretenir... Sans paye et sans vivres, *ils pilleront* et, *s'ils pillent, nous sommes perdus...* »

« ... Vos armées, écrivait-il à Carvajol le 30 août 1813, bien que numériquement faibles, meurent littéralement de faim... Les magasins anglais ont délivré quantité de vivres aux armées espagnoles, afin de leur permettre de tenir la campagne. Malgré ces secours, j'ai vu avec peine les troupes espagnoles, aux avant-postes, *réduites à piller des noix et des pommes pour vivre...* Les troupes espagnoles n'ont même pas de quoi vivre au jour le jour... »

Dès le 16 décembre, les troupes alliées harcelaient la ligne de l'Adour et elles rendaient les communications précaires et dangereuses sur le fleuve. Un corps de 1.200 hommes d'infanterie, avec un escadron de cavalerie (1), attaquait à Urt les trois compagnies du 6° léger, que Foy avait détachées sur la rive gauche. Celles-ci étaient forcées de repasser sur la rive droite (2), et les équipages des bateaux de transport, frappés de peur (3), abandonnaient leurs bâtiments chargés de subsistances ; on était contraint d'adjoindre aux bateliers et de mettre à bord des escortes de soldats pour les maintenir.

Le 16, également, le maréchal, afin d'empêcher l'ennemi de jeter des ponts sur l'Adour, avait donné l'ordre de détruire les digues de retenue des eaux sur la rive gauche, soit en y faisant des coupures, soit en brisant les clapets ; son but était d'étendre surtout l'inondation autour des points qui offraient le plus de facilité pour y tenter le passage ou pour y jeter un pont. Un lieutenant de vaisseau (4), avec 4 chaloupes canonnières et 3 bateaux de travail, accompagné de 75 mineurs et de 50 hommes d'infanterie, partait en conséquence de Bayonne à 5 heures du soir ce même jour. Mais il était arrêté à Urt, qu'occupaient les troupes anglaises, et jusqu'à ce point il avait constaté qu'il était impossible d'exécuter le travail projeté. Le passage était forcé par les canonnières qui engageaient le feu avec l'ennemi. A 4 h. 1/2 du matin, arrivées au bec de la Bidouze, elles tenaient sous leur feu le

---

(1) Soult au ministre, 16 décembre.
(2) « ... Il est probable que, lorsque Clausel sera établi à Bidache et que son avant-poste sera à Labastide-Clairence, l'ennemi ne tiendra pas à Urt... » (Soult au ministre, 16 décembre.) (A. G.)
(3) Lettre du commissaire de la marine au général Thouvenot ; Bayonne, 20 décembre.
(4) M. Bourgeois.

château Delissalde, occupé par 400 hommes d'infanterie anglaise, et les travailleurs étaient débarqués. A 3 heures du soir, les clapets et les digues étaient détruits. Le 18, à 3 heures du matin, les canonnières, accompagnant un convoi de 40 bateaux chargés de munitions et de vivres, forçaient de nouveau le passage à Urt et elles rentraient à Bayonne à 6 heures du soir (1).

Les îles de l'Adour, depuis le Bec-du-Gave jusqu'à Bayonne, c'est-à-dire les îles de Mirepech, en face du bec de la Bidouze, de Bérens, en face d'Urcuit, de Brocq et de Rolle (ou Holhariague), étaient occupées par les troupes de Foy. Cette dernière île dépendait, en fait, de la rive gauche, car elle n'en est séparée que par un canal de 50 pas de largeur ; elle est commandée de très près par les hauteurs de Lahonce. Le 20 décembre, une batterie anglaise, placée sur ces hauteurs, ouvrait un feu très vif sur les deux compagnies du 6ᵉ léger, qui étaient dans l'île. Celles-ci étaient forcées de l'évacuer et de se replier sur la rive droite de l'Adour. L'ennemi prenait possession de l'île, en y passant sur un grand radeau qu'il avait fait construire (2).

Le 1ᵉʳ janvier, l'ennemi renouvelait ses tentatives en les dirigeant contre les îles de Brocq et de Bérens (3), qui sont plus rapprochées de la rive droite que de la rive gauche : elles étaient bien défendues par les troupes de Foy ; celles-ci s'y maintenaient, mais elles devaient s'y mettre à couvert.

« ... Malgré cette occupation, il sera extrêmement difficile de maintenir la navigation de l'Adour », écri-

---

(1) Chroniques de Morel. (Clerc.)
(2) Soult au ministre ; Bidache, 21 décembre.
(3) Lapène, 221.

vait le maréchal au ministre, « et, quoiqu'elle soit protégée par les chaloupes-canonnières, elle ne pourra avoir lieu que furtivement pendant la nuit. Un service aussi irrégulier compromettrait trop souvent la subsistance des troupes qui sont à Bayonne, d'autant plus que les transports par terre sont de beaucoup insuffisants. Aussi, pour diminuer les consommations à Bayonne, et par conséquent les transports, j'ai jugé convenable d'établir mon quartier général à Peyrehorade et d'envoyer à Dax le gros de l'administration. » (21 décembre, de Bidache.)

Gravement inquiet du fait de ces démonstrations de l'ennemi sur la ligne de l'Adour, le maréchal donnait ordre le 22 décembre, au général Thouvenot, commandant la place de Bayonne, d'établir sur le plateau d'Arance (rive droite de l'Adour), à l'ouest du moulin de Bacheforest, une forte batterie protégée, armée sans délais. Elle était destinée à battre la direction de Lahonce et le versant du contrefort de Mouguerre, conjointement avec la batterie de Hayet (rive droite), construite vis-à-vis de Saint-Pierre-d'Irube. Il ajoutait que, si l'ennemi entreprenait de franchir l'Adour, ses démonstrations commenceraient à partir de Bacheforest et qu'il était indispensable de rendre les communications excellentes en vue de faciliter les mouvements de fortes réserves d'infanterie et d'artillerie. Enfin, il fallait rendre inabordable à tout débarquement la rive droite depuis Bacheforest jusqu'à Bayonne, par l'inondation, les coupures, les abatis ou même en escarpant la rive.

Il prescrivait au général Reille, au cas où l'ennemi menacerait l'Adour, de ne laisser que trois de ses bataillons dans Bayonne, pour augmenter la garnison, et de se porter rapidement avec ses 4 divisions et 4 batteries de campagne sur le point attaqué, afin de coopérer à l'action des autres divisions de l'armée pour repousser l'ennemi sur la rive gauche.

Inquiet cependant de la situation de Bayonne, au cas où la démonstration prévue sur l'Adour n'aurait été qu'une feinte de la part de l'ennemi, le maréchal ajoutait des instructions qui risquaient de rendre la tâche de Reille délicate et son action indécise : « ... Votre mouvement devra être successif, de manière que, par la tête de votre colonne, vous puissiez participer à cette attaque et que la gauche soit à portée de secourir les troupes qui seront dans le camp retranché de Bayonne, si elles sont trop vivement pressées, lorsque votre mouvement sera aperçu... » (A. G.)

A la même date cependant, Wellington écrivait à Bathurst : « ... L'ennemi a considérablement affaibli ses forces à Bayonne... Je ne puis dire encore si ces forces sont suffisamment réduites pour que je puisse attaquer son camp retranché. « ... *En fait d'opérations militaires, il en est d'impossibles : c'en est une que de faire marcher les troupes dans ce pays dans la saison des grandes pluies...* Les opérations sont suspendues, mais non abandonnées... »

Les escarmouches, en effet, continuaient aussi à notre extrême gauche et sur notre centre. Le 16 décembre (1), les partisans espagnols de Mina, venant du Baztan, descendaient dans la vallée de Baïgorry et sur Anhaux : ils repoussaient les gardes locales commandées par le brave Etcheverry, les chasseurs de montagne du général Pâris et 250 hommes du 31ᵉ léger envoyés de Saint-Jean-Pied-de-Port par le général Blondeau, et ils ravageaient le pays en s'y livrant à tous les excès et en y commettant tous les crimes. Deux

---

(1) Soult au ministre, 18 décembre.

jours après, 18 décembre, un détachement de cavalerie anglaise de deux escadrons du 18e hussards, soutenu par 700 partisans espagnols de Morillo (1), se portait sur Louhossoa et sur Macaye : ils refoulaient d'abord notre cavalerie de Mendionde (2) sur Hélette, et poussaient, en fourrageant et en faisant des vivres, jusqu'à Hasparren (3); puis les Espagnols, se débandant, se repliaient sur Itsatsou sans même en donner avis à la cavalerie anglaise ; nous enveloppions celle-ci, qui s'échappait avec peine vers le nord (Urcuit et Urt), avec des pertes sérieuses, dont 5 officiers. Les reconnaissances de Pierre Soult étaient aussitôt lancées jusqu'à Louhossoa.

Ainsi qu'il l'avait annoncé le 2 janvier au ministre (voir la dépêche, p. 310) le maréchal, prévoyant le cas où l'ennemi arriverait à forcer le passage de l'Adour, jugeait utile de se mieux relier avec Harispe (Ayherre, Hélette, Irissarry), à sa gauche. Il lui fallait pouvoir le soutenir et rester libre de manœuvrer éventuellement dans la direction de Saint-Jean-Pied-de-Port, en prenant alors appui sur cette place, qu'il avait

---

(1) Morillo (comte de Carthagène en 1820), pâtre, puis soldat d'artillerie et colonel en 1809. Nommé en 1815 au commandement en chef de l'armée espagnole envoyée contre les colonies espagnoles de l'Amérique du Sud, il se livra à des cruautés et à des atrocités comparables à celles qu'avaient commises Cortèz et Pizare, rétablit le tribunal de l'Inquisition, fit brûler publiquement les livres français et anglais, etc., etc.

(2) *Mendionde* veut dire auprès du Mont, c'est-à-dire du mont Ursouia.

(3) « ... On trouve ici (Chapelle de Hasparren) les ruines d'un magnifique château appartenant au général Harispe. Quand Mina arriva avec son armée, ses hommes vinrent en corps lui demander la permission de piller le château; il le fit fouiller d'abord pour son compte, puis l'abandonna aux officiers et ensuite aux soldats, qui couronnèrent l'œuvre en y mettant le feu... » (Mardi, 4 janvier, Journal de Woodberry.)

précisément fait organiser offensivement dans ce but. Pour y arriver, il était nécessaire, comme il l'avait indiqué, de ne pas abandonner Hélette sur la route de Saint-Jean-Pied-de-Port et le massif du Baygoura, ou tout au moins, d'abord, Hasparren et le mont Ursouia, c'est-à-dire les hauteurs en avant du Gambouri (haute vallée de la Joyeuse), de la Joyeuse et de l'Aran (basse Joyeuse). Le 3 janvier, il donnait en conséquence l'ordre au général Clausel (divisions Darricau et Taupin) de s'établir sur les hauteurs à l'ouest de Labastide-Clairence (entre les cotes 71 et 111) (1) sur la rive gauche de ce cours d'eau, et d'y former une *avant-garde* (2) de manœuvre. Celui-ci devait, en outre, surveiller la Bidouze au nord de cette localité et, au sud, donner la main aux troupes d'Harispe, vers Ayhère. La division de cavalerie Pierre Soult était mise à la disposition du général Clausel, sur la rive gauche, et la division Harispe, à sa gauche, était placée sous son commandement.

« ...Jusqu'à présent », écrivait le maréchal au ministre, le 5 janvier, de Labastide-Clairence, « l'ennemi n'a point fait de préparatifs sérieux pour passer l'Adour : il est fort difficile qu'il se livre à pareille entreprise tant qu'un corps (Clausel : divisions Taupin, Darricau, Harispe) se tiendra entre la Nive, les

---

(1) *La Costa* des documents de l'époque et *la Coste* de la carte de Cassini.

(2) La dépêche du maréchal (5 janvier), citée plus loin, prouve que dans son esprit, et d'après les instructions qu'il donna à Clausel, ce n'était nullement une *avant-garde offensive de manœuvre*, mais à peine une *arrière-garde*, n'ayant d'ailleurs derrière elle qu'une faible ligne de recueil, mais aucun corps principal ou de soutien, et juxtaposée à la ligne même qu'il disait vouloir garder. C'était plutôt un *élément de liaison*, formant couverture insuffisante pour préserver le terrain des gaves, où il voulait ultérieurement disposer ses troupes le long des cours d'eau successifs.

gaves et l'Adour, *surtout pendant l'hiver*... Ce corps sera assez fort pour obliger l'ennemi à employer la moitié de son armée s'il veut l'attaquer, et, dans le cas où il serait forcé dans ses premières positions, il aura la facilité de manœuvrer et de prendre successivement d'autres positions sur la rive gauche de la Bidouze, en attendant que j'arrive à son secours avec trois ou quatre autres divisions d'infanterie et la 2e division de cavalerie. Mais je ne pense pas que les ennemis laissent aussi près d'eux l'*avant-garde*, que j'ai placée, entre Labastide-Clairence et Hasparren, sur la rive gauche de la Joyeuse ; aussi cette avant-garde devra passer à la rive droite si elle est attaquée par des forces supérieures. Le temps se dispose à devenir mauvais ; aussi je ne crois pas que les ennemis entreprennent pour le moment de grandes opérations : je vais donc renvoyer la 2e division de cavalerie sur les derrières pour la mettre plus à portée des fourrages, et je laisserai sur la rive droite de l'Adour le général d'Erlon avec les divisions Foy, d'Armagnac et Boyer. Les divisions Abbé, Maransin et Leval, sous le commandement de Reille, resteront à Bayonne où elles seront toujours prêtes à manœuvrer suivant les dispositions de l'ennemi...

» ... Je reçois des rapports qui m'annoncent que plusieurs divisions ennemies sont arrivées à Hasparren et sur les hauteurs entre cet endroit et Urcuray (le mont Ursouia), avec un train d'artillerie considérable. D'après les émissaires, les deux tiers au moins de l'armée ennemie y seraient, ainsi que Wellington, auquel on prête le projet de m'attaquer demain... » (A. G.)

Le mouvement en avant de la division Darricau, qui passait la Joyeuse en aval de Labastide-Clairence, forçait la brigade portugaise de Buchan (division Le Cor) à évacuer les hauteurs de la Coste et à se replier sur Briscous. Une brigade de la division Taupin, venant de Bidache et de Bardos, rejoignait alors Darricau sur les hauteurs de la rive gauche. La deuxième brigade de cette division constituait ligne de recueil et de repli entre Bardos et Urt, sur la rive droite de la Joyeuse (Aran). La division Darricau détachait une de ses brigades sur les hauteurs d'Ayhère (6 kilomètres de La Coste) sur la rive droite de la Joyeuse, pour se relier avec la brigade Pâris (division Harispe). Cette dernière, avec l'aide de la cavalerie de Pierre Soult, venait de repousser la cavalerie ennemie au delà du Gambouri (Joyeuse) et au delà d'Hasparren. P. Soult mettait en éveil tous les avant-postes des alliés. Wellington était averti par le télégraphe optique. En raison même de l'importance de la place de Saint-Jean-Pied-de-Port, comme point d'appui éventuel de l'armée française pour entraver offensivement les mouvements ultérieurs des alliés vers l'intérieur du pays, il pensait que le maréchal ne visait à rien moins qu'à lui livrer bataille à Hasparren, pour dégager ses communications avec la place en s'emparant des hauteurs qui les commandent (Ursouia, Baygoura), et qui permettraient, quand elles auraient été conquises, de couvrir celles-là.

Ses forces étaient réparties, en ce moment, ainsi que nous l'avons vu : Beresford, avec les divisions Cole et Walcker, près d'Ustarits ; Hill, entre Urcuray, Briscous et Mouguerre, avec les divisions Picton, Stewart et Le Cor. A son extrême droite, la division espagnole Morillo était à Itsatsou ; enfin, Hope, sous Bayonne, pouvait mettre à sa disposition : la division Clinton alors à Villefranque, la division Alten à Arraunts, et la division Colville pour appuyer cette dernière s'il était utile.

Wellington voulait, avec ces forces réunies, augmentées encore d'une division de cavalerie, tomber inopinément, dès le 4, sur l'armée de Soult ; le débordement des cours d'eau retardait ses mouvements, et il n'était pas en mesure d'opérer avant le 5 : il avait reconnu d'ailleurs qu'il n'avait affaire qu'à deux divisions de Clausel. Le 6, il lançait les divisions Le Cor, Cole et Picton contre elles, en même temps que le général Stappelton Cotton, avec la division Walcker et tout le reste de la cavalerie anglaise, s'établissait à Hasparren pour surveiller Harispe.

Le 6 janvier au soir (de la Chapelle (1), à 3 kilomètres ouest de Labastide-Clairence), le maréchal rendait compte de l'escarmouche qui avait suivi ces mouvements. « .... J'avais fait pressentir que l'ennemi ne laisserait pas tranquille l'avant-garde de la division Darricau (2), qui était sur la rive gauche de la Joyeuse entre Labastide-Clairence et Hasparren ; ce matin, on a, en effet, remarqué ses préparatifs d'attaque et, pendant la journée, on a vu ses colonnes en mouvement sur diverses directions ; enfin, à 3 heures après midi, il a attaqué cette avant-garde à laquelle j'avais fait donner ordre de ne faire d'autre résistance que celle nécessaire pour opérer son mouvement en arrière de Labas-

---

(1) Les documents de l'époque mentionnent souvent un autre *La Chapelle*, qu'il faut bien se garder de confondre avec celui-ci, et qui est : *La Chapelle d'Hasparren*. Cette dernière est le *Chapital*, de Cassini, le *Chapitalia* du 80.000ᵉ, à 1.100 mètres ouest de l'église d'Hasparren. Le 18ᵉ hussards anglais y avait un détachement pendant tout le mois de janvier et partie de février, d'après le journal de Woodberry. (V. plus haut, p. 324, note 3.)

(2) Il y avait là une brigade de Darricau et une brigade de Taupin. L'ennemi avait marché contre elles avec trois divisions : Le Cor, contre la droite ; Cole, contre le centre ; Picton, avec de la cavalerie, contre la gauche. Les troupes françaises s'étaient retirées, comme elles en avaient l'ordre, après une légère escarmouche.

tide-Clairence. L'ennemi a présenté à peu près 20.000 hommes. Wellington y était en personne, et toute son armée a été mise en campagne. Il n'est pas vraisemblable qu'il ait eu seulement le projet de faire passer la Joyeuse aux trois divisions, qui étaient placées sur la rive gauche ; car, pour cela, il n'avait pas besoin de faire autant de frais ; aussi, je m'attends que demain il renouvellera son attaque, d'autant plus que l'on a vu une colonne d'infanterie se diriger sur Bonloc et une colonne de cavalerie défiler par la grande route de Mendionde... Si la position est forcée, je ferai occuper, par l'aile gauche, les hauteurs qui sont en arrière de Pessaroe (est d'Ayhère, Landes de Mixe). Comme la résistance a été faible, la perte est insignifiante. Nous occupons toujours Labastide-Clairence et les bords de la Joyeuse... » (A. G.)

A la suite de cette forte reconnaissance, les alliés reprenaient leurs précédents cantonnements sous la protection de leurs avant-postes et de leurs piquets de cavalerie, repoussés de la rive droite de la Joyeuse. Nos troupes occupaient cette ligne et celle de l'Adour ; mais le général Foy recevait l'ordre de franchir le fleuve à Port-de-Lanne et de venir occuper le rentrant de nos deux lignes en tenant la rive droite de la basse Joyeuse et les deux rives de la basse Bidouze pour renforcer la droite de Clausel. A la gauche de ce dernier, le général Harispe, établi autour d'Hélette, avec sa division, usait de toute son influence locale et déployait toute son activité à surexciter l'ardeur guerrière des montagnards, ses compatriotes; il s'efforçait de les soulever sur tous les points et de les armer contre les alliés, spécialement contre les Espagnols. Ces derniers dévastaient, pillaient et signalaient encore leur passage par les meurtres et par l'incendie. Il dirigeait lui-même, contre eux, une campagne de partisans.

Sur sa droite, le 8 janvier, au point du jour, nos reconnaissances repoussaient, à Labastide-Clairence et à Bonloc, les piquets anglais de cavalerie (1); elles avançaient sur Hasparren (2), et se maintenaient en face de l'infanterie anglaise. Le 9, dans la nuit, les deux divisions de Stewart et de Le Cor et une brigade de la division Walcker (3) arrivaient près d'Urcuray. A 6 heures du matin, ces deux divisions avançaient en reconnaissance sur Labastide-Clairence, la gauche vers Briscous. Vers midi, sur l'ordre de Wellington, arrivé à 10 heures, elles faisaient refouler les postes français des lignes de la Joyeuse, puis elles reprenaient leurs premières positions.

Le 8 janvier, le colonel Lalanne, de la division Harispe, avec ses chasseurs basques (Etcheverry) et béarnais chassait les bandes de Mina de la vallée d'Ossès (sud-ouest d'Irissarry).

---

(1) Journal de Woodberry, 9 janvier, p. 144. « ... Le général français *envoya un parlementaire pour donner la raison de sa marche en avant* : c'est que les piquets de grand'garde anglais tirent sur ses gens chaque fois qu'ils vont à l'eau. Il *proposait donc qu'il fût entendu qu'on resterait tranquille des deux côtés et qu'on aurait également droit au ruisseau;* que Labastide-Clairence fût occupé sur la rive droite par les Français et sur la rive gauche par les Anglais...

Le 11 janvier, Woodberry rapporte que la cavalerie anglaise a placé ses piquets sur les bords de la Joyeuse. Les Français conservent une partie de Bonloc : *les vedettes se touchent presque sur le pont; on doit avertir une heure avant de commencer les hostilités.*

Le 19, il va à Labastide-Clairence, « où un joli pont sépare les deux armées : on y a accumulé de part et d'autre beaucoup d'obstacles pour prévenir les surprises de la cavalerie ». Les officiers anglais vont fréquemment au bal à Hasparren; ils donnent des fêtes, où les habitants viennent danser aussi. Les officiers anglais et français échangent des journaux, engagent ensemble des conversations aux avant-postes, se font des cadeaux de vin, chassent et se montrent galants. (Woodberry.) — Voir : notes 2, p. 188; 2, p. 218; 1, p. 335; 3, p. 348; 4, p. 361; 4, p. 490.

(2) Le général Harispe avait prévenu, le 8, le maire de la Chapelle-d'Hasparren de lui faire préparer un bon dîner pour lui et pour son état-major (18 personnes), *à 5 heures.*

(3) Brigade d'infanterie de Brunswick. (Woodberry, p. 144.)

Le 10 janvier (1), Harispe battait encore Mina, qui s'était de nouveau avancé pour fourrager jusqu'aux environs de Mendionde, à Macaye, et il le rejetait dans la vallée de Baztan (2).

Le 12, il attaquait de nouveau les troupes de Mina et les refoulait dans la vallée des Aldudes. Toujours attiré par le pillage, le 20 janvier, Mina débouchait encore sur Ossès par Saint-Martin-d'Arossa et Bidarray. Harispe l'attaquait sur la rive droite de la Nive et le débordait ; puis, passant lui-même sur la rive gauche, il repoussait les troupes espagnoles de Morillo, qui soutenaient les fourrageurs de Mina. Les Espagnols étaient rejetés dans le Baztan.

Le 26 janvier, Morillo s'emparait, près de Mendionde, d'un emplacement de poste en avant des lignes espagnoles. Le général Harispe tentait d'entrer en pourparlers avec lui afin de le sonder et de savoir si les Espagnols n'étaient pas à la veille d'abandonner l'alliance anglaise (3); mais Morillo refusait toute conférence et Harispe chassait les Espagnols de ce poste.

Le 12 février, de Pessaroe, le maréchal annonçait au ministre que l'armée anglaise marchait en avant et que, d'après les avis des déserteurs, de ses émissaires et des gens du pays, il s'attendait à être attaqué sur toute la ligne.

---

(1) Lapène, 227.
(2) La haute vallée de la Bidassoa, « *rivière* BATZAN » (*sic*), du 1/80.000ᵉ, porte le nom de *vallée de Baztan*.
On donne aussi le nom de *Bastan* rouge à la vallée de l'Ychuri et du Buhumba réunis, qui se jettent dans la Nive près de Bidarray; elle est opposée par le sommet à la première.
Bazt, Batz, Basta veut dire « *Bât* », c'est-à-dire ici : « bât renversé ou *vallée*. Vallée de Bastan ou de Baztan, c'est la vallée de la Vallée.
La réunion de l'Ychuri et du Buhumba porte, sur le 1/80.000ᵉ, le nom du ruisseau de Bastangoerreca; *Erreca*, torrent; *co*, de; *bastan*, la vallée. (Capitaine Dibar.)
(3) Traité de Valençay; voir plus haut, p. 208; et note 1, p. 330.

« ... L'ennemi fait avancer plusieurs équipages de pont : il paraîtrait qu'*il a l'intention de forcer le passage de l'Adour au-dessus et au-dessous de Bayonne;* le temps le favorise malheureusement *pour qu'il hasarde un débarquement vers l'embouchure de l'Adour.* On écrit de Saint-Jean-de-Luz que tout ce qu'il y a d'embarcations est mis en mouvement... Les troupes espagnoles qui étaient en cantonnements sur la rive gauche de la Bidassoa ont reçu l'ordre de se porter en avant... Je présume que les divisions que j'ai entre l'Adour et la Nive seront attaquées par les plus fortes parties de l'armée ennemie : les mouvements dont je suis instruit annoncent cette direction... » (A. G.)

Le 13 février, le maréchal écrivait encore, de Pessaroe, au ministre :

« ... L'ennemi n'a rien entrepris aujourd'hui ; de nombreux états-majors sont seulement venus sur la hauteur de Mendionde (Ursouïa) et ont reconnu avec beaucoup de soin le pays : on a aussi vu des bataillons passer des revues. Le corps du général Hill, qui était sur l'Adour et devant Bayonne, s'est porté à l'extrême droite ; hier au soir, il a terminé son mouvement : il a été relevé par des troupes aux ordres du général Beresford. *Ce changement est un indice certain des projets des ennemis. Le général Hill a toujours tenu la droite de l'armée anglaise et il vient d'y être replacé.* Wellington a établi, depuis deux jours, son quartier général à Ustarits ; hier, il a réuni la plupart des généraux, particulièrement ceux qui commandent les principaux corps de son armée. Le général Hill a ensuite été s'établir à Urcuray, où les Ecossais de la 2ᵉ division (Stewart) qui est directement sous ses ordres, viennent d'arriver. Les émissaires rapportent que l'attaque aura lieu demain matin ; d'autres ont dit qu'elle sera différée jusqu'au 15. Je viens de parcourir la ligne des avant-postes ; je n'ai pas vu de préparatifs qui me le fassent supposer pour demain. Cependant, les hauteurs d'Urcuray sont plus garnies que de coutume et les feux y sont aussi plus considérables. Le projet des ennemis paraît être de tourner ma gauche par le corps du général Hill, tandis que celui aux ordres du maréchal Beresford sera dirigé sur la Bidouze et devra attaquer les divisions que j'ai destinées à défendre le passage de cette rivière.

» Hier le temps était superbe ; aujourd'hui il commence à se gâter ; *s'il passait encore à la pluie, les ennemis seraient infailliblement obligés de suspendre leurs opérations* ou du moins ils en seraient beaucoup incommodés. *Dans la situation où je suis, je ne puis que désirer d'user le temps sans désavantage...* » (A.G.)

Inquiété par tous ces mouvements, le maréchal donnait l'ordre, dès le 13 au soir (1), de faire prendre position aux divisions de l'aile gauche sur la rive droite de la Bidouze.

Dès le 12, en effet, le gel ayant, depuis plusieurs jours, rendu les chemins praticables (2), Wellington avait décidé de reprendre l'offensive. Quelques démonstrations étaient faites sur la ligne de la Joyeuse et sur tout le front au moyen des troupes de Beresford.

---

(1) *Gazan, chef d'état-major général, à Reille* (Peyrehorade, 13 février). — « ... L'armée prend position sur la Bidouze... Le général en chef sera ce soir à Labastide-de-Béarn... » (Papiers du général Reille.)

(2) Wellington à Bathurst, 13 février.

« ... Wellington, écrit Napier, ne pouvait, dans ce pays fangeux et impraticable, entreprendre les opérations nécessaires pour passer les rivières sur sa droite... jusqu'à ce que le beau temps eût raffermi les routes...

» Trois jours de beau temps faisaient trembler le général français... Ses pertes ne lui permettaient pas de conserver des positions aussi étendues, au delà de la saison des pluies... »

Une division de ce dernier gardait la gauche anglaise en s'étendant le long de l'Adour jusqu'à Urt ; il ne disposait alors que des divisions Cole et Walcker et de quelques régiments de cavalerie. Mais Wellington cherchait surtout à attirer les forces françaises vers leur gauche, en menaçant de les tourner par la source des cours d'eau, avec tout le corps de Hill (divisions Stewart, Picton, Le Cor, Morillo, trente-deux pièces et trois brigades de cavalerie légère) dirigé sur Hasparren. Il comptait sur cette manœuvre pour appeler l'attention de Soult de ce côté, pendant que lui-même effectuerait le passage de l'Adour au-dessous de Bayonne.

N'étant pas sûr de pouvoir forcer, avec sa droite, le passage des cours d'eau, « il voulait, écrit Napier, s'il réussissait à bien établir un pont sur l'Adour sous Bayonne, pousser alors ses opérations principales de ce côté par sa gauche et *tourner ainsi les gaves par la rive droite de l'Adour*. La réussite de cette opération devait lui permettre de s'emparer de Dax et de Port-de-Lanne et de couper Soult de Bordeaux... »

Rassemblé près d'Urcuray, le 12 et le 13 février, le corps de Hill (24.000 hommes et trente-deux pièces), suivi d'un équipage de pont, était en conséquence mis en marche le 14 sur deux colonnes dirigées, l'une sur Bonloc contre les postes français établis sur la rive droite de la Joyeuse, l'autre, par Gréciette, contre Hélette (11 heures du matin) occupé par le général Harispe. Une troisième colonne, formée de la division espagnole Morillo, marchait de Louhossoa contre le même point.

Le général Harispe, avec les brigades Dauture et Baurot (7 bataillons) (1) et le 21ᵉ chasseurs à cheval,

---

(1) Le 25ᵉ léger (2 bataillons), de la brigade Baurot, était à Saint-Jean-Pied-de-Port; le quartier général d'Harispe, à Irissarry.

ne disposait là que de 4.000 hommes et de trois pièces. Il se repliait en combattant, par Saint-Martin-d'Arberoue, sur les hauteurs de Méharin, où il passait la nuit ; puis il allait prendre position à Garris, où il était rejoint par la brigade de cavalerie Berton, postée à Beyrie, et par la brigade Pâris (1) à Saint-Palais.

(1) *Soult à Guerre* (10 février, de Sauveterre). — « ... Le général Pâris est en mouvement pour aller ravitailler Jaca. Je crains cependant que la grande quantité de neige qu'il a fait sur les montagnes ne l'empêche de passer ; du moins il m'a écrit d'Oloron que toutes les routes étaient interceptées... » (A. G.)
Jaca capitule le 17 février 1814. La capitulation fut conclue entre le commandant Deshorties, chef du 2e bataillon des chasseurs de montagne, et le maréchal de camp don Francisco Espos y Mina, commandant général de la Navarre et du Haut-Aragon. (Archives de la Guerre.) « ... La garnison rentre en France, mais elle est considérée comme prisonnière de guerre sur parole jusqu'à échange... » (Soult à Guerre ; Orthez, 22 février.) (A. G.)
Le 25 février, le duc de Rovigo, ministre de la police, envoie de Paris au duc de Feltre, ministre de la guerre, copie d'une lettre du sous-préfet d'Oloron en date du 15 février ; elle fut adressée en communication au maréchal Soult. En voici quelques extraits intéressants :
« ... Les forces générales de Mina consistent pour l'infanterie, en neuf bataillons dont deux à Jaca. Les quatre premiers sont vers Baïgorry et le reste de la ligne. Le 5e (commandant Ora) et le 7e (commandant Oro) sont à Jaca ; le 6e à Baïgorry ; le 8e, à Monçon ; le 9e, à Graos, plus loin que Barbastro ; il n'est point encore organisé. Chaque bataillon est, au complet, de 1.000 à 1.200 hommes. Les 1er, 2e et 5e ont chacun une compagnie d'étrangers composée de Français, d'Allemands, d'Italiens et de Napolitains. Celle du 5e bataillon est de 130 hommes. La cavalerie comprend 2.000 hommes en tout : elle est composée des escadrons espagnols de San Iago et d'Aragon et d'une compagnie de lanciers français, polonais ou allemands, dont beaucoup de hussards. L'artillerie est toute à Pampelune ou à Enréa-de-los-Caballeros.
» Les 5e et 7e bataillons, formant 2.300 hommes, plus deux compagnies d'étrangers du 1er et du 2e bataillon, sont arrivés le 5 février pour donner l'assaut, ce qui fait bien voir que l'on cherche à sacrifier les étrangers ; soit en tout 2.500 hommes, plus un escadron de San-Iago, placé dans les villages voisins pour s'y faire donner des rations, et trois obusiers de chasse, pris à la retraite de Saragosse ; mais on vient dernièrement d'aller chercher de nouvelles pièces... Avant que Mina arrivât, les assiégeants et les assiégés se voyaient tous les jours, se parlaient et *buvaient ensemble ;* depuis son arrivée, toute communication est défendue... La

Les bataillons de Mina profitaient aussitôt de cette retraite pour investir Saint-Jean-Pied-de-Port.

Le 15, Hill, laissant un régiment à Hélette, en échelon de recueil, pour observer la route de Saint-Jean-Pied-de-Port, traversait Méharin et marchait sur Garris. La route étant impraticable à l'artillerie, celle-ci passait par Armendurits.

Harispe avait pris position, un peu avant la chute du jour, sur le mouvement de terrain dit la Motte-de-Garris (221), situé au sud de la localité et qui se prolonge vers Saint-Palais (163). Son arrière-garde était encore dans les fonds quand elle y était rejointe, talonnée et refoulée par l'avant-garde de la division Stewart, qui prenait pied sur la hauteur située en face de celle qu'occupait Harispe. Le corps de Hill s'établissait aussitôt sur cette première croupe, à peu de distance de son avant-garde. Malgré l'approche de la nuit, il poussait ses tirailleurs en avant, canonnait les troupes d'Harispe et le forçait à reculer sur ses positions.

Wellington arrivait alors : il voulait tourner la ligne de la Bidouze avant que Soult pût y envoyer des renforts. Il portait en conséquence, malgré la nuit, la division espagnole Morillo, par le sud, vers la route de Saint-Jean-Pied-de-Port, en suivant le plateau oc-

---

garnison n'est guère plus forte que 600 hommes... Ils manquent de bois, d'huile, de sel, de viande et de vin ; mais ils ont encore assez de pain et d'eau-de-vie. Ils se portent bien du reste...

» Oro et Ora, commandant les deux bataillons devant Jaca, vivent bien ensemble : le premier reçoit (je ne sais comment, mais *sûrement pas par mon arrondissement*) le *Journal des Hautes-Pyrénées*, de Tarbes... » (A. G.)

Le commandant de la place de Jaca, Deshorties, commanda plus tard, vers 1816, le bataillon des chasseurs corses en Corse. On trouvera son nom cité avec éloge dans les *Souvenirs du colonel de Gonneville* (voir plus loin à l'*annexe*, page 586, ainsi que le récit d'une amusante anecdote à son sujet. — Gonneville, 2ᵉ édition, 1876, p. 242.)

cupé par les troupes alliées, dans la direction de Saint-Palais, tenu, il est vrai, alors, par la brigade Pâris, mais mal relié avec Harispe. En même temps il menaçait le centre de Pâris avec les troupes de la division portugaise de Le Cor et il lançait une brigade anglaise à l'attaque, par la Motte-de-Garris, sur la droite des troupes françaises. Celles-ci reculaient; elles revenaient bientôt à la charge par un double retour offensif à la baïonnette, qui était sur le point de réussir; mais les menaces de Le Cor et de tout le reste de la division Stewart sur le front, ainsi que le mouvement tournant de Morillo, malgré sa lenteur, déterminaient Harispe, qui avait perdu 500 hommes, dont 200 prisonniers, à passer la Bidouze et à évacuer Saint-Palais à 1 heure du matin; il détruisait les ponts et il allait prendre position, le 16, à Rivareyte, sur la rive droite du Saison. La perte des alliés s'élevait à 200 hommes, dont 50 avaient été tués à la baïonnette.

Plus au nord, la division Picton, du corps de Hill, avait, pendant ce temps, marché de Bonloc sur Orègue contre Villatte. Le recul d'Harispe ne permettait plus à Clausel d'engager ses troupes contre Picton, et d'ailleurs les ordres du maréchal avaient prescrit de reculer sur la Bidouze; Clausel repliait donc, le 15, les divisions Villatte et Taupin derrière cette rivière sur Bergouey (Taupin), Ilharre (Villatte) et Labets. Il jetait des postes à sa gauche sur les deux rives du Saison (gave de Mauléon), aux bacs d'Autivielle et d'Osserain et à Rivareyte, pour se relier avec Harispe.

Le 15 février, Wellington, qui établissait son quartier général à Saint-Esteben (15 kilomètres ouest de Saint-Palais), écrivait à Beresford, dont les troupes occupaient les environs de Briscous et de Mouguerre : « ... L'ennemi s'est retiré sur la Bidouze, où j'apprends qu'il a la résolution de tenir. *Nous sommes un peu étendus* (1) ; et, si l'ennemi s'arrête sur la rivière, je ne suis pas aussi fort que je le devrais... », et il lui prescrivait de traverser le lendemain matin les hauteurs à l'est de Labastide-Clairence. D'Urt à Saint-Palais, le front d'opérations anglais se développait sur 30 kilomètres environ.

Beresford avait, en conséquence, porté au delà de la Joyeuse une brigade de la division Walcker sur les hauteurs de Labastide-Clairence, en la faisant soutenir par la division Cole, qui prenait position sur les hauteurs de la Coste, rive gauche de la Joyeuse, en face de Labastide. Le 16, les deux divisions franchissaient la Joyeuse. La division légère d'Alten, rappelée des troupes sous Bayonne, n'allait pas tarder (le 21) à arriver en soutien sur les hauteurs de la Coste.

Le 14, d'Orègue, le maréchal faisait connaître au ministre que le général Harispe avait été attaqué sur les hauteurs d'Hélette ; il avait appris qu'il avait dû se replier vers Saint-Palais. L'ennemi avait prononcé des démonstrations sur toute la ligne de la Joyeuse. Le maréchal pensait que, le 15, les alliés passeraient cette rivière et s'avanceraient à hauteur de leur colonne de droite. Celle-ci, commandée par Hill, avait un *équipage de ponts*, ce qui annonçait l'intention de passer les gaves. « ... Lorsque les ennemis auront en ligne toutes leurs troupes, on peut compter qu'elles s'élèveront au moins à 100.000 hommes, dont 12.000 à 14.000 de cavalerie et une artillerie très nombreuse... Vous connaissez les moyens dont je puis disposer... il est

---

(1) La même phrase se retrouve exactement dans la lettre de Soult du même jour. Wellington remédie à cette dispersion en se portant en avant ; Soult, en reculant pour se dérober à l'étreinte qu'il redoute.

grandement temps que je sois renforcé (1). Demain, je prendrai la ligne de la Bidouze, et, après y avoir été forcé, celle du gave d'Oloron, gardant le Saison le plus longtemps possible. Si l'ennemi entreprend de passer l'Adour et qu'il réussisse, *je me concentrerai, car je ne puis plus espérer couvrir le pays par une ligne continue...* » (A. G.)

Le 15, de Labastide-de-Béarn (2), le maréchal rendait compte au ministre de l'exécution des mouvements de recul sur la Bidouze : il annonçait qu'Harispe passait sur la rive droite en faisant sauter le pont de Saint-Palais ; il ajoutait :

« Les ennemis présentent sur ce point 20.000 hommes et toutes leurs colonnes n'ont pas encore rejoint. La division Villatte a été suivie par une colonne assez forte qui s'est arrêtée à hauteur de Somberraute. La division Taupin n'a été que faiblement suivie. Il ne s'est présenté devant la division Foy que 3.000 hommes ; mais le général Foy a rendu compte qu'il avait observé le mouvement de plusieurs corps anglais qui venaient des hauteurs entre la Nive et l'Adour et suivaient la direction de la colonne, qui s'est portée sur Saint-Palais (3).

» Enfin, le général Blondeau, gouverneur de Saint-Jean-Pied-de-Port, a écrit hier qu'une forte colonne des-

---

(1) *Soult à Guerre* (8 février 1814) : — « ... Votre Excellence doit être bien persuadée que le projet des ennemis est de *s'emparer de Bordeaux*, le plus tôt qu'il sera en leur pouvoir. *Je regrette bien d'être dans l'impuissance de répondre qu'ils ne parviendront pas à leur but*. S'il était possible que des renforts me fussent envoyés, je les demanderais avec instance... » (A. G.)

(2) *Soult à Guerre*, 15 février, Labastide-de-Béarn (Labastide-Villefranche, 12 kilomètres sud-est de Peyrehorade, rive gauche du gave d'Oloron).

(3) Probablement le mouvement de la division Picton : Napier est d'avis qu'il s'agit des 4e et 7e divisions.

cendait par la vallée de Baïgorry et qu'il allait être investi ; effectivement, il doit l'être depuis hier au soir. Cette dernière troupe a mis le feu au village de Baïgorry, sans doute pour se venger de la valeur que ses habitants ont montrée (1) ...

» ... Si l'ennemi continuait son mouvement sur ma gauche, *lorsque je serai à la rive droite du gave d'Oloron*, je devrai *retirer les troupes que j'ai sur la rive droite de l'Adour et laisser la place de Bayonne livrée à elle-même...* » (A. G.)

Le 15 février, de Labastide-de-Béarn, le maréchal faisait connaître la situation au ministre :

« ... Il n'est plus douteux que les ennemis ne portent la plupart de leurs forces sur leur droite et qu'ils n'aient le projet de déborder constamment ma gauche : la grande supériorité numérique qu'ils ont leur en donne la facilité (2).

---

(1) *Le général Blondeau, commandant supérieur à Saint-Jean-Pied-de-Port, au maréchal Soult* (15 février). — « ... Les troupes de Mina ont employé la journée d'hier à *assassiner tous les vieillards et les enfants*, qui étaient restés à Baïgorry, sans distinction de sexe; et, pendant la nuit, ils ont incendié toutes les maisons. Un malheureux a pu s'échapper, pendant la nuit, ayant trois coups de hache... » (A. G.)

(2) Les dépêches suivantes ont *la plus grande importance* et nous y appelons spécialement l'attention : elles disent, dès le 13 février, les prévisions réelles du maréchal.

L'ordonnateur en chef Mathieu-Faviers à Volland, ordonnateur de la 11ᵉ division militaire (13 février 1814). — « Ordre impératif *reçu* de faire évacuer tous les hôpitaux de Dax à Bordeaux, c'est-à-dire Dax, Tartas, Mont-de-Marsan, Bazas, sur Bordeaux.

» Effets d'hôpitaux du magasin général et effets d'habillement : les faire verser sur les *ports de la Garonne* le plus à proximité de Mont-de-Marsan, pour être dirigés sur *Agen* par la voie de la navigation. De même pour les denrées dans les entrepôts : les diriger sur Pont-de-Bordes, Podensac, Langon, pour y être embarquées et dirigées sur Agen. » (A. G.)

Soult à Mathieu-Faviers, ordonnateur en chef (Orègue, 14 février 1814). — « ... Pressez toutes vos évacuations, ainsi que l'ordre vous en est donné par l'état-major général. Je vais me rapprocher des gaves, en défendant le terrain pied à pied. Mais

» La ligne de la Bidouze serait bonne à défendre si je pouvais soutenir le général Harispe à Saint-Palais et garder en même temps le passage de Mauléon ; mais

---

la partie est trop forte pour que je puisse empêcher les ennemis de faire des progrès ; ainsi les hôpitaux, les effets d'habillement et les denrées qui sont en entrepôt doivent être mis en sûreté.

» Je vous ai prié de faire *diriger nos dames sur Auch*. Je vous réitère la même prière ; il ne faut pas qu'elles viennent plus avant, à moins que cela ne leur soit dit ; elles doivent au contraire se tenir toujours prêtes à se rendre à *Toulouse*. Je vous prie de faire parvenir à Mme *Soult* la lettre ci-jointe ; elle était arrivée à Bordeaux le 12. J'imagine que Mme *Mathieu-Faviers y était aussi.* » (A. G.)

« Le général Sarazin », dit Napoléon, « fait de Soult le premier général du monde. Kléber était sans doute un grand général ; mais, dans Soult, ce n'était pas exactement la partie la plus forte : il est bien plus encore un excellent ordonnateur, un bon ministre de la guerre... *Toute sa campagne du Midi de la France est très belle :* mais ce qu'on aura de la peine à croire, c'est que cet homme, dont l'attitude et la tenue indiquent un *grand caractère*, était esclave dans son ménage. Quand j'appris à Dresde la défaite de Vitoria, et la perte de toute l'Espagne, due à ce pauvre Joseph, dont les plans, les mesures, les combinaisons... semblaient tenir d'un Soubise... je cherchai quelqu'un propre à réparer tant de désastres. Je jetai les yeux sur Soult, qui était auprès de moi. Il était tout prêt, me disait-il ; mais il me suppliait de parler à sa femme, dont il allait avoir beaucoup à souffrir. Je lui dis de me l'envoyer. Elle parut avec l'attitude hostile, le verbe haut, me disant que son mari ne retournerait pas en Espagne, qu'il avait déjà beaucoup fait et méritait, après tout, du repos... »

La maréchale Soult n'était pas la seule femme qui eût tenté de joindre son mari sur le théâtre de la guerre ; les défenses les plus formelles de l'Empereur ordonnaient de renvoyer les femmes à leurs places dans leurs familles ; et on voit que le maréchal prenait ses précautions pour empêcher la réunion cherchée par sa femme.

Mme Foy avait aussi rejoint son mari en Biscaye. A la nouvelle du désastre de Vitoria, elle était rentrée en France. Mais, en août 1813, elle était installée au château d'Olhonce, près de Saint-Jean-Pied-de-Port, avec le général Foy ; elle y resta jusqu'en novembre et revint encore à Bayonne un peu plus tard. Ces mœurs familiales, au milieu de tels événements et des occupations du haut commandement, dans une guerre si difficile, ne cadrent plus avec nos conceptions actuelles : elles étonnent et elles choquent. Elles étaient nuisibles. On se doit tout entier à sa fonction sans partage ; et, ici, on ne peut bien servir à la fois deux maîtres : son pays et sa famille.

je suis déjà trop étendu et je dois, en resserrant ma ligne, chercher un meilleur appui. A cet effet, je passerai demain sur la rive droite du gave d'Oloron.

» J'appuierai ma gauche à Navarrenx et ma droite à Peyrehorade, où j'ai fait construire une tête de pont ; la ligne se prolongera ensuite sur l'Adour... »

D'Erlon recevait alors l'ordre : de faire passer l'Adour, par Port-de-Lanne, à la division d'Armagnac et de l'établir sur la rive gauche (rive droite du gave de Pau), la division Rouget restant seule sur la rive droite du fleuve ; Foy, d'occuper la rive droite des gaves, depuis le confluent dans l'Adour jusqu'à Sorde et de défendre les têtes de pont fortifiées d'Hastingues et de Peyrehorade ; Taupin, de prolonger la ligne de Sorde à Sauveterre, avec ses réserves à Caresse et à Athos ; Villatte, de prendre position près de Sauveterre, en occupant avec un détachement le retranchement commencé pour la tête de pont ; et Harispe, en cordon sur le Saison en avant de Sauveterre et sur le gave jusqu'à Navarrenx, de pousser des partis jusqu'au passage de Mauléon et sur le Saison ; Pierre Soult, de placer une brigade à Sauveterre et de répartir l'autre sur toute la ligne. Le quartier général se porterait à Orthez, les administrations à Saint-Sever, le parc d'artillerie à Aire. « ... Ainsi (1) la ligne de l'armée s'étendra depuis Dax, que j'ai fait fortifier, jusqu'à la place de Navarrenx, qui est en bon état de défense, l'armée ayant sur son front le cours de l'Adour et celui des gaves. Les trois divisions de la flotille défendront le cours de l'Adour depuis Bec-du-Gave jusqu'à Bayonne. J'espère maintenir ainsi, *pendant quelques jours encore, mes communications avec Bayonne*... »

« Soult », écrit le général Napier, « qui depuis le commencement des opérations *se tenait continuellement*

---

(1) Soult au ministre ; Sauveterre, 16 février. (A. G.)

sur la défensive, n'était pas en mesure de découvrir les projets de son adversaire... qui étaient de jeter un pont sur l'Adour... » La lettre du maréchal, en date du 13, citée plus haut, répond à cette assertion, dont le principe général est juste : les conditions imposées à Soult, pour l'emploi de ses forces, par la nature même de ces dernières et par leur faiblesse, s'opposaient trop souvent à ce qu'il en fît les applications énergiques que la situation réclamait. Il faisait face à celle-ci en gagnant du temps, en se dérobant à l'anéantissement et *en entraînant son adversaire à sa suite*. La simple existence des forces de l'armée des Pyrénées, toujours redoutable, constituait, pour ce dernier, une menace qu'il ne pouvait négliger, quelles que fussent les réclamations de la stratégie ou de la politique. L'ennemi ne reprendrait sa liberté d'action pour se rendre à leurs appels qu'après avoir détruit ou disloqué les forces françaises. Wellington pouvait donc rechercher la bataille afin d'aboutir à une conclusion immédiate et définitive. Soult, au contraire, s'y dérobait pour la reculer (1). « *In deinem*

---

(1) « Pendant cette campagne (1815), Napoléon et son major-général (Soult), ne furent pas toujours d'accord sur les combinaisons stratégiques, notamment sur cette funeste bataille qui la termina (Waterloo). Le maréchal ne trouvait pas le moment propice pour la livrer; il voulait qu'on manœuvrât l'ennemi jusqu'à ce que ces manœuvres eussent placé les deux armées d'une manière avantageuse pour la nôtre. Il représentait à l'Empereur qu'il ne fallait combattre que quand on aurait mis toutes les chances de notre côté, car une bataille perdue par nous était la fin inévitable de la guerre et de l'Empire, puisque nous n'avions pas d'autre armée à présenter à l'ennemi, ni les moyens d'en créer une. Mais l'Empereur, confiant dans ses grands talents, dans la valeur et l'impatience de ses troupes pleines d'enthousiasme et de dévouement, confiant peut-être encore dans son étoile..., résolut de livrer bataille. Le soir de cette mémorable journée, au moment où la perte en paraissait irréparable, l'Empereur demanda à son major général : « Eh bien, voyez-vous quelque chose à faire ? » — « Non, sire, la bataille est complètement perdue et voilà à quoi tient le destin d'un empire! » L'Empereur sentit le reproche... et s'éloigna au galop. C'est ainsi que se

lager ist Œsterreich. » Dans le Midi envahi, son armée était alors toute la France.

A la droite de Clausel, la division Foy était disposée le 14 février, sur les hauteurs de Guiche et de Bardos, entre la Joyeuse et la Bidouze, gardant les têtes de pont de Came, Bidache et Saint-Jean, tout le cours inférieur de la Bidouze, Œyregave et Hastingues. Elle repassait la Bidouze dans la nuit du 15 au 16, au pont de bateaux de Came, qu'elle rompait ; et elle allait bivouaquer dans les landes en avant de Hastingues et de Peyrehorade (1).

Le 17, Beresford, qui venait d'être renforcé par l'affectation à son corps de la division légère d'Alten (2), faisait franchir la Bidouze à la division Cole, par Bidache, et plusieurs autres points. La division Walcker avait déployé une partie de ses éléments sur la rive gauche de l'Adour. Le reste de cette division constituait soutien sur les hauteurs de Bardos et à Labastide-Clairence. La division Alten se rapprochait de cette dernière localité. La cavalerie de Cotton marchait en avant vers la Bidouze ; elle reliait en outre les divisions Cole (Beresford) et Picton (Hill) et elle s'étendait vers le sud jusqu'aux environs de Garris (Somberraute).

---

séparèrent, pour ne plus se revoir, les deux plus grands capitaines du siècle. Il faut ajouter qu'avant la bataille, lors de la discussion qui eut lieu entre Napoléon et le maréchal Soult, celui-ci avait été blessé d'une parole jetée par l'Empereur. En expliquant les motifs qui lui faisaient regarder la bataille comme inopportune, il avait ajouté quelques mots sur le caractère et les talents du général commandant l'armée anglaise, et Napoléon, l'interrompant brusquement, lui avait dit : « Ah ! parce que Wellington vous a battu, vous le croyez un grand général ! » Aussi la réponse du maréchal, le soir de la bataille était la riposte à la phrase du matin. » (Commandant A. Thirion. *Souvenirs militaires*, 1805-1818, p. 81. — Berger-Levrault, 1892.)

(1) Journal de Clérisse, maire d'Hastingues. (Clerc.)

(2) D'après certains documents anglais, la division Alten ne serait effectivement arrivée que le 21 ; mais, dès le 17, à Arraunts, elle était désignée comme soutien de Beresford.

Les troupes de Foy se retiraient sur Arthous (1), Œyregave et Hastingues ; et Beresford bivouaquait en face de ces deux villages sur les landes mêmes que Foy venait de quitter. Foy, avant de se replier, avait reconnu les mouvements des troupes de Picton (gauche de Hill), sur les hauteurs ; et il avait donné avis au maréchal qu'ils menaçaient plutôt la gauche française.

Depuis le 14 jusqu'au 16, Beresford n'avait, en réalité, agité qu'un rideau sans consistance en face de notre droite, qui n'était pas sérieusement menacée avant le 18 ; il avait alors à sa disposition la division Cole, la division Walcker et quelque cavalerie, dispersées sur un grand espace entre l'Adour et la Joyeuse. Ces forces suffisaient, en fait, à immobiliser les divisions Rouget et d'Armagnac sur l'Adour et les divisions Foy et Taupin sur la Bidouze. Dès le 15, les divisions de d'Erlon (d'Armagnac et Rouget) auraient pu être jointes aux deux dernières sur la Bidouze et rejeter Beresford vers les hauteurs de Villefranque et de Mouguerre sur la division Clinton ; une sortie de la garnison de Bayonne, effectuée en même temps sous Mousserolles, pouvait, en se combinant avec ces mouvements, faire subir un grave échec à la gauche de Wellington et mettre en péril sa droite ; mais le maréchal n'était pas informé de cette faiblesse et de cette dispersion des éléments de la gauche des alliés : les renseignements reçus exagéraient au contraire ces forces ; enfin, eût-il été exactement renseigné, le pont de Port-de-Lanne venait d'être rompu par les eaux ; il ne devait être rétabli que le 17 ; et, par ailleurs, les inondations de l'Adour avaient coupé les communications avec la rive droite. Le 17, Beresford avait opéré la concentration

---

(1) Journal de Woodberry.

de ses forces et la division Alten était mise à sa disposition.

Au sud, Wellington, profitant des circonstances et de ses succès continuait son mouvement offensif. Il faisait, dans la journée du 16, réparer le pont de Saint-Palais; Hill traversait la Bidouze par ce pont et par les gués, et il s'installait aussitôt sur les hauteurs de la rive droite. Le 17, Hill, mis en route à 8 heures du matin, sur Domezain (1), marchait sur Rivareyte en même temps que la division Picton, venant d'Orègue, atteignait Somberraute, en vue de se diriger sur Sauveterre.

La brigade Pâris gardait, sur le Saison, les gués d'Autivielle, d'Osserain; les troupes d'Harispe, ceux de Tabaille, de Gestas et de Rivehaute. Le pont de Rivareyte était défendu par un bataillon du 25e, de la brigade Pâris, qui occupait un ouvrage en avant (cote 127, Cabane). Il en était chassé et faisait sauter le pont, en se retirant dans le village, sans avoir le temps de détruire complètement le passage (2). Le 92e régiment anglais découvrait alors des gués non gardés en amont (3). Soutenu par une batterie à cheval, il les

---

(1) N. B. — La route de Saint-Palais à Sauveterre passait alors par *Domezain, par le pont de Rivareyte, Saint-Gladie, Orcyte* et par le vieux pont de Sauveterre, dont il reste quelques ruines. Ce précieux renseignement est donné par le commandant Clerc, et il est fort utile, car la carte de Cassini porte déjà la rectification de la route actuelle.

(2) Wellington à Bathurst, 20 février.

(3) Le commandant Clerc est d'avis qu'il s'agit des gués fort éloignés de Charre et Nabas (environ 9 kilomètres de Rivareyte); mais Pellot (*Mémoire sur la campagne de l'armée française dite des Pyrénées;* Bayonne, 1818) écrit : « entre Rivehaute et Rivareyte ». Le compte rendu de Soult au ministre (Sauveterre, 17 février, Archives de la Guerre) dit aussi : « L'ennemi a profité de plusieurs gués, qui se trouvaient entre ce pont (de Rivareyte) et le village de Rivehaute, pour forcer le passage... », ce qui correspondrait, soit aux gués de voitures de Gestas et de Taballes occupés cependant par les troupes d'Harispe, soit *aux deux gués d'Arrive* (1.300 mètres sud-est de Rivareyte), qu'on ne dit pas avoir gardés. Wellington (20 février,

traversait en faisant tomber toute la ligne de défense. Le bataillon français, établi dans le village, se repliait avec elle. Pendant la nuit, ce bataillon traversait le gave d'Oloron, et il se retirait sur la division Harispe, qui allait tenir une forte position en arrière de Sauveterre. Elle y rejoignait la division Villatte. Les alliés s'établissaient sur le plateau de Sainte-Gladie; ils étaient maîtres de la grande route de Sauveterre à Navarrenx par la rive gauche du gave; mais nos troupes conservaient, sur la rive gauche, les ouvrages encore informes de la tête de pont de Sauveterre, qu'elles amélioraient aussitôt (1).

à Bathurst) écrit simplement : « un gué en amont du pont », ce qui suffirait pour désigner les gués d'Arrive.

Un rapport d'émissaire du sous-préfet d'Orthez spécifie : « L'ennemi passa le gave à 2 heures de relevée, à Osserain et *Arrive*...

» ... L'ennemi avait passé la rivière sans ponts ni bateaux : ses soldats avaient de l'eau jusqu'aux épaules : il s'en noya plusieurs... » (A. G.).

Mais, dans sa lettre du 24 (Orthez) au ministre, Soult explique : « ... Les gaves d'Oloron et de Pau *ne sont point des obstacles; le temps sec que nous éprouvons depuis quinze jours a tellement baissé les eaux, que l'on peut les passer en beaucoup d'endroits en colonnes...* » Voir p. 364.

On contrôlera utilement cette déclaration du maréchal au moyen des faits cités plus loin, p. 361, note 4; 362, note 1.

(1) *Soult à Guerre* (17 février, de Sauveterre) — « ... J'ai fait établir les avant-postes aux villages de Saint-Gladie, Parenties et Guinarthe... »

Un rapport d'émissaire du sous-préfet d'Orthez, en date du 18 et relatif aux événements du 17, nous dit : « ... L'ennemi occupe Parenties, Saint-Gladies, Guinarthe, Espinte... Aujourd'hui 18, nous n'avions que quelques tirailleurs sur la rive gauche à Oreyte et à Munein; mais, depuis, on a fait partir deux régiments de hussards et de chasseurs pour prendre position sur la plaine. Nos avant-postes [d'infanterie] étaient ce matin *à une portée de fusil au-dessus des premières maisons qu'on trouve en quittant le pont de Sauveterre au delà du gave*... Il y a, au-dessus de la fontaine, une vingtaine de pièces de canon qu'on pourra diriger sur les avenues...; quelques autres pièces sont en réserve auprès du coteau...; deux de nos divisions occupent, sur la rive droite du gave d'Oloron, de Laas à Sauveterre... On jeta un pont de bateaux à Caresse et nos troupes y passèrent hier... *Nos soldats paraissent trop pénétrés de la su-*

Une partie des défenseurs de la tête de pont, sur l'ordre de Soult, qui voulait s'emparer de quelques prisonniers pour avoir des renseignements, sortait des retranchements et prononçait une attaque, cette nuit même, contre les bivouacs anglais (1). Le détachement français y jetait le désordre et ramenait 50 prisonniers. Le lendemain 18, à 1 heure de l'après-midi, une batterie anglaise canonnait les ouvrages de Sauveterre, qui ripostaient. L'escarmouche prenait fin à 3 heures (2).

Le 18, Hill assignait aux Espagnols de Morillo la

---

périorité de l'ennemi : ils ne doutent aucunement qu'il réussisse dans son projet d'invasion...

» ... Nos troupes ont pillé à Saint-Palais et à Osserain.

» ... *L'ennemi ne pille pas; il paie ce qu'il prend.* On rapporte cependant que les Portugais ont violenté M. Viviers, de Garris, ancien président du tribunal de Saint-Palais, pour lui faire donner son argent...

» ... *On n'a fait ni tête de pont, ni redoutes* A SAUVETERRE... Jusqu'ici il ne paraît pas qu'on se dispose à couper le pont... » Ces derniers renseignements sur les travaux de Sauveterre concordent avec ce qu'écrivait le maréchal au ministre, le 18, de Sauveterre : « ... Une batterie de six pièces a tiré sur l'avant-poste que nous avons en tête du pont de Sauveterre... Le chef de bataillon du génie Burel a été blessé au genou en faisant exécuter *une tranchée, que j'ai ordonné pour couvrir le pont...* »

Le sous-préfet d'Orthez écrit le 19 février, à 8 heures du soir, au préfet du département : « ... On a élevé *aujourd'hui*, au-dessus du pont de Sauveterre, *une petite redoute* que nos tirailleurs occupent. On a abattu, la nuit dernière, une grande quantité d'arbres, qui ont été placés aux avenues du pont pour resserrer le passage et embarrasser la marche de la cavalerie qui voudrait le tenter. Une batterie de six pièces masquées, placée au-dessus de la fontaine, enfile le pont... On a placé cet après-midi d'autres canons dans le jardin de MM. de Nays et de Magendie.

» ... L'ennemi occupe, avec sa cavalerie, la maison et les bois de M. Baradic, maire de Parenties, qui s'est retiré avec sa famille à Sauveterre... Nos troupes se comportent très mal; elles outragent, vexent et pillent les habitants... Vous sentez combien cette conduite est faite pour encourager nos habitants à repousser un ennemi qui a l'adroite politique de tout respecter et de ne prendre qu'en payant libéralement... »

(1) Pellot, p. 104.
(2) Soult au ministre : Sauveterre, 18 février.

garde des gués sur le Saison jusqu'à Nabas ; puis, le 19, il occupait, avec la brigade de cavalerie Fane et les divisions Stewart et Le Cor, tous les villages situés sur la rive gauche du gave d'Oloron, sur la route de Navarrenx, jusqu'à cette place. Picton, arrivé le 17 à Somberraute, était en marche sur Osserain (par Saint-Palais et Domezain, vieille route).

Du 19 au 23, l'armée alliée suspendait son offensive. Ces trêves, en quelque sorte tacites, paraissent fréquentes alors sur bien des points et à bien des moments. Ce n'était pas la guerre déchaînée, continue, sans arrêts, violente et rapide de notre conception moderne (1) et de la conception napoléonienne. Le défaut de communications ou leurs difficultés, celles des transports et des ravitaillements présentaient de grandes différences avec les conditions de notre état actuel : elles expliquent, en partie, ces lenteurs et ces tempéraments. On doit considérer enfin combien la situation militaire et politique du général anglais lui imposait la prudence dans ses opérations. En outre, du 19 au 21, il était retourné, de sa personne, à Saint-Jean-de-Luz (2), avec l'intention de pousser en avant la gauche de son armée vers l'Adour en aval de Bayonne (3). En effet, les mouvements de sa droite, écrivait-il à Bathurst (4), avaient pour but de détourner l'attention de son adversaire des préparatifs faits à Saint-Jean-de-Luz et à Passages

---

(1) Voir Woodberry (Journal), p. 144, 145, 150, 151, 156, 157, 158. Voir aussi plus haut, p. 330, note 1.
(2) *Soult à Guerre* (Sauveterre, 19 février). — « ... Lord Wellington a été rencontré aujourd'hui entre Saint-Palais et Saint-Martin, retournant vers Ustarits... »
(3) Wellington à Bathurst, 20 février.
(4) De Saint-Sever, le 1er mars : « ... La seule route praticable en hiver, celle de Bayonne... »
Wellington à Hope (de Rivareyte, 25 février). — « ... Dès que nous aurons passé le gave de Pau, et *ouvert la route de Bayonne, par le Port-de-Lanne...* »

pour la traversée du fleuve en dessous de la place, et d'amener le maréchal à porter ses forces sur sa gauche ; *ils avaient réussi ;* mais il avait trouvé la mer si mauvaise qu'il avait différé l'exécution de l'opération sous Bayonne et pris le parti de continuer sa manœuvre sur la droite. Il savait bien toutes les difficultés qui attendaient son armée dans ce mouvement. Celui-ci allait l'obliger à traverser et à forcer un grand nombre de cours d'eau ; car il estimait « qu'il lui faudrait encore passer le gave d'Oloron, le gave de Pau et l'Adour... ». C'est pour ce motif qu'il était déterminé à conquérir la ligne de navigation fluviale de l'Adour et la libre possession de la route de Bayonne à Orthez (Bordeaux et Toulouse), seule praticable en hiver aux charrois prolongés : elles étaient indispensables pour bien assurer ses communications ultérieures avec les ports de l'Espagne et avec Saint-Jean-de-Luz, en s'emparant, dès qu'il le pourrait, d'un passage sur l'Adour en aval de Bayonne. Il pensait d'ailleurs qu'un pont, en ce point, lui permettrait de se servir de l'embouchure du fleuve, comme port de transbordement du matériel et des approvisionnements. Si celui-ci ne répondait pas à cet objet, on transporterait le matériel, de Saint-Jean-de-Luz, en passant par le pont en dessous de Bayonne, jusqu'à un point de rembarquement sur le fleuve en amont de cette ville ; et, à partir de là, on ferait usage de la navigation de l'Adour et des gaves.

« ... Je n'ai aucune crainte, » écrivait-il, le 25, à Hope, au corps de siège sous Bayonne, « que Soult tente d'ici rien contre vous : on ne peut songer à faire entrer une armée dans les Landes. D'ailleurs, nous sommes actuellement si près de Soult qu'il est à croire qu'il ne se dérobera pas (1)... »

---

(1) La traduction, qui a été donnée par Clerc de ce document (p. 451, XL), s'accorde bien avec une opinion émise par Na-

«... J'espère, » écrivait le maréchal, le 17 février, de Sauveterre, « pouvoir me maintenir demain sur le gave d'Oloron. Si je suis forcé de me retirer, *j'irai prendre position à Orthez*, où d'Erlon viendra me joindre avec les divisions qui sont sur l'Adour. Les divisions Foy et Taupin, qui se sont retirées des bords de la Bidouze sur les gaves de Pau et d'Oloron, n'ont pas été suivies. Trois divisions anglaises, qui manœuvraient contre eux,

---

pier (traduction, vol. XIII, p. 23) et avec celle de Lapène (p. 173 et 174). Elle ne correspond pas, croyons-nous, à tout son sens et nous interprétons le texte anglais un peu différemment. Pour nous, c'est une réponse à Hope, qui lui avait soumis ses inquiétudes pour le cas où Soult songerait à revenir brusquement sur Bayonne par la rive droite de l'Adour et qui lui demandait d'interposer des forces dans cette direction, *dans les petites Landes*, pour le couvrir. Le passage du gave pour l'action du 27 (Orthez) et le détachement sur Estibeaux répondent à cette conception, ainsi que le reste de ladite lettre. « ... Dès que nous aurons passé le gave de Pau et ouvert la route de Bayonne par le Port-de-Lanne... le corps de Freyre nous rejoindra par cette route... »

» Les paysans landais sont peu civilisés : le genre de vie qu'ils mènent les rend tout à fait rustiques et presque sauvages. Ils habitent dans des cabanes isolées, mal construites et encore plus mal meublées; la plupart ne sont même que des tentes, afin de pouvoir plus facilement les transporter d'un lieu à l'autre. Ils couchent à terre sur des peaux de mouton, et un capot, pareillement de peau de mouton, leur sert de couverture. Leurs ustensiles de cuisine consistent en un ou deux petits poêlons qui leur servent à frire leur lard et à faire des cruchades, pâte faite avec de la farine de blé d'Inde ou de millet. Cependant ils ne sont pas tous séquestrés dans des demeures aussi misérables; de distance en distance on rencontre quelques maisons bien bâties et meublées avec soin et propreté; elles sont habitées par des paysans des Landes fort riches...

» ... A peine les jeunes gens ont-ils atteint l'âge de 10 ans que, sans doute par respect pour les bonnes mœurs, et afin qu'ils puissent se livrer plus matin au travail sans incommoder leurs vieux parents, ils ne sont plus reçus dans la cabane pour coucher : il faut qu'ils cherchent un gîte dans la grange ou les tas de foins; là, enveloppés de leurs capots, été comme hiver, jamais ils ne se déshabillent... » (*Voyage à Bordeaux et dans les Landes*, où sont décrits les mœurs, usages et costumes du pays. Paris, chez Pigoreau, place Saint-Germain-l'Auxerrois, *an VI de la République*. — Exemplaire portant le timbre du cabinet topographique du roi.)

ne sont arrivées que ce soir, une à Came et deux à Bidache. Il est probable que demain elles attaqueront les têtes de pont de Hastingues et de Peyrehorade; peut-être même elles entreprendront le passage du gave d'Oloron vis-à-vis Labastide-de-Béarn, où je ne pourrai leur opposer que la division Taupin...

» Un parti, que j'ai envoyé hier de Mauléon sur Saint-Jean-Pied-de-Port, a poussé jusqu'à Jaxu (5 kilomètres nord-est de Saint-Jean-Pied-de-Port), où il a appris que depuis 10 heures du matin la place était investie par le corps espagnol, qui est descendu de la vallée de Baïgorry... » (A. G.).

19 février, de Sauveterre. — « ... L'ennemi a prolongé aujourd'hui sa ligne jusque devant Navarrenx... J'étais au village de Laas (10 kilomètres sud-est de Sauveterre, rive droite) lorsque ce mouvement s'est opéré; il pouvait faire *supposer que l'ennemi a le projet de se porter sur Pau* avant que je puisse y arriver; cependant il est possible qu'il se propose seulement de s'étendre dans le pays et de me tenir en échec avec une partie de son armée, tandis que l'autre partie agira contre Bayonne. Dans peu de jours je serai entièrement fixé à cet égard...

» J'ai donné ordre au général Pierre Soult de se porter, avec une brigade de cavalerie légère et deux bataillons, à gauche (au sud-ouest et à l'ouest) de Navarrenx pour couvrir les routes d'Oloron et de Pau et maintenir... la communication avec Mauléon, où je fais former quelques partis... Si j'étais forcé à un nouveau mouvement rétrograde, *je réunirais toute l'armée à Orthez*, et je marcherais contre le corps ennemi qui serait le plus à portée.

» Il y a huit jours que le général Harispe comptait 3.300 hommes de gardes nationales en activité du département des Basses-Pyrénées. Aujourd'hui, il en a à peine 500, dont 150 appartiennent à la vallée de Baïgorry. Ces derniers méritent la bienveillance du gouvernement ; ils ont absolument tout perdu ; cependant, ils ont de l'énergie et paraissent bien déterminés à se venger des cruautés que leurs concitoyens ont éprouvées : je donnerai ordre que la solde leur soit payée comme aux troupes. *Les autres gardes nationaux sont tous rentrés chez eux ;* l'intérêt privé et leurs affections l'emportent sur tout autre sentiment : l'intérêt est excité par la *perfide* conduite des ennemis, qui mettent de *l'affectation à dépenser beaucoup d'argent et à donner aux habitants des espérances* (1), *qui seront*

(1) Il s'agit des menées royalistes et des manœuvres du duc d'Angoulême, aidé des alliés. On lira avec intérêt la curieuse pièce ci-après :
Traduction d'un billet d'émissaire, écrit en basque et envoyé, par lettre de M. Labrouche, maire de Saint-Jean-de-Luz, de Bayonne, le 8 février :
« ... Ici [Saint-Jean-de-Luz], depuis les plus petits jusqu'aux plus grands, tous croient que, s'il fait beau temps, ceux-ci [les Anglais] passeront l'eau [Adour et gaves] ; et, moi aussi, j'ai la même opinion... Relativement à *l'homme* qui est venu ici [duc d'Angoulême], j'ai à vous dire qu'il *manifeste le désir d'avoir sa place* et de rendre le peuple heureux. Les chefs d'ici disent que *si le premier chef, qui est avec vous* [maréchal Soult], *se mettait avec eux, les choses s'arrangeraient sans effusion de sang, et que cela, loin de lui attirer du mépris, lui ferait beaucoup d'honneur. Tous le considèrent comme un grand homme...*
» ... Avec l'individu qui est ici [duc d'Angoulême] sont venus aussi M. le comte de Damas, le comte de Guiche (*), le comte de Gramont, B. Barthe et deux autres dont les noms ne me sont pas connus. [Laffitte ; d'après le rapport de Thouvenot du 8]. On dit que la dame de leur maître doit venir, ainsi que son père [comte d'Artois]. Soyez fort tranquille ; je ferai tout ce qu'il sera possible pour savoir ce qui se passera ; mais je dois vous dire qu'il n'est pas facile de savoir quand ils doivent faire quelque chose. Ils ne sont pas, à cet égard, comme nous. Ils font

(*) *Guiche* (Antoine-Héraclius-Geneviève-Agénor, duc de Gramont et duc de), né à Versailles le 15 juin 1789, sous-lieutenant au régiment de Tauride, au service de la Russie, en décembre 1798 ; enseigne au régiment de Roll, au service de l'Angleterre, en décembre 1802 ; lieutenant au 10ᵉ hussards anglais en 1805 ; *chef du quartier général de Wellington* le 1ᵉʳ mars 1814. Colonel de cavalerie en France et aide de camp du duc d'Angoulême en 1815 ; lieutenant-général en 1823.

certainement déçues. On a vu des populations entières accueillir avec empressement des patrouilles ennemies qui arrivaient dans leurs villages. Dans le département des Landes, l'esprit est aussi mauvais. Le général Darricau ne me donne que bien peu d'espoir au sujet de l'organisation des corps réguliers et des légions urbaines que ce département doit former. J'attends de meilleurs résultats des départements de la 10ᵉ division militaire. M. le comte Caffarelli, commissaire extraordinaire de l'Empereur, m'a écrit, le 17, qu'il prenait des mesures pour faire réunir à Tarbes une division de réserve forte de 7.000 à 8.000 hommes... J'ai donné ordre que tous les dépôts d'infanterie et de cavalerie, qui sont situés à la rive gauche de la Garonne, soient transportés à la rive droite... »

Le 21, Wellington, quittant Bayonne, était revenu à Garris. Son équipage de bateaux y arrivait ; il allait le porter, le 23, au delà du Saison et reprendre l'offensive sur tout le front. La division légère d'Alten et la

---

leur mouvement si en secret et si doucement que 5.000 ou 6.000 hommes passent pendant une nuit sans que nous en sachions rien. Il n'y a parmi eux ni trompette, ni tambour en pareil cas. *Ils passent en silence et « sans haro », comme des moutons...* » Signé : *Gure Garbitzeari*, ce qui veut dire : « A notre nettoyage! A notre délivrance! » Les billets d'émissaires ne sont jamais signés, et M. le capitaine Dibar, à qui nous avions soumis notre interrogation, a bien voulu nous expliquer ces deux mots, qu'on avait omis de traduire pour le maréchal.

Rapport du général Thouvenot (8 février). — « ... Le clergé de Saint-Jean-de-Luz a rendu dans l'église, au duc d'Angoulême, les honneurs attribués aux princes français... »

Lettre du maréchal au ministre (8 février, de Peyrehorade). — « ... Votre Excellence verra avec indignation que l'on a l'infamie de penser que je pouvais être corrompu ; ces gens-là me connaissent bien mal... »

Le duc d'Angoulême avait débarqué le 1ᵉʳ février à Saint-Sébastien. Il se rendait à Saint-Jean-de-Luz, au quartier général des alliés, qu'il allait accompagner jusqu'à Bordeaux. Sa proclamation, au nom du Roi, à l'armée française est du 11 février.

division Clinton, venant de Bayonne, rejoignaient l'armée d'opérations.

Beresford, à la gauche, avec les divisions Walcker, Cole, Alten et la brigade de cavalerie Vivian, tenait alors offensivement la rive droite de la Bidouze inférieure jusqu'à l'Adour, en face de Foy, posté à Hastingues, Œyregave et Peyrehorade, et de Taupin, établi à Labastide-Villefranche et derrière le gave d'Oloron à Sorde, Caresse et Athos. Beresford jetait un bataillon près d'Urt et, jusqu'au 23, il y réunissait des bateaux et des matériaux destinés à l'établissement d'un pont sur le fleuve.

En face de lui, d'Erlon était arrivé le 18, de sa personne, à Hastingues, et il avait prescrit à Foy d'évacuer cette tête de pont. On n'y laissait qu'un bataillon du 69°.

Le 23, Beresford portait ses troupes en avant.

Le bataillon du 69° se retirait à l'approche de la division Walcker ; celle-ci occupait le village d'Hastingues et ouvrait le feu sur le bataillon, qui n'avait pas fini de passer la rivière, et sur les sapeurs qui travaillaient à détruire les embarcations.

La division Cole attaquait le 36° régiment à Œyregave. Celui-ci était soutenu par un bataillon du 65°, dans la tête de pont de Peyrehorade ; il se maintenait toute l'après-midi et se retirait, pendant la nuit, sur la ville (1).

---

(1) *Sans être inquiété*, dit le Journal de Clérisse, maire d'Hastingues (cité par Clerc), contrairement au Journal de Woodberry (p. 263).

« Mercredi, 23 février. — ... L'ennemi occupait Arthous, que nos troupes attaquèrent bientôt. Il se retira sur Œyregave et traversa le gave dans des bateaux préparés pour le recevoir. Notre infanterie arriva juste au moment où partait la dernière barque et elle lui tira une volée qui tua ou blessa presque tous ceux qui la montaient. La brigade était déployée prête à l'action ; mais, l'ennemi s'enfuyant, nous allâmes prendre nos quartiers autour de Came... »

La division Foy s'établissait à Orthevielle, gardant encore Peyrehorade : tous les ponts sur le gave étaient alors coupés, à l'exception de celui de Sauveterre, couvert par quelques tranchées ; et les divisions Rouget et d'Armagnac étaient appelées au nord de Peyrehorade en passant, le 17, par le pont volant de Port-de-Lanne, enlevé par les eaux quelques jours auparavant, et qui venait d'être rétabli (1).

Les communications françaises avec Bayonne, par la rive droite de l'Adour, étaient alors interrompues (2). Le maréchal rendait compte au Ministre (lettre du 18 février, de Sauveterre) qu'il ne pouvait plus tirer de munitions que de l'arrière : il prévoyait que le temps lui manquerait probablement pour évacuer, sur Toulouse et Bordeaux, les approvisionnements déposés à Dax et à Navarrenx. Quant aux magasins de Toulouse et de Bordeaux, ils n'étaient pas encore formés, et il demandait des mesures en conséquence pour se réapprovisionner par l'arrière.

Les reconnaissances de la cavalerie de Pierre Soult (3) avaient rendu compte au maréchal de la pré-

---

(1) Lettre de Soult au ministre; Sauveterre, 18 février.
(2) *Général Thouvenot à Guerre* (Bayonne, 21 février). — « ... C'est près de l'île de Bérens que l'ennemi a placé *une chaîne* pour barrer la rivière... » (A. G.)
(3) *Soult à Guerre* (Orthez, 23 février). — « ... Quelques cavaliers anglais ont annoncé depuis deux jours à Mauléon l'arrivée d'une division : hier, à 7 heures, elle n'avait pas encore paru. Le général Pierre Soult y avait une reconnaissance, qui est venue coucher à Moncayolle et est rentrée à Navarrenx par... Angous. » (A. G.)
(18 février, de Sauveterre). — « ... Il y a à Mauléon une légion de garde nationale, forte de 600 hommes. *Comme elle a été formée dans cette vallée*, j'ai craint qu'en la faisant partir tous les hommes ne désertassent et j'ai préféré la laisser à Mauléon en lui donnant ordre... d'inquiéter l'ennemi... » (A. G.)
(22 février, d'Orthez). — « ... Trois cavaliers anglais venaient de sortir de Mauléon... annonçant qu'aujourd'hui une division de 5.000 à 6.000 Anglais y arriverait. Cela a suffi pour que la légion des gardes nationales des Basses-Pyrénées, qui gardait ce-

sence de la cavalerie anglaise et de la division espagnole de Morillo aux environs de Navarrenx, à Charre et à Aranjuzon ; de l'arrivée des divisions Alten et Clinton, et des concentrations de forces des alliés sur les deux rives du Saison. Sur le rapport de Foy, d'Erlon lui avait encore fait connaître que les troupes ennemies, rassemblées près de la Bidouze, avaient effectué un mouvement vers le sud. «... Tout porte à croire, écrivait-il d'Orthez au ministre, le 22 février (1), que l'ennemi continue son mouvement sur sa droite. Je ne sais s'il a l'intention de me forcer sur la ligne du gave d'Oloron, ou de se porter sur la communication de Toulouse en me débordant complètement. Ce dernier

---

poste, l'abandonnât sans tirer un coup de fusil et se retirât sur Tardets, sous prétexte que, si elle se défendait, la ville pourrait être compromise. Je ne puis rien citer de plus fort pour prouver le mauvais esprit des populations des Basses-Pyrénées...
» Les trois cavaliers anglais ont été reçus avec affection par les habitants de Mauléon au lieu d'être arrêtés : on leur a même offert des rafraichissements, malgré qu'ils eussent assassiné et dépouillé, près de la ville, un médecin de Mauléon... »
(A. G.)
(1) Le maréchal avait quitté Sauveterre le 22, à midi, pour se rendre à Orthez. Il occupait l'hôtel du grand-père de M. Adrien Planté, actuellement maire d'Orthez. Wellington y descendit après lui, 3, rue de Sainte-Suzanne. Leurs états-majors prirent leurs repas à la Belle-Hôtesse (Grand-Hôtel actuel).
On voyait autrefois, en face de la demeure de M. Planté, et de l'autre côté de la rue de Sainte-Suzanne, une porte cochère criblée de traces de balles, remontant à la journée du 25 et à celle du 27 février. Lors de la reconstruction des écuries, cette porte a fait l'objet d'un don à un habitant d'Orthez, que ce souvenir historique intéressait et qui l'a fait placer sur un autre point de la ville. Ainsi transplanté, ce *témoin local* de l'action livrée à Orthez contribue à égarer les racontars populaires, si superficiels, surtout quand il s'agit des faits anciens et qui ne craignent pas de la donner comme preuve d'identification d'un des points précis du combat. Ils n'ont raison qu'en ce qui concerne les impacts des balles : eux seuls restent bien localisés là où on les voit dans la porte ; mais celle-ci doit, par la pensée, reprendre sa place de 1814, en face de l'hôtel de M. A. Planté. Nous nous permettons encore de remercier celui-ci de son gracieux accueil, quand il nous a reçu à Orthez, dont il est l'érudit historien.

mouvement serait bien hardi : avant qu'il fût terminé, il pourrait lui arriver malheur, car je n'hésiterais pas à manœuvrer contre lui, quelle que fût la disproportion des forces... ».

Le 23 février, des renseignements qu'il avait reçus sur les mouvements des différentes divisions, sur leur composition et sur les emplacements des forces alliées portées contre lui, le maréchal croyait pouvoir conclure qu'il ne devait rester devant Bayonne qu'une seule division anglaise. « ... Elle suivra, dit-on, le mouvement sur la droite et sera remplacée par l'armée espagnole... Tous les rapports confirment le mouvement des ennemis par leur droite ; ils leur prêtent même le projet de se porter, par Oloron, sur Pau et Tarbes afin de me déborder entièrement et de couper la ligne de Toulouse. On annonce la marche d'une artillerie formidable et de plusieurs équipages de ponts : *j'en suis vraiment étourdi*, et, quoi qu'il arrive, *mon parti est pris, mes dispositions sont faites pour me réunir et accepter le combat, ou aller à leur rencontre*, si je trouve l'occasion favorable...

» J'ai fait *doubler l'approvisionnement de Navarrenx*, et je continue à l'alimenter. Il m'a paru convenable de *porter la garnison à 1.000 hommes* (1)... ».

---

(1) *Guerre à Soult* (1ᵉʳ mars). — « ... D'après votre dépêche du 23 février, Votre Excellence a jugé à propos de doubler l'approvisionnement de Navarrenx et de porter la garnison à 1.000 hommes... Je ne puis vous dire quelle est l'opinion de Sa Majesté sur cette disposition...

» J'ai peine à concevoir que Votre Excellence, *déjà inférieure en forces à l'ennemi*, ait pu se résoudre encore à *s'affaiblir au moment de tenir la campagne et alors qu'elle ne saurait avoir sous la main trop de troupes disponibles*... L'intérêt bien entendu des opérations est que l'on *dissémine le moins possible ses troupes dans les places*, et telles sont les vues de l'Empereur... L'ordre de Sa Majesté que j'ai eu l'honneur de vous transmettre le 27 février, relativement à la place de Bayonne, ne vous permet pas de vous méprendre à cet égard... »

(Se reporter plus haut, p. 312, à cette dépêche du 28 fé-

Le maréchal, en quittant Sauveterre le 22, à midi, s'était rendu à Orthez, afin de reconnaître les positions de la rive droite du gave de Pau. Le 24, il donnait l'ordre de prendre du champ en arrière du gave d'Oloron, sans en disputer les passages, de rompre les ponts, d'intercepter les gués et de diriger les troupes vers Orthez.

Le 24 également, Wellington faisait menacer sur une étendue de près de 50 kilomètres tout le front français sur le gave d'Oloron, qui présentait de très nombreux gués ; il poussait la division espagnole Morillo, renforcée d'un fort détachement de cavalerie, au delà du Lausset, en avant de Navarrenx. Elle y culbutait nos postes et un de ses bataillons, gagnant aussitôt le gave, faisait une feinte sur le gué de Dognen (4 kilomètres au sud de Navarrenx), afin de détourner notre attention du gué de Viellenave-près-Navarrenx (à 4 kilomètres en aval de Navarrenx, et à 14 kilomètres en amont de Sauveterre). Il faisait avancer la division Clinton sur les gués de Montfort et de Laas (5 kilomètres en aval de Viellenave), qu'elle franchissait sans opposition ; un bataillon de la division Stewart allait menacer le gué de Barraute (5 kilomètres nord-est de Montfort).

---

vrier, que le maréchal recevait *le 3 mars*. Il en accuse réception, le 4 mars, de Rabastens).

Soult à Guerre (de Rabastens, 6 mars). — « La garnison de Navarrenx se compose comme il suit : 1ᵉʳ bataillon du 28ᵉ d'infanterie légère (550 hommes, moitié anciens et moitié recrues non instruites) ; deux compagnies du 5ᵉ bataillon du 114ᵉ (230 hommes ; moitié du cadre du 7ᵉ bataillon du 96ᵉ régiment, avec 200 conscrits) ; 50 canonniers de ligne ; le fond de la compagnie des canonniers de garde nationale, dont la plupart avaient déserté avant que la place fût menacée ; 15 sapeurs ; environ : 1.100 hommes. Je ne crois pas que l'on puisse faire moins, ou bien il fallait évacuer la place... »

Gazan, chef d'état-major général, à Guerre (Orthez, 23 février). — « ... Le colonel Regnault est arrivé à Navarrenx. Il a pris le commandement en remplacement du colonel Gouju, passé chef d'état-major de la 1ʳᵉ division de cavalerie... »

La division Picton, renforcée d'une brigade de hussards et d'artillerie, marchait par Osserain et Rivareyte (1) sur le Saison, contre la tête de pont de Sauveterre (2), tenue par 300 hommes de la division Villatte (3).

Voyant cet ouvrage occupé, Picton lançait sa brigade de cavalerie à travers les gués d'Andrein, en amont, et quelques compagnies légères (4) couvertes par un détachement du 7ᵉ hussards au travers d'un gué (Aspis) (5) situé à peu de distance en aval du pont (6), en même temps qu'il menaçait d'une attaque de front les tranchées (7) établies en avant du pont, les gués de Sauveterre et le gué du moulin de Munein, au-dessus

---

(1) Anciennement : *Arrivereite*, à peu de distance de : *Arrive*, dont le nom n'a pas changé.

(2) Lettre de Soult du 18 février : « ... Le chef de bataillon du génie Burel a été blessé aujourd'hui au genou en faisant exécuter *une tranchée* que j'ai ordonnée pour couvrir le pont... »

(3) Lapène, p. 238.

(4) Mémoires de Picton. W. *Napier* dit : « Quatre compagnies de la brigade Keane et un petit corps de cavalerie. »

(5) Gué d'Aspis, à 2 kilomètres au-dessous du bourg (d'après Clerc).

Lapène dit : « Au gué un peu *au-dessous* du bourg de Sauveterre. »

Les Mémoires de Picton : « ... au gué situé à quelque distance *au-dessous* du pont. »

Napier : « ... dans le *voisinage* du pont de Sauveterre. »

Le maréchal Soult (Orthez, 24 février). — « ... Déjà 500 hommes de la division Picton, qui avaient passé *sur les côtés du pont* et par le *gué du moulin* (de Munein, 1.000 mètres sud-est du pont actuel, *en amont*), étaient sur la rive droite, lorsque le 119ᵉ de ligne a chargé cette tête de colonne et l'a rejetée dans la rivière. On lui a fait 45 prisonniers, dont un officier; une centaine d'hommes a été noyée. La plupart des autres ont été blessés. Cet échec a obligé une colonne de 1.000 hommes de cavalerie, qui avait passé entre Barraute et Munein (gués d'Andrein; Bonnemaison et de l'Église, praticables aux voitures) à retourner... »

Il y avait encore deux gués, aux abords même du pont actuel; mais ils étaient battus et gardés par la défense.

(6) Il ne reste aujourd'hui que les piles de cet ancien pont.

(7) Lettre de Soult du 18 février. « ... Une *tranchée*, que j'ai ordonnée pour couvrir le pont... »

du pont, en amont ; la rapidité du courant et la nature du fond de la rivière, formé de grosses pierres, rendaient difficile l'opération du passage du gué en aval (Aspis) ; mais, surprises sur ce point, les troupes françaises n'opposaient aucune résistance et le détachement anglais gagnait facilement la hauteur par un chemin étroit et encaissé ; il y prenait position, sans aucune troupe de soutien, derrière la haute terrasse formée par les anciens remparts ; le détachement de hussards retournait au gué d'Aspis pour le garder. En ce moment, le 119ᵉ régiment français (deux bataillons) (1), tombant brusquement et à l'improviste sur le détachement d'infanterie anglais, le dispersait et le jetait en débandade à la rivière, où un grand nombre d'hommes périssaient par l'eau ou sous les balles. Quelques-uns parvenaient à s'échapper, grâce à l'arrivée d'une batterie anglaise qui, de la rive gauche, par son feu, entravait la poursuite (2). La brigade de cavalerie anglaise repassait vivement sur la rive gauche aux gués d'Andrein. Le lendemain 25, Picton, ayant jeté un pont de bateaux sur le gave, entrait à Sauveterre, dont nos troupes avaient fait sauter le pont (3) avant de se replier en profitant de la nuit du 24 au 25.

En aval de Sauveterre, le 24, la brigade de cavalerie Vivian menaçait plus ou moins activement tous les gués de la ligne du gave, occupée par Taupin, d'Athos à Caresse, et en particulier ceux d'Escos, Castagnède, Auterrive, Saint-Dos et Saint-Pée. A Castagnède, à Auterrive et à Saint-Dos, les colonnes perdaient la direction des gués dans la rivière : plusieurs cavaliers se

---

(1) 119ᵉ régiment de la brigade Saint-Pol, division Villatte.
(2) Pertes anglaises : 90 hommes, dont 30 prisonniers, d'après W. Napier ; 100 noyés, 45 prisonniers, dont un officier, d'après le maréchal (Orthez, 24 février) ; 300 à 400 hommes, d'après Lapène.
(3) *Wellington à Bathurst*, 1ᵉʳ mars.

noyaient et les colonnes se voyaient obligées de revenir sur la rive gauche (1).

En face d'Escos, nos troupes occupaient Abitain et Oraas, sur la rive droite du gave. Elles avaient placé des pieux et des herses dans les gués pour en interdire le passage. Elles repoussaient cette cavalerie en lui infligeant des pertes sérieuses. A 3 heures du soir, la brigade Vivian regagnait Labastide-Villefranche. Le 25, elle recommençait cette opération manquée ; les troupes de Taupin s'étaient retirées et le passage s'exécutait sans difficultés (2).

---

(1) *Soult à Guerre* (Orthez, 24 février). — *Napier* dit que « les colonnes dirigées sur Saint-Dos, le 24, *manquèrent les gués* ». — *Woodberry* raconte que, le 25 février, il avait reçu mission de découvrir les gués et de les sonder ; levé avant le jour et s'approchant de la rivière le plus possible, il avait vu que l'ennemi avait placé une sentinelle devant chaque gué. « J'ordonnai à un de mes meilleurs tireurs de faire feu sur l'une d'elles ; mais elle ne bougea ni ne riposta. Je me préparais à passer quand un paysan vint m'avertir que l'ennemi se retirait et me fit remarquer que *les figures que je prenais pour des sentinelles n'étaient que des uniformes bourrés de paille*. Je passai alors, mais avec difficulté : le courant était violent et l'eau profonde. Je reconnus trois gués : un à Saint-Pée, l'autre à Saint-Dos, le troisième à Auterrive... » (Journal du lieutenant Woodberry, aux avant-postes, à Saint-Pée-de-Léren, vendredi 25 février.) — Ce procédé était fréquent chez nous. Gleig en cite un autre exemple aux combats sous Bayonne (p. 160 et 161). La « sûreté » elle-même doit être active et participer, dans la mesure qui lui est permise, à la conquête de l'information. Sinon on tombe fréquemment dans les erreurs de ce genre, qui sont le fruit des traditions fâcheuses en usage aux avant-postes de ces armées.

(2) Le 25, les précautions nécessaires avaient été mieux prises ; car, en ce qui concerne le gué d'Auterrive, voisin de celui de Saint-Dos, le lieutenant de cavalerie Woodberry (Journal) avait reçu l'ordre, à 3 heures, de marcher sur ce point, d'y retrouver la brigade et d'indiquer les gués à l'officier commandant. Il exécuta cette mission et faillit même se noyer en sauvant un de ses cavaliers au passage du gave. La brigade Vivian était à Sorde le 25 au soir (par Cassaber) et, le 26, à Puyoo.

Ces faits renseignent mieux sur la hauteur des gués et l'état des eaux que la lettre de Soult au ministre (Orthez, 21 février) ne le fait quand il écrit : « Les gaves d'Oloron et de Pau *ne sont pas des obstacles* : le temps sec, depuis quinze jours, a tellement baissé les eaux, etc... » (Voir p. 347 (note), 364, 365.)

Plus au nord, en amont du confluent des gaves, la division Cole cherchait, le 24, vers Sorde et Léren, un point favorable à l'établissement d'un pont. Enfin, la division Walcker tenait Foy en échec à Peyrehorade, par Hastingues et Œyregave.

Pendant que le gros de la cavalerie anglaise restait encore en réserve sous les ordres de Stappelton Cotton, les trois divisions Le Cor, Alten et Stewart, avec trois batteries et quatre régiments de cavalerie, sous le commandement de Hill, franchissaient, ce même jour 24 février, le Saison à Gestas et à Nabas (7 et 9 kilomètres au sud de Sauveterre), marchant vers le gué de Viellenave-près-Navarrenx (1). La configuration du pays dissimulait leur marche. Elles passaient, sans être arrêtées, le gave au gué de Viellenave, n'ayant rencontré qu'un faible piquet de cavalerie française. Les eaux étaient rapides et profondes; le froid, intense; le gué, très étroit; les chemins d'accès, tortueux et resserrés; le passage ne put être terminé qu'à la nuit. Il n'avait coûté aux Anglais que deux hommes noyés, alors qu'il eût pu facilement être disputé ou entravé.

Les colonnes de Hill (rapport du maréchal, 24 février, d'Orthez) « ... débouchaient alors sur les hauteurs de Castetbon (nord de Viellenave), d'où, prenant sur leur gauche et suivant la crête des montagnes, elles se dirigeaient sur Orion, où passe la route qui conduit de Sauveterre à Orthez. J'étais alors sur les hauteurs de Montestrucq, avec la division Harispe. Les ordres que j'ai envoyés d'après le mouvement que je venais d'observer des ennemis, sont arrivés à temps pour arrêter leur marche à un quart de lieu d'Orion, où le lieutenant-général Clausel a fait prendre position à la divi-

---

(1) Long gué oblique et étroit, au nord du pont actuel, avec de très mauvais chemins d'accès; gué de fortune au sud dudit pont, sans voies d'accès.

sion Villatte et à la brigade de cavalerie légère de Berton. Le général Pierre Soult était, avec une brigade de cavalerie et le 25° d'infanterie légère, en avant de Navarrenx. Il a été attaqué par la division espagnole de Morillo, un corps de cavalerie assez nombreux et une batterie d'artillerie. Il n'a pu engager une charge et, se trouvant coupé de l'armée par les colonnes qui avaient passé à Viellenave, il a dû se retirer sur Monein (14 kilomètres est de Navarrenx) (1)... L'ennemi a arrêté son mouvement dans cette direction au village de Gurs (rive gauche du gave d'Oloron, 3 kilomètres sud de Navarrenx... Il m'a été rendu compte que l'ennemi dirigeait une colonne de Mauléon sur Oloron *pour se porter sur Pau :* j'ai envoyé des partis pour la reconnaître, et je ne puis encore assurer qu'elle a pris cette direction... *Le gaves d'Oloron et de Pau ne sont point des obstacles :* le temps sec, que

---

(1) Lapène raconte que la division Harispe et la brigade Pâris, sous le commandement direct de Clausel, furent coupées par le passage de Hill à Viellenave le 24, et fortement rejetées vers le sud (p. 243); que, le 25 et le 26, on ignorait ce qu'ils étaient devenus (p. 246), mais que, le 26 au soir, les inquiétudes causées par la situation de Clausel cessèrent, Clausel ayant habilement manœuvré, les 24, 25, 26, sur la droite des coalisés et étant parvenu, après un long détour par la route de Pau, à rejoindre l'armée à Orthez (p. 251). Le rapport du maréchal (24 février) contredit Lapène et nous l'avons cité textuellement : Clausel a fait prendre position à Villatte et à la brigade de cavalerie légère de Berton sur les hauteurs d'Orion; le maréchal, qui était *lui-même* à Montestrucq, y a établi la division Harispe. Le général Pierre Soult, avec le 25° régiment d'infanterie légère, seul a été coupé et rejeté sur Monein.

Napier rapporte les mêmes faits que le maréchal ; pour lui, Harispe aurait été envoyé dans la nuit même à Orthez pendant que Clausel, resté à Orion jusqu'au matin, couvrait le mouvement avec Villatte; mais il ajoute :

« ... Le bruit courut, parmi les alliés, que Soult s'était plaint de la négligence d'un général, auquel il aurait donné l'ordre de marcher contre les troupes qui tentaient le passage; la position de la division Harispe à Montestrucq, à égale distance de Sauveterre et de Viellenave, semblerait avoir été choisie dans ce but; mais on ne trouve rien dans la correspondance de Soult qui confirme le fait... » (Voir plus loin, note 1, p. 367.)

nous éprouvons depuis *quinze jours*, a tellement *baissé les eaux qu'on peut les passer en beaucoup d'endroits en colonne* (1). Cette considération et la supériorité des forces que l'ennemi présente me déterminent à *concentrer l'armée. A* cet effet, j'ai donné l'ordre que demain *elle soit réunie en arrière d'Orthez, où j'attendrai que l'ennemi vienne m'attaquer, ou qu'il me fournisse l'occasion d'aller à lui...* » (A. G.)

Conformément aux ordres du maréchal, Clausel avait en effet, dans cette journée, abandonné toutes les défenses du gave d'Oloron. Il avait dirigé Taupin sur Salies ; il avait fait replier Villatte et Berton (2) sur les hauteurs d'Orion et de Montestrucq, où Harispe avait été préalablement placé en échelon de recueil. Dans la nuit du 24 au 25, il faisait encore sauter le pont de Sauveterre et il se dégageait.

Le 24 au soir, les troupes de Hill étaient établies

---

(1) Il existe une publication de *vues pittoresques* fort jolies des différentes actions de guerre d'une partie de cette campagne: *Campaign of the left wing*, 1813-1814, par le capitaine Batty, 1823. Elles représentent plusieurs passages de gués par des colonnes en formation *par deux*, dont les files paraissent assez serrées ; mais l'artiste a jugé que le tableau ainsi conçu donnait sans doute, avec plus d'énergie, l'idée d'un mouvement continu et l'impression d'un franchissement *militaire* des obstacles. Le texte explicatif est d'ailleurs de haute fantaisie.

(2) Le général de cavalerie Berton, né le 15 juin 1769, avait servi comme capitaine dans l'armée de Sambre-et-Meuse : il fut attaché à l'état-major de Bernadotte en 1806 et 1807. Passé en Espagne avec Victor, il avait été gouverneur de Malaga et promu général en 1813. Mis en demi-solde par la Restauration, il reprenait du service pendant les Cent Jours et commandait une brigade de cavalerie à Waterloo. Emprisonné lors de la seconde Restauration, rayé des cadres, privé de solde, surveillé par la police et incarcéré périodiquement de façon arbitraire, il se mettait en 1822 à la tête du *complot dit de Saumur* et il entrait en révolte ouverte contre le gouvernement avec un assez grand nombre de mécontents civils et militaires. Jugé, en septembre 1822, avec 56 co-accusés, par la cour d'assises de la Vienne, il fut condamné à mort et guillotiné en octobre de la même année. (Voir : Guillon, *Complots militaires sous la Restauration*, Plon, 1895.)

sur les hauteurs d'Orion, de Montestrucq et de Loubieng et Castetner, tenant les trois routes qui mènent à Orthez. Les forces alliées, mises en mouvement contre nous, s'élevaient au total à plus de 45.000 hommes.

Ce même jour, précisément, l'Empereur faisait adresser au maréchal l'ordre de reprendre l'offensive ; mais cette dépêche ne devait lui parvenir qu'après les combats d'Orthez, sans avoir pu motiver sa détermination :

Napoléon au roi Joseph, lieutenant-général de l'Empereur à Paris. (Châtres, 23 février, 2 heures soir.)
« ... Faites réitérer..., par le ministre de la guerre, l'ordre au duc de Dalmatie *de ne pas abandonner le territoire sans livrer bataille...* »

(Sa Majesté, montant à cheval pour se rendre à Troyes, m'a ordonné d'expédier cette lettre sans signature. — Le secrétaire du cabinet : Baron FAIN.)

Guerre à Soult (25 février). — « ...Je viens de recevoir deux dépêches de l'Empereur, qui me charge de vous faire connaître le système d'opérations que Votre Excellence doit suivre en ce moment. Sa Majesté pense qu'avec les belles troupes que vous commandez vous devez battre l'armée de lord Wellington, et elle désire que vous développiez toute la décision et toute la vigueur qu'exigent les circonstances actuelles. Sa Majesté, après m'avoir mandé hier ses intentions à cet égard, vient de me les renouveler aujourd'hui et me charge de transmettre à Votre Excellence *l'ordre formel de ne pas abandonner le territoire sans livrer bataille...*

» ... Je pense que, si Votre Excellence trouve l'occasion de livrer bataille, elle se hâtera d'autant plus de la saisir que les troupes anglaises, qui sont encore devant Bayonne, paraissent devoir être, au premier jour, relevées par des troupes espagnoles et que lord

Wellington réunirait alors contre vous des forces véritablement imposantes... »

Le 25, à cinq heures du matin, Clausel réussissait à se dérober, sans se laisser saisir, ni accrocher. Il gagnait Orthez (1); Villatte, formant son arrière-garde, occupait les hauteurs de Magret (cote 121, au sud d'Orthez) (2). Le 25, dans la matinée (3), il en était refoulé dans le faubourg de Départ (rive gauche du gave) (4), par Wellington lui-même (5), accompagnant une colonne volante d'avant-garde et d'exploration, composée de cavalerie et d'artillerie légère. Cette dernière canonnait la ville, ainsi que les troupes de Villatte, qu'on apercevait gravissant lentement le versant des hauteurs de la rive droite et la rampe, qui conduit au château de Moncade, au milieu des vignes. Elle parvenait à empêcher la destruction complète du pont d'Orthez (6), à laquelle la solidité de cet ouvrage

---

(1) *Soult à Guerre* (Orthez, 25 février). — « ... J'ai réuni l'armée à Orthez, occupant les hauteurs de la rive droite...
» ... Le mouvement n'a pas été inquiété, quoique hier au soir l'ennemi eût poussé sa tête de colonne jusqu'à Loubieng et Castetner et qu'il était à supposer que les troupes aux ordres de M. le général Clausel, *qui ne sont parties qu'à 5 heures du matin des hauteurs d'Orion*, seraient au moins engagées dans leur marche... »
(2) La cavalerie de Pierre Soult et le 25ᵉ d'infanterie légère, coupés de l'armée et rejetés de Navarrenx sur Monein, allaient prendre la route de Pau (rive droite du gave), et n'atteignaient Orthez que le 26.
(3) Au *point du jour*, d'après les documents anglais; à *midi* seulement, d'après le maréchal (Soult au ministre, 25 février), heure qui paraît inexacte, d'après les autres documents.
(4) Le village de Départ, qui a donné son nom à ce faubourg, figure encore sur la carte de Cassini, à 800 mètres est de Magret.
(5) Wellington, en reconnaissant le pont d'Orthez, se montrait tellement à découvert que les artilleurs français le prirent comme objectif de leur tir.
(6) Ce vieux pont, classé aujourd'hui comme monument historique, est surmonté, en son milieu, d'une tour de défense, ouverte à sa base pour le passage sur le pont. On avait muré cette ouverture et miné l'arche principale entre la tour et la rive

et le manque de poudre en quantité suffisante s'opposaient encore. A 9 heures (1) du matin, Villatte abandonnait le faubourg de Départ et passait le gave en faisant sauter une arche du pont derrière lui. Il continuait à défendre avec succès la tour qui barre le millieu du pont et dont la porte était murée : une batterie, placée au sud de la route de Bayonne, sur l'extrémité de l'éperon du couvent des Bernardines, prenait d'écharpe les assaillants nombreux que Hill avait jetés, vers midi (2), contre le pont, et qui continuaient à tirailler jusqu'à la nuit (3).

Pendant ce temps, Taupin avait réuni sa division à Salies ; il allait passer le gave au pont de Bérenx, qu'il rompait derrière lui. D'Erlon, avec la division Rouget, avait franchi l'Adour sur un pont volant établi à Port-de-Lanne, et rejoint d'Armagnac et Foy à Peyrehorade. Le 25 au matin, ces quatre divisions étaient réunies à 1.500 mètres à l'est de l'église de Baigts et à 4 kilomètres d'Orthez, près de la route de Bayonne, sur le plateau de Baigts. A 10 heures du matin, elles rompaient ce rassemblement pour se rapprocher d'Orthez. L'armée se dirigeait vers cette ville pour occuper les hauteurs de la rive droite du gave. Elle allait y compter 35.000 à 38.000 hommes. Sa cavalerie surveillait et avait ordre de garder le gave

---

gauche. Le pont avait alors, du côté de la rive droite, deux arches décroissantes en plus des trois qu'on lui voit aujourd'hui. Elles ont été coupées par les travaux d'établissement du chemin de fer. Cette disposition, destinée à donner libre cours aux eaux des fortes crues du gave, a préservé cet ouvrage de la destruction pendant des siècles. Les culées pleines du pont moderne, qui a été construit à 200 mètres en amont pour le passage de la route nationale, soumettent au contraire celui-ci, par les grandes eaux, à des poussées destructives qui ne lui assureront peut-être pas une existence aussi longue.

(1) D'après Soult (au ministre, 25 février) : « à midi 15 ».
(2) Midi. (Lapène.)
(3) Soult. (Soult au ministre, 25 février).

depuis Pau jusqu'à l'Adour (80 kilomètres en ligne droite), à raison de : un régiment entre Orthez, Peyrehorade et l'Adour (30 à 40 kilomètres) ; trois régiments, avec deux bataillons, d'Orthez à Pau (40 kilomètres). Cette rivière présente des gués très nombreux ; mais l'hiver avait été extraordinairement pluvieux et froid ; il continuait encore. Les communications étaient entièrement défoncées, et des plus difficiles ; les nombreux marécages, non encore assainis et drainés, s'étaient étendus dans tous les fonds, sur les deux rives, et dans les ravins entre les hauteurs.

Ce même jour (25 février), le maréchal faisait connaître au ministre qu'*il avait réuni l'armée à Orthez;* que les rapports reçus confirmaient la marche d'une colonne de l'ennemi sur Oloron, mais que toute l'armée des alliés, sauf ce qui restait devant Bayonne, était devant lui et qu'elle pouvait continuer à le déborder, grâce à sa forte supériorité numérique ; mais « j'espère, écrivait-il, que, *me voyant réuni*, le général qui la commande la tiendra plus concentrée, surtout s'il suppose que je suis déterminé à profiter des fautes qu'il fera pour l'attaquer à l'instant même où l'occasion me paraîtra favorable... ».

La situation de l'armée anglaise, le 25 au matin, était la suivante : les divisions Stewart, Clinton, Alten et Le Cor, cinq régiments de cavalerie et trois batteries se réunissaient devant Orthez (rive gauche).

La division Picton, avec la brigade de hussards Somerset, arrivait à 8 kilomètres environ au sud de Bérenx, dans les traces de la division Taupin.

Beresford tenait la division Walcker à Hastingues, la division Cole à Œyregave et à Sorde, la brigade de cavalerie Vivian à Sorde.

Au sud, Morillo, avec les Espagnols, avait ordre d'investir Navarrenx (garnison de 1.100 hommes environ). Il avait refoulé sur Monein (16 kilomètres est de Navarrenx) la cavalerie de Pierre Soult et son soutien de deux bataillons. En vue de se couvrir contre les tentatives débouchant de la place de Saint-Jean-Pied-de-Port et de la vallée de Baïgorry, cinq régiments anglais qui rejoignaient successivement venant de l'arrière, devaient s'établir en observation à Saint-Palais, en s'y relevant l'un l'autre au fur et à mesure de leur arrivée en ce point.

Wellington suivait le mouvement de retraite de l'armée de Soult ; il se préparait simplement à franchir sans difficultés, croyait-il, le gave de Pau par tous les points de passage depuis l'embouchure de la rivière jusqu'à Orthez ; il voulait prendre possession, dès qu'il le pourrait, de la bonne route qui longe la rive droite ; enfin, couvrir Hope, au siège de Bayonne, et se mettre en relations plus faciles avec lui et avec sa base de ravitaillement par mer. Il ne s'attendait pas à ce que le maréchal s'arrêtât pour lui livrer bataille (1).

Wellington employait la journée du 25 et partie de

---

(1) *Wellington à Hope* (*Rivareyte, 25 février*). — « ... Nous serons ce soir sur le gave de Pau : au dire de tout le monde, nous n'aurons aucune difficulté à le traverser... »

Cette lettre, datée du 25, a été écrite, et elle le dit, alors que nous n'avions pas encore évacué entièrement Sauveterre et fait sauter le pont. Elle dit aussi que, le soir précédent, Sauveterre était encore occupé par nous. D'un autre côté, nous savons que le 25, dès le matin, Wellington avait été, en personne, reconnaître l'armée française avec l'avant-garde volante de Hill au pont d'Orthez. Ladite lettre a donc *dû être écrite dans la nuit du 24 au 25, à cheval sur les deux dates et vers minuit*. Il est évident, d'après sa teneur, que, bien que Clausel fût encore sur les hauteurs d'Orion, Wellington ne s'attendait à aucune entrave à son mouvement en avant, le jour même, vers le gave de Pau : il estimait que la retraite de l'armée française allait se continuer comme elle avait commencé.

« ... Dès que nous aurons traversé le gave de Pau et *ouvert la route de Bayonne, par le Port-de-Lanne*, le quartier général nous rejoindra par cette route, ainsi que le corps de Freyre. Je vous

celle du 26 à reconnaître les dispositions de l'armée de Soult. Son premier projet avait été de franchir le gave avec le gros de ses forces immédiatement en amont d'Orthez, en raison des facilités de passage que les abords de la rivière offraient dans cette partie. Mais il avait remarqué que Soult opérait la concentration de ses forces à Orthez. Déjà, d'ailleurs, dans la nuit du 25 au 26, une partie du 18ᵉ hussards anglais (brigade Vivian) avait réussi à franchir le gué de Cauneille (1) (3 kilomètres est de Peyrehorade) ; le 26 au matin, la brigade Vivian avait achevé de passer aux gués de Cauneille, Saint-Cricq, Lahontan, enfin de Puyoo plus tard.

A Peyrehorade, dont Foy venait d'abandonner les ouvrages, Beresford, avec les division Cole et Walcker, avait traversé la rivière au moyen de son pont de pontons et par un gué, où le courant violent avait failli emporter une colonne de la division Walcker. Il avançait sur Orthez par la grande route. Rejoignant cette même route plus à l'est, près de Labattut, la brigade Vivian envoyait, sur son flanc gauche, un escadron en reconnaissance sur Habas, d'où, rallié plus tard par un détachement d'infanterie (2), il allait couper, à

---

prie d'inviter de Lancey à chercher *le meilleur point de débarquement, au-dessous du pont en projet, sur la rive droite de l'Adour;* puis, de là une route conduisant à la rivière, *en amont de Bayonne, où nous rembarquerions notre matériel...* »

(1) « Peu après la chute du jour, le 25, Beresford envoya chercher le major Hugues, et lui dit qu'il avait entendu parler d'un meunier, qui connaissait un gué dans le voisinage de son moulin. Il prescrivait de s'assurer de lui, et, s'ils trouvaient le gué, de passer le gave avec le 18ᵉ hussards. On s'assura du meunier, on le plaça sur un cheval et il conduisit le 18ᵉ hussards à une sorte d'île, plantée de saules, où ils passèrent la rivière sans danger et entrèrent sur la grande route d'Orthez... » (Mémoire du colonel Hugues, *United Service Journal,* 1840.) On appelle dans le pays ces îles, plantées de saules, des *saligats.*

(2) Soult évaluait ce détachement à une brigade d'infanterie et 500 chevaux. Woodberry parle d'un escadron du 18ᵉ hussards.

« ... Sortis de Sorde (à 5 kilomètres sud-est de Peyrehorade)

Estibeaux, notre communication entre Orthez et Dax, La brigade suivant elle-même la grande route, son avant-garde rencontrait, en avant de Puyoo, un piquet du 15ᵉ chasseurs à cheval français qui l'accueillait par les feux de ses carabines (1) ; elle le chargeait au delà de Puyoo et de Ramous ; elle était rejointe alors par un escadron de la brigade, qui avait passé le gave au gué de Lahontan. Divisés par la poursuite, les cavaliers anglais étaient, à ce moment, chargés à leur tour par un fort soutien du 15ᵉ chasseurs, qui les refoulait jus-

---

à 8 heures du matin, le samedi 26 février, nous côtoyâmes pendant plus de 2 milles (3.200 mètres) deux divisions de l'armée du maréchal Beresford. Nous passâmes le gave de Pau sans opposition, l'ennemi reculant à notre approche. Nous tombâmes sur la grande route d'Orthez, près du village de Labattut. Un escadron du régiment fut alors envoyé sur la gauche pour faire une reconnaissance et prendre possession de quelques villages (colonne envoyée sur Habas, Estibeaux) ; le reste fit une lieue environ sur la route dans la direction d'Orthez, et on découvrit, à ce moment, les avants-postes français près du village de Puyoo. L'escadron d'avant-garde, celui de Burke, chargea, Vivian en tête, et chassa le piquet français de la façon la plus brillante, à travers les rues de Puyoo et de Ramous, capturant plusieurs hommes et plusieurs chevaux. Au delà de ces villages, la route traverse une haute colline boisée. Quelques fantassins ennemis s'étant montrés, nous abandonnâmes la poursuite ; mais nous installâmes un piquet au pied de la colline et la brigade se logea dans les villages de Puyoo et de Ramous.

» Le capitaine Sewell, aide de camp du maréchal Beresford, chargeait en tête du régiment. Ayant oublié son sabre, il prit une trique et s'élança sur l'ennemi en distribuant force horions.

» Les 10ᵉ, 7ᵉ, 15ᵉ de hussards (Somerset) ont forcé le passage de la rivière près de Puyoo et sont ensuite revenus par le gué à Bellocq... » (Journal de Woodberry ; Puyoo, samedi 26 février.) — Il résulte d'une lettre du général Vivian, en date du 18 mai 1840 (*United Service Journal*), que le major Sewell, attaché à l'état-major de Beresford, se trouvait avec l'avant-garde parce qu'il était venu voir, en ami, le général Vivian. Une maladie de foie l'empêchait de porter un sabre. Apprenant que l'ennemi était signalé et qu'on allait probablement charger, il arracha un pieu dans une palissade pour remplacer son sabre, qu'il n'était pas en état de porter, et il se servit fort bien de cette matraque au cours de la charge, à laquelle il prit bonne part.

(1) *United Service Journal*, numéro d'août 1840. Lettre du général Vivian, 18 mai 1840.

qu'au corps principal, commandé par Beresford en personne, puis, prenait du champ pour se dérober à l'attaque de ce dernier (1). En présence des avant-postes d'infanterie, établis à l'est de Ramous, sur la hauteur 102, Labadie, Montauban (2), la brigade, sans pousser plus loin, plaçait un piquet au pied de la hauteur et elle s'installait dans les villages de Puyoo et de Ramous, que le 15ᵉ chasseurs français occupait lui-même avant elle (3). Beresford, continuant sa route, n'avait en face de lui qu'un bataillon français : Foy l'avait laissé à Baigts (4) avec mission de garder le pont détruit de Bérenx et le gué situé plus bas (5). Occupé

---

(1) « ... Pendant la retraite de l'armée française des Pyrénées vers Toulouse... la nombreuse, belle et brillante cavalerie ennemie (9.300 cavaliers)..., ne trouvant que des terrains coupés, ne pouvait fort heureusement s'y déployer et, comme nous (2.583 cavaliers), était contrainte d'agir *sur les grandes routes*. Notre avantage y fut même remarquable par notre manière de manœuvrer, bien supérieure à la sienne, qu'elle ne voulut jamais changer bien que chaque jour lui en démontrât le vice... L'avant-garde de la cavalerie ennemie, tirailleurs déployés, marchait par pelotons. En arrière de celui de tête, venaient un escadron ou deux en colonne. Lorsque son peloton repoussé faisait demi-tour, tout l'escadron accourait en masse pour le soutenir ; mais *ce mouvement même lui barrait la route* et nous donnait le temps de sabrer à outrance. Dans cette agglomération, tout coup portait.

» Chez nous, notre peloton d'arrière-garde était formé sur la route par demi-peloton, *laissant libre l'autre moitié du chemin*. Si notre peloton d'extrême arrière-garde, qui tenait toute la largeur du chemin, était repoussé, il *avait de l'espace pour s'écouler* ; de suite, le suivant se formait et le remplaçait et ainsi jusqu'au dernier du régiment... » (Lieutenant-colonel Lemonnier-Delafosse, aide de camp du général Pierre Soult.)

(2) Journal de Woodberry.

(3) Mémoire du colonel Hugues (*United Service Journal*, août 1840).

(4) Se prononce : « *Batch* » ; signifie : en bas, en dessous.

(5) On trouve :

Entre Bérenx et Ramous, quatre gués, dont un, celui de Laplanc, à 500 mètres en aval du pont de Bérenx ; le second est celui de la *Liberté*, gué de piétons à 2.000 mètres en aval même du pont. Ils se prolongent chacun par un chemin menant à la vieille route d'Orthez. Il paraît prouvé que la division Picton

sur la grande route, à plus de 1.000 mètres au nord du pont rompu et du gué près de Bérenx, et à plus de 2.000 mètres de celui de la Liberté, retenu face à l'ouest et à la marche de Beresford, l'attention de ce bataillon avait été détournée de l'objet de sa mission. En effet, le 26 également et dès le matin, Picton, couvert par la menace de Beresford et par l'établissement du corps d'avant-garde de Hill sur les hauteurs de Magret, Montalibet et dans le faubourg de Départ, avait commencé, sans être inquiété, à franchir le gave aux gués de Bérenx (1), avec la brigade de cavalerie Somerset, qui passait aussi aux gués de Ramous (2). Le bataillon français et le 15ᵉ chasseurs se repliaient vers Orthez : les deux divisions de Beresford et la division Picton étaient, à 5 heures du soir, bivouaquées sur la hauteur à l'est de Baigts (3). Les divisions Foy

---

a passé par le gué de la Liberté. En amont de Ramous, il y a encore deux gués de piétons, ceux de Laborde et de l'île;

A Labattut, gué partout;

A Lahontan, trois gués;

A Puyoo-Bellocq, deux gués.

(1) *Picton au colonel de Pleydet* (de Cazères, 4 mars 1814). — « Le 26 février, vers 4 heures du matin, la division Picton *a passé à gué* le gave de Pau... »

Soult, dans sa lettre du 26 au soir au ministre, rapporte le franchissement du gave, par Beresford, par Vivian, les mouvements de Clinton et Alten vers Bérenx : il *paraît ignorer* le passage du gué de Bérenx par Picton.

Soult au ministre (26 février, d'Orthez). — « ... Le 15ᵉ chasseurs à cheval... s'est replié jusqu'à Baigts, où il a recueilli un bataillon de la division Foy, qui gardait le pont détruit de Bérenx et le gué au-dessous...

» Le 15ᵉ chasseurs et le bataillon qui était à Baigts ont fait leur mouvement en ordre et ils ont obligé l'ennemi à *montrer* son canon pour éloigner nos tirailleurs. L'ennemi s'est arrêté à 5 heures du soir sur le plateau en avant de Baigts, dans la direction d'Orthez... » — « *Montrer* » ne veut pas dire: « *parler* ».

(2) Cette brigade revenait ensuite coucher sur la rive gauche, à Bellocq, par les gués de Puyoo. (Woodberry.)

(3) A peu près vers « *Constanti* » (1/80.000), qui est « *Coût-de-Petit* » de la carte de Cassini, c'est-à-dire : *côte* (*cousta*).

et d'Armagnac, Rouget et Taupin, qui y étaient encore campées la veille, en étaient parties à 10 heures du matin, le 25 février, pour aller se former plus près d'Orthez, sur le contrefort de Castetarbe, et en arrière.

Ainsi renseigné, Wellington renonçait à pousser sur Orthez par la rive gauche : dès midi, sous la protection, d'une part, du mouvement menaçant de Beresford ; couvert, d'autre part, par l'occupation des hauteurs de Magret avec les troupes de Hill, et alors que les derniers éléments de la division Picton descendaient encore, par la route de Salies, sur le gué de Bérenx, il portait également les divisions Alten et Clinton, des collines devant Orthez, vers Bérenx, par les hauteurs à l'ouest de Sainte-Suzanne.

Mais la réussite facile des mouvements de Beresford et de Picton, le recul général des forces françaises, soit devant ces généraux, soit même à Orthez (rive gauche), le confirmaient dans son idée première que Soult n'accepterait pas la bataille. « La faible résistance que lui avaient opposée les Français dans le pays difficile qu'il venait de traverser ne lui donnait pas lieu de craindre les entreprises de l'armée de Soult. » (Napier.)

Hill restait seul, sur la rive gauche, avec la division Stewart, les deux brigades portugaises de la division Le Cor, deux régiments de cavalerie et de l'artillerie à cheval. Il occupait les hauteurs de Magret et de Montalibet (cotes : 132, 121, 140, 120, à 1.200 mètres environ sud-ouest d'Orthez) et le faubourg de Départ.

La liaison entre les deux ailes de l'armée anglaise était dès lors assurée, ainsi que leur communication vers l'arrière avec Hope, sous Bayonne, par la bonne route de la rive droite du gave (1). Cependant la prudence habituelle de Wellington lui avait fait estimer qu'en poussant plus loin sa marche offensive, sa situation pourrait devenir grave, au cas où Soult recevrait des renforts soit du maréchal Suchet, soit des « armées de réserve » en formation à Bordeaux et à Toulouse. Il avait donc, dès le 21 février, envoyé l'ordre au général Freyre de quitter Irun avec ses deux divisions espagnoles (7.500 hommes environ) et un corps d'artillerie portugais et de le rejoindre par Port-de-Lanne (2).

Dans les opérations de cette nature, les questions

---

(1) Un pont permanent devait être jeté à Port-de-Lanne, au moyen de bateaux amenés d'Urt.

(2) La répugnance de Wellington à faire venir les troupes espagnoles en France était fondée sur l'indiscipline et sur les actes de pillage de ces éléments. Il redoutait vivement *une guerre d'insurrection et de partisans et un soulèvement des populations*. L'armée anglaise et les Portugais, qui coopéraient avec elle, s'efforçaient d'employer tous les moyens pour ne pas mécontenter les habitants et pour s'en faire au besoin des aides, sinon des alliés. Ils payaient largement toutes choses et Wellington avait même organisé, à ses armées, un atelier de monnayage où il faisait frapper de la monnaie d'or française, au titre légal et au poids droit, afin de pouvoir payer, sans aucune difficulté de change, tous les achats pour ses troupes.

Les Anglo-Portugais réprimaient en outre tous les actes de violence, de brigandage ou de pillage avec la dernière rigueur. « ... Maintenez, écrivait Wellington à Freyre, le 26 février, la plus stricte discipline; car, sans cela, nous sommes perdus... Si j'étais assez scélérat pour permettre le pillage, la France elle-même, et toute riche qu'elle est, ne parviendrait pas à faire vivre votre armée.

» Je suis contrarié d'apprendre que les mesures, que j'ai ordonnées, indisposent vos généraux; la conduite qui a rendu nécessaires ces mesures est bien plus déshonorante que les dispositions, qui sont la conséquence de celle-ci... Dans l'intérêt de ceux qui désirent vivre au moyen des contributions du pays, il est essentiel que les troupes ne soient pas autorisées à piller... Je pourrais encore appuyer ce que j'ai fait sur les considérations politiques; mais j'ai assez dit... Il m'est indifférent de commander une grande armée ou une petite; mais, grande ou petite, il faut qu'elle m'obéisse... »

« ... Les Espagnols, écrit le général Picton, ne font que fuir et piller. Ils ne sont qu'un poids mort. Nous ferions beaucoup

d'heures, de moments et de durée, celles qui ont trait aux groupements des forces ou à leur état de crise, la notion essentielle des données, successivement connues et déterminées ou restées inconnues, les relations entre les faits, la réaction mutuelle de ces éléments entre eux, jouent un rôle d'une grande importance par leur influence sur les décisions et sur les actes. Elles méritent qu'on s'y arrête pour les étudier avec quelque détail, quand les événements y invitent, et c'est ici le cas. Nous nous bornerons d'abord à examiner les questions d'heures, de durée et de réunion des forces pour le franchissement du gave. Leur influence sur les formes et sur les résultats de l'engagement général fera l'objet d'un second examen qui sera développé plus loin en son lieu.

Le général Picton, écrivait le 4 mars 1814 au colonel de Pleydet : « Le 26 février, vers *4 heures du matin*, la division Picton a passé *à gué* le gave de Pau (1) », c'est-à-dire *en pleine nuit*. Les autres témoignages, l'examen des relations de faits, de lieux et de distances

---

mieux sans ces misérables, vantards et poltrons, dont la conduite déplorable indispose chacun contre nous... »

On n'ignore pas que certaines nations ont une tendance naturelle à mépriser invariablement tout ce qui n'est pas elles-mêmes. Individuellement, les Espagnols étaient braves et ils se battaient bien ; mais, formés en troupes désorganisées, mal conduites et mal instruites, se contentant de paroles et d'à peu près en toutes choses, ils rendaient peu de services en effet.

On lit dans le Journal de Woodberry : « ... Les soldats espagnols ne reçoivent que la moitié de la ration des soldats anglais et ils sont forcés de piller des vivres pour ne pas mourir de faim. Les Portugais n'avaient aussi d'abord que la demi-ration ; mais Wellington, voyant qu'ils étaient devenus si braves soldats, et qu'ils se battaient si bien, les a fait traiter comme les troupes anglaises...

» ... Les Espagnols traitent bien mal les malheureux habitants... Wellington menace de les faire bivouaquer dans les Pyrénées... »

(1) Par le gué de la Liberté, à 2.000 mètres ouest du pont actuel de Berenx.

reporteraient l'heure de l'achèvement de ce passage plutôt vers *midi*.

Il y a 2 kilomètres de la rive gauche du gué à la vieille route de Peyrehorade. La division comptait 6.500 hommes, et 1.500 chevaux de Somerset, soit 5.500 mètres de longueur environ. Le passage difficile du gué et du chemin resserré, qui y faisait suite, ont dû entraîner fort normalement un allongement portant la longueur de la colonne à 7 ou 8 kilomètres, correspondant ensuite à la durée du rassemblement de combat, et franchis — à raison de 2 kilomètres à l'heure au plus — en quatre heures. Il faut y ajouter une heure au minimum pour la durée du franchissement et du parcours de 2 kilomètres de défilé difficile, par la tête. L'opération a donc dû demander cinq heures environ et elle a dû être jugée fort longue et pénible puisqu'on trouva à propos de faire descendre une partie de la cavalerie jusqu'aux gués de Ramous (Laborde et l'Ile) pour les franchir (1.500 mètres et 2.500 mètres en aval). Commencée à 4 heures, comme l'écrit Picton, elle se serait donc achevée vers 9 heures environ. Si elle n'avait commencé activement qu'au jour, après avoir fait passer les premiers éléments à la nuit (1), dès 4 heures du matin, pour prendre pied par surprise sur l'autre rive, on peut estimer sa durée restante à quatre heures, son début à 6 ou 7 heures du matin et son achèvement vers 11 heures ou midi pour les derniers éléments, en position jusque-là sur la rive gauche et protégeant le passage des premiers, qui allaient ensuite couvrir le leur.

Une indication d'heure, de lieux et de rencontre, donnée par le lieutenant de cavalerie Woodberry dans son journal, va nous permettre, dans une certaine me-

---

(1) Premier quartier de la lune le 27. (Almanach de 1814.)

sure, de calculer à quelle heure la colonne de Beresford, venant de Peyrehorade par la rive gauche, a dû approcher de Bérenx et de Baigts.

Woodberry rapporte que, parti de Sorde le 26, à 8 heures du matin, il a côtoyé, pendant plus de 3 kilomètres, les deux divisions de Beresford. La tête de la colonne de Beresford était donc, vers 8 heures, à 2 kilomètres environ à l'est de Cauneille et à 4 km. 500 environ de Peyrehorade, où ces troupes venaient de traverser le gave par le pont de bateaux et par le gué.

La division Cole (à trois brigades) comptait 6.250 hommes ; la division Walcker (trois brigades), 6.150 hommes, soit 12.400 hommes formant une colonne de 7 kilomètres environ.

Une première colonne de quatre brigades (4 km. 500, portés à 9 kilomètres par l'allongement de passage et le ralentissement d'allure), passant par le pont de bateaux, avait besoin de quatre heures trente pour le franchir, pour s'écouler et se reformer. Sa tête ayant été vue à 8 heures, en marche, à 5 kilomètres de distance de Peyrehorade, hors de présence de l'ennemi, et couverte par sa cavalerie, on peut estimer que cette première colonne avait alors achevé de se reformer sur sa longueur normale de 4 km. 500, et que le passage avait commencé quatre heures trente plus tôt, soit vers 3 h. 1/2 du matin.

Une seconde colonne de deux brigades (2 km. 500, soit 5 kilomètres avec l'allongement) avait besoin de deux heures trente pour franchir le gué ; mais, devant prendre place sur la route à la queue de la première, il lui suffisait de commencer à passer le gué à 5 h. 30 (1) ou même à 6 heures, à la pointe du jour,

---

(1) Orthez; latitude : 43°29'25". Lever du soleil (A. B. L.) le 26, à 6 h. 50 (correction pour 43° : — 8, soit 6 h. 42).
La durée du crépuscule civil, en février, pour 43° de lati-

en admettant alors une distance de 1.000 mètres environ entre les deux divisions.

Du point où la tête a été vue à 8 heures (2 kilomètres est de Cauneille) jusqu'à Baigts, il y a 18 kilomètres, soit quatre heures et demie de marche environ. La colonne de Beresford pouvait donc arriver vers Baigts à peu près vers midi 30, sans grand'halte. Mais, comme nous l'avons vu, il y a eu un engagement de cavalerie, par la brigade Vivian contre le 15ᵉ chasseurs, à Puyoo et Ramous. Il y a eu présence, sinon rencontre sérieuse, en avant de Baigts, du bataillon laissé par Foy. Enfin, il y a eu nécessairement grand'halte et repas à la colonne Beresford. On doit donc admettre que (la cavalerie Vivian s'installant pour la nuit à Puyoo et Ramous ; la cavalerie Somerset s'installant de même à Bellocq, comme le dit Woodberry), la colonne Beresford n'a pu dépasser Baigts avant 3 heures du soir, alors que la division Picton était déjà entièrement passée sur la rive droite depuis midi, couverte sans doute par l'influence menaçante de Beresford, mais fort en l'air par rapport à l'appui réel que celui-ci était loin de pouvoir encore lui donner.

Les heures données par le maréchal dans son rapport s'accordent bien avec celles que ces calculs ont fournies ; mais nous verrons qu'il ne dit pas un mot du mouvement de Picton, non plus que du pont de pontons qui fut jeté sur le gave, à Bérenx, par Wellington dans la nuit du 26 au 27 (mémorandum de Wellington). Napier commet aussi une « erreur » en écrivant que Picton est passé par ce pont, le 26 au matin, sous la protection de Beresford.

---

tude = trente et une minutes. Celle du crépuscule astronomique est de une heure quarante, pour cette date, en ce lieu.
On peut estimer que la pointe du jour a commencé *vers 6 heures*.

Wellington écrivait d'ailleurs à Bathurst le 1ᵉʳ mars :
« Beresford traversa le gave de Pau à Peyrehorade et marcha sur Orthez ; *comme il approchait*, Somerset et Picton passèrent *au-dessous du pont de Bérenx* et je dirigeai Alten et Clinton sur le même point... »

Les conditions du mouvement de ces deux dernières divisions, Alten et Clinton, vers Bérenx, où elles allaient franchir le gave, le 27 au matin, sur le pont de bateaux jeté dans la nuit du 26 au 27, ne sont pas moins intéressantes.

« Le général Foy », rapporte Lapène, « visitant le 26 à midi, avec son chef d'état-major, les postes de sa division le long de la rivière avait aperçu distinctement des mouvements de troupes sur la rive gauche et des masses ennemies, qui semblaient se diriger sur le gué de Bérenx, sans doute pour rejoindre les colonnes, jetées déjà dans la journée sur la rive droite.

» Il était à craindre qu'après s'être emparés des chemins et des hauteurs à l'ouest d'Orthez, les coalisés ne parvinssent, au moyen d'un large mouvement, à tourner les positions de l'armée française en arrière de cette ville ; enveloppée alors par des forces bien supérieures, cette armée risquait de perdre, en un seul jour, le fruit de la belle résistance qu'elle avait jusqu'à ce moment opposée à l'ennemi... » (Lapène, p. 252.)

« ...Le 26, à 3 heures de l'après-midi, rentrant de reconnaissance », écrit le maréchal Soult dans son rapport sur la bataille d'Orthez, « je trouvai, dans Orthez, M. le colonel Faverot (1), du 15ᵉ chasseurs à cheval, qui venait rendre compte, *en personne*, que plusieurs co-

---

(1) Père du général Faverot de Kerbrech, décédé dernièrement, qui fut aide de camp du maréchal de Mac-Mahon, inspecteur général des remontes, et le plus remarquable élève de Baucher.

lonnes ennemies avaient passé le gave et que son régiment, étant vivement poursuivi, ne se trouvait plus qu'à une lieue d'Orthez (Route-Bieilh). Je lui témoignai mon extrême mécontentement qu'il eût quitté son poste pour venir faire ce rapport, lequel pouvait être porté par un officier, et je le renvoyai à son régiment. Depuis, il m'a été rendu compte que l'ennemi avait commencé le passage, le 25, du côté de Cauneille ; cependant, M. le colonel Faverot, qui devait avoir des postes sur ce point, n'en a rien dit. Les deux fautes que cet officier a commises sont très graves : elles pouvaient compromettre le salut de l'armée. J'ai ordonné qu'il fût traduit devant un conseil d'enquête. Aussitôt que je fus instruit de la marche de l'ennemi je me portai aux divisions Foy et d'Armagnac... qui étaient en position sur le contrefort... de *Castetarbe ;* la tête de colonne ennemie était déjà à Baigts et l'on voyait deux autres colonnes très fortes descendre, l'une par la route de Salies, et l'autre des hauteurs de Sainte-Suzanne pour gagner le gué, qui est au-dessous de Bérenx. Un bataillon que d'Erlon avait laissé pour garder le gué, soutint, avec le 15ᵉ chasseurs à cheval, le tiraillement de l'avant-garde ennemie et donna le temps aux divisions de se former. La nuit fit cesser cet engagement.

» J'étais résolu de marcher à la rencontre du premier corps ennemi qui s'engagerait et de l'attaquer au moment du passage. La faute du colonel Faverot ne m'en laissait pas la faculté : toute l'armée se trouvait en présence et je dus, à l'instant même, prendre des dispositions pour soutenir le combat... »

Ce rapport de Soult, établi *après la perte de la bataille d'Orthez*, attribue une grande importance aux fautes commises par le colonel Faverot, qui fut acquitté par le conseil d'enquête. Elles auraient empêché le maréchal de prendre l'offensive en temps opportun. Il n'aurait été informé que le 26, à 3 heures, du passage du gave exécuté, le 26 au matin, par Beresford à Peyrehorade ; après 3 heures du soir seulement, du passage du gave, exécuté dès le 25 à Cauneille. Enfin ce n'aurait été qu'après avoir été instruit de ces mouvements, et après avoir rencontré le colonel Faverot dans Orthez, qu'il se serait porté sur l'éperon de Castetarbe. Là seulement, vers 3 h. 45 environ au plus tôt par conséquent, il aurait eu connaissance des mouvements d'Alten et de Clinton vers Bérenx en les voyant s'exécuter sous ses yeux. Il ne parle aucunement du franchissement du gué de Bérenx par Picton dès le 26 au matin, non plus que de l'établissement du pont de pontons jeté à Bérenx dans la nuit du 26 au 27.

La lettre adressée au ministre par le maréchal Soult le 26 au soir, *avant la bataille*, rendait compte des mouvements de l'ennemi, passant les gués de Lahontan avec deux divisions, de l'artillerie et un corps de cavalerie, et franchissant le gué de Cauneille avec 1.000 chevaux. Elle disait le détachement envoyé de Labatut sur Habas et Estibeaux, l'arrivée de la colonne principale à Baigts, les mouvements effectués par la route de Salies et en partant du plateau en arrière de Sainte-Suzanne vers Bérenx.

Elle ajoutait : « ...Le 15e chasseurs et le bataillon, qui était à Baigts, ont fait leur mouvement en ordre et ils ont obligé l'ennemi à *montrer* son canon pour éloigner nos tirailleurs. L'ennemi s'est arrêté à 5 heures du soir sur le plateau en avant de Baigts, dans la direction d'Orthez... » Le maréchal faisait connaître qu'il avait *aussitôt* formé les divisions Foy et d'Armagac sur le contrefort de Castetarbe.

Cette lettre est du 26 au soir, elle est postérieure à la rencontre du colonel Faverot dans Orthez, et elle ne fait mention d'aucune plainte contre lui, ou tout au moins ne tient pas ses fautes pour des événements à conséquences graves, puisqu'elle n'en parle pas ; elle est, il est vrai, *antérieure à la défaite*. Ces points sont à considérer.

On doit remarquer encore que les notes de Lapène mentionnent de façon très précise que Foy et son chef d'état-major ont aperçu distinctement, dès midi, le 26, les mouvements effectués, sur la rive gauche, vers le gué de Bérenx. Foy aurait-il négligé, lui aussi, d'en informer à temps le maréchal Soult ? Celui-ci, d'après son rapport, paraît les avoir découverts lui-même de Castetarbe, vers 3 h. 45 ; et Lapène dit bien que le compte rendu de Foy ne parvint au maréchal qu'après 3 heures du soir, en même temps à peu près que le rapport verbal du colonel Faverot, alors que le maréchal rentrait de sa reconnaissance. Il eût été intéressant de connaître sur quels points celui-ci s'était porté ? Cependant la lettre du maréchal déclare qu'aussitôt instruit du mouvement de l'ennemi, il a formé les divisions Foy et d'Armagnac sur le contrefort de Castetarbe. Nous savons, d'autre part, que ces deux divisions ont quitté leur rassemblement sur le plateau de Baigts, le 25, à 10 heures du matin, ayant 2 kilomètres à parcourir, dans la direction d'Orthez, pour atteindre le contrefort 115 en question (Point-du-Jour). On peut estimer qu'elles devaient y être installées en conséquence un peu avant midi, le 25, en tenant largement compte de la durée nécessaire à leur écoulement et à leur rassemblement. Plus exact sur ce point que la lettre, le rapport fait connaître qu'aussitôt instruit des mouvements de l'ennemi, le maréchal Soult s'est porté aux divisions Foy et d'Armagnac, qui *étaient* en position sur le contrefort de Castetarbe.

Cette déclaration concorde avec le *Journal du général Foy*. On y lit en effet : «... Ma position étant celle d'où on pouvait le mieux observer l'ennemi, le maréchal *y était resté*. Bientôt arrivèrent le comte d'Erlon, Clausel, d'Armagnac, Harispe : le cas fut mis en une espèce de discussion. Clausel, qui s'était fait un sytème de toujours conseiller les partis vigoureux et même téméraires, dit que c'était l'occasion de livrer une bataille. Aucun autre général ne fut de cet avis ; mais il entrait dans le système du maréchal de s'opposer pied à pied à l'invasion de l'ennemi. *Sans être décidé à donner ou à recevoir la bataille*, il espérait que la présence de ses troupes réunies en imposerait aux Anglais. Il ordonna à l'armée de se masser pendant la nuit sur les hauteurs de la route de Dax, mais en continuant d'occuper Orthez. De tous les partis à prendre, c'était le plus mauvais... »

« *Pendant la nuit* » semble prouver effectivement que le maréchal, *décidé à ne pas prendre de décision*, n'a donné ses ordres, comme il le dit lui-même qu'à la chute du jour, le 26.

On doit encore faire observer que les mouvements des divisions Clinton et Alten, aperçus à midi par Foy et après 3 heures par Soult, alors qu'elles se dirigeaient sur Bérenx, par les hauteurs à l'ouest de Sainte-Suzanne, concordent bien avec ce que nous savons du point de départ de ces divisions, qui, réunies d'abord à Hill en arrière des hauteurs de Magret et de Montalibet, au sud d'Orthez, sur la rive gauche, se portaient en effet sur Bérenx dans la soirée du 26, à travers un pays extraordinairement coupé, mouvementé et difficile. Quant aux mouvements de troupes découverts, après midi, sur la route de Salies, ils ne peuvent concerner que les derniers éléments de la division Picton. Ils concordent avec notre calcul, relatif à Picton et basé sur les faits mêmes; mais ils sont en désaccord avec l'heure de 4 heures du matin, donnée par Picton dans sa lettre au colonel de Pleydet, pour le passage de sa division. Celui-ci n'a dû réellement commencer qu'au jour, vers 7 heures, comme nous pensons l'avoir établi.

La tendance du maréchal à justifier ses actes et son insuccès par l'établissement même des faits qu'il enchaîne et expose avec beaucoup d'habileté, en modifiant parfois un peu les heures (combat du faubourg de Départ), est facile à concevoir. Il a obéi au principe de la *réunion des forces*, recommandé si souvent par le maître, et il y prend appui. Mais ce principe même, par l'emploi qu'il en a fait, s'est retourné contre lui pour le condamner par le résultat.

La réunion des forces, ordonnée par le maréchal aux abords mêmes d'Orthez et avant d'être aucunement informé de l'ennemi ou de ses manœuvres, ne lui a laissé d'autre ressource que de la rompre pour faire face tardivement par la défensive aux mouvements de celui-ci ; elle lui a fait perdre le temps, manquer l'opportunité d'agir, l'occasion de frapper. Croyant toutes les forces ennemies rassemblées sur la rive gauche en face de lui, il a réuni aussi toutes les siennes sans se ménager le recul et le jeu nécessaires pour voir, et il n'a pas employé à l'exploration armée, à l'avant-garde, à la couverture, les éléments de forces nécessaires pour saisir partie de l'adversaire en la fixant et pour être bien renseigné. Il a été étouffé par le manque d'atmosphère autour de lui.

Accroché à l'obstacle, saisi déjà lui-même et partiellement immobilisé par les démonstrations de l'ennemi, il n'a pu que parer les coups dans des conditions difficiles, en se réfugiant dans la défensive pure. Il n'a réussi qu'à soustraire ses forces à l'écrasement, et il l'a d'ailleurs fait avec un grand art, beaucoup de calme, de méthode et de fermeté. Il laisse un modèle de rupture de combat. Le but effectif d'un engagement si gros et si chanceux reste des plus discutables, comme Foy le fait bien ressortir.

Le but de l'emploi des forces est de frapper avec avantage, sinon l'emploi doit être réservé. Le maréchal n'a fait ni l'un ni l'autre ; les dommages qu'il a ainsi fait subir à son armée furent grands ; ceux qu'il infligea à son adversaire, peu sensibles. Celui-ci avait franchi le gave de Pau ; il franchissait aussi du même coup l'Adour à Saint-Sever sans entraves. Il réalisait la conquête libre de la direction de Bordeaux ; et c'est alors seulement que les résultats de l'habile retraite du maréchal et les suites de la bonne conservation de l'armée, de ses forces toujours menaçantes, reprennent la prédominance : il a réussi à se détourner des Landes et, bien que découvrant l'objectif menacé, il entraîne néanmoins l'adversaire à sa suite vers Tarbes et jusqu'à Toulouse. C'est le poids de son armée dans la balance, c'est la masse de celle-ci, c'est sa menace, ou mieux, son influence, qui ont obtenu ce résultat ; c'est l'emploi qu'il en a fait par le mouvement ; mais il a restreint ce dernier à la manœuvre *stratégique ;* il ne l'a pas poussé jusqu'à *l'acte tactique,* jusqu'à l'action offensive. L'examen de la valeur des éléments dont il disposait, la conception de sa responsabilité pour conserver le plus longtemps possible le dernier groupe de forces disponible dans le sud-ouest, sont des considérations de premier ordre sans aucun doute ; mais on a le devoir de se demander, avec Napoléon (1), si quelque offensive énergique et opportune n'eût pas permis de

---

(1) *Napoléon au duc de Feltre* (Fismes, 4 mars). — « ... Je vois que le duc de Dalmatie s'est laissé forcer... ; c'est déjà une très grande faute que de se laisser attaquer. Il a montré peu de vigueur... »

réaliser effectivement une manœuvre d'ordre très supérieur dans son résultat et dans ses conséquences. Soult, malgré sa rudesse, était un caractère plus souple que puissant (1). Il avait affaire à un adversaire plus tenace, en fait plus énergique et décidé, conduisant une armée mieux organisée, et dont les éléments bien reliés, malgré les distances et l'extension des fronts d'opérations, étaient mieux dans la main de leur chef. Celui-ci disposait enfin d'organes d'information, d'une cavalerie très supérieure.

Quoi qu'il en soit, si la nécessité de la réunion des forces est encore le seul principe qui paraisse indiscuté et évident, il n'en demeure pas moins que c'est l'emploi qu'on fait de ces forces qui le met en vraie valeur. Cet emploi n'est possible que s'il est déterminé par une décision déjà bien informée et renseignée.

Le 25 au matin, Soult disposait de quatre divisions à Baigts et près de Bérenx ; elles étaient, le 26 au matin, à 5 kilomètres de ce dernier point et à 3 kilomètres du premier. Le 26 au matin également, la division Picton traversait péniblement le gué de la Liberté et le défilé qui y fait suite, sans être aucunement inquiétée. La force française réunie était supérieure : elle fut inemployée.

Le 26 au soir, trois divisions anglaises (Picton, Cole, Walcker) étaient près de Baigts sur la rive droite ; quatre divisions françaises (Foy, d'Armagnac, Taupin et Rouget) étaient réunies en face d'elles : elles furent inemployées (2).

Le 27 au matin, pendant plusieurs heures, la divi-

---

(1) « La faible résistance que les Français avaient opposée à Wellington dans le pays difficile qu'il venait de traverser ne lui donnait pas lieu de craindre les entreprises de l'armée de Soult. » (Napier.)
(2) Jusqu'à 9 heures du matin environ le lendemain 27.

sion Picton allait rester seule en présence immédiate de quatre divisions françaises disponibles (Foy, d'Armagnac, Pâris, Villatte), alors que les deux divisions Taupin et Rouget, au nord, suffisaient à faire face au mouvement des deux divisions de Béresford, largement séparées de la première et détachées au nord sur Saint-Boës ; la division Picton ne fut ni écrasée ni même attaquée. Les quatre divisions françaises subirent défensivement les manifestations audacieuses de la faible avant-garde de couverture, constituée par la division Picton : la force française, supérieure et réunie cependant, ne fut pas utilisée.

Elle pouvait l'être encore, et fructueusement à ce moment, contre les deux divisions isolées de Beresford au moyen des divisions françaises disponibles (Taupin, Rouget, Pâris, d'Armagnac), et en ne laissant que la division Foy, appuyée à Harispe et soutenue par Villatte, en face de la division Picton, compromise et très aventurée pendant que Clinton et Alten commençaient seulement à déboucher péniblement du pont de bateaux de Bérenx.

La force française ne fut pas non plus employée.

Il était, dans la Grèce antique, des légendes merveilleuses, dont le sens était profond : la force de Polyphème était incomparable ; elle devint inutile contre Ulysse et ses faibles compagnons quand il eut perdu la vue, quand il cessa d'être informé, quand il fut impuissant à diriger cette énergie.

La force demeure sans valeur lorsqu'elle est inerte, lorsque la décision reste sans objet. L'emploi devient impossible quand l'information fait défaut. L'information s'acquiert par l'action des avant-gardes, par celle des éléments de couverture, de découverte et de liaison, par un usage spécial et détaché des forces ; mais la cavalerie seule, faible et fugitive, n'a pas le pouvoir de suffire à ces tâches. Sur ce dernier point, la faute du colonel Faverot était donc déjà la faute de Soult. Le manque d'emploi des forces au but même de l'offensive et du combat en fut une encore plus grave.

Instruit tardivement, le 26, à partir de 3 heures du soir, des mouvements de Beresford et même de celui exécuté la veille à Cauneille, Soult avait cru, jusque-là, l'armée ennemie en position avec ses principales forces devant Orthez, sur la rive gauche du gave (rapport du maréchal, 27 février). Il formait aussitôt le corps d'Erlon (divisions Foy et d'Armagnac) déjà réuni vers la cote 115 (Point-du-Jour, à 2 kilomètres nord-ouest d'Orthez), face à l'ouest sur le contrefort du Point-du-Jour, à cheval sur la route de Peyrehorade. Ces troupes prolongeaient leur droite vers la route de Dax (1); leur extrême gauche surveillait le gave dans la direction de Castetarbe. Reille, avec les divisions Taupin et Rouget, était porté, à 6 heures du soir (Lapène), en échelon avancé, sur le plateau de Plassotte, au sud-est de Saint-Boès. 2.500 mètres environ séparaient ces deux échelons.

---

(1) Sur la carte de Cassini figurent un ancien tracé et un tracé rectifié pour la route de Dax. Le premier s'écarte, en quelques places, de 200 ou 300 mètres vers l'est du tracé actuel donné par le 1/80,000; le second diffère peu du tracé actuel. La livraison au public des feuilles de la carte de Cassini commença vers 1750 et s'acheva à peu près vers 1815; mais Napoléon limita la délivrance des feuilles à un public restreint et déterminé (généraux et certains fonctionnaires). Les routes rectifiées ne furent portées qu'après 1815. Les feuilles de la région d'Orthez, Pau, Bayonne, Mont-de-Marsan, Tarbes, Toulouse parurent de 1770 à 1780. Le figuré du terrain d'opérations de la bataille d'Orthez, sur cette carte, est très inexact : *tout le grand contrefort de la cote 161, qui se prolonge sur Route-Bieilh, y a été confondu* avec les mouvements environnants.

La division Villatte, en échelon de recueil sur le plateau de Souars (2 kilomètres sud-est de l'église d'Orthez), la division Harispe à Orthez (rive droite) et sur les hauteurs des environs immédiats de la ville sur la rive droite (Moncade), Pâris en seconde ligne en arrière et à l'est de Reille, étaient en mesure de soutenir la première ligne de d'Erlon et de Reille, que le maréchal « voulait garder jusqu'à la nuit, *afin d'avoir le temps de prendre d'autres dispositions* ». (Dépêche du maréchal, 26 février.)

Les ordres, donnés par le maréchal pour l'exécution des dispositions qu'il voulait prendre en vue de l'engagement imminent de ses forces, n'ont pas encore été publiés. Leur texte exact présente un grand intérêt, aussi bien au point de vue des dispositions elles-mêmes qu'en ce qui concerne la rédaction des ordres de cette époque et en ce moment. Nous donnons ci-après la copie de l'expédition remise au lieutenant-général Reille (1) :

---

(1) Indépendamment des documents français et étrangers, que nous avons recueillis, pour arriver, dans notre étude, à une détermination aussi exacte que possible des faits et des circonstances, nous avons eu recours aux rapports, aux comptes-rendus et à la correspondance officielle du maréchal avec le ministre (Archives historiques du ministère de la guerre). Mais, quelle que soit l'estime qu'on doive accorder à ces pièces, il en est d'autres dont la valeur est certainement au moins égale, sinon parfois supérieure. Nous voulons parler des ordres donnés par le maréchal et *reçus* par ses subordonnés. Seuls ils permettent de confirmer ou de détailler les renseignements que fournissent les premiers, à condition encore, d'ailleurs, de les vérifier par les rapports, par les récits, par les journaux où les notes des exécutants, en comparant ces documents entre eux et en les soumettant encore au crible de l'examen des lieux et des heures. Or le texte des ordres du maréchal a souvent disparu sans laisser de traces dans les archives. C'est grâce seulement aux papiers de la succession du lieutenant-général Reille que nous avons pu combler cette lacune et qu'au cours de cette étude nous avons étudié le détail des faits et des circonstances, en nous reportant au texte même des ordres du maréchal. L'ordre

Ordre donné par le maréchal Soult, le 26 février 1814,
veille de la bataille d'Orthez (papiers Reille) (1).

Monsieur le lieutenant-général comte Reille prendra le commandement des 4ᵉ (Taupin) et 5ᵉ (Rouget) divisions; et il donnera provisoirement des ordres à la 9ᵉ (Pâris). Il disposera aussi provisoirement du 21ᵉ régiment de chasseurs à cheval. Demain, au point du jour, il prolongera sa ligne jusqu'à Saint-Boës, gardant toujours la crête des montagnes et éclairant la route de Tilh et observant avec le plus grand soin le mouvement des ennemis en avant de Saint-

---

important qui règle les dispositions prises par le maréchal Soult, la veille de la bataille d'Orthez, et que nous donnons ci-dessus, est la copie de l'exemplaire qui fut remis au lieutenant-général Reille. Le général Reille fut le seul, semble-t-il, à avoir conservé ces ordres; sans lui, ils ne nous seraient pas parvenus. L'histoire militaire aurait perdu à ce que cet officier général restât à Bayonne et ne vînt pas rejoindre l'armée. Hâtons-nous de dire qu'il n'entre dans notre esprit aucune critique à l'égard du maréchal; il n'y a là qu'un simple établissement de fait, et nous ne nous joignons pas au général Thiébault pour prétendre que le maréchal, profitant de ses longs et répétés passages à la tête du département de la guerre, en a abusé pour détruire tous les documents qui pouvaient nuire à sa renommée et pour les faire établir sur de nouvelles bases : une telle accusation est démentie par l'impossibilité de l'exécution, par l'examen des minutes où le travail apparaît, par celui des copies conservées sans entente préalable, et faisant retour aux archives, alors que l'acteur principal a disparu; enfin, les recoupements étrangers ou particuliers ne manquent pas; leur concordance nous dit l'unité de la vérité, alors que, dans le cas contraire, nous nous trouverions en face de la multiplicité résultant du mensonge. Ceci posé, nous pouvons dire que les rapports du maréchal présentent toujours les faits avec habileté, dans l'ordre et sous le jour qui conviennent le mieux à ses conceptions; mais que, si nous y avons relevé parfois des omissions et des écarts d'heures, qui peuvent paraître importants, nous n'y avons constaté aucune inexactitude. Il était maître de son interprétation des faits, de même qu'on reste libre d'en adopter quelquefois une autre, quand les circonstances adverses sont mieux connues.

« ... Je pourrais parler encore d'un grand nombre de pièces, qui, par les ordres du maréchal Soult, ont été *soustraites et remplacées par d'autres, faites à loisir*; mais ce que j'ai dit suffit pour prouver combien les savants doivent être prudents avant d'invoquer un témoignage en apparence aussi véridique que celui d'un dépôt d'archives... » (Général Thiébault, Mémoires, vol. IV, p. 155, note.)

(1) Inédit.

Boës et dans le versant à gauche, qui donne sur Baigts et sur Ramous.

Monsieur le comte d'Erlon fera opérer un changement de front aux 1re et 2e divisions (Foy, d'Armagnac). Il les placera à la position que la 2e division (d'Armagnac) occupait ce matin, ayant le ravin en avant d'elle et ne laissant que des postes sur le plateau traversé par la grande route, où ce soir ces deux divisions étaient établies. Il portera son artillerie sur le plateau en arrière vers l'embranchement de la route, qui conduit à Dax et à Salles-Pisse. Ainsi, Monsieur le comte d'Erlon sera *au besoin en position de soutenir* les divisions de l'aile droite aux ordres de M. le comte Reille et de défendre de front sa position. Il disposera provisoirement du 15e régiment de chasseurs à cheval.

Monsieur le lieutenant-général Clausel portera pendant la nuit la 6e division d'infanterie (Villatte) en arrière d'Orthez; et il la placera de manière à *soutenir au besoin* la 8e division (Harispe), ou se porter rapidement sur le plateau en arrière de Saint-Boës, pour joindre le restant de l'armée, si l'ordre en est donné. Pendant la nuit, les postes que la 6e division (Villatte) fournit sur le gave de Pau seront relevés par un ou deux bataillons de la 8e division (Harispe).

La 8e division (Harispe) ne laissera à Orthez qu'un avant-poste pour défendre le pont. Elle aura aussi des postes, soutenus par un bataillon en avant du faubourg, qui est sur la route de Peyrehorade. Le surplus de la division sera établi, en échelons, en arrière de la ville depuis le vieux château jusque sur les positions en arrière dont la direction est presque parallèle à la route de Dax. Ainsi, la 8e division (Harispe) formera l'extrême gauche de la ligne; elle sera en mesure de défendre Orthez, si l'ennemi attaquait cette ville de front, et ensuite, si la division était forcée, elle pourrait manœuvrer par la même crête, de manière à avoir toujours l'avantage de la position, en s'appuyant de la gauche de la ligne et commandant par son feu la grande route de Salles-Pisse, de laquelle le général Harispe devrait toujours être maître.

Si la 6e division d'infanterie (Villatte) était dans le cas de marcher pour se porter sur le plateau en arrière de Saint-Boës, M. le lieutenant-général Clausel marcherait avec elle; et, du moment qu'il aurait joint la ligne, la 9e division (Pâris) repasserait sous ses ordres. Dans ce cas, il donnerait des instructions à M. le général Harispe d'après ces dispositions.

Le général P. Soult donnera ordre à la légion des Hautes-

Pyrénées, qui est à Larom (5 kilomètres ouest de Pau), de se replier demain à la pointe du jour sur Pau pour défendre au besoin cette ville. Il donnera pareil ordre au 22ᵉ régiment de chasseurs à cheval et lui prescrira d'avoir constamment des partis sur les routes qui conduisent à Oloron et à Monein, en leur recommandant d'aller jusqu'à ce qu'ils aient vu l'ennemi. Il ordonnera aussi au colonel Desfossé de tenir un fort détachement à Lescar pour éclairer la grande route d'Orthez, afin d'être toujours instruit de ce qui s'y passera. D'ailleurs le 22ᵉ régiment de chasseurs à cheval et la légion des Hautes-Pyrénées seront à la disposition du général Coutard pour la défense de Pau. Ce général en sera prévenu; et il adressera ses rapports à l'état-major général, en même temps qu'il rendra compte aux généraux sur la ligne, et particulièrement au général Harispe, de ce qui se passera du côté de Pau. Le général P. Soult laissera deux régiments de cavalerie légère à la disposition du général Berton, ainsi que le 25ᵉ régiment d'infanterie légère; et il lui prescrira de garder le cours du gave depuis Lescar jusqu'à Orthez, en faisant garder les gués et les défendant même autant qu'il y aura possibilité. Si l'ennemi opérait un passage et que le général Berton fût forcé à se retirer, il ferait son mouvement dans la direction de Sault-de-Navailles, défendant le terrain pied à pied et empêchant l'ennemi d'avancer. Dans ce cas, le général Berton rendrait compte de ses mouvements au général Harispe et prendrait, au besoin, ses ordres. Le général Berton observerait avec soin de ne pas se laisser prévenir par l'ennemi à Sault-de-Navailles; et, s'il était forcé à se retirer jusque-là, il prendrait position de manière à pouvoir protéger le mouvement de l'armée.

Après avoir donné ses instructions au général Berton, le général Soult partira avec les deux autres régiments de cavalerie qui sont avec lui sur la gauche, pour se diriger, par les montagnes, sur Salles-Pisse (1), où il fera en sorte d'arriver à la pointe du jour.

Si l'armée était obligée demain à faire un mouvement rétrograde, elle l'opérerait sur *Sault-de-Navailles*. M. le comte Reille manœuvrerait de manière à porter une division à Amou pour défendre ce point.

La *réserve d'artillerie* sera à *Sault-de-Navailles*.

L'ambulance du quartier général sera à Salles-Pisse.

---

(1) Le texte de l'expédition, mal collationné, porte « *Saint-Huspice* » (sic) pour Salles-Pisse.

La totalité des équipages de l'armée sera dirigée, pendant la nuit, sur Sault-de-Navailles.

Les troupes du génie seront établies sur la route de Dax, à hauteur de l'embranchement qui conduit à Salles-Pisse, et travailleront immédiatement à la (sic) mettre en état. »

Orthez, le 26 février 1814.

Signé : Maréchal Duc de Dalmatie.

P. C. C. *Le lieutenant-général, comte* Gazan,
Chef de l'état-major général.

Le maréchal donnait donc l'ordre qu'à la pointe du jour, le lendemain 27, le corps de d'Erlon (Foy et d'Armagnac) eût fait, pendant la nuit, un changement de front en refusant sa gauche pour se porter près de la droite de la position qu'il occupait le 26 au soir, et se former presque parallèlement à la vieille route de Peyrehorade, la division Foy à la naissance de la croupe du Point-du-Jour (1); la division d'Armagnac à sa droite,

---

(1) « Pendant la nuit du 26 au 27 février, écrit le général Foy dans son Journal, les troupes sont restées sur le terrain. Le 27, avant le jour, ma division a remonté le contrefort de Castetarbe (Point-du-Jour) en se rapprochant de 400 toises de la route de Dax. Je n'ai laissé que des *postes d'observation sur celle de Peyrehorade.* La 2e division (d'Armagnac) s'est massée *derrière moi.* Tout était tranquille. On voyait quelques troupes sur la montagne devant Orthez. J'avais devant moi la 3e division d'infanterie (Picton) en vue. On apercevait, derrière, d'autres troupes et surtout de la cavalerie, de part et d'autre de la route de Peyrehorade...

» ... Ma division était restée à 200 toises de la route de Dax, derrière un mamelon escarpé formant un grand ressaut sur le contrefort, mais très accessible sur les deux flancs... »

Ces points, nettement indiqués par Foy, sont faciles à déterminer sur le terrain : la motte escarpée dont il est question se trouve entre le mamelon d'Escauriet et la colline de Lassoureille, à 200 mètres est environ de la cote 119, et près de la maison Dauvagna : la place de rassemblement de la division Foy était au sud-est et en arrière de ce monticule, partiellement entamé aujourd'hui par l'exploitation d'une carrière de sable. Il constitue un observatoire remarquable, le meilleur de tous ceux des environs et même que le poste d'observation, choisi par Soult au sud de Lafaurie (la forge). Il permet de voir

fortement en retrait derrière elle, en réserve sur la naissance de la croupe 161 (près de 170) et sur celle de la croupe de Bergé ; elles devaient défendre ces positions, empêcher l'ennemi de se porter sur Orthez et soutenir, au besoin, à leur droite, les divisions de Reille, distantes

---

le château de Bellevue, la Mounicq, le camp romain, Saint-Boës, la route de Dax, le monument actuel de Foy, Moncade et Orthez, le Départ et les hauteurs de Magret et de la rive gauche. Il domine et surveille au sud-ouest le contrefort et la route du Point-du-Jour, Castetarbe; et, à l'ouest, le mamelon de Lassoureille et le contrefort qui le prolonge au sud de Brana. Il fut armé de quelques pièces de 4 ; c'est en en descendant, et à 1.500 mètres environ du monument, que Foy fut blessé, comme nous l'indiquerons tout à l'heure.

L'examen comparatif, minutieux, de tous les textes et des descriptions du terrain ne permet malheureusement aucun doute quant aux emplacements occupés par la division Foy; mais l'étude des lieux et des localités, la reconnaissance du terrain, donnent l'impression nette que *sa véritable place eût été bien plutôt sur le contrefort 161, 170, avec la division d'Armagnac*, en les faisant appuyer offensivement par la division Villatte. Il eût fallu pour cela *vouloir livrer bataille et attaquer, et non pas préparer d'avance une retraite échelonnée*. L'occupation de 161 et de Bergé, *en forces*, eût été *nettement offensive*, alors que les dispositions adoptées par le maréchal étaient *strictement défensives*. Les plans du théâtre de la bataille, établis en Angleterre vers 1841 (atlas grand in-folio de Wyld), revus spécialement pour Orthez (1/25.000) par le général Mitchell, chargé du service de la topographie et des reconnaissances à l'armée de Wellington, et même le croquis de Napier, ne résistent pas à la tentation de rendre au contrefort 161 (*défiguré par Cassini*), l'importance qu'il aurait dû avoir dans la bataille. Ils y transportent en grande partie l'action et les forces de notre côté. Nous souhaiterions pour nous qu'il en eût été ainsi, car c'est en remontant ce contrefort que l'attaque, par la colonne de gauche de Picton, avec sept bataillons de sa division, a pu avancer sans grands efforts.

Quoi qu'il en soit, les dispositions prises par le maréchal restent un modèle pour une action de couverture *défensive* avec des troupes qui seraient *pourvues de l'armement moderne*.

« ... Il est probable que, demain, il y aura un combat, car les deux armées sont trop près *pour que*, de part et d'autre, on *puisse l'éviter*... » (Soult au ministre; Orthez, 26 février.)

En résumé, le maréchal a placé deux groupes distincts, chacun de la valeur d'une petite division actuelle de 10 à 11.000 hommes, sur son front de défense; et il a préalablement échelonné tout le reste de ses forces vers l'arrière.

de 900 mètres environ. Celles-ci occupaient l'amphithéâtre de collines, qui entoure, à l'est et au sud-est, le ravin profond et l'église de Saint-Boës. Elles prolongeaient la grande route de Dax par l'occupation de la hauteur 175 avec leur gauche : elles tenaient, avec leurs postes ou leurs avancées, Brasquet (161), Saubétat (170), Barbaou, Lousteau (croix au sud de l'église), le hameau de l'église et les maisons, éparses sur les hauteurs, entre celui-ci et la route de Dax, le mamelon de Mousquès, le groupe de Miché (147), sur la route de Dax. Elles étaient protégées en avant, au sud, à l'ouest et au nord par des marais difficiles, qui rendaient impraticable le fond des ravins (1).

Les troupes de Clausel avaient également ordre d'être disposées, à la pointe du jour, comme il suit : Pâris était désigné pour former la réserve du corps de Reille, à 800 mètres au sud-est de l'église de Saint-Boës, près de Plassotte. La division Harispe avait mission de laisser à Orthez, extrême gauche du maréchal, des postes au pont, et au faubourg de Peyrehorade. Le reste de la division devait s'échelonner en arrière d'Orthez, depuis les hauteurs de Moncade et dans la direction de la gauche du général Foy, afin de pouvoir défendre Orthez

---

(1) Quelques-uns des points qui ont été le plus chaudement disputés sont encore marqués, sur ce terrain, par des croix (emplacements anciens de tombes communes); elles jalonnent les hauteurs des deux plateaux mouvementés qui encadrent l'église de Saint-Boës (ancienne chapelle des Seigneurs de l'Abbadie, 1718), bâtie vers le haut du versant est du plateau de Saubétat ou de 170 qui domine le terre-plein de l'église. Le ravin profond de Saint-Boës sépare les deux plateaux. Ces croix sont celles de :
— 161 (Brasquet);
— 170 (Saubétat);
— Lousteau (300 mètres sud de l'église);
— 175, tombée en novembre 1905, rétablie à neuf en 1906.
— Et à l'est de Mousquès, sur la route de Dax.

ou manœuvrer sur les crêtes à la gauche de la ligne, et tenir toujours la route de Salles-Pisse. La division Villatte, alors sur le plateau de Souars (1) (2 kilomètres environ sud-est de l'église d'Orthez), devait se porter, pendant la nuit, sur les hauteurs à l'ouest de Rontun (2) (4 kilomètres nord-est d'Orthez), vers les cotes 176, 178, Camelong, 172, Américain (3), et jusqu'à 134 (à 2 km. 500 nord-ouest de 172. Des détachements de cavalerie, placés en observation sur chacun des éperons à l'est de Saint-Boës (Jouannès, Cassaet, Casteca, 134, Sainte-Marie et Saint-Martin-de-Bonnut) (4), auraient mission de surveiller la plaine du côté du nord-ouest. La division Villatte devait ainsi former, en seconde ligne, réserve des corps de Reille et d'Erlon et soutenir au besoin Harispe. Celui-ci, chargé de défendre Orthez, et de tenir la ligne de retraite sur Salles-Pisse et Sault-de-Navailles, étendait donc sa droite dans la direction de Foy et il s'échelonnait encore en arrière jusqu'à la division Villatte.

Le développement des positions occupées par ces différents groupes (8 kilomètres environ) portait ainsi les deux ailes en échelons en avant par rapport au centre. Les positions des flancs avaient une grande force. Le centre pouvait être soutenu par les divisions disposées en arrière bien plutôt avec la pensée de recueillir

---

(1) Dit, dans le pays, les *Soarns*.
(2) L'ancien village de Rontun (carte de Cassini) était situé à 1 kilomètre au nord du moulin actuel de Rontun, qui figure sur le 1/80.000.
(3) Garnie ainsi de troupes, la hauteur de 172, Américain, est visible de l'horizon des Anglais, sauf de leur droite; elle semble dominer fortement les autres hauteurs.
(4) *Bergé, Bergeron, Bergeret, Bergeras* : bergeries; — *Bonnou* : marais; — *Barbaou* : boueux; — *Hours* : endroit sombre, sauvage; — *Lagu, Lag, Lagelouse* : flaque, marécageux; — *Broucas* : épines; — *Brana* : bruyère; — *Brasquet* : bourbier; — *Seigne* : marais; — tels sont les noms de lieux autour de Saint-Boës. Ils étaient descriptifs.

les groupes de la première ligne que de les appuyer.

Le maréchal s'attendait à ce que l'ennemi fît passer des colonnes entre Orthez et Lescar (4 kilomètres environ nord-ouest de Pau), en raison des pointes que celui-ci avait déjà envoyées de ce côté pour reconnaître les gués. Deux régiments de cavalerie et deux bataillons (général de cavalerie Berton) avaient été désignés pour garder cet espace (35 kilomètres). Pau devait, en outre, être défendu par un régiment de cavalerie et par la légion des Hautes-Pyrénées, chargés d'éclairer l'extrême-gauche sur les routes d'Oloron et de Monein.

La marche d'une colonne ennemie sur Oloron avait été annoncée. Enfin, un corps de cavalerie avait été signalé à Monein (15 kilomètres est de Navarrenx), et l'on avait entendu le canon du côté de Navarrenx.

Le maréchal prévoyait, en cas de recul, l'occupation de positions en arrière vers Amou et vers Sault-de-Navailles et il en avait prévenu ses lieutenants-généraux (1).

Le général Pierre Soult, avec deux régiments de cavalerie, se portait pendant la nuit vers Salles-Pisse, pour former échelon de recueil sur la ligne de retraite prévue. La réserve d'artillerie était envoyée à Sault-de-Navailles avec la totalité des équipages de l'armée.

Le 27, au matin, Wellington allait réunir, sur la route de Peyrehorade, près de Baigts, une force de cinq divisions d'infanterie, deux brigades de cavalerie et une nombreuse artillerie.

La division Picton et la brigade de hussards de Somerset, avançaient par la route (de Baigts à Orthez); elles formaient rideau de couverture et tête de pont, et

---

(1) Pellot, 1818; lettre de Soult au ministre, 26 février, et ordre du maréchal en date du 26 au soir.

elles avaient ordre de diriger ultérieurement leur attaque contre le centre ennemi (Foy et d'Armagnac) par les croupes de 161 et du Point-du-Jour, s'abaissant de sa position vers le gave. Dans la nuit du 26 au 27, un pont de bateaux avait été jeté sur le gave à Bérenx ; la division Clinton en débouchait et elle allait, dans la matinée, vers 8 h. 1/2, rejoindre cette colonne.

Beresford, avec la division Cole et la brigade de cavalerie Vivian (une batterie) (1), rejointes plus tard par la division Walcker, déboîtait sur la gauche, vers le nord, marchant, dans la direction de Saint-Boës, contre

---

(1) « On a commencé ce matin (dimanche 27 février) par *fouetter sept hommes*, près de Ramous ; puis nous avons suivi la grande route dans la direction d'Orthez. Nous avons alors fait notre jonction avec tout le reste de l'armée anglaise et alliée et nous avons attendu les ordres. Personne n'aurait pu deviner qu'on n'était séparé de l'ennemi que par un insignifiant monticule. Vers 9 heures, l'engagement commença et notre brigade quitta la grande route pour occuper une colline à gauche... Nous entrâmes alors dans le village de «*Baigts* » (sic), qui avait été pris et repris plusieurs fois. Nous vîmes alors l'armée française dans ses positions, déployée d'une façon très imposante : cette vue frappa de terreur plusieurs de mes camarades, j'ai le regret de le dire.

» A ce moment le maréchal Soult et son état-major parcouraient à cheval le front de bataille. Le maréchal exhortait ses soldats à bien combattre, je le vis très bien avec ma lunette...

» Nous arrivâmes bientôt sous le feu de l'ennemi. Vivian voulut former le régiment au plus près, pour le cas où il aurait fallu charger. Mais les Français nous firent tant de mal avec leur artillerie que deux escadrons du régiment furent envoyés à l'arrière-garde et que l'escadron de droite se mit à l'abri, les hommes se tenant au ventre de leurs chevaux dans un fossé boueux...

» Lord Wellington n'a jamais été plus mal secondé sur le champ de bataille ; tous ses aides de camp étaient loin de lui, et on l'a vu galoper avec une seule ordonnance. *Il était partout où on avait besoin de lui.* » (Journal de Woodberry. Plon.)

N. B. — Woodberry appelle « *village de Baigts* » le hameau autour de l'église de *Saint-Boës*. Ce point est très important à retenir quand on étudie les documents anglais et certaines pièces françaises : ils appellent : « *high Church of Baigts* », ou *église haute de Baigts*, l'église des seigneurs d'Abadie, qui est l'église actuelle de Saint-Boës. Cette désignation, si on n'en

Reille et notre droite (151, 161, 170 au nord-ouest de l'église et vers la route de Dax (Miché, 147).

La division légère d'Alten achevait aussi, vers 10 h. 1/2, de franchir le gave et de se porter en réserve derrière le camp romain, situé à 200 mètres est d'Hilloou (1), reliant ainsi les deux ailes, distantes de

---

connaît pas le sens, rend incompréhensibles bien des récits : témoin celui de Napier pour son propre traducteur, Foltz, qui accumule les contre-sens et les non-sens dans sa traduction du récit de la bataille d'Orthez. Les plans anglais (Napier, Wyld, etc.) appellent aussi « *high church of Baigts* » l'église de *Saint-Boës*. Il est permis d'être un peu dérouté quand on ignore que *Baigts* veut dire, dans ces récits : *Saint-Boës, hameau de l'église*.

(1) *Hilloou* (prononcez: *HHîyou*), aujourd'hui détruit, était à 200 mètres environ à l'ouest de Juanhau (en ruines actuellement), situé au milieu du lieu dit : *le camp romain*, à 1.100 mètres environ au sud-ouest de l'église de Saint-Boës. Celui-ci, entouré encore de levées de terre et de fossés profonds, bien conservés sur nombre de points, affecte une forme à peu près rectangulaire qui paraît avoir été assez régulière. On dénomme, dans le pays, « le Château », les abords de ce camp ; et on en a retiré beaucoup de pierres de démolition qui ont servi à construire les maisons éparses de ce quartier.

Le contrefort d'Hilloou et du camp romain, aujourd'hui couvert de bois qui masquent la vue (sauf l'intérieur du camp semé en maïs), était, il y a soixante ans, tout planté de vignes. En 1814, il était gazonné et très peu boisé.

Wellington, après avoir reconnu le pays sur la gauche de Beresford, resta plus d'une heure à 200 mètres d'Hilloou, tantôt au camp romain, tantôt sur le monticule de la Motte ou à la Mounicq, pour observer les dispositions de Soult. Les vues de ces trois observatoires sont très étendues et elles permettent de surveiller tout le champ de bataille, bien que l'enchevêtrement des mouvements du sol contribue à masquer bien des fonds et des versants.

Soult, de son côté, se tint longtemps sur le monticule du général Foy, dont nous avons déjà parlé, et sur le large mamelon arrondi, situé au sud de Lafaurie et de la route de Dax, qui le traverse en tranchée. De ce dernier point on aperçoit, étant à pied, seulement la moitié supérieure des arbres du camp romain, mais on ne voit rien de Saint-Boës ; la vue est masquée par les hauteurs de 161 et de Bergé. On découvre Lassoureille, quelques maisons du Point-du-Jour et de Castetarbe, le monticule de Foy, Moncade, les toits d'Orthez, les hauteurs de la rive gauche. Une tradition locale fantaisiste fait loger Soult, le 25 au soir, à la ferme de la Mounicq, sur la hauteur, au sud du camp romain : elle est erronée et d'ailleurs inadmissible.

2 km. 1/2 environ, et séparées par des marais impraticables formant le fond des ravins entre les croupes.

Ces mouvements étaient délicats pour les divisions, qui achevaient de passer le gave. Gravissant péniblement les pentes dans un terrain très difficile et rocailleux, forcées de suivre, depuis le gave jusqu'à la route de Peyrehorade, un chemin resserré entre des rochers, elles se réunissaient lentement et peu à peu par petits groupes, couvertes, il est vrai, par la division Picton, mais néanmoins presque sous le canon de l'ennemi. Elles ne furent pas inquiétées.

Hill, de son côté, au sud d'Orthez, recevait ordre de passer le gave au gué de Souars, près d'Orthez, dès qu'il le pourrait, afin de coopérer à l'offensive.

Pendant toute la matinée, les avant-gardes de Picton, puis celles de Clinton, tiraillaient contre les postes avancés du centre français (division Foy), qui, portés un peu en avant, occupaient la croupe de Route-Bieilh, celle du Point-du-Jour (postes de la brigade Fririon) et le couvent des Bernardines (36ᵉ régiment, colonel Maitrot, brigade Berlier). Elles prenaient pied, toutefois, sans difficulté sur la partie inférieure des croupes de Route-Bieilh et du Point-du-Jour et les postes français se retiraient « sans pertes ». (Foy.)

A notre droite, Reille poussait, à 7 heures, vers l'ennemi une forte reconnaissance en avant de Saint-Boës ; elle ne tardait pas à rentrer dans nos lignes, aussitôt après avoir appris le franchissement du gave par les masses ennemies et leur mouvement en avant.

A 8 heures, les avant-postes de notre droite, vers Brasquet et Lasserre, au nord-ouest de Saint-Boës, se repliaient sur les maisons de cette localité, devant les premières colonnes de Beresford ; le 12ᵉ régiment d'infanterie légère était porté en avant, et il allait occuper les maisons du hameau de l'église, soutenu par quatre pièces, que le général Rey commandant la 1re brigade de la division Taupin avait aussitôt fait mettre en batterie à Saubétat. Elles réussissaient à démonter les premières pièces établies par l'ennemi. Néanmoins, à 9 heures, l'attaque anglaise, appuyée par l'artillerie d'Alten déjà établie à Hilloou (900 mètres), se dessinait sérieusement contre Saint-Boës. (Memorandum de Wellington.)

Saint-Boës (*boës* : bois, buis), composé aujourd'hui, d'une part de son église (1) presque isolée, d'autre part d'un groupe d'habitations autour du triangle des trois routes au nord de la cote 175, puis de quelques maisons éparses sur les plateaux et sur les versants des ravins, présentait, en 1814, au dire des traditions, une disposition différente. Celles-ci s'accordent bien avec les écrits des témoins oculaires anglais et français (2); et les faits dont ces lieux ont été le théâtre sont faciles à reconstituer sur place, quand on a déterminé les dispositions locales en 1814. Ils sont jusqu'ici restés obscurs en présence des destructions que les combats avaient fait subir au village et des reconstructions qui les ont suivies; la déformation des lieux a été trompeuse en ce sens qu'elle a paru transporter, sur le mamelon de 175, le défilé, resserré entre des maisons, dont il question dans les différents récits de l'époque, et qui se trouvait alors plus à l'ouest sur l'arête étroite, encadrée de ravins, vers la croix de Lousteau (300 mètres au sud de l'église).

---

(1) Ancienne chapelle des seigneurs de l'Abbadie, 1718.
(2) Lapène, capitaine d'artillerie à la division Taupin; Woodberry, lieutenant au 18e hussards, de la brigade Vivian; Beresford; Wellington; Napier; Picton, etc.

Les maisons antérieures à 1814 avaient été elles-mêmes construites avant l'établissement de la grande route de Dax et rapprochées de l'ancienne voie romaine des crêtes venant de Salles-Pisse par Camelong, Américain, Lafaurie, Bergé, 175, sur Saubétat, Parrabeou et, de là, bifurquant sur Thil et sur Puyôo. L'ancienne grande route de Dax, antérieure à la route actuelle, suivait elle-même, à partir de Bergé, vers le nord, un tracé plus à l'est que le tracé actuel. Les maisons, reconstruites après 1814 (cadastre de 1828), ont subi à leur tour l'attirance de la grande route ; elles s'en sont rapprochées, et aujourd'hui l'agglomération est faite autour de 175 et de Plassotte, en grande partie sur la route de Dax. A l'époque qui nous occupe, le groupe de Mercé, sur la hauteur de 147, était cependant plus important qu'il ne l'est aujourd'hui.

En 1814, Saint-Boës comportait, d'une part un petit hameau de quelques maisons aux alentours de son église, bâtie sur le versant est du plateau arrondi de 170, et déjà presque isolée comme elle l'est aujourd'hui. Un ravin difficile et profond l'enserre à l'est : il était alors très marécageux comme tous les fonds de la région. Un chemin fangeux, encaissé, étroit, venant de l'église, traversait une dépression dans le flanc ouest de ce ravin pour aboutir, vers Lousteau (croix du 1/80.000), à l'arête étroite, encadrée au nord et au sud de ravins marécageux, qui se prolonge, à l'ouest, par les hauteurs de Parrabeou, Brasquet, et, à l'est, par le mamelon 175. Cette arête, à partir de la croix, et sur une longueur de 200 à 300 mètres dans la direction de 175, était alors bordée des deux côtés d'assez nombreuses maisons, dont la plupart ont disparu ; son peu de largeur ne permettait pas d'autre débouché que par ce défilé. Le chemin remonte ensuite pour franchir la colline 175. L'agglomération actuelle des habitations sur ce mamelon et autour du triangle des trois routes était alors beaucoup moins prononcée qu'aujourd'hui, et la colline 175 était dégagée, ainsi que celle de Plassotte. La première se termine, vers le sud par un éperon en terrasse (Micoulaou actuel), qui commande et enfile l'arête étroite venant du camp romain. Vers le nord, la colline 175 se prolonge par une suite de mamelons en pentes douces (Plassotte, est de Mousquès (1), Lasserre), qui entourent le ravin de Saint-Boës. Le petit mamelon sur le versant duquel est bâtie la ferme de Mousquès (1789) domine et bat le fond du ravin : moins élevé que les hauteurs situées à l'est et au sud, il masque cependant leurs vues sur le ravin et il avait dû lui-même être occupé au début par l'infanterie de Taupin ; le ravin était infranchissable. Les deux hauteurs jumelles de 175 et de Plassotte sont les plus élevées (2).

Après avoir traversé la colline 175, le chemin rejoint la grande route dans une faible dépression qui correspond à la tête du ravin marécageux de la Mounicq-Saint-Boës, dont le rôle fut capital dans ces combats. La route remonte ensuite légèrement pour passer à côté de la ferme de Luc, en déblai dans une ondulation peu accentuée qui couvre bien la route des vues et des feux venant de l'ouest. De l'éperon de Luc, près de la ferme,

---

(1) Les traditions locales rapportent qu'en creusant les fondations du four à chaux de Mousquès, on a trouvé une grande quantité de débris humains, ainsi qu'autour de la ferme des Mousquès, et que les Anglais avaient établi une ambulance sur ce point, après le combat.

(2) « ... Le village enlevé, Beresford s'avança pour chasser l'ennemi de deux hauteurs dominantes en arrière (175 et Plassotte) ; mais il fallait suivre une étroite langue de terre, bordée de chaque côté par un profond ravin et garnie d'artillerie... » (Mémoires de Picton.) Voir aussi : Woodberry, Lapène, Napier, Clinton, etc.

on bat à 650 mètres le débouché resserré et difficile du chemin creux et fangeux qui vient de l'église en plongeant partiellement dans une dépression du flanc du ravin, et qui aboutit à Lousteau (croix). On prend d'écharpe à 500 mètres la sortie est du défilé des maisons, qui courait sur l'arête étroite, resserrée entre les ravins, depuis Lousteau dans la direction du mamelon 175.

Cole, gardant la brigade Anson en réserve, prenait rapidement possession, avec les brigades Ross et Vasconcellos, des maisons du hameau autour de l'église. Le 12° régiment se retirait en bon ordre et rejoignait sa brigade, rangée en bataille, avec la 2° brigade (Béchaud) de la division Taupin, sur les hauteurs de 175, de Mousquès, de Plassotte et à l'est de l'église en deçà du ravin, jusque vers la hauteur de 147 (Miché). A ce moment, la division Rouget était disposée en échelon, en arrière et à gauche de la division Taupin, sur le versant est des mamelon 175 et de Luc; et la division Pâris, en seconde ligne, sur la hauteur de Plassotte, constituait la réserve de ce corps de droite. Une batterie de 12 pièces était établie sur le front de la division Taupin, sur le versant nord de 175. Une batterie de 16 pièces était en réserve sur la route de Dax et près de Luc, à l'abri des vues et des coups, battant d'abord la sortie du chemin de Saint-Boës à Lousteau et tenant sous son feu le débouché vers l'est du défilé venant de la croix de Lousteau.

Maître du hameau de l'église, Beresford tentait sans succès de déboucher au delà du ravin et du défilé qui le suivait. La sortie de celui-ci était battue de front par l'artillerie de Taupin, et prise d'écharpe par les feux de la batterie établie au sud de la route de Dax, près de Luc.

Cinq fois l'attaque anglaise s'efforçait de déboucher du défilé sur le terrain découvert au delà en s'accrochant, à droite et à gauche, aux habitations éparses sur les flancs des ravins. Accueillie, dès la sortie, par des décharges à mitraille à courte portée, les brigades Ross et Vasconcellos étaient chaque fois repoussées et ramenées à la baïonnette au delà des maisons et jusqu'au ravin par les troupes de Taupin. Le général Ross était dangereusement blessé.

Wellington envoyait alors, du camp romain, vers Barbaou, un régiment de cazadorès (chasseurs) de la division légère d'Alten pour flanquer la droite de la brigade Ross et la couvrir contre nos tirailleurs; mais, partie de la brigade portugaise Vasconcellos venait précisément d'être rejetée en désordre, au delà du groupe des maisons du défilé, par une de nos contre-attaques ; et la brigade Ross, forcée de se replier en traversant celui-ci, n'avait pu le faire qu'avec de grosses pertes.

«... Le feu de l'ennemi se croisait en avant et causait des pertes terribles », écrit Picton (Mémoires) ; le terrain, jonché de morts, présentait l'affreux spectacle d'une attaque désespérée. Une brigade portugaise (Vasconcellos), après être restée quelque temps exposée à ce feu destructeur, recula et battit en retraite en désordre. Les Français la poursuivirent; et ce fut seulement le soutien opportun de quelques troupes fraîches de la division Alten, qui empêcha *la déroute* de s'étendre à toute cette aile de l'armée. La bataille prit alors un *aspect inquiétant...*»

Devant le centre et la gauche du centre du maréchal, l'ennemi ne faisait aucun progrès, malgré le recul des postes d'observation de la division Foy des parties inférieures des croupes de 161, de Lassoureille et du Point-du-Jour. Les détachements de Picton, trop faibles, gênés par les difficultés du terrain et arrivant successivement, avaient été refoulés. L'un d'eux, envoyé par ce général à sa gauche sur le petit contrefort qui s'allonge au sud de Brana, et dans la direction du mamelon de Lassoureille, avait été chargé et culbuté par Foy, au moment où il atteignait le haut de ce mouvement de terrain, près de Lassoureille. Il s'était enfui en désordre, abandonnant des prisonniers.

Le maréchal, placé de sa personne sur la hauteur au sud de Lafaurie, voyait ces derniers succès, en même temps qu'il était informé de ceux remportés à Saint-Boës : il donnait l'ordre de faire avancer les réserves. « Enfin, je le tiens ! » lui a-t-on fait dire à ce moment : rien ne prouve qu'il l'ait même seulement pensé ; et toutes les dispositions prises paraissent au contraire démontrer qu'il n'entendait aucunement livrer une bataille décisive et définitive.

Il avait manqué à surprendre, au moyen d'une vigoureuse action prononcée en temps utile, l'ennemi divisé par le passage du gave, aussi bien que par les mouvements divergents de ses colonnes ; c'est-à-dire, ménager économe des forces de la couverture, à livrer un combat sans risques réels, avec toutes les garanties de succès. L'isolement de Picton, le 26, depuis le matin jusqu'à 3 heures du soir ce même jour, lui en avait fourni une première occasion : cette division effectuait alors péniblement et lentement le passage du gué de Bérenx ; l'étroit chemin menant du gué à la grande route de Peyrehorade ne lui livrait qu'un débouché resserré, dont elle sortait avec difficultés ; puis, elle était restée seule jusqu'à cette heure.

Une seconde occasion s'était encore présentée, le 26 au soir, d'attaquer, avec des forces encore supérieures, les deux divisions de Beresford et la division Picton, réunies au-dessus de Baigts. Enfin, le 27, s'offrait une troisième occasion : Beresford s'était éloigné pour s'élever vers Saint-Boës et la route de Dax ; la division Picton et la brigade de hussards de Somerset étaient demeurées isolées plus de trois heures, formant avantgarde de couverture, et à découvert presque sous le canon du maréchal (1), pendant que les divisions Clinton et Alten subissaient, à leur tour, toutes les difficultés du passage par le pont de bateaux et par les débouchés étroits, conduisant à la grande route (2). Les deux groupes étaient alors entièrement séparés, divisés par des obstacles naturels presque infranchissables, et distants, entre eux, de plus de 3 kilomètres.

Ces moments étaient passés : une bataille décisive eût coûté trop cher; elle eût compromis dans une aventure les forces et la mission du maréchal ; elle eût risqué de clore brusquement celle-ci en empêchant l'armée de *durer* et de *menacer* encore.

Un peu avant 11 heures, Foy avait vu les troupes de la division Picton se former. « ...L'infanterie gagne le contrefort d'Anglade (Castetarbe, Point-du-Jour) en avançant en masse par la grande route et en jetant des tirailleurs à sa droite.

» Voilà la division Picton, établie *sur le même contrefort et de plain-pied avec la mienne ;* la cavalerie anglaise file derrière et passe du côté d'Orthez ; quatre pièces d'artillerie se mettent en batterie ; l'infanterie se masse pour l'attaque... » (Journal de Foy.)

En ce moment, sept bataillons de la division Picton

---

(1) « ... Le moment était critique. Picton ne cacha pas son inquiétude... » (Napier.)
(2) La division Clinton n'a pu entrer en ligne que vers 9 heures, et la division Alten, venir prendre place en réserve que vers 10 h. 1/2 ou 11 heures.

étaient prêts à s'avancer contre la division d'Armagnac par Route-Bieilh et par le versant sud du contrefort 161-170 ; les trois bataillons restants de la division Picton, soutenus par la division Clinton en réserve (11 bataillons) se préparaient à marcher contre la division Foy (1) par les contreforts de Lassoureille.

Wellington constatait que l'attaque sur la droite française et au delà de Saint-Boës ne pouvait aboutir ; il était en outre impossible de remonter plus au nord pour tourner cette droite sans s'étendre démesurément, sans se heurter aux marais de l'Ourseau et des fonds au pied de Bonnut, ainsi qu'à la plaine difficile du Luy-de-Béarn et aux détachements de P. Soult, échelonnés, en arrière de la droite, aux extrémités de tous les contreforts. Alors, vers midi, il ordonnait à Picton et à Clinton de pousser vigoureusement en avant avec toutes leurs forces, dirigeant une double attaque simultanée contre les divisions Foy et d'Armagnac en remontant les contreforts.

En même temps, du côté de Saint-Boës, il faisait soutenir la brigade Ross et les restes de la brigade Vasconcellos de la division Cole, engagées sur ce point, par la brigade Anson de cette division et qui était restée en réserve. Elle était dirigée, à leur droite, par le contrefort de Barbaou, vers la croix de Lousteau, contre la hauteur 175.

La division Walcker et la brigade de cavalerie Vivian appuyaient la division Cole en avançant par la route de Dax, sur Miché et 147 (2).

---

(1) Picton au colonel de Pleydet ; de Cazères, le 4 mars 1814.
(2) Par la route de Dax, Thil, sur Miché, 147, d'après le croquis de Napier et les traditions locales ; par Parrabeou, Brasquet, Saubétat d'après le plan au 25.000ᵉ de Wyld et du général Mitchell. Ce dernier mouvement paraît moins excentrique que le premier ; mais il se heurte à l'arête resserrée de 175, que les

A droite de la brigade Anson, Wellington faisait avancer la division légère d'Alten par le versant nord de l'arête du camp romain dans la direction de Micoulaou.

La brigade Barnard (1) de cette division, ayant le 52ᵉ régiment en tête, était lancée du camp romain vers Luc, à travers le marais du ruisseau de la Mounicq-Saint-Boës, sur les derrières, vers l'est, des hauteurs de 175 et de Plassotte, occupées par les troupes de Reille alors aux prises, face à l'ouest, avec la division Cole. Wellington ne conservait plus qu'un seul bataillon portugais en réserve générale au camp romain.

Pendant ce temps, Foy, du monticule situé entre Escauriet et Lassoureille, avait vu quatre pièces de Picton se mettre en batterie vers Lassoureille, et son infanterie se masser pour l'attaque. D'Erlon avait aussitôt concentré ses divisions : la division d'Armagnac s'était portée sur la route de Dax, entre Bergé et Labiste, et la division Foy s'était massée derrière le monticule couronné par son artillerie. Le général Foy revenait à pied vers sa division, du monticule où il avait été observer les mouvements de l'ennemi, quand un shrapnel, éclatant à 10 ou 12 mètres au-dessus de sa tête, le blessait d'un de ses biscaïens à la partie inférieure de l'omoplate gauche (2). La confusion qui résultait de cet événe-

---

alliés n'ont pu forcer et sur laquelle débouche encore la brigade Anson, venant par le contrefort de Barbaou. Lapène déclare avoir vu des « masses », dirigées pour tourner la droite de Taupin : ce sont celles de Walcker et de Vivian. Walcker est d'ailleurs arrivé beaucoup plus tard que Cole ; les divers témoignages le disent et nous pensons qu'il a suivi l'itinéraire Parrabeou Brasquet, comme le montre Wyld, traversé péniblement le ravin hors des feux et, par Bidalucq, débouché ensuite sur la route de Thil (Miché, 147), ainsi que l'indiquent Napier, Lapène, les traditions locales.

(1) Wellington à Bathurst; Saint-Sever, 1ᵉʳ mars.
(2) Dans le compte rendu du maréchal Soult (rapport sur la bataille d'Orthez), on lit : « ... Le général Foy fut griève-

ment jetait le trouble dans sa division : elle remontait jusqu'à la route de Dax et reculait au delà.

Le 52ᵉ régiment anglais achevait alors de traverser le marais, les hommes enfonçant parfois jusqu'à la ceinture. Il profitait du grand vide, faiblement garni, existant à la droite de notre centre, entre Reille et d'Erlon, et il parvenait, précisément à ce moment, à prendre pied par surprise, et complètement inaperçu jusque-là, sur la hauteur de Luc, à l'est de 175, en arrière des troupes de Reille, pendant que Taupin faisait face à l'attaque de

---

ment blessé à l'attaque d'un mamelon, d'où l'ennemi fut repoussé en désordre... » Deux faits distincts sont ainsi confondus et la vérité paraît déformée. Voici le récit de Foy, dans son journal :

« ... Le coup me fait tourner et ne me renverse pas, peut-être parce que les officiers qui m'entouraient m'ont soutenu... Mon bras gauche a perdu tout mouvement... ; bientôt je suis tombé dans un état de faiblesse voisin de l'évanouissement. Cependant j'ai pu aller à pied (1.500 mètres) jusqu'à une maison sur la route de Dax, à l'endroit où on la quitte pour prendre le chemin de Salles-Pisse. Je n'ai pas voulu être pansé plus tôt, parce que je prévoyais que les troupes allaient être culbutées... »

Il devait être environ midi 15, ou midi 30, quand Foy fut blessé, en descendant du monticule situé entre le mamelon d'Escanriet et la colline de Lassoureille, à 200 mètres est de la cote 119. (Voir page 395, note 1.)

Il fut pansé sommairement auprès de l'emplacement du monument actuel, et il en repartit *à cheval* vers 1 h. 30. Il atteignit ainsi, vers 3 h. 30, Sault-de-Navailles (9 km. 500), où Rapatel, chirurgien en chef de l'armée, lui fit un pansement complet, mais sans pouvoir extraire la balle. Vers 5 heures, les fuyards commençant à encombrer le village, Foy *remonta à cheval*, et continua jusqu'à Hagetmau (14 kilomètres), où il arriva vers 8 h. 30. Le maréchal Soult vint l'y voir. A 11 heures du soir, les grenadiers de sa division lui organisèrent un brancard et le transportèrent à Barcelonne-du-Gers (35 kilomètres). Il y passa une nuit ; puis fut placé sur une litière à chevaux et dirigé sur Toulouse, où il arriva le 5 mars, très affaibli par les fatigues de la route et l'incapacité où il était de se nourrir d'autre aliment que de bouillon. Soigné par Broussais, alors médecin principal, il fut opéré le 26 mars par Rapatel. La balle, qui n'avait pas pénétré, ne put être retrouvée ; mais on enleva de nombreuses esquilles ; quelques jours après (2 avril), étendu sur un matelas dans une calèche, il était envoyé loin du théâtre de la guerre, à Cahors (6 avril), où il se rétablit.

Cole et de Walcker et que l'artillerie de Rouget tirait à mitraille sur l'attaque d'Anson et d'Alten.

D'Armagnac venait encore d'augmenter le vide existant entre notre aile droite et le centre en prescrivant la retraite à sa division, conformément aux ordres de d'Erlon ; il l'avait disposée en position de recueil au nord de la route de Dax (hauteurs de Labiste). Ces mesures résultaient des instructions que le maréchal venait de donner : en effet, à notre extrême gauche, Hill, qui disposait de 12.000 hommes sur la rive gauche, devant Orthez, avait vivement engagé le combat contre Harispe pour l'empêcher de tomber dans le flanc de l'attaque de Picton. Puis, après avoir menacé un gué en aval d'Orthez, il avait réussi à forcer, au sud de la ville, le passage du gué de Souars (1), défendu par un bataillon du 115e, de la brigade Baurot (2). Il avait tourné la ville d'Orthez et il menaçait notre ligne de retraite sur Salles-Pisse avec la division Stewart, une brigade de Le Cor et la brigade de cavalerie Fane (3), en s'élevant vers le nord-est par la crête 119, 178, Tury. Clausel avait ordonné à Harispe d'abandonner Orthez et de se rapprocher de Villatte sur les hauteurs de Camelong (172, 145, 167), après avoir laissé, sur la Motte-de-Tury (4), quelques bataillons de conscrits qui venaient de rejoindre. Clausel, avec le 10e régiment de chasseurs à cheval et la brigade Baurot, arrière-garde de la division Harispe, faisait tête à Hill, quand le maréchal, ar-

---

(1) 1.200 mètres nord-ouest de Biron.
L'ancien village de Souars, encore porté sur la carte de Cassini, était autour du « *Presbytère* » de la carte au 1/80.000e. Le gué existe encore, de Presbytère à Biron.
(2) Un bataillon du 115e (rapport de Soult); deux bataillons, d'après Napier.
(3) Wellington à Bathurst.
(4) « *Motte-de-Turenne* », sur la carte de Cassini et sur les anciens mémoires et documents ; 3 km. 500 nord-est d'Orthez, à l'est de la route de Saint-Sever.

rivant sur les lieux, avait jugé urgent de rompre le combat et envoyé des ordres de retraite générale sur Sault-de-Navailles (1).

Une des brigades portugaises de Le Cor, arrêtée jusque-là par les défenses de la rive droite du gave, rétablissait alors provisoirement le passage sur le pont coupé : elle pénétrait dans Orthez, et marchait sur Salles-Pisse par la grande route.

A notre droite, les divisions Taupin, Rouget et Pâris défendaient encore, à 2 h. 1/2, leurs positions autour de Saint-Boës, au moment où l'attaque de la colonne de droite de Picton (trois bataillons de Picton et division Clinton), avançant par la route d'Orthez, allait atteindre les hauteurs vers la Gloriette, avec l'aide de son artillerie, en batterie sur le mamelon d'Escauriet. De ce côté, le 36ᵉ régiment, sous le commandement du colonel Maitrot (brigade Berlier), avait défendu jusqu'à la dernière limite le couvent des Bernardines avant de céder le terrain. Le général Fririon avait pris le commandement de la division Foy. Sur le flanc droit de cette division, désemparée à la suite de la blessure de son chef, l'attaque de gauche, prononcée par sept bataillons de la division Picton, couronnait la hauteur de 161, que d'Armagnac venait de quitter, sur les ordres de d'Erlon.

Enfin, le général Pierre Soult, pour retarder l'ennemi, avait fait charger l'escadron Leclerc, du 21ᵉ chasseurs

---

(1) « Dès la veille, écrit Pellot, en 1818, le maréchal, *jugeant qu'il serait obligé de céder sa position* à un ennemi qui avait à lui opposer des forces si supérieures, indiqua aux lieutenants-généraux *Sault-de-Navailles* comme la route qu'on devait prendre : aussi cet ordre de mouvement n'eut-il rien d'imprévu ni d'inquiétant. » Se reporter plus haut à l'ordre du maréchal en date du 26, qui confirme cette déclaration.

par la route d'Orthez, contre la batterie anglaise établie près d'Escauriet, qui nous faisait beaucoup de mal. Cet escadron avait réussi à mettre le désordre dans un bataillon ennemi, soutien de l'artillerie, et à lui faire de nombreux prisonniers ; mais, en revenant par le même chemin creux d'Escauriet, qu'il avait déjà pris à l'aller, il était surpris par les feux d'une embuscade et presque entièrement détruit.

L'artillerie de Picton allait alors s'établir à sa droite (1), sur la hauteur à l'est du monument actuel, enfilant de ses feux la dernière défense de notre centre.

En présence de ces progrès et du recul du centre désemparé, les divisions Rouget et Pâris avaient dû rompre le combat et faire en arrière de la droite, un mouvement semblable à celui, exécuté déjà par la division d'Armagnac, disposée en arrière du centre, entre Bieg et Bordenave (172, 178 et Camelong). Elles avaient été prendre, en arrière, une position de recueil, par le chemin de Plassotte à Laporte, sur le contrefort de 134 et de Bieg, en suivant le ravin. Mais la division Taupin, presque entourée, ne s'était pas encore dégagée. Le général Béchaud venait d'être tué. L'ennemi dirigeait de nouvelles troupes, par le nord, à la droite de Taupin ; celles de la route d'Orthez avançaient sur ses derrières, aggravant l'action du 52e (2), « qui s'était précipité avec de grands cris, faisant un feu roulant, culbutant un bataillon français... » (W. Napier), soutien de l'artillerie de Luc, et nous prenant deux pièces (Picton à Pleydet, 4 mars). Déjà, les cris : « Nous sommes cou-

---

(1) Mémoires de Picton.
(2) « L'affaire fut décidée par le 52e. » (Napier.) — « Le succès de la bataille, longtemps incertain, fut décidé en faveur des coalisés par la manœuvre audacieuse exécutée entre les divisions Rouget et d'Armagnac... » (Lapène.)

pés, l'ennemi est sur la route » commençaient à se faire entendre dans les rangs. (Lapène.)

Considérée comme perdue après ces sept heures de combat, la division Taupin, vers 3 heures du soir, parvenait à se jeter dans le ravin de Laplace, à l'est de Plassotte, et à dérober sa retraite dans la direction de Laporte.

Le débouché au delà de Saint-Boës était alors entièrement dégagé : les divisions Cole et Walcker, la cavalerie de Vivian, avec deux batteries, en profitaient aussitôt ; elles prenaient pied sur les mamelons de 175 et de Plassotte, et venaient se former sur les hauteurs de Laslande et de Bergé, poursuivant de leurs feux nos troupes en retraite. Elles y rejoignaient la division Alten et faisaient leur jonction avec l'aile, commandée par Picton (1). L'artillerie de ce dernier labourait alors de ses feux le chemin encaissé, étroit et inégal de Salles-Pisse, « où nos troupes en retraite étaient resserrées et où toutes les armes marchaient confondues et en désordre. Le moment était critique... » (Lapène.) Cependant, grâce aux dispositions déjà prises, grâce à celles prévues et ordonnées par le maréchal, la retraite allait s'effectuer sans désastre.

La division Villatte, encore en réserve générale et

---

(1) On a trouvé, dans la « touya » ou brandes de genêts et de bruyères, située à la tête du ravin au sud de Gay et de Bergé, une fosse commune considérable, remplie de très nombreux ossements humains et de débris d'uniformes, boutons, etc.
Le commissaire général de police Devillier au général baron Thouvenot (Bayonne, 2 mars). — « ... Un émissaire, revenu d'Orthez ce matin à 3 h. 1/2... m'a rapporté... que l'affaire a duré depuis 9 h. 1/2 jusqu'à 2 h. 1/2 du soir... Ayant vu revenir M. le général Harispe et M. Goyenèche vers Orthez, il a compris, vers 3 heures, que nos troupes allaient quitter... il se mit en route, bientôt après 3 heures, et alla coucher à Amou... »
Ce renseignement concorde à peu de chose près, avec les heures que nous avons établies par la comparaison des différentes pièces françaises et anglaises.

n'ayant pas donné, avait été conduite par le général Clausel sur la route de Sault-de-Navailles ; elle soutenait la retraite en prenant position sur les hauteurs qui encadrent le défilé que Salles-Pisses domine en arrière.

En avant d'elle, les divisions d'Armagnac, Rouget et Pâris, échelonnées, tenant les hauteurs de Camelong, 178, de Bordenave, Américain, 172, de Bieg et 134, recueillaient les divisions Harispe, Foy et Taupin, qui, protégées par elles, les dépassaient. Elles rompaient alors le combat et s'écoulaient à leur tour, sous la protection de Villatte, en bon ordre bien que pressées par les troupes anglaises, auxquelles elles infligeaient de fortes pertes. « L'ennemi », écrivait Wellington à Bathurts le 1er mars, « se retira d'abord dans un ordre admirable, saisissant tous les avantages des nombreuses et excellentes positions que le terrain lui fournissait. Cependant les pertes, qu'il subissait... et le danger dont le menaçait le mouvement de Hill, accélérèrent bientôt son mouvement et, à la fin, la retraite devint une fuite, où les troupes furent dans la plus grande confusion (1) ... » Les troupes de Hill suivaient la crête allongée de la Motte-de-Tury, parallèle à la direction de la retraite et à la grande route : elles tenaient ainsi cette dernière sous le feu de leurs canons et elles en interdisaient le parcours ; elles avaient encore toute facilité pour nous devancer.

« Arrivées en face de Salles-Pisse », dit le memoran-

---

(1) *Picton au colonel de Pleydet.* — « L'ennemi protégea sa retraite *par de grandes et solides masses d'infanterie*, qui occupèrent successivement les points les plus avantageux. Pendant quelque temps, elle se fit en grand ordre ; mais, comme le soir approchait et que nous pressions de plus en plus ses flancs, le désordre s'accrut graduellement et à la fin, les diverses colonnes, mélangées et dispersées, s'enfuirent dans toutes les directions... »

dum de Wellington, « elles se portaient sur le village et sur la route entre Salles-Pisse et Sault-de-Navailles, forçant ainsi les derrières de l'armée française et rejetant celle-ci en grand désordre au nord de la route à travers les sentiers d'un terrain très coupé. » A partir de Salles-Pisse, en effet, et jusqu'au Luy-de-Béarn, s'étend le prolongement des landes de Pont-Long ; le parcours en était difficile dans un sol fréquemment marécageux, couverts de hauts genêts épineux, de bruyères, de broussailles, coupé de ruisseaux fangeux et de nombreux obstacles, fossés et « baradoes » ; il imposait la dispersion et l'éparpillement. La retraite était donc forcée d'adopter elle-même cette forme et devenait presque individuelle, sauf à partir du point, en avant de Sault-de-Navailles, où la route était libre. C'étaient, de toutes parts, des bandes éparses se hâtant vers les gués du Luy et vers le pont de Sault-de-Navailles. La poursuite, dans ce terrain, en présence de ces obstacles et de cette dispersion, perdait elle-même toute cohésion et toute rapidité. Sur un seul point, le pont de Sault-de-Navailles, elle pouvait nous gagner de vitesse, si la possession complète de la grande route lui permettait de le faire (1).

Le maréchal avait déjà envoyé rapidement, alors que la voie était encore libre, le général commandant l'artillerie, Tirlet, avec la réserve d'artillerie de l'ar-

---

(1) L'ancien chemin d'Orthez à Sault-de-Navailles suivait, comme tracé, le chemin de terre actuel d'Orthez à Metge, signal 176, signal 178, Camelong, Bayler, par les crêtes ; il contournait Salles-Pisse au nord ; puis, passait au sud de la route actuelle et se dirigeait sur Sault parallèlement à celle-ci, mais à 200 mètres ou 300 mètres plus à l'est. Le pont en bois sur le Luy était à 50 mètres environ à l'est du pont actuel en pierre. Le tracé rectifié de la grande route d'Orthez à Sault, qui figure aussi sur la carte de Cassini, diffère peu du tracé actuel de la carte au 1/80.000°.

mée (1), prendre position sur la hauteur « surmontée d'un bouquet d'arbres », située au sud-est de la vieille tour de Sault. Elle y parvenait en temps utile, malgré les encombrements d'équipages et les rampes difficiles des rues étroites et tortueuses de Sault-de-Navailles. Plusieurs compagnies de sapeurs du génie, gardées en réserve jusqu'alors, étaient portées sur la hauteur de Pabillou, entre Sault-de-Navailles et le château, et elles en organisaient la défense. Les premiers régiments arrivés y étaient aussitôt réunis, remis en ordre et disposés. L'artillerie ouvrait le feu contre la brigade de cavalerie Somerset, conduite par Stappelton Cotton ; celle-ci pressait l'arrière-garde d'Harispe, formée d'un bataillon de gardes nationales du pays et de détachements du 115ᵉ de ligne ; elle avait pu, déjà, la charger avec succès au delà de Salles-Pisse, en lui faisant 200 prisonniers (2) ; mais cette arrière-garde prenait néanmoins position sur la rive gauche du Luy pour couvrir le passage. Devant notre résistance et la nuit d'ailleurs arrivant, l'ennemi remettait de l'ordre dans ses éléments et ralentissait son mouvement. Wellington venait en outre d'être durement contusionné à l'aîne par une balle ; le pays était mal connu, ses difficultés de parcours, la ténacité, comme la répétition, de nos résistances avaient épuisé l'effort des hommes et des chevaux ; le « point limite » d'usure était atteint et la poursuite, déjà molle, s'arrêtait.

L'armée française profitait de ce répit pour achever de traverser le Luy (6 heures du soir) par les gués jusqu'à Bonnegarde, et par le pont de bois de Sault-de-

---

(1) Une batterie de douze pièces, suivant Lapène. L'ordre du maréchal (26 février) avait envoyé *d'avance* la réserve d'artillerie de l'armée à Sault-de-Navailles.

(2) *Wellington à Bathurst*, 1ᵉʳ mars; et Lapène.

Navailles. La division Villatte, la division de cavalerie légère du général Pierre Soult, puis la division Harispe, recevaient l'ordre de défendre Sault-de-Navailles jusqu'à 10 heures du soir, temps jugé nécessaire pour que Villatte, qui en avait reçu mission, eût achevé de détruire le pont de bois et tous les moyens de passage du Luy.

Pendant ce temps, le maréchal mettait à couvert ses parcs, ses équipages, ses blessés et il recueillait l'armée à Hagetmau (14 kilomètres de Sault-de-Navailles), où lui-même venait de porter son quartier général (1).

Débordé et coupé par le mouvement de Hill, le général Berton, qui avait été placé en observation avec deux régiments de cavalerie et deux bataillons à Lacq,

---

(1) *Soult à Guerre* (Hagetmau, 27 février). — « ... *J'ai été attaqué* aujourd'hui, sur les hauteurs en arrière d'Orthez, par toute l'armée ennemie; les troupes se sont battues avec une grande valeur. Le village de Saint-Boës a été pris et repris cinq fois; mais j'ai dû céder au nombre et retirer l'armée sur Sault-de-Navailles, d'où elle continue son mouvement sur Saint-Sever. *Je ne vois pas de position où je puisse m'arrêter* : aussi je manœuvrerai suivant les circonstances, afin de retarder, autant que possible, d'être obligé à passer la Garonne... » (A. G.)

— *Copie d'une note reçue d'Orthez*, le 3 mars, jointe à une lettre du maréchal du 5 mars :

« ... On n'a point proclamé Louis XVIII ici. On a voulu faire enregistrer à la municipalité un acte dont j'ignore la teneur; mais les citoyens qui sont membres du conseil municipal ont éludé la question, disant qu'ils n'ont aucune qualité. Ce n'est pas Lord Wellington qui faisait cette demande; c'est un autre général ou officier inférieur... L'ennemi a fait de grandes pertes; 4.000 blessés sont en ville aux hôpitaux et autres locaux. On les traite comme l'humanité le commande. Il y a peu des nôtres à Orthez; je ne sais si tous y ont été portés... L'armée ennemie, poursuivant la nôtre, le 27 février, n'a pas passé dans la ville, mais à côté... Lord Wellington est parti d'Orthez il y a deux jours... Les armées ont détruit les vignes, pillé les maisons isolées;... beaucoup de maisons, cependant voisines du pont, ont été abîmées et quelques-unes même pillées. Le duc d'Angoulême est encore ici... » (A. G.)

entre Orthez et Lescar, sur la route de Pau, effectuait de son côté sa retraite, directement sur Hagetmau par Mant et Samadet. Il recueillait en cours de route deux bataillons de conscrits qui rejoignaient l'armée. (Mémoires du général Berton.)

A 10 heures du soir, la division Villatte, la cavalerie de Soult et partie de la division Harispe, laissées à Sault-de-Navailles en arrière-garde, se dirigeaient sur Hagetmau. Elles y arrivaient à 2 heures du matin, le 28, au moment où l'armée évacuait cette localité pour gagner Saint-Sever.

Les troupes anglaises bivouaquaient sur la rive gauche du Luy-de-Béarn, en face de Sault-de-Navailles et de Bonnegarde (1) ; mais une partie de la cavalerie anglaise allait bivouaquer au delà du Luy (Woodberry ; 18ᵉ hussards, à 5 kilomètres de Saint-Cricq).

L'état des pertes subies par l'armée française au cours de ce combat, n'a pas encore été publié ; nous entrerons donc dans quelques détails à ce sujet :

Le nombre total des tués ne s'élève qu'à 539, dont 23 officiers;

Celui des blessés, à 2.052, dont 99 officiers ;

Celui des prisonniers à 1.339, dont 23 officiers.

Au total : 2.591 tués et blessés (2) ;

---

(1) « Le nom d'Orthez figure sur les drapeaux de trente-six régiments anglais. » (*The war in the Peninsula, France*, etc... by général Clinton; publié en 1878; London, Fred. Warne; ouvrage qui paraît être extrait en grande partie de Napier. Petits portraits de Soult, Wellington, Picton, Beresford, Clinton, etc.)

(2) *Soult à Guerre* (28 février). — « ... Je ne puis encore aujourd'hui faire à Votre Excellence un rapport détaillé sur la bataille que *j'ai reçue hier* des ennemis; mais je fixerai à peu près ses idées sur les pertes que nous avons éprouvées et sur celles des ennemis. D'après les premiers aperçus qui m'ont été donnés, j'estime que nous avons eu 2.500 hommes hors de com-

3.930 tués, blessés ou prisonniers, non compris les disparus.

	Tués et blessés.	Prisonniers.
Division Foy	336	13
— D'Armagnac	433	116
— Taupin	545	16
— Rouget	465	56
— Villatte	241	198
— Harispe	235	599 (1)
— Pâris	188	260
— Sept régiments de cavalerie	216	50
— Artillerie	51	8
— Génie	4	»

Le général Béchaud comptait parmi les morts ; les généraux Foy et Gruardet (division d'Armagnac) étaient blessés.

Les divisions Taupin, Rouget, d'Armagnac et Foy furent les plus éprouvées, la division d'Armagnac en recueillant les trois autres et en couvrant leur retraite. Les divisions combattant en première ligne, Taupin, Foy, Rouget, perdent peu de prisonniers ; celles qui soutiennent la retraite, et principalement la division Harispe, engagée d'abord aux alentours d'Orthez et dans la ville, et à laquelle une charge de cavalerie enlève

---

bat, tués ou blessés... Toutes les divisions ont été engagées, mais *la division Taupin et la division Foy principalement*. Lorsque le général Foy fut blessé on s'en aperçut aussitôt à la contenance de sa division... »

Clerc (p. 460) dit n'avoir pas trouvé trace des pertes subies à la bataille d'Orthez quand il a consulté les archives de la guerre. L'état dont nous extrayons nos chiffres est signé du général Gazan : *Etat des pertes, que l'armée a éprouvées à la bataille du 27 février sur les hauteurs d'Orthez;* — envoyé le 12 mars, de Vic-de-Bigorre, au ministre, par le général comte Gazan, chef d'état-major général de l'armée. Il est classé à la date du 12 mars.

(1) Dont 297 gardes nationaux.

encore 200 hommes au delà de Salles-Pisse, ont un grand nombre de prisonniers.

Le régiment le plus frappé, 12⁰ léger, a perdu 195 hommes tués ou blessés. Le 21⁰ chasseurs à cheval a perdu 159 hommes dans sa charge. Ce dernier chiffre ne concorde aucunement d'ailleurs avec celui qui nous est fourni par la lettre du colonel de Charlet, commandant ce régiment, en date du 4 mars de Madiran : 3 officiers, 7 hommes et 80 chevaux, le 27 ; 30 hommes, le 28 (voir p. 482, note 1).

D'après les statistiques du docteur italien Rossi, on compterait, en moyenne générale, et au total, 1 tué pour 45 à 53 hommes présents et 1 blessé sur 7 à 8 hommes présents (guerres de Crimée, d'Italie et franco-allemande). Chaque combattant aurait environ 48 chances sur 1 de n'être pas tué et 7 de n'être pas blessé.

En résumé, Rossi établit qu'on compte : 6,3 blessés pour 1 tué. Les relevés plus précis du colonel Journée, ceux du médecin-inspecteur Delorme, font adopter la proportion de : 1 tué pour 5 blessés. La bataille avait donc été peu sanglante, puisque, d'après ces premières données, le chiffre normal des tués aurait pu atteindre au delà de 750 hommes, et celui des blessés environ 4.000. Le chiffre de 2.052 blessés pour 539 tués n'est pas non plus proportionné à la dernière moyenne, qui donnerait : 2.695 blessés. On devrait admettre alors qu'une grande partie des prisonniers étaient blessés (643 hommes). Les renseignements d'Orthez parlent en effet de quelques blessés français dans cette ville. Mais, dans ce cas, le chiffre des prisonniers aurait été encore supérieur à celui indiqué par le maréchal ; et cette probabilité n'est pas invraisemblable, étant donné le nombre considérable d'hommes portés comme traînards ou disparus.

Les pertes des alliés ne s'élevaient qu'à 2.300 hommes, dont 53 prisonniers.

Le maréchal, d'après son rapport sur la bataille, déclarait avoir perdu douze pièces. Wellington estimait nous en avoir enlevé six (1).

« ...L'armée française », écrivait Wellington (1er mars), « était dans la plus extrême confusion lorsque je l'ai vue passer les hauteurs près de Sault-de-Navailles ; et beaucoup d'hommes avaient jeté leurs armes. Depuis la désertion a été immense... »

« ...Les conscrits de nouvelle levée », rapporte Pellot, « se battirent à Orthez comme de vieux soldats ;... c'est un témoignage que tous les officiers leur ont rendu. Mais, après la bataille et dans notre marche rétrograde, l'esprit de désertion s'empara d'eux ; chacun s'en allait chez soi, comme si la paix était faite. Le maréchal donna des ordres... pour ramener ces conscrits : on eut plus de peine à les faire rejoindre qu'à les faire battre... »

Pendant ces événements, Hope, sous Bayonne, s'était emparé, le 23 février, de l'embouchure de l'Adour. Le 25, il avait réussi à faire passer 5.000 hommes sur la rive droite et il avait complété l'investissement de la

---

(1) *Wellington* à Bathurst. — *Picton* écrit : « Nous avons pris, je crois, 8 pièces... » — *Woodberry* : « Nous n'avons pris qu'un nombre insignifiant de canons ; je ne sais comment Soult s'est arrangé pour faire échapper le reste... »

Pellot estime que la perte fut de 5 pièces, dont 1 obusier ; d'accord textuellement avec la lettre du maréchal au ministre (28 février, Grenade), il rapporte que « ... nous avons perdu 4 pièces de campagne, 1 obusier et 2 caissons vides. Les chevaux de trois pièces ont été tués en totalité et les timons des caissons ont été cassés dans un moment où on ne pouvait les remplacer. Les deux autres pièces se sont trouvées engagées dans un faux chemin, d'où il a été impossible de les tirer lors du mouvement... »

Dans son rapport sur la bataille du 27, le *maréchal* disait avoir perdu douze pièces.

place en disposant sa droite à l'Adour, un peu en avant du Boucau, son centre, en travers de la route de Bordeaux, à 1.200 mètres au sud de Tarnos. Sa gauche s'étendait vers l'Adour, dans la direction de Vieux-Mouguerre, et barrait la route d'Orthez au moyen de quelques postes et de patrouilles. Sa cavalerie battait les routes de Bordeaux et d'Orthez, en arrière de la ligne. Le 24, les bateaux destinés à former le pont sur l'Adour et venant de Saint-Jean-de-Luz, franchissaient la barre pour entrer dans le fleuve. Le 25 au matin, l'investissement rapproché de la citadelle et des défenses de la rive droite était effectué ; et le pont était jeté à 4.500 mètres environ en aval de Bayonne, entre les deux murs de quais, qui avaient été construits par nos ingénieurs dans le but d'augmenter la puissance du courant en le resserrant et d'employer cette force à désensabler la barre. Vingt-six bateaux, espacés de 13 mètres environ les uns des autres, furent reliés par des cordages : en travers de leurs ponts, on disposa deux gros câbles sur lesquels on plaça directement les madriers du tablier. Le 26, le difficile établissement du pont était terminé sans avoir été inquiété aucunement par la garnison ; on s'accordait, jusqu'alors, à croire une telle opération inexécutable.

Ces manœuvres, depuis le 15 février, présentent, soit du côté anglais, soit du côté français, un grand intérêt. La différence des effectifs en présence (Soult, 35.000 à 38.000 hommes ; Wellington, 45.000 hommes) attribuait surtout une grande supériorité de cavalerie à Wellington. Bien qu'opérant en France, Soult était peu secondé sous le rapport du service des informations ; et sa cavalerie, très insuffisante en nombre, bien loin de racheter cette grave lacune, l'avait mal renseigné. Cavalerie et informations sont essentielles au jeu rapide et sûr des organes de la couverture. Les mouvements de Soult étaient donc retardés ; ses forces ne pouvaient être avisées en temps utile et l'orientation commune manquait à la manœuvre.

Ayant affaire à un adversaire personnellement très actif et vigoureux cavalier (1), qui opérait sur de larges fronts avec des éléments bien reliés et bien dirigés malgré les distances, le maréchal n'aurait pu compenser les infériorités d'organisme de ses troupes qu'en poussant au loin des échelons offensifs, de fortes avant-gardes d'introduction et de couverture, ou mieux un corps puissant d'avant-garde, ayant la charge de révéler l'adversaire, de retarder sa manœuvre, et de l'entraver par la menace de leurs actions ou par leurs actes.

Nous l'avons vu tenter l'emploi de ces combinaisons, mais le limiter à des forces trop faibles ; leurs combats étaient insuffisants pour lui procurer les renseignements de valeur nécessaires à sa manœuvre et pour lui assurer les délais indispensables à celle-ci. Ils le pouvaient d'autant moins que la saison, l'état des chemins, le petit nombre et la lenteur de ses agents de liaison, de sa cavalerie, entravaient les communications entre ses éléments, l'arrivée opportune des renseignements, l'exercice rapide du commandement. Ses lignes étaient donc elles-mêmes débordées promptement ; elles tombaient sans grande résistance, sans manœuvre des réserves et sans offensive, presque en même temps que ses groupes de simple observation peu éloignés effectuaient eux-mêmes leur retraite.

« Concevoir jadis, comme on doit le faire aujourd'hui, le rôle des détachements avancés de couverture », écrit

---

(1) Les deux adversaires, nés tous les deux la même année 1769, avaient 45 ans.

le général Langlois, « eût été folie du temps des armes lisses, à moins de circonstances *exceptionelles*. Une infanterie peu nombreuse cramponnée à une infanterie supérieure à la distance de 200 mètres, portée efficace du fusil, ne pouvait plus se dégager sans danger et sans pertes sérieuses; la protection d'une artillerie, dont l'action décisive s'arrêtait à 500 mètres, ne lui servait pas beaucoup dans son mouvement de retraite. Il faut que la première ligne d'infanterie soit recueillie par une deuxième ligne qui, tenant des points d'appui, arrête par le feu la poursuite de l'ennemi. Aujourd'hui, la portée du fusil permet de choisir ces points d'appui dans une zone profonde de 700 à 800 mètres; on en trouve donc toujours. Il n'en est pas de même s'il s'agit de les prendre dans une zone de 200 mètres d'étendue au maximum. La situation est analogue pour l'artillerie, qui, ayant autrefois une action décisive à 500 mètres seulement, n'eût pas trouvé de positions de résistance successives assez rapprochées les unes des autres. Enfin, à de pareilles distances de combat, il est impossible de cacher sa faiblesse à l'ennemi... »

Les circonstances exceptionnelles, dont parle le général Langlois, sont précisément celles qui correspondent aux terrains d'action du théâtre de guerre, dont nous nous occupons. Les mouvements courts et rétrécis de ces sols coupés, leurs nombreux couverts rapprochés permettent très rarement d'employer partiellement les portées des armes portatives modernes; c'est à peine si l'artillerie d'autrefois pouvait y être d'usage. L'artillerie de nos jours s'y voit le plus souvent placée dans l'impossibilité matérielle de coopérer à l'action. Il en résulte que des détachements avancés de couverture et d'avant-garde auraient pu y jouer un rôle utile malgré l'infériorité des portées du fusil à pierre. Sur ces terrains, comme dans une forêt, comme dans les manœuvres de nuit, les adversaires parviennent encore à se dégager et à se dissimuler alors même qu'ils se sont rapprochés l'un de l'autre à la faible distance qui correspondait aux portées efficaces de l'armement ancien. Ainsi que nous l'avons déjà fait ressortir, la victoire, comme la défaite, en raison même de la configuration du terrain, n'est, sur de tels théâtres d'action, jamais entière et définitive : les troupes battues arrivent toujours à se dégager et à se ressaisir; les troupes victorieuses ne peuvent s'orienter assez sûrement et assez vite, ni avancer assez rapidement pour achever de vaincre en une fois; le sol s'y oppose, comme la nuit ou comme la forêt pourraient le faire. L'emploi de détachements de couverture à l'information au moyen des combats dilatoires, la mise en œuvre de leur action retardatrice s'imposaient donc déjà sur de tels terrains du temps même des armes lisses.

En lisant les instructions, les ordres et les rapports français, qui sont relatifs aux dispositions prises sur la rive droite du gave pour la bataille d'Orthez, on est frappé par cette prescription répétée de défendre Orthez, d'empêcher l'ennemi de se porter sur Orthez. Cependant, l'ennemi, une fois passé sur la rive droite (1), ce point,

---

(1) La ligne de communications de Wellington était non pas sur la rive gauche du gave, où les chemins étaient impraticables pour la plupart, mais sur la rive droite du gave de Pau, où se trouvait la seule route, utilisable pour les convois, du pays vers l'ouest. Hope avait, en effet, forcé le passage de l'Adour, les 23, 24 et 25 février, en-dessous de Bayonne; il s'était établi, la droite en avant du Boucau, à cheval sur les routes de Bordeaux et d'Orthez, la gauche à l'Adour, complétant ainsi l'investissement de la place, assuré par 28.000 hommes de troupes anglaises, espagnoles et portugaises. La communication de Wellington avec le port de Saint-Jean-de-Luz s'effectuait donc par la rive droite du gave et par le pont que Hope venait de jeter sur l'Adour en aval de Bayonne.

Mais, en réalité, l'*Adour* constituait la seule voie de transport à grand rendement pour les approvisionnements ou les rapar lui-même, ainsi que le passage, d'ailleurs en partie détruit alors, qu'il offrait par son pont, n'avaient plus d'importance au point de vue des *opérations*. La grande route de la rive droite, qui passe dans la ville, ne prenait sa valeur soit pour la direction de Bordeaux, soit

---

vitaillements. Comme objectif local, Saint-Sever, *origine de la navigation de l'Adour*, avait donc une grande importance, une tout autre importance qu'Orthez, qui n'en avait pas, ou tout au moins pas encore jusqu'aux affaires de Tarbes et de Toulouse.

Voici ce que dit Larpent (*Private Journal*) de l'état des routes : « ... Les routes sont si mauvaises que les arrivages de vivres ne peuvent se faire, *si ce n'est par l'Adour*, qu'avec les plus grandes difficultés. La route de Dax et de Tartas est *exécrable* et celle de Peyrehorade et Orthez est *très mauvaise*... »

L'Adour comptait 128 kilomètres navigables de Saint-Sever à la mer; il était d'ailleurs flottable d'Aire à Saint-Sever (39 kilomètres). La charge des bateaux variait entre 15 et 30 tonnes. La navigation maritime remontait jusqu'à Peyrehorade.

La Midouze, au nord, navigable depuis son origine, à Mont-de-Marsan, jusqu'à l'Adour, assurait encore une communication précieuse. La charge moyenne des bateaux y était de 15 tonnes.

La grande route de poste de Bordeaux à Bayonne, qui passait par Langon, Roquefort (embranchement sur Aire, où bifurcation sur Pau et Tarbes) et Mont-de-Marsan, n'était pas aussi exécrable que le dit Larpent : elle traversait, il est vrai, le pays très pauvre et peu habité des petites Landes (Mont-de-Marsan, Tartas, Dax), mais elle était suivie par tous les convois et par tous les courriers de l'Empire et l'Empereur lui-même y courait la poste à cheval sans difficultés.

D'après le livret de l'*État général des postes* (de 1817) (règlement de 1805), cette route, de Bordeaux à Bayonne, comportait soixante-dix-huit postes qui devaient se faire chacune normalement dans une heure de temps (art. VIII). Le retour était tarifé pour une demi-heure de rafraîchissement et une heure et demie par poste pour la course (art. XVII). Cette voie donnait aux maîtres de poste le *droit* de percevoir pour *un troisième et un quatrième cheval*. Ce droit qui correspondait soit aux six mois d'hiver, à partir de novembre, soit même à toute l'année, suivant les routes, était applicable soit à l'aller, soit au retour : de Bordeaux à Bazas, troisième cheval pour six mois; de Bazas à Captieux, troisième cheval pour l'année; de Captieux au Poteau, troisième et quatrième cheval pour l'année; du Poteau à Roquefort, troisième cheval pour l'année; de Roquefort au Câloy (au retour seulement), troisième cheval pour l'année; et du Caloy à Ondres, par les postes de Mont-de-Marsan, Campagne, Tartas, Pontoux, Saint-Paul-les-Dax,

pour celle de Toulouse, que comme *voie de communication avec l'arrière*. Les forces opposées restaient seules en cause de part et d'autre. L'objectif de Wellington n'était pas plus Orthez que Bérenx, Puyôo ou Cauneille, simples points de passage sur la rive droite du gave. L'action n'avait rien à faire à Orthez : il n'a eu garde de s'y attar-

---

Saint-Géours, Cantons, troisième et quatrième cheval pour l'année; Ondres à Bayonne, troisième cheval pour l'année.

La route de Bayonne à Orthez, Pau et Tarbes était un peu meilleure, puisqu'elle n'ouvrait droit qu'au troisième cheval de Bayonne à Orthez pour l'année, et d'Orthez à Pau et Tarbes pour six mois d'hiver seulement.

En dehors des grandes routes de postes, encore fort peu nombreuses, les autres voies étaient alors impraticables, même pour les charrois traînés par des bœufs, pendant la plus grande partie de l'année. L'établissement de notre réseau routier n'a guère commencé en effet qu'en 1840.

Les Mémoires du général comte de Saint-Chamans, aide de camp du maréchal Soult, nous donnent un intéressant aperçu qui nous montre le tableau pittoresque d'un voyage sur la grande route de Bayonne en 1808 :

« ... Nous étions quatre aides de camp dans la grosse berline du maréchal, et l'énorme quantité de gens de toute espèce qui couraient vers l'Espagne, nous faisait éprouver de grandes difficultés pour avoir six chevaux à chaque poste. Jusque dans les environs de Bordeaux, nous allâmes cependant assez bien ; mais, en approchant de cette ville, nous trouvâmes tous les chevaux de poste retenus pour le service de l'Empereur, dont le prochain passage était annoncé ; nous ne pouvions plus alors marcher qu'en louant des chevaux de particuliers, et même quelquefois des attelages de bœufs; de cette manière, nous n'avancions pas vite ; dans un village, avant d'arriver à Bordeaux, nous ne pûmes partir qu'avec un attelage de huit vaches, et l'Empereur, qui passa en ce moment seul et courant la poste sur un franc bidet, se prit à rire en voyant notre équipage ; il était effectivement assez plaisant de voir cette belle voiture, avec les armes des maréchaux de France sur les panneaux, et remplie d'officiers richement habillés, attelée de huit maigres vaches et conduite par quatre paysans gascons, armés de longs bâtons ferrés.

» A notre arrivée à Bordeaux, on nous déclara qu'il fallait nous faire inscrire à la poste pour avoir des chevaux à notre tour ; la liste au bout de laquelle nous fûmes mis était d'une longueur énorme... au bout de trois jours,... il fut résolu, coûte que coûte, de partir le lendemain ; après nous être assurés à la poste que notre tour d'avoir des chevaux était encore éloigné, nous fîmes marché avec un voiturier pour qu'en *cinq jours* il nous conduisît à Bayonne... »

der, quand, la défense une fois repoussée, il eût pu facilement s'y installer, s'il eût été utile d'y rester. Son objet était autre : disloquer d'abord les forces de Soult, en s'y attachant où qu'elles allassent, jusqu'à ce que ce résultat fût obtenu. De même, l'objectif principal des forces françaises, trop attardées aux défenses locales sans but effectif, devait être, non pas seulement d'user faiblement l'adversaire par des résistances répétées, mais surtout de le frapper durement par des actes de couverture offensifs, chaque fois que les obstacles du terrain ou le franchissement des nombreux cours d'eau le mettaient en prise.

Sous Orthez, dès que le maréchal est forcé d'abandonner la ligne de Sainte-Suzanne et de Pléchot et les hauteurs de Magret et des cotes 132, 121, 140, 120, c'est-à-dire la tête de pont, qui lui assurait la faculté de pouvoir manœuvrer sur les deux rives, le point offensif menaçant qui lui permettait de faire déboucher une attaque par la rive gauche, dans le flanc et les derrières des colonnes cherchant à passer sur la rive droite ; dès qu'il se localise sur la rive droite et se borne à se clore défensivement (1), on peut affirmer que sa manœuvre est morte : il va subir celle de l'ennemi. Il y résistera plus ou moins longtemps, avec habileté, avec méthode, avec fermeté ; mais il n'aboutira pas à l'acte de guerre qui décide.

Là encore nous voyons le maréchal, poussé rapidement par les événements, pressé par les circonstances qui l'enchaînent peu à peu, entravé par les liens de son rôle stratégique, adopter des dispositions qui resteraient un modèle pour la défensive si cette forme, si cette résolution de manquer de solution pouvaient jamais offrir

---

(1) Il était d'un intérêt capital pour Wellington de s'en assurer *de visu* personnellement ; sa reconnaissance du 25 avait eu ce résultat très important.

une conclusion active. Sans défendre la ligne même de l'obstacle créé par le gave, il cherche à prendre du champ afin de pouvoir, tout au moins partiellement, tenter des contre-attaques sur l'ennemi, qui subit sous ses yeux les difficultés du passage. Mais il est encore trop rapproché de l'obstacle ; loin d'en tirer aucun bénéfice pour la rapidité des mouvements de ses éléments, le défaut de recul ne lui permet plus de ramener dans sa main ses forces, qu'il a déjà concentrées inutilement trop tôt, non plus que de les faire mouvoir à temps, en effectifs suffisants, dans la direction nécessaire. Parties de celles-ci sont déjà saisies par les démonstrations ennemies, accrochées, immobilisées ; la manœuvre n'est plus possible ; elle échoue dans la défense parallèle (1).

Dans la matinée du 28, l'armée du maréchal Soult, qui avait rompu tous les ponts qu'il laissait derrière lui sur son passage, franchissait l'Adour à Saint-Sever-Cap-de-Gascogne et s'installait au bivouac sur la rive droite, au faubourg actuel de Péré (2), autour de l'étoile des routes de Tartas, de Mont-de-Marsan et de Grenade. Les unités étaient alors reformées et réorgani-

---

(1) Ici encore on se reportera utilement aux enseignements de doctrine et d'applications, contenus dans les dépêches de Napoléon, en dates du 30 août 1808, du 15 mars, du 19 mars et du 5 juillet 1813, que nous avons indiqués dans le premier volume de ce travail : *Des manœuvres de couverture*.
(2) Orthez à Sault-de-Navailles, 11 kilomètres; Sault à Hagetmau, 14 kilomètres; Hagetmau à Saint-Sever, 12 kilomètres; total : 37 kilomètres de route dure et très accidentée. Si on représente par 33 la vitesse, produite sur la route actuelle de Mont-de-Marsan à Bayonne par un moteur donné, le même moteur, sur la route actuelle d'Orthez à Saint-Sever, ne produira que 23,5, avec une dépense de combustible de 4/10 plus forte, toutes autres conditions (temps et voie) étant égales d'ailleurs. Ces données, enregistrées plusieurs fois par des moyens précis, peuvent fournir, par comparaison, quelques indications sur l'effort fourni par les hommes et les chevaux : bataille, retraite de 37 kilomètres, avec une marche de nuit de 26 kilomètres; le tout en vingt-trois heures.

sées ; les mouvements de chevaux, de munitions, de voitures, de réapprovisionnements rendus urgents par le combat de la veille et par la retraite s'exécutaient sous la direction du général Tirlet, commandant l'artillerie. Les arrière-gardes occupaient la ligne des hauteurs de Montaut (1), d'Audignon et de Montsoué. Leur réserve (division d'Armagnac) était établie sur les hauteurs de la rive droite du Gabas, au sud de Saint-Sever.

Arrêté sur la hauteur, près d'Abanné (2), au sud de la ville, le maréchal avait examiné la situation : la position de Saint-Sever-Cap-de-Gascogne, par elle-même, eût sans doute permis une assez bonne défense temporaire et locale d'arrière-garde. Protégée par tous les fonds inondés alors, par le ruisseau de la Mère (Tély-Pichegarie actuel) et par le Gabas, dont les eaux étaient fortes, et sur lesquels tous les ponts allaient être rompus, elle pouvait difficilement être menacée au sud à partir de la route d'Hagetmau et à l'ouest.

Le front sud offrait deux bonnes lignes successives : la deuxième, si l'ennemi parvenait à franchir le ruisseau, à gravir le versant, tous deux bien défendus, et à prendre pied sur le bord du plateau, permettait de balayer celui-ci dans des conditions très favorables ; elle n'était autre, en effet, que la lisière même de la ville dans son développement le plus étendu. A l'ouest, l'attaque, eût-elle même réussi à s'établir sur les hauteurs par le Plan-d'Augreilh en faisant un détour considérable, se heurtait, avant de parvenir à la ville, à

---

(1) *Woodberry* (Saint-Aubin, 28 février). — « ... Ce matin, à 8 heures, la brigade a commencé la poursuite. Nous avons traversé Saint-Cricq... Le Mus, Doazit et Montaut... L'ennemi venait d'en partir *depuis une demi-heure; il était 5 heures de l'après-midi*... On nous fit nous détourner jusqu'à Saint-Aubin. » (4 kilomètres nord-ouest de Doazit.)

(2) Dabany, de la carte de Cassini; Abanné, du 1/80.000ᵉ.

plusieurs ravins successifs très faciles à défendre. On n'avait aucune crainte à concevoir que, de ce côté, l'ennemi parvînt à jeter quelques pièces pour entraver la retraite, la couper ou battre le pont sur l'Adour ; la disposition des lieux s'y opposait : il eût fallu franchir toute la ville pour pouvoir le faire.

L'attaque, par la route de Samadet, le Roux, vers Pierron et 105, Escalès, Petepaou et Cap-de-Pouy, offrait au contraire de grandes commodités à l'ennemi. Tout d'abord, le ruisseau de la Mère présentait moins d'obstacles que le Gabas après sa réunion avec le précédent. En outre, il était aisé de prendre pied sur la hauteur (105), et l'on abordait ensuite la ville par son front le plus faible et le plus rétréci, sans avoir rencontré de difficultés de parcours sur le plateau. Par cette voie il était possible d'atteindre rapidement les hauteurs qui dominent immédiatement l'Adour (Morlanne et l'éperon à l'est) et d'interdire la retraite aux défenseurs attardés, en canonnant le pont. La position, qui d'ailleurs manquait de la profondeur nécessaire à toute bonne défense, n'offrait aucune facilité d'offensive partielle. Ses communications avec l'arrière étaient à la merci d'un incident de combat : la disposition des voies d'accès au pont, le volume, la profondeur et la rapidité des eaux de l'Adour en cette saison, rendaient en outre toute retraite éventuelle précaire, car les dispositions locales de la rive droite ne permettaient aucunement de la soutenir.

En ce qui concernait les communications-arrière avec le pont, il existait alors une seule voie très difficile. La route actuelle balance vers l'ouest, autour du plateau de Morlanne (1), une longue boucle qui

---

(1) Ancien camp romain et emplacement, dit-on, du château de Palestrion, séjour des généraux romains.

n'est pas parvenue à diminuer la rampe au-dessous de 9 p. 100. La route ancienne (1), qui subsiste encore en plusieurs parties, décrivait des lacets beaucoup plus courts et plus rapides, dont la pente était supérieure en quelques points à 18 p. 100 ; elle passait à l'est de Morlanne et débouchait à l'ouest du dernier élément de la route actuelle, dans un fond très mauvais.

Ces conditions ne permettaient pas au maréchal, au point de vue tactique, de s'arrêter à défendre Saint-Sever ; l'importance du lieu, au point de vue stratégique, comme tête de la navigation sur l'Adour, qu'il abandonnait ainsi à l'ennemi, était aussi grande que sa situation propre était privilégiée en ce qui avait trait aux dernières relations possibles avec Bayonne, à la protection de Mont-de-Marsan et à la couverture directe de Bordeaux, centre d'opinion publique et politique, qu'il avait mission de préserver.

Mais il fallait se dérober au grave danger d'être refoulé dans les Landes, où il eût été impossible de vivre et d'alimenter l'armée. Continuer à vouloir couvrir directement Bordeaux, c'eût été maintenant se jeter soi-même dans cette région. On pouvait espérer qu'une défense latérale, une protection indirecte, la menace d'une offensive de l'armée dans le flanc ou sur les derrières de l'adversaire tentant de la négliger pour pousser quand même sur Bordeaux, entraveraient le mouvement de ce dernier et le préviendraient. Elles le forceraient, tout au moins, à diviser ses forces, s'il voulait y envoyer un détachement, et à réduire par suite celles qu'il laisserait devant l'armée

---

(1) Journal de Woodberry : « Mercredi, 2 mars... Au lever du jour... je traversai le Gabas sur une barque. J'arrivai bientôt à Saint-Sever, jolie ville dans une charmante situation sur les bords de l'Adour ; je descendis à la rivière par une route en zigzags et je la passai sur un pont réparé... »

française. Cette décision prise, il était urgent d'appuyer rapidement vers l'est en remontant la rive droite de l'Adour sous la protection de ce fleuve et de gagner Aire le plus tôt possible. En effet, la poursuite ennemie devait être imminente : elle disposait des trois routes de Saint-Cricq, d'Hagetmau et de Samadet. Or, la forme concave du cours de l'Adour, que nous devions suivre, donnait toutes facilités à l'ennemi, parvenu en ce dernier point et coupant au court, de nous prévenir à Aire, d'y franchir l'Adour et de nous rejeter sur la direction des Landes. Nous avions réuni en outre des approvisionnements et des magasins importants dans cette ville. Il pouvait même ainsi nous contraindre à un engagement total et décisif, dont notre infériorité numérique, organique et morale, après notre échec, devait nous faire aisément prévoir le résultat. C'était clore la campagne avant d'avoir épuisé toutes les combinaisons que les forces de la couverture permettaient d'adopter pour la faire durer, pour entraver l'adversaire, pour le contraindre à compter avec elle et pour l'enchaîner à sa suite. Il fallait donc remonter l'Adour. Enfin, on pouvait encore conserver l'espoir de rallier un jour l'armée du maréchal Suchet, dont on se rapprochait ainsi, et, alors réunis, de terminer l'aventure audacieuse de Wellington par un désastre.

En conséquence, le 28, dans l'après-midi, le maréchal Soult mettait l'armée en marche sur Grenade, par la route d'Aire ; il donnait ordre de rompre le pont de Saint-Sever et celui de Tartas (voir rapport d'Arsonval, note ci-après).

La veille, en passant de nuit à Hagetmau, il avait envoyé un courrier à pied au général Darricau, à Dax, pour l'informer des événements de la journée, de la retraite de l'armée, et pour lui communiquer l'ordre de rejoindre celle-ci, comme il lui serait possible, sans se laisser couper. Darricau, avec quelques centaines d'hommes, s'était dirigé directement sur Langon par les grandes Landes, et il réussit à atteindre Toulouse avant la bataille. Quand l'ennemi entrait à Dax, le 2 mars, les approvisionnements en avaient été partiellement détruits (1).

---

(1) *Extrait des registres de la mairie de Dax :*
« SOMMATION. — 3 mars 1814, Saint-Paul-les-Dax. — Pour sauver la ville de Dax des suites d'un assaut, je vous somme à la rendre aux troupes britanniques sous mes ordres. L'officier qui est porteur de cette lettre attendra votre réponse.
» Signé : Général Vandeleur. »
Cette sommation paraît postérieure de vingt-quatre heures au fait qu'elle exige : elle aurait, dans ce cas, été réclamée par la ville pour sauver la face.

Note du commissaire de police de Bayonne Devillier, 7 mars : « ... Michel Arcas, natif de Madrid, ayant sa famille à Bayonne, revenu en juin de Madrid, où il était entrepreneur de transports du roi Joseph, était à Pau à la suite d'un procès : il en est reparti le 26 février, samedi, au matin ; a couché le soir à Doazit et le dimanche 27 à Dax. Le mardi 1er mars, un colonel anglais (*) se présente à Saint-Paul-les-Dax avec très peu d'hommes pour sommer la ville de Dax ou du moins connaître ses dispositions. Le mercredi 2 mars, ce colonel entre à Dax avec environ 100 hommes... La garnison de Jaca, renvoyée sur la promesse de ne point servir... est arrivée à Pau le vendredi 25 février, habillée et pourvue de vivres par Mina : elle a été dirigée sur... [Bordeaux]... »

Rapport de l'adjudant-commandant d'Arsonval sur l'évacuation de Dax (Extraits). — Le 26, reçu ordre daté d'Orthez 25, prescrivant de partir sur-le-champ de Mont-de-Marsan pour aller à Dax seconder le général Darricau pour la levée générale et commander la ville ; relève d'un violent accès de goutte ; va coucher à Tartas ; départ de Mont-de-Marsan à midi, arrivée à Tartas 5 heures (il y a 27 kilomètres, il a fait 6 kilomètres à l'heure environ au pas). Pont de Tartas coupé ; arrive à Dax, le 28, à 2 heures soir ; il trouve le général Darricau se disposant à quitter la ville avec quatre compagnies du 34e de ligne et 50 artilleurs ; reçoit l'ordre de prendre le commandement de la place de Dax et « de la défendre avec les gardes nationales du tiers-mobilisé et deux compagnies du 34e, ainsi que la masse des habitants de la ville » et de former immédiatement un con-

---

(*) D'après une lettre de Hope à Wellington (27 février, le Boucau), le lieutenant-colonel Ponsonby, du 12e dragons, était venu en reconnaissance à Saint-Paul le 26.

Le 28 au soir, le maréchal arrivait lui-même à Grenade, d'où il écrivait au ministre (1) :

Soult à Guerre (Grenade, 28 février). — « L'armée

---

seil de défense. Ce tiers mobilisé n'existait pas en réalité, il n'y avait pas un homme et il le fait observer à Darricau; enfin l'esprit des habitants ne permettait aucunement de compter sur eux.
Il a deux compagnies du 34e, soit 240 hommes au total, dont 103 conscrits de 1815 arrivés de huit jours et non habillés, 539 gardes nationaux du corps d'élite du département des Landes, dont 168 conscrits, comme les premiers; 24 canonniers, 4 ouvriers, 2 artificiers, 4 soldats du train, 19 sapeurs du génie. En résumé, 138 soldats du 34e, 43 hommes des cohortes des Landes, 78 hommes du bataillon d'élite des Landes, au total : 249 hommes pour défendre une place de 1.400 mètres de développement. L'artillerie de la place et des ouvrages extérieurs comprend 2 canons de 12, 6 caronades de 12, 8 canons de 4, 7 canons de 3 sans affûts, 2 canons de 1 1/2 sans affûts : il n'a que 24 canonniers. A 5 hommes par pièce, il en eût fallu 125; et prélever 101 hommes sur l'infanterie l'eût réduite à 148 hommes. Il y a quatre portes sans ouvrages, ni tambours en avant; il faut 30 hommes par porte; il ne reste donc que 28 hommes pour défendre 1.400 mètres de développement. La ville est dominée, à 600 mètres; on n'a fait que les ouvrages extérieurs; l'enceinte est ouverte en plusieurs points; le fort de Dax n'a pas été réparé. Il n'y a de vivres que pour deux jours et il est impossible d'envoyer au dehors, vu la faiblesse de la garnison et la présence de l'ennemi à une demi-lieue sur les deux rives. En conséquence, le conseil de défense émet l'avis d'évacuer la ville (11 heures du matin). A 3 heures du soir, 450 gardes nationaux, les anciens soldats et les sous-officiers des cohortes désertent en escaladant les remparts; il ne reste que les deux compagnies du 34e. L'ennemi a de la cavalerie à Saint-Paul-les-Dax, de l'infanterie à Saint-Géours et à Saint-Pandelon. D'Arsonval fait jeter la poudre dans l'Adour, enclouer les pièces, briser les affûts et, le 1er mars à minuit, il évacue la place par les grandes Landes, par Buglose, Laluque, Rion, Garosse, Labouheyre, Belin; il arrive à Bordeaux, le 5 mars, avec 260 hommes, ayant été poursuivi deux jours par la cavalerie anglaise, qui était *venue jusqu'à Lahari* (ruisseau d'Onesse et grande route) où elle était encore quand il passa à une demi-lieue de distance. « ... Les habitants désiraient l'arrivée de l'ennemi... Plusieurs, ayant leurs biens dans les environs de Dax, avaient obtenu du général Darricau des permissions de sortir. Ils en ont profité pour aller conférer avec l'ennemi et lui rendre compte de tout ce qui se passait dans la ville... Le sous-préfet, malgré qu'il fût un riche propriétaire et père de famille, a

---

(1) Voir la note 1 à la page 43?.

était réunie ce matin sur les hauteurs en avant de Saint-Sever, où elle est restée une partie de la journée et où je laisse une arrière-garde jusqu'à demain matin. Ce jour, l'armée est à Grenade, *ayant une avant-garde à la rive gauche de l'Adour;* je me propose d'en partir demain pour aller prendre position à Barcelonne, occupant Aire. Je me détermine à ce mouvement par le rapport qui m'a été fait qu'*une colonne ennemie a marché hier sur Pau,* afin d'aller à sa rencontre si elle a effectivement pris cette direction. Il m'a été aussi rapporté qu'une colonne marchait par les Landes sur Dax, mais je n'ai pas encore de renseignements positifs sur l'un ou l'autre de ces mouvements. Le général P. Soult faisait ce matin l'arrière-garde ; ses avant-postes étaient sur le Luy de France. Ils ont été attaqués par l'avant-garde ennemie composée d'infanterie, de cavalerie et d'artillerie. Les postes ont été poussés jusqu'à Hagetmau, où le général Soult a fait charger un corps de cavalerie anglais et l'a ramené ; ensuite il a opéré son

---

quitté la ville avec nous et nous a accompagnés jusqu'à Bordeaux ; c'est la seule autorité qui ne soit pas restée à Dax. M. L..., colonel retraité, légionnaire ; M. P..., chef de bataillon retraité, légionnaire ; M. L..., capitaine retraité, légionnaire, quoique prévenus de l'évacuation, n'ont pas voulu nous suivre ; *ils sont tous trois du pays et y ont des propriétés...* » (Bordeaux, 6 mars.)

Soult à Guerre (Grenade, 28 février). — « ... Le général Darricau m'a écrit hier au soir, de Dax, que les travaux ne sont pas assez avancés pour pouvoir livrer la place à elle-même ; je lui avais laissé un bataillon pour donner de l'appui aux gardes nationales des Landes, qu'il devait réunir, lesquelles étaient particulièrement destinées à défendre Dax ; mais, à mesure qu'il réunit une cohorte, elle disparaît ; aussi, il se trouve dans l'impossibilité de suivre les travaux de Dax et ensuite de les défendre, à moins que je n'y envoie des troupes de l'armée. Ne pouvant faire à ce sujet un nouveau détachement, j'ai écrit au général Darricau, que, s'il est dans l'impossibilité de défendre la place avec les moyens actuels, il en retire tout ce qui appartient à l'armée et vienne me rejoindre... »

(1) Le ministre lui écrivait, le 7 mars, qu'il n'avait pas reçu sa lettre du 28 février.

mouvement sur Saint-Sever sans être inquiété. A 2 heures après midi, l'avant-garde ennemie a débouché sur le plateau, situé sur la rive gauche du Gabas, devant Saint-Sever : je n'ai pu juger de sa force, mais elle était profonde et paraissait vouloir attaquer. Cependant, après avoir tiré quelques coups de canon, elle a pris position et a établi ses postes.

» La position de Saint-Sever pourrait être défendue si, en arrière de la ville, il n'y avait pas *un des plus mauvais défilés que je connaisse* : le plateau domine la rive droite et le pont, ainsi que les sinuosités de la route à demi-portée de fusil, dans une distance de 800 à 1.000 mètres. A Grenade, il n'y a pas non plus de bonne position. J'espère en trouver une meilleure à *Barcelonne et à Aire*, où je serai *placé de manière à empêcher les ennemis de marcher sur Bordeaux, ou sur Toulouse*, avant de m'avoir de nouveau attaqué... J'accepterai le combat tant que j'aurai une division à mettre en ligne et que je ne manquerai pas de munitions, ou bien j'irai aux ennemis et je manœuvrerai par Pau. Cependant, il m'a paru prudent d'inviter le comte Cornudet, commissaire extraordinaire de l'Empereur dans la 11ᵉ division, à donner ordre que les caisses et archives du département de la Gironde, ainsi que les effets militaires qu'il y a à Bordeaux soient transportés à la rive droite de la Garonne. Déjà le préfet des Landes a fait transporter à Agen les caisses et archives de ce département, et celui de Pau, sur Auch. Il m'a paru aussi prudent de faire préparer des bateaux à Agen, afin que si, contre toute attente, il arrivait que je fusse forcé à traverser la Garonne, je ne fusse pas embarrassé (1). A moins d'ordres positifs, *je ne ma-*

---

(1) *Saint-Sever* (28 février). — « Ordre au chef de bataillon d'artillerie A... de partir sur-le-champ en poste pour aller or-

nœuvrerai pas dans la direction de Bordeaux, où je serais embarrassé pour passer la Garonne et *je laisserais tout le Midi de la France ouvert aux ennemis; mais je prendrai ma ligne d'opération sur Toulouse. D'ailleurs, la position d'Aire et Barcelonne, que je vais prendre, remplira ce double objet...*

» Si, dans quelques jours, l'ennemi m'attaque, *je suis en état de livrer une nouvelle bataille.* Si je ne suis pas attaqué, je me porterai en avant; mais, quoi qu'il arrive, je ne cesserai de manœuvrer contre les ennemis...

» Je crois devoir vous faire remarquer que les forces que je puis mettre en ligne ne s'élèvent pas à 30.000 hommes d'infanterie, 3.000 hommes de cavalerie et 40 pièces de canon, ce qui est bien disproportionné, dans les trois armes, aux forces de l'ennemi....

» Le comte d'Erlon, qui commande l'arrière-garde que j'ai laissée à Saint-Sever, me fait dire qu'à 5 heures l'ennemi s'est beaucoup renforcé sur son front... »

Dans la matinée du même jour, l'armée anglaise, de son côté, s'était mise en mouvement, à la suite de l'armée française (1); elle formait trois colonnes :

---

ganiser des moyens de passage pour l'armée sur la Garonne, vis-à-vis Agen. A cet effet, cet officier supérieur est autorisé à requérir sur la Garonne tous les bois et bateaux qu'il jugera nécessaires pour passer *une division d'infanterie avec tout son matériel à chaque voyage,* et à requérir aussi tous les ouvriers, mariniers, et matériaux nécessaires.

» Il aura soin de *tenir l'équipage réuni à la rive droite,* et de ne le passer à la rive gauche que lorsqu'il lui sera demandé; il devra également inviter les maires de toutes les communes riveraines à faire tenir constamment sur la rive droite la totalité des bateaux qu'ils ont sur la Garonne. »

» *Le Chef d'état-major de l'armée,*
» Signé : GAZAN. »

(1) *Journal de Woodberry* (lundi 28 février; Saint-Aubin). — « ... Ce matin, à 8 heures, la brigade a commencé la poursuite. Nous avons traversé Saint-Cricq — (il avait bivouaqué à 5 kilomètres sud de Saint-Cricq) — où les prêtres et les habitants sont

Celle de droite, commandée par Hill, marchait par Lacadée, Saint-Médard et Mant, sur Samadet et Coudures;

Celle du centre, sous le commandement de Picton, sur Hagetmau (1) et Saint-Sever;

Celle de gauche, sous les ordres de Beresford, sur Saint-Cricq et Doazit.

Elles s'arrêtaient, le 28 au soir, aux environs des localités indiquées ci-dessus.

Le 1er mars, avant le jour, l'armée française avait déjà quitté Grenade et elle marchait sur Cazères et Barcelonne. Le 10e régiment de chasseurs à cheval (ordre de mouvement du maréchal; Saint-Sever, 28 février — papiers Reille —) parti dès minuit, avait ordre d'atteindre Barcelonne à la pointe du jour et d'envoyer aussitôt des reconnaissances sur la route de Pau, pour avoir des nouvelles de ce qui se passait dans cette ville, sur Geaune et sur Saint-Loubouer (17 à 20 kilomètres sud-ouest de Barcelonne). Il devait garder un piquet à Aire *pour la police*.

A la même heure, le parc d'artillerie de l'armée, suivi des équipages du quartier général et précédé par un régiment d'infanterie et par le 10e chasseurs à cheval, prenait la route de Barcelonne.

Clausel se mettait en route, vers 3 heures du matin,

---

venus nous souhaiter la bienvenue, Le Mus (église et château de Candale), Doazit, où les cloches sonnaient en notre honneur, avant d'attendre Montaut... L'ennemi venait de partir depuis une demi-heure : il était alors 5 heures de l'après-midi. Hommes et chevaux étaient harassés après une randonnée de près de 60 kilomètres : ordre fut donc donné de prendre quartier, et on nous fit nous écarter jusqu'à Saint-Aubin-en-Chalosse, petit village d'une trentaine de maisons... » (4 kilomètres nord-ouest de Doazit).

(1) Wellington couchait à Hagetmau, le 28, à la maison Saint-Christau, près de l'église. (Tauzin et traditions locales.)

avec les divisions Villatte, Pâris et Harispe : les avant-postes placés par celle-ci sur les hauteurs de la rive gauche de l'Adour, au sud de Grenade, avaient ordre de ne se replier que lorsque l'arrière-garde de l'armée (d'Erlon) serait arrivée à la hauteur de Grenade. Clausel, aussitôt parvenu à Barcelonne, devait envoyer une division pour occuper Aire, ainsi que le plateau à l'ouest de cette ville, sur la rive droite du Brousseau. Reille suivait le mouvement de Clausel, avec les divisions Taupin et Rouget ; il avait mission de soutenir l'arrière-garde, s'il était nécessaire.

D'Erlon, laissé à Saint-Sever avec la division d'Armagnac, ralliait au passage à Grenade la division Fririon (Foy), qui y était déjà. Il formait l'arrière-garde avec la brigade de cavalerie Vial et une batterie de quatre pièces. Il laissait à Grenade un détachement de 50 chevaux pour éclairer le pays sur toutes les routes qui y aboutissent.

Le général Pierre Soult, avec les trois régiments de cavalerie de Berton, avait ordre de coopérer avec d'Erlon en cas de besoin, sinon de gagner la tête de la colonne par les côtés de la route pour aller à Barcelonne.

L'arrière-garde constituée par le corps de d'Erlon et la cavalerie de Vial, talonnée dans son trajet par la cavalerie anglaise, comme nous le verrons tout à l'heure, s'établissait pour la nuit à Cazères, pendant que Clausel atteignait Barcelonne (1) et que Reille plaçait ses troupes aux environs de cette localité. Le pont de Grenade était brûlé aussitôt après le départ de l'armée (2).

---

(1) Il avait ordre, comme on l'a vu, d'envoyer, dès son arrivée, une division à Aire et sur les hauteurs à l'ouest. Il ne put faire son mouvement, avec ses trois divisions, que le lendemain matin : l'ordre de mouvement du maréchal, pour le 2 mars, en date du 1er mars (Barcelonne), le prouve. Voir : page 449.

(2) *Le directeur des vivres Dulac au comte Dejean, inspecteur général du génie* (Auch, 2 mars 1814). — « ... Le 28 février,

Le 1er mars, dans la matinée, Wellington entrait à Saint-Sever : il trouvait le pont rompu ; mais il poussait néanmoins de suite partie de sa cavalerie, par les gués, sur la rive droite pour rétablir le contact perdu.

A 1 heure, le pont de Saint-Sever était sommairement réparé et l'armée anglaise, à l'exception de Hill, franchissant aussitôt l'Adour en ce point, ainsi qu'au gué profond de Maroc, à 1.000 mètres environ en aval du pont (1), passait sur la rive droite. Beresford, avec la division Alten et la brigade de cavalerie Vivian, recevait mission de pousser jusqu'à Mont-de-Marsan et de s'emparer des approvisionnements qui y avaient été réunis.

Un détachement de cavalerie, envoyé en reconnaissance dès le matin, avait remonté la rive droite de l'Adour sur la route de Grenade, dans les traces de l'armée et de notre arrière-garde. A 11 heures, il se heurtait aux cavaliers du 13e chasseurs, près de Saint-Maurice (ouest de Grenade). Son artillerie nous tuait quelques hommes et une charge en blessait d'autres. Notre cavalerie se repliait au delà de Grenade. L'ennemi suivait notre mouvement jusqu'à mi-chemin de Cazères (2),

---

l'armée française disputa Hagetmau et Saint-Sever ; elle passa le soir l'Adour. Le 1er, elle est venue à *Grenade, dont on a brûlé le pont ;* mais l'Adour, dans cette partie, est très facile à « gayer ».

» *Les équipages de l'armée, le trésor et les administrateurs sont venus sur Auch, par Nogaro et Vic : ils vont à Toulouse...* » (A. G.)

(1) Malgré les fortes eaux de l'Adour et la grande profondeur des gués, en cette saison, on pouvait, à la rigueur, utiliser, en aval de la ville et dans un rayon rapproché, trois gués franchissables par la cavalerie : celui de Maroc, à 1.000 mètres environ en aval du pont ; celui de Loustaou, à 2.000 mètres du pont ; celui de Guilhem, à 3.000 mètres du pont. En amont, on eût trouvé encore jusqu'à Camelot, six gués moins protégés que les premiers et encore difficiles. L'Adour, à Saint-Sever, a environ 150 mètres de large.

(2) Saint-Sever à Cazères, 22 kilomètres.

vers Bordères, et deux fois dans l'après-midi il renouvelait son attaque avec de l'infanterie appuyée par quatre pièces. (Soult à Guerre; Barcelonne, 1ᵉʳ mars.) (A. G.) « ...Notre position (entre Cazères et Bordères), a été conservée ; mais d'Erlon, *ne la trouvant pas avantageuse, m'a prévenu qu'il se retirerait à 4 heures du matin.* Je lui ai donné l'ordre de la défendre, s'il n'a devant lui qu'une avant-garde, et de n'opérer son mouvement que lorsqu'il lui paraîtra que toute l'armée est en mouvement pour l'attaquer. Il a été dit ce soir que l'ennemi a opéré un mouvement sur Mont-de-Marsan. J'ai écrit à d'Erlon d'envoyer une reconnaissance de cavalerie pour s'en assurer... » (Même dépêche.)

Enfin, Hill (divisions Stewart et Le Cor) atteignait, le même jour, les hauteurs de Saint-Savin (1), en face de Grenade, sur la rive gauche de l'Adour, et celles de Montgaillard (poste optique) et Saint-Gilles (2) entre

---

(1) De Samadet à Saint-Savin, 20 kilomètres; de Samadet à Aire, 21 kilomètres.

(2) Nous ne négligerons pas de mentionner une *tradition locale* écrite et tenace, dont nous devons la communication à l'obligeance de M. l'abbé Tauzin, curé de Saint-Justin, bien connu pour ses beaux travaux historiques et son érudition. M. Tauzin est l'auteur de nombreux mémoires d'une grande valeur, consacrés à l'histoire des Landes et de l'Armagnac. Il a écrit des *Chroniques landaises*, dont quelques-unes, trop rares, publiées par la *Revue de Gascogne*, sont consacrées à l'*Invasion de* 1814. Elles sont remplies de faits, de références et toutes vives de couleur locale : leur documentation, loin d'en alourdir la forme, les rend très attrayantes à lire et précieuses à consulter. La tradition dont il est question est donnée par le père du capitaine Dulamon, aide de camp du général Jacobi et ami intime du général Harispe, qui habitait Renung en 1814. D'après le livre de raison de Dulamon père, le 1ᵉʳ *mars à 5 heures du soir,* le général *Stewart*, avec son état-major, serait arrivé à *Renung* et il aurait couché dans la maison de Dulamon. Celui-ci rapporte aussi que la division, *forte de 6.000 hommes*, anglais et portugais, était logée *aux alentours*, dans les métairies environnantes et qu'elle arrivait de la bataille d'Orthez par des chemins de traverse, en passant par Coudures. Le logement personnel de Stewart et de son état-major, le 1ᵉʳ mars, à Renung, à 6 ki-

Saint-Sever et Grenade, dont il trouvait le pont déjà rompu.

Un orage violent, éclatant dans la soirée du 1ᵉʳ mars, d'après quelques écrivains anglais, et dont les documents français ne parlent pas, avait, paraît-il, rompu les ponts de pontons anglais sur les cours d'eau, rendu

---

lomètres est de Saint-Savin et 11 kilomètres de Montgaillard est déjà difficilement acceptable. On ne craignait guère, il est vrai, un coup de main des Français sur la hauteur de Renung, derrière la protection offerte par l'Adour. Il n'y avait pas de pont à Cazères, mais un simple gué à 500 mètres en aval du pont actuel; on ignorait encore la présence de nos forces à Aire. On savait d'ailleurs le pont de cette dernière localité rompu. D'autre part, les états-majors anglais étaient alors fort indépendants de leurs troupes, et ils logeaient souvent assez loin d'elles, mais jamais aussi loin. La présence du général, poussant en avant avec une escorte de cavalerie pour reconnaître à l'extrême droite, sous la protection de l'Adour, bien que fort extraordinaire, n'est pas entièrement inexplicable : du haut du clocher de Renung, qui constitue un observatoire remarquable, on a des vues très étendues sur la vallée de l'Adour, sur Cazères, les hauteurs de la Castelle et le contrefort de Bachen, les châteaux du Lau et de Souil; au delà de l'Adour, la vue s'étend jusqu'au Houga : mais, comme il est facile de s'en rendre compte au simple examen de la carte, on ne peut rien apercevoir dans la direction d'Aire ni aux environs de cette localité, les rideaux de hauteurs mettent obstacles aux vues. Toutefois le général Stewart, annoncé, pourrait bien être plutôt le général Fane, commandant la cavalerie ou plus simplement quelque officier de cavalerie en reconnaissance, grossissant ses effectifs suivant l'usage. Mais l'arrivée de la division à Renung, le 1ᵉʳ au soir, n'est confirmée par aucun témoignage et est démentie par tous ceux que nous avons. L'effectif même, donné par Dulamon, doit rendre son témoignage, sur ce point suspect; car ce n'est pas là un renseignement de simple *témoin oculaire* : il a appris que ces 6.000 hommes étaient logés dans les environs; on a pu le lui dire sans plus de précision de lieux que d'effectifs et il n'a pu les voir. La division Stewart, formée en quatre brigades, comptait d'ailleurs environ 7.500 hommes à cette date. Les témoignages historiques et officiels, les heures, les calculs et les distances s'accordent contre son témoignage, en ce qui concerne les cantonnements de la division à Renung ou aux environs de cette localité le 1ᵉʳ mars. La division Stewart et la division Le Cor, du corps de Hill, étaient, d'après tous les renseignements recueillis jusqu'ici, cantonnées, le 1ᵉʳ au soir, à *Saint-Savin*, à *Montgaillard* et à *Saint-Gilles*.

les communications très difficiles, empêché les réapprovisionnements de munitions et entravé les mouvements; le gros de l'armée anglaise, passé sur la rive droite, à Saint-Sever, et séparé de la rive gauche par la rupture du pont, avait été ainsi immobilisé dans une situation difficile et mis dans l'impossibilité de réaligner ses munitions. La cause peut être telle : le résultat, en tout cas, n'est pas contestable; car la poursuite générale était, en fait, suspendue. L'action se ressentait des indécisions stratégiques et politiques du général anglais (1). Le but effectif de ces opérations, le résultat nécessaire à atteindre immédiatement, venaient de se voiler momentanément pour lui. L'intervention brutale d'une solution tactique heureuse, bien décidée grâce à une poursuite énergique et rapide que les conditions respectives des combattants permettaient, eût cependant assuré le succès de toutes les exigences ultérieures de la stratégie ou de la politique : on n'en saurait douter.

La situation délicate de l'armée anglaise justifierait tout au moins l'utilité du mouvement de Hill vers les hauteurs de Montgaillard et de Saint-Savin, d'où il couvrait et protégeait efficacement Saint-Sever, les derrières immédiats de l'armée alliée, et ses communications-arrière contre tout retour offensif débouchant

---

(1) Wellington logeait chez le maire, M. de Toulousette : il avait grand train de maison et souvent une trentaine de personnes à sa table, y compris le *duc d'Angoulême*. Sa meute de chasse de 30 ou 40 chiens était dans une métairie près de Saint-Sever. Il était accompagné du futur lord Raglan (de Crimée), son neveu, alors marquis de Wellesley. Le duc d'Angoulême était descendu chez M. de Basquiat (abbé Tauzin, Léon Dufour, et traditions locales). Bontemps de Barry, émissaire des royalistes de Bordeaux et du maire de cette ville, Lynch, était venu à Saint-Sever le 6 mars, pour demander à Wellington de marcher sur Bordeaux (voir Henri Houssaye, *1814*, p. 239 à 246). Le quartier général des alliés était encore le 10 mars à Saint-Sever : il s'est transporté le *11 mars* à Aire (voir, plus loin en note, p. 455).

de Grenade. Sinon, Hill, partant de Samadet et de Coudures pour aboutir à Aire, et passant par Saint-Savin (1), avait donné à sa poursuite la forme défectueuse et retardatrice, qu'on est convenu d'appeler « la courbe du chien », et qui consiste à se diriger sur le mobile poursuivi, en ne pouvant d'ailleurs atteindre que toujours trop tard les points successifs de la transversale tracée par lui, au lieu de viser directement le débouché futur de son passage sur la piste qui le précède, en prenant soi-même la corde pour le joindre.

Le maréchal, arrivé de sa personne à Barcelonne le 1er mars au soir, avait décidé d'établir l'armée autour de Barcelonne et d'Aire et sur les hauteurs à l'ouest de cette ville, ainsi qu'il l'avait exposé au ministre dans sa dépêche du 28 au soir, et d'y résister.

La situation de ces localités, au point de vue des communications, leur donnait en effet une importance exceptionnelle pour les opérations éventuelles. Centre des routes se dirigeant sur Langon et Bordeaux, sur Agen (2), sur Auch et Toulouse, sur Tarbes et Toulouse, sur Pau, elles permettaient encore à l'armée de menacer Saint-Sever ainsi que les directions partant de ce point vers Bordeaux ou ses communications avec Bayonne. Appuyée par l'occupation de Barcelonne, la position

---

(1) Samadet à Saint-Savin, 20 kilomètres ; Samadet à Aire, 21 kilomètres.
(2) Pour la campagne de 1719, on trouva qu'Agen constituait, par sa situation, un centre d'approvisionnement meilleur et plus commode que Bordeaux. Les transports se faisaient d'Agen à Nérac par bateaux, de Nérac à Mont-de-Marsan par voitures à charges de 10 quintaux, de Mont-de-Marsan à Bayonne par bateaux. On gagnait huit jours à avoir les dépôts à Agen plutôt qu'à Bordeaux. Si on opérait vers le Roussillon, Agen faisait gagner sur Bordeaux les trois quarts du chemin pour joindre le canal de Toulouse. (Extraits du général de Grimoard, d'après le chevalier de Pezeux.)

d'Aire permettait de manœuvrer ultérieurement sur les deux rives de l'Adour. Il était aussi essentiel pour le maréchal de s'efforcer d'en conserver la possession qu'il était important pour Wellington d'en chasser sans délais l'armée du maréchal.

L'ordre donné le 1er mars, de Barcelonne, par le maréchal (papiers Reille) pour la journée du 2, prescrivait (1) :

---

(1) L'ordre de mouvement (papiers Reille), en date du 1er mars, de Barcelonne, donné par le maréchal pour la journée du 2, a dû être établi presque uniquement d'après la carte de Cassini et sans reconnaissances préalables complètes. Cette carte inexacte, et très claire parce qu'il y manque tout, était sans conteste, une œuvre du plus haut mérite à son origine (1750). Entreprise par l'initiative privée grâce à des souscriptions particulières, elle fut très rapidement publiée; mais les moyens de nos ingénieurs-géographes, s'ils y avaient été employés, eussent permis de faire beaucoup mieux. La « *carte des Chasses* » le prouve, les levés de champs de bataille également, ainsi que notre 80.000^e lui-même. La carte de Cassini, avec son figuré du terrain très lâché, dénuée de toute cote, sans représentation des chemins, et dotée de peu de noms de localités, ne permettait pas de rédiger un ordre de mouvement ou de combat, sans l'aide de reconnaissances préalables fort complètes. L'ordre du 1er mars en est une preuve : « ... M. le lieutenant-général Clausel, portera demain, au point du jour, les trois divisions à ses ordres, ainsi que leur artillerie à Aire et sur le plateau qui est entre la Lées et la Grave (le Brousseau) et il les disposera de manière à défendre le cours de l'Adour jusqu'au confluent de la Grave (Brousseau), et le rideau, situé à la rive droite de cette dernière rivière, jusques en amont du col ou *étranglement*, qui est formée par la Grave (Brousseau) et par le ruisseau, qui prend sa source à hauteur de l'endroit appelé : « *Bourole* », qui va se jeter dans la Lées... »

L'étranglement en question aurait, d'après la carte de Cassini, réduit le plateau à la largeur de la route; il aurait même resserré celui-ci, entre deux ravins, en un col étroit où la route aurait plongé à peu près à hauteur de *Boure* (Cassini) (« *Baoure* » du pays, écrit « *Baure* » sur le 80.000^e), c'est-à-dire un peu au sud de Pourin. Il n'en est rien dans la réalité et l'exagération de Cassini est manifeste. Sur le terrain, le plateau présente, à la place du rétrécissement indiqué au sud de Pourin entre le Brousseau et le ruisseau des Arribauts, une largeur encore supérieure à 500 mètres dans sa partie la plus étroite : la route ne subit d'ailleurs aucune dénivellation appréciable sur tout le plateau. De plus, s'étendre jusqu'au point marqué dans l'ordre,

A d'Erlon : de tenir à Cazères, tant qu'il n'aurait devant lui qu'une avant-garde et qu'il croirait pouvoir défendre cette position sans se compromettre. Il se dirigerait alors sur Barcelonne, qu'il défendrait en s'éclairant sur sa droite. S'il y était forcé, il devait passer sur la rive gauche de l'Adour au pont de Barcelonne et aller se former sur le plateau de Bernède. La cavalerie de Pierre Soult avait ordre de l'appuyer en arrière de Barcelonne ; elle devait rester sur la rive droite de l'Adour pour contenir les colonnes ennemies qui menaceraient de s'engager sur la route de Tarbes, éclairer la route de Nogaro et se ménager toutes facilités de passer au besoin sur la rive gauche de l'Adour par les gués et les ponts en amont d'Aire ou par le pont de Riscle ; ce dernier devait être reconnu et réparé au besoin par le génie.

A Clausel : de porter au point du jour ses trois divisions de Barcelonne à Aire et de les établir sur le plateau entre la Lées et la Grave (le Brousseau actuel), la droite à l'Adour et au confluent de la Grave (le Brousseau), la gauche sur la route de Pau au sud de Pourin (1). Clausel avait ordre de placer du canon pour battre la route de Cazères à Barcelonne et pour protéger le mouvement de d'Erlon. Il devait garder le reste de son artillerie en réserve, prêt à se porter sur le

---

c'eût été donner un développement de près de 7 kilomètres à la position assignée. Clausel se borna à occuper un front de 2 kilomètres 500 environ, une fois qu'il fut arrivé sur le terrain ; un échelon de garde, fourni par les réserves, tenait sur son flanc gauche la ferme de Larquérat.

(1) Il résulte du rapport du maréchal (Bernède, 2 mars) qu'il ignorait complètement, jusqu'alors, le maintien de Hill sur la rive gauche (Montgaillard - Saint-Savin); en effet, on lit : « .... Le corps de Hill, *qui avait repassé l'Adour à Grenade*, a débouché par la vallée qui est entre cette rivière et le plateau de Bachen, et est venu attaquer les divisions de Clausel, en position à la rive droite de la Grave... »

Pellot reproduit cette erreur ; et, après lui, bien d'autres.

plateau pour battre la route de Pau. L'artillerie de la division Rouget lui était affectée dans ce but.

A Reille : de se mettre aussi en marche au point du jour et d'échelonner ses divisions, d'une part sur la route, depuis Barcelonne jusqu'au hameau en face d'Aire, sur la rive droite; d'autre part sur la route de Barcelonne, au pont de ce nom à 2 kilomètres au sud de la localité, et au delà dans la direction d'Aire. Reille avait ordre de soutenir d'abord d'Erlon, puis de venir prendre position sur les hauteurs de la rive gauche de l'Adour, de manière à défendre le pont de Barcelonne et à se lier avec Clausel.

Le parc d'artillerie était envoyé à Plaisance ; le quartier général devait se porter à Aire.

L'ordonnateur en chef avait pour instructions de faire prendre la route de Mirande, Marciac, Maubourguet aux arrivages et aux transports venant de Tarbes et d'Auch, et de ne plus rien faire passer par Vic-Fezenzac et Nogaro.

Le 2 mars, vers 7 heures du matin, les tirailleurs anglais ouvraient le feu contre les avant-postes de d'Erlon, à l'ouest de Cazères; croyant n'avoir affaire qu'à des escarmouches entre sentinelles, fusillades inutiles auxquelles on avait renoncé d'un commun accord dans les deux armées, d'Erlon se disposait à avertir l'ennemi qu'il allait attaquer avec plusieurs bataillons si ces feux persistaient. Il apercevait alors une colonne importante avançant sur la route et encore assez éloignée. Le 6ᵉ léger était aussitôt déployé en tirailleurs (1), au nord et au sud de celle-ci, sur le plateau

---

(1) « ... Les troupes anglaises envoyées en escarmouche avancent et se retirent par *files de deux hommes*, chaque file se tenant à une dizaine de mètres de celles de sa droite et de sa gau-

68-71, au « Haut-Terré de Jouanlanne (1) », à 1.500 mètres environ à l'ouest de Cazères. Le général Berton, avec sa brigade de cavalerie légère, formait échelon offensif en avant et à droite, plus au nord, vers Lamensans, et il s'opposait au mouvement de la cavalerie ennemie, qui nous menaçait de ce côté. Pendant ce temps, vers 9 heures (Soult à guerre; Bernède, 2 mars), les divisions de d'Erlon battaient en retraite vers Barcelonne. Mais le terrain, alors coupé et difficile, forçait bientôt l'infanterie de notre arrière-garde à reprendre la route. Tracée en ligne droite, celle-ci était enfilée par l'artillerie ennemie, qui nous infligeait des pertes sérieuses.

D'Erlon, arrivé à l'embranchement qui se dirige sur Aire (2), prenait position, sous la protection de son artillerie et d'une batterie déjà établie, par Villatte, sur la rive gauche au-dessus de la culée du pont d'Aire, rompu par les eaux depuis 1791 ; elle flanquait de ses feux, à 700 mètres, le front occupé par d'Erlon (3). Il était environ 2 heures.

---

che. Dans cette circonstance (Hendaye), notre ligne de tirailleurs couvrait à peu près un mille de terrain : les files gardant une sorte d'ordre irrégulier, tiraient à volonté à mesure que se présentait un bon point de mire.
» Du côté des Français, tout était confusion apparente; mais les Français ne sont pas en désordre quand ils paraissent l'être : *ce sont d'admirables tirailleurs...* » (Journal du lieutenant Gleig, *The subaltern*, p. 105.)

(1) *La Bastide de Cazères-sur-l'Adour*, histoire locale de 1314 à 1887, par M. l'abbé Meyranx, curé de Cazères.
(2) 12 kilomètres depuis Jouanlanne.
(3) Le faubourg d'Aire et les constructions sur la rive droite n'existaient pas alors; c'était « *un ramassis de cabanes* » (Woodberry), bien que l'ancienne caserne de la gendarmerie s'y trouvât encore en 1791. (Rapport de M. Bitaubé, secrétaire général de la préfecture des Landes, en 1906). Le terrain et les vues étaient dégagés. Le chemin de Bordeaux (route de Roquefort, embranchant sur Cazères) aboutissait en ligne droite à la large place circulaire de la cote 76. De ce point la route file sur Barce-

Reille, établi en réserve autour de Barcelonne, avec les divisions Taupin et Rouget, soutenait d'Erlon.

Sur la rive gauche, des combats plus importants s'engageaient alors. Le général Hill avait quitté, le matin même, Saint-Savin et Montgaillard - Saint-Gilles avec les divisions Le Cor et Stewart, formant deux colonnes; elles étaient précédées par la brigade de cavalerie Fane, accompagnée d'une batterie à cheval. Les ordres de Wellington lui prescrivaient de marcher sur Aire et « d'attaquer l'ennemi ».

De Saint-Savin au ruisseau du *Brousseau (anciennement « la Grave »)*, par Renung, les hauteurs de la Castelle, la vallée de l'Adour, au nord-est des hauteurs de Bachen, il y a 16 à 18 kilomètres, dont 10 à 11 jusqu'à la Castelle (division Le Cor, deux brigades). De Montgaillard - Saint-Gilles aux hauteurs de la rive gauche du Brousseau par Duhort (1), il y a 20 kilomètres, dont 16 jusqu'aux hauteurs au-dessus de Duhort (division Stewart, quatre brigades). Les deux itinéraires étaient difficiles et mauvais; le temps était

---

lonne, par un coude brusque presque à angle droit; c'est de ce coude que se détache la route menant au pont, rompu par les eaux en 1791, et à Aire. Cet ancien pont était à 150 mètres environ en amont du pont actuel : partie du terre-plein de la culée de la rive droite existe encore; celui de la rive gauche, sur lequel la batterie était établie, a été rasé. Le plan de Wyld (1841), qui cherche à reconstituer l'état en 1814, ne montre pas ces détails; mais il indique l'existence d'un pont volant entre la rive droite et l'île qui figure encore sur le 80.000^e, et d'un gué en travers de l'Adour, à hauteur de la pointe occidentale de l'île. Les bords de l'Adour ont été complètement modifiés aujourd'hui par la canalisation de cette partie de son cours; ils sont revêtus de maçonnerie et le fleuve a été ramené à une largeur de 80 mètres. Nous n'avons trouvé mention ou même trace de l'existence du pont volant sur aucun autre document français ou anglais; d'ailleurs il n'est pas indiqué par Wyld comme traversant l'Adour.

(1) « *Duhort-Bachen* » actuel.

affreux. Partie à 7 heures, la division Le Cor atteignait vers 10 h. 1/2 la hauteur de la Castelle, d'où, après un arrêt d'une heure et demie, elle arrivait sur le Brousseau, vers 2 heures du soir (1). La division Stewart, partie à 6 h. 1/2, était sur les hauteurs à l'est de Duhort à midi environ; elle en repartait à 1 h. 1/2 et atteignait le Brousseau vers 3 heures. Napier dit que Hill, arrivé vers 2 heures, attaqua sans hésiter et que, vers 3 heures, les deux divisions s'étaient rejointes. Lapène rapporte que l'attaque débuta vers midi; la cavalerie anglaise de Fane s'était montrée dès cette heure et heurtée aux forces de Clausel, que le maréchal avait établies sur les hauteurs en avant de la ville.

Le 2 mars au matin, Clausel, établi depuis la veille à Barcelonne avec les divisions Villatte, Harispe et Pâris, leur faisait franchir l'Adour au pont situé à 2 kilomètres au sud de cette localité pour les porter sur les positions déterminées par le maréchal à l'ouest d'Aire (2). Le pont de cette dernière ville, rompu par

---

(1) Nous n'ignorons pas les récits que l'imagination des « lettrés populaires » a construits au sujet du passage des Anglais à la vieille et célèbre abbaye de Saint-Jean-la-Castelle, dans la plaine au sud de Cazères. On nous montre les officiers anglais « tous munis de cartes », (réminiscence moderne des officiers allemands de 1870); on les entend crier : la Castelle! la Castelle! à la vue de ces bâtiments de « *l'abbaye de Saint-Jean* » (Cassini); on nous produit encore un Wellington (alors à Saint-Sever), logeant chez le maire de *Duhort*, M. Raymond Bolade, et visitant la célèbre maison des Prémontrés en touriste insoucian et inoccupé... On va même jusqu'à faire aussi passer Soult par les mêmes chemins que Hill, sur la rive gauche de l'Adour, et on lui prête des exclamations vraiment enfantines.

Nous n'aurions pas mentionné ces écarts sans intérêt et d'ailleurs sans consistance historique, si leur présence dans plusieurs récits, d'apparence grave, n'était susceptible de laisser des traces par sa répétition même.

(2) *Ordre de mouvement* du maréchal (papiers Reille); Barcelonne, 1er mars : « ... Le quartier général de l'armée se rendra demain à *Aire*... »

Une tradition locale rapporte que le maréchal logea, dès le

les eaux quelques années auparavant, n'avait pas été rétabli. Ces divisions remontaient la rive gauche de la rivière et elles traversaient Aire ; la division Villatte

---

1ᵉʳ mars, à Aire, dans l'hôtel de la famille du Souilh, propriété actuelle de M. Doris et situé près de la cathédrale. Wellington, dit-on, lui succéda dans la même chambre. Or, aucun ordre, aucune lettre du maréchal ne sont datés d'Aire, à notre connaissance. Ils sont datés de Barcelonne, puis de Bernède, le 2 mars. D'autre part, Aire n'était guère occupé, le 1ᵉʳ mars au soir, que par un piquet de cavalerie du 10ᵉ chasseurs à cheval; car la division que Clausel devait y envoyer, dès son arrivée à Barcelonne, paraît être restée cette nuit à Barcelonne; l'ordre de mouvement du maréchal (Barcelonne, 1ᵉʳ mars), le prouve en disant : « Clausel portera, demain au point du jour, les trois divisions à ses ordres, ainsi que leur artillerie, *à Aire et sur le plateau...* ». Il est donc improbable que le maréchal ait été se loger *isolément*, le 1ᵉʳ mars, dans Aire, sur la rive gauche de l'Adour, exposé aux entreprises de l'ennemi, alors que son quartier général et l'armée étaient sur la rive droite. Le 2 mars, il n'y a pas logé davantage, puisqu'il avait évacué Aire, que l'armée battait en retraite et que, d'ailleurs, ses ordres sont datés de Bernède. Il est bien peu probable aussi que le quartier général, ou le maréchal, aient logé à Aire (même de jour seulement), le 2, alors qu'on se battait dans la ville.

En ce qui concerne le quartier général des alliés, une note de police fort intéressante (Archives de la Guerre), nous donne les renseignements suivants :

« (A joindre à une lettre du général Travot, en date du 13 mars) :

» ... Le quartier général des alliés était à Saint-Sever, le 10 *mars :* on y attendait Mina; mais, dans la journée, un courrier annonça qu'il ne devait pas y arriver... *Le quartier général est arrivé, le 11, à Aire;* lord Wellington, le duc d'Angoulême et l'évêque d'Aire, M. de Caux de Capperal, y sont. Barcelonne avait 4.000 hommes d'infanterie et de cavalerie. Ce corps formait des postes sur la route de Nogaro et jusqu'à une demi-lieue de cette ville...

» ... Cazères et Grenade avaient, le 10, quatre régiments de hussards, forts de 1.000 hommes; ils devaient filer sur Bordeaux par la route de Villeneuve. 10.000 hommes, dont 1.000 de cavalerie, sont partis, le 10, de Mont-de-Marsan, se dirigeant, par Roquefort et Bazas, sur Langon. On comptait à Roquefort, Villeneuve, Saint-Justin, etc., environ 2.000 hommes (infanterie et cavalerie), ayant même destination... Le Houga a logé, le 9, 700 chevaux de hussards et 100 mulets de bât : ils sont partis le 10, se portant sur Bordeaux **par Villeneuve**... »

allait prendre position à l'ouest sur les hauteurs de Lasserre, Laulabère, 148, au sud du confluent du Brousseau (*la Grave des anciens documents*) (1), et de l'Adour, en arrière de ce premier cours d'eau. La division Harispe, établie à sa gauche, en avant de Nauzeilles et le Boué, barrait aussi, au sud, la route de Pau ; la division Pâris était en réserve près de Nauzeilles ; ces forces couvraient Aire, les parcs d'artillerie et les approvisionnements qui y étaient réunis.

Les troupes de Clausel, parties le matin de Barcelonne, avaient eu 7 à 8 kilomètres à parcourir, en passant par le pont de Barcelonne et en traversant la ville d'Aire, pour se rendre sur les positions assignées. Elles étaient en mesure dès 10 heures du matin. Le battement, avant l'arrivée de la cavalerie anglaise, allait être de deux heures et, avant l'arrivée de l'infanterie anglaise, de quatre à cinq heures.

La hauteur, allongée du nord vers le sud, que les troupes de Clausel occupaient à 1.500 mètres environ à l'ouest d'Aire et à 2.000 mètres au sud de cette ville, était boisée au nord, sur la droite, et très escarpée ; elle domine l'Adour et le Brousseau de plus de 60 mètres ; ses pentes raides, entaillées de profonds ravins, ne peuvent être qu'imparfaitement battues et surveillées. La position, beaucoup trop rapprochée d'Aire, manquait

---

(1) Le ruisseau du « *Brousseau* » actuel s'appelait alors « *la Grave* » (carte de Cassini). Il existe actuellement un ruisseau du nom de *la Grave*, qui prend naissance au plateau de Luc-Peyrous, à l'est de Bahus-Soubiran, et qui se jette dans l'Adour entre Bordères et Grenade. Il est fort écourté sur la carte de Cassini et n'y porte aucun nom. Bien que situé à 8 kilomètres à l'ouest d'Aire, son nom actuel de la Grave l'a fait confondre parfois avec *l'ancien ruisseau de la Grave, c'est-à-dire le Brousseau*, et cette confusion a fait croire que le combat s'était engagé à 8 kilomètres d'Aire, alors qu'il n'a commencé qu'au ruisseau du Brousseau (ex « la Grave »), à 1.800 mètres d'Aire.

en outre complètement de profondeur ; ses défenseurs y étaient à la merci d'un incident de combat. Enfin, la seule piste, argileuse et défoncée, qui suit la crête dans sa longueur, de Lasserre à Le Boué, parallèlement à la route de Pau, n'est praticable, encore de nos jours, dans la mauvaise saison, que pour les charrois traînés par des bœufs. Toute artillerie y était en péril. Ce contrefort s'élargit, au sud, en un plateau sur lequel monte la vieille route de Pau venant d'Aire par l'arête étroite du Mas-d'Aire. En arrière de la partie occupée par nos troupes, couraient successivement quatre contreforts, en forme d'arêtes allongées, séparés par des ravins profonds où coulaient de gros ruisseaux ; sur le haut du plus rapproché, les constructions du Mas-d'Aire et la route de Pau ; couvrant en partie les deux plus éloignés, les bois de Cazamont, qui se reliaient, au sud, au travers du ravin du ruisseau des Arribauts, aux bois de Larquérat ; enfin, en arrière de ce terrain difficile, coulaient, au pied d'un revers à pic, le petit Lées, puis le Larcis, qui réunissaient leurs cours 1.200 mètres avant de se jeter dans l'Adour. C'est dans cette partie du Lées (12 mètres de large), dont les bords étaient très raides, que la route qui vient de Lembeye, remontant vers le nord, traverse ce cours d'eau, alors grossi par les pluies, au pont de Bernède ; elle bifurque, après l'avoir franchi, pour se diriger d'une part sur Aire ; avant d'y arriver, elle passait encore une dérivation méridionale de l'Adour et elle suivait à distance, comme aujourd'hui, la rive gauche de l'Adour ; l'autre embranchement de la route s'élève au nord vers Barcelonne en traversant l'Adour sur le pont de ce nom ; cette route franchissait encore, sur un second pont, au sud de cette localité, une dérivation de l'Adour (ancien canal d'Alaric) qui prenait son origine au sud de Gée-Rivière ; celle-ci longeait Barcelonne au sud en actionnant de nombreux moulins et elle regagnait l'Adour au sud-ouest de cette ville.

En dehors de l'agglomération du Mas-d'Aire sur la hauteur au sud de la ville [église du Mas-d'Aire et Saint-Quitterie, — collège (1553), — petit séminaire (XVIII° siècle) et constructions dépendantes], la ville d'Aire se trouvait alors presque tout entière dans la plaine de l'Adour et au nord des extrémités des différents contreforts parallèles dont nous avons parlé. Elle était entourée, d'une part, au nord par le bras principal du fleuve; son pont avait été rompu par les eaux quelques années auparavant (1791), et il n'avait pas été rétabli; d'autre part, au sud, par une dérivation alors assez importante de l'Adour : celle-ci faisait mouvoir plusieurs moulins et la route de Pau la franchissait sur un pont au sud d'Aire. Les communications d'Aire avec la rive droite et avec Barcelonne ne pouvaient donc se faire que par trois ponts successifs, dont deux sur les dérivations et un sur l'Adour, à 2 kilom. au sud-est d'Aire. Le pont de Bernède, sur le Lées, ouvrait un débouché vers l'arrière et la route de Lembeye.

Le général Hill, parvenu vers 2 heures sur les hauteurs 144 et 149, en vue des positions occupées par les troupes de Clausel derrière le Brousseau, avait, sans attendre et sans avoir bien reconnu le terrain, dirigé la première brigade arrivée en avant, celle de Da Costa (brigade portugaise, division Le Cor), contre notre centre défendu par Harispe, vers Nauzeilles, où les abords de la position semblaient le plus faciles. Da Costa avait mission d'engager l'action pour nous empêcher de nous dérober. Mais, au lieu de chercher seulement à nous retenir par un combat d'usure, il chargeait droit devant lui. Il était reçu rudement par

Harispe et Pâris au bord du plateau (1); les troupes portugaises se débandaient; elles prenaient la fuite. La deuxième brigade de Le Cor n'était pas arrivée ; à la gauche anglaise, le général Stewart avait été envoyé, avec ses deux premières brigades, contre les hauteurs escarpées de Lasserre, Laulabère, occupées par Villatte à notre droite. On attendait des nouvelles de son mouvement; mais ses deux dernières brigades n'avaient pas encore rejoint. L'affaire semblait devoir se terminer par un insuccès quand Stewart, qui avait réussi à prendre pied facilement sur les hauteurs (2) occupées par la droite française (brigade Lamorandière; rapport de Soult, de Bernède, 2 mars) et où Villatte n'avait guère pu tenir, envoyait de ce point, par le plateau, deux régiments de la brigade Barnes (3) au secours de Le Cor. Ils enfonçaient le flanc droit d'Harispe et rejetaient ses troupes sur leurs réserves, en les coupant d'Aire ; Villatte, abandonnant complètement la défense du plateau, venait de se réfugier dans la ville, derrière la dérivation de l'Adour, très grossie par un temps affreux.

La situation devenait grave pour Clausel. Il était à craindre, en outre, que Hill ne parvînt à s'emparer du pont de Bernède sur le Lées (à 3 kilomètres sud-est d'Aire), dont la conservation était nécessaire à l'ar-

---

(1) « ... Les 10e, 81e, 116e de ligne (un bataillon) ont exécuté deux charges sur le plateau en avant d'Aire et ont fait éprouver des pertes aux ennemis. Ces trois corps se sont fait remarquer par leur valeur. C'est la troisième fois que le bataillon du 116e trouve l'occasion de se distinguer... Le général Dauture a été blessé, ainsi que l'adjudant-général Gasquet, qui remplissait les fonctions de général de brigade... » (Soult à Guerre; Bernède, 2 mars.)
(2) On accède facilement au plateau et on y prend pied par une marche d'approche bien dérobée, en abordant l'éperon de Lasserre par le chemin et les fourrés de la ferme de Laffitaou.
(3) Trois régiments et deux compagnies de Rifles.

mée de Soult pour pouvoir gagner facilement, s'il y avait lieu, le haut Adour. Le corps de Reille était, en conséquence, dirigé, à 4 heures du soir, de Barcelonne sur la rive gauche, par le pont de ce nom, pour appuyer et pour recueillir les troupes de Clausel, tout en protégeant les ponts de Barcelonne et de Bernède. La division Taupin, établie « *au pied* » des hauteurs et des bois de Cazamont, recevait cette dernière mission. La division Rouget était envoyée à Aire même, au secours de Villatte, pressé par les tirailleurs anglais, qui abordaient déjà la rive gauche du bras méridional de l'Adour. Elle recueillait Villatte et ces deux divisions se repliaient à la nuit au sud-est de la ville vers le pont de Bernède, sur le Lécs, sous la protection de la division Taupin. Ces troupes avaient ordre de gagner Viella, par la route de Madiran, Maubourguet, et d'y prendre position et repos. (Ordre de mouvement du 2 mars, de Bernède, papiers Reille.) Reille formait l'arrière-garde avec ses batteries et deux régiments de cavalerie.

A notre gauche, le général Harispe, coupé d'Aire par la retraite prématurée de Villatte et l'occupation immédiate des hauteurs par Stewart, avait rallié sa division sur ses réserves (division Pâris) : il tenait tête à l'ennemi jusqu'à l'arrivée, contre lui, de la brigade Byng (division Stewart), qui venait se joindre aux troupes de Le Cor et aux deux régiments de Barnes déjà engagés sur ce point. Il était alors forcé de se replier, vers le sud, jusqu'à la ferme Larquérat (4 kilomètres d'Aire, route de Pau). A la nuit, la division Harispe et les troupes de Pâris gagnaient, par les bois de Larquérat, des Arribauts, de Cazamont et par Crabot, le pont de Bernède, que Villatte, Rouget et Taupin achevaient de passer. Elles les suivaient; et les sapeurs du génie (une compagnie) rompaient les ponts de Bernède et de Barcelonne, dont ils avaient préparé la destruction, ainsi que les petits ponts sur le Larcis et le Lées à hauteur de Lanux, Aurensan et Verlus.

Ces cinq divisions (Clausel et Reille), remontant la rive droite du Larcis, marchaient une partie de la nuit sur la route d'Aurensan, par Glaoudy, jusqu'à Viella, où elles bivouaquaient. Les troupes de d'Erlon, restées seules sur la rive droite de l'Adour, au coude de la grande route en face d'Aire, s'étaient repliées sur Barcelonne à 5 heures. Elles bivouaquaient à l'est du ruisseau du Lin, près de Saint-Germé; remontant la rive droite de l'Adour et celle de l'Arros, elles allaient se diriger sur Plaisance et Marciac. D'Erlon avait ordre (2 mars, de Bernède) d'effectuer très lentement son mouvement sur Plaisance, afin de donner le temps aux corps de la rive gauche de se replier « et d'être au moins arrivés à Maubourguet; ainsi, il mettra deux jours pour arriver à Plaisance; ensuite, sauf ordre contraire, il se dirigerait *sur Marciac, où toute l'armée se réunirait...* ». Il lui était prescrit de détruire le pont de Riscle sur l'Adour et tous les ponts franchis sur sa route. La cavalerie de Pierre Soult (quatre régiments) était mise à sa disposition. Le parc d'artillerie était dirigé de Plaisance sur *Marciac*, précédant d'Erlon.

Les pertes françaises, dans ces combats, n'ont pu être évaluées même approximativement, en raison du grand nombre de désertions qui furent la suite de ceux-ci. Les pertes des Anglais et des Portugais montaient à 450 hommes environ (1). Les magasins d'Aire tombaient au pouvoir de l'ennemi.

Soult à Guerre (Bernède, 2 mars). — « ...Toute l'ar-

---

(1) Généraux français Dauture et Gasquet blessés; un chef de bataillon du génie tué; une centaine de prisonniers.
Général anglais Barnes, blessé; colonel Hood, tué.

mée ennemie est en marche et continue à se porter sur moi. Quelques prisonniers, que l'on a faits, ont dit que le général Hill suit la rive gauche de l'Adour avec trois divisions et que lord Wellington marche par la rive droite avec six autres divisions, un corps de cavalerie considérable et un équipage de pont. Il a été aussi rendu compte qu'hier un corps de cavalerie, ayant avec lui 4.000 hommes d'infanterie, est entré à Mont-de-Marsan. Je regrette beaucoup que l'on n'ait pas eu le temps d'évacuer entièrement les magasins qui étaient dans cette ville, *quoiqu'il y ait plus de quinze jours que j'en aie donné l'ordre*. Ce matin, il n'était encore rien paru à Pau, mais des détachements espagnols étaient entrés à Oloron.

» Je vais me diriger, par les deux rives de l'Adour, sur *Marciac*, où je réunirai l'armée, ainsi que les détachements que j'avais laissés à Pau pour éclairer cette direction. J'y ferai également venir tout ce qu'il y a de disponible dans le département des Hautes-Pyrénées, mais je ne vois pas que je puisse y faire un long séjour : tout me porte à croire que l'ennemi continuera à me suivre jusqu'à ce qu'il m'ait obligé à passer la Garonne... Cependant, je ne quitterai aucune position sans m'y être battu... » (A. G.)

Dès le 3 mars, au jour, les troupes de Soult continuaient leur retraite, protégées par les divisions de Reille, à l'arrière-garde, qui s'établissaient à Madiran, avec un détachement de cavalerie (général Berton) à Viella.

— *Soult à Reille* (de Madiran, 3 mars) (papiers Reille). — «... Ce soir, vous ferez prendre position aux troupes sous vos ordres à Madiran, ayant des avant-postes aussi loin que possible sur la grande route, particulièrement jusqu'au dernier pont, que vous avez dû faire détruire. Vous enverrez des reconnaissances de cavalerie sur [Castelnau-de-Mazères ; erreur de lecture de Cassini ; c'est :] Castelnau-Rivière-Basse et à votre gauche. Demain, de très bonne heure, vous remettrez ces troupes en marche et vous les dirigerez sur Maubourguet, d'où, si vous ne recevez pas d'ordre contraire, vous leur feriez continuer la marche sur *Marciac* pour joindre le restant de l'armée, qui doit demain s'y réunir. Je vous prie de faire détruire tous les ponts où vous passerez et de faire en sorte d'arriver demain de bonne heure à Marciac. Je serai ce soir à Maubourguet...

» *P. S.* — Il est bien nécessaire que vous fassiez passer des détachements de cavalerie sur les deux côtés de la route pour ramener les militaires isolés qui se sont répandus dans les maisons. »

Les divisions de Clausel atteignaient, ce jour, Maubourguet avec le quartier général du maréchal. D'Erlon, avec les quatre régiments de cavalerie de Pierre Soult, était à Plaisance.

A 1 heure de l'après-midi, l'ennemi n'avait pas encore rétabli le pont de Bernède, mais on le voyait réunir des matériaux, et trois de ses bataillons remontaient en même temps le Léos.

« ...Le temps est extrêmement mauvais : il fait beaucoup souffrir la troupe dans les marches; les corps manquent de souliers; une quantité de soldats sont pieds nus; je suis fort embarrassé pour leur en procurer... » (Soult à Guerre; Maubourguet, 3 mars.) (A. G.)

Le 3 mars, de Maubourguet, le maréchal avait fait connaître ses projets d'opérations au ministre de la guerre : « ...Si je suis, de nouveau, forcé de céder du terrain, je dirigerai l'armée sur *Saint-Gaudens,* afin d'attirer les ennemis sur un terrain plus difficile, où l'on trouve plus fréquemment des positions susceptibles de défense et pour l'éloigner de la basse Garonne... »

Ordre de mouvement pour le 4 mars (Maubourguet, 3 mars, papiers Reille). — « ...Clausel réunira demain matin ses trois divisions à Maubourguet et il les dirigera sur Rabastens; s'il ne recevait pas d'ordre contraire. il les ferait établir entre cette ville et Vic-de-Bigorre, en indiquant Rabastens pour point de réunion en cas d'événement.

» ...Reille fera établir ses deux divisions à Maubourguet et en arrière jusqu'à Liac (9 kilomètres sud-est), sur la route directe de Rabastens. Il donnera ordre qu'en cas d'attaque ces divisions devraient se former en échelons, depuis Maubourguet jusqu'à Liac, pour ensuite opérer leur mouvement sur Rabastens, où elles joindront les divisions de Clausel. Dans ce cas, Reille ferait aussitôt prévenir Clausel. Si la route directe par Liac n'était pas bonne pour l'artillerie, elle passera par Vic-de-Bigorre.

» ...Reille donnera ordre au général Berton de prendre position demain avec ses deux régiments de cavalerie à Madiran et d'y rester jusqu'à ce que l'ennemi lui présente de l'infanterie ou un corps de cavalerie supérieur au sien. Le général Berton aura, à cet effet, des petits postes échelonnés sur la route de Viella et il s'éclairera sur Castelnau. S'il était forcé de se retirer, il opérerait son mouvement sur Maubourguet, où il prendrait de nouveau position, et y resterait tant qu'il y aurait possibilité. Enfin, s'il était de nouveau forcé à Maubourguet, il se replierait sur Rabastens et joindrait la colonne; mais le général Berton aura soin, du moment que l'ennemi paraîtra et ensuite, dans ses mouvements, d'envoyer de fréquents rapports sur ce qu'il aura observé.

» Il sera donné ordre au parc d'artillerie, qui a dû arriver aujourd'hui à Marciac, de se rendre demain à *Miélan*.

» ...D'Erlon a dû arriver aujourd'hui (3 mars) à Plaisance (rive gauche de l'Arros, 30 kilomètres de Barcelonne), avec ses divisions, ou du moins s'en rapprocher et demain continuer son mouvement sur Marciac. S'il n'était pas trop vivement pressé par les ennemis, il resterait demain à Marciac et il donnerait ordre au général Pierre Soult d'établir ses postes de communication avec le général Berton, qui sera à Maubourguet, ainsi qu'avec le quartier général de l'armée, qui sera à Rabastens. Dans le cas où d'Erlon serait forcé à Marciac, il opérerait son mouvement sur Miélan, en s'arrêtant successivement à toutes les positions intermédiaires, en les défendant, autant qu'il y aura possibilité... »

Le 4, à midi, Reille franchissait l'Echez à Maubourguet : il y établissait la division Taupin et il plaçait la division Rouget à Lafitolé (4 kilomètres sud-est) sur la route de Liac. La cavalerie de Berton le couvrait à Madiran. En arrière, Clausel installait ses troupes à Vic-de-Bigorre (10 kilomètres sud de Maubourguet) et à Rabastens (1), où le maréchal établissait son quartier général.

---

(1) *Ordre* (Rabastens, 4 mars). — « Le général commandant l'artillerie de l'armée et le directeur du parc sont autorisés à requérir des *attelages de bœufs* pour suppléer aux chevaux du train de l'artillerie et faciliter les mouvements des voitures du grand parc, des réserves et même au besoin des batteries...

» Les généraux commandant les divisions sont autorisés à requérir, dans les communes où les troupes sous leurs ordres passent ou dans celles qui seraient à portée, des *souliers*, pour être distribués aux soldats, qui en manquent entièrement, et dont plusieurs sont pieds nus : ils en feront tenir état pour que les

Le 4 mars, le maréchal recevait, à Rabastens, la lettre que l'Empereur lui avait fait écrire, le 28 février, par le ministre de la guerre, Clarke, duc de Feltre (voir page 312) au sujet des opérations de l'armée et du rôle que Bayonne devait jouer. Il répondait ce même jour :

« ... Je regrette vivement de n'avoir pas connu les intentions de l'Empereur, au sujet du nombre de troupes à laisser dans Bayonne, avant que les ennemis soient entrés en campagne et surtout avant qu'il fût question de l'établissement des camps retranchés. Ma correspondance a, *pendant plusieurs mois*, fait connaître à Votre Excellence que la place de Bayonne, pour laquelle une garnison de 8.500 hommes était accordée, n'était pas susceptible de résister à quinze jours de tranchée ouverte si elle n'était couverte par des camps retranchés ; tous les militaires partageaient cette opinion, et Votre Excellence elle-même a approuvé l'établissement de ces camps, pour lesquels une augmentation de 5.000 hommes a été jugée indispensable. D'après ces bases, j'ai laissé 13.200 hommes à Bayonne : j'aurais cru compromettre la place si j'en avais moins fait, et à présent que je connais les intentions de l'Empereur, *il n'est plus en mon pouvoir de réduire ce nombre*. Votre Excellence me dit que je ne dois point me séparer

---

communes qui en auront fait la livraison soient, par la suite, indemnisées, et ils en rendront compte.

» *Comme, dans les marches, les distributions ne peuvent être régulièrement faites,* MM. les lieutenants-généraux feront placer, autant que possible, les troupes dans les communes qui sont à portée des positions qu'elles doivent occuper, et ils préviendront les maires que *les habitants doivent faire en sorte de les nourrir* suivant leurs facultés. Lorsque la présence de l'ennemi ne permettra pas d'établir des troupes dans ces communes, même pendant la nuit, il leur sera fait des demandes en subsistances pour être transportées au camp ; mais, dans tous les cas, il sera toujours délivré des *bons en forme*, soit par les commissaires des guerres des divisions, soit par les chefs de corps... » (A. G.)

de Bayonne, afin d'en empêcher le siège. Je crois avoir rempli cette disposition en me maintenant à portée de Bayonne jusqu'au dernier moment, c'est-à-dire tant qu'il y a eu possibilité sans compromettre le salut de l'armée ; mais les opérations de l'ennemi ont dû naturellement me forcer à m'en éloigner et j'ai changé de direction lorsque j'ai vu que j'allais être poussé jusqu'à Bordeaux, où probablement je n'aurais pas eu le temps de passer en ordre la Garonne. J'avais pensé, il y a quelques mois, à me donner un appui en seconde ligne en relevant l'enceinte de Dax et en y faisant construire un camp retranché ; mais l'insuffisance des moyens, dont je pouvais disposer, m'a mis hors d'état de terminer cette entreprise... Ainsi, j'ai dû renoncer à m'appuyer sur Dax : je doute même que j'eusse pu m'y maintenir ; car l'ennemi, qui a manœuvré sur moi avec une grande supériorité numérique, eût, en me débordant ainsi qu'il l'a fait, mis l'armée en péril et l'eût obligée à se retirer précipitamment sur Bordeaux *par les grandes Landes...*

» L'Empereur *m'ordonne de prendre l'offensive, n'aurais-je que 20.000 hommes de réunis. J'obéirai.* Je ferai seulement observer à Votre Excellence que, depuis le 14 février jusqu'à ce jour, je n'ai pu prendre l'initiative des opérations, étant presque toujours attaqué par des forces infiniment supérieures. et qu'*en défendant le terrain pied à pied, comme je l'ai fait,* je n'ai pu me flatter d'obtenir des résultats satisfaisants, ni d'arrêter les progrès des ennemis, tant qu'il y aura une aussi grande disproportion entre les armées.

» Ne pouvant empêcher tous les désastres, que j'ai prévus depuis longtemps, même en perdant le dernier homme, *je dois chercher à faire traîner la guerre en longueur sur cette frontière et à tenir les ennemis en* échec *pour les empêcher de se porter sur Bordeaux ou sur Toulouse, à moins que ce ne soit par des détachements ;* et, dans ce cas, les généraux, qui commandent sur ces deux points pourront, j'espère, réunir assez de moyens pour repousser une agression, pourvu, toutefois, qu'ils soient secondés par la garde nationale; et mon intention est, du moment que je serai instruit de la marche des ennemis, d'attaquer le corps qui sera devant moi et de faire en sorte de le battre. C'est *dans cette vue que je prends ma ligne d'opérations, pour Toulouse, sur Saint-Gaudens, et que je suis revenu vers Tarbes.* Je me propose même de me porter en avant dans cinq ou six jours si, jusque-là, je ne suis point attaqué, pour obliger les ennemis à ramener leurs troupes vers les montagnes et *à retirer celles qu'ils auraient engagées dans l'intérieur.* J'ai besoin de cinq ou six jours de repos pour nettoyer les armes, faire donner des vivres et procurer des souliers à la troupe; les mauvais temps que nous éprouvons ont mis un grand nombre de soldats pieds nus.

» *J'ai bien réfléchi sur la meilleure direction à donner à la guerre avec les moyens dont je puis disposer* comparativement à ceux des ennemis; il m'a paru que, dans les circonstances, *je ne pouvais faire autrement...*

» Je serais très fâché de m'être trompé; et, si cela était, je prierais Votre Excellence de vouloir bien me faire connaître les intentions de l'Empereur *sur la direction à donner à la guerre, et sur les points, que je dois couvrir de préférence,* dans le cas où tous mes efforts seraient impuissants pour arrêter les progrès de l'ennemi. Votre Excellence se rappellera que j'ai eu l'honneur de lui soumettre plusieurs fois cette question.

» Il ne m'appartient pas sans doute, *ayant l'ordre*

d'attaquer, de faire des observations *sur les conséquences qui peuvent résulter du non-succès ;* mais, en justifiant mes opérations et rendant compte des motifs qui m'ont dirigé, je dois entretenir Votre Excellence de ma situation afin qu'elle soit à même de fixer à ce sujet les vues de Sa Majesté. Je dois aussi vous rendre compte qu'indépendamment des pertes inévitables des combats, l'armée s'affaiblit malheureusement beaucoup par la défection des conscrits des dernières levées dans l'intérieur. C'est au point que les cinq bataillons de la deuxième levée de réserve, que j'ai dernièrement fait partir de Toulouse, ont déjà perdu les deux tiers de leurs forces sans avoir été à même de tirer un coup de fusil (1). Aussi, quoi qu'il arrive, je me garderai bien d'appeler les bataillons qui s'organisent sur la Garonne avant que l'on puisse compter pour des soldats les hommes qui en font partie (2). En attendant, ils peuvent être employés à former une espèce d'armée d'où, vus de loin, ils en imposeront : car, il en coûte (rait) trop à l'Empereur de porter trop tôt en ligne ces jeunes gens, qui ne savent ni attaquer, ni se défendre et qui succombent aux premières marches ou privations. Les rapports que j'ai reçus n'annoncent point encore de mouvements. Le temps est si mauvais qu'il doit naturellement ralentir les opérations des ennemis... » (A. G.).

---

(1) *Le général de division commandant la 10ᵉ division militaire et la 2ᵉ de l'armée de réserve des Pyrénées, au ministre de la guerre* (Toulouse, 22 février). — En exécution des ordres du maréchal Soult, il a dirigé sur Tarbes les 5ᵉˢ bataillons des 9ᵉ et 12ᵉ d'infanterie légère, des 32ᵉ, 47ᵉ régiments et le 6ᵉ bataillon du 64ᵉ de ligne, de 750 hommes chaque, partis de Toulouse les 16, 17, 18, 19 courant pour Tarbes, où ils seront provisoirement à la disposition du général Vouillemont. (A. G.)

(2) *Le général Travot à Guerre* (Toulouse, 6 mars). — « ... Le duc de Dalmatie m'ayant écrit de le joindre avec les troupes que je pourrais lui amener, je partirai aujourd'hui avec les *recrues* que je pourrai réunir, et je prendrai la direction d'Auch... » (A. G.)

Les reconnaissance de notre cavalerie, envoyées par Viella vers Aire, avaient fait connaître le 5 mars au maréchal (Soult à Guerre; Rabastens, 5 mars) que l'ennemi avait fait rétablir le pont de Bernède sur le Lées. On annonçait qu'une forte colonne allait y passer. Une autre colonne de 6.000 hommes était arrivée à Garlin. Les reconnaissances envoyées de Plaisance par d'Erlon signalaient que la cavalerie ennemie n'était pas encore à Nogaro, mais qu'on l'avait vue au Houga; un détachement ennemi était à La Caussade (nord-est de Riscle), sur la route de Barcelonne. Les renseignements s'accordaient à dire que les alliés étaient concentrés autour de Barcelonne et d'Aire; on attendait une de leurs colonnes à Nogaro, et d'Erlon faisait battre l'estrade par sa cavalerie à Nogaro, à Manciet et jusqu'à Monguilhem (18 kilomètres nord-ouest de Nogaro; Woodberry, le 7) (1). L'ennemi avait réuni des troupes

---

(1) En avant de notre extrême droite, le partisan Florian battait l'estrade autour de Roquefort.
Il est souvent question du partisan « *Florio* » dans le Journal de Woodberry (p. 172, 174, 177, etc.). Il s'agit du capitaine *Florian*, commandant la compagnie des *chasseurs francs de Zamora*, formée en juin 1812 par le général Foy, pour débarrasser la province d'Avila des bandes de guérillas. A cette époque, cette petite troupe était composée de gens de sac et de corde français, espagnols et allemands. « ... Le roi a accordé la décoration de l'ordre d'Espagne à Florian; cet officier est un des plus braves que j'aie connus; aucun autre au service de roi n'a autant mérité la décoration... » (Foy à d'Erlon; Zamora, 26 novembre 1812.) Florian venait de délivrer le général Bonté, enlevé par don Julian Sanchez. Plus tard il détruisait la guerilla de Garrido (Foy à d'Erlon; d'Avila, 21 janvier 1813; id., 26 janvier 1813. — Voir *La Vie militaire du général Foy*.) L'effectif des partisans de Florian, en 1814, ne dépassait pas 20 ou 30 hommes, avec lesquels il inquiéta souvent les cavaliers anglais.
La fin de Florian nous est révélée grâce aux précieuses archives particulières, où l'amitié du célèbre compositeur Lacome a bien voulu nous permettre de puiser. Le colonel Antoine d'Azevedo, commandant le régiment portugais de cavalerie n° 11, de la brigade P. Barbacena, écrit, le 23 avril 1814, à M. d'Estallenx, grand-père maternel de M. Lacome, et alors maire du

à Mont-de-Marsan et dirigé un parti de cavalerie sur Roquefort avec ordre de faire préparer des vivres pour 800 cavaliers (général Lhuilier). Il n'était encore entré à Pau que quelques officiers anglais ; ils avaient été reçus par le chef d'escadron de gendarmerie Malluguer, qui avait trahi ses devoirs et l'honneur en désertant à l'ennemi (1).

« ...Si les ennemis marchent sur moi, je livrerai encore combat dans la position qui me paraîtra la plus avantageuse.

» Si, au contraire, ils se dirigent *sur Bordeaux*, aussitôt que j'en serai instruit, *je me porterai avec toute*

Houga : « ... C'est vrée, Monsieur, la nouvelle de la reddition de Florian à Agen ; et je vous assure qu'il a licencié sa troupe et qu'il, après tout cela, dînna avec le colonel commandant au 4ᵉ régiment de cavalerie portugaise à Nérac, en prenant d'abord le parti de crier partout : *Vive le Roi!...* » (A Monseigneur M. le maire de Houga, de la part du colonel commandant des forces à Manciet et ses environs.)

« Lisse, dimanche 8 mai. — On raconte que le partisan « Florian » a été pendu par la populace à Pau. J'ai peine à le croire, et, si c'est vrai, j'aurais une bien mauvaise opinion du peuple français. Quelle raison y a-t-il de supprimer un homme qui a bravement combattu pour l'Etat qu'il servait et qui a reconnu la nouvelle constitution dès qu'il apprit l'abdication de Bonaparte ? » (Lieutenant Woodberry, du 18ᵉ hussards anglais. Plon.)

(1) *Le général de Coutard, commandant le département des Basses-Pyrénées, au ministre de la guerre* (Tarbes, 4 mars 1814). — « En suite des ordres du duc de Dalmatie, j'ai évacué cette nuit la ville de Pau et je viens d'arriver ici avec les troupes que l'on m'avait données pour sa défense. D'après les ordres du général Maransin, le 22ᵉ chasseurs à cheval est rentré à la division Soult et la première légion des Hautes-Pyrénées a été mise à la disposition du général Vouillemont, commandant le département.

» ... Défection du chef d'escadron Malluguer, commandant la place de Pau et la gendarmerie du département ; passé à l'ennemi avec quelques gendarmes qu'il a séduits.

» Ce malheureux fut d'abord garde du corps : ses camarades le chassèrent de Versailles ; il se fit jacobin, fut conventionnel, vota la mort du roi Louis XVI, fut fait chef d'escadron de gendarmerie et il vient de mettre le comble aux égarements de toute sa vie en allant offrir ses mauvais services au duc d'Angoulême... » (A. G.)

l'armée sur leurs derrières pour les obliger à revenir.

» S'ils marchaient *sur Auch, j'irais aussi à leur rencontre pour les attaquer de flanc ;* enfin, *je me porterai en avant, sous deux ou trois jours,* s'ils restent en position, pour les obliger à se tenir concentrés et à développer leurs projets. *Je désire beaucoup pouvoir gagner trois ou quatre jours, afin de reposer les troupes et pourvoir à divers besoins d'urgence.* Pendant ce temps, on ramassera, j'espère, quelques centaines de militaires égarés, qui sont encore sur les derrières : aujourd'hui, il en est rentré plus de 600. Il est aussi probable que j'obtiendrai quelques souliers des communes, auxquelles j'en ai fait demander : un grand nombre de soldats sont absolument pieds nus... »

Le 6, de Rabastens, Soult faisait connaître au Ministre que la concentration des alliés autour d'Aire et de Barcelonne était confirmée par les reconnaissances qu'il avait envoyées ; les ponts que nous avions détruits sur l'Adour avaient été rétablis par eux ; on annonçait que les divisions espagnoles de Freyre et de don Carlos de España avaient rejoint Wellington (1).

Les avant-postes anglais en face de d'Erlon étaient à Thermes-d'Armagnac ; le hameau de La Caussade était occupé par de l'infanterie et de la cavalerie ennemies. Il n'avait rien paru sur les routes de Lembeye et de Viella. Le général Darricau, venant de Dax, était parvenu à atteindre Langon, le 3, avec quatre compagnies du 34e. « ... Si, demain, l'ennemi ne s'est pas porté en avant, je donnerai des ordres *pour terminer, le*

---

(1) *Soult à Guerre* (de Rabastens, 7 mars). — « ... On annonce des renforts considérables à l'armée anglaise : trois divisions espagnoles, commandées par O'Donnell, sont en marche pour la joindre, ainsi que la grosse cavalerie anglaise, qui était restée sur l'Ebre. Trois régiments de cette cavalerie, formant à peu près 1.500 hommes, sont passés, il y a trois jours, à Saint-Palais, se dirigeant sur l'armée... » (A. G.)

8 mars, mon changement de direction et je porterai mon quartier général à Tarbes, ayant des avant-gardes sur les diverses routes qui mènent à Aire... ».

L'armée française subissait une crise des plus graves. La désertion, les privations, la maraude avaient énervé sa discipline, au cours des difficultés, des marches de nuit, des fatigues et des épreuves de sa longue retraite. Les magasins étaient au pouvoir de l'ennemi ; les conscrits arrivaient sans armes et on n'en avait pas à leur donner. L'argent faisait défaut ; les cadres, épuisés, commençaient à sentir leur confiance s'ébranler ; les populations, indifférentes et parfois mal disposées (1), étaient trop souvent pressurées et pillées par les troupes françaises, alors que les alliés achetaient avec ordre et payaient largement ce dont ils avaient besoin.

« ... Ce n'est qu'avec peine, écrivait Soult (10 mars), que l'on peut obtenir les moindres moyens de transport, et je ne serais pas surpris d'ici à peu de temps de *voir les habitants prendre les armes contre nous...*

» On cherche à faire une contre-Révolution dans le Midi en faveur des Bourbons, dont les couleurs ont été arborées dans les villes où l'armée anglaise a pénétré. *Les émigrés ont reparu...*

» Les officiers manquent dans tous les corps et l'on

---

(1) Extrait d'une lettre du *comte Caffarelli au ministre*, datée de *Toulouse, 15 février* (A. G.) :

« ... On a vu en général avec beaucoup de peine qu'il était distrait de l'armée de Bayonne trois divisions d'infanterie, deux de cavalerie, indépendamment d'une nombreuse gendarmerie; l'armée de Catalogne, ayant également envoyé des corps dans l'intérieur, la crainte a gagné les esprits et refroidi prodigieusement l'ardeur de combattre. *On s'est cru sacrifié dans ce pays...* »

P. C. C.: L'Inspecteur aux revues, chef de la 4e division : Lebarbier de Tinan.

n'a point de sujets pour les remplacer. *Je demande expressément à être autorisé à puiser dans la garde nationale, où l'on peut faire de très bons choix : je dirai même meilleurs que ceux que l'on fait dans les corps, dont l'esprit doit être remonté par des gens qui tiennent à la propriété et qui ont reçu une éducation plus libérale.* Si l'on ne prend ce parti, un grand nombre d'individus, que l'on pourrait utiliser dans le service en cas d'invasion, se tiendront chez eux et ils resteront indifférents aux événements, ainsi qu'à la défection des corps des gardes nationales dont ils font partie...

» ... Puisque l'Empire ne peut être sauvé que par la force des armes, il me semble que *tout doit être militaire,* ou du moins concourir au succès des opérations, soit en servant activement, soit par l'emploi de moyens quelconques pour nuire à l'ennemi : il me semble nécessaire que des peines soient infligées à l'instant même aux individus qui refuseront d'obéir...

» J'ai déjà proposé de déclarer en état de siège les départements qui sont devenus le théâtre de la guerre... Il serait à propos d'autoriser les généraux à incorporer de force dans les corps de ligne tous les individus en état de porter les armes, ainsi que les chevaux pour la cavalerie et l'artillerie ; enfin, que la peine capitale soit infligée à ceux qui auront recélé des déserteurs ou favorisé leur évasion...

» ... Il nous est rentré beaucoup de prisonniers que l'ennemi avait faits, même des officiers... Nous avons éprouvé de très grandes pertes par la désertion à l'intérieur ; des communes, par où les déserteurs passent, au lieu de les arrêter, les favorisent. Il serait très urgent de faire quelque grand exemple pour arrêter cette contagion et donner de l'énergie aux autorités locales ; leur stupeur est telle que, si je n'avais l'espoir qu'elles sortiront bientôt de cette léthargie, je les jugerais déjà indignes du nom français... ».

Le maréchal proposait de déclarer en état de siège les départements du théâtre de la guerre et de subordonner l'autorité administrative à l'autorité militaire.

« ... Je pense qu'il y a encore 3.000 isolés sur les derrières de l'armée, qui ont poussé jusqu'à la Garonne : j'ai donné plusieurs ordres pour les faire revenir. Mais j'ai appris aujourd'hui que des commandants de place en ont arrêté pour en former des garnisons, particulièrement celui d'Auch, et que d'ailleurs ce commandant, ni la gendarmerie départementale, ni aucune autorité civile n'ont rien fait pour arrêter ces fuyards qui, seuls, ont occasionné les plaintes que les communes ont portées au sujet des excès qui ont été commis.... » (Rabastens, 7 mars.)

Profitant du répit que l'armée anglaise lui laissait, Soult se hâtait de réorganiser ses forces : Maransin allait, le 13, reprendre le commandement de sa division ; le maréchal rappelait à lui les détachements d'infanterie et de cavalerie laissés près de Pau, les troupes que Darricau avait réussi à ramener de Dax ou à réunir à Langon ; il faisait constituer des approvisionnements de vivres et de munitions à Tarbes et à Toulouse ; il prescrivait de nouveau d'envoyer dans cette dernière ville ceux qu'on avait réunis à Bordeaux (1).

---

(1) *Soult à Lhuillier* (Rabastens, 6 mars). — « ... Votre lettre du 4 me prévient de la détermination que M. le comte Cornudet a prise de s'éloigner de Bordeaux et d'en faire partir le préfet... Il me paraît que le préfet devait au moins rester jusqu'à ce que la ville fût sérieusement menacée; c'était son poste, tant qu'il y avait des troupes et que vous-même restiez à Bordeaux : il avait toujours le temps d'en sortir. Les magasins, qui sont à Bordeaux, Langon et Podensac, doivent être transportés

Il pressait les commissaires impériaux et les autorités locales d'activer les levées et de faire rentrer les déserteurs et 3.000 traînards, anciens soldats que les géné-

---

à la rive droite. Il y a plus de trois semaines, que j'en ai donné l'ordre; cela devrait être terminé... »

Quand le général Lhuillier voulut faire partir ces approvisionnements de Langon, de Podensac et de Bordeaux, les autorités locales s'y opposèrent, sous prétexte que l'argent manquait pour le transport, mais en réalité parce que la ville était le foyer d'une conspiration en faveur des Bourbons, appuyée par le maire.

Le général comte de Gazan, chef de l'état-major général, au ministre (Rabastens, 10 mars). — « ... Par suite des dispositions arrêtées par le général en chef, la 9e division (Pâris) est supprimée. Les trois régiments qui en faisaient partie passent à la 8e division (Harispe).

» L'adjudant-commandant Gasquet, qui commandait une brigade de cette division, passe à la 4e (Taupin), en remplacement du général Béchaud, tué le 27.

» L'adjudant-commandant Leseur se rend à la 2e division (d'Armagnac), en remplacement du général Gruardet, blessé le 27.

» Le général de division Maransin reçoit ordre de remettre au général Vouillemont le commandement des masses d'insurrection du département des Hautes-Pyrénées et de rejoindre l'armée pour reprendre le commandement de la 5e division (Rouget)... » Il le reprenait dans la journée du 13. (Lapène.)

Ordre (Rabastens, 10 mars). — « ... En exécution de l'ordre de ce jour, l'armée active ne devant être composée que de six divisions d'infanterie, dont deux aux ordres de chaque lieutenant-général, l'organisation de l'artillerie aura lieu suivant ces bases; ainsi l'artillerie de bataille actuellement à l'armée sera divisée en six batteries de six bouches à feu chacune...

» Il y aura deux pièces de 4 employées au parc...

» Les deux batteries de montagne seront disponibles...; en attendant, l'une sera à la disposition de M. le général Clausel et l'autre à celle de M. le comte Reille...

Maréchal, duc DE DALMATIE.
» P. C. C. DE GAZAN. »

Le chimiste Chaptal, ancien ministre, nommé, par le décret du 26 décembre 1813, commissaire extraordinaire de l'Empereur dans la 19e division à Lyon, rapporte que le maréchal Soult avait étendu ses réquisitions jusqu'à cette région. « Il en a frappé une de mille quintaux sur le département du Cantal, écrit Chaptal le 7 mars. Il ne manquait plus que cela pour nous achever. C'est bien assez de nourrir ici 30 à 35.000 hommes (Augereau) aux dépens des voisins. » (*Souvenirs* du comte Chaptal.)

raux commandant les départements avaient retenus aux dépôts au lieu de les renvoyer à l'armée. Malgré le manque complet d'argent, il s'efforçait de grouper des corps de partisans.

Le 7 mars, le maréchal donnait l'ordre de porter, le lendemain, l'armée vers Tarbes (Rabastens, 7 mars ; papiers Reille). « ... Le quartier général de l'armée se rendra demain à Tarbes... ».

Il était prescrit à la division Harispe de s'établir dans cette ville. Clausel devait réunir les divisions Villatte et Pâris à Vic-de-Bigorre et les disposer de façon à pouvoir soutenir Reille et d'Erlon, qui, en cas de retraite, opéreraient leurs mouvements sur ce point. La cavalerie de Pierre Soult, mise à sa disposition et en réserve près de Vic-de-Bigorre, d'où elle devait éclairer très au loin la route de Pau, par Morlaas, était chargée d'occuper fortement Lembeye avec un poste ayant mission d'éclairer les routes d'Aire, par Conchez et par Garlin, et de se mettre en liaison avec l'avant-garde, formée par la cavalerie de Berton, à Madiran. Celle-ci pousserait ses postes d'observation jusqu'à Conchez, Viella et Castelnau-Rivière-Basse.

D'Erlon avait ordre de rapprocher sa ligne de Maubourguet, de façon à pouvoir joindre successivement les autres divisions sur la route de Vic-de-Bigorre à Tarbes. Il devait échelonner les divisions Fririon et d'Armagnac entre Plaisance et Maubourguet, de façon à recevoir appui des forces de Reille à Maubourguet et, au contraire, à pouvoir les soutenir si ces dernières étaient attaquées par l'ennemi débouchant par Viella et Castelnau : les avant-postes de cavalerie de d'Erlon, avec quelques compagnies de voltigeurs, resteraient en avant de Plaisance pour éclairer les directions de Barcelonne et de Nogaro, par Aignan. En cas de retraite sur Maubourguet, il était prescrit à l'officier supérieur qui les commandait de faire passer un parti par la route de Marciac et de Mielan, pour continuer à y observer l'ennemi et garder le contact dans cette direction. D'Erlon avait ordre de s'éclairer très au loin à sa droite, avec sa cavalerie, sur les routes conduisant à Auch, spécialement celle de Nogaro et Vic-Fézensac et celles de Mirande et de Miela.

Reille, couvert par l'avant-garde de Berton, à Madiran, rapprocherait toutes ses troupes de Maubourguet, afin de soutenir Berton et d'Erlon.

Le parc d'artillerie de l'armée était dirigé de Mielan sur *Trie*, pour s'y établir, avec mission de reconnaître les routes conduisant de ce point à Tarbes, à Tournay, à Pinas, près de Lannemezan, par Galan, et à Boulogne-sur-Gesse, par Castelnau-Magnoac.

« ... Ainsi, l'armée se trouvant échelonnée et éclairée à grande distance par la cavalerie, toutes les divisions peuvent se soutenir réciproquement, et, en cas d'attaque, opérer leur mouvement sur Tarbes, où l'armée se réunirait et recevrait de nouveaux ordres... Les lieutenants-généraux se communiqueront entre eux tous les avis qu'ils recevront des mouvements de l'ennemi en même temps qu'ils en rendront compte au général en chef, afin qu'ils soient toujours instruits de ce qui se passe sur la ligne et puissent faire, assez à temps, leurs dispositions pour remplir cette instruction..., et que partout où l'ennemi présentera des têtes de colonne, elles soient contenues en défendant le terrain pied à pied. Ils sont d'ailleurs confidentiellement prévenus que la ligne d'opérations de l'armée est *de Tarbes sur Toulouse*, par *Saint-Gaudens*, malgré qu'on utilisera, autant qu'il sera possible, sans rien compromettre, celle qui passe par Auch...

» Les lieutenants-généraux donneront à l'avenir l'ordre aux maires des communes qui sont le plus près des points occupés par les ennemis d'envoyer journellement des personnes de confiance pour observer leurs mouvements sur toutes les directions et leur en rendre compte aussitôt ; les rendant responsables des moindres retards ou négligences qu'ils mettraient dans ce service important, et les prévenant qu'en cas d'omission, ils seront ultérieurement poursuivis (1). »

Soult à Reille (Rabastens, 8 mars, 6 heures du matin, papiers Reille). — « ... D'après l'avis que vous m'avez donné, à minuit, sur la marche d'une colonne ennemie par Garlin sur Pau, je donne ordre à M. le comte d'Erlon de prendre aujourd'hui position avec ses deux divisions à Auriébat et Sauveterre, où il sera à cheval sur la grande route qui conduit de Maubourguet à Marciac, et pourra manœuvrer dans la direction de Rabastens et de Villecomtal, dans le cas où un

---

(1) Nous n'avons pas craint de donner, chaque fois que nous avons pu le faire, et presque *in extenso*, les ordres de mouvement de Soult. Nos conceptions actuelles et l'instruction professionnelle acquise aujourd'hui par tous nos officiers nous portent à trouver avec raison, que ces ordres entrent trop dans les minuties de l'exécution. « Le culte des détails est la menue monnaie du succès », disait-on. C'était alors nécessaire, nous l'avons fait ressortir ; mais il n'en demeure pas moins que les dispositions prescrites par le maréchal, et inédites jusqu'à ce jour, constituent de véritables modèles d'applications dont l'étude est infiniment fructueuse. C'est une bonne fortune que de *pouvoir prendre, comme instructeur, un maréchal de l'Empire d'une expérience consommée;* Soult était doué d'un rare talent d'organisateur ; ses dispositions sont mûries, étudiées, raisonnées, liées entre elles : nous y trouvons un enseignement pratique qui conserve sa haute valeur, aujourd'hui comme hier, car le maréchal voyait large, malgré son souci des détails ; et l'on se prend à regretter qu'il n'ait pas eu à sa disposition, pour mettre en action ses manœuvres, *l'armement moderne, dont les portées eussent été nécessaires à leur exécution complète,* des *voies de communication, des liaisons assurées* comme on peut les établir de nos jours et enfin, une *armée instruite et manœuvrière,* dotée de nos bons cadres.

nouveau mouvement rétrograde devrait avoir lieu ; il laissera un régiment de cavalerie à l'extrémité de la chaîne sur laquelle se trouve Ladevèze, pour éclairer la vallée, qui est entre Plaisance et Castelnau-de-Rivière-Basse.

» Ainsi, M. le comte d'Erlon se trouvera à une très petite distance en deuxième ligne de Maubourguet, à portée de vous soutenir au besoin ; faites-lui part, en effet, de tout ce qui surviendra de vos côtés.

» Je vous préviens que, si, en cas d'attaque, vous ne pouviez opérer le mouvement sur Vic-de-Bigorre, M. le comte d'Erlon, marchant à votre hauteur par la chaîne de montagnes qui se trouverait à votre gauche (étant en retraite), serait toujours en mesure de vous soutenir. Dans ce cas, vous préviendriez aussitôt M. le lieutenant-général Clausel de votre mouvement. Dans le jour, nous recevrons sans doute des renseignements plus positifs sur la marche des ennemis. Je resterai aujourd'hui à Rabastens. »

Soult à Guerre (Rabastens, 8 mars). — « ... J'ai envoyé un parti sur Pau (1) pour faire en sorte d'enlever quelques détachements ennemis, qui y étaient entrés, ainsi que le traître Malluguer (2). Ce parti était commandé par le colonel Seganville, du 2e régiment de hussards. A une lieue de Pau, il a appris que, dans la soirée, il y était arrivé une brigade de cavalerie (Fane) et une brigade d'infanterie de la division Stewart et

---

(1) *Soult à Guerre* (Rabastens, 7 mars). — « ... J'ai plusieurs partis en campagne ; ils doivent s'approcher le plus possible d'Aire et se porter sur la route qui conduit de cette ville à Pau. Dans la nuit, 200 hussards doivent pénétrer dans Pau et enlever tout ce qu'ils trouveront d'ennemis. Il leur est surtout recommandé de faire en sorte de prendre le traître Malluguer. Si ce coup de main réussit, il sera fait un exemple éclatant sur ce scélérat... »

(2) Voir note 1, page 471.

que le restant du corps de Hill y était attendu. D'après ces renseignements, le colonel Seganville s'est rejeté sur la route qui conduit de Pau à Vic-de-Bigorre pour enlever les postes ennemis qui y étaient établis, mais il n'a pu prendre qu'un capitaine et cinq dragons anglais : on a aussi tué huit dragons anglais. Le chef d'escadrons Boitieux, du 10° régiment de chasseurs, avait été envoyé, en parti, avec 100 chevaux, sur Conchez et vers Garlin : il a trouvé une autre brigade de cavalerie établie dans ce dernier endroit, à Sarron et à Castetpugon ; il a passé entre ces troupes et a été au Tourniquet, où il a enlevé un poste de correspondance. Les renseignements, qu'il s'est procurés, confirment le mouvement de la division Stewart sur Pau. Il a aussi appris qu'une division espagnole était à Geaune et que le gros de l'armée ennemie se trouvait concentré entre Aire et Barcelonne...

» Les renseignements qui m'ont été envoyés hier, de Nogaro, portent que l'ennemi s'est étendu par sa cavalerie jusqu'à Gabarret ; *mais je n'ai pas appris qu'il ait fait encore des détachements sur Bordeaux*, quoique l'on dise depuis longtemps qu'il s'y prépare.... Aussitôt que je serai instruit du mouvement, je marcherai aux ennemis.

. . . .

» J'ai donné des ordres au général Despeaux, commandant la 20ᵉ division militaire, de se rendre à Agen, à l'effet de prendre toutes les mesures nécessaires pour faire garder avec soin le cours de la Garonne, en employant à ce service ce qu'il y a de disponible dans les dépôts et la garde nationale. Je lui ai aussi prescrit de faire garder à la rive droite tous les bateaux qu'il a sur la Garonne. J'ai donné ordre au général Travot de se rendre à Auch pour faire observer les diverses routes, venant du département des Landes, qui aboutissent à cette ville et empêcher que les partis ennemis se répandent dans le pays. Il emploiera à ce service les corps de garde nationale et un fort détachement d'infanterie qu'il a pris à Toulouse. S'il était forcé, il se replierait successivement sur *Toulouse* pour défendre *la tête de pont dont j'ai ordonné la construction*...

» Il paraît qu'il y a déjà un certain nombre de conscrits réunis dans les grands dépôts qui sont établis dans les 10e, 20e et 11e divisions militaires, mais fort peu sont armés. J'ai fait diriger, dans le temps, sur Toulouse et sur Bordeaux, tous les fusils qu'il était possible de sortir de Bayonne ; une grande partie sont arrivés à leur destination ; mais il est à craindre que les dernières expéditions n'aient été prises par l'ennemi. D'après cela, on en manquera infailliblement pour compléter l'armement des conscrits que les dépôts recevront. Je prie Votre Excellence de donner des ordres pour qu'il y soit pourvu... Il sera nécessaire d'envoyer un général de division pour inspecter ces grands dépôts, en prendre même le commandement supérieur, afin de donner l'impulsion à l'armement, à l'instruction, à l'habillement..., en attendant qu'ils soient en état d'être appelés à l'armée (1). »

---

(1) Malgré l'urgence évidente d'employer à l'armée tous les combattants disponibles, malgré la pénurie des effectifs dans le rang, le gaspillage des hommes était considérable, le désordre était partout et l'impulsion générale manquait à l'ensemble, faute d'unité de pensée, de doctrine et d'orientation nationale dans les esprits comme dans les cœurs. La lettre ci-après du *colonel de Charlet, commandant le* 21e *chasseurs, au maréchal Soult*, en apporte encore une preuve précise :

Madiran, 4 mars. — « Le 21e chasseurs a perdu, le 27 février, sous les yeux de Votre Excellence, 80 chevaux et 3 officiers. Ce même jour, le détachement, près du général Harispe, a perdu 7 hommes. Le 28, en soutenant la retraite du général Clausel, le régiment a eu 30 hommes tués. Enfin, un détache-

Soult à Guerre (Rabastens, 11 mars). — « ... L'ennemi se concentre sur Aire et Barcelonne ; il a poussé une forte avant-garde jusqu'à Tasque et Pouydraguin : une partie des troupes qu'il avait envoyées à Mont-de-Marsan est revenue à Barcelonne...

» ... La cavalerie ennemie se répand sur tout le département des Landes et dans partie de celui du Gers : elle est si supérieure en nombre à celle que je puis employer, que rien ne l'empêche de *faire ces promenades;* mais il est honteux que des communes très peuplées se soumettent à l'approche de trois ou quatre cavaliers ennemis. Si les habitants voulaient, déjà l'on aurait enlevé plus de 1.000 hommes de cavalerie aux ennemis ; les autorités sont d'une telle faiblesse que, loin de penser à donner de l'énergie à la population, chacun s'occupe de ses petits intérêts et de sa sûreté personnelle ; *l'on a même de la peine à obtenir des renseignements...*

« Un officier et quatre hussards du 2ᵉ régiment, qui éclairaient la marche d'un détachement qui avait été envoyé en reconnaissance vers Pau, sont entrés hier dans cette ville au moment où la brigade de cavalerie venait d'en partir et ils ont pris 2 officiers et 22 Portugais...

C'est au moment où le maréchal, en proie à ces graves difficultés, faisait tous ses efforts et appliquait son

---

ment de 46 hommes envoyés de Libourne, pour monter les chevaux des hommes passés dans la garde impériale, ayant été dirigés sur Aire, est tombé dans un parti anglais et pris presque en entier. Pour nous mettre à même de réparer nos pertes, il serait urgent d'annuler l'ordre de fournir 368 hommes à l'infanterie, ordre donné à mon major depuis six mois ; *les hommes sont toujours au dépôt*. Il faudrait encore monter, habiller, équiper un escadron de tirailleurs-voltigeurs, *qui se trouve au dépôt*, à Libourne, ainsi que 100 vieux soldats, retour d'Allemagne, nus et démontés. » (A. G.)

énergie, son activité, ses rares qualités d'organisateur à remettre ses troupes en état d'agir de nouveau après ces dures épreuves, qu'il recevait du ministre l'expression du mécontentement de l'Empereur et la désapprobation des mesures de conservation et de couverture qu'il avait jugé nécessaire de prendre, faute d'être en situation d'opérer offensivement.

Ministre à Soult (4 mars). — « Par mes lettres des 27 et 28 février (voir p. 312) j'ai eu l'honneur de vous transmettre les intentions de l'Empereur sur le système d'opérations que vous deviez adopter et sur la nécessité de mettre en ce moment, dans vos combinaisons, toute la vigueur et la décision possibles. L'Empereur me charge de réitérer à Votre Excellence l'expression de sa volonté à cet égard. Sa Majesté persiste à penser qu'avec des troupes telles que celles qui sont sous vos ordres *vous devez battre l'ennemi, pour peu que vous montriez de l'audace et que vous marchiez vous-même à la tête des troupes*. Sa Majesté ajoute que nous sommes dans un temps où il faut plus de résolution et de vigueur que dans les temps ordinaires ; qu'en manœuvrant avec autorité, *en donnant l'exemple, d'être le premier au lieu du péril* (1), vous

---

(1) Les mémoires de Saint-Chamans, ancien aide de camp du maréchal Soult, nous donnent l'explication de ce grave reproche ; il n'était fondé que sur des bruits d'antichambre et sur les racontars de la correspondance latérale, trop en honneur alors dans les états-majors de l'époque et trop encouragée souvent par Napoléon lui-même auprès des généraux subordonnés : c'est un mal de toutes les époques et aucun régime n'y a échappé ; il est peu digne et il contribue à affaiblir à la fois l'autorité nécessaire du haut commandement et la confiance du gouvernement, mal renseigné par des inférieurs, toujours informés trop bas. L'esprit policier salit et déforme tout ce qu'il touche.

« ... Je passais une grande partie du temps à écrire sous la dictée du maréchal Soult, dans son cabinet, les ordres qu'il donnait pour l'administration de son corps d'armée, les subsistan-

devez, avec une armée telle que la vôtre, battre le double des ennemis. Je ne crains pas d'ajouter moi-même que vous avez, dans le succès de vos combinaisons passées, l'exemple de celles que l'Empereur demande aujourd'hui et que *toutes les fois que vous avez étonné et surpris l'ennemi au milieu d'une opération ou sur un point inattendu,* vous avez fait avorter ses projets et détruit ses plans. »

(Même jour). — «... Un ordre de l'Empereur, en date du 28 courant, vient de prescrire au maréchal Suchet de détacher de son armée une deuxième colonne de 10.000 hommes et de la diriger en poste sur Lyon. Après le départ de la première colonne, le maréchal

---

ces, les cantonnements, l'instruction, la police et la discipline, les hôpitaux, etc... Il n'oubliait rien, et *il était propre aux plus petits détails, comme aux plus grandes opérations.* Je ne crois pas qu'il soit possible de rencontrer un homme qui, comme lui, sous un extérieur grossier, sût cacher autant de facilité, de perspicacité et de *finesse dans les affaires :* il était doué d'un tact sûr, d'un *esprit délié et souple* quand il le fallait, *malgré sa rudesse naturelle,* et d'une grande fermeté de caractère; en guerre, il aimait assez les entreprises vigoureuses, et, une fois qu'il y était engagé, il s'y opiniâtrait avec beaucoup de force. Il aimait la bonne chère. Malgré son air froid et contraint avec elles, il aimait passionnément les femmes. Sa femme a toujours exercé un grand empire sur lui, et devant elle je l'ai toujours vu fort petit garçon.

» J'ai dit qu'en guerre il aimait les entreprises vigoureuses; mais c'était cependant *pourvu qu'il n'y payât pas trop de sa personne,* car il était loin d'avoir le brillant courage du maréchal Ney et du maréchal Lannes; *on pourrait même lui reprocher l'excès contraire, et de se mettre trop soigneusement à l'abri du danger;* ce défaut lui était venu avec la grande fortune qu'il avait faite. Il n'était pas rare de rencontrer des officiers, qui ne regardaient pas à se faire tuer quand ils n'étaient que colonels ou simples généraux, mais qui, plus tard, se mettaient bien *à l'abri derrière leur bâton de maréchal;* au reste, cette prudence sur le champ de bataille ne le suivait pas *sous la tente,* et c'était là qu'il concevait et qu'il ordonnait, souvent devant l'ennemi, des mouvements audacieux qu'il faisait exécuter ensuite par des hommes d'un courage et d'une intrépidité reconnue... » (Mémoires du général de Saint-Chamans, ancien aide de camp du maréchal Soult.)

Suchet se trouvait déjà réduit à n'avoir que 12.900 hommes disponibles : ainsi, après le départ de la seconde, il n'aura pas même 3.000 hommes à opposer à environ 50.000 ennemis qui, une fois instruits de son affaiblissement, ne peuvent manquer de saisir une occasion aussi favorable d'entreprendre. *(sic)*...

» ... Il est indispensable que le maréchal Suchet soit autorisé à *réunir autour de lui tout ce que les départements limitrophes* (Ariège, Aude, Pyrénées-Orientales) *pourront lui fournir de ressources* et particulièrement les forces locales, dont le général Laffitte presse la levée et dirige l'organisation... Je vous invite à donner des ordres analogues au général commandant la 10ᵉ division militaire. Cette disposition me paraît d'autant plus nécessaire qu'un corps tant soit peu considérable, venant débarquer sur les derrières de l'armée de Catalogne, le maréchal Suchet se trouverait non seulement hors d'état de couvrir la frontière orientale des Pyrénées, mais encore vous auriez vous-même un nouveau sujet d'inquiétudes pour vos propres opérations... Il me paraît indispensable que, dans l'intérêt même des opérations que Votre Excellence dirige, le maréchal Suchet soit toujours assez fort, sinon pour agir offensivement, du moins pour arrêter et contenir l'ennemi qu'il a en tête... » (A. G.)

Soult à Guerre (Rabastens, 10 mars). — «... Je ne disposerai d'aucune des troupes, soit de ligne, soit des gardes nationales, qui se trouvent dans les départements de l'Aude, de l'Ariège et des Pyrénées-Orientales. Le maréchal Suchet pourra utiliser ces troupes pour couvrir la frontière ; je donne des ordres en conséquence au général Travot.

» L'Empereur ne doit pas douter que je ne sois en personne à la tête des troupes toutes les fois qu'elles se battent et je suis persuadé que Sa Majesté rend justice à la fermeté de mon caractère et à la vigueur que je mets dans mes opérations ; mais ma force d'âme serait bientôt affaiblie si je croyais que Sa Majesté pensât que j'ai besoin d'être excité. Il serait à désirer que tous les chefs qui ont l'honneur de commander les troupes de Sa Majesté et que tous les fonctionnaires eussent autant d'énergie que moi et qu'ils cherchassent, comme je le fais, à utiliser tout ce qui peut concourir à la défense du territoire, à la gloire de nos armées et à l'anéantissement des armées ennemies...

» Après les nombreux combats que j'ai livrés... j'aurais besoin de quelques jours de repos pour... faire rentrer 3.000 à 4.000 traînards, rassembler des souliers pour 2.000 à 3.000 hommes, qui étaient entièrement pieds nus..., organiser des subsistances sur ma nouvelle ligne d'opérations ;... l'ennemi m'oppose 10.000 à 12.000 hommes de cavalerie et je ne puis en mettre plus de 2.000 en ligne... Du reste, je compte me mettre en mouvement sous très peu de jours... » (A. G.)

Napoléon, instruit, le 3 mars, des résultats de la bataille d'Orthez, envoyait encore de nouveaux ordres au ministre (de Fismes, 4 mars) pour blâmer le maréchal et pour l'inviter à prendre l'offensive :

Napoléon au Ministre (Fismes, 4 mars). — « ...Je reçois votre lettre du 3 mars (bataille d'Orthez), où je vois que le duc de Dalmatie s'est laissé forcer ; faites-moi connaître combien de troupes il a sous ses ordres ; je ne conçois rien à de pareils résultats. Réunissez le général Dejean et le duc de Conegliano et rédigez-lui des instructions pour *une marche de flanc qui couvre la Garonne et reporte la guerre par Tarbes sur Pau et le long des Pyrénées. Les Anglais ne s'avanceront pas tant qu'ils pourront être coupés. Je ne conçois pas* comment, avec des troupes comme celles-là, le duc de Dalmatie peut être battu. Ecrivez-lui *fortement et ferme*. C'est déjà *une très grande faute que de se laisser attaquer*. Ecrivez à ce maréchal qu'il a montré peu de la vigueur qu'on doit exiger de lui dans les circonstances actuelles... »

Guerre à Soult (7 mars). — «... L'Empereur, à qui j'ai adressé la lettre que vous m'avez écrite le 27 février, vient de me témoigner qu'il ne concevait rien à des résultats, tels que ceux que vous m'avez mandés ; son étonnement est au comble de voir qu'avec d'excellentes troupes, comme celles qui sont sous vos ordres, vous ayez pu avoir le dessous. Sa Majesté a trouvé... que c'était déjà une très grande faute de vous être laissé attaquer. Elle m'ordonne de vous faire connaître qu'elle attendait de vous plus de vigueur et que vous n'avez pas déployé toute celle qu'elle a le droit d'exiger de vous dans les circonstances actuelles ; et, en effet, à la guerre, *la vigueur ne consiste pas seulement à attendre l'ennemi de pied ferme, mais bien plutôt à le surprendre et à le prévenir dans toutes ses résolutions.*

» L'intention de l'Empereur est que vous donniez de suite une autre direction à vos opérations en faisant *une marche de flanc qui couvre la Garonne et reporte la guerre par Tarbes sur Pau, de manière que vous ayez toujours votre gauche appuyée aux Pyrénées*. Ce système d'opérations est celui qui a toujours été reconnu comme le seul convenable dans la guerre que vous faites ; et cependant les dernières nouvelles que je reçois de Votre Excellence m'apprennent qu'elle s'en écarte de plus en plus ou du moins que ses idées ne sont pas encore bien fixées à cet égard...

»... Je n'ai point reçu la dépêche que Votre Excellence m'annonce m'avoir écrite le 27 février et qui devait, ce me semble, contenir des détails de quelque importance. »

Le maréchal répondait le 12, de Vic-de-Bigorre :

« ... J'ai rendu compte à Votre Excellence des préparatifs que je faisais pour me porter en avant, ainsi que des motifs qui m'ont mis dans la nécessité de donner quelques jours de repos à l'armée. Vous êtes aussi instruit depuis plusieurs jours, que, par la nouvelle direction que je prenais, je me rapprochais des montagnes dans l'objet de ramener le théâtre de la guerre vers les Pyrénées et de me trouver sur le flanc des ennemis (1). Par ces dispositions j'ai heureusement prévu les intentions de l'Empereur (lettre du ministre, 7 mars)...

»... Demain, je réunirai l'armée *en avant de Lembeye*, d'où je pousserai dans la même marche *jusqu'à Conchez et Viella*. Mon projet est de gagner la grande route qui conduit de Pau à Aire, pour me porter sur le plateau qui domine cette dernière ville et ensuite manœuvrer suivant les circonstances. Ces mouvements donneront lieu à des combats, l'armée ennemie étant concentrée sur les deux rives de l'Adour en avant d'Aire et de Barcelonne... »

Wellington, de son côté, s'était résolu à ne pas pousser, pour le moment, les opérations militaires contre Soult. Les difficultés matérielles s'étaient opposées à une poursuite immédiate, alors que l'état de désorganisation des troupes françaises n'eût entraîné cependant

---

(1) « Cette marche, dit le général de Ségur, menaçait Wellington du ralliement possible de l'armée de Soult par celle de Catalogne (maréchal Suchet), *sans cesse appelée par lui à son aide.* »

que peu de risques à courir ; mais il voulait être fixé d'abord sur la situation à Bordeaux, but politique de ses opérations dans le sud. Sa méthode et la prudence ne lui permettaient pas de se diviser entre deux objectifs. Courir sus à l'adversaire, déjà en pleine voie de réorganisation et appuyé sur un pays très propre à la guerre de chicanes, présentait de graves dangers, si l'on n'avait auparavant tâté le terrain à Bordeaux, sondé cette direction, déterminé ce qu'on pouvait en craindre, aussi bien que de celle de la vallée de la Garonne ; car on avait annoncé la formation d'une armée de réserve de 100.000 hommes autour de Bordeaux (1) et l'organisation d'un corps de 6.000 à 8.000 vétérans (2), sous les ordres du général Beurmann, à Agen ou à Périgueux.

La ville de Bordeaux, en effet, était le foyer d'une conspiration en faveur des Bourbons : le mouvement était appuyé et alimenté par Wellington (3). On pouvait espérer de grands avantages de cette diversion, plus politique que militaire, et de cette division morale, pour aider à l'action des opérations futures (4). Au cas

---

(1) *Wellington à Bathurst*, 21 décembre.
Général Lhuillier à guerre (Bordeaux, 6 mars). — « ... J'ai passé hier une revue du corps de partisans de la Gironde ; son effectif, officiers compris, n'était que de 33 hommes et point de chevaux, en sorte qu'au lieu d'augmenter, il diminue et que les 12 chevaux qui parurent sur le terrain à la dernière inspection, étaient des chevaux prêtés... » (A. G.)

(2) *Situation de la* 11e *division et de la* 1re *division de réserve*, le 16 mars (Saint-André-de-Cubzac) : 77 officiers, 1.000 hommes, 16 déserteurs, 133 hommes à l'hôpital ; total : 1.200 hommes et 176 chevaux. Chaque homme est pourvu de 20 à 30 cartouches, sur le *complet réglementaire de* 50 par homme.

Signé : Chef d'état-major, PRESSIGNY.

(Voir plus loin, p. 499, la situation de Blaye et des forts.

(3) Proclamation de Wellington au commencement de mars, en faveur des Bourbons et du drapeau blanc. (Napier.)

(4) « Le duc d'Angoulême avait suivi le quartier général de Wellington depuis Saint-Jean-de-Luz jusqu'à Saint-Sever ; il

même où les résultats de cette nature demeureraient médiocres, une reconnaissance en forces sur Bordeaux pouvait seule mettre à même de savoir si on n'avait à redouter aucune action dangereuse venant des vallées de la Garonne et de la Dordogne ou des rassemblements annoncés vers Périgueux, vers Bordeaux et vers Agen. Cette détermination faite, cette assurance une fois acquise, l'armée pourrait se consacrer sans arrière-pensée, sans crainte pour ses derrières et pour ses flancs, à sa tâche active contre les forces du maréchal Soult.

Wellington décidait d'employer 12.000 hommes à cette reconnaissance : il gardait le reste de son armée rassemblé, pendant ce temps, autour d'Aire et de Barcelonne, en face de l'armée de Soult encore désemparée, et dont on ne redoutait pas les tentatives d'offensive. Cependant, on estimait à tort que Suchet venait précisément de lui envoyer 10.000 hommes de renforts, alors que ces détachements avaient été dirigés sur Lyon.

Wellington rappelait à lui toutes ses réserves disponibles d'infanterie, de cavalerie et d'artillerie, toutes les troupes que le blocus de Bayonne lui permettait de prélever. Il venait d'être rejoint par cinq régiments d'infanterie arrivant du siège de cette ville, par Saint-

---

réunissait les anciens partisans de sa maison; il envoyait ses agents de tous côtés; il cherchait à débaucher officiers et soldats jusque dans les camps de Soult; il aidait, par tous les moyens, *les étrangers contre la France*. Soult rencontrait partout mécontentement, opposition et trahison même chez beaucoup de fonctionnaires. *Le secret de ses mouvements était livré à l'ennemi.* » (Napier.) (Voir p. 219, note.)

Mont-de-Marsan, jeudi 3 mars. — « ... Un des officiers de l'état-major de Beresford s'est promené cette après-midi dans la ville avec une cocarde blanche et une fleur de lys au bras : tout le monde le regardait, mais sans exprimer ni plaisir, ni indignation. Quelques gentlemen de Bordeaux sont arrivés aujourd'hui pour inviter l'armée anglaise à entrer dans leur ville. On suppose qu'ils ont l'intention de se déclarer pour Louis XVIII... » (Woodberry, Journal.)

Palais. Il avait ordonné au général espagnol Freyre de rallier l'armée par Port-de-Lanne avec deux divisions. Il appelait de Navarrenx sur Aire une des brigades de Morillo ; la cavalerie de Vivian avait, dès le 2 mars, atteint Mont-de-Marsan ; elle était poussée vers l'est, sur Villeneuve, Perquie et Lannemaignan. Elle lançait des patrouilles et des reconnaissances à Roquefort, Saint-Justin, Montguilhem, Hontanx, Le Houga et Panjas (observatoire de la lande du Catalan). Les dragons portugais de Campbell étaient aussi envoyés à Roquefort ; la brigade de cavalerie Fane, avec une brigade d'infanterie, s'était montrée à Pau (1) le 7 et le 8, poussant ses patrouilles dans les directions de Tarbes et de Vic-de-Bigorre. Wellington faisait encore réparer activement les ponts rompus.

Ces dispositions prises, il se hâtait de jeter sur Bordeaux la forte reconnaissance offensive, politique et militaire, qu'il avait décidé d'y envoyer avant que Soult eût avis de ce détachement. Le 10 mars, en effet, le maréchal écrivait de Rabastens, au ministre :

«... Je ne pense pas que les ennemis, après les grandes pertes qu'ils ont éprouvées, s'exposent à envoyer vers Bordeaux et la basse Garonne des divisions de leurs troupes, tant que l'armée conservera son attitude menaçante. Déjà je suis informé qu'ils ont fait revenir, sur Aire et Barcelonne, deux divisions qui s'étaient portées sur Mont-de-Marsan (2)... »

---

(1) Proclamation de Wellington : « ... C'est près du berceau de Henri IV qu'un de ses petits-fils vient relever, au milieu des braves Béarnais, l'antique bannière des lys, etc... »
(2) Il peut s'agir de la division légère d'Alten et de la brigade de cavalerie Vivian, poussées en reconnaissance de Saint-Sever sur Mont-de-Marsan le 1er mars, sous le commandement de Beresford. Cet échelon, en ce qui concerne la division d'infanterie Alten, avait été rappelé à Aire, pour l'envoi, sur Bordeaux, des divisions Cole et Walcker.

Or, dès le 8 (1), Wellington avait fait partir, de Mont-de-Marsan pour Bordeaux, Beresford, avec les divisions Cole et Walcker, la brigade de cavalerie Vivian et quelques pièces. Une partie de la brigade de cavalerie Vandeleur, venant de Bayonne, par Dax, les rejoignait en route (12.000 hommes). Il avait ordre d'occuper la ville, et de faire de la Garonne un port pour les alliés, « aux termes de ses instructions *militaires* ». Il devait, en outre, obliger les fonctionnaires à déclarer s'ils consentaient à continuer l'exercice de leurs fonctions (2). Enfin, il avait été informé que Bordeaux renfermait de nombreux partisans des Bourbons, qui se proposaient d'arborer le drapeau blanc et de proclamer Louis XVIII sous la protection des alliés. Il ne devait pas se compromettre dans ce mouvement s'il

---

(1) Roquefort, mardi 8 mars (Woodberry, en route sur Bordeaux); Captieux, 9 mars; Langon, 10 mars; Castets, 11 mars; Langon, 12 mars : «... Je suis le premier de l'armée qui ait franchi la Garonne... L'armée anglaise est entrée à Bordeaux ce matin... »

Langon, 16 mars : «... Nous partons ce matin pour rejoindre l'armée de Wellington à marches forcées. Le bruit court que Soult lui a infligé une défaite... »

Général Lhuilier à guerre. (Bordeaux, 10 mars). — «... Les rapports de la gendarmerie m'annoncent que l'ennemi est entré hier à Bazas et a envoyé une reconnaissance en avant.

» ... On m'assure que 400 hommes de cavalerie sont arrivés à Langon...

» ... Déjà *les guinées de l'Angleterre circulent à Bordeaux; déjà le commerce se réjouit* : il y a un grand nombre de bons habitants dans cette ville, mais plus d'étrangers et de Français égoïstes. *On annonce à l'avance le doux régime de l'Anglais : on dit qu'il paye comptant...* »

Soult à Guerre (Vic-Bigorre, 12 mars). — « Le général Gossard m'a écrit d'Agen, le 10, à 11 heures soir, qu'il a reçu rapport que *l'ennemi est entré à Bazas, le 9 à midi*, avec 6.000 hommes d'infanterie et quelques centaines de cavaliers, et que des parlementaires anglais avaient poussé jusqu'à Langon. Des partis de cavalerie se sont portés sur Grignolles et vers Nérac... »

(2) Le commissaire extraordinaire, comte Cornudet, et le préfet avaient quitté Bordeaux le 4 mars.

avait lieu, mais l'encourager, promettre que les alliés n'élèveraient aucune opposition aux actes politiques des royalistes tant que la tranquillité serait assurée dans les régions occupées par l'armée; il lui était d'ailleurs recommandé de les aider, de les soutenir et de leur fournir armes et munitions, tirées de Dax, tout en les prévenant que, si la paix venait à être conclue, il ne serait plus possible de leur continuer aucun secours militaire. Beresford avait ordre d'observer la direction d'Agen; des rassemblements de forces avaient été signalés sur ce point et l'on craignait que Soult ne parvînt à les pousser vers Bordeaux en appuyant lui-même leur action offensive. On s'attendait d'ailleurs à voir le maréchal effectuer sa retraite par Auch et il s'agissait de pouvoir le suivre rapidement dans cette direction. Beresford laissait en conséquence, le 10, le gros de ses forces à Langon (45 kilom. de Bordeaux), sous le commandement de Dalhousie, et il entrait à Bordeaux, le 12 au matin, avec 800 cavaliers du 1er régiment de hussards hanovriens (dit 1^{rst} german) de la brigade Vivian. Le maire Lynch (1) le recevait à la tête d'une partie de la municipalité et des partisans des Bourbons. Ce fonctionnaire français et impérial arrachait le drapeau tricolore; il faisait arborer le drapeau blanc et

---

(1) Le comte Lynch, d'origine irlandaise, né en 1749, mort en 1835, était maire de Bordeaux depuis 1808; il avait été anobli par Napoléon et nommé commandeur de la Légion d'honneur. Pendant les Cent Jours, son nom figura sur la liste des treize traîtres traduits devant les tribunaux : il était alors en Angleterre; Louis XVIII le nomma pair de France et maire honoraire de Bordeaux.

Liste des treize traîtres: Talleyrand, Marmont, duc de Dalberg (Emmerich-Joseph), abbé de Montesquiou, comte de Jaucourt, comte de Beurnonville, Lynch, Vitrolles, Alexis de Noailles, Bourrienne, Bellard, La Rochejacquelein, Sosthène de La Rochefoucauld (d'après les Mémoires de Fleury de Chaboulon, annotés par Napoléon, publiés par L. Cornet en 1901; Rouveyre).

proclamait Louis XVIII; il déclarait que les armées alliées n'avaient d'autre but que de renverser Napoléon et de le remplacer par Louis XVIII.

Le général Lhuillier détruisait le fort Médoc (rive gauche) et se réfugiait, dans la nuit du 11, à fort Paté et sur la rive droite.

Général Lhuillier à guerre (La Bastide, 12 mars). — «... J'ai quitté Bordeaux avec mes troupes cette nuit.... Hier, l'empressement d'une portion des habitants à aller au-devant des Anglais indique suffisamment le désir qu'ils avaient de les recevoir dans leurs murs. Il reste de bons Français à Bordeaux; mais les étrangers naturalisés, les commerçants, les égoïstes ont dû entraîner l'opinion ; la postérité jugera que, nonobstant l'événement actuel, la masse des Bordelais était française et que sa voix a été étouffée. Il n'est resté à Bordeaux, de nos troupes et de nos administrateurs, que les hommes *qui l'ont bien voulu;* tout le monde a été prévenu et les moyens de passage de la rivière n'ont pas manqué. Il est 9 heures du matin et le bruit des caisses et les cris des habitants indiquent l'entrée des Anglais à Bordeaux... Malgré mes ordres réitérés et les dispositions prises sans doute par la marine, les bâtiments, bateaux, etc., que la cupidité de certains individus a fait laisser sur la rive gauche, fourniront assez de moyens de passage aux ennemis sur ce point. Cette circonstance me force à faire passer mes troupes sur la rive droite de la Dordogne. Ce mouvement s'exécutera dans l'après-midi... » (A. G.)

(19 mars). — « Le 12 mars, un peloton de 40 hussards hanovriens se présenta à 8 heures du matin devant Bordeaux, se porta à la mairie ; de là, il alla aux magasins aux vivres qu'il trouva démunis. A 10 heures, le

maire se rendit aux avant-postes ennemis avec quelques personnes du conseil municipal ; il offrit au général Beresford les clefs de la ville au nom de Louis XVIII. Le général *répondit les accepter, puisqu'on les lui offrait à ce titre, mais qu'il ne l'avait pas exigé.* Le maire accepta *de la main du général l'écharpe et la cocarde blanches,* aux cris de : Vive Louis XVIII (1) ! Les Anglais répandirent beaucoup de cocardes qui furent ramassées par une foule de gens sans aveu qui recherchaient le désordre pour vivre. Le duc d'Angoulême, arrivé le même jour à 4 heures du soir, fut reçu avec les honneurs, conduit à la cathédrale pour y entendre un *Te Deum,* et porté en triomphe au palais impérial ; ...les citoyens qui pensent, dans Bordeaux, et dont le nombre est plus grand qu'on ne croit, gémissent de l'énormité de la faute de leur maire ; ...parmi ceux qui ont adopté la cocarde blanche, on n'a reconnu que quelques anglais, d'anciens nobles et beaucoup de gens suspects aux gens de bien. La partie saine des habitants se tient à l'écart... » (A. G.)

(Saint-André-de-Cubzac, 14 mars). — « ...Les porteurs d'eau et quelques écervelés ont arboré la cocarde blanche ; les bons citoyens étaient mornes ; et puisque, dans le moment d'enthousiasme, Bordeaux ne s'est pas prononcé, il est à croire que Louis XVIII, dont le représentant est descendu à l'église, où M. l'Archevêque

---

(1) *Général Lhuillier à Guerre* (Saint-André-de-Cubzac, 14 mars). — « ... Huit heures après mon départ, le comte Lynch, maire de la ville, a rassemblé le conseil municipal ; ensuite, il est allé au devant des Anglais avec plusieurs voitures, que beaucoup de jeunes gens à cheval avaient précédées, portant la cocarde blanche. Le maire, arrivé à la porte Saint-Julien avec son cortège, est monté sur un cheval qui lui était préparé, a pris la cocarde blanche, qu'on lui a présentée, ainsi que l'écharpe blanche, et a, pour lors, ôté sa décoration... »

a entonné le *Te Deum*, ne fera pas longtemps fortune dans une ville dont l'esprit est aussi versatile. M. l'Archevêque avait reçu ordre de partir de M. le sénateur comte Cornudet... »

» On est venu demander au général Beresford, après son entrée, la permission d'arborer le drapeau blanc ; le général n'a point accordé, mais a dit simplement que, si c'était le vœu de Bordeaux, il ne l'empêchait pas. Le drapeau blanc a été arboré de suite sur la tour Saint-Michel ; je l'y ai vu flotter avant mon départ de la Bastide... » (A. G.)

L'inspecteur aux revues Garrau au ministre (vers le 21 mars). — « ...Pour amadouer le peuple de Bordeaux on a rendu une ordonnance qui redonne aux écus de 3 et de 6 livres leur valeur monétaire et qui réduit à vingt-cinq francs le tonneau le droit d'entrée sur les vins. Ce qui fait le plus d'impression sur les habitants des campagnes, c'est *l'abolition des droits réunis*. On est parvenu à leur inspirer une telle horreur contre ces impôts qu'il est à craindre que, dans la circonstance, ils ne se portent à des excès contre les employés...

» Il est évident que le maire de Bordeaux est un traître qui, depuis longtemps, entretenait des intelligences secrètes avec l'ennemi.

» Le cortège du duc d'Angoulême était composé d'un grand nombre d'émigrés du Béarn, des Landes et de la Gironde, à la tête desquels on remarquait M. de La Rochejacquelein (1). (A. G.)

---

(1) « Sans nos démarches, sans nos efforts, les Anglais ne fussent pas venus à Bordeaux de plus d'un mois. » (Taffart de Saint-Germain à Rollac. — Voir Henri Houssaye, *1814*, p. 239 à 246.) Henri Houssaye est d'avis que, si le général Lhuillier était resté à Bordeaux, la révolution du 12 mars n'aurait pas eu lieu. Il ajoute que Wellington ne se décida à envoyer une colonne que *sur l'avis formel du départ de la garnison*. Or Lhuil-

Du général Lhuillier (Saint-André-de-Cubzac, 15 mars) « ...Il paraît certain qu'une colonne de 2.500 Portugais est entrée à Bordeaux dans la journée du 14 ; ...un jeune homme intelligent (1) a été envoyé dans cette place pour reconnaître la force de l'ennemi... J'ai écrit au sous-préfet de Blaye et de Bordeaux (Cubzac fait partie de ce dernier arrondissement) pour les inviter à organiser la défense ; celui de Libourne est absent, quoique la troupe y soit encore ; il a suivi le préfet, dont je n'ai pas de nouvelles... Je reçois à l'instant une lettre du préfet de la Gironde, écrite à Saint-Médard le 14 ; je lui écris qu'il voulût bien rentrer au quartier général, ce qui lèverait bien des difficultés et l'invite à donner ordre au sous-préfet de Libourne de rentrer dans cette ville, dont les troupes françaises ne sont pas sorties... » (A. G.)

Le 19 mars, le général Lhuillier rendait compte au ministre qu'il n'avait pas omis de faire passer tous les bateaux sur la rive droite, sauf ceux qu'il avait destinés au transport des troupes, s'il devait avoir lieu. Le 10,

---

lier est parti dans la nuit du 11 au 12. Beresford était déjà le 10 à Langon ; il entrait à Bordeaux, le 12, avec une *avant-garde;* celle-ci eût, en effet, été insuffisante en présence du *moindre* noyau de résistance, que la population restée française n'eût probablement pas tardé à appuyer, tout au moins moralement, par sa masse toujours redoutable dans une grande ville. On peut affirmer que toutes les autorités, en outre des partisans des Bourbons, sont cause de l'entrée des Anglais à Bordeaux. Personne n'a fait acte de direction ou de commandement, personne n'a guidé l'esprit public, n'a groupé les citoyens autour du drapeau en leur montrant où était le *devoir français.*

(1) D'après une lettre du 17, ce « *jeune homme intelligent* », chargé d'aller *reconnaître la force de l'ennemi*, était le secrétaire de M. Portal, maître des requêtes, commissaire extraordinaire ; il annonçait, en revenant le 17, que Beresford avait quitté Bordeaux pour Langon ; que la garnison était très faible, 1.800 hommes environ et 300 à La Bastide. 2.000 hommes étaient partis de Bordeaux ; 4.000 avaient quitté Bazas le 15 ; 2.000, Langon, le 16, n'y laissant que quelques cavaliers.

dans une réunion des autorités, il avait proposé de mettre des postes sur ces bateaux pour les garder ; mais le maire Lynch avait déclaré qu'en agissant ainsi on susciterait une révolte, que les marins déserteraient. Le général Lhuillier avait été trompé et les habitants avaient aidé à faire venir les bateaux sur la rive gauche pour seconder l'ennemi (1). On avait cependant évacué et désarmé Fort-Médoc. La garnison de Pointe-de-Grave avait été envoyée à Blaye ; les pièces étaient enclouées, les travaux en terre détruits, les bâtiments en bois brûlés. Deux pièces de campagne et les poudres avaient été portées à Blaye. Les ouvrages de Fort-Médoc

---

(1) *Le préfet des Hautes-Pyrénées au général Gazan* (Tarbes, 15 mars). — « ... M. Fontan, ancien juge au tribunal de Tarbes, est arrivé hier de Bordeaux, dont il était parti le 12 ; il a donné les détails suivants : Le comte Cornudet, commissaire extraordinaire de l'Empereur, averti de l'approche de l'ennemi, assembla les principales autorités et leur proposa de mettre en œuvre tous les moyens de défense qui étaient en leur pouvoir, d'appeler la population et de brûler quelques prises anglaises qui se trouvaient dans le port. Sur les représentations qui lui furent faites, il abandonna ce projet et ordonna le départ de toutes les autorités constituées, archives, caisses publiques et d'un faible corps de troupes qui se trouvait dans la ville. Il ne resta que la cohorte urbaine, qui fut destinée à maintenir l'ordre public et manifesta l'intention de n'opposer aucune résistance à l'ennemi. Elle refusa même de fournir au général commandant une escorte qu'il demandait pour l'accompagner à Libourne... »

Le 12 au matin, Fontan part de Bordeaux ; il trouve auprès du Bouscat l'avant-garde anglaise, forte de 4.000 hommes, dont 500 cavaliers, avec quatre pièces. Le soir du 12, à Bazas, Fontan voit 8.000 hommes de troupes anglaises et portugaises se dirigeant sur Bordeaux avec une petite quantité d'artillerie. (A. G.)

Voir, p. 475, note 1, la lettre de *Soult à Lhuillier;* (Rabastens, 6 mars) : « ... Votre lettre du 4 me prévient de la détermination que le comte Cornudet a prise de s'éloigner de Bordeaux et d'en faire partir le préfet... Le préfet devait au moins rester jusqu'à ce que la ville fût sérieusement menacée ; c'était son poste tant qu'il y avait des troupes et que vous-même restiez à Bordeaux... » (A. G.)

étaient nuls : on n'avait pas eu le temps de les détruire, non plus que de démanteler les batteries de Castillon et de Trompe-Loup.

Une lettre du général Desbarreaux au général Lhuillier, en date du 15 mars, nous renseigne plus complètement sur la situation réelle des défenses. Il venait de passer la revue de la garnison de Blaye ; elle comprenait : 21 officiers, 2.300 hommes, dont 2.000 conscrits appartenant au dépôt du 66° régiment et à sept cadres de régiments différents : ils n'étaient *ni vêtus ni armés.* « ...Ils le seront aujourd'hui ou demain... La citadelle n'est en état que de résister à un coup de main, mais non à une attaque réelle. Elle formait jadis l'ancienne ville de Blaye, ses principales fortifications battent la rivière seulement ; le côté terre est dominé de partout ; les magasins sont bien pourvus en vivres, munitions, etc... La garnison sera formée à 1.200 hommes et le reste évacué sur La Rochelle. Fort-Paté est en état de défense ; sa garnison sera doublée. Les batteries et les forts Médoc, Castillon, Trompe-Loup et Pointe-de-Grave sont détruits, ou vont l'être ; les canons seront encloués, en raison de l'impossibilité de les réintégrer dans la citadelle... Les marins s'étant refusés à marcher, se plaignant de n'être pas payés, on a dû avoir recours à la force armée pour les contraindre. » Six chaloupes, avec leurs marins et un délai de quatre ou cinq jours étaient encore nécessaires pour détruire les forts et pour évacuer tout ce qu'on pourrait en fait d'armes, de munitions, d'archives, etc., sur La Rochelle. (A. G.)

Soult à Guerre (Conchez, 15 mars, 5 heures du matin). — « ...Je ne puis que déplorer de voir que les habitants de tous les départements montrent aussi peu **de détermination pour** se défendre et que quelques cavaliers ennemis suffisent pour faire soumettre les villes les plus peuplées. Je déplore aussi que les départements de la 20ᵉ division militaire et celui de la Gironde soient aussi peu avancés pour l'organisation de la garde nationale et pour les autres mesures de défense prescrites par les décrets de l'Empereur. Je devais supposer que MM. les commissaires extraordinaires de Sa Majesté, qui étaient sur les lieux, s'en seraient *au moins occupés ;* mais *il n'y a absolument rien de fait* et ces départements sont en quelque sorte livrés sans défense aux ennemis. La dernière lettre que j'ai reçue du général Lhuillier *était du 10 ;* l'ennemi n'était encore qu'à Bazas : je dois cependant croire qu'il est entré à Bordeaux ; du moins, le bruit en est généralement répandu. On dit même que les habitants ont arboré la cocarde blanche. 30.000 ennemis auraient dû échouer à Bordeaux si cette population avait eu l'honneur pour guide et le sentiment de ses devoirs... » (A. G.).

(16 mars). — «... Je ne conçois pas qu'ayant donné l'ordre, le 22 janvier, de faire évacuer sur la rive droite les magasins qui étaient à Bordeaux, l'on prétende avoir manqué d'argent, de temps et de moyens pour compléter cette opération. A quoi servaient donc les autorités qui étaient à Bordeaux (1) ?... Je n'ai rien

---

(1) *Soult à Guerre* (Martres, 22 mars). — « ... J'ai témoigné au général Lhuillier qu'il devait aller lui-même parcourir la ligne de la Garonne et de la Gironde et prendre les dispositions de défense que les circonstances rendent nécessaires, au lieu de se régler sur les rapports qui lui sont faits. Sa correspondance est tellement embrouillée que je ne puis connaître ce qu'il fait, ce qu'il a, ni même s'il a reçu les ordres qui lui sont adressés...
» Il serait utile au service de l'Empereur que le général de division Lhuillier reçût une destination où il ne fût pas nécessaire de montrer de l'activité, ni de sortir du cabinet... » (A. G.)
De son côté, le général Lhuillier donnait le même conseil au préfet de la Gironde (17 mars) : « ... Le sous-préfet de Li-

reçu du comte Cornudet depuis quinze jours ; il m'a même laissé ignorer son départ de Bordeaux.

Guerre à Soult (21 mars). — «... Le général Lhuillier a été en tout très mal informé ; les autorités qui l'environnent ont également montré peu de fermeté et ne se sont pas entendues entre elles. L'ennemi était encore à 30 lieues, que chacun s'est pressé de partir, en sorte que tout ce qu'il y avait à Bordeaux de sujets fidèles de Sa Majesté s'est trouvé hors d'état, par cet abandon, d'imposer aux partisans de l'ennemi. Je ne dois pas vous taire non plus que les ordres qui ont été envoyés à Bordeaux par le général Gazan, pour les évacuations, et qui ne contenaient aucun éclaircissement accessoire sur *les suites de la bataille d'Orthez* et sur votre véritable position, ont contribué à y jeter l'alarme, que l'approche des partis ennemis a fini par accréditer : les mêmes craintes et l'incertitude où l'on était des véritables résultats de l'affaire du 27 février se sont propagées sur la frontière orientale des Pyrénées ; on ne conçoit pas que le général Laffitte ait pu s'imaginer que les Anglais marchaient sur Narbonne et qu'ils y seraient même rendus avant que le maréchal Suchet pût y être arrivé lui-même (1)... » (A. G.)

---

bourne est de retour à son poste. Le préfet de la Gironde est également arrivé dans cette ville ; il m'annonce qu'il va se rendre auprès de moi : *je vais l'engager à monter à cheval, avec quelques gendarmes, et à parcourir, avec ses sous-préfets, les communes sur les bords de la Dordogne.* Peut-être sa présence réchauffera-t-elle le zèle des habitants... »

(1) Le ministre concluait en déclarant que les généraux commandant les départements du Midi ne recevaient point de communications exactes et propres à les rassurer et qu'ils ne s'éclairaient pas mutuellement, comme ils auraient dû le faire. Il invitait le maréchal à remédier, pour son compte, à cet état de choses et à donner fréquemment de ses nouvelles dans les départements voisins. Or Soult n'y avait *jamais manqué* ; le service des comptes rendus et des communications était fait, dans

Cependant, la flotte anglaise qui devait appuyer le mouvement de Beresford, n'était pas arrivée; plusieurs bâtiments de guerre français étaient venus mouiller

---

son état-major, d'une façon irréprochable, nous dirons même sincèrement : *admirable*, avec une régularité, un ordre et une continuité dignes d'éloges et de haute estime.

Le parti pris de Clarke, qui lui-même s'est montré bien inférieur comme organisateur dans toute cette période, est évident; en voici la preuve matérielle :

« ... Il est également essentiel que le maréchal Suchet soit mieux informé de ce qui se passe à l'armée de Votre Excellence. [Sur un avis pareil et *sur la foi des alarmes populaires*, un général moins réfléchi que M. le duc d'Albuféra eût été capable *d'abandonner la frontière* et de se replier, en effet, sur Narbonne]. » (A. G.)

Or, Clarke a d'abord signé cette lettre avec la phrase finale; puis, il a biffé lui-même toute la partie encadrée plus haut et fait récrire la lettre sans cette phrase finale (Archives de la Guerre). Le côté tendancieux de cette dernière, qui clôt si bien d'ailleurs les reproches immérités faits au maréchal, au sujet de ses communications latérales ou subordonnées, est manifeste; on peut ajouter qu'au point de vue militaire la pensée qu'elle exprime est au moins bizarre; Clarke s'est vu forcé d'y renoncer en se condamnant ainsi lui-même.

« 1793. — Le général Baraguay d'Hilliers, chef d'état-major de Custine, puis de Beauharnais, eut pour successeur le lieutenant-colonel Clarke, Irlandais d'origine et qui, quelques années avant, était attaché à la personne de M. le duc d'Orléans. Cet officier commandait un escadron du 2ᵉ régiment de cavalerie à l'affaire du 17 mai. Il eut son cheval tué sous lui dans une charge et, ne trouvant pas à se remonter, il prit un fusil et se plaça dans une compagnie de grenadiers. Cette action fut regardée alors comme très courageuse et il fut nommé colonel. M. de Beauharnais le prit pour chef d'état-major général en lui faisant obtenir le grade de maréchal de camp.

» M. Clarke joignait, au goût et à l'habitude du travail d'état-major, toute la souplesse d'un homme, qui veut parvenir et cette espèce d'esprit de conduite, dont on accuse les gens de son pays. Il ne resta à l'armée que jusqu'au 12 octobre. Il fut alors destitué et envoyé à Paris. *C'est la seule campagne qu'il ait faite comme militaire. Il est mort maréchal de France...* »

« 1814. — Le duc de Feltre, Clarke, ministre de la guerre, avec un esprit étroit, bon secrétaire, mais esclave d'une vanité qui s'attachait à tout, servait avec une nonchalance suspecte et rêvait déjà l'insigne honneur d'être ministre des Bourbons... » (Mémoires de Lavallette, ancien aide de camp de Napoléon, directeur général des postes.)

au-dessous de Blaye. Enfin, Wellington, renseigné maintenant sur la situation à Bordeaux, et préoccupé de la rapide réorganisation des forces de Soult, qui paraissaient à la veille de reprendre l'offensive, rappelait Beresford, le 16, avec la division Cole et la brigade de cavalerie Vivian; il ne laissait sous Bordeaux que Dalhousie à la tête de la division Walcker et de trois escadrons. Aussi bien, le mouvement apparent d'opinion, soulevé par l'initiative du maire et la pression du duc d'Angoulême, était déjà contrecarré par le retour des esprits. Dans les Landes, les paysans brûlaient les maisons des partisans du drapeau blanc. Quelques volontaires battaient le pays au nord de la Garonne; à Bordeaux même on n'attendait que l'approche du général Decaen, annoncé à Périgueux, pour mettre à la raison les partisans du roi et de l'étranger. Le duc d'Angoulême, très inquiet, demandait le maintien à Bordeaux des troupes anglaises, arguant que Wellington l'avait aidé à y prendre le pouvoir et qu'en conséquence il était engagé, ainsi que son gouvernement, à lui continuer son aide. Wellington, qui était tout prêt à soutenir un mouvement d'opinion unanime et profond, utile à ses intérêts militaires, se refusait à s'engager aucunement à la suite du duc d'Angoulême, dans une aventure politique lancée avec légèreté, sans bases sérieuses, dans le pays. La révolution de Bordeaux, malgré sa gravité, n'avait pas même eu d'écho dans la Vendée, ni d'ailleurs sur aucun point du territoire occupé par les alliés. Elle n'avait déterminé aucun mouvement général d'opinion; elle restait l'œuvre isolée et purement locale d'un parti politique représentant d'un régime oublié des populations. Wellington déclarait donc au duc d'Angoulême qu'il désavouait la proclamation hâtive de reconnaissance de Louis XVIII, que le duc pouvait sans doute faire personnellement, mais pour laquelle il n'avait pas le droit de se servir du nom et de l'autorité des gouvernements alliés, sans les avoir consultés, ou de ceux de leur général, qui, déjà consulté plusieurs fois, avait chaque fois émis un avis opposé. Wellington, certes, était décidé à n'intervenir en aucune façon si une ville ou une région se déclaraient en faveur des Bourbons. Il remettrait alors entre les mains du duc d'Angoulême le gouvernement local, ou même total, s'il y avait lieu, du pays occupé par les alliés, si ce pays se déclarait en entier en faveur des Bourbons. Mais, à Bordeaux simplement, le mouvement était bien loin d'être unanime; il ne pouvait, en conséquence, être question de compromettre l'administration des régions occupées et, par suite, les intérêts mêmes des armées alliées, dans le seul but d'aider un prétendant royal.

Il faisait donc connaître au duc d'Angoulême : « qu'il avait occupé Bordeaux comme point militaire et qu'il était résolu à ne pas même risquer une compagnie d'infanterie pour un autre intérêt que celui de la cause des alliés. Ce n'était pas en aidant les armées alliées que certaines personnes avaient compromis leurs personnes et leurs propriétés, mais bien par le fait de leur déclaration politique prématurée, qu'il désavouait... ». Il était contraire aux intérêts de l'armée de soutenir un simple parti d'opposition, peu suivi, qui troublait l'exercice des administrations locales, nécessaires à la vie et à l'entretien des armées alliées.

Le général Dalhousie, laissé sous Bordeaux par Beresford, recevait donc l'ordre de tenir ses troupes rassemblées et loin de la ville.

En face de lui, au commencement d'avril, le général Decaen arrivait à Libourne pour organiser « *l'armée de la Garonne* » (1) ou « *corps d'armée de la Dordogne* ». Le général Despeaux, avec un corps de gendarmes, de douaniers et de gardes nationaux, battait la vallée de la Garonne entre Agen et La Réole.

Le général Lhuillier, qui disposait d'un millier

---

(1) *Napoléon au roi Joseph, lieutenant-général de l'Empereur à Paris* (Reims, 17 mars, midi). — « ... Faites-vous rendre compte du lieu où sont les 10.000 hommes du maréchal Suchet et faites-en venir une partie (environ 5.000 à 6.000) en poste sur la Dordogne. On y réunirait tout ce qu'on pourrait de Rochefort et des dépôts de cavalerie au delà de la Loire, de sorte que, Soult venant à reprendre l'offensive et rappelant à lui Wellington, nos troupes puissent rentrer dans Bordeaux. Comme il est question là de *révolution*, il y faudrait un homme sûr pour commander. Vous pourrez donc envoyer au maréchal Suchet l'ordre d'y venir lui-même et donner le commandement des Pyrénées orientales au général Decaen. L'armée du maréchal Suchet s'appellera *armée de la Garonne*... »

Guerre au roi Joseph (23 mars). — Celui-ci a proposé, le 18, conformément à la dépêche ci-dessus de Napoléon, en date du 17, de donner le commandement de l'armée de la Dordogne au maréchal Suchet. On lui fait connaître que ce maréchal est chargé de discuter de grands intérêts politiques en Espagne (Ferdinand VII) et on lui propose le général Decaen, très capable de diriger les opérations. « Il faut, en outre, que cette armée de la Garonne reste indépendante entièrement du maréchal Soult qui, *sans cela, appellerait insensiblement à lui toutes les troupes de la Garonne et les réduirait à rien.* » (A. G.)

Guerre au duc de Castiglione, commandant en chef l'armée de Lyon (19 mars). — Ordre de diriger sur Libourne partie de la deuxième division d'infanterie arrivant de l'armée de Catalogne à Lyon; 6.000 hommes de la division de 10.000, qui arrivent en ce moment, seront envoyés en poste et par relais militaires à Libourne en deux colonnes. Départs de Lyon les 23 et 24 mars. Le général *Beurmann* prendra le commandement de ces 6.000 hommes. Détourner de Nîmes les deux batteries d'artillerie à pied, qui suivaient le mouvement du général Beurmann sur Lyon et les diriger sur Libourne; faire prendre la poste à quelque distance de Lyon pour ne pas produire mauvais effet ni agitation à Lyon. (Ces dépêches sont spécialement recommandées au comte de Lavallette, directeur général des postes, comme très urgentes.) (A. G.)

Soult à Guerre (Martres, 22 mars). — « ... La colonne du *général Beurmann*, partie de Lyon, arrivera à Libourne du 29 au 31 mars (5.930 hommes d'infanterie)... » (A. G.).

Guerre à général Decaen, commandant le « corps d'armée de la Dordogne » (25 mars). — Lui envoie, *à l'occasion de sa no-*

d'hommes à Saint-André-de-Cubzac, allait être rejoint (11 avril) par quelques batteries envoyées de Narbonne, de Paris même et par 300 ou 400 chevaux venant de La Rochelle. Enfin, 6.000 vétérans, dirigés par Suchet sur l'armée de Lyon, avaient reçu ordre de quitter cette route pour se rendre à Libourne, sous le commandement du général Beurmann (fin mars).

Le 12 mars, l'armée anglaise était réunie aux environs d'Aire et de Barcelonne. Ses détachements de couverture et sa cavalerie occupaient Garlin sur la route de Pau, Viella sur la route de Maubourguet, et le ruisseau du Saget (4 kilomètres de Viella), Riscle sur la route de Tarbes, et Pouydraguin (route de Marciac et Miélan et route de Vic-Fezensac sur Auch), formant un demi-cercle de 30 à 35 kilomètres de déve-

---

mination, quelques renseignements... Il aura 36 batteries environ et à peu près deux ou trois escadrons de cavalerie... »

Guerre au roi Joseph (19 mars). — ... Lui donne état des généraux commandant les départements de la rive droite de la Garonne. Le ministre s'occupe de choisir ceux qui pourront être désignés pour commander les troupes rassemblées sur la Dordogne et la Garonne. Les 10.000 hommes envoyés par le maréchal Suchet seront à Lyon le 20 ; ils seront envoyés en poste les 23 et 24 par Clermont, Limoges et Périgueux, sur Libourne et Bergerac. Il leur faut *sept jours* pour être rendus à destination. Le ministre lui demande d'approuver ces mesures prises. — Cavalerie : on donnera les dépôts formés dans la 12e division militaire (Niort, Fontenay) : 600 à 900 hommes montés. — Artillerie : on peut former trois batteries avec le matériel de Nantes et de La Rochelle et des chevaux de réquisition pour les conduire, à défaut du train d'artillerie : il n'y a pas une seule compagnie d'artillerie disponible sur la Loire, ni sur les côtes ; il faut les tirer de Paris ; on demande ses ordres.

Réponse du roi Joseph (Paris, 19 mars). — Approuvé ; avis de ne rien prendre à Paris, si on peut faire autrement ; prendre des auxiliaires d'artillerie parmi les vétérans venant de l'armée de Catalogne. (A. G.)

loppement, à 15 et 25 kilomètres environ de son rassemblement.

Freyre allait arriver le 13 avec 8.000 hommes d'infanterie espagnole; le 14, Ponsonby rejoignait venant du siège de Bayonne, avec la grosse cavalerie. Les troupes de Beresford allaient quitter Langon, le 16, pour rallier l'armée en quatre jours de marches forcées.

Le 12, également, les troupes de d'Erlon étaient échelonnées de Ladevèze à Auriébat et Sauveterre, à cheval sur la route de Maubourguet à Marciac et couvrant les routes de Rabastens, de Villecomtal, de Marciac à Miélan; ses postes étaient en avant de Plaisance, à hauteur de Tasque; il faisait éclairer les directions de Barcelonne, de Nogaro, de Vic-Fezenzac et de Mirande.

Reille tenait ses divisions autour de Maubourguet et de Lafitolé avec une avant-garde de cavalerie (brigade Berton) à Madiran; elle éclairait jusqu'au Saget, près de Viella, et à Castelnau-Rivière-Basse.

Clausel était à Vic-de-Bigorre et à Rabastens. Sa cavalerie (Pierre Soult) occupait Lembeye et elle éclairait les directions d'Aire par Conchez et par Garlin et celle de Pau par Morlaas.

Le maréchal couvrait Tarbes et Toulouse, et il pouvait se porter sur Auch, sur Pau, ou revenir sur Aire. Mais il venait d'avoir connaissance du détachement de Beresford sur Bordeaux et il se décidait à profiter de cette division des forces alliées pour reprendre l'offensive, comme l'Empereur le lui avait ordonné (1), ou tout au moins à marquer un mouvement en avant.

---

(1) *Soult à Guerre* (Vic-de-Bigorre, 12 mars). — « ... A l'égard de l'infanterie, j'aurai en ligne 25.000 hommes d'infanterie, formés en six divisions, et trente-huit pièces de canon... » (Voir la situation du 10 mars, p. 82.)

« De Lourdes jusqu'au Roussillon », écrivait en 1719 le maréchal de Berwick au régent, « nous n'avons pas de place et *toutes les rivières ne peuvent être d'usage, attendu qu'elles sont toutes en long* », c'est-à-dire perpendiculaires à la direction des lignes de défense, telles qu'il les concevait.

« On reçoit la loi des localités » (Napoléon), et la manœuvre, bien loin de faire abstraction du terrain, doit s'en servir comme d'une arme à son usage. Le maréchal Soult modifiait donc son système de manœuvre pour le mettre en harmonie avec les dispositions locales de cette nouvelle zone.

Nous le voyons opérer, dans cette région, en échelonnant ses troupes, face au nord et au nord-ouest, sur les longs plateaux mouvementés qui séparent les cours d'eau auxquels il appuie ses flancs à droite et à gauche. Il déboîte ainsi ses échelons, en les avançant dans la direction de l'adversaire, soutenus en arrière et de proche en proche par des échelons débordants disposés pour l'appui, le recueil ou le repli. Son dispositif lui permet, avec une égale facilité, de faire face soit en avant, soit vers sa gauche ou vers sa droite. Il peut le pousser sans risques, aussi loin qu'il est nécessaire vers l'ennemi, et il conserve la faculté de le dérober et de le soustraire à celui-ci, grâce au jeu des échelons et à leur appui réciproque, fondée sur une bonne utilisation du terrain.

« Demain », écrivait, le 12 mars, de Vic-de-Bigorre, le maréchal au ministre de la guerre. « je réunirai l'armée en avant de Lembeye, d'où je pousserai dans la même marche jusqu'à Conchez et Viella.

» Mon projet est de gagner la grande route, qui conduit de Pau à Aire, pour me porter sur le plateau qui domine cette dernière ville, et ensuite manœuvrer suivant les circonstances... »

Soult à Reille (Vic-de-Bigorre, 12 mars; papiers Reille). — « ...J'ai reçu les rapports que vous m'avez adressés à minuit; le général Gazan vous a prévenu de tenir vos troupes prêtes à marcher. Dans le jour, vous recevrez l'ordre de vous porter demain, avec vos deux divisions, sur Lembeye, où l'armée se réunira; et, dans la même marche, nous pousserons, s'il y a possibilité, jusqu'à Conchez et Viella. Le lieutenant-général d'Erlon suivra votre mouvement. Ainsi, pendant le jour, vous ferez rapprocher les troupes et l'artillerie, qui sont à Lafitolé, et vous pourrez pousser quelques bataillons dans la direction de Lembeye, afin de vous dégager à Maubourguet, sans cependant annoncer une marche en avant. Je désire que l'ennemi ne soupçonne pas notre mouvement. Le général Berton doit faire en sorte de se maintenir dans les postes qu'il occupe; à cet effet, vous pourrez mettre à sa disposition deux compagnies de voltigeurs. Demain, le général Berton devra se porter sur Viella avec son avant-garde. Faites prendre des vivres, afin que les troupes soient en avance pour quatre jours et que le train d'artillerie ait du fourrage ficelé.

» *P.-S.* — Le lieutenant-général Clausel fera établir aujourd'hui la division Villatte sur le plateau de Labatut » (8 kilomètres est-sud-est de Lembeye).

L'ordre de mouvement pour l'armée (papiers Reille) (Vic-de-Bigorre, 12 mars) prescrivait les dispositions suivantes :

« L'armée se portera demain en avant et se dirigera sur Lembeye et Conchez, où de nouveaux ordres seront donnés... »

Le général P. Soult fera partir, au matin, le 22ᵉ régiment de chasseurs de Morlaas, et l'enverra sur la route de Pau à Aire ; arrivé là, celui-ci fera reconnaître la direction d'Arzacq, par Thèze, et marchera lui-même vers Aire pour s'établir sur le plateau du Tourniquet (nord-ouest de Claracq) et pousser vers Garlin. Le général P. Soult laissera un régiment de cavalerie au lieutenant-général Clausel et suivra, avec les deux autres, le mouvement de ce général, tout en détachant des partis vers la route d'Aire pour faciliter la mission du 22ᵉ chasseurs (colonel Desfossé).

La brigade de cavalerie Berton se portera sur Viella ; elle poussera son avant-garde sur la route d'Aire et enverra reconnaître jusqu'à Riscle, Saint-Mont et Corneillan, sur l'Adour, pour avoir des nouvelles au delà du fleuve.

Le 13ᵉ régiment de chasseurs (colonel Poiret), en observation dans la vallée de l'Adour, en avant de Plaisance, s'avancera vers Barcelonne sans se compromettre, mais en conservant rigoureusement le contact. Il fera éclairer la direction de Nogaro et se reliera avec le général Berton. Au cas où il serait refoulé, il se replierait dans la direction de Maubourguet, tout en continuant à couvrir la droite de l'armée.

Clausel formera l'avant-garde avec les divisions Villatte et Harispe. Elles seront rendues de très bonne heure en avant de Lembeye pour pouvoir se mettre en mouvement aussitôt l'arrivée des divisions de Reille, marcher alors sur Conchez et prendre position en avant de ce point. Là, Clausel gardera la grande route d'Aire et se reliera avec le corps de cavalerie de Berton, posté sur les hauteurs de Viella ; il devra en outre éclairer fortement les directions de Garlin et la route d'Aire à Pau. Une compagnie de sapeurs est mise à sa disposition (capitaine Marcelle), par le colonel Michaux, pour réparer les ponts et les passages (voitures bouvières, chargées de planches et de madriers).

Reille dirigera ses deux divisions (Taupin et Rouget), au matin, sur Lembeye, d'où elles suivront le mouvement, sur Conchez, des divisions de Clausel et de la cavalerie restante de Pierre Soult. Deux compagnies du génie (une de sapeurs, une de mineurs), sous le commandement du major Vainssat, marcheront en tête des divisions de Reille pour achever les travaux laissés incomplets par la compagnie qui accompagne l'avant-garde (voitures bouvières chargées d'outils, planches et madriers).

D'Erlon partira au point du jour avec les divisions Fririon et d'Armagnac, gagnera Lembeye par Maubourguet et suivra le mouvement de Reille sur Conchez (1).

« Le parc d'artillerie se rendra demain au soir à Vic-de-Bigorre et se tiendra prêt à suivre le mouvement de l'armée. Le colonel Bruyer pourra faire prendre du fourrage pour quatre jours à Tarbes : il enverra à ce sujet des voitures bouvières.

» Le quartier général de l'armée sera établi, demain, à Conchez.

» Les changements qui doivent avoir lieu, en vertu du dernier ordre, pour former les batteries attachées aux divisions, s'opéreront demain à leur passage à Lembeye. Le général Tirlet et les généraux comman-

---

(1) Nous n'avons pas cru devoir reproduire ici *in extenso* l'ordre original; celui-ci est très long : il entre dans les minuties de l'exécution pour chaque détachement de cavalerie; enfin sa forme répond plutôt à la réunion de plusieurs ordres particuliers qu'à un ordre général permettant une conception d'ensemble. Bien que donnant directement des prescriptions de détails à la cavalerie, le maréchal laissait, en effet, chaque groupe de cette arme à la disposition du lieutenant-général auquel il était affecté. Nous avons donc jugé utile, pour faciliter l'intelligence plus rapide du sujet, d'adopter une forme un peu plus moderne, tout en ne sacrifiant aucun des points essentiels prescrits par le maréchal. L'instruction de nos officiers permet aujourd'hui d'agir ainsi.

dant les divisions auront soin que la marche des troupes n'en soit pas retardée et que, dans la journée, tous ces changements soient terminés. »

Le 13, l'armée exécutait son mouvement en avant. Clausel échelonnait ses divisions sur l'éperon de Diusse jusqu'à Portet, où il établissait « un avant-poste » (Soult à guerre ; Conchez, 13 mars). Reille (1) atteignait Conchez à cinq heures du soir, en soutien de Clausel ; d'Erlon arrivait à Cadillon (sud de Conchez).

La brigade de cavalerie légère du général Berton, venant de Madiran, éclairait l'armée, en avant de sa droite, dans la direction de Viella, avec deux régiments. Le 10e chasseurs, arrivant sur le Saget et trouvant le pont rompu, tentait le passage du ruisseau à un gué marécageux à peu de distance. Campbell, avec un escadron portugais, repoussait la pointe ; mais Berton gagnait la hauteur avec le régiment, atteignait le plateau et chargeait avec succès les cavaliers ennemis, bousculés dans un étroit chemin conduisant à la route d'Aire ; il leur infligeait quelques pertes et capturait 40 cavaliers. Un troisième régiment de cavalerie, le 13e chasseurs, gardait la vallée de l'Adour et la surveillait en avant de Plaisance. Dès le matin ses postes d'observation, au delà de Tasque, étaient attaqués et refoulés ; mais le colonel Poiré se maintenait en avant de Plaisance.

A notre gauche, P. Soult, avec trois régiments de cavalerie, suivait la longue arête située entre le Lées et le gros Lées, se dirigeant vers Castetpugon. Il allait atteindre Mascaraas, sur ce contrefort, et le château du Sault, sur l'éperon qui lui est parallèle, après avoir repoussé les postes de cavalerie du général Fane dans

---

(1) Le général Maransin avait repris, le 13, le commandement de la division Rouget.

une escarmouche heureuse où il avait pris deux officiers ; mais il était arrêté par l'arrivée de forces supérieures.

(Conchez, 13 mars). — « ... L'ennemi montre des forces sur les hauteurs de Castetpugon et de Moncla. Les gens du pays disent qu'il en a aussi à Garlin et depuis cette ville jusqu'à Aire, où se trouve le quartier général de Wellington. Il a aussi des troupes engagées dans la vallée de l'Adour jusqu'à Tasque. Enfin tous les rapports disent qu'il a dirigé une forte colonne sur Bordeaux.

» ... J'espère que mes mouvements le forceront à ramener sur ce théâtre les troupes qui se sont engagées vers la basse Garonne... Il est possible que, dans la nuit, il concentre son armée ; car aujourd'hui elle est disséminée. Demain, au point du jour, je ferai reconnaître dans ses positions et je le ferai attaquer sur celles où je croirai obtenir le plus d'avantages... » (A. G.)

(Conchez 15 mars, 5 heures du matin). — ... « L'ennemi occupait (le 13) le contrefort de Mascaraas, Castetpugon et Moncla, ainsi que la position de Lasserre (2 km. 500 à l'ouest de Viella), et plusieurs autres points entre le Lées et l'Adour. Le 13 au soir, il porta un corps de 10.000 hommes d'infanterie sur le plateau de Projan... » (partie nord du même contrefort).

Hill, établi au nord de Garlin en arrière du gros Lées, avait en effet passé ce ruisseau vers la fin de la journée, et il avait pris position sur le plateau de Projan pour recueillir ses postes et pour reconnaître le mouvement offensif des Français, qui menaçait directement Aire. A la nuit, il repassait ce cours d'eau et il s'établissait sur le plateau entre Garlin et Aire ne laissant que des détachements de couverture au delà du Lées.

Wellington, dans la pensée que Soult n'avait été rendu si entreprenant que par l'arrivée de renforts importants, se décidait à rester sur la défensive jusqu'à l'arrivée des forces qu'il attendait. Il portait, en attendant, les divisions Picton et Clinton à Aire et au sud pour se relier avec Hill, au nord de Garlin. Il laissait, sur la rive droite, la division légère d'Alten avec une brigade de cavalerie, qui repoussait le 13e régiment de chasseurs à cheval que nous avions laissé dans la vallée de l'Adour. En avant de son front, le gros Lées constituait un sérieux obstacle, difficile à forcer. La brigade de cavalerie de Fane, revenue de Pau depuis le 10, couvrait sa droite, vers le sud, jusqu'à Boeilho (2 kilomètres nord de Claracq).

Le 14 au matin, Soult attaquait les détachements que Hill avait, en repassant ce cours d'eau, laissés la veille sur le gros Lées. A 10 heures du matin, d'Erlon se mettait en marche, par Saint-Jean-Poudge, sur Mascaraas et Castetpugon. Il avait ordre d'occuper Garlin si l'ennemi avait évacué ce point. A sa gauche, le général P. Soult avançait, avec sa cavalerie, sur le Tourniquet et la route d'Aire. Clausel partait à 10 h. 1/2, se dirigeant aussi sur Castetpugon pour appuyer d'Erlon; il devait avancer jusqu'à la pointe nord du contrefort de Projan, afin de faire tomber la position de Garlin, en menaçant de passer par Segos. Tous deux, après avoir enlevé Castetpugon, avaient mission d'attaquer l'ennemi à Garlin ou de déborder sa position en prolongeant leur droite vers le nord sur la route d'Aire. Reille formait ses divisions en réserve sur le plateau en arrière de Diusse, sur les positions que Clausel venait de quitter : il devait garder le plateau de Portét. La cavalerie de Berton éclairait l'aile droite et envoyait des reconnaissances à Riscle, Saint-Mont, Corneillan et sur la route d'Aire. Le 13e chasseurs à cheval continuait à couvrir la vallée de l'Adour en avant de Plaisance (ordre de mouvement; Conchez, 14 mars). Le maréchal se contentait de refouler les avant-postes de l'ennemi : il consacrait cette journée à reconnaître lui-même les positions des alliés; il faisait aussi rétablir les passages sur les ruisseaux en avant de ses colonnes.

(Conchez, 15 mars, 5 heures matin.) — « ...Hier au matin (14), je pris mes dispositions pour attaquer l'ennemi; mais, à l'approche de mes colonnes, ses troupes (postes avancés) se replièrent en tiraillant sur le grand plateau, traversé par la route d'Aire à Pau, où elles joignirent le restant de l'armée, qui était en position, appuyant sa droite à Garlin et sa gauche se prolongeant jusqu'à Aire. Tout ce qui était entre la grande route de Viella et l'Adour s'est, en même temps, replié dans la direction d'Aire. Les mouvements de la journée et le temps que j'ai dû employer à reconnaître la nouvelle position de l'ennemi m'ont empêché de pousser hier plus avant mon attaque; je suis rentré fort tard et je retourne à l'instant même sur le plateau de Castetpugon, entre les deux Lées, où j'ai laissé en position les divisions de Clausel et d'Erlon. Celles de Reille sont établies sur le plateau de Portet (entre le Lées et le Laris)... Les renseignements que j'ai reçus des habitants et ce que j'ai moi-même observé me persuadent que l'ennemi est disposé à recevoir la bataille sur le plateau entre Garlin et Aire, où il a 40.000 hommes réunis, avec beaucoup de canons. Cette position me paraît trop forte pour l'attaquer de front : je ferai en sorte, par mes mouvements, d'en détacher l'ennemi, afin de pouvoir agir contre lui avec plus d'avantages.

» ...J'espère que mes mouvements forceront les ennemis à ramener vers les Pyrénées une partie des troupes qu'ils ont engagées vers la basse Garonne (1). » (A. G.)

(Mascaraas, 16 mars.) — « Le général P. Soult s'était porté, dans la soirée du 14, vers Claracq (route de Pau), pour rallier le 22ᵉ régiment de chasseurs à cheval qui avait ordre d'éclairer la route de Pau à Aire jusqu'au Tourniquet, ainsi que celle de Saint-Sever par Thèze et Arzacq ; en approchant de Claracq, le général P. Soult (brigade de cavalerie Vial) fit reconnaître une brigade de cavalerie anglaise (Fane) ; il la fit aussitôt charger et repousser en lui sabrant une soixantaine d'hommes et en lui enlevant 12 dragons et un capitaine du 14ᵉ régiment anglais... »

« ...Le 14ᵉ dragons a beaucoup souffert dans une affaire avec la cavalerie française ; plusieurs officiers sont tués, blessés ou prisonniers; les rapports disent que les hommes n'ont pas suivi leurs chefs et se sont sauvés... » (Lieutenant Woodberry, du 18ᵉ hussards anglais.)

(Rabastens, 20 mars.) — « ...Mais les ennemis, ayant été renforcés et une brigade d'infanterie s'étant avancée, le général P. Soult fut obligé de se retirer de Claracq et fut prendre position en avant de Carrère (4 kilomètres sud-est de Claracq). Dans ce deuxième engagement il y eut sept hommes du 5ᵉ régiment de chasseurs qui furent tués.

---

(1) « J'ai donné ordre que les conscrits qu'il y a dans les dépôts de la 20ᵉ division militaire et de la 11ᵉ division militaire, qui ne sont pas armés, soient dirigés avec leurs cadres sur Toulouse, *où j'envoie également les conscrits non instruits qui étaient à la suite de l'armée.* Ces hommes embarrassent et ne sont d'aucune utilité. D'ailleurs, nous en perdons tous les jours qui restent sur les chemins. A Toulouse ils pourront se remettre et acquérir de l'instruction... J'enverrai le général Pâris sur la Garonne, pour inspecter les bataillons de réserve, aussitôt l'arrivée du général Darricau... Le général Despeaux doit être à Agen... (A. G.)

» Le 22ᵉ chasseurs à cheval, commandé par le colonel Desfossé, eut aussi, pendant le jour, plusieurs charges sur le Tourniquet... Il ne put cependant se maintenir, l'ennemi lui présentant des forces supérieures.

» Sur la droite, le 13ᵉ régiment de chasseurs à cheval, qui devait éclairer la vallée de l'Adour, suivit le mouvement rétrograde des ennemis et poussa jusqu'à La Caussade, sur la route de Barcelonne, ayant ses avant-postes devant Tarsac, et envoyant ses reconnaissances sur la route de Nogaro à Barcelonne... L'ennemi coupait les routes en se retirant et ses forces se concentrent sur le plateau au-dessus d'Aire, ayant une réserve à Barcelonne et à Saint-Germé.

» Hier les divisions sont restées en position. Les reconnaissances que j'ai faites et les rapports des émissaires m'ont affermi que les ennemis avaient fait toutes leurs dispositions pour recevoir la bataille, et qu'ils s'étaient renforcés considérablement du côté de Garlin et du Tourniquet. D'après les rapports des émissaires, il paraîtrait même que leurs forces sont plus considérables que je ne l'avais annoncé dans mon dernier rapport, et qu'on pourrait les élever à *50.000 hommes...* J'ai reçu plusieurs rapports qui annoncent que l'ennemi a rappelé plusieurs colonnes qu'il avait engagées dans le département du Gers ; mais je ne puis encore me flatter que mes mouvements aient eu de l'influence du côté de Bordeaux. Si j'avais une cavalerie proportionnée à celle de l'ennemi, je leur aurais déjà fait éprouver de grandes pertes ; celle dont je dispose peut à peine suffire à m'éclairer...

» Je suis déterminé à continuer mes mouvements pour faire en sorte d'attirer encore les ennemis vers les montagnes, en menaçant toujours leur droite et leurs derrières. A cet effet, je vais prendre position avec les divisions à Lembeye et sur le plateau de Samsons.

d'où probablement je manœuvrerai de nouveau dans la direction de Garlin. Clausel restera sur le plateau de Mascaraas et de Castetpugon, jusqu'à ce que l'ennemi lui présente des forces supérieures; ensuite il opérera son mouvement. Je laisse le général P. Soult devant le Tourniquet, et le 13ᵉ chasseurs à cheval continuera à observer la vallée de l'Adour dans la direction de Barcelonne... » (A. G.)

Les deux adversaires, insuffisamment renseignés des deux côtés, jugeaient la situation de l'ennemi plus forte qu'elle ne l'était; et chacun d'eux restait dans l'attente sans vouloir s'engager. Soult, au moyen des informations recueillies auprès des paysans, des prisonniers et de ses émissaires et par quelques faibles engagements superficiels de cavalerie, ou d'avant-postes, n'avait obtenu aucune des données profondes et réelles que des combats sérieux sont seuls à même de procurer. Il estimait à 40.000 ou 50.000 hommes les forces alliées réunies au sud d'Aire. Elles ne dépassaient pas au total 36.000 hommes, présents sous les armes, pour toute l'armée alliée, groupée autour d'Aire; mais elles s'accroissaient cependant tous les jours par l'arrivée des renforts et des forces disponibles rappelées. Wellington, de son côté, trompé par les nouvelles dispositions que Soult avait ordonnées pour former les troupes sur deux rangs au lieu de trois, égaré par l'aspect des réserves de conscrits qu'on avait placées en arrière des lignes pour faire nombre, sans avoir la pensée ni la possibilité de les engager, avait cru que Suchet avait rejoint l'armée de Soult ou, tout au moins, qu'il lui avait envoyé de gros renforts, tels que les divisions de Beurmann.

Soult redoutait aussi que Wellington, le maintenant avec son aile droite, ne poussât en avant sa gauche par

Maubourguet et Tarbes; ce mouvement l'eût coupé *du repli qu'il voulait faire sur Toulouse*, en le rejetant dans le pays montagneux et difficile de Lourdes.

Soult à Reille (Mascaraas, 15 mars). — « ... Le rapport du 13ᵉ régiment de chasseurs vient à l'appui de plusieurs autres qui portent que l'ennemi fait un mouvement sur sa droite et paraît diriger ses principales forces sur le Tourniquet; cependant, quelques émissaires ont dit qu'il y avait encore quelques milliers d'hommes d'infanterie anglaise avec du canon à Bernède... Si vous étiez attaqué par des forces supérieures, vous opéreriez votre mouvement sur Lembeye;... Clausel et d'Erlon se dirigeraient sur Simacourbe...

» Dans le jour, je donnerai des ordres pour que, demain matin, l'armée aille prendre cette ligne... » (A.G.)

Comme à Orthez, le maréchal avait réussi à réunir ses forces en face de l'ennemi pour frapper; mais ici encore, comme à Orthez, il ne se décidait pas à les employer à l'offensive. Le 16 au matin, avant le jour, le maréchal faisait replier ses forces vers l'arrière. La cavalerie de Berton, établie à Conchez et à Diusse (ordre de mouvement : Mascaraas, 15 mars; — papiers Reille), tenait la direction de Viella, l'éperon de Portet; elle éclairait la direction d'Aire jusqu'à Lanux, celle de l'Adour jusqu'à Saint-Mont, à sa droite, et celle de Projan, à sa gauche. Le 13ᵉ chasseurs continuait à observer dans la vallée de l'Adour. Clausel échelonnait ses divisions depuis l'éperon de Castetpugon jusqu'aux hauteurs de « Taron » (1), où il établissait ses batteries; il avait ordre de se replier devant l'en-

---

(1) 6 kilomètres sud-sud-ouest de Castetpugon (hauteurs de Baliracq).

nemi, dans la direction de Simacourbe en laissant une arrière-garde à Lalongue, et de prendre alors position sur le plateau de Moncaubet (nord-ouest de Simacourbe) (1). Sa cavalerie restait postée en observation sur l'éperon de Projan et de Moncla. A sa gauche, la cavalerie de P. Soult gardait, par ses postes, Carrère, Miossens, Lalouquette et Thèze; elle observait la route d'Aire et celle de Saint-Sever avec deux régiments; un régiment, établi à Mouhous, gardait la route d'Aire.

D'Erlon dirigeait ses divisions sur le contrefort de Samsons et de Lion, au sud-ouest de Lembeye (Soult à Reille ; Simacourbe, 16 mars), où elles prenaient position ; son arrière-garde restait au nord de ce point, sur le chemin qui conduit à Garlin, avec un régiment de cavalerie vers Mouhous.

Reille allait se placer, au nord de Lembeye, sur les hauteurs d'Escures ; il laissait une arrière-garde sur le contrefort, au sud de Cadillon ; ses postes occupaient cette localité et poussaient un détachement à Conchez pour soutenir la cavalerie de Berton.

Le parc d'artillerie s'établissait à Labatut pour se porter, le 16, sur les hauteurs de Viellepinte (6 kilomètres sud-ouest de Labatut). Le quartier général devait se rendre, le 16, à Simacourbe ; l'ordonnateur en chef et les administrations, à Lembeye (2).

---

(1) Soult à Reille; Simacourbe, 16 mars.
(2) *Ordre du maréchal* (Simacourbe, 16 mars ; — papiers Reille). — « L'armée étant en mouvement, elle doit tous les jours être prête à marcher au premier ordre. Ainsi MM. les lieutenants-généraux ordonneront que la troupe mange la soupe tous les matins et qu'entre 8 et 9 heures chacun soit à son poste, l'artillerie attelée et les équipages chargés, afin que les colonnes soient prêtes à se mettre en marche sur telle direction qui sera indiquée par les officiers porteurs d'ordres, qui seront à cet effet envoyés.
» Cette disposition est indépendante du service de vigilance,

Dans la journée du 17, l'ennemi se bornait à avancer des têtes de colonnes sur Claracq, Castetpugon et Mascaraas, ainsi que sur la grande route d'Aire à Viella. (Soult à Guerre ; Simacourbe, 17 mars, 5 heures du soir). Il faisait réoccuper Saint-Mont sur l'Adour ; mais, sur tout le front qu'il tenait, il ne tentait aucune opération. Le même jour, Wellington envoyait la brigade de cavalerie Somerset remonter l'Adour en la faisant soutenir par la division légère d'Alten. Elle refoulait le 13ᵉ chasseurs à cheval de La Caussade sur Tasque : la grand'garde de ce régiment était vivement abordée, et son capitaine était tué. Le régiment se repliait jusqu'à Plaisance (3 heures du soir).

« ... Il est probable qu'aujourd'hui le mouvement des ennemis se prononcera davantage. *Je réglerai mes dispositions sur celles que je lui verrai faire*, et s'¹ l'occasion se présente de tomber sur une de leurs colonnes, je la saisirai avec empressement. Étant aussi inférieur en nombre, *je ne puis que chercher des affaires partielles, en présentant tous les jours un combat général afin de tenir les ennemis concentrés. Mais j'éviterai autant qu'il sera possible de leur livrer une affaire générale*, à moins que nos mouvements ne le mettent en défaut *et même présentent une belle oc-*

---

qui doit être fait continuellement dans toutes les positions ; ainsi les troupes continueront à prendre les armes avant le jour ; des reconnaissances seront envoyées dans toutes les directions, et l'on ne fera rentrer les troupes que lorsqu'on aura la certitude qu'il n'y a point de mouvement et qu'il n'y a rien de nouveau.

» Elle est aussi indépendante des ordres de mouvement, qui seront donnés à l'armée et qui indiqueront l'heure de départ...

» P. O. du Général en chef :

» *Le lieutenant-général, chef d'état-major général de l'armée,*

» Signé : DE GAZAN. » (A. G.)

casion (1). » (Simacourbe, 17 mars, 5 heures du soir.)

Les ordres donnés par le maréchal, le 17 au matin, de Simacourbe (2), préparaient un nouveau recul de l'armée, au cas où l'ennemi attaquerait en forces ; ils prescrivaient aux corps les directions qui suivent : Reille, s'il n'était pas poussé trop vivement, viendrait former ses divisions sur le contrefort entre Lion et Momy, en arrière des divisions de d'Erlon, chargées de soutenir son mouvement. Au cas où l'ennemi serait assez pressant pour rendre ce mouvement dangereux, il dégagerait au contraire rapidement le terrain pour se dérober et viendrait se former sur le plateau de Labatut (9 kilomètres sud-est des hauteurs d'Escures, qu'il occupait), en suivant la grande route de Lembeye à Vic-de-Bigorre (3). Sur cette position il se tiendrait prêt à se porter en avant suivant les circonstances, soit vers Vic-

---

(1) Cette conception particulière du maréchal est à signaler. Il faut la rapprocher de l'opinion à peu près semblable qu'il émettait le 14 novembre (Bayonne) : « ... Le général anglais pourrait réaliser son projet avec une armée du double plus forte que la mienne *si je prenais une ligne de bataille devant lui, car il aurait la facilité de me déborder ou d'écraser la partie de l'armée sur laquelle il jugerait à propos de porter ses forces : ainsi, de position en position, il me mènerait fort loin* et j'éprouverais tous les jours de nouvelles pertes, sans que j'eusse suffisamment retardé ses progrès... »

(2) Ordre de mouvement; Simacourbe, 17 mars matin (papiers Reille).

(3) Un ordre particulier du maréchal au général Reille (de Peyrelongue, 18 mars), modifie le premier en ce qui concerne Reille :

« ... Il paraît que les ennemis se disposent à continuer leur marche. Si vous étiez forcé à opérer le mouvement prévu par mon ordre d'hier matin, je désire qu'il ait lieu par la route directe qui conduit à Vic-de-Bigorre et que vous preniez d'abord position sur le plateau de Labatut et ensuite sur la rive droite du Laysa, sur le rideau de bois dit de Labatut (bois de Labarthe), ayant votre gauche vers Lamayou et couvrant la route de Vic-de-Bigorre... »

C'est la manœuvre ordonnée par le premier ordre au cas seulement où l'ennemi serait trop pressant.

de-Bigorre, soit sur Viellepinte. Clausel avait ordre de tenir sur le contrefort de Simacourbe et de Lalongue (Moncaubet) aussi longtemps que l'ennemi ne lui présenterait pas des forces trop supérieures. Il devait se replier par Lalouquère et Baleix sur la route de Morlaas à Vic-de-Bigorre. D'Erlon, chargé de couvrir et de protéger les mouvements de Reille, devait encore appuyer Clausel et lui assurer le recueil nécessaire pour se dégager et se replier; il opérerait ensuite lui-même son mouvement par Momy pour atteindre la transversale de Morlaas à Vic-de-Bigorre, où il recevrait de nouveaux ordres.

Le parc d'artillerie devait, de Viellepinte, gagner la grande route de Ger à Tarbes *par le chemin des landes, qu'il lui était ordonné de faire reconnaître.*

Il était prescrit aux lieutenants-généraux « *de faire reconnaître les chemins, qui conduisent perpendiculairement à la grande route de Pau à Tarbes en se rapprochant de cette dernière ville, afin que, si les circonstances l'exigeaient, les colonnes puissent y être dirigées sans faire le détour par Vic-de-Bigorre* ».

Le maréchal avait donné ordre au général P. Soult de pousser un parti de cent chevaux jusqu'à la grande route d'Orthez à Saint-Sever pour l'intercepter, enlever les détachements ennemis engagés entre Hagetmau et Orthez, inquiéter les derrières de l'ennemi et avoir des nouvelles sur ses communications vers l'arrière. Le 17, avant le jour, le chef d'escadrons Dania, du 5e régiment de chasseurs à cheval, partait des bivouacs de la cavalerie à Auriac (sud-est de Thèze) avec un détachement de cavaliers d'élite des 2e hussards, 5e et 22e chasseurs. Il arrivait à 10 heures du soir près du château d'Agès, à 2 kilomètres d'Hagetmau (50 kilomètres). Le 18, au point du jour, il entrait dans la ville, s'emparait des issues et faisait fouiller les maisons. Il capturait

6 officiers de troupes, 100 hommes d'infanterie et de cavalerie, dont 50 anglais, 8 officiers de santé qui rejoignaient l'armée, 40 chevaux ou mulets avec des bagages ; il délivrait 12 de nos prisonniers. Dania se préparait à pousser dans la direction d'Orthez quand il apprenait que, la nuit même, le 27ᵉ régiment d'infanterie anglais avait couché à Sault-de-Navailles et qu'il en partait le matin pour se rendre à Saint-Sever, où se trouvaient 400 hommes de cavalerie qui rejoignaient aussi l'armée des alliés. Il regagnait, en conséquence, les bivouacs d'Auriac, où il arrivait le 18 au soir : son détachement était alors dirigé sur Tarbes. « Cette expédition fait honneur ou chef d'escadrons Dania et à son détachement... » (Soult à Guerre; Momy, 19 mars, 4 heures du matin.)

Wellington faisait aussitôt arrêter les autorités civiles d'Hagetmau et il avisait les populations qu'il ferait exécuter tous les paysans pris les armes à la main et brûler leurs habitations.

Soult à Guerre (de Peyrelongue, 18 mars, 5 heures du matin). — « ...Le 17, *il n'est rien survenu;* l'armée est restée en position. L'ennemi a fait plusieurs reconnaissances ; il a réuni des forces considérables sur le plateau entre Garlin et Boeilho. Une colonne, principalement composée de cavalerie, suit (remonte) la vallée de l'Adour. Le 17, elle s'est arrêtée devant Plaisance, où j'ai le 13ᵉ chasseurs à cheval. Il est probable qu'aujourd'hui (18), l'ennemi se portera en avant ; dans ce cas, je me rapprocherai de Tarbes, car je ne me crois pas en mesure de livrer combat sur la position que j'occupe, ni d'aller l'attaquer tant qu'il tiendra le gros de son armée réunie ; d'ailleurs, la campagne sera longue et les occasions ne manqueront pas. Il m'a été rendu compte que, le 8 de ce mois, un renfort de 8.000 hommes d'infanterie et 2.000 de cavalerie anglaise a débarqué à Passages et qu'il s'est aussitôt mis en route pour rejoindre l'armée ennemie ; c'est probablement le corps dont les journaux ont dernièrement parlé (1), et que devait commander lord Dalhousie. Il continue à arriver aux ennemis des troupes espagnoles. Le défaut de cavalerie m'est bien sensible et donne à celle de l'ennemi l'avantage de s'étendre impunément dans le pays. Si j'avais celle qui était précédemment employée à l'armée, il n'aurait pu faire aucun détachement sans s'exposer à de très grandes pertes (2)... » (A. G.)

---

(1) (*Archives de la guerre*). — Du 23 février au 23 mars, le duc de Rovigo, ministre de l'intérieur, n'a envoyé *aucune gazette anglaise* à l'Empereur, non plus qu'au ministre de la guerre, qui s'en plaint. Le duc de Rovigo répond, le 23 mars, que ces journaux *n'ont pas dit un mot de l'armée de Wellington pendant cette période, jusqu'au 18 mars*. Il va envoyer à l'Empereur, par le ministre de la guerre, l'*Army List* et la *Royal Military Chronicle*, demandés par lui.

(2) Par la même dépêche, le maréchal expose qu'il fait former deux corps de partisans dans les 10e et 20e divisions militaires et il prie de régulariser la situation de ces corps. Il propose le colonel Gouger pour celui de la 20e division et M. Laroque, de Castres, pour celui de la 10e.

Il signale qu'il y avait 15.000 fusils à Bordeaux ; où sont-ils ?

Il a donné ordre au général Lhuillier d'envoyer à Toulouse les conscrits non armés des dépôts de Blaye.

Il a prescrit au général Despeaux de réunir tout ce qu'il y a de disponible dans les dépôts de la 20e division, les compagnies départementales de réserve, douaniers, forestiers, gardes champêtres, gendarmes, gardes nationaux, et de se porter sur La Réole pour chasser l'ennemi de la rive droite de la Garonne. Le directeur d'artillerie de Toulouse organise à Agen une batterie de six pièces pour ce détachement. Il a en outre donné ordre à Despeaux de diriger sur Toulouse tous les conscrits non armés, avec leurs cadres, qui sont dans les dépôts de la 20e division militaire.

« ... Le général Travot a reçu ordre d'organiser et de compléter la division de réserve qui se forme à Toulouse, à laquelle je fais réunir toutes les non-valeurs à la suite de l'armée, tout ce qui n'est pas employé dans la 20e division. Il doit organiser aussi un corps de vétérans, retirés du service, pour occuper les ouvrages de la *tête de pont de Toulouse*, armée de suite avec du canon... » (Peyrelongue, 18 mars, 5 heures matin.)

Soult à Reille (des hauteurs de Samsons, sud-ouest de Lembeye, 18 mars, 5 h. 20 soir; papiers Reille). — « ... Je reçois le rapport que vous m'avez fait à 4 h. 30 soir. Si le mouvement de l'ennemi sur Moncaup est prononcé, portez de suite la division Maransin sur le plateau de Labatut et de Lahitte-Toupière; ensuite, à la nuit, vous opérerez votre mouvement avec le restant de vos troupes et, demain matin, vous prendrez la position de Lamayou, sur la rive droite du ruisseau de Laysa, dont je vous ai parlé ce matin. Les divisions de d'Erlon et de Clausel viendront aussi, demain matin, prendre position à votre gauche ou en seconde ligne. Vous disposerez votre cavalerie pour couvrir Maubourguet et Sombrun, et vous ferez parvenir l'ordre au colonel du 13ᵉ chasseurs à cheval de se replier sur Auriébat et Sauveterre, d'où il couvrira les routes de Rabastens, se liera avec Maubourguet et enverra des partis à Marciac. Dites-moi si, d'après ces dispositions, vous pourriez garder ce soir Lembeye, au moins par une arrière-garde, qui se retirerait à 3 heures du matin. Dans tous les cas, vous ferez prévenir le général d'Erlon du moment que vos dernières troupes devront en sortir. Je serai ce soir à Momy, où je vous prie de m'envoyer un nouveau rapport qui m'instruise de vos dispositions et des mouvements de l'ennemi à nuit close. » Signé : Duc de Dalmatie. (A. G.)

Soult à Reille (Momy, 18 mars, soir). — « ... Le capitaine Bourjolly, mon aide de camp, est rentré ce soir, et il m'a rendu compte de la position que vous avez fait prendre à la division Maransin. Je mets ci-joint le duplicata de l'ordre que je vous ai adressé, ce soir, par l'officier d'état-major Content. Je pense que demain, au jour, vous serez réunis sur le plateau de Labatut et, par conséquent, en mesure de prendre la position en arrière. Le lieutenant-général d'Erlon et le lieutenant-général Clausel ne commenceront le mouvement qu'à 3 heures du matin ; ainsi, il est important que vous teniez à l'une ou à l'autre des deux positions que je vous ai indiquées jusqu'à ce que leurs deux divisions vous aient joint et soient en ligne... Demain, de bonne heure, je serai du côté de Lamayou, d'où je viendrai vous joindre. Observez bien les mouvements de l'ennemi et surtout faites en sorte de savoir l'espèce et le nombre des troupes, qui seront engagées *sur notre droite, car mon intention est de les attaquer et de les isoler du restant de l'armée*, si, comme je l'espère, elles m'en fournissent l'occasion. » (A. G.)

Le maréchal, mieux renseigné le 19 (Momy, 4 heures du matin), écrivait : « ... Depuis le 17 au soir, l'armée ennemie est en mouvement et paraît chercher à déborder ma droite... Le 18, plusieurs colonnes se sont présentées sur Conchez, en avant de La Longue et dans la vallée de l'Adour... Le 13e régiment de chasseurs, qui était à Plaisance, a été obligé de se replier vers Maubourguet. Le général P. Soult a aussi vu 700 à 800 hommes et un corps d'infanterie qui cherchaient à déboucher par Claracq et le Tourniquet. Il y a eu un tiraillement d'avant-postes sur ces divers points jusqu'à la nuit ; et, au soir, on a vu des colonnes, qui se formaient sur les hauteurs de Moncaup, Monpezat et Héchac (nord-est de Lembeye).

» Depuis minuit (18 au 19), je suis en mouvement pour aller prendre position sur le plateau de Lamayou (ouest de Vic-de-Bigorre), et en tête du bois de Labatut (bois de Labarthe actuel, entre Caixon et Labatut, à 5 kilomètres au nord-ouest de Vic-de-Bigorre), à la rive droite du ruisseau de Laysa, en avant de Vic-de-Bigorre. Il est vraisemblable que la journée ne se passera pas sans qu'il y ait quelque chose... Quelques prisonniers, que l'on a faits, élèvent très haut l'armée ennemie et rapportent que Wellington se trouve à la colonne du centre, qui s'est formée hier au soir sur les hauteurs de Moncaup (1) et qui est composée de la garde royale anglaise, d'une brigade portugaise et d'une brigade hanovrienne, ainsi que d'une brigade de dragons hanovriens que nous n'avions pas encore vue... » (A.G.)

Le 18, en effet, la colonne de Beresford, revenant de sa marche sur Bordeaux, allait atteindre Roquefort à une marche d'Aire (2); trois divisions d'infanterie espagnole avaient rejoint l'armée. Son effectif disponible dépassait 55.000 combattants, présents sous les armes, dont 6.000 cavaliers et 60 pièces.

Le 18, au point du jour, Wellington mettait l'armée alliée en mouvement. A la gauche, la brigade de hus-

---

(1) On se souvient encore du passage de Wellington à Moncaup. Il aurait couché dans une maison appelée Bordenave, dans le quartier dit : le Château. Il semble puéril de recueillir la poussière de l'histoire : toutefois, à Simacourbe, M. Navarre, instituteur, nous a fait connaître, par hasard, que son grand-père, qui habitait Moncaup en 1814, racontait volontiers qu'il avait vu Wellington : « Celui-ci avait les pieds très petits et il piétinait sans cesse. » Nous ignorons si cette particularité en elle-même est exacte et si d'ailleurs le fait s'applique réellement à Wellington. Son importance n'a pas celle que Pascal attribue à la forme du nez de Cléopâtre.

On a par contre totalement oublié, à Simacourbe, que Soult y a séjourné deux jours (16 et 17 mars).

(2) Langon, le 16; Bazas (15 kilomètres), le 17; Roquefort (47 kilomètres), le 18; Aire (38 kilomètres), le 19; Rabastens (60 kilomètres), le 20, à 4 heures du soir, en passant par le gué d'Isotges, 7 kilomètres, nord-ouest de Plaisance, à côté du pont rompu par Soult, étapes de la brigade de hussards de Vivian, et relevés faits d'après les notes de Woodberry. La division Cole, partie le même jour de Langon, est aux environs d'Aire et de Barcelonne le 19. Elle est, le 20, à Beaumarchès et à Ladevèze (4 et 6 kilomètres sud-est de Plaisance, sur les deux rives de l'Arros), à 38 kilomètres d'Aire environ. Toutes deux se dirigent sur Miélan par Marciac. Ces marches forcées sont intéressantes à relever.

sards Somerset (7ᵉ, 10ᵉ, 15ᵉ), [rejointe, le 20 au soir, à Rabastens, par la brigade de hussards de Vivian (1ᵉʳ et 18ᵉ)], et suivie par la division légère d'Alten avec de l'artillerie, formait une colonne volante des trois armes. Elle remontait la vallée de l'Adour, marchant sur Plaisance pour déborder la droite française. La division Cole, revenant de Langon, était encore à Aire le 19 au soir. Elle allait, le 20, atteindre Beaumarchès et Ladevèze (sud-est de Plaisance), pour appuyer la colonne de gauche. Au centre, Wellington, avec les divisions Picton et Clinton et la cavalerie allemande, marchait sur Madiran par la route d'Aire à Maubourguet. A la droite, Hill, avec les divisions Lecor et Stewart et la cavalerie de Fane, avançait, de Garlin sur Conchez ; il poussait un détachement sur la route de Pau pour masquer et maintenir la cavalerie de Soult.

L'avant-garde de Hill engageait l'action contre le 12ᵉ léger (division Taupin) du corps de Reille établi aux avant-postes sur les hauteurs d'Escures (nord-ouest de Lembeye). Elle le rejetait sur Lembeye, à 5 heures du soir, après un combat assez vif, qui coûtait une centaine d'hommes aux alliés. Le maréchal était, en même temps, menacé, vers le soir, d'être débordé sur la droite par la colonne du centre, qui marchait, par Madiran, sur les hauteurs de Monpezat et de Moncaup ; il avait en conséquence replié, pendant la nuit, ses troupes sur la division Maransin, préalablement établie, dès la tombée du jour, sur le plateau de Labatut. Elles franchissaient le Louet (1), et les corps de Reille et de Clausel allaient prendre position sur une forte crête, entre Lamayou et les bois de Na-

---

(1) « *Louit* », sur le 200.000ᵉ ; « *Louet* », sur le 80.000ᵉ.

vailles et de Labarthe (1), derrière le profond ravin où coule le Laysa. D'Erlon, au nord, vers Lahitte-Toupière, derrière le Louet, barrait la route de Lembeye à Maubourguet et devait menacer le débouché de celle de Madiran sur Maubourguet.

La cavalerie du général Berton, repoussée de Viella, le 16, après un nouvel engagement, avait dû découvrir la direction de Madiran ; et elle s'était portée, le 18 également, au sud de Maubourguet ; elle gardait la rencontre des routes de Lembeye, de Madiran ou de Riscle et de Plaisance. A sa droite, le 13e chasseurs occupait la hauteur d'Auriébat, à l'est de Maubourguet, entre les vallées de l'Adour et de l'Arros, qu'il surveillait en couvrant Rabastens. Il avait un détachement à Marciac. Le 19 au matin, Berton était en colonne en arrière de Maubourguet, sur la route, en un point où celle-ci était encadrée de fossés larges et profonds (Mémoires du général Berton), quand la cavalerie allemande du hanovrien Bock, qui précédait la colonne centrale des alliés sans s'éclairer elle-même, débouchait devant lui. Il la chargeait aussitôt à l'improviste avec succès et la mettait en déroute. Mais, il ne tardait pas à être attaqué et rejeté sur Vic-de-Bigorre, d'où, poursuivi par les hussards de Somerset, il gagnait Rabastens, en découvrant la route de Tarbes, qu'il abandonnait.

Pendant ce temps, la colonne centrale des alliés, venant de Madiran, gagnait elle-même la route de Tarbes ; elle traversait Maubourguet vers midi et elle remontait sur Vic-de-Bigorre.

La colonne volante de gauche des alliés, arrivant de Plaisance, atteignait Auriébat, marchant sur Rabastens ; elle allait déborder Vic-de-Bigorre.

---

(1) Bois de Labatut des documents de l'époque.

Le maréchal, à la première nouvelle des mouvements engagés sur sa droite, et quoiqu'il ignorât encore toute leur importance, avait envoyé l'ordre à d'Erlon de gagner Vic-de-Bigorre, de s'y établir et de couvrir sa droite et la route de Tarbes ; il avait prescrit à Berton de tenir à Rabastens et de revenir garder cette même route.

D'Erlon, bien qu'occupant la position d'un corps d'avant-garde, de couverture et d'observation, était très mal renseigné sur les mouvements qui s'effectuaient ainsi en avant de lui, sur son flanc droit et même sur ses derrières. Il croyait Vic-de-Bigorre occupé solidement par nos troupes et, vers 8 heures, il acheminait lentement, par Monségur, ses troupes, précédées de leurs équipages, dans la direction de Vic-de-Bigorre.

A 11 heures, accompagné seulement du colonel Hugo, chef d'état-major de la division Pâris (1) et d'une faible escorte, il dépassait les convois, traversait l'Echez et entrait dans Vic-de-Bigorre. Il refusait de croire aux dires des habitants, qui le prévenaient que les alliés étaient déjà en vue. Il s'engageait sur la route de Maubourguet, qu'il croyait encore occupée en avant par Berton, afin de reconnaître les emplacements à donner à ses troupes. Il n'y avait pas fait 500 mètres, dans la direction de Baloc (2), quand le colonel Hugo lui faisait remarquer les cavaliers allemands occupant la route. D'Erlon restait lui-même en observation avec son escorte, composée à peine d'une quinzaine d'offi-

---

(1) Le général Pâris, qui faisait jusqu'alors fonction de divisionnaire, venait d'être promu à ce grade et de prendre le commandement de la division Foy, commandée par le général Fririon depuis Orthez.

(2) « *Baloc* », des documents de l'époque et de la carte de Cassini (2.500 mètres nord de Vic, à l'est de la grande route), n'existe plus. Le hameau était situé près de la cote 205.

ciers et de cavaliers, et il envoyait le colonel Hugo presser la marche des premières troupes. Les voltigeurs du 6ᵉ léger passaient en ce moment l'Echez ; ils se déployaient au pas de course entre ce ruisseau et la route, à l'ouest de celle-ci, en avant de Vic. La division Pâris (Foy) parvenait à entrer rapidement en ligne à l'est et à l'ouest de la route, dans les vignes à hautes branches (1) qui couvraient la plaine ; elle occupait Baloc et s'établissait à 3 kilomètres environ au nord de Vic, face au nord. Quatre pièces étaient mises en batterie sur la route ; le reste de l'artillerie, les convois, les blessés traversaient Vic, se dirigeant sur Tarbes. A 2 heures du soir, le combat s'engageait sérieusement avec les troupes de Picton attaquant de front, pendant que la cavalerie allemande menaçait notre droite dans la plaine découverte qui s'étend jusqu'à l'Adour. On ne tardait pas à apercevoir la colonne volante d'Alten qui, venant d'Auriébat, marchait sur Artagnan pour traverser ce cours d'eau et attaquer notre droite. La division d'Armagnac, jusque-là en réserve, était alors portée en échelon à la droite de la division Pâris et appuyant sa droite à l'Adour. Elle lui permettait de se replier derrière Vic-de-Bigorre ; d'Erlon y prenait position vers 4 heures du soir (2).

Ce n'était pas avant midi que le maréchal, resté en position à Lamayou et aux bois de Labarthe (6 à 8 kilomètres au nord-ouest et à l'ouest de Vic), apprenait, par le rapport de d'Erlon, la marche des forces alliées sur Vic-de-Bigorre. Il avait cru, jusque-là, n'avoir affaire de ce côté qu'à un détachement de flanc, lancé par l'ennemi pour tâter et pour reconnaître les forces

---

(1) Voir à ce sujet : Ardouin-Dumazet. — *Voyages en France;* — *Gascogne*, p. 260.
(2) Les pertes des alliés, d'après leur évaluation, furent de 250 hommes.

qu'il avait lui-même dans la vallée de l'Adour. Il se préparait à faire marcher partie des corps de Reille et de Clausel pour l'écraser; mais la situation, au contraire, était grave pour l'armée : celle-ci risquait d'être coupée de Tarbes et de Toulouse, contrainte de s'engager entièrement, forcée à la bataille, acculée à une solution immédiate des opérations, à leur clôture même, car la disproportion des forces ne permettait aucun doute quant au résultat d'un engagement général. L'armée devait d'abord continuer à vivre : il lui fallait durer; on ne pouvait songer à jouer, en une seule fois, ses chances; le caractère de son chef n'était pas de risquer la fortune dans une aventure unique et d'ailleurs bien mal engagée.

La colonne de droite de l'armée anglaise, conduite par Hill et dirigée sur Conchez et Lembeye, avait vu, en effet, s'ouvrir sa route sur Maubourguet par le rappel de d'Erlon à Vic et le départ de celui-ci de Lahitte-Toupière, qui dégageaient son débouché, sans qu'il lui fallût combattre pour le conquérir. Elle rejoignait la colonne centrale de Picton. Toute l'armée anglaise était là, sur la droite, remontant l'Adour, et débordant nos forces. Le maréchal mettait donc, dès midi, les divisions Clausel et Reille en route vers le sud et dans la direction de Tarbes, par la vieille route de Ger. C'était une simple piste défoncée et très difficile; la colonne y avançait lentement au prix d'un allongement considérable; elle perdait nombre de ses chevaux d'attelage. Mais l'ennemi inquiétait peu la marche.

Avant la nuit, la division Taupin, arrière-garde, disposait son bivouac sur le plateau de Ger. Les divisions Maransin, Villatte et Harispe s'établissaient autour d'Ibos, dans la plaine de Tarbes; le quartier général du maréchal était dans cette ville. D'Erlon, au nord, avait atteint Pujo (4 kilomètres sud de Vic, 12 kilomètres nord de Tarbes), et ses troupes bivouaquaient autour du village. Les parcs d'artillerie, les équipages, les blessés, arrivaient à Tarbes dans la nuit.

Soult à Guerre (Tarbes, 20 mars, 4 heures du matin). — «... L'ennemi a décidé son mouvement sur ma droite hier au matin et il s'est porté avec la plupart de ses forces sur Maubourguet. Je faisais alors prendre position à l'armée sur le plateau de Lamayou et en tête du bois de Labatut, et *je me disposais à me porter sur le corps ennemi, qui manœuvrait dans la vallée de l'Adour*, lorsque je reconnus moi-même que toute l'armée ennemie s'y trouvait et qu'elle se prolongeait sur le contrefort d'Auriébat et de Sauveterre. Je donnai alors l'ordre à d'Erlon de se porter de suite à Vic-de-Bigorre pour couvrir la route de Tarbes et arrêter l'ennemi, et je dirigeai les autres divisions de l'armée sur Tarbes, par le chemin des landes qui passe à Ger... » (A. G.)

Les mouvements exécutés de part et d'autre pendant ces quelques jours dans la période qui s'étend du 12 au 19 mars, n'ont donné lieu, en fait, qu'à quelques escarmouches et à l'insignifiant, mais utile combat de couverture et d'arrière-garde de Vic-de-Bigorre. On aurait tort cependant, croyons-nous, de les juger d'après le peu d'importance de ces rencontres. Ils méritent, au contraire, d'être étudiés avec attention ; les conceptions qui les ont amenés présentent un grand intérêt; celui-ci ne se limite pas aux combats : il s'étend aux combinaisons et à leurs résultats. La manœuvre, d'un côté comme de l'autre, a soustrait, il est vrai, les deux adversaires à l'engagement direct des forces opposées et aux actes décisifs du combat ou de la bataille; mais elle a déplacé le théâtre de ces derniers et infligé au maréchal un recul de plus de 30 kilomètres. Les enseignements qu'on en peut tirer ne se bornent pas au temps d'une époque déjà bien éloignée de nous à tous les points de vue : ils sont vivants, ils sont modernes encore, tout autant, si ce n'est plus, que ceux qu'on rapporte aujourd'hui de bien loin, de ces territoires inconnus que nous ne pouvons parcourir ni reconnaître, que nous ignorons et dont les cartes n'ont même pas été dressées encore. Sans cartes et sans étude de terrain, toutes les imaginations ont cours et les jugements personnels, dénués de base effective, s'égarent sans rencontrer d'obstacles à leurs aises ou à leurs désirs. Les combinaisons des forces, de leurs influences, de leurs mouvements; celles des terrains, des distances, des communications, des durées, sont dégagées de l'époque et du temps, si l'on a soin d'y faire intervenir l'empreinte de ces derniers quant à leur nature locale et à leur état. Les leçons de doctrine n'exigent pas de revenir d'Asie ou d'Afrique pour être profitables; et le nouvel armement peut encore tirer grand parti de l'étude des manœuvres d'il y a cent ans exécutées sur terrain français bien connu, quelle que soit la supériorité de nos armes, par rapport aux engins dont nos pères étaient si pauvrement munis. Le rayon du choc, proprement dit, par le feu s'est étendu relativement à ce qu'il était : les conceptions de manœuvre, en dehors de l'engagement et de son atmosphère, ne suivent pas la même marche que le matériel.

Nous avons vu, le 12, d'Erlon à Ladevèze et Auriébat, Reille autour de Maubourguet, Clausel à Vic-de-Bigorre et Rabastens, éclairés en avant et sur les flancs par la cavalerie. Le maréchal barre la grande voie de la vallée de l'Adour sur Tarbes, et les routes qui mènent à Toulouse. Il menace Aire et Pau. Il reste libre encore de gagner Auch. Ce même jour il se décide à porter, le lendemain, l'armée sur Lembeye et Conchez pour reprendre l'offensive, conformément aux ordres de l'Empereur, en vue de profiter de la division de l'armée alliée et de forcer Wellington à rappeler à lui le détachement important que le général anglais a envoyé à Bordeaux. Il pousse partie de ses forces jusqu'aux extrémités septentrionales des différents contreforts qui s'allongent, du sud au nord, entre les ruisseaux ; mais il se borne à des affaires d'avant-postes et de reconnaissances. L'ennemi n'accepte pas l'engagement ; il recueille ses postes avancés, attend les renforts annoncés et garde ses positions autour d'Aire et au sud de la ville.

Le maréchal déclare qu'il va continuer à manœuvrer en menaçant toujours la *droite* et les *derrières de l'ennemi* (ouest), afin d'attirer celui-ci vers les montagnes (dépêche du 20 mars, à Rabastens, p. 518) ; mais il conçoit bien à quel point serait dangereuse pour lui la marche en avant, sur Maubourguet, de la gauche de l'armée alliée (est) : il risquerait alors d'être coupé de Tarbes et de Toulouse et rejeté dans le pays montagneux et difficile de Lourdes. Il ne saurait, en effet, songer à prendre résolument lui-même l'offensive avec toutes ses forces dans le flanc des alliés ; ceux-ci vont donc pousser aventureusement leur marche vers le sud en remontant la vallée de l'Adour, et l'occasion s'offrira très propice pour les frapper dans des conditions que le moindre succès de notre part rendrait désastreuses pour eux. Il leur est permis cependant de tout oser ; dans l'état de ses troupes, le maréchal ne veut rien risquer. Une force ne peut avoir d'influence étendue, en dehors de son terrain d'action immédiat, que quand elle est active, mobile et redoutable ; que quand *elle s'engage*, ou qu'elle est capable de le faire.

Dès le 16, inquiet de la supériorité numérique de

l'ennemi, le maréchal renonce à tenter une action de force d'un côté comme de l'autre : il commence à replier ses troupes vers l'arrière, sur Simacourbe et Lembeye.

Le 17, les alliés font quelques mouvements dans la direction de la gauche du maréchal ; ils tâtent notre cavalerie dans la vallée de l'Adour, à notre extrême droite. Le maréchal compte encore qu'il n'aura affaire, de ce côté, qu'à une simple colonne ; il espère pouvoir l'attaquer dans des conditions favorables, si elle reste isolée ; mais il témoigne de sa volonté d'éviter toute bataille générale (Simacourbe, 17 mars ; — voir p. 522); et, le 17, il prépare un nouveau recul de l'armée vers Labatut et vers le plateau du bois de Labarthe et de Lamayou. Les ordres nombreux et détaillés qu'il donne disent toutes ses inquiétudes ; il a appris la marche d'une colonne, « principalement composée de cavalerie », dans la vallée de l'Adour ; il est décidé à se replier sur Tarbes ; il se déclare hors d'état de combattre sur ses positions ou de marcher à l'attaque contre un ennemi trop supérieur en nombre, qui se renforce tous les jours.

Le 18, au soir, le maréchal a connaissance, par le général Reille (p. 527), d'un mouvement des alliés sur les hauteurs de Moncaup (6 km. 500 sud de Madiran), et il donne ordre de replier, pendant la nuit, les troupes sur le contrefort de Lahitte-Toupière et de Labatut, puis sur celui de Lamayou et du bois de Labarthe.

Plus complètement renseigné le 19 au matin (Momy, 4 heures du matin, p. 528), le maréchal se rend compte que les alliés cherchent à déborder sa droite par la route de Madiran à Maubourguet et par la vallée de l'Adour.

Dès le 18, en effet, à la veille d'être rallié par Beresford revenant de Bordeaux, Wellington a mis son armée en mouvement. Il masque Soult avec deux divisions dirigées sur Conchez ; tout le reste de ses forces marche par la route de Madiran et par la vallée de l'Adour, pour déborder la droite du maréchal, et pour *faire tomber ses positions sans les attaquer*, en menaçant ses lignes de repli sur Tarbes et Toulouse.

Le pays situé entre la large et riche vallée de l'Adour, à l'est, et la route d'Aire à Pau, à l'ouest, est extraordinairement mouvementé, contourné, coupé et difficile. Les hauteurs qui descendent du nœud de Lourdes vers Aire forment une série de contreforts très marqués, à directions à peu près parallèles ; ils sont orientés du sud au nord et séparés par des ravins profonds, où coulent des cours d'eau. Les routes transversales, de l'est à l'ouest, passent donc par une série de montées et de descentes très raides malgré les lacets qu'elles sont forcées de décrire ; les voies parallèles aux contreforts et aux directions générales des cours d'eau, et qui suivent les crêtes inégales de ces hauteurs, sont aussi très accidentées ; les autres ne peuvent que rarement épouser le fond étroit des vallées ou des ravins : elles cheminent à flanc de coteau et présentent encore souvent des rampes assez dures. La surveillance de détail des pentes, celle des versants et des fonds étaient, il est vrai, difficiles pour les Français, en raison de l'enchevêtrement des mouvements du sol et des couverts ; mais les mouvements offensifs de l'armée adverse devaient être aisément entravés dans ces terrains : elle ne pourrait y progresser de front que pied à pied ; elle avait donc tout intérêt à effectuer en grand ce qu'elle devait faire en détail ; c'est-à-dire laisser son adversaire, qui s'y était établi, conserver ses belles positions, le déborder par le mouvement, le forcer enfin à les quitter alors sans combat, et l'amener à reculer en perdant le terrain et du territoire, ou à venir combattre dans une région où le sol reste plus neutre et plus également favorable aux deux partis opposés.

Cette manœuvre était évidente. Le maréchal la redoutait avec raison. Wellington n'a pas manqué de l'exécuter ; il ne pouvait faire autre chose que de renoncer au combat sur le terrain où le maréchal le lui offrait, sans l'accepter d'ailleurs, et de chercher à tourner les forces françaises par la droite de celles-ci, en remontant la large vallée de l'Adour, ouverte aux mouvements rapides si menaçants et si dangereux pour nos troupes incapables encore d'action résolue.

La manœuvre que le maréchal avait ébauchée en se portant sur ce terrain et en avançant ses échelons, presque sans danger grâce à lui, jusqu'aux environs d'Aire, était bonne pour prendre l'offensive ou pour se garantir contre des attaques sur place ; elle ne l'était plus s'il s'attardait dans ce pays difficile, en présence d'un adversaire décidé et actif, *lui opposant le mouvement au lieu de chercher la bataille immédiate* dans une région contre-indiquée pour la livrer avec avantage.

Sous ce rapport, la surveillance de la vallée de l'Adour était facile ; elle ne demandait que peu d'efforts pour être assurée et elle ne le fut pas. Cependant, de toutes les hauteurs que le maréchal avait fait occuper ou qu'il pouvait faire tenir par des éléments de surveillance, associés à la couverture mobile tendue dans la vallée de l'Adour, on pouvait découvrir la largeur entière de cette dernière et y observer au loin les mouvements des alliés. De l'éperon de Villefranque, du signal de Sombrun, de la hauteur à l'est de Lahitte-Toupière, même de l'église de Monségur, de l'éperon du bois de Labarthe, la vue s'étend sur la vallée, et au delà de la rive droite du fleuve, jusqu'aux hauteurs d'Auriébat.

Néanmoins, l'avant-garde de couverture formée par le corps de d'Erlon à Lahitte-Toupière, la cavalerie de Berton dans la vallée laissent les forces principales de l'ennemi arriver jusqu'à Vic-de-Bigorre et Rabastens, alors que l'armée du maréchal est encore à Lamayou, à hauteur de Vic, et que celui-ci ignore toute la gravité du mouvement général qui s'exécute à sa droite, qui le déborde, qui va le couper et l'acculer à la bataille. Il n'a que le temps de dérober, par des chemins difficiles, mais déjà préparés par lui, son armée au choc décisif qu'elle n'était pas en mesure d'affronter. Grâce à sa prévision, à sa direction, grâce à ses ordres du moment pour entraver le mouvement de l'ennemi, l'armée parvient à se recueillir sur Tarbes.

Les conceptions du maréchal sont des conceptions de manœuvre : elles sont desservies par une armée qui ne manœuvre pas ; elle en aurait eu doublement besoin, puisqu'elle n'était en état ni d'agir par la force, ni de combattre résolument, seule sanction effective et définitive de toutes les opérations, et qu'elle devait s'efforcer de différer le moment de l'engagement. D'un autre côté, tous les mouvements restaient d'ailleurs permis et faciles à l'adversaire en présence d'une armée qui ne combattait pas.

On lit dans les Mémoires politiques et militaires du général Lloyd (édition de Romance de Mesmont, 1784) :

« Chez les anciens, l'art de la guerre se bornait à *amener un combat;*... c'était aux batailles qu'ils remettaient le sort de la guerre... Leur plan de campagne était enfermé dans un petit cercle. *Chercher l'ennemi et le combattre* était leur maxime : ils ne paraissent pas avoir eu l'idée qu'on pût tirer une guerre en longueur par une suite de manœuvres et de combinaisons ;

aussi leurs guerres ne duraient qu'un moment, à moins qu'il ne vînt s'y joindre d'autres circonstances...

» Les principes d'une guerre *défensive active* étaient peu connus des anciens... Nous avons vu dans les deux dernières campagnes d'Allemagne (1761) plus de batailles (engagements) que les anciens n'en donnèrent dans l'espace entier d'un siècle.

» Cette différence immense ne vient que de la différence entre la nature des armes des anciens et celles des modernes... Nous sommes obligés de nous mettre sur la défensive pour couvrir une grande étendue de pays contre un ennemi supérieur : la prudence ordonne d'éviter un engagement général.

» ...Il y a telle position où un général habile peut fatiguer l'ennemi et le tenir en échec pendant toute une campagne ; dans la même position, les anciens, avec leurs piques, se seraient *tellement approchés qu'il aurait été impossible d'éviter une action générale*, et *la nature de leurs armes aurait rendu cette action décisive...*

» Il leur fallait nécessairement en venir à combattre de près; la plus grande partie des vaincus et beaucoup des vainqueurs étaient tués ou blessés dans le cours de l'action et la victoire était plus décisive, car il était *impossible de se retirer en bon ordre*. L'usage des armes à feu a introduit une manière... moins décisive... de faire la guerre. Les armées se tiennent à de grandes distances : il en résulte, pour les deux armées, la facilité de changer leurs dispositions en tout ou en partie, ou même d'abandonner entièrement le terrain, si les circonstances l'exigent ; et tout cela sans danger et presque sans pertes... »

Les perfectionnements de notre armement moderne ont accru et dilaté ces propriétés ; ils ont élargi la faculté de manœuvrer, la zone où elle peut s'exercer. Ils ont encore *dégagé* les adversaires.

Napoléon, et plus récemment de Moltke, commandant des armées supérieures et reprenant la formule des anciens, ont déclaré, par l'acte et par la parole, qu'il fallait s'efforcer de joindre l'adversaire, *l'attaquer partout où on le rencontrerait;* ils ont su rendre à la guerre les véritables caractères de résolution, d'action, de force, de vigueur, de décision brutale et rapide qui lui convenaient.

Il n'en reste pas moins que le mode dans lequel cette action s'exerce, la direction qu'on lui donne, le lieu qu'on lui affecte, ne sont pas sans influence sur les risques que l'engagement entraîne avec lui, comme sur les résultats acquis par ses succès. En tout état de cause, l'armée inférieure est toujours forcée d'avoir recours au mode d'emploi qui lui laisse la chance de réaliser, par l'intelligence, soit localement, soit partiellement, le gain de supériorité qui lui manque précisément au total : elle y arrive par les combinaisons, par la manœuvre, en un mot par l'*imprévu pour l'adversaire.* C'est là le seul rôle qui convienne aux armées de couverture, aux armées d'avant-garde, nées des capacités de l'armement moderne. Les qualités propres à l'armement actuel donnent une force et une étendue encore plus considérables à cette doctrine, à ces conceptions et à leur mise en œuvre dans les applications de leur emploi au but fixé.

La situation, dans laquelle se trouvait l'armée du maréchal, repliée sur Tarbes, exigeait une solution rapide : elle ne pouvait être qu'une retraite immédiate, et déjà préparée d'ailleurs, sur Toulouse. Le choix de la route n'était plus libre. Celle du nord, par Rabastens et Auch, était au pouvoir de l'ennemi ; celle de Trie, par Pouyastruc, était la plus directe et en même temps la plus dangereuse, peut-être, à abandonner à l'adversaire ; mais elle était déjà bien menacée par lui ; en outre on la savait médiocre, mal entretenue, souvent défoncée à la suite des pluies. On ne pouvait y engager l'armée. On ne disposait donc que de la route du sud qui, par Tournay, Montréjeau et Saint-Gaudens, va rejoindre la courbe de la Garonne, qu'elle suit sur sa rive gauche. C'était la plus éloignée de l'ennemi ; en outre, rapprochée des Pyrénées, auxquelles Napoléon avait recommandé d'appuyer l'armée, elle paraissait répondre à l'esprit des instructions données par l'Empereur. Enfin, elle ne nous écartait pas délibérément du secours éventuel de Suchet.

Le 20, avant le jour, le maréchal faisait engager les parcs d'artillerie et les équipages dans cette voie ; les divisions étaient dirigées sur Tarbes ; elles traversaient la ville et franchissaient le pont de l'Adour. Le corps de Clausel était désigné comme flanc-garde pour couvrir le mouvement au nord, en occupant les hauteurs d'Oléac, de Douis et d'Orleix et pour tenir la route de Trie, qu'il était essentiel d'interdire à l'ennemi, puisqu'elle traçait la corde de l'arc que nous allions suivre. Le général P. Soult était envoyé à l'est de ces hauteurs dans la direction de Trie avec cinq régiments de cavalerie. Il avait ordre de couvrir la route de Trie et d'éclairer celle qui conduit de Rabastens à Auch (Soult à Guerre : Saint-Gaudens, 21 mars.) (A. G.)

La division Taupin, du corps de Reille (ordre du maréchal ; Tarbes, 20 mars, A. G.), constituait l'arrière-garde : elle gardait avec ses postes d'infanterie et de cavalerie les issues des faubourgs de Tarbes sur les routes de Pau et de Vic-de-Bigorre ; elle tenait un bataillon et un escadron sur la grande place pour les soutenir ; elle envoyait un bataillon et un escadron, avec deux pièces, au nord du village d'Aureilhan, pour éclairer le chemin de Rabastens. La division Taupin s'établissait elle-même en réserve à l'est de Tarbes, sur la route de Tournay, avec la division Maransin. La brigade de cavalerie Vial (5ᵉ et 22ᵉ chasseurs) était mise à la disposition de Reille (1).

D'Erlon, qui avait préalablement envoyé la division Pâris en échelon de recueil à hauteur et en arrière du village de Barbazan, sur la route de Tournay, la faisait alors rejoindre par la division d'Armagnac qui prenait position avec la précédente.

Les parcs, les équipages et les convois suivis du corps de d'Erlon, gravissaient la montée de Piétat sur cette route.

Les alliés, de leur côté, s'étaient également mis en marche, le 20, dans la matinée, sur deux colonnes séparées par l'Adour : Hill, avec la colonne de droite (Picton, Le Cor et Stewart), avançait de Vic-de-Bigorre sur Tarbes par la grande route. Wellington, conduisant la colonne de gauche (brigade de hussards de Somerset, à trois régiments ; brigade de grosse cavalerie de Ponsonby, à trois régiments ; division légère d'Alten, division Clinton, suivies à distance par les divisions espagnoles de Freyre en réserve générale), marchait par le chemin de Rabastens.

En arrière la brigade de hussards de Vivian et la di-

---

(1) Un ordre (P. O.) de Gazan à Reille, en date du 19 mars (A. G.), lui faisait connaître que, dès son arrivée à Tarbes, il serait fait une distribution, à ses troupes, de sel pour *quinze jours* et de légumes pour plusieurs jours. Il lui était prescrit d'envoyer d'avance des corvées en ville pour toucher ces denrées afin de ne pas faire attendre les troupes pour les recevoir. Les mêmes dispositions concernaient sans doute les autres troupes.

Neuf mois de camp.

vision Cole, arrivant de Bordeaux, atteignaient, après plusieurs marches forcées (1), la première, Rabastens le 20 à 4 heures du soir ; la seconde, Beaumarchès et Ladevèze (4 à 6 kilomètres sud-est de Plaisance). Elles envoyaient de forts détachements en observation au delà de Marciac, sur la route de Plaisance à Mielan et menaçaient de gagner, par Miélan, la route de Trie, ou, par Villecomtal, Tournay.

Harispe, du corps de Clausel, occupait avec son centre l'éperon situé au sud-ouest d'Orleix (333); et il commandait, à 650 mètres, le chemin de Rabastens avec deux pièces. Sa gauche s'étendait dans la direction d'Aureilhan ; sa droite, sur l'éperon à l'est d'Orleix. Vers midi, il était attaqué par la division légère d'Alten et par la brigade des hussards de Somerset; celles-ci, forcées de déboîter à l'ouest de la route, cherchaient à le déborder vers le sud. Leur avant-garde de cavalerie allait, peu après, prendre pied dans Aureilhan. Mais la plaine coupée de Tarbes entravait complètement le jeu et les mouvements de la cavalerie anglaise : elle ne pouvait guère quitter les routes et les chemins ; et cette particularité, très favorable à l'armée de Soult, devait, dans cette journée, grandement faciliter la retraite de celui-ci. A la faveur de cette démonstration qui détournait l'attention d'Harispe de sa droite, Clinton appuyait vers l'est ; il abordait l'éperon de Douis par le nord, et, longeant l'arête élevée de Sabalos, qui dominait la droite d'Harispe, il prenait d'enfilade celle-ci avec son canon ; en même temps, poussant des échelons offensifs au delà de Sabalos, il s'efforçait de couper Harispe de la division Villatte, établie en réserve sur les hauteurs d'Oléac et de Boulin. Il attaquait cette dernière à Oléac.

---

(1) Voir la note 2 de la page 529.

Harispe, devant l'attaque d'Alten, effectuait sa retraite par échelons, en commençant par faire replier ses ailes : une de ses brigades, laissée en arrière, défendait encore la hauteur 333. Attaquée par trois bataillons de chasseurs, elle les chargeait avec succès ; puis elle rompait le combat et elle parvenait, avant que Clinton arrivât sur ses derrières, à battre en retraite sur Boulin par les chemins de communication que le maréchal avait fait établir entre les deux positions. Clinton, continuant son mouvement, avait repoussé Villatte d'Oléac : à la nuit tombante, il le forçait à abandonner le village de Boulin ; dépassant ce village, il rejetait les divisions de Clausel vers l'est en même temps que la cavalerie de P. Soult, menacée sur la route de Trie, par le mouvement de Cole et de Vivian. La nuit arrêtait toute poursuite ; mais l'action de la flanc-garde considérable que le maréchal avait ainsi formée avec le corps de Clausel et la cavalerie de P. Soult, avait en définitive sauvé l'armée des graves tentatives dirigés sur ses flancs et sur ses derrières et qui menaçaient de la couper de Toulouse ou de changer sa retraite en déroute.

La colonne de Hill, pendant ce temps, arrivant par la route de Vic, avait atteint Tarbes et attaqué le pont sur l'Adour, défendu par Taupin. A midi, l'avant-garde ennemie établissait une batterie à cheval sur la rive gauche de l'Adour, au nord de la ville ; mais la traversée de Tarbes retardait beaucoup les mouvements des alliés; en outre, l'occupation d'Aureilhan par nos troupes, la vue des positions occupées par elles, vers le sud-est (sur les pentes de Piétat), et au nord-est, sur les hauteurs d'Orleix et d'Oléac, rendaient Hill circonspect ; ce n'était donc que vers 2 heures du soir, qu'il parvenait à déboucher sur la rive droite après qu'Alten lui eût ouvert la voie.

A cette même heure, en effet, les troupes d'Alten entraient par la route de Rabastens dans Aureilhan, où leur avant-garde avait déjà pris pied. Nos convois et nos colonnes avaient alors entièrement gravi et dégagé la rampe de Piétat. La division Taupin (brigades Rey et Gasquet) se repliait en échelons, sous le feu peu efficace de l'artillerie ennemie; couverte par le 12ᵉ léger déployé au nord et au sud de la route dans les vignes à hautes branches et dans les nombreuses haies qui coupaient le terrain, elle était soutenue par notre artillerie sur les hauteurs.

Vers 4 heures l'ennemi atteignait lui-même les hauteurs 354, à l'ouest de Piétat, et 407, à l'est de Barbazan, et son artillerie canonnait vivement la queue de nos colonnes en retraite sur la route de Tournay. L'artillerie de Taupin, en batterie sur les hauteurs inférieures situées à l'est, arrêtait quelque temps la poursuite (1).

Cependant, la cavalerie anglaise avait réussi à cheminer, par les ravins de Barbazan, au sud de la route. Gagnant les fonds au sud de Mascaras, elle comptait nous couper la retraite et jeter tout au moins le désordre dans notre arrière-garde, en prenant possession du passage au ruisseau de l'Arrêt. Elle se heurtait à l'artillerie de d'Erlon et à ses divisions, déjà établies, par ordre du maréchal sur les hauteurs au sud de Lhez et enfilant la route; ce gros échelon recueillait l'arrière-garde et arrêtait la poursuite à la nuit.

A 10 heures du soir, le quartier général du maréchal était établi à Tournay (18 kilomètres de Tarbes), avec le corps de Reille et la brigade de cavalerie légère de

---

(1) A l'est des hauteurs de la Chapelle-de-Piétat, le versant oriental des pentes soulève un bourrelet bien marqué choisi comme première position de recueil par l'artillerie de Taupin pour couvrir la retraite.

Vial. Le corps de d'Erlon bivouaquait au delà de Tournay ; les parcs, les équipages, les convois, les blessés, étaient arrivés dans la journée à Lannemezan (37 kilomètres de Tarbes). La cavalerie de P. Soult, les divisions de Clausel, séparées dans leur retraite, avaient pris les routes de Trie et de Galan et franchi l'Arros.

Le 20 mars au soir, le maréchal (ordre de mouvement ; Tournay, 20 mars, A. G.) prescrivait de mettre l'armée en marche le 21 à 3 heures du matin, dans la direction de Montréjeau, par Lannemezan.

Reille continuait à former l'arrière-garde, précédé par d'Erlon ; il laissait jusqu'au jour la brigade de cavalerie légère de Vial à Tournay : elle avait ordre de marcher très lentement et de ramasser tous les traînards restés en arrière.

Il était prescrit à Clausel de se porter sur Galan pour rejoindre la colonne à Lannemezan ou à Pinas ; mais il lui était recommandé, s'il jugeait l'ennemi menaçant, de venir se réunir plus tôt à l'armée en descendant directement vers le sud, sur la route qu'elle suivait. Si, au contraire, il pouvait parvenir à Galan, il se dirigerait alors de préférence immédiatement sur Montréjeau pour y suivre l'armée. P. Soult et Berton avaient ordre de se rapprocher de la colonne et de marcher à sa hauteur, en liaison avec elle, pour la couvrir vers le nord et appuyer ses mouvements. Le parc était dirigé sur Saint-Gaudens. L'ordre faisait connaître, en post-scriptum, que la division Harispe avait joint « *le général Clausel* ».

Soult à Guerre (Saint-Gaudens, 21 mars). — « ...Aujourd'hui j'ai continué le mouvement sur la route qui conduit à Toulouse... Les divisions aux ordres d'Erlon sont sur le plateau de Saint-Gaudens ; celles commandées par Reille à Villeneuve-de-Rivière et Bordes et celles de Clausel, avec la cavalerie de P. Soult, à Montréjeau. Dans la journée, l'arrière-garde n'a été suivie que par une avant-garde de dragons-légers anglais.

» Hier au matin (20 mars), je fis partir de Tarbes le général P. Soult avec cinq régiments de cavalerie et je le dirigeai sur Trie, dans l'objet de couvrir cette route et d'éclairer celle qui conduit de Rabastens à Auch.

» Le général P. Soult m'a rendu compte qu'hier 20, au matin, l'ennemi engagea une très forte colonne d'infanterie et de cavalerie sur la route de Rabastens à Auch, mais que tout à coup la colonne prit à droite (sud) et se dirigea sur Tournay (1). Par un nouveau rapport, le général Soult m'a instruit qu'hier au soir (20) une autre colonne de troupes anglaises, venant de Bordeaux, était arrivée à Miélan. Ce dernier rapport confirme l'avis qui m'a été donné par le général Lhuillier, que la plupart des troupes anglaises et portugaises qui étaient à Bordeaux en sont parties subitement et sont remontées vers Aire, en même temps que les partis qui étaient passés à la rive droite de la Garonne l'évacuaient entièrement et emmenaient avec eux tous les bateaux. *Les derniers mouvements que j'ai faits ont*

---

(1) *Journal de Woodberry*, 18e hussards. — « Arrivé à Rabastens le dimanche, 20 mars, à 4 heures du soir. Parti de Rabastens à 6 heures matin le 21, traverse Castera et Pouyastruc et arrive à Cabanac...

» ... Lord Wellington, par ses manœuvres de la nuit dernière, a obligé Soult... à commencer sa retraite sur Toulouse. A 2 heures du matin nous lui avons coupé la principale route qui y conduit... ; l'avant-garde ennemie est à environ 2 lieues de nous : elle consiste en deux régiments de cavalerie... (Mardi, 22 mars). — Après une longue étape de 9 heures à 4 heures, le régiment s'est logé... autour de *Boulogne*, village occupé par Wellington et son état-major... (Mercredi, 23 mars, Montbardon). — Nous avons fait 7 lieues dans les plus mauvais chemins que j'aie jamais vus, dans l'espoir de rejoindre l'arrière-garde de Soult, mais sans succès... (Montblanc, 24 mars, par Lombez.)

donc produit l'avantage d'obliger les ennemis à retirer les troupes qu'ils avaient portées sur la basse Garonne et de ramener le théâtre de la guerre vers les Pyrénées. Je regrette vivement de n'avoir pu obtenir une diversion plus efficace et surtout d'être obligé de me rapprocher de Toulouse pour faire face à tous les corps ennemis qui paraissent prendre cette direction. Lorsque j'y serai rendu, je me préparerai, sans perte de temps à me reporter en avant... » (A. G.)

Le 21 au soir, les deux divisions de d'Erlon s'établissaient à l'ouest de Saint-Gaudens, sur le plateau en terrasse, la gauche à la Garonne à peu de distance de Valentine, la droite prête à prendre position sur les hauteurs de Lasserre. Les divisions de Reille étaient échelonnées à Villeneuve-de-Rivière et à Bordes ; Clausel, avec la division Harispe et la cavalerie de P. Soult, avait quitté Galan et gagné directement Montréjeau, par Franquevielle ; la division Villatte était encore, le 21 au soir, entre Castelnau-Magnoac et Boulogne-sur-Gesse.

Les forces alliées suivaient nos mouvements sur les trois routes de Trie, de Galan et de Saint-Gaudens. Beresford atteignait, le soir, Castelnau-Magnoac ; Hill était à Lannemezan ; une troisième colonne, avec Wellington, à Tournay.

Dans la nuit du 21 au 22, Villatte se dirigeait sur Saint-Gaudens qu'il atteignait le 22 à midi. Il en repartait à 1 heure. L'armée avait commencé elle-même son mouvement au matin. Notre arrière-garde, suivie de la cavalerie de P. Soult, évacuait Saint-Gaudens vers 3 heures, laissant le 10ᵉ régiment de chasseurs en observation sur la terrasse à l'ouest de la ville. Celui-ci était talonné et débordé par la cavalerie anglaise qui, descendant des hauteurs de Lasserre, le forçait à se rejeter au delà de la ville ; il se ralliait à l'est de Saint-Gaudens, mais il perdait une centaine d'hommes et il activait sa retraite pour rejoindre sa division. Le 22 au soir, l'armée était établie autour de Martres, près de Cazères. Le 23, elle atteignait Noë et, le 24, Toulouse.

De leur côté, les alliés étaient embarrassés par leurs équipages de ponts et par la grande quantités de bêtes de somme employées au transport des subsistances; ils étaient retardés par le mauvais état des routes où leur armée avait dû s'engager afin de ne pas s'exposer, dans sa marche, aux entreprises toujours redoutées de Suchet : ils avaient donc très lentement suivi notre retraite (1).

Le 22, Beresford n'avait pas encore quitté Castelnau-

---

(1) « ... Des bataillons débiles de femmes et d'enfants sont entremêlés avec les cohortes combattantes. Le soldat ne porte jamais avec lui du pain pour plus de trois jours ; il ne suspend point à son dos les marmites et les gamelles ; ces ustensiles de cuisine sont chargés sur les bêtes de somme. D'autres animaux de bât portent les équipages des corps, les tentes et le menu bagage des officiers particuliers, les provisions de table et la vaisselle plate des officiers généraux ; le dernier sous-lieutenant emploie à son service personnel plusieurs chevaux et plusieurs soldats. Derrière les colonnes d'infanterie, de cavalerie et d'artillerie, s'allongent des colonnes de charrettes, sur lesquelles sont entassés de gros bagages, le pain, les farines, le rhum, l'orge, et des piles de foin. Une armée autant embarrassée dans ses attirails se traîne plutôt qu'elle ne marche. Au jour du combat, on trouvera les soldats d'Alexandre. Jusque-là, le luxe dont ils sont surchargés rappelle l'armée de Darius.
» Rien de plus facile que d'éviter, de harasser, de paralyser des troupes qui ont cette *organisation paresseuse*... Une armée anglaise, abandonnée à ses seuls moyens, pourra vaincre : jamais elle ne saura profiter de la victoire; mais s'il arrivait qu'elle fût vaincue à distance de son point de départ, ce ne serait pas seulement un échec qu'elle essuierait, ce serait la plus affreuse des calamités... A combien peu il a tenu, plus d'une fois, que l'armée de la Grande-Bretagne n'éprouvât une catastrophe telle que pas un homme n'échappât pour en porter la nouvelle à Londres !... Un tel ordre de choses circonscrit inévitablement le talent du général en chef... La guerre sera réduite à une série d'actes de vigueur... » (Général Foy.)

Magnoac; Wellington était remonté à Galan; Hill était à Montréjeau et la cavalerie de Fane à Villeneuve-de-Rivière.

Le 23, Beresford atteignait Puymaurin, et Wellington, Boulogne-sur-Gesse (1), sur la route de Lombez; Hill était à Saint-Gaudens.

Le 24, Beresford gagnait Lombez; Wellington, l'Isle-en-Dodon; Hill, Saint-Martory.

Le 25, le mouvement des alliés, portant leur aile gauche en avant par la route de Lombez, amenait Beresford près de Saint-Lys, à Sainte-Foy-de-Peyrolières; Wellington à Samatan, près de Lombez, et Hill à Cazères.

Le 26, Beresford s'établissait vers Léguevin, et Colomiers, sur les deux rives de l'Aussonnette, en face des forces françaises, qui défendaient le ruisseau du Touch, à l'ouest de Toulouse. Wellington était à Saint-Lys; Hill, à Muret (2).

Le 10 avril (3), le maréchal Soult acceptait la bataille à Toulouse (4), sur le terrain qu'il avait choisi

---

(1) D'après Woodberry, dès le 22.
(2) L'armée espagnole de Freyre arrive, le 3 avril, à Léguevin. (Woodberry.)
(3) Jour de Pâques.
(4) « ... Vendredi, 8 avril. — ... J'espère que nous aurons une bataille et qu'alors nous anéantirons son armée... » (Woodberry.)
L'abdication provisoire de Napoléon est du 4; l'abdication définitive est du 11 avril.
Les dépêches échangées entre le maréchal et le ministre arrivaient alors très irrégulièrement, ainsi qu'il ressort de la lettre du ministre à Soult en date du 21 mars : « ... J'ai reçu les diverses lettres... jour par jour, jusqu'à la date du 14 courant inclus. Plusieurs de ces dépêches à compter du 28 néanmoins me sont parvenues d'une manière assez irrégulière, quelques-unes à dates renversées et toutes plus tard qu'à l'ordinaire : je ne les reçois en ce moment qu'à six jours de date... »
Le maréchal n'eut connaissance de l'abdication que le 13 avril, par le colonel Saint-Simon; mais ce ne fut que le 17 qu'il en fut régulièrement informé par le gouvernement et par le major-

et préparé d'avance. Il avait réussi à gagner plus de quinze jours sur son adversaire ; il les avait bien employés en mettant à contribution toutes les ressources de la grande ville et de son arsenal. Les longues marches qu'il avait imposées à l'ennemi dans des routes défoncées, impraticables à l'artillerie, lui assuraient une

---

général de l'Empereur. Le 7, cependant, le gouvernement provisoire lui avait écrit de Paris pour lui en donner avis : il fallait au moins trois jours au courrier direct le plus rapide pour arriver jusqu'à lui ; mais les alliés étaient maîtres de la route directe, celle de Montauban. Le 9, toutes les communications étaient interceptées par eux ; aucun avis de ce genre n'était encore arrivé jusqu'au général anglais. Comme Soult, il ignora, jusqu'au 13 avril, l'événement survenu.

« ... C'est à l'époque de la campagne d'Austerlitz, écrit Lavallette, directeur général des postes, que je fis usage en grand du système des estafettes, que l'Empereur me commanda d'organiser et dont les bases lui appartiennent. Il avait senti les inconvénients de faire parcourir à un seul homme d'énormes distances. Il arriva plusieurs fois que les courriers, excédés de fatigue ou mal servis, n'arrivaient pas au gré de son impatience. Il ne lui convenait pas non plus de mettre entre les mains d'un seul homme des nouvelles dont la prompte réception pouvait avoir une influence grave et parfois décisive sur les événements les plus importants. J'organisai donc, par son ordre, le système d'estafettes, qui consistait à faire passer par les postillons de chaque station les dépêches du cabinet enveloppées dans un portefeuille dont nous avions, lui et moi, chacun une clef. Chaque postillon transmettait à la station suivante un livret, où le nom de chaque poste était inscrit et où l'heure d'arrivée et celle de départ devaient être relatées. Une amende et des peines sévères, suivant la récidive, punissaient la perte du livret et la négligence du maître de poste à inscrire l'heure de l'arrivée et celle du départ. J'eus beaucoup de peine à obtenir l'exécution de ces formalités ; mais, avec une surveillance active et constante, j'en vins à bout et ce service s'est fait pendant onze ans avec un succès constant et des résultats prodigieux. Je pouvais me faire rendre compte d'un jour de retard dans l'espace de 400 lieues ; l'estafette partait et arrivait tous les jours de Paris et aux points les plus éloignés, Naples, Milan, les Bouches du Cattaro, Madrid, Lisbonne ; et, par la suite, Tilsitt, Vienne, Presbourg et Amsterdam. C'était d'ailleurs une économie relative ; les courriers coûtaient, par poste, 7 fr. 50 ; l'estafette ne coûtait pas 3 francs. L'Empereur recevait, le huitième jour, les réponses aux lettres écrites à Milan, et le quinzième de Naples. Ce service lui fut très utile : il fut, je puis le dire sans vanité, un des éléments de ses succès... »

réelle supériorité en ce qui concerne cette arme. Il s'appuyait enfin dans une certaine mesure sur les forces locales déjà réunies et groupées soit dans la ville même, soit dans le département; il pouvait espérer que le rapprochement du théâtre des opérations, l'intérêt supérieur de la défense nationale, celui même de la propre armée de Suchet, engageraient ce maréchal à lui prêter enfin son concours constamment demandé et toujours refusé malgré les avantages généraux si évidents d'une coopération de toutes les forces actives contre l'armée de Wellington.

Soult, dans cette position, pouvait alors soit se rapprocher de Suchet par Carcassonne, soit se porter sur Lyon par Albi. Il pouvait encore défendre les lignes successives du Tarn et du Lot et se joindre à l'armée de la Garonne, commandée par Decaen, pour marcher sur Bordeaux. Wellington, engagé à sa suite, devait, au contraire, s'affaiblir de plus en plus et voir les difficultés s'accroître autour de lui.

Le maréchal avait déjà établi le général de Loverdo à Montauban avec un corps de troupes formé d'hommes retirés des dépôts. Il y faisait construire une tête de pont, afin de s'assurer un passage pour sa ligne de retraite éventuelle, ce qui lui permettait toutes les combinaisons pour ses manœuvres ultérieures.

Dans l'Ariège, le général Laffitte, à la tête d'une petite brigade de gardes nationaux, avait ordre de pousser des reconnaissances vers Saint-Gaudens et Saint-Martory, sur les communications des alliés. Enfin, Suchet avait prescrit au général Pouget, à la tête de 150 cavaliers du dépôt du 29ᵉ régiment de chasseurs, de se porter de Carcassonne sur Castelnaudary, pour annoncer l'arrivée prochaine de l'armée d'Aragon. (Koch; et Suchet à Soult, 6 avril.) (A. G.)

La bataille de Toulouse (10 avril) a déjà été l'objet de très nombreuses études, parmi lesquelles on doit retenir celles de Lapène, Koch, du Mège, l'œuvre de Choumara (1), celle de Napier, le récit du général Lamiraux. Il semble inutile, pour le moment, de l'exposer ici en détails (2).

La bataille ne mettait pas fin à la guerre ; dès le 11, le maréchal était prêt à livrer de nouveaux combats et à continuer les opérations, alors que les armées alliées étaient à bout de forces (3). Le 17, l'abdication de l'Empereur venait désarmer les adversaires en présence. Mais l'action engagée sous Toulouse clôt d'une façon frappante les combinaisons du maréchal en ce qui a trait à la *couverture de Bordeaux*.

Il avait réussi à détourner son adversaire. Pendant les *neuf mois de cette campagne*, il l'avait, depuis Vitoria, sans cesse *entraîné à sa suite;* il l'avait empêché de lancer ses forces dans le centre du pays en s'appuyant à la mer et à la nouvelle base de Bordeaux, que celui-ci convoitait. Il ne lui avait laissé que le court loisir de jeter dans cette ville une entreprise politique avortée. L'insuccès tactique du maréchal à Toulouse, provoqué, d'ailleurs, en grande partie par son manque de décision offensive en dépit d'occasions favorables, correspond cependant sans conteste à un succès straté-

---

(1) *Considérations militaires* sur les Mémoires du maréchal Suchet et sur la bataille de Toulouse, par *Choumara* (2 vol., 2ᵉ édition, 1840). Cette œuvre passionnée, mais de valeur et très intéressante, contient le texte *in extenso* d'un grand nombre de pièces officielles.

(2) On lira avec intérêt le travail de M. François Dhers, publié en 1904 par la *Revue des Pyrénées* : « La bataille de Toulouse, d'après les documents les plus récents ». (Toulouse, Privat.)

(3) *Pertes françaises* : 5 généraux, 3.231 hommes, dont 321 tués, 2.369 blessés, 541 prisonniers.
Pertes des alliés : 4 généraux, 4.659 hommes

gique ; il était inutile de faire subir cette épreuve à l'armée française, dans les conditions où elle y fut exposée, puisque le succès stratégique était acquis. Celui-ci ne pouvait, toutefois, devenir complet sans une victoire tactique ; il eût dépendu de Suchet et du Ministre de le rendre tel par la coopération des forces actives disponibles à l'œuvre commune de la défense du pays (1) : il eût fallu savoir renoncer à la conservation des places espagnoles et d'un commandement particulier.

Si l'on examine, en effet, les forces qui auraient pu être disponibles et engagées contre les *52.000 hommes* de l'armée de Wellington, on constate qu'elles atteignaient le chiffre de *72.000* combattants, alors que le maréchal Soult ne parvint à disposer que des *38.000 hommes* (environ) de son armée, aussi bien par la faute du Ministre que par celle du maréchal Suchet.

Ce dernier, en se retirant de Valence, avait alors plus de 30.000 hommes, et le général Decaen en comptait à peu près 25.000. Il avait réparti environ 12.000 hommes dans les places. Le 4 février, après un premier envoi de près de 10.000 hommes à l'armée de Lyon, le maréchal Suchet laissait encore 7.500 à 8.000 hommes de garnison dans Barcelone, sous le commandement du général Habert, et 4.000 hommes environ étaient encore affectés à différentes places. Son armée comptait 12.971 combattants présents sous les armes. Il attendait 10.000 conscrits annoncés et il calculait qu'il pourrait constituer prochainement une armée de 25.000 hommes (Suchet à Guerre, 4 février; de Gerone). Le 11, le Ministre lui avait fait connaître, trop tardivement, que l'Empereur lui laissait *carte blanche*, en ce qui concernait

---

(1) Voir l'*Annexe*, p. 563.

Barcelone, et qu'il était libre de garder avec lui les troupes qu'il jugerait nécessaires, à condition de faire un nouvel envoi de 10.000 hommes à l'armée de Lyon. Le 9 mars, 9.671 hommes étaient mis en route dans cette direction sous le commandement du général Beurmann. Ils allaient être tardivement renvoyés sur la Garonne, après un long détour inutile, qui les éloignait de toutes les opérations entreprises.

Le 24 mars, Ferdinand VII passait la Fluvia en présence des armées françaises et espagnoles, réunies sur les deux rives de la rivière. Nous devions lui faire la remise des places que nous occupions, « *en prenant des précautions et des sûretés* pour la rentrée des garnisons en France, *condition de son retour en Espagne* (1) ». (Ordre du Ministre.) Le 31 mars, le maréchal Suchet se décidait enfin à donner l'ordre au général Habert de tâcher de rallier la garnison de Tortose et de venir le joindre avec les 12.000 hommes dont il pourrait alors disposer.

Le 2 avril, le maréchal Suchet rendait compte au Ministre que Ferdinand VII avait dû faire toutes les tentatives nécessaires pour déterminer les Espagnols à recevoir nos places et à nous renvoyer nos garnisons ; mais les ordres des Cortès et l'influence des Anglais avaient dû rendre inutiles toutes ses démarches. Il exposait les instructions qu'il avait données au général Habert et bien que le Ministre lui eût laissé toute liberté en ce qui concernait Barcelone, il demandait les ordres de l'Empereur pour rappeler Habert, au cas même où ce dernier n'aurait pu être rejoint par la gar-

---

(1) On trouvera *in extenso* le texte du traité, dit de Valençay, conclu, le 11 décembre 1813, entre Napoléon et le roi Ferdinand, au volume III, note n° IV, p. 214 des Mémoires du général Hugo, aide-major général des armées en Espagne. (Ladvocat, édition de 1823.)

nison de Tortose. Complètement égaré sur la nature des opérations qu'il lui aurait fallu poursuivre bien plutôt en groupant sous ses ordres toutes les forces actives disponibles, il ne songeait qu'à la conservation des places dans lesquelles il persistait encore à disperser ses troupes. « ... Tous les jours, plus réduit par la formation de nouvelles garnisons, je ne commande plus qu'à une division. Je suis forcé de laisser encore 3.000 hommes à Figuères (1), par un ordre du 19 mars, et je dois songer à Perpignan... » (Suchet à Soult, 6 avril.)

---

(1) D'après la lettre de Suchet au ministre, en date du 2 avril, il n'a laissé que 1.900 hommes à Figuères; mais il a donné un bataillon à Montlouis : il forme la garnison de Perpignan avec deux bataillons de conscrits (se reporter aux situations données pages 69, 98, 117, 577, 581, 593, 598).
En résumé, les états de situation d'ensemble présentés par Suchet dans ses Mémoires pour son armée fournissent un effectif de 35.588 en novembre 1813 et de 37.268 en janvier 1814. Les relevés de l'Empereur accusent un total de 58.272 en juillet 1813 et de 56.512 en septembre de la même année.
Si on se reporte au détail des effectifs partiels, fournis par Suchet dans ces mêmes mémoires, le relevé donne :

Envoyés en France du 29 novembre au 26 décembre (non compris Pâris), environ.................	9.600
Envoyés à Lyon à la fin de février.................	10.200
Envoyés à Lyon au 9 mars.......................	9.000
Garnisons (Barcelone, 8.000 hommes, comprise)......	23.500
Effectif des combattants disponibles au 5 avril 1814 (Mémoires de Suchet)........................	11.300
Soit, au total.........	64.200

(Le 4 février, Suchet évaluait l'effectif combattant disponible à 12.971. — Voir la note 39, p. 494, tome II des Mémoires.)

D'après le maréchal Suchet (Mémoires, tome II, p. 383, note), la situation et les emplacements de ses troupes étaient les suivants au 5 avril 1814 (Voir page 98 la situation au 14 avril extraite des états des Archives de la Guerre) :

Division Lamarque.

3e léger........	690 h	à	Alfar.
5e de ligne......	1.701	— à	Villafant.
14e —	1.688	— à	Figuères.
60e —	1.591	—	Id.
121e —	1.540	—	Villasacra et Villatenim.

Si Suchet, ainsi qu'il l'aurait pu, avait été autorisé en temps utile par le Ministre à rappeler la garnison de Barcelone, ou s'il ne l'avait pas constituée, il eût

Réserve du général Mesclop.
11ᵉ de ligne......	817 h.,	Llers.
114ᵉ —	1.569 —	à la Jonquère et au Pertuis.
143ᵉ —	643 —	à Perpignan.

Cavalerie du général Meyer.
29ᵉ chasseurs.......	519 h.,	à Villabertran et Figuères.
24ᵉ dragons........	569 h.,	à Toulonges et Perpignan.

Infanterie...........	10.239
Cavalerie...........	1.088
TOTAL...........	11.327 combattants disponibles.

Il estime que, sur ce nombre, il lui fallait compléter la garnison de Figuères avant de repasser les Pyrénées et celles des places du Roussillon s'il avait à s'éloigner de cette frontière. Il estime encore qu'il eût été fâcheux d'abandonner Narbonne sans y laisser garnison. En définitive, les fixations ministérielles pour les places à pourvoir *en France* (voir plus haut, p. 117) s'élevant à 11.350 hommes de garnison, il ne croyait pas pouvoir réduire ce nombre au-dessous de 7.200 hommes. « Même en profitant des dépôts, des convalescents, des malades pour s'aider à former les garnisons, le maréchal Suchet serait à peine parvenu à conserver en campagne la valeur d'une division de 4.000 à 5.000 hommes. » (Maréchal Suchet.)

Enfin Suchet calcule que, la distance de Figuères à Toulouse étant de 63 lieues, « l'armée » ne pouvait franchir cette distance en moins de huit à neuf jours, en doublant même quelques-unes des marches figurant à la carte des étapes.

« ... Ce n'est qu'à la fin de décembre que le duc de San-Carlos est arrivé à Perpignan... La remise du roi Ferdinand VII aux Espagnols avait eu lieu le 25 mars; ainsi la mission du maréchal Suchet était terminée et il restait encore plus de temps qu'il n'en fallait soit pour venir à Toulouse, soit pour se porter sur l'Ariège... Ce n'est point à partir du 5 ou du 6 avril (comme l'écrit Suchet) que les troupes du maréchal Suchet auraient pu se mettre en marche, mais le 26 ou le 27 mars. En supposant qu'il eût fallu huit à neuf marches pour les plus éloignées, elles se seraient trouvées en ligne le 3 ou le 4 avril, c'est-à-dire six jours avant la bataille... » (Choumara.)

L'importance même des détachements considérables que Suchet a dû faire, par ordre, en France et aux armées de l'Empereur, sans que l'ennemi qu'il avait devant lui en profitât soit contre lui, soit pour envahir le territoire de son côté, est une preuve manifeste que le maréchal aurait pu, en tout temps, venir en aide au maréchal Soult et coopérer activement à ses opérations.

encore amené à Soult 13.000 à 15.000 hommes, qui assuraient à ce dernier un effectif au moins égal à celui des alliés. (Voir note 1, page 598.)

Si l'on y avait ajouté les troupes de Beurmann (9.000 hommes), inutilement envoyées à Lyon par le Ministre et rappelées tardivement sur la Garonne, ainsi que 12.000 hommes, au moins, mal à propos dispersés dans les places espagnoles, on fût arrivé à constituer, sous Toulouse, une armée de 72.000 hommes (1) à opposer aux 52.000 combattants de Wellington. Mais les combinaisons n'avaient pas été dirigées, en haut lieu, en vue de la simple utilisation, au but de cette campagne, des effectifs disponibles sur place. Enfin, le maréchal Suchet avait tenu à opérer pour son compte et il croyait avoir contribué à disperser les efforts de l'ennemi contre ses places, alors qu'il éparpillait bien plutôt ses propres forces pour les garder, et qu'il demeurait impuissant à les en faire sortir par des négociations, au moment où le besoin d'une action commune se faisait le plus vivement sentir (2).

---

(1) Nous ne comptons pas dans ce chiffre les 36.000 hommes envoyés en outre à l'armée de l'Est par les armées d'Espagne et d'Aragon.

(2) Voir p. 118, en note, les importantes dépêches de Napoléon au Ministre, et de celui-ci à Suchet, 25 et 27 novembre 1813.

Voir, p. 597, note 1, la dépêche du 11 février 1814 : *Ministre à Suchet.*

Guerre à Suchet (1er mars). — « ... L'état des choses vous autorise à *vous tracer à vous-même votre système d'opérations;* à user de toutes les ressources qui vous restent de la manière qui vous paraîtra la plus utile au service de Sa Majesté, en rassemblant tout ce qu'il y aura de disponible autour de vous et dans les départements limitrophes...

» ... Le seul parti à prendre est de *concentrer vos forces* et de tenir la campagne *sans disséminer dans les places* (à l'exception de celles qui sont indispensables à garder) des troupes qui seraient perdues pour les opérations et n'arrêteraient pas l'ennemi... »

Guerre à Suchet (15 mars). — « ... Il me paraît très important qu'en de telles circonstances vous combiniez de plus en plus vos

Dans toute la région frontière, la *division*, comme elle le fait partout, avait produit son œuvre. Sur tous les points, les *manœuvres de couverture* s'étaient substituées à la MANŒUVRE D'AVANT-GARDE.

La multiplicité du commandement, pour la défense du pays, avait rompu l'*unité de la pensée militaire*. « L'unité du commandement est la chose la plus importante à la guerre. Deux armées indépendantes l'une de l'autre ne doivent jamais être placées sur un même théâtre. » (Napoléon.)

La solidarité dans l'action est la loi de guerre par excellence.

---

opérations avec celles du maréchal Soult et que vous vous prêtiez l'appui mutuel qu'exigent des circonstances aussi critiques... »

Suchet à Soult (6 avril). — « ... Vous paraissez croire que je rendrai un grand service en obtenant le retour de ces garnisons. Peut-être ne penseriez-vous pas ainsi si vous étiez bien fixé sur *le nombre des ennemis que les places occupent*. Les troupes que j'y ai laissées sont pour la moitié composées de conscrits, comme vous l'avez fait à Bayonne... »

VI

Annexe.

Projets formés par le maréchal Soult en vue d'opérations offensives combinées avec la coopération des forces placées sous le commandement du maréchal Suchet. — Objections de ce dernier. — Difficultés rencontrées. — Le maréchal Suchet refuse son concours.

> « Une longue expérience m'a montré que les *ordres* que l'on envoie à ses égaux ne sont que des *négociations*. »
> (Maréchal Jourdan.)

Quinze jours après son arrivée à Bayonne pour prendre le commandement des armées d'Espagne, le maréchal Soult réclamait le concours du maréchal Suchet et la coopération des armées d'Aragon et de Catalogne aux efforts tentés par l'armée d'Espagne. Pendant les neuf mois de ces campagnes, le maréchal Soult ne cessait pas d'insister auprès du maréchal Suchet sur la nécessité de la concentration de leurs forces contre l'adversaire commun. Il la réclamait encore, sans plus de succès, à la veille de la bataille de Toulouse. Le maréchal Suchet refusait constamment son aide et son concours. Ses atermoiements, ses discussions, les défaites qu'il opposait aux sollicitations de Soult, ses froissements, les erreurs manifestes commises par lui, aussi bien dans l'appréciation des forces ennemies qui lui étaient opposées, que dans l'estimation de ses propres effectifs disponibles, révélaient une *situation particulière*, dont les conséquences furent graves, *si l'on conclut qu'il faut les lui attribuer*. Elle fut, en tout cas, susceptible d'avoir un retentissement profond sur les décisions prises et par suite sur les opérations.

Cette situation particulière méritait donc un examen détaillé. Nous apportons ici les éléments que nous avons réunis à son sujet. L'attention de nos lecteurs se portera certainement sur la dépêche du maréchal Suchet au ministre, en date du 23 août 1813 (p. 570), qui n'a jamais encore été publiée; mais, antérieurement à l'époque qui nous occupe, la mission du colonel Desprez auprès de Napoléon, en 1812, les incidents relatifs à la lettre du maréchal Soult, saisie à Valence, siège du gouvernement de Suchet, les difficultés soulevées au passage de l'armée d'Andalousie sur le territoire de Valence, confirment l'existence de graves dissentiments, sur lesquels le maréchal Suchet insiste dans sa dépêche du 23 août au Ministre; ils remontent à 1810, alors que Soult, major-général du roi, attirait au maréchal Suchet « *des expressions de mécontentement de la part de l'Empereur...* » (Lettre du 23 août précitée.)

Les dépêches de l'Empereur au maréchal Berthier, major-général de l'armée d'Espagne à Paris, en date du 8, du 17 et du 21 février 1810 (correspondance de Napoléon), prouvent que le commandement de Suchet en Aragon était distinct, indépendant du roi et placé sous les ordres directs de l'Empereur, surtout pour l'administration, mais aussi pour les opérations militaires. Cette situation avait été mal définie, et Suchet attribuait au roi Joseph et à son major-général Soult (ordre du 27 janvier 1810) la responsabilité de sa marche sur Valence (1er mars 1810) qui avait abouti à un échec, à une retraite (10 mars) et qui lui avait attiré de *durs reproches de l'Empereur* :

Napoléon à Berthier (Compiègne, 9 avril 1810). — «... Témoignez au général Suchet mon extrême mécontentement. Il a compromis l'honneur de mes armes et a contrevenu non seulement à mes ordres formels

(12 et 17 février, ordre réitéré d'investir Lérida), mais aux premiers principes de la guerre... Je blâme cette conduite, qui est tout au moins légère... »

(20 avril 1810). — « ... Ecrivez au général Suchet que je suis très mécontent qu'il se soit porté sur Valence...; vous lui témoignerez aussi mon mécontentement de ce qu'il n'était pas devant Lérida dans les premiers jours de mars... Le général Suchet a été, *malgré mes ordres*, à Valence : il en est revenu très légèrement : il a compromis ses troupes... Il est indispensable *que le général Suchet répare ses sottises...* »

Suchet, malgré ses succès subséquents, malgré son élévation au maréchalat et au duché d'Albuféra, n'avait *ni oublié, ni pardonné ces reproches, dont il faisait remonter la cause première à Soult.* Ces ressentiments eurent (on ne peut en douter en lisant sa lettre du 23 août) une influence fâcheuse sur ses décisions en 1813 et en 1814 ; ils contribuèrent à l'écarter du rayon d'action de Soult ; ils prévinrent, en fait, sa coopération volontaire à l'esprit des opérations de l'armée d'Espagne.

En septembre 1812, le colonel Desprez, aide de camp du roi Joseph, avait été envoyé en mission par le roi auprès de l'Empereur. Il devait porter à Napoléon les plaintes du roi contre le maréchal Soult, commandant l'armée du Midi, en Andalousie. Soult, en effet, persuadé que Joseph, en lui ordonnant l'abandon de l'Andalousie, se préparait à séparer la cause espagnole de la politique impériale et à conclure une paix séparée avec les alliés, avait dénoncé le roi à l'Empereur. La lettre de Soult à l'Empereur, *saisie à Valence*, siège du commandement de Suchet, sur le bateau qui la portait, avait été ouverte et remise au roi Joseph. Celui-ci avait eu aussi connaissance que Soult venait de faire part de ses soupçons à six de ses généraux, réunis par lui pour devenir dépositaires de ces appréhensions (1). Le roi, à son tour, dénonçait Soult à l'Empereur. Il rappelait que ce maréchal s'était compromis en Portugal en paraissant viser la couronne de ce royaume (2); il l'accusait de vouloir constituer maintenant un *royaume d'Andalousie* à son profit (3). Clarke, ministre de la guerre, se hâtait de partager cette opinion (4).

Le colonel Desprez, reçu par Napoléon, à Moscou, dans la nuit du 18 au 19 octobre 1812, écrivait au roi Joseph, à la suite de cette entrevue, le 5 janvier 1813, de Paris : «... L'Empereur me dit qu'il n'avait attaché aucune importance à la lettre du maréchal Soult, qui s'était trompé ; qu'il ne pouvait s'occuper de semblables *pauvretés* dans un moment où il était à la tête de 500.000 hommes et faisait des choses immenses... Il ajouta que *le maréchal Soult était la seule tête militaire qu'il y eût en Espagne...* » Soult venait en effet de proposer au roi, affolé par la perte de la bataille des Arapyles (22 juillet 1812), et dont les mesures étaient à la veille d'achever la perte de l'Espagne, un *projet remarquable* (lettre de Séville, 12 août 1812) basé sur la conservation de l'Andalousie et qui eût sans doute sauvé la situation.

On ne peut omettre de signaler qu'en se retirant de l'Andalousie, en 1812, Soult était passé par la province de *Valence* avec son armée et qu'à l'occasion de ce pas-

---

(1) Soult au Ministre; Séville, 12 août 1812.
(2) Voir Mémoires du général de Saint-Chamans, p. 133, 138, 157;. — Mémoires du général Bigarré, p. 244 et suivantes; — Mémoires du général de Marbot, vol. II, p. 364 ; — Mémoires du général Thiébault, p. 337 et suivantes, p. 344, (à lire).
(3) Voir, à ce sujet, les amusants *Souvenirs de Fée* sur la guerre d'Espagne (1809-1813) p. 129, 135, etc. — Voir : Général Lejeune (éd. 1896), vol. II, p. 84.
(4) Clarke au roi Joseph; lettre confidentielle du 10 novembre 1812. (A. G.)

sage et de l'évacuation sur Valence de ses nombreux blessés, des difficultés graves s'étaient élevées entre lui et *Suchet*.

Le maréchal Suchet déclare, dans ses Mémoires, qu'il était en bons termes avec le maréchal Soult, qu'il n'avait aucun motif personnel de lui refuser son concours en 1813 et en 1814 et qu'il avait au contraire conservé le meilleur souvenir du temps pendant lequel, au camp de Boulogne, il était le subordonné du maréchal Soult. Suchet néglige de mentionner les difficultés de 1810 et de 1812 et les griefs qu'il en conservait (1).

Soult avait été rappelé d'Espagne par l'Empereur à la fin de janvier 1813 et remplacé par Gazan à la tête de l'armée du Midi. Il était revenu en juillet 1813, comme lieutenant-général de l'Empereur, muni de pouvoirs exceptionnels sur toutes les armées en Espagne et substitué au roi Joseph ; la situation particulière de l'armée de Suchet l'isolait seule de cette dépendance, sans que son cas eût été d'ailleurs fixé de façon plus précise.

Soult à Suchet (Sare, 6 août 1813). — « ... J'attendais que les *communications fussent rétablies* pour vous prévenir directement de mon arrivée à l'armée... J'espère que ce sera le *premier des résultats que nous devons attendre de vos opérations* et de celles de l'armée d'Espagne... Je pense que l'ennemi s'est considérablement affaibli devant vous, circonstance qui vous mettra

---

(1) On notera encore qu'*Anthoine*, devenu plus tard lieutenant-général en 1845 sous le nom de baron de Saint-Joseph, et qui avait été *aide de camp de Soult*, était neveu du *roi Joseph* et que sa sœur avait épousé le maréchal Suchet (voir Saint-Chamans, p. 107 et 153).

à même... de *manœuvrer dans l'esprit des opérations de l'armée d'Espagne...* »

Soult au Ministre (Ascain, 8 août 1813). — «... La diversion serait efficace si *l'armée d'Aragon*, que je présume du côté de Lérida, se portait *avec toutes ses forces réunies sur Saragosse*, d'où elle se mettrait *en communication avec nous par Jaca*, et menacerait la droite de l'armée ennemie. Il est probable que les ennemis feraient un fort détachement pour arrêter sa marche et, dès lors, leur ligne étant dégarnie, il y aurait moins de difficulté à surmonter pour la forcer. Je vais écrire au maréchal Suchet... Il est à espérer qu'il sentira la nécessité de cette manœuvre, laquelle devra toujours avoir lieu pour dégager de l'ennemi les provinces espagnoles situées à la rive gauche de l'Ebre... »

Soult à Suchet (Ascain, 10 août 1813). — « ...Je considère qu'il sera de la plus haute importance... que vous vous portiez, avec la totalité des forces dont vous pourrez disposer, *sur Saragosse*, s'il y a possibilité, ou du moins sur l'Isuela POUR OUVRIR VOS COMMUNICATIONS AVEC NOUS PAR JACA, où est le général Pâris, et ensuite *manœuvrer dans le sens des opérations de l'armée d'Espagne, en menaçant la Navarre et les communications des armées ennemies sur l'Ebre ;* les places de l'Ebre et de la Catalogne vous donnent des appuis assurés. Si l'armée ennemie faisait un gros détachement pour marcher sur vous, alors il dégarnirait sa ligne et j'aurais moins d'obstacles à surmonter pour la fixer. Ces mouvements produiraient infailliblement *notre jonction* et *alors nous pourrions manœuvrer avec avantage...* Il est de la dernière urgence que vous fassiez une *grande diversion* pour ramener le théâtre de la guerre sur l'Ebre et *me faciliter les moyens de me porter en avant...* Je serai prêt à attaquer les ennemis lorsque je saurai que vous marchez, ou même que je pourrai le présumer selon ce que je remarquerai... »

Soult à Suchet (Ascain, 11 août 1813). — « ...S'il vous paraissait utile de faire quelque modification aux dispositions indiquées..., je vous prierais de m'en instruire le plus promptement possible, et que, dans tout état de chose, vous considériez qu'il faut agir sans différer et que le temps perdu occasionnerait les conséquences les plus graves... »

Soult à Suchet (Ascain, 16 août 1813). — (Insiste encore sur l'urgence de la coopération des deux armées.)

Suchet à Soult (Barcelone, 23 août 1813). — « Le 14, au moment où je partais pour dégager Tarragone, le général Decaen m'a remis à Villafranca votre première dépêche, datée de Sare le 6 août... Sans doute que vous ne connaissiez pas la faiblesse de mon armée lorsque vous avez pensé que des malheurs aussi grands que ceux du 21 juin (Vitoria) pouvaient être réparés par une petite armée, affaiblie par de nombreuses garnisons et tout récemment par 2.000 malades... J'ai assez bien vu les forces de l'ennemi pour connaître combien il deviendrait funeste... d'exécuter la proposition que Votre Excellence regarde comme de la plus grande importance pour le rétablissement des affaires en Espagne... Quand bien même je n'aurais pas acquis la *certitude* que *Hill avait rejoint Bentinck avec 24.000 hommes, que O'Donnell arrivait de la Navarre avec 15.000 hommes*, je n'aurais pu m'empêcher de vous témoigner le danger évident d'un pareil mouvement. Il suffit, pour en être convaincu, de savoir que les ennemis ont réuni plus de *200.000 hommes* (1) *(sic)* au delà de l'Ebre, que l'insurrection est générale et fortement organisée, et que, si les *11.000 hommes (sic) qui composent l'armée d'Aragon* (2) tentaient, dans ce moment un mouvement sur Saragosse, ils devraient s'attendre au sort inévitable de Baylen, à trouver partout les ponts coupés, les positions défendues, la population en armes, les moulins brisés, la disette des vivres et l'affreuse nécessité d'abandonner à chaque pas les malades...

» ... Il me reste aujourd'hui 9 petits régiments d'infanterie française, dont 3 réduits, par la maladie, à moins de 800 hommes, 3 régiments de cavalerie ; le général Decaen, après avoir laissé 12 bataillons à Barcelone, 3 à Puycerda, 1 à Olot, 1 à Besalu, 1 à Figuères, n'aura plus de disponibles que 10 bataillons et 3 escadrons. Je dois ajouter à cette force un corps de 2.000 Italiens...

Suchet au Ministre (Barcelone, 23 août 1813) (3). — « ... C'est le 14 août, jour où je quittais Villafranca pour me porter sur Tarragone, ainsi que j'ai eu l'honneur d'en rendre compte à Votre Excellence, que j'ai reçu la première lettre de M. le maréchal duc de Dalmatie, datée de Sare le 6 août. A mon retour, dans la

---

(1) L'effectif opposé aux armées d'Aragon et de Catalogne ne dépassait pas, tout compris, 40.000 à 45.000 hommes à cette date. (Voir les situations, p. 101 à 103.)

(2) Se reporter aux situations, p. 68, 69. L'armée d'Aragon, à cette date, comptait plus de 32.000 hommes ; l'armée de Catalogne environ 25.000, garnisons comprises. Ces dernières pouvaient s'élever, à ce moment, à 12.000 ou 15.000 hommes. En tout cas, l'armée *active* d'Aragon devait avoir un effectif disponible d'au moins 25.000 hommes à cette date, soit environ 40.000 hommes avec l'armée de Catalogne. (Voir encore p. 593, 598.)

(3) Cette dépêche, dont l'importance est si grande, n'a jamais été publiée.

nuit du 20 au 21, son aide de camp, M. le chef d'escadron Choiseul, m'a remis, près de Molins-del-Rey, la seconde, avec un billet chiffré, en date d'Ascain le 10 et le 11 ; et, le même jour, 21, à Barcelone, M. le général en chef comte Decaen a reçu un courrier extraordinaire qui m'a apporté la troisième, en date du 16 août. Je crois devoir remettre à Votre Excellence copie de ces lettres, et y joindre quelques observations sur mes opérations et sur ma position actuelle.

» L'armée d'Aragon, ramenée sur l'Ebre au milieu de juillet par les événements de Vitoria, qu'on ne pouvait ni prévoir, ni savoir à temps, quitta le pays de Valence en y laissant, dans les places, des garnisons approvisionnées. J'étais pressé d'assurer par de pareilles mesures la défense des places de la Basse-Catalogne ; mais, en même temps, j'aspirais à conserver au moins la moitié de l'Aragon, et, sur la foi des intentions que me montrait le général Clausel, je n'hésitai point à me porter, par Alcanitz et Caspé, sur Saragosse, pour me réunir à lui et opérer suivant les circonstances. Obligé de renoncer à ce premier projet et de passer l'Ebre, je revins par Tarragone à Lérida pour essayer encore de joindre et de sauver le général Pâris forcé dans Saragosse. Il était parvenu, heureusement, quoique seul et serré de près, à regagner Jaca.

» Je m'occupai en même temps de l'exécution des ordres de l'Empereur sur Tarragone. Je vins à Barcelone m'aboucher avec le général en chef Decaen ; mais, pour éloigner le moment de prendre des vivres dans cette place, j'établis l'armée d'Aragon dans la plaine de Villafranca, où elle a vécu, non sans peine, en moissonnant et faisant moudre elle-même. Dans cette position, j'avais le double but que m'indiquent vos dépêches du 22 et du 24 juillet, d'être lié à l'armée de Catalogne, en protégeant Tarragone, et de me conserver, autant qu'il me serait possible, la faculté de tenir la Basse-Catalogne, de manœuvrer sur l'Ebre ou la Cinca, afin d'attendre le résultat des opérations de l'armée principale, que Votre Excellence m'annonçait, avec espoir de succès, devoir bientôt dégager Pampelune, Saint-Sébastien et Santoña, pour se rapprocher ensuite de l'Aragon. Mais, pendant ce temps, lord Bentinck avait passé l'Ebre avec l'armée anglaise, celle du duc del Parque et tous les corps espagnols, laissant seulement de quoi observer les places en arrière : Copons, avec son armée de Catalogne, manœuvrait sur notre flanc ; Mina achevait le siège du château de Saragosse sans obstacle, et Tarragone était de nouveau pressée par une flotte et une armée de 40.000 hommes. Je devais, à tout prix, sauver la place et la garnison ; la coopération du général en chef Decaen qui, en dégarnissant momentanément la Haute-Catalogne, et disposant de la plus grande partie de la garnison de Barcelone, a amené deux petites divisions, m'a permis de le faire par de simples manœuvres. L'ennemi, qui attendait ou recevait un renfort à l'instant même (suivant le rapport n° 1 que je joins ici), a cherché à m'attirer dans ses positions près de la mer ; mais je me suis borné à compléter mon opération, comme Votre Excellence a dû le voir dans ma dépêche de vendredi, le 19 de ce mois.

» Aurais-je pu, d'ailleurs, prendre d'autres déterminations, lorsque je venais de lire dans la première lettre de M. le maréchal duc de Dalmatie *qu'il n'avait pu dégager les places, mais seulement qu'il avait réussi à dégager, moi, des forces ennemies envoyées sur l'Ebre.* Le *peu de sincérité* que je remarquai dans cette dernière assertion me frappa vivement ; mais *ce qui m'a profondément affligé*, c'est de voir qu'une grande tentative pour sauver Pampelune avait été manquée. M. le maréchal, dans sa lettre, *affectait vainement de glisser sur ce résultat*, dont *l'importance était cependant majeure, et dont la connaissance était nécessaire pour moi*. D'autres récits me parvenaient de tous côtés : Votre Excellence en jugera par l'extrait ci-joint, n° 2, de la *Gazette de Vich*, qui, à travers les exagérations ordinaires, fait connaître, à peu près, les sanglantes affaires du 29 et du 30.

» Peu de jours après, l'aide de camp de M. le maréchal duc de Dalmatie, le chef d'escadron Choiseul, ne m'a que trop confirmé la plupart de ces détails, en m'apportant la deuxième lettre qui a été suivie immédiatement de la troisième. Je ne m'attache point à faire remarquer à Votre Excellence que, le 6 août, M. le maréchal ne me parlait d'abord que de rétablir les communications (chose absolument impossible, puisqu'il était alors à Sare, en France); que le mouvement auquel il m'engage, le 11, pour tenter une seconde fois de sauver Pampelune, aurait pu être praticable et plus utile il y a trois semaines, *si, dès son départ pour l'armée d'Espagne, il m'eût informé des projets et des ordres qu'il avait;* car alors, en faisant ce mouvement avant que Bentinck eût passé l'Ebre, je pouvais appuyer ma droite à Jaca, où je trouvais 5.000 hommes, et ma gauche à Saragosse, dont le château tenait encore; enfin, que, cinq jours après, le 16, il m'écrit de lui faire connaître mes dispositions *quelles qu'elles soient*, et m'annonce, par la même lettre, la retraite du général Pâris des positions de Jaca, d'où il a été repoussé par de grandes forces au delà des Pyrénées.

» Quant à l'exécution en elle-même du plan que me propose aujourd'hui M. le maréchal duc de Dalmatie, à défaut d'autres ressources dans sa position actuelle, je ne puis l'envisager, ni en entretenir Votre Excellence, sans déclarer qu'elle me paraît la plus dangereuse et la plus funeste au service de l'Empereur, et si, comme il le paraît, elle n'a pour but que d'aller retirer la garnison et faire sauter la place de Pampelune, *il y aurait de la folie de compromettre, pour un tel résultat, les deux armées, les affaires d'Espagne et nos frontières.* La seule route à canon qui me reste pour me retirer est celle de Perpignan; la seule pour m'avancer est celle de Barcelone à Lérida, coupée en plusieurs endroits. En m'avançant par cette route, je n'ai que deux manières d'agir : ou de suivre, si j'ai du canon, le chemin royal de Saragosse, par les bords de l'Ebre; il suffit de jeter les yeux sur la carte et de connaître la position actuelle des armées, pour prédire à l'armée d'Aragon, dans ce cas, le *sort inévitable de Baylen*, avec cette seule différence *qu'elle périrait tout entière*, sinon pour le service, au moins pour l'honneur des armes de Sa Majesté. Il est, je crois, absurde d'approfondir cette supposition. Chercher le passage sur le haut des rivières au revers des Pyrénées ? L'armée d'Aragon trouverait partout les ponts coupés, les positions défendues, la population en armes, les moulins brisés, la disette de vivres et l'affreuse nécessité d'abandonner à chaque pas ses malades; et, pendant que des corps se réuniraient pour la forcer de se rejeter sur Venasque, seul point qui lui reste encore, si toutefois il lui reste, les alliés occuperaient pleinement la Catalogne, bloqueraient nos places, et viendraient sans obstacle *envahir ou menacer notre frontière.*

» *Il m'est impossible*, en réfléchissant de plus en plus au mouvement où M. le maréchal duc de Dalmatie veut m'engager, *de croire qu'il l'ait conçu sérieusement et de bonne foi ;* il m'a fait répéter, par son aide de camp, les mêmes protestations que vous avez eu la bonté de me faire rapporter par le mien ; et *c'est dans le même moment qu'il médite mon déshonneur, et que sa haine l'aveugle* au point de *ne pas voir qu'il le ferait rejaillir sur toute l'armée que je commande.* J'ai lieu, sans doute, de m'*étonner de ces sentiments,* et Votre Excellence voudra peut-être en douter. Je ne puis, pour les expliquer, que *me reporter à l'entrevue du 3 octobre dernier à Fuente-de-la-Higuera, en présence du roi et du maréchal Jourdan* (1). M. le duc de Dalmatie, qui m'avait serré dans ses bras, ouvrit ses propositions par la demande d'une de mes divisions et d'un régiment de cavalerie, pour marcher aux Anglais, contre qui on était déjà en forces presque doubles, tandis que j'aurais dû par là abandonner la province de Valence à l'armée d'expédition de lord Maitland, débarquée à Alicante. Je ne pus m'empêcher de lui en témoigner ma surprise et *mon indignation;* et j'y joignis *des reproches sur un ordre itératif qu'il m'avait donné en 1810, comme major général du roi, de marcher sur Valence,* mouvement que j'exécutai à regret, un mois avant le siège de Lérida, et *qui m'a attiré des expressions de mécontentement de la part de l'Empereur.* La confiance avec laquelle Votre Excellence s'exprime dans quelques-unes de ses lettres m'autorise à ajouter que la seconde cause, si ce n'est la première, de cette conduite du maréchal Soult envers moi est, je le sais, dans *le chagrin qu'il éprouva,* à la même époque, *lorsque l'armée du Midi se trouva en contact avec celle d'Aragon.* Notre état de prospérité, les succès qui nous avaient toujours suivis, la bonne administration, le

---

(1) Voir Fée : *Souvenirs de la guerre d'Espagne*, p. 171. Fée place, à tort, cette entrevue à Almanza, 25 kilomètres N.-O. de Fuente-de-la-Higuera. Voir : Suchet, *Mémoires*, vol. II, p. 263.

payement de la solde et des traitements, formaient un contraste trop frappant, qui donna lieu à de nombreuses plaintes de la part de ceux qui avaient occupé trois ans la plus vaste et la plus riche province de l'Espagne sans aucun de ces avantages (1). Ces plaintes qui, je puis le dire, étaient publiques et générales, *ont donné lieu à un dépit, qu'il y a de l'injustice à reporter sur moi, mais dont le ressentiment dure encore, puisqu'il m'est impossible d'en méconnaître les traces.*

» Le service de l'Empereur, pour lequel je suis prêt à tout faire partout où Sa Majesté daignera me placer, me touche plus que les autres considérations, et je ne pousserai pas plus loin ces détails *particuliers*. Il me reste à dire à Votre Excellence que, dans ce moment, mes soins les plus pressants sont pour la place de Barcelone, dont il faut assurer la défense; je vais lui adresser un rapport là-dessus. La subsistance et la santé de l'armée ne m'occupent pas moins; mais la situation, à tous égards, est loin d'en être satisfaisante.

» J'ai prévenu Votre Excellence que je serais forcé de me rapprocher des frontières; je commence à en éprouver le besoin; je ne trouve plus de blé; des réserves de viande, ménagées pendant deux ans, finissent, et le pays n'offre aucun moyen de remplacement. Par-dessus tout cela, la santé de l'armée se trouve, pour la première fois, attaquée d'une manière presque subite; en quinze jours, plus de 1.800 soldats sont tombés malades, et je suis menacé d'en avoir un plus grand nombre. J'en attribue la cause à la grande chaleur et à l'activité de cinq mois de campagnes. Votre Excellence verra par le rapport n° 3 des médecins de l'armée,

---

(1) Voir Fée, *Souvenirs de la guerre d'Espagne*, p. 168.

que les maladies n'ont aucun caractère alarmant. Je me propose de placer mes divisions sur le Llobregat, si je puis trouver à les nourrir, et de me replier plus loin, si je ne puis faire différemment.

» Par la rapidité des maladies, je me trouve réduit à 10.000 baïonnettes, sans certitude de me maintenir. Il est vrai que j'ai cru devoir rendre à l'armée de Catalogne les troupes portées dans l'état ci-joint n° 4, s'élevant à 2.757 hommes.

» Les événements de la fin du mois dernier près Pampelune m'ôtent l'espérance de me rapprocher de l'Aragon ; mais s'ils n'eussent pas eu lieu, *l'état de faiblesse de l'armée de Catalogne me commanderait de rester dans cette province*, puisque *le général Decaen m'assure* qu'après avoir complété la garnison de Barcelone à 8.000 hommes, *il ne lui restera pas plus de dix bataillons* à pouvoir faire agir. S'il arrivait donc que l'ennemi tentât de nous rejeter sur les frontières, Votre Excellence verra que *je ne pourrais pas réunir plus de 16.000 à 17.000 hommes*, en y comprenant l'artillerie et la cavalerie. Je dois donc d'avance vous faire envisager ma position, qui sera bien pénible jusqu'en octobre, pour la santé du soldat, et bien difficile pour les subsistances, si Votre Excellence n'ordonne pas promptement que des approvisionnements en blé soient dirigés sur Gérone. »

Soult à Guerre (Saint-Jean-de-Luz, 2 septembre 1813). — «... L'aperçu que le maréchal Suchet donne des forces dont il peut disposer pour une campagne me démontre aujourd'hui que ma proposition était inacceptable et je reconnais avec peine que, de part et d'autre, il y a insuffisance de moyens pour rétablir les affaires en Espagne... si, par de prompts renforts les armées d'Espagne et d'Aragon ne sont pas mises à même de reprendre décidément l'offensive, et, si, par une *concentration de moyens,* on ne se détermine aussitôt à porter un coup décisif... Le maréchal Suchet exagère le nombre des forces ennemies qui lui sont directement opposées car, *si cela était, l'ennemi ne l'aurait pas laissé parvenir sans coup férir avec 15.000 ou 18.000 hommes jusqu'à Tarragone pour en retirer la garnison,* à moins qu'il (Suchet) ne comprenne, dans son énumération, la totalité de l'armée combinée... Il s'agit... de chercher à éloigner le théâtre de la guerre des frontières de l'Empire, en portant secours aux places d'Espagne..., investies ou assiégées... J'ai fait des tentatives pour parvenir à ce résultat; la première devait réussir; le succès m'est échappé. Je me suis livré à la seconde entreprise;... je n'avais pas une grande confiance dans son résultat et *j'ai toujours considéré comme dangereux tout projet d'opérations par la grande route qui passe à Irun, à moins qu'un autre corps ne fît une puissante diversion vers la Navarre et l'Aragon...* Il est aussi extrêmement difficile de déboucher sur Pampelune par la vallée de Roncevaux ; on ne peut plus penser non plus à vouloir porter le théâtre de la guerre au delà de l'Ebre en dirigeant les opérations par la Catalogne. Ainsi, les idées sont ramenées sur l'Aragon et la Navarre ; mais, pour cela, *il faudrait se déterminer à une concentration générale de tous ses moyens...*

» ...Je propose de *se préparer à déboucher avec 70.000 hommes* effectifs *dans le courant du mois d'octobre...* en Aragon *par Jaca* et ensuite de se diriger, soit sur la Navarre par la vallée d'Aragon, soit sur Saragosse. Cette armée serait composée par la *totalité des troupes disponibles des armées d'Aragon et de Catalogne... et par la majeure partie des troupes de l'armée d'Espagne,* lesquelles seraient remplacées par la plus forte partie des 30.000 hommes de renfort qui sont annoncés (1).

» La réunion... aurait lieu *entre Tarbes et Pau ;...* on se préparerait de suite à pouvoir emmener 100 pièces de canon de campagne, dût-on leur faire *franchir les passages difficiles en traîneaux* et faire confectionner ceux-ci à Paris, pour ensuite les envoyer en poste au point de réunion.

» Les armées de Catalogne et d'Aragon pourraient fournir... 20.000 hommes; l'armée d'Espagne fournirait... 35.000 hommes; peut-être même 40.000, suivant le nombre des conscrits qui lui seraient destinés, et 10.000 ou 15.000 recrues de la levée annoncée. Le surplus des 30.000 hommes de renfort serait donné : 10.000 ou 15.000 hommes à la partie de l'armée d'Espagne qui resterait en position en avant de Bayonne et 10.000 hommes pour aller former un corps d'observation sous Gérone...

» Je ne fais entrer dans le calcul des 70.000 hommes que l'infanterie, car la cavalerie et l'artillerie seraient en sus, ce qui porterait l'armée agissante à 80.000 hommes. Une armée ainsi composée... serait en mesure de se battre contre toutes les armées ennemies, fussent-elles réunies, et elle obtiendrait probablement l'avantage de pouvoir attaquer isolément ces armées, si son mouvement était fait *avec rapidité* et surtout si les préparatifs étaient tenus *assez secrets pour que l'ennemi ne pût les connaître...* Il serait *indispensable d'entrer en opérations avant le 15 octobre*, car, passé cette époque, les neiges et les mauvais temps de l'hiver rendront, jus-

---

(1) Si le projet de réunir les deux armées en Aragon eût été mené à bonne fin, il aurait certainement contraint Wellington à repasser l'Ebre...

» Wellington ne *cessa de surveiller activement Suchet*, car il était bien convaincu que la véritable ligne d'opérations était vers l'Aragon et la Catalogne... » (Napier.)

qu'à l'année prochaine, les passages des montagnes impraticables... Il n'y aurait pas un moment à perdre pour se préparer à l'exécution...

» S'il n'est pris promptement des mesures pour *porter le théâtre de la guerre en Espagne*, il faut s'attendre à soutenir avec désavantage une guerre défensive sur nos frontières ; et, pour les préserver d'une invasion, il faudra *beaucoup plus de monde* que n'en exigera une guerre offensive au delà des Pyrénées, où il faut à tout prix se porter incessamment pour empêcher les armées ennemies de s'accroître d'une manière effrayante comme elles le font. »

Soult à Suchet (Saint-Jean-de-Luz, 3 septembre 1813). — « J'ignorais votre situation, lorsque j'ai pris le commandement ; le ministre de la guerre n'avait, sur vos opérations, que des nouvelles très anciennes ;... j'ignorais quel nombre de troupes vous pourriez mettre en campagne après avoir pourvu à la défense des places de guerre et des postes militaires... C'est dans cette situation que je vous ai écrit les 6 et 11 août et que je vous ai fait la proposition d'un mouvement en avant de Lérida. Si j'avais été instruit, comme à présent, de ce qui se passe en Basse-Catalogne et de l'état de vos forces, je ne vous aurais pas fait cette proposition qu'aujourd'hui je reconnais être inexécutable...

» ...1° Il est positif que le mouvement sur Pampelune, que je fis dans les derniers jours de juillet, obligea Wellington à rappeler les troupes qu'il avait envoyées vers Saragosse, lesquelles étaient commandées par le général Hill ; il l'a dit lui-même dans ses rapports, et depuis il n'a point fait d'autres détachements dans cette direction. Le général Hill est aujourd'hui à Roncevaux, où il commande la droite de l'armée qui m'est opposée.

» 2° O'Donnell, qui, lors de mon mouvement, était

avec des troupes sous ses ordres dans la Navarre et formait l'investissement de Pampelune, est parti, il y a seulement cinq jours, *de sa personne*, pour se rendre à Madrid : la totalité des troupes qu'il commandait sont restées campées sur les hauteurs d'Echalar, en face d'un de mes camps... Il n'est pas douteux que... si les armées d'Aragon et d'Espagne restaient sur la défensive dans leurs positions actuelles, nous aurions de nouveaux malheurs à déplorer et nous éprouverions le désagrément de voir toutes les places assiégées tomber au pouvoir de l'ennemi.

» Ce n'est donc que *par la concentration générale de nos moyens* que nous pouvons espérer de changer le théâtre de la guerre et d'obtenir de nouveaux succès... [Le maréchal expose le projet, dont il a entrenu le ministre dans la dépêche du 2 septembre, c'est-à-dire concentration des armées d'Aragon, de Catalogne, d'Espagne entre Pau et Tarbes avant le 15 octobre et offensive par Jaca, etc.]

» Je viens de recevoir votre lettre du 28. Je vois, par l'état qu'elle renferme et par celui que le général Decaen m'a adressé, que *les forces disponibles que vous pourriez emmener*, y compris celles du général Pâris qui vous joindraient, dépasseraient *26.000 hommes*... L'armée d'Espagne pourrait en fournir de *40 à 45.000*, tout compris ; ainsi nous serions bien près de la force que j'ai indiquée. »

Suchet à Soult (Villafranca, 16 septembre 1813). — « ...Vous me proposez un plan très hardi qui, en principe de guerre et dans tout autre lieu que sur les frontières de l'Empire, pourrait présenter un espoir de succès ; mais les dangers qui l'accompagnent sont d'une telle gravité que je ne puis m'empêcher de vous l'exprimer...

» ...Bentink, qui peut disposer de 50.000 hommes, appuyés par une flotte, ne manquerait pas de suivre ma marche et pénétrerait bientôt à Narbonne, à Carcassonne, au canal du Midi, etc..., et en évitant toutes nos places fortes (1).

» ...*Le passage d'Oloron à Jaca, où vous proposez de faire passer un train de cent pièces d'artillerie, est impraticable pour toute espèce de voiture* (2) *et il n'est pas au pouvoir des hommes d'en changer la forme en travaillant avec activité pendant un an.* L'infanterie et la cavalerie éprouvent souvent de grandes difficultés dans ce passage et y sont quelquefois arrêtées deux ou trois jours par les tourmentes qui y règnent; dans tous les cas, ces deux armes peuvent seules opérer par ce point; vous pouvez en acquérir facilement la certitude sur les lieux.

Il m'en coûte de n'avoir que des objections à faire quand, sans doute, il faut agir; *mais, enfin, s'il faut adopter un plan offensif,* j'essaierai de vous en présenter un... Dès que le ministre m'autoriserait à abandonner les places de Catalogne à de faibles garnisons, à laisser la route royale et tous les débouchés sur la France sans troupes, je proposerais une nouvelle orga-

---

(1) « Suchet venait, au col d'Ordal (12, 13 septembre 1813), de donner une preuve de sa force contre Bentinck.

» Le successeur de Bentinck n'avait plus qu'un pouvoir et un rang moindres : son armée, mal payée, ne tirait ses moyens de subsistances et ses vivres que de la flotte; il était en butte à la jalousie des généraux espagnols et aucun d'eux ne lui eût prêté franchement son concours. Il n'était *aucunement en état de menacer sérieusement la France.*

» C'est une des fautes les plus extraordinaires de cette guerre, que d'avoir, dans ces circonstances si graves, et alors qu'on tenait toutes les places du pays, laissé paralyser ainsi 50.000 à 60.000 hommes des meilleures troupes françaises... » (Napier.)

(2) Voir ci-après note 3, p. 584, les documents d'*enquête*, que nous avons réunis, au sujet du chemin de Jaca à Oloron, à cette époque.

nisation des armées d'Aragon et de Catalogne... Aussitôt que je recevrais ordre de disposer de ces deux corps d'armée, qui, par cette organisation, seraient de 30.000 hommes présents, je pourrais marcher contre les Anglais, je me porterais rapidement sur Lérida avec cent pièces de canon... j'arriverais en Aragon sur le Gallego pour vous donner la main, en même temps qu'avec votre infanterie et votre cavalerie *vous déboucheriez par Jaca*. Alors commenceraient des difficultés qu'il serait possible de surmonter avec de la persévérance, car la *route de Sanguesa à Pampelune est impraticable à l'artillerie* dans l'espace de quelques lieues. Il en est encore une... c'est l'*impossibilité absolue de se procurer des vivres* sur les lieux : il faudrait de toute nécessité que le ministre assurât aux armées de Catalogne et d'Aragon au moins *deux mille bœufs* à leur départ. Je remets à Votre Excellence le rapport du général d'artillerie, qui présente l'*état du personnel et des chevaux d'artillerie qu'il serait nécessaire d'envoyer en Catalogne* pour assurer le transport des cent bouches à feu qui devraient marcher avec l'armée.

» Votre Excellence sentira que si, par notre réunion, nous parvenions à battre Wellington et à lui faire repasser l'Ebre, *alors les armées d'Aragon et de Catalogne ne pourraient pas s'étendre au delà de Saragosse, puisqu'elles auraient à revenir sur l'ennemi, à conserver de nombreuses places* et, par-dessus tout, à prévenir ou arrêter toute invasion sur le *territoire français*...

» Je conçois, qu'en prolongeant la défensive, les places attaquées sont exposées à tomber ; mais cet inconvénient peut-il être mis en balance avec celui qui résulterait de la *perte de deux armées ?* La France ne pourrait pas les remplacer dans ce moment et leur défaite ouvrirait l'Empire à nos ennemis... »

Soult au Ministre (Saint-Jean-de-Luz, 27 septembre 1813). — «... Le maréchal Suchet considère le plan d'opérations que je lui ai proposé le 4 de ce mois comme inexécutable et... il propose lui-même le premier projet que je lui ai communiqué, contre lequel il s'est fort récrié... Il oublie... qu'en combattant le premier projet il m'a expressément dit que, ne pouvant faire vivre les troupes dans la Basse-Catalogne, il se porterait sous Gérone aussitôt qu'il aurait fait entrer un nouveau convoi à Barcelone : il est probable que ce mouvement rétrograde ne présentait pas alors, pour lui, les mêmes conséquences qu'aujourd'hui. En effet, à cette époque, il paraissait persuadé que Bentinck lui opposait directement une armée de *100.000 hommes* ; elle n'était plus que de *50.000* au moment où il m'écrivait le 16 de ce mois, et mon aide de camp (Bonneval) qui l'a vue et qui a recueilli des renseignements sur sa composition, m'assure qu'elle est bien de *25.000 à 30.000*, dont 10.000 Anglais ou Siciliens ; le reste est formé par divers corps espagnols (1). Votre Excellence se rappellera que je lui ai rendu compte que l'armée espagnole du duc del Parque, qui était avec Bentinck, avait joint l'armée alliée, commandé par Wellington et que son arrivée devant Pampelune a été annoncée (2)... D'après *tous les renseignements que j'ai recueillis* et les *reconnaissances qui viennent de m'être présentées, le maréchal Suchet exagère les difficultés qu'il y a à surmonter* pour rendre la *communication d'Oloron à Jaca praticable pour l'artillerie* (3).

---

(1) Voir la situation à cette date, p. 101, 102.
(2) Exact. Voir p. 120.
(3) Le maréchal Soult avait alors à son armée Clausel et Pâris, qui venaient précisément de passer par ce chemin, sans leurs canons, mais *avec leurs troupes*, et qui pouvaient le renseigner. (Voir p. 115.)
L'auteur a trouvé d'intéressants renseignements sur la route

» ... Je vois avec un vif plaisir que le maréchal Suchet est disposé à concourir à l'exécution d'un projet offensif qui aurait pour but d'éloigner les ennemis des

en question, à cette époque, et en hiver, dans un des *carnets* de route du lieutenant-général Trézel, son arrière-grand-père. Revenu à la fin de 1809 de Perse, où il avait fait partie, comme ingénieur-géographe, de la mission Gardane (études de préparation de la marche contre les Indes), Trézel, alors capitaine, avait été attaché en qualité d'aide de camp au général Guilleminot. D'abord en mission de Strasbourg à Vienne, puis en Illyrie avec cet officier général, il l'avait accompagné en Catalogne, en 1810; il avait pris part, sous les ordres du maréchal Macdonald, commandant l'armée de Catalogne (7e corps), dont Guilleminot était le chef d'état-major, aux opérations autour de Gérone, Barcelone, Réus et Tarragone, Cardona, Lerida et à celles destinées à couvrir les sièges de Mequinenza et de Tortose, entrepris par le général Suchet à la tête de l'armée d'Aragon (3e corps). Il rentrait en France avec le général Guilleminot en février 1811.

(*Livret du 9 mai 1810 au 21 février* 1811, à l'armée de Catalogne). — Partis de Lerida le 10 février 1811 avec le général Guilleminot... Fraga... Candasnos... Bujaraloz... Pina... Saragosse... Huesca... Bolea... Rasal. Ils ont laissé à leur gauche la route carrossable de Saragosse à Jaca et ont pris par la montagne « parce que des bandes d'insurgés avaient paru dans cette ville deux ou trois jours auparavant.

» *Le 14 février.* — Partis de Rasal, mauvais village sur la rive droite de la (Garoneta ou Garonal), avant le jour et arrivés le soir à Jaca. On remonte la rive gauche de la rivière de (Gallego), presque toujours à mi-côte et entre des buissons et des arbres.

» A une heure et demie de Rasal, un petit village.

» A deux heures et demie, pont de bois peu solide. On le passe et on redescend ensuite la rivière pendant une demi-heure; après quoi on tourne à droite pour monter au village de (Javierrelatre?) plus considérable que le premier.

» Nous en trouvâmes encore un troisième une heure et demie après; c'est le plus peuplé (Ara?). On se dirige toujours sur une montagne isolée, qui s'offre perpendiculairement à la direction de la route et est la plus haute de celles qui l'entourent (Peña de Oroel, 1.760 mètres). Il y avait quelques taches de neige. Nous passâmes au pied de cette masse en la laissant à droite et commençâmes alors à descendre vers la plaine de Jaca, dont on aperçoit quelques parties; nous eûmes une descente affreuse, une demi-heure avant d'arriver au pied de cette montagne, au moment où nous trouvâmes la grande route.

On ne peut apercevoir Jaca qu'une heure avant d'y arriver, parce que cette ville est placée à droite et derrière les montagnes. La plaine de Jaca est fort jolie, fermée partout par de

frontières de l'Empire et de porter le théâtre de la guerre en Espagne : les propositions qu'il fait à ce sujet, qui sont absolument celles du premier projet que je lui ai

---

hautes montagnes et arrosée par une rivière et plusieurs gros ruisseaux; elle contient au moins douze gros villages. Sa longueur de l'est à l'ouest est de trois lieues environ et sa largeur d'une et demie. Jaca est fermée et a un fort, à 50 toises des murs, auquel on communique par une caponnière entourée d'excellentes palissades droites. Ce fort est en bon état, pentagonal, avec des ouvrages saillants à chaque angle. M. (Renouvier?) (*), chef de bataillon au 14ᵉ de ligne, gouverneur de Jaca, avait succédé à l'adjudant-commandant Lomet et venait d'achever une expédition contre les bandes de Solano et de Cantavero. Le premier était colonel de ligne; le second, un faiseur de cruches, marqué sur l'épaule pour des vols, mais qui avait été mis en liberté lors du siège de Saragosse et qui, depuis, avait rassemblé une bande et faisait la guerre pour son compte dans les montagnes frontières de la Catalogne et d'Aragon. Les deux bandes venaient d'être dispersées. Le Cantavero blessé avait eu beaucoup de peine à s'échapper à pied et sans chapeau : il s'était retiré à Tarragone. On venait de lever 1.100.000 francs sur les districts des montagnes. Nous eûmes 15 hommes d'escorte, chasseurs des montagnes, pour aller à Canfranc.

Le 15 *février*, parti de Jaca, 4 heures. — Canfranc, village d'une vingtaine de maisons régulièrement situées, sur la rive droite de l'Aragon, que l'on remonte pendant deux heures et demie par sa rive droite et ensuite sur la rive gauche, en passant un pont de pierre près d'un rocher remarquable et de trois gros ruisseaux affluents, dont les deux premiers de la rive droite et le troisième de la rive gauche. On repasse sur la rive droite en entrant à Canfranc.

Le 15, parti de suite de Canfranc; petite escorte de 6 hommes jusqu'à Urdos (1.140 âmes), premier village français. On remonte toujours l'Aragon d'abord sur la rive droite et presque toujours à mi-côte : le chemin est fort pénible et rempli d'eau par la fonte des neiges. Le col du port de Canfranc (**) est praticable toute l'année pour les mulets : on n'est arrêté que par les orages de l'hiver, mais seulement pendant le temps de la tourmente qui dure quelquefois plusieurs jours. Ce port est le

---

(*) D'après les mémoires de Suchet, p. 148, vol. 1, le chef de bataillon *Renouvier, commandant à Jaca*, avait fait, en mai 1810, 150 prisonniers dans une expédition sur Arens. Page 101, vol. 1, Suchet parle du chef de bataillon *Deshorties*, sorti de Jaca avec le bataillon des *chasseurs de l'Ariège*, vers mars 1810. Voir au sujet de Deshorties, plus haut, p. 335, note 1 et ci-après 587.

(**) La belle route actuelle, au Somport ou port d'Urdos.

soumis, me paraissent donc concilier toutes les opinions et je les adopte avec empressement en priant Votre Excellence de vouloir bien *obtenir de l'Empereur que des*

---

plus fréquenté de ceux des Pyrénées. Le col n'offre pas de grandes difficultés; ses pentes ne sont point trop abruptes : seulement, les neiges étant fort amollies par l'eau de la saison, les chevaux y enfonçaient parfois jusqu'au ventre. On trouve au sommet un vieux château ruiné. Le passage difficile ne dure qu'une heure et demie. A une demi-heure au delà du sommet, du côté de la France, on trouve une auberge; et une seconde, une grosse demi-heure plus loin; le village d'Urdos, sur la rive droite d'une rivière (gave d'Aspe), qui va à Oloron, où elle se joint au gave d'Oloron et court ensuite se perdre dans l'Océan à Bayonne (par l'Adour).

D'Urdos nous allâmes coucher à Bedous, justice de paix, 1.517 âmes. On travaille à une belle route carrossable entre Bedous et Urdos; elle doit aller jusqu'à Jaca.

Le 16 *février*, partis de Bedous. — Arrivés le soir à Pau (12 lieues) en passant par Oloron. Nous prîmes la poste à Pau.

Le 17, coucher à Bazas. Le 18, le débordement de la Garonne nous obligea de nous embarquer à Langon sur un gros bateau. En partant à 9 heures, nous arrivâmes avant 1 heure à Bordeaux; il y a quelques îles dont les courants demandent de l'attention de la part des mariniers. Le 18 février, partis de Bordeaux à 5 heures du soir, c'est-à-dire que nous étions alors de l'autre côté de la Garonne; il n'y a encore que les deux culées du pont qui soient construites.

Arrivés à Paris, le 21, à 3 heures... » (Archives de l'auteur.)

« Vers la fin d'août 1812 », écrit le colonel de Gonneville dans ses *Souvenirs*, « je fus désigné pour conduire en France un détachement d'hommes à pied de mon régiment qui allaient chercher des chevaux au dépôt de Niort... La colonne, dont mon détachement devait faire partie, fut organisée sous le commandement du général Montmarie, qui se rendait aux eaux de Barèges. Elle se composait d'à peu près 2.000 personnes. Il y avait une quantité... de VOITURES et de bêtes de somme.

» ... Nous avions une *longue file de voitures*...

» ... Le général Rey, qui commandait à Saragosse, prit 6.000 hommes... et nous escorta jusqu'à *Jaca*... Nous traversâmes une espèce de désert, parsemé de plusieurs centaines de squelettes. C'étaient des Polonais qui, un an avant, avaient succombé là en rejoignant l'armée... La plus grande partie avait péri après s'être rendue, car presque tous avaient un trou de balle dans le crâne... Je trouvai à Jaca... le chef de bataillon Deshorties, commandant la place de Jaca, et les chasseurs des Pyrénées, troupe intrépide, infatigable et qui, à elle seule, avait toujours maintenu libre le passage de la montagne... *En partant de Jaca*, on commence à monter rapidement pour passer les Pyré-

ordres soient donnés en conséquence ; le résultat en sera d'autant mieux assuré, l'effet en sera plus tôt sensible et j'aurai moins de difficultés à surmonter pour débou-

nées, très étroites en cet endroit, puisque, le même jour, *nous allâmes coucher à Oloron :* ... cela fait à peu près 18 lieues...
» Le général Rëy et son escorte nous avaient quittés la veille de notre arrivée à Jaca... »
Il résulte de ce récit que les *voitures* passaient par le col au moment de la bonne saison. Plus loin, Gonneville rapporte encore que son camarade Pompei avait mis 5.000 francs en écus dans un sac à avoine, lié d'une ficelle et jeté « *sur l'une des cent* VOITURES qui formaient le convoi, lesquelles recevaient, outre leur chargement rationnel, les hommes fatigués... »

« ... *En traversant les Pyrénées, d'Oloron à Jaca,* je rencontrai (août 1812) un convoi de VOITURES *de maîtres* et plusieurs dames de la cour... Je fis toute diligence en les quittant pour arriver à Saragosse avant la nuit, parce qu'à Jaca le commandant de cette place m'avait annoncé qu'une bande de brigands faisait, depuis huit jours, de nombreuses patrouilles sur cette route. A 2 lieues de Saragosse, dix hommes à cheval me poursuivirent presque jusqu'à l'entrée de la ville... Nous avions de mauvais chevaux et point de cartouches pour charger nos pistolets... » (*Mémoires du général Bigarré,* aide de camp du roi Joseph.)

Le *livre des postes d'Espagne,* de 1810 (Picquet et Espinalt y Garcia) et la carte qui l'accompagne indiquent cette route de Saragosse à Oloron comme route de poste *non montée,* c'est-à-dire que les relais n'y avaient pas de chevaux de poste; mais que les magistrats y étaient tenus de fournir, dans les conditions de l'entreprise, les chevaux nécessaires aux voyageurs, en payant aux propriétaires les droits de poste. Les relais indiqués étaient ceux de Saragosse, Zuera, Gurea, Ayerbe, Anzanigo, Bermues, Jaca, Canfranc, Urdos, Bedous, Oloron.

« Le gave d'Oloron, qui crée la vallée d'Aspe, pleine de villages et de cultures, a livré passage, dès l'époque romaine, à la voie qui desservait Saragosse. Lors des invasions arabes, cette route était constamment pratiquée. » (M. l'ingénieur Decomble.)

« En général, dans les Pyrénées centrales, dès qu'un col atteint l'altitude de 1.500 mètres, on peut compter, à ses abords, sur 2 à 3 mètres d'épaisseur de neige pendant l'hiver; le passage y est interrompu pendant trois mois. A 1.900 mètres, l'épaisseur augmente et le passage régulier du col est coupé pendant cinq ou six mois. » (M. l'ingénieur Decomble.)

Le col de Somport est à l'altitude de 1.632 mètres.

« Sur les routes inachevées à travers les Pyrénées centrales, on pourrait, avec des bœufs ou des mulets, se servir de véhicules ayant l'essieu de devant monté sur deux roues basses, tandis que l'essieu de derrière repose sur deux patins de traîneau

cher par Jaca. Ensuite, lorsque nous aurons obligé Wellington... à repasser l'Ebre, il sera tout naturel que le maréchal Suchet retourne à ses opérations, suivant le concert qui sera établi entre lui et moi...

» ...Il est très vraisemblable que la place de Pampelune sera sauvée, si le projet dont il s'agit est immédiatement entrepris...

» ...D'après le rapport que M. le général Valée a fait au maréchal Suchet le 19 de ce mois, je vois que, dans les places de la Catalogne, il y a tout le matériel d'artillerie que l'on peut désirer, même en caissons, pour un équipage de cent pièces de canon avec un approvisionnement et demi ; cela est un très grand avantage dont nous profiterions lorsque les deux armées seraient réunies sur l'Ebre... Malgé les observations du maréchal Suchet, *j'espère faire passer par le col de Jaca une partie des canons de l'armée ;* d'ailleurs, lorsque nous serons réunis, on pourrait toujours envoyer chercher, à Lérida, Mequinenza, et même Tortose, les canons qui manqueraient. Ainsi chaque armée garderait ses moyens en artillerie ; car il serait imprudent, dans la situation où je me trouve, pouvant être attaqué à tout instant, de faire un pareil détachement... Je ne serais pas d'avis que j'envoie en Catalogne le personnel d'artillerie et les 1.400 chevaux du train que le maréchal Suchet voudrait avoir d'augmentation...

» Voilà donc à la disposition du maréchal Suchet tous les moyens qu'il demande pour former le corps actif qui serait directement sous ses ordres et dont la force s'élèverait au moins à 30.000 hommes :... ce corps aurait la faculté de battre toutes les troupes ennemies qui

---

aux nœuds de hêtre. C'est ainsi que, dans les Alpes d'Allevard, on descend jusqu'aux routes charretières des chargements de 1.200 kilogrammes de minerais de fer; quand on rejoint la route charretière les deux petites roues de derrière sont remises en place. » (M. l'ingénieur Vaussenat.)

sont en Basse-Catalogne et de forcer Bentinck à se rembarquer ou à repasser l'Ebre ; ensuite le maréchal Suchet se porterait sur le Gallego, où notre jonction s'opérerait... Je ferais en sorte d'amener 45.000 hommes tout compris, ce qui porterait l'armée d'opérations sur le Gallego à 75.000 hommes, laquelle pourrait... pousser jusqu'à Sanguesa et Tudela, mouvement qui obligerait Wellington à quitter la Navarre et à se porter sur l'Ebre. Dès lors le corps d'observation de 20.000 hommes que j'aurais laissé pour garder la ligne en avant de Bayonne, et qui se serait réuni à Saint-Jean-Pied-de-Port, se porterait en avant et se dirigerait, par le col de Roncevaux, soit sur Pampelune, soit sur Aoiz et Urroz pour s'appuyer à la droite de l'armée d'opérations qui serait à Sanguesa. Je ne pense pas que ce mouvement laissât rien d'incertain et qu'il y eût quelque point de la droite de compromis ; car il est probable que l'ennemi retirerait en toute hâte la plupart des forces qu'il a en Guipuscoa, Biscaye et Navarre. A cette époque, les ouvrages de défense, que je fais établir, seront assez avancés pour être livrés à eux-mêmes et pour nuire beaucoup à un corps ennemi qui voudrait forcer la ligne... Il est très important que les intentions de l'Empereur nous soient connues le plus tôt qu'il sera possible... avant que les places soient à la dernière extrémité et avant que la mauvaise saison ait fermé la campagne.

»... J'ai déjà dit que je pensais que Bentinck n'avait pas plus de 25.000 à 30.000 hommes *depuis que del Parque a rejoint Wellington* (1); ainsi le maréchal Suchet

---

(1) Voir les situations, p. 101, 102. — Clinton, 10.784, le 25 septembre 1813; — Copons, 18.368 au 1er janvier 1814; — Elio, 26.835 au 19 septembre 1813. Total : environ 56.000 hommes. Sur ce nombre, 22.000 hommes environ étaient, au 1er janvier, employés au blocus des places : il restait à peu près 34.000 hommes (dont 23.000 Espagnols sans consistance), en ligne pour les opérations contre le maréchal Suchet.

lui étant supérieur en nombre et en valeur, n'aura pas de grandes difficultés à surmonter pour atteindre son but... L'armée de Wellington, qui m'est opposée, est un peu plus respectable ; l'état de composition et d'emplacements de cette armée... le 20 de ce mois, élève sa force à 98.813 hommes d'infanterie présents ; il paraît que, *depuis cette époque*, elle a reçu un renfort venant directement d'Angleterre et que les trois divisions du duc del Parque l'ont jointe. Ainsi l'on peut, sans exagération, porter à 120.000 hommes d'*infanterie* la force de cette armée (1). Je n'ai pu encore me procurer un état exact de la cavalerie ; d'après tous mes renseignements, elle doit être de plus de 15.000 Anglais, Portugais et Espagnols, indépendamment de ce qui est en Basse-Catalogne. J'accorde 5.000 hommes pour les troupes d'artillerie, du génie et détachement quelconque, de sorte que Wellington a effectivement, en ce moment, avec lui, devant l'armée que je commande, 140.000 hommes tout compris. Avec ces moyens, il est à craindre qu'il ne soit tenté de faire une invasion en France.

Soult à Suchet (Saint-Jean-de-Luz, 29 septembre 1813). — « ...J'adopte entièrement vos idées sur l'ensemble des dispositions... de votre lettre du 16... ; j'ai déjà écrit en conséquence au ministre de la guerre : aussitôt que sa réponse me sera parvenue, j'aurai l'honneur de vous écrire plus en détail à ce sujet... ; les modifica-

---

(1) Voir, p. 100, la situation que nous avons relevée pour le 8 septembre. Elle indique 69.210 Anglo-Portugais sous les armes (effectif 88.625) et environ 46.000 Espagnols ; soit au total 115.000 hommes *présents*. L'armée de del Parque compte 18.308 hommes en décembre ; elle est comprise dans les 46.000 Espagnols ci-dessus.

Si on envisage les chiffres de l'*effectif total*, au lieu de celui des *présents sous les armes*, on arrive à 135.000 hommes, soit à peu près le nombre calculé par le maréchal Soult.

tions qu'il y aura ne changeront rien à l'objet principal de part ni d'autre... »

Soult à Suchet (Bayonne, 4 octobre 1813). — « ... Vous remarquerez que j'adopte entièrement vos vues sur le projet d'opérations proposé et que je me prépare à l'exécution, afin d'être prêt, lorsque le ministre de la guerre m'aura fait connaître les intentions de l'Empereur. Le ministre m'a fait part qu'il vous avait écrit sur le même objet et que nous devions attendre la décision de Sa Majesté...

» Vous devez être instruit du nombre de conscrits, sur la levée de 30.000 hommes, qui, d'après la répartition du ministre, doit vous revenir. Cette levée s'opère rapidement; l'espèce d'hommes en est belle; j'espère qu'elle sera entièrement remplie avant un mois...

» ... J'ai l'honneur de vous prier de *me faire part quelquefois de ce qui se passe de vos côtés.* »

Suchet à Soult (Barcelone, 13 octobre 1813. — « ... Au nombre des difficultés dont j'ai présenté l'énumération, je dois joindre celle qu'entraîne la perte du poste de *Fraga*, que l'ennemi occupe aujourd'hui : *120 hommes*, que j'y avais placés, ont été attaqués par les troupes venues de l'Aragon et de la Catalogne ; ils ont dû l'évacuer pour ne pas être enlevés... Je regrette cette position, qui *était très importante* pour le passage de la Cinca, rivière dangereuse..

» Je vous remets le tableau d'organisation projeté des armées d'Aragon et de Catalogne. Vous y remarquerez l'emploi que je fais des conscrits annoncés par le ministre, et dont je prie V. E. de presser l'arrivée sur l'armée. Ce n'est que par ce moyen que je puis porter à 30.000 hommes les troupes agissantes ...»

[En résumé, le projet indique la formation de l'armée

d'Aragon en quatre divisions dont une italienne, sous le commandement des généraux Meunier, Harispe, Habert, Severoli, et deux brigades de cavalerie Delort et Meyer, à l'effectif de 18.497 hommes et 2.412 chevaux. L'armée de Catalogne forme deux divisions sous les généraux Maurice-Mathieu et Lamarque, avec une brigade de cavalerie, à l'effectif de 14.091 hommes et 876 chevaux ; soit au total : 32.588 hommes et 3.288 chevaux (en y comprenant 3.000 à 4.000 hommes devant être ramenés de l'armée d'Espagne et des Pyrénées par le général Pâris). Le maréchal Suchet prévoit en outre la constitution des garnisons : de Barcelone, à 3.950 hommes ; d'Hostalrich, à 300 ; de Gérone, à 2.165 ; de Figuères, à 2.779 ; et de 2.103 hommes pour les communications. Au total, 13.747 hommes ; et au *total général*, 46.335.]

Soult à Suchet (Saint-Jean-Pied-de-Port, 14 octobre 1813). — « ... Je vous serai très reconnaissant si vous avez la complaisance de me faire donner le *relevé des corps ennemis qui sont devant vous*. Incessamment, je vous enverrai l'état, par corps, de l'armée ennemie qui m'est opposée ; il me paraît utile que vous et moi nous ayons ces états pour fixer nos idées sur les changements qui pourraient survenir dans ces armées... »

Suchet à Soult (Barcelone, 20 octobre 1813). — « ... Je puis vous apprendre que le corps de Bentinck se compose de 15.000 hommes *vêtus de rouge*, de 7.000 Espagnols organisés et payés par les Anglais, des 1er et 2e corps espagnols aux ordres des généraux Copons et Elio ; ensemble 32.000 hommes. L'Empecinado et Longa sont devant Tortose avec 8.000 hommes. Le bruit se répand que le général Morillo vient avec 10.000 hommes pour remplacer le général Copons, qui est nommé gouverneur de Madrid...

» L'armement et l'approvisionnement de Barcelone sont terminés... Je regrette seulement de songer que je serai obligé d'y laisser 8.000 hommes de bonnes troupes dans le cas où il faudrait s'en éloigner... »

Soult à Suchet (Saint-Jean-de-Luz, 26 octobre 1813). — « ... J'ai l'honneur de vous adresser l'état de situation et d'emplacement de l'armée ennemie qui m'est opposée : vous pouvez considérer cet état comme très exact et que la force des corps est plutôt réduite qu'augmentée : toutes les non-valeurs ont été distraites... ; je désirerais qu'il vous fût possible de faire dresser un pareil état de l'armée ennemie qui vous est opposée et que vous eussiez la complaisance de me l'adresser. J'ai reçu aujourd'hui votre lettre... du 20. Vous remarquerez, sur l'état de l'armée ennemie que je vous envoie, que *la division de l'Empecinado n'a pas bougé de la Navarre* : elle doit même se mettre en marche pour se porter en ligne avec les autres divisions du duc del Parque...; *la division Morillo est à Orbaïceta*, d'où elle fournit aux avant-postes *devant Saint-Jean-Pied-de-Port* ; *Longa* est sur l'un des contreforts de *la montagne de la Rhune devant moi*. Nous recevons tous les jours des déserteurs de ces dernières divisions. Je puis donc vous assurer qu'aucune de ces troupes n'a été dirigée vers la Basse-Catalogne et que l'on pense moins à en envoyer sur ce point qu'à renforcer l'armée de Wellington... Je ne puis que vous affirmer dans les dispositions préparatoires pour *l'exécution du plan d'opérations projeté*. Je suis persuadé qu'il aura lieu... »

Suchet à Soult (Barcelone, 28 octobre 1813). — « ... Je regrette vivement de ne pouvoir disposer de 40.000 hommes pour marcher tout de suite : *ce mouvement de manœuvre aurait un succès infaillible et obli-*

gerait bientôt Wellington à quitter la portion de notre territoire, où il s'est établi... »

Suchet à Soult (Barcelone, 4 novembre 1813). — « ... J'ai reçu... l'état des armées qui vous sont opposées; je pense que quelques corps espagnols, qui y sont portés, doivent être fort en arrière, particulièrement le corps de Duran qui est employé à faire le siège de Morella, sur les frontières d'Aragon et de Valence. Je vous communiquerai, par le premier courrier, la composition des armées qui opèrent contre la mienne... »

Ministre à Suchet (27 novembre 1813).

[Voir cette *importante* dépêche à la note de la page 118; on remarquera que *l'Empereur indique à Suchet le mouvement sur Lérida et Saragosse, précisément réclamé par Soult le 8 août,* dépêche d'Ascain, plus haut.]

Suchet à Soult (Gérone, 13 décembre 1813). — « ...Je me trouve singulièrement réduit dans le nombre de mes troupes ; je perds à la fois 2.500 Italiens, 2.500 hommes pour les cadres des 6es bataillons, 1.000 gendarmes d'élite, et près de 3.000 Allemands. Les conscrits ne sont pas prêts à remplacer de pareilles troupes... »

Soult au Ministre (Peyrehorade, 9 février 1814). — « La personne de confiance qui se rend auprès du Ministre de la police générale... m'a dit qu'on préparait en Angleterre une *forte expédition, qui doit être dirigée sur les côtes de la 12e division militaire* (1); le ci-

---

(1) L'amiral Penrose, avec un vaisseau de 74 et deux frégates, n'arriva que le 27 mars à l'embouchure de la Gironde; et Wellington se plaignit de son retard.

devant duc de Berry doit venir avec elle... La même personne de confiance m'a aussi confirmé que les troupes anglaises qui étaient en Catalogne sont en marche pour venir joindre l'armée de Wellington, ainsi qu'une partie des troupes espagnoles, et que le projet des ennemis est de réunir tous leurs moyens disponibles sur moi... Suivant la même personne, *les ennemis n'ont pas le projet d'attaquer en Catalogne :* ils se bornent à y faire des démonstrations, bien persuadés que leurs progrès, dans la partie où je suis, obligeront tôt ou tard le maréchal Suchet à évacuer la Catalogne... Dans les circonstances où nous sommes, il n'y a point à hésiter : *il faut que la Catalogne soit évacuée* et que toutes les troupes disponibles qu'il y a, infanterie, cavalerie et artillerie, me soient envoyées à marches forcées, après qu'on aura pourvu par de bonnes garnisons à la défense des places... près desquelles il ne restera qu'un simple corps d'observation pour rallier les gardes nationales qui, avec ce corps, seront chargées de garder la frontière. Je vous prie de rendre compte à l'Empereur du contenu de ma lettre et de me faire parvenir le plus tôt possible des ordres en conséquence, en m'instruisant de ceux qui seront donnés au maréchal Suchet... »

Ministre à Soult (13 février 1814). — « ...Le contenu de votre dépêche du 9 est d'une telle importance que je ne puis douter que l'Empereur, au milieu des opérations actives qui exigent tous ses moyens, n'y donne une attention extrême.

» ...Le maréchal Suchet a déjà exécuté en partie les dispositions proposées dans votre lettre : c'est-à-dire qu'il s'est rapproché de la frontière après avoir laissé dans Barcelone une garnison de 7.000 à 8.000 hommes;... mais je dois vous informer également que, soit par le départ des troupes détachées de l'armée de

Catalogne et dirigées sur Lyon, soit par la force des garnisons qu'il a laissées dans les places qu'il a quittées, *le maréchal Suchet se trouve réduit à n'avoir que 12.900 hommes de disponibles* qui ne peuvent guère plus être considérés que comme *un corps d'observation, tel que le demande la sûreté de la frontière.* Le maréchal Suchet se trouve en outre, *par suite des négociations entamées* pour le renvoi du prince Ferdinand, engagé dans l'exécution de diverses dispositions dont il ne peut abandonner la conduite que *d'après de nouvelles instructions de Sa Majesté.* Toutes ces causes réunies présentent des obstacles au moins momentanés au plan, d'ailleurs très bien entendu, que Votre Excellence propose, et *je ne vois qu'une prompte décision de l'Empereur qui puisse résoudre tant de difficultés...* J'ai eu soin d'écrire au ministre de la marine sur la nécessité d'armer au plus tôt une flottille pour la défense de la Gironde. »

Suchet à Soult (Gérone, 13 février 1814). — L'avis que l'on vous donne du départ de l'armée anglo-sicilienne est au moins prématuré... Je vois que.. vous n'êtes pas instruit de la force de l'armée que je commande. Après avoir vu s'éloigner successivement de l'armée 10.000 hommes à la fin de l'année dernière, j'ai dû faire partir 10.000 hommes en poste sur Lyon avec les deux tiers de ma cavalerie ; contraint par cette diminution de forces de me rapprocher des Pyrénées, j'ai dû laisser, d'après les ordres de l'Empereur, 8.000 hommes de garnison à Barcelone (1), et, depuis le 2 de ce

---

(1) *Ministre à Suchet* (11 février 1814). — « ... L'Empereur m'ordonne de vous faire connaître qu'il vous laisse *carte blanche relativement à Barcelone,* dont vous pourrez garder ce qui vous conviendra pourvu que rien n'empêche ou ne retarde l'arrivée à Lyon des troupes qui vous ont été demandées... *Faites ce que*

mois, je ne communique plus avec cette place que par émissaires. *Il ne me reste donc environ de disponibles que 10.000 à 11.000 hommes d'infanterie et 700 chevaux. S'il arrivait* que l'Empereur adoptât le plan que vous avez proposé, je ne prévois pas qu'après avoir fourni les garnisons de Roses, Figuères, Perpignan, qui exigent 6.000 hommes, Port-Vendres, etc., il fût possible de *disposer de 2.000 à 3.000 hommes* (1) pour arrêter l'ennemi, qui deviendra sûrement plus entreprenant dès l'instant que Wellington, ayant attiré tous les Anglais à lui, aura cédé aux instances des Espagnols qui, depuis longtemps, demandent à agir seuls sur un point de nos frontières.

Du reste, je dois vous l'avouer, si dans les circonstances importantes où nous nous trouvons j'entrevoyais la possibilité de laisser sans danger les frontières des Pyrénées-Orientales à découvert et de disposer d'un corps de troupes après avoir pourvu aux garnisons des places de la Catalogne et du Roussillon, *je conjurerais l'Empereur de me permettre de lui porter en poste le peu de troupes qui me restent, pour combattre sous ses yeux et le servir plus efficacement au sein de la France* en

---

vous voudrez; mais, sur toutes choses, que les troupes arrivent à Lyon... »

Cette dépêche parvenait trop tard au maréchal Suchet; la garnison de Barcelone était déjà constituée à 8.000 hommes, et l'armée avait, en reculant, laissé la place à elle-même.

(1) Se reporter à la note (1) de la page 559, qui donne le détail et les dates des détachements fournis par le maréchal Suchet. Il estime dans cette dépêche (13 février) qu'il ne lui reste plus que 10.000 à 11.000 hommes d'infanterie disponibles et 700 chevaux, et qu'après avoir fourni aux garnisons restant à former il n'aura plus que 2.000 ou 3.000 hommes. Cependant, nous le voyons envoyer, le 8 mars, 9.661 hommes à l'armée de Lyon et déclarer alors qu'il lui reste encore 11.327 combattants présents disponibles, après avoir évacué et fait sauter quelques postes fortifiés : Palamos, Besalu, Olot, Bascara, et démantelé Gérone (3.000 hommes de garnison environ).

aidant à *délivrer le territoire envahi* par les armées des puissances coalisées (1).

Ministre à Suchet (1ᵉʳ mars 1814). — « ...L'état des choses vous autorise à *vous tracer à vous-même votre système d'opérations;* à user de toutes les ressources, qui vous restent, de la manière qui vous paraîtra la plus utile au service de Sa Majesté.

» Je pense donc qu'avec les faibles ressources qui vous restent le seul parti à prendre est de *concentrer vos forces et de tenir la campagne sans disséminer dans les places, à l'exception de celles qui sont indispensables à garder, des troupes qui seraient perdues pour les opérations* et qui n'arrêteraient pas l'ennemi... »

Ministre à Suchet (15 mars 1814). — « ...Il me paraît très important qu'en de telles circonstances *vous combiniez de plus en plus vos opérations avec celles du maréchal Soult* et que vous vous prêtiez l'*appui mutuel* qu'exigent des circonstances aussi critiques... »

Suchet à Soult (Perpignan, 27 mars 1814). — ...Vous m'annoncez que vous portez votre armée à Toulouse. Cette disposition, qui découvre entièrement ma droite, semblerait me commander de repasser promptement les Pyrénées et de me porter sur Narbonne...*Réduit à 12 bataillons et 6 escadrons*, je me tiens réuni au-dessus de Figuères pour contenir l'ennemi, favoriser des évacuations de munitions et donner le temps de s'achever à une *négociation pour la rentrée de nos garnisons et la remise de nos places*. Si la force des événements

---

(1) A cette date, l'armée de Wellington était sur la Joyeuse et l'Adour : elle assiégeait Bayonne; Napoléon remportait les victoires de Champaubert, Montmirail, Château-Thierry, Vauchamps.

n'eût pas retardé l'exécution de cette dernière mesure, les démarches des Cortès et des Anglais auraient été déjouées et déjà ces troupes seraient en ligne. Le retour du roi Ferdinand doit faire renaître nos espérances; mais il faut du temps et je crains que les événements ne se pressent trop pour pouvoir conclure avec succès... »

Soult à Suchet (Toulouse, 29 mars 1814). — « ......la remise que vous avez faite du roi Ferdinand aux Espagnols. Il est à espérer que cet événement contribuera à changer l'état des affaires dans tout le Midi de l'Empire; il est seulement *fâcheux qu'il n'ait pas eu lieu quelques mois plus tôt*. Je ne doute pas de l'effet qu'a dû produire la présence du roi sur les Espagnols qui vous sont opposés; mais je ne sais si ceux qui sont avec Wellington seront aussi dociles; du moins, il exerce sur eux une grande influence, quoiqu'il n'en fasse aucun cas; mais *obtenez la rentrée de nos garnisons*, ainsi que celle de nos prisonniers qui sont en Espagne, et *vous aurez rendu un très grand service*... »

Soult à Suchet (Toulouse, 3 avril 1814). — « ...Si vous n'aviez rien à craindre du côté de l'Espagne et que vous eussiez la possibilité de renforcer le général Laffitte dans le département de l'Ariège; si même vous pensiez pouvoir *vous y porter en personne avec la totalité de vos troupes disponibles*, cette diversion serait du plus grand effet, *surtout si vous poussiez votre tête de colonne vers Saint-Martory et Saint-Gaudens, Saint-Girons*.

» Il est même probable qu'elle me mettrait à même de reprendre l'offensive, car elle coïnciderait avec celle que produira infailliblement l'*armée de la Garonne*, qui doit se réunir à Libourne... Le bruit circule parmi les ennemis qu'ils ont le projet de marcher sur Lyon. Si cela était, il deviendrait *indispensable que nos opérations fussent concertées* et, en conséquence, je vous prierai de me faire part de vos projets (1). »

Soult à Suchet (Toulouse, 5 avril 1814). — «... Je désire bien connaître les dispositions que vous jugerez convenable de faire d'après la proposition contenue dans ma lettre du 3; c'est *l'instant d'agir* et je pense que nous pouvons obtenir de très grands avantages, s'il y a du concert dans nos opérations... »

Suchet à Soult (6 avril 1814). — «... La situation des affaires en Espagne *ne me permet pas de m'éloigner des frontières*. Les Anglais et les Espagnols réunissent toutes leurs forces en Catalogne.

» Barcelone est serrée de très près par 18.000 hommes; je suis informé que le régiment de Dillon anglais a été tiré de Carthagène et a été débarqué à Tarragone. *La garnison de Peñiscola est réduite à 70 ou 80 hommes...* 6.000 hommes bloquent Sagonte (Murviedro); Tortose, dont les besoins deviennent très pressants, est attaqué par la 2ᵉ armée en entier, forte de 10.000 hommes et 300 chevaux. Le général Copons y Nava a sous ses ordres *15.000 à 18.000 hommes, avec lesquels il menace de faire une invasion.*

» J'occupe les bords du Ter et je contiens ainsi, par mes garnisons et ma position sur les Pyrénées, des forces considérables; cependant, dès que j'eus avis du mouvement que les Anglais ont fait dans l'Ariège, je m'empressai de faire rapprocher de Perpignan une por-

---

(1) « Le maréchal Suchet reçut, dans la nuit du 4 au 5 avril, une lettre du 3 par laquelle le maréchal Soult *revenait à l'idée d'une coopération* que PRÉCÉDEMMENT IL AVAIT PARU NE PAS DÉSIRER » (sic). (Mémoires de Suchet.)

tion des faibles troupes qui me restent; je fis mettre Narbonne en état de défense et je chargeai le général Pouget, à Carcassonne, de *pousser 150 chevaux* pour s'éclairer dans l'Ariège et communiquer avec Toulouse...; mais les circonstances ne peuvent me permettre de me porter sur la Haute-Garonne *sans exposer le reste du Midi de la France* et renoncer au fruit de la négociation entamée pour la rentrée de nos garnisons et la remise des places... *Les troupes que j'y ai laissées sont pour la moitié composées de conscrits...* Si les Anglais exécutent le mouvement qu'ils annoncent sur Lyon, je n'aurai d'autre parti à prendre que de réunir le petit nombre de nos bataillons sur Narbonne, d'y tenir le plus possible et de me retirer sur Béziers, que je fais mettre aussi en état de défense, et enfin sur Montpellier, *couvrant ainsi tous les départements du Midi qui ne sont pas envahis et donnant la main à l'armée de Lyon.*

» Il y a trois marches de Figuères à Perpignan, deux de cette ville à Narbonne et autant pour se rendre à Carcassonne. Vous jugerez, par cette distance à franchir, *combien serait peu important le mouvement que je pourrais faire sur ce point avec les forces, je puis dire insignifiantes que je commande... Tous les jours plus réduit par la formation de nouvelles garnisons, je ne commande plus qu'une division.* Je suis forcé de laisser 3.000 hommes à Figuères et je dois songer à Perpignan... »

Soult à Suchet (Toulouse, 7 avril 1814). — « ...Cet officier... vous dira... les motifs qui me font désirer, malgré les observations que vous avez bien voulu me soumettre, que *vous fassiez une diversion vers la haute Garonne*, soit *effectivement*, soit *par démonstrations*. Je suis déterminé à livrer bataille aux ennemis près de Toulouse, quelle que soit la supériorité de leurs forces...... Si malheureusement j'étais forcé à la quitter, les mouvements que je ferais devraient naturellement me rapprocher de vous. Dans ce cas, *vous ne pouvez pas vous soutenir à Perpignan*, car l'armée ennemie suivrait inévitablement la direction que j'aurais prise. Il est donc de l'intérêt du service, *même par rapport à votre situation, que vous fassiez une diversion vers la haute Garonne par la ligne la plus courte.* L'effet qu'elle produira sera proportionné aux moyens que vous y emploierez... »

Soult à Suchet (Toulouse, 11 avril 1814). — «... Je suis dans la nécessité de me retirer de Toulouse ;... demain je prendrai position à Villefranche... et, après-demain, je me dirigerai sur Castelnaudary. Si je puis m'y arrêter, je le ferai ; dans le cas contraire, j'irai prendre position sur l'Aude à Carcassonne pour vous donner le temps de prendre vos dispositions. J'ai eu l'honneur de vous proposer une diversion sur la haute Garonne ; la circonstance est venue où il n'est plus possible de différer pour prendre un parti, sinon nous allons nous trouver forcément réunis sur la Méditerranée du côté de Béziers. Cela peut encore s'éviter ; mais nous ne pourrons y parvenir que par *la prompte réunion de la totalité de vos troupes à celles de l'armée que je commande*, après que vous aurez pourvu à la sûreté des places. *Je vous en fais expressément la proposition* et je vous prie de me faire connaître de suite la détermination que vous prendrez (1).

» *Si vous vous décidez à combiner nos opérations*, il vous paraîtra sans doute convenable de vous diriger immédiatement avec la totalité de vos forces sur Quillan,

---

(1) « Le maréchal Soult fit, *pour la première fois* (sic), au maréchal Suchet une proposition formelle, celle de réunir la totalité de ses troupes... », etc. (*Mémoires de Suchet.*)

d'où vous pourrez venir opérer notre réunion à Carcassonne et nous nous reporterions aussitôt en avant par l'Ariège pour aller établir le théâtre de la guerre dans la haute Garonne en nous appuyant des Pyrénées. Ce mouvement serait décisif. Je ne doute pas qu'en sauvant tout le Midi de la France il ne forçât les ennemis à rappeler toutes les troupes qu'ils ont engagées sur les deux rives de la Garonne. Ainsi le général Decaen serait à même de reprendre Bordeaux et il pourrait bientôt faire une diversion en notre faveur... »

Suchet à Soult (Perpignan, 12 avril 1814). — « ... Vous avez été étrangement trompé sur la route qui conduit de Perpignan à Quillan, puisqu'à peine des mulets peuvent y passer et que je serais forcé d'opérer dans un mauvais pays sans artillerie, ni équipages ; en second lieu, comment nous porter en avant par l'Ariège et rétablir le théâtre de la guerre sur la haute Garonne, tandis que la difficulté des routes y est telle que le général Hill a manqué y perdre son artillerie pour s'y être engagé ? De quel appui pourraient être pour nous les Pyrénées, que les Espagnols vont franchir en forces ? Enfin, d'où tirerions-nous nos munitions et nos vivres et quelles communications garderions-nous avec l'intérieur de la France, lorsque nous aurions quitté la grande route de Montpellier, par laquelle l'ennemi jetterait des partis pour se lier avec les Autrichiens. Je suis loin de croire, comme vous, que ce mouvement sauverait le Midi de la France et forcerait l'ennemi à retirer toutes les troupes qu'il a engagées sur la Garonne ; je crois au contraire qu'il *achèverait la désorganisation et la ruine du peu de troupes qui nous restent...* Vous m'avez constamment marqué que la supériorité de l'ennemi en infanterie est comme 3 est à 1 ; et, en cavalerie, comme 14 est à 2. Certes, *une telle supériorité nous commande assez d'a-*

dopter *un système défensif* qui nous permette de conserver des munitions et de faire arriver des vivres.

» Je sens *tous les inconvénients de l'agglomération de deux corps* sur une même route et je regarderais comme bien avantageux que vous puissiez adopter, pour l'armée que vous commandez, la route qui conduit de Carcassonne à Saint-Pons, tandis que j'occuperais Béziers, que je fais fortifier...

» ... Je me rends demain à Narbonne : je compte y avoir 3.000 hommes le 14 et, dans la nuit, le reste de mon infanterie... J'espère, le 15, avoir retiré d'Espagne et du Roussillon toutes mes petites forces... »

Soult à Suchet (Castelnaudary, 14 avril 1814). — «... Je regrette bien vivement *que vous n'ayez pas jugé à propos de combiner nos opérations* ; je crois que vous êtes dans l'erreur au sujet des routes, ainsi que sur l'effet que produirait un grand mouvement sur la haute Garonne ; mais, à moi seul, je ne puis l'entreprendre et *je dois me soumettre à votre refus, quoique j'en déplore les conséquences : plus tard vous le reconnaîtrez.* La position de Castelnaudary n'est point défensive : j'espère que celle de Carcassonne sera meilleure. J'irai donc l'occuper et la tiendrai autant qu'il y aura possibilité. Si je suis forcé de la quitter, j'opérerai mon mouvement directement sur Béziers ; ensuite je me réglerai suivant les mouvements de l'ennemi et je ferai de mon mieux, *puisque vous ne voulez pas me seconder.*

» La route de Carcassonne à Saint-Pons, que vous me proposez, n'est pas une ligne d'opérations pour une armée ; car on ne peut sortir de Saint-Pons que pour aller à Castres ou à Béziers. Ce pays m'est particulièrement connu. Du reste, je vous prie de croire que je ferai en sorte que vous ne soyez pas longtemps gêné par notre présence ; mais, dans ce cas, ne doutez pas que *vous même provoquerez dans peu de jours le concert d'opérations qu'aujourd'hui vous rejetez, desquelles je voudrais vous voir exclusivement chargé.* »

Suchet à Soult (Narbonne, 29 avril 1814). — « Le chef d'escadron Kerboux, adjoint du ministre de la guerre, vient d'arriver à mon quartier général et m'a remis l'arrêté de Son Altesse Royale Monsieur, lieutenant-général du royaume, qui ordonne que *les armées des Pyrénées et de Catalogne soient réunies sous le nom d'armée du Midi et soient mises sous mon commandement.*

» Par le même arrêté vous êtes *invité à vous* rendre à Paris... »

TABLE DES MATIÈRES

	Pages.
Préface.	5
Introduction.	29
a. *Armée française* (infanterie; artillerie. — Tactique, armement, munitions, tir et feux).	29
b. *Armée anglaise* (infanterie; tactique, feux, tir, etc.).	60
c. *Effectifs et organisation des armées*.	67
I. *La situation sur la frontière des Pyrénées après la bataille de Vitoria (21 juin 1813)*.	107

    Le maréchal Soult est nommé au commandement de l'*armée d'Espagne* (1ᵉʳ juillet). — Les quatre armées constitutives de l'armée d'Espagne : *armées du Midi, du Centre, de Portugal, du Nord*. Leur situation après la défaite; garnison de Pampelune; retraite vers la frontière française; siège de Pampelune par les alliés.
    Opérations du général Foy, détaché de l'armée de Portugal en Biscaye; la division Maucune et les convois de Vitoria; combats de Mondrago (22 juin); ralliement des garnisons et détachements de Biscaye; combats de Villafranca (24 juin) et de Tolosa (25 juin); garnisons de Saint-Sébastien et de Santoña; passage de la Bidassoa; réunion à l'armée de Portugal. Investissement de Saint-Sébastien par le général Graham. Blocus de Santoña par les Espagnols.
    Opérations du général Clausel, détaché en Aragon avec l'armée du Nord et deux divisions de l'armée de Portugal. Marche sur Salvatierra. Poursuite par la masse principale des forces alliées; leur retour sous Pampelune. Clausel laisse son artillerie à Saragosse sous la protection de la brigade Pâris. Il se retire sur Jaca. Attaque du château de Saragosse par Mina (8 juillet). Retraite de Pâris sur Huesca; il perd son artillerie dans les défilés d'Alcubière; il atteint Jaca (14 juillet); Clausel rentre en France et rejoint l'armée à Saint-Jean-Pied-de-Port.
    L'armée d'Aragon et le maréchal Suchet. Armée de Valence. Forces espagnoles de del Parque et d'Elio; leurs échecs. La flotte anglaise; désastre de l'armée anglo-sicilienne de Murray à Tarragone (3 au 13 juin). Corps espagnol de Copons. Evacuation de Valence (5 juillet). Conservation des places fortes. Retraite sur Barcelone. Débarquement de l'armée anglo-sicilienne (Bentinck) à Alicante; ses retards. Forces espagnoles. *Armée de Catalogne* (général Decaen); investissement de Tarragone par les Anglo-Siciliens (30 juillet). Offensive du maréchal Suchet (11 août); retraite des alliés au col de Balaguer. Suchet détruit les remparts de Tarragone, rallie sa garnison et se replie derrière le Llobrégat. — Entrée des alliés à Villafranca (5 septembre); succès du col d'Ordal et de Villafranca (12 et 13 septembre). Suchet poursuit les alliés jusqu'à Arbos; il regagne les lignes du Llobrégat sans coopérer avec le maréchal Soult.
    Le maréchal Soult prend le commandement de l'armée d'Espagne (12 juillet); état de l'armée et des places. Etat des armées alliées commandées par Wellington; situation politique et militaire; période d'attente; établissement d'une base appuyée à la mer. — *Siège de Saint-Sébastien* (9 juillet); *blocus de Pampelune*.

II. La couverture du siège de Pampelune 135

Le maréchal est en mesure, le 16 juillet, de reprendre l'offensive; emplacements de ses forces. — Dispositions des forces alliées. La couverture des sièges de Pampelune et de Saint-Sébastien par les alliés. Ses combinaisons; forces et distances. — Offensive française contre Pampelune; mouvements préalables; dispositions; Clausel, Reille, d'Erlon, Villatte; combat du Lindux, succès à l'Altobiscar (25 juillet); Roncevaux, Viscarret, succès de Maya (25 juillet); Saint-Sébastien repousse l'assaut (25 juillet); les alliés embarquent l'artillerie de siège et rappellent le corps de siège; Wellington croit sa gauche menacée. Combat de Viscarret (26 juillet); le maréchal ajourne l'attaque. Wellington reconnaît que l'offensive menace sa droite et qu'elle vise Pampelune; dispositions pour la réunion des forces (27 juillet); couverture de Saint-Sébastien. Arrêt de d'Erlon à Elizondo (27 juillet). Marche en avant du maréchal sur Pampelune et sortie de la garnison de Pampelune (27 juillet). Picton accepte le combat devant Pampelune; succès de Sorauren (27 juillet); concentration des forces alliées autour de Pampelune; échec de Soult aux combats d'Oricain (28 juillet). — Le maréchal renvoie son artillerie en France par Roncevaux; arrêt du 29 juillet. — Retraite de l'armée française; succès de Beunza et désastre de Sorauren (30 juillet); retraite indépendante de Foy; situation critique de l'armée; manque de vivres; poursuite par l'armée alliée et erreur de Wellington. — Engagements d'arrière-garde aux défilés de Loyondi (31 juillet); Santesteban; la déroute de la Bidassoa; recueil de l'armée, près d'Echalar, par la division Villatte (2 août); engagements d'arrière-garde au défilé d'Echalar et sur l'Ibantelly (2 août); emplacements des troupes françaises; leur situation et leur état. — Dispositions des alliés; leurs forces; leur état; Wellington se décide à suspendre son offensive; il arrête la poursuite et continue le siège des places.

III. La couverture du siège de Saint-Sébastien 185

Rétablissement des forces françaises; l'Empereur prescrit de prendre l'offensive. — Situations et emplacements des armées. — Bayonne; Saint-Jean-Pied-de-Port; Socoa; Navarrenx; Lourdes; Bordeaux. — Siège de Saint-Sébastien. — Dispositions de couverture des deux adversaires. Lignes fortifiées; situation de la défense à Saint-Sébastien à la fin d'août. Le maréchal décide de prendre l'offensive. Concentration des forces françaises (29 août-31 août); Reille, Clausel, d'Erlon, Villatte. — Groupement préparatoire des forces alliées : dispositions défensives et couverture de Saint-Sébastien. — Offensive française (30 août), franchissement de la Bidassoa; échecs de Reille et de Villatte au San Martial; combats de Clausel aux gués de Vera et sur la Peña-de-Haya, San Antonio. — Engagements de d'Erlon au camp d'Urdax; rappel de Reille et de Clausel; la Bidassoa, grossie par l'orage, coupe les troupes de van der Maësen sur la rive gauche; retraite disputée par le pont de Vera (1er septembre). — Reddition de Saint-Sébastien (8 septembre).

IV. La couverture de Bayonne 205

Situation militaire et politique des alliés après la prise de Saint-Sébastien. — Offensive limitée de Wellington. — Son but. Situation de l'armée française. — Conceptions du maréchal Soult.
Surprise des troupes françaises, le 7 octobre; combats de la Bidassoa et de la Croix-des-Bouquets; combats du puerto d'Insola et de la Baïonnette. — Combats de la grande Rhune (8 octobre). Reprise de la redoute de Sainte-Barbe (12 au 13 octobre). Organisation de nouvelles lignes de défense par le maréchal. — Etat moral des Français.

TABLE DES MATIÈRES

Pages.

Capitulation de Pampelune (31 octobre). Offensive des alliés (10 novembre) : secteur menacé. Dispositions des alliés. — Combats de la petite Rhune et de Sare. — Combats d'Anhoué et du Mondarrain. — Combats de Saint-Jean-de-Luz. — Combats d'Ascain et de Saint-Pée. — Engagement du Gorospile. — Discussion des opérations effectuées.

Nouvelle ligne de défense du maréchal Soult. — Son abandon. Recul sous Bayonne (12 novembre). — Suspension de l'offensive des alliés. — Renvoi des Espagnols vers l'arrière. — Affaire de Cambo (15, 16 novembre).

Situation de l'armée française. Organisation de Bayonne. Reprise de l'offensive par les alliés (9 décembre); franchissement de la Nive; combats de Cambo, Larressorre, Ustarits, Villefranque. — Combats d'Anglet et du château d'Urdains.

Offensive du maréchal sur la rive gauche de la Nive (10 décembre); surprise des alliés; combats de Bassussarry et d'Arcangues; combat d'Anglet; combats du Barrouillet; concentration des troupes alliées; discussion des opérations. — Départ des troupes allemandes.

Reconnaissances du 11 décembre; engagements de Pitcho, de Barrouillet, d'Arcangues. — Reconnaissances du 12 décembre.

Offensive du maréchal sur la rive droite de la Nive (13 décembre); combats de Marrichorry (Haut-Saint-Pierre); combats de Vieux-Mouguerre; combats de Château-Larralde. — Recul des forces françaises à Saint-Pierre-d'Irube. — Discussion des opérations.

V. **La couverture de Bordeaux. — Les manœuvres d'Orthez, Saint-Sever, Aire, Vic-de-Bigorre, Tarbes, Toulouse.** 299

Situation de l'armée d'Espagne et des Pyrénées à la fin de 1813 et au commencement de 1814, Bayonne et l'Adour; la Joyeuse; Dax; Tarbes; Bordeaux; Navarrenx; Saint-Jean-Pied-de-Port. — Détachements envoyés à l'armée de l'Empereur. — Le général Reille et le gouvernement de Bayonne.

Situation des armées alliées. — Base maritime. — Projets de Wellington.

Escarmouches sur la ligne de l'Adour (16 décembre, 20 décembre, 1ᵉʳ janvier). — Engagements d'Anhaux (16 décembre); de Mendionde (18 décembre). — Pillages par les troupes espagnoles. — Avant-garde formée par Clausel à la Costa (3 janvier). — Reconnaissance offensive des alliés et engagement de la Costa (5 janvier). Engagements sur la Joyeuse (8 et 9 janvier). — Escarmouches dans la vallée d'Ossès (8 janvier); à Macaye (10 janvier) ; à Ossès (20 janvier), avec les bandes espagnoles de Mina; à Mendionde (26 janvier) avec Morillo. — Offensive des alliés (14 février). — Combat d'Hélette (14 février). — Investissement de Saint-Jean-Pied-de-Port par Mina (14 février). — Combat de Garris (15 février). — Harispe évacue Saint-Palais. — Clausel recule sur la Bidouze.

Le maréchal porte la défense derrière le Saison et le gave d'Oloron, et continue à occuper l'Adour. — Engagement de Rivareyte (17 février); sortie des défenseurs de Sauveterre (nuit du 17 au 18); escarmouche de Sauveterre (18 février). — Suspension de l'offensive des alliés (19 au 23 février); retour de Wellington à Saint-Jean-de-Luz (19 au 21). — Démonstration de Beresford à Urt et sur la rive droite de la Bidouze. — Escarmouches d'Hastingues, d'Œyregave, de Peyrehorade (23 février). — Reprise de l'offensive des alliés (24 février). — Démonstrations sur les gués du gave d'Oloron. — Combats de Sauveterre (24 et 25 février). — Passage en forces des alliés au gué de Viellenave-près-Navarrenx (24 février). — Engagement de Navarrenx.

Le maréchal replie l'armée sur Orthez (24 et 25 février); escarmouche de Départ, sous Orthez (25 février); situation des armées les 25 et 26; projets des deux adversaires; escarmouches de Puyoo, de Ramous et de Baigts (26 février). — Bataille d'Orthez (27 février). — Pertes. — Discussion des manœuvres.

Événements sous Bayonne. — Hope s'empare de l'embouchure de l'Adour (24 février). Il complète l'investissement de la place. Il jette un pont sur l'Adour (26 février).
Examen des opérations.
L'armée française à Saint-Sever. — Discussion de la situation. — Retraite sur Grenade (28 février). — Situation de Dax. — Retraite sur Cazères et Barcelone (1er mars). — L'armée alliée entre à Saint-Sever (1er mars). — Beresford marche sur Mont-de-Marsan. — Escarmouches de Saint-Maurice et de Bordères (1er mars). — Hill à Montgaillard, Saint-Gilles et Saint-Savin. — Situation des alliés.
Combats de Cazères et d'Aire (2 mars). — Retraite sur Saint-Germé et Viella; sur Plaisance, Maubourguet, Vic-de-Bigorre et Rabastens (3 et 4 mars). — Ordres de l'Empereur. — Situation de l'armée et du pays; conceptions du maréchal. — Réorganisation des forces françaises et dispositions pour la retraite par Tarbes, sur Toulouse (7 mars). — Blâmes de l'Empereur. Le maréchal se prépare à reprendre l'offensive (8, 12 mars).
Situation militaire et politique des alliés. — Bordeaux. — Les menées royalistes. — Reconnaissance de Beresford sur Bordeaux (8, 12 mars). — Entrée des Anglais à Bordeaux (12 mars). — Rappel des Espagnols à l'armée alliée. — Rappel de Beresford (16 mars).
Situation des forces opposées le 12 mars. — Le maréchal porte l'armée en avant sur Conchez (13 mars). — Escarmouches de Viella et de Mascaraas. — Engagements d'avant-postes sur le gros Lées (14 mars). — Escarmouches de Claracq et du Tourniquet (15 mars). — Le maréchal fait replier l'armée vers Simacourbe et Lembeye (16 mars). — Raid du chef d'escadrons Dania sur Hagetmau. — L'armée recule sur Lamayou et le bois de Labatut (18 au 19). — Offensive des alliés (18 mars). — Engagement d'Escures (18 mars) — Engagement de Maubourguet (19 mars). — Combat de Vic-de-Bigorre (19 mars). — Discussion des manœuvres. — Retraite sur Tarbes.
Combats de Tarbes (20 mars); retraite sur Tournay, Trie et Galan (20 mars); Montréjeau et Saint-Gaudens (21 et 22 mars), Martres (22 mars), Noé (23 mars), Toulouse (24 mars). Les alliés atteignent l'Aussonnette le 26 mars.
Toulouse. — Résultats des opérations. — Emploi des forces. — Le maréchal Suchet.
Conclusions.

VI. ANNEXE. *Projets formés par le maréchal Soult en vue d'opérations offensives combinées avec la coopération des forces placées sous le commandement du maréchal Suchet. — Objections de ce dernier. — Difficultés rencontrées. — Le maréchal Suchet refuse son concours*... 563

Croquis au 1/200.000e des communications dans la région comprise entre Bayonne, Pampelune, Saint-Sébastien, Saint-Jean-Pied-de-Port.

PUBLICATIONS DU MÊME AUTEUR

- 1877. Une double détente pour le fusil 1874.
  La téléphonie militaire.
- 1878. La question de la chaussure militaire.
- 1879. La division militaire du territoire au point de vue de la mobilisation et des mouvements de concentration.
- 1880. L'organisation militaire au point de vue social.
- 1882. Les batteries à éléphants dans l'Inde anglaise.
- 1883. Les effectifs rationnaires des troupes allemandes en 1870, 1871 et les effectifs français au moment de l'armistice.
  Mobilisation et concentration allemandes en 1870.
  La flotte allemande en 1870.
- 1885. La lutte pour les communications avec l'Asie.
- 1891. La guerre sur les communications allemandes en 1870. Première campagne de l'Est et campagne de Bourgogne.
  (Ouvrage couronné par l'Académie française.)
- 1892. L'équitation diagonale dans le mouvement en avant.
- 1895. Album de Haute-Ecole d'équitation (300 planches). Etude sur la locomotion quadrupède.
  Haute-Ecole.
- 1896. L'année d'instruction dans un bataillon de chasseurs.
  Du bon emploi militaire des cadres d'instruction.
  Unité de doctrine, unité dans l'action militaire.
  Les plans de guerre.
- 1897. Le général « Esprit public ».
- 1898. Notes « à cheval ».
- 1901. Chiens d'aveugles et paralytiques. — Eclaireurs-tirailleurs bouche-feux ou avant-gardes et patrouilles de combat.
- 1904. L'arme de l'Imprévu.
- 1905. Des manœuvres de couverture.
- 1907. Neuf mois de campagnes à la suite du maréchal Soult.

Paris et Limoges. — Imprim. et librairie militaires Henri CHARLES-LAVAUZELLE.

NEUF MOIS DE CA
A LA SUITE DU MARÉCH

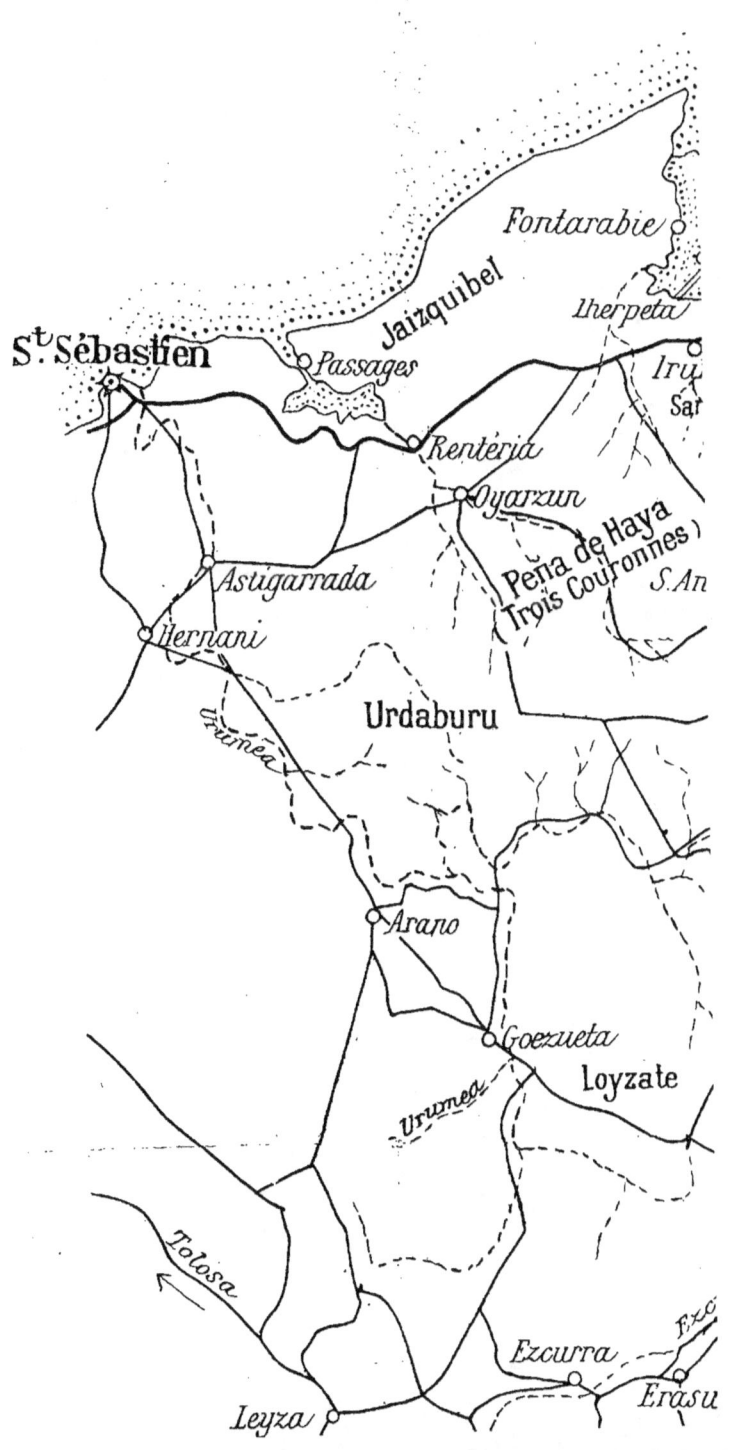

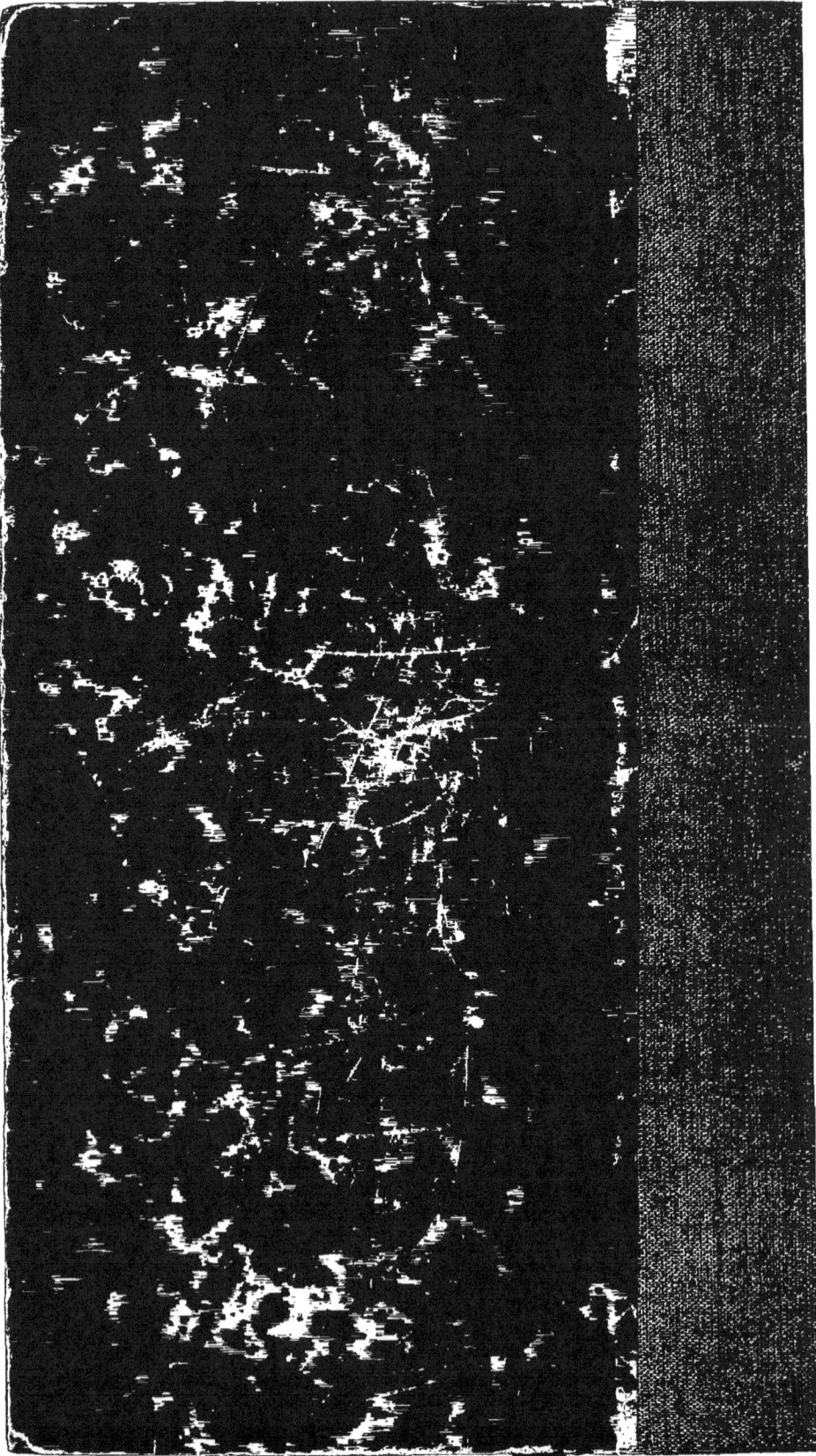